渡辺和敏 監修

豊橋市浄慈院日別雑記 II

自 天保十五年
至 安政七年

愛知大学綜合郷土研究所 編

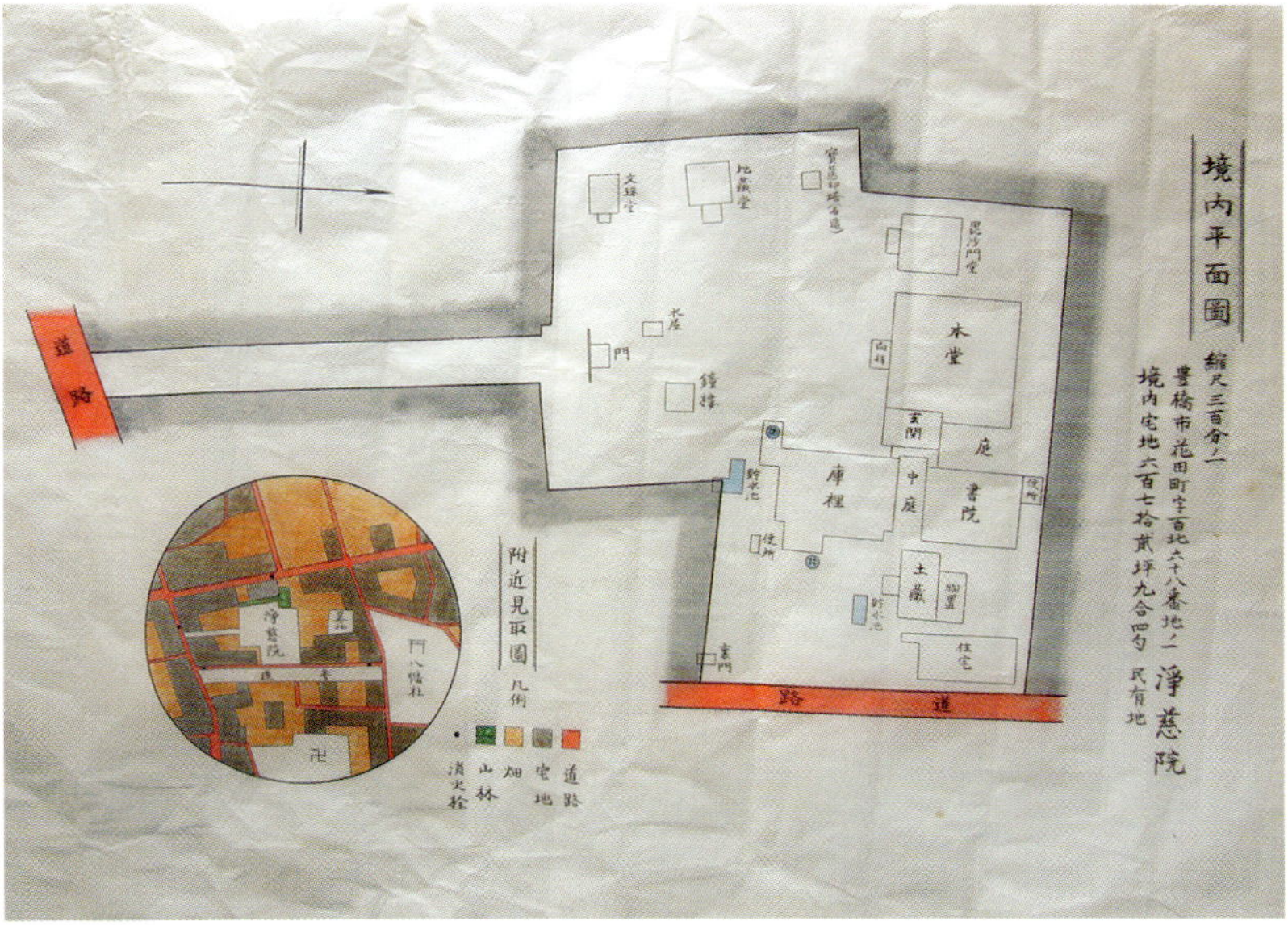

浄慈院境内平面図（昭和初期）

浄慈院旧本尊押相地蔵

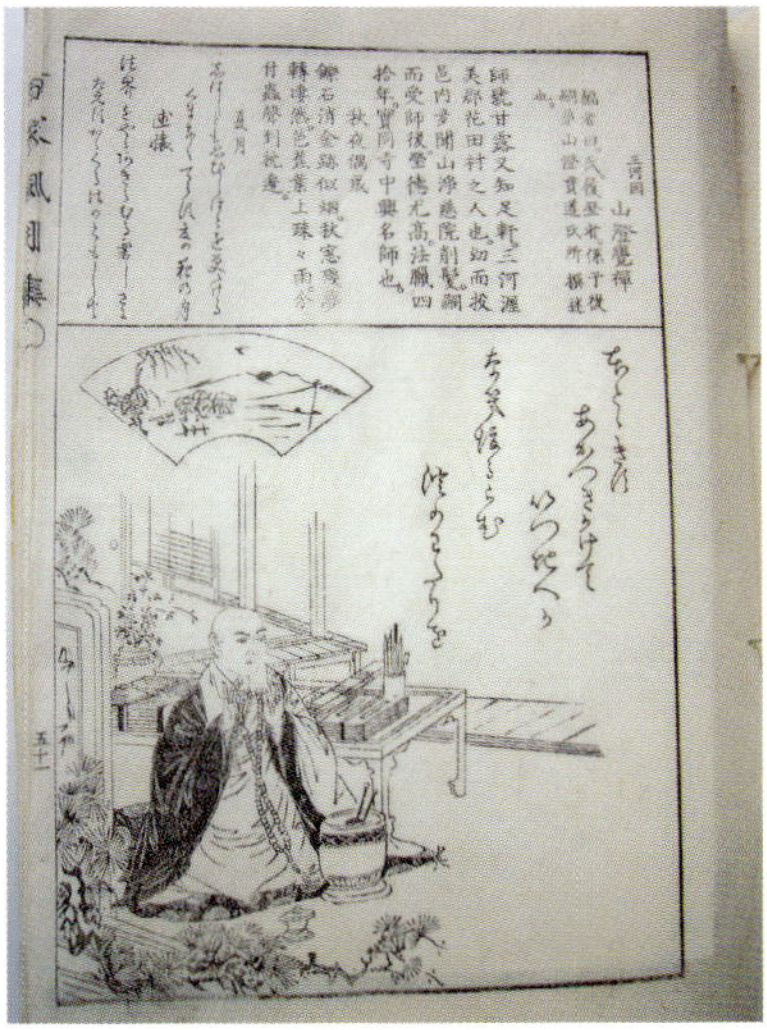
三河國
山澄覺禪
師號甘露又知足軒。三河渥
美郡花田村之人也。幼而投
邑内普門山淨慈院削髪。嗣
而受師後董。德尤高。法臘四
拾年。實同寺中興名師也。
秋夜偶成
鐵石消金鎔似烟。秋窓寥寂
轉凄然。芭蕉葉上珠々雨。今
付蟲聲別就邊。

第八世　山澄覺禪
（『明治新撰百花月集』所載）

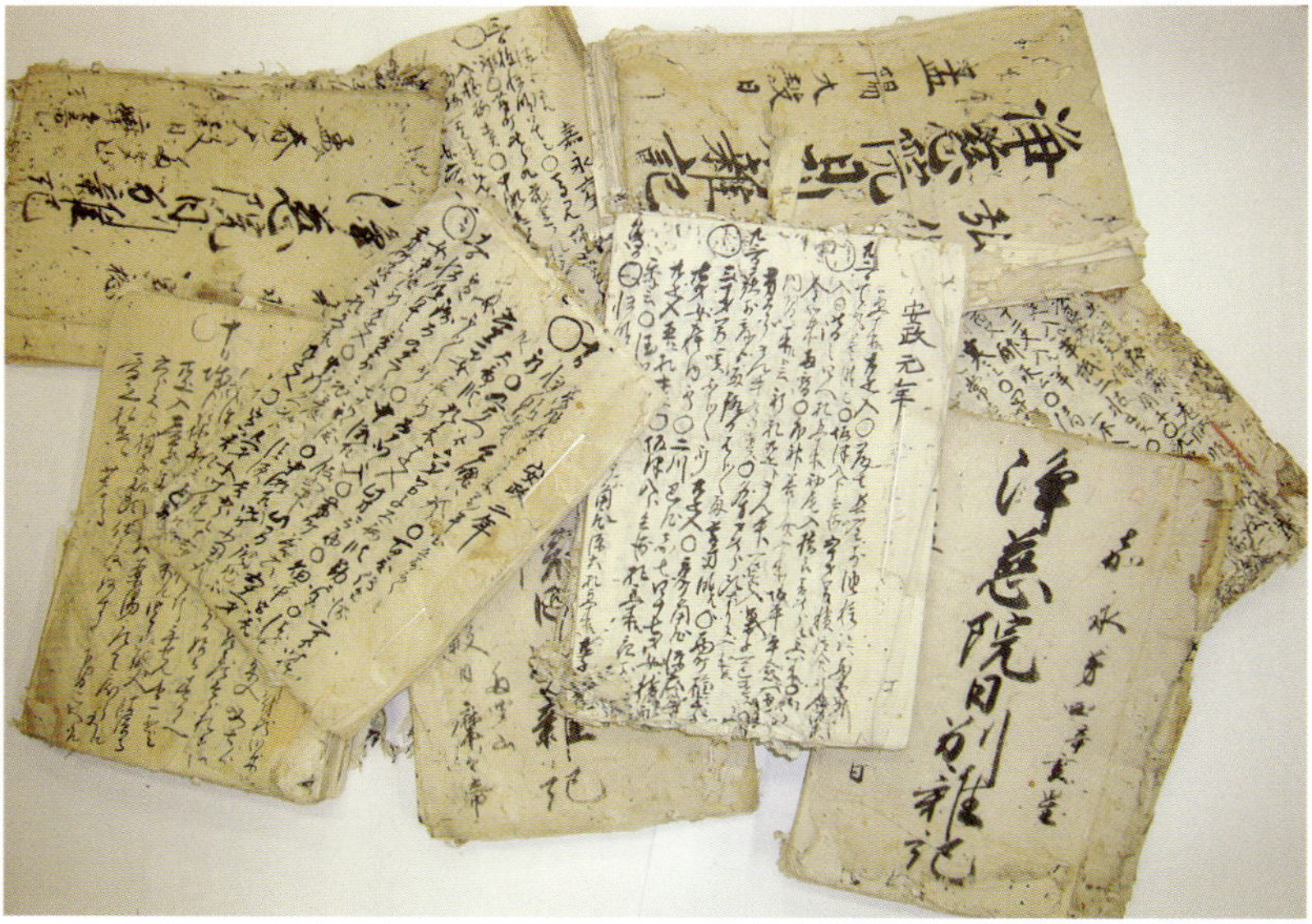

浄慈院日別雑記の表紙

寺子の書いた習字の一部

和時計　本書160ページ

凡例

一、本書は『豊橋市浄慈院日別雑記Ⅱ』として、多聞山浄慈院所蔵の「浄慈院日別雑記」のうち、天保十五年（一八四四）より安政七年（一八六〇）の分を収めた。「浄慈院日別雑記」の伝来・性格については解題・解説で述べた通りであり、「浄慈院日別雑記」のほかに、「多聞山日別雑記」や「山澄日別雑記」等とする表記もある。

一、『豊橋市浄慈院日別雑記』は、主に浄慈院住職による文化十年（一八一三）より明治十九年（一八八六）までの日記であり、原則的に一年分が一冊からなる。

一、日付の前に、○・◍・◍等の天気図の記号を付したものもあるが、本書への翻刻に当たっては省略した。

一、本文の上部に頭注がしてあるものもあるが、内容が重複している場合にはこの頭注を省略した。

一、日記中には、内容の変わり目に○・一・「を記してあったり、空欄でそれを示したりしてあるが、翻刻に当たっては全てを○で統一した。

一、翻刻に当たっては、字体は原則として常用漢字のあるものはこれを使用し、固有名詞等には旧字を残したものもある。変体仮名は江・而を除き平仮名とすることを原則としたが、合字の〆はそのまま残し、ゟは平仮名で「より」とした。

一、本文には読みやすくするために、適宜読点および並列点を付した。

一、誤字・脱字や意味不明の箇所には、適宜その傍らに（　）を付して正しい字を示したり、（脱カ）（ママ）等の注記を付したりした。

一、原文の抹消部分は削除することを原則としたが、残したほうが適当と思われる箇所はミミを付してこれを示した。

一、虫くいや破損で判読不能の文字は□□をもって示した。□の数は大体の不明文字数を示している。

一、表紙の文字は「　」内に記し、傍らに（表紙）と注記した。

一、表紙裏や裏表紙裏にメモのあるものがあるが、内容を判断して削除したり、「　」内にその文字を記して（表紙裏）等と注記したりしたものがある。

一、後筆は「　」を付してその旨を傍注した。

目次

解題

本書所収の「浄慈院日別雑記」は、江戸時代の三河国渥美郡羽田村《はだ》（現愛知県豊橋市花田町）に所在する多聞山浄慈院という寺院の文化十年（一八一三）以降の日記である。表紙に記された日記名は複数あるが、寺院名を冠した「浄慈院日別雑記」が最も多く、明治七年（一八七四）以降では住職の姓を冠した「山澄日別雑記」が主流になる。本書名とこの解題では、その日記名を「浄慈院日別雑記」という表現に統一する。

浄慈院の所在する羽田村は、江戸時代には城下町の吉田と北東で接し、野田・吉川《よしかわ》・馬見塚《まみづか》村と北西で、牟呂《むろ》村と南西で、花ケ崎村と南東で接していた（第1図参照）。吉田は城下町であると同時に東海道の宿場でもあり、豊川（吉田川）や信州・別所街道で奥三河や信濃国方面へと通じ、伊勢国の川崎との通船や三河・伊勢湾から外洋へ出る廻船の湊の所在地でもあった。

江戸時代の羽田村は、若干変則的な存在であった。すなわち幕府の郷帳にその村名がなく、吉田方村のなかに含まれていた。吉田藩では、この吉田方村を吉田方五か村とも称していた。吉田方五か村とは、羽田・野田・三ツ相《みつあい》・吉川・馬見塚の五集落である。これらの五集落は、それぞれ実質的には独立した村であり、吉田藩よりそれぞれ個別に年貢割付状を受けていた。羽田村単独の村高は、明治二年（一八六九）の高辻帳に九八二石一斗二合とあり、吉田方五か村では最大であった。安政五年（一八五八）の羽田村の家数は一三五軒、人口六三七人であった。

羽田村内は、北側・西羽田・百度《ずんど》・中郷・西宿の字（シマと呼ぶ）から成る。明治十一年（一八七八）に花ケ崎村と合併して花田村となり、明治三十九年に豊橋町と合併して豊橋市花田町となって現在に至っている。豊橋は、江戸時代の吉田を明治二年に改称したもので、明治二十二年から町制を施行していた。

現在、浄慈院では「浄慈院日別雑記」全四三冊とその断簡を若干残している。原則として、一冊は一年分の日記である。その最古のものは文化十年（一八一三）であり、最新のものは明治十九年（一八八六）である。おそらく文化十年から書き始め、第七世院主（住職、以下同じ）の普門覚圓（?～一八五九）・八世慈明覚禅（一八一八～一八八七）・九世山澄貫道（一八六八～一九〇六）の三代の院主によって七四年間書き継がれ、明治十九年でその記述を止めたものとみられるが、現存するものはその約半分であり、残りは紛失したようである。院主が外出などで不在の時や老齢になると、弟子が日記を代筆している。

「浄慈院日別雑記」の大きさは、縦が約二八センチメートル、横が約一六センチメートル、半紙を二つ折りにしたいわゆる縦冊である。料紙は、一般的に質が比較的劣り、なかには浄慈院へ寄せられた布施・礼金を包んだ用紙とか、同寺院で行っていた祈祷の際のメモ用紙を裏返しにして再利用したものもある。保存状態は、あまり良好とは言えず、虫食いが甚だしいものが多く、なかには綴じた紙縒が切れて中身が錯乱しているものもある。前記の若干の断簡とは、この錯乱で復元が不可能な部分のことである。

本書は、現存しているこれらの「浄慈院日別雑記」のうちの天保十五年（一八四四＝弘化元年）より安政七年（一八六〇＝万延元年）までの一七年間のうち、一二か年分の一二冊を収録した。もっとも一二年分とは言え、弘化四年と嘉永二年（一八四九）・五年・六年分はそれぞれ三～七か月分のみで、残り分は所在不明である。なお安政五年については表紙のみ残り、安政五年正月四～六日の可能性のある断簡一丁も残っているが、これについては収録しなかった。

日記の筆者は、弘化四年までの分が第七世院主の普門覚圓、嘉永二年（一八四九）分以降が八世慈明覚禅である。なお、本書へ収録したもの以前の文化十年（一八一三）より天保十四年（一八四三）までの分の一二冊については前巻（自文化十年・至天保十四年）に収録した。

この多聞山浄慈院は、現在では浄土宗西山禅林寺派に属するが、明治以前には真言宗・天台宗・律宗・浄土宗の四宗兼学で、檀家をもたない寺院であった。浄慈院の詳細については前巻（自文化十年・至天保十四年）巻末の「解説Ⅰ」に記してあるが、いずれにしても江戸時代には檀家がなく、朱印地・除地もないのに、常に院主とその弟子が一～二名いて、このほかに下男も抱え、さらに城下町吉田の中世古《なかせこ》というところに観音堂（後に観音院と改名）という末寺を有する寺院であった。

こうした江戸時代における浄慈院の存立の経済的基盤は、浄慈院によるさまざまな宗教的・世俗的活動にあった。その活動内容は一般的な寺院としての諸行事のほかに、周辺地域の人々を対象とした加持祈祷が大きな収入源であり、祠堂金貸付でも大きな金額で運用していた。また無年貢地は所有していないが、地主経営を展開して下男を抱え、繁忙期には近在の人々を「たんす」と称して年間一定日数を契約して雇用したり（日割り奉公）、臨時的に日雇いにしたりしていた。同時に、寺子屋を開いて近在の子供を常時三〇～五〇人ほども教え、時にこの子供等に寺院の仕事も手伝わせていた。

「浄慈院日別雑記」の記述方法は、まず日付の次に天候を記しているが、天候については○・◍・◉というような記号で示し、特記するような天候だけを文字にしたものもある。本書への翻刻に当たっては、これらの天候の様子を示す記号については省略した。天候の次に本文を記し、日々おきているさまざまな出来事に関する一般的な日記としての記述以外に、こうした寺院経営としての農事関係、祈祷の内容とそれに対する布施・礼金、必要品の購入額や貸し金などの金銭出入、寺子屋に通う子供の諸行事や祝儀などに関して、それぞれ具体的に記してある。

出来事・事件や風聞を記述する場合には、原則的にその当事者名を記しているが、その名前の直前に居住する村名、あるいは字名を記すのが一般的である。例えば橋良《はしら》権蔵とあれば、橋良村の権蔵のことである。ただし村名でなく、村のなかの字名や吉田の二四町の町名を付してある場合もあるので注意する必要がある。例えば、羽田村の人についてはそのなかの字名（シマ）である北側の誰々となる。隣村の牟呂村についても同様で、市場・大西・坂《さか》津《つ》・外神《とがみ》・公文《くもん》・東脇などの字名が付されていることが多い。村名・字名の理解には、次ページ以下の第1〜3図を参照されたい。

なおこの「浄慈院日別雑記」では、原則的に日々の記述中で記述内容が一変する場合、それを示すために○とか一という印しを書いたり、あるいは一文字分を空けたりしているが、時にその表示が不明な場合もある。本書への翻刻に当たっては、これらの表示に注意しながら、その表示を○に統一した。

本書の編集と校訂は前巻に引き続き渡辺が代表者となり、橘敏夫・和田実・村長有子氏と共同で作業を行ったが、有薗正一郎・山澄和彦氏にも協力してもらった。

（渡辺和敏）

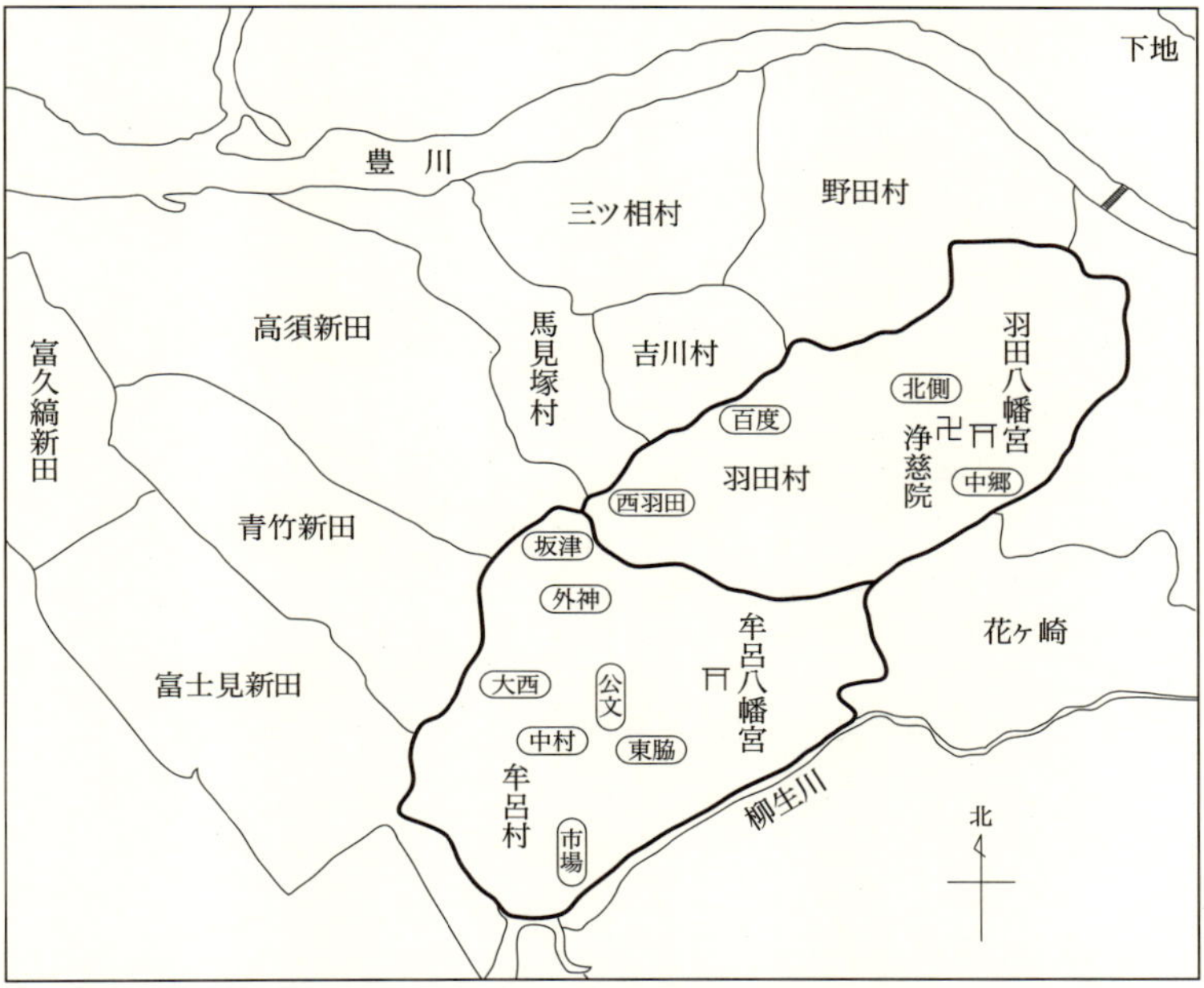

第１図　羽田・牟呂村近郷地図

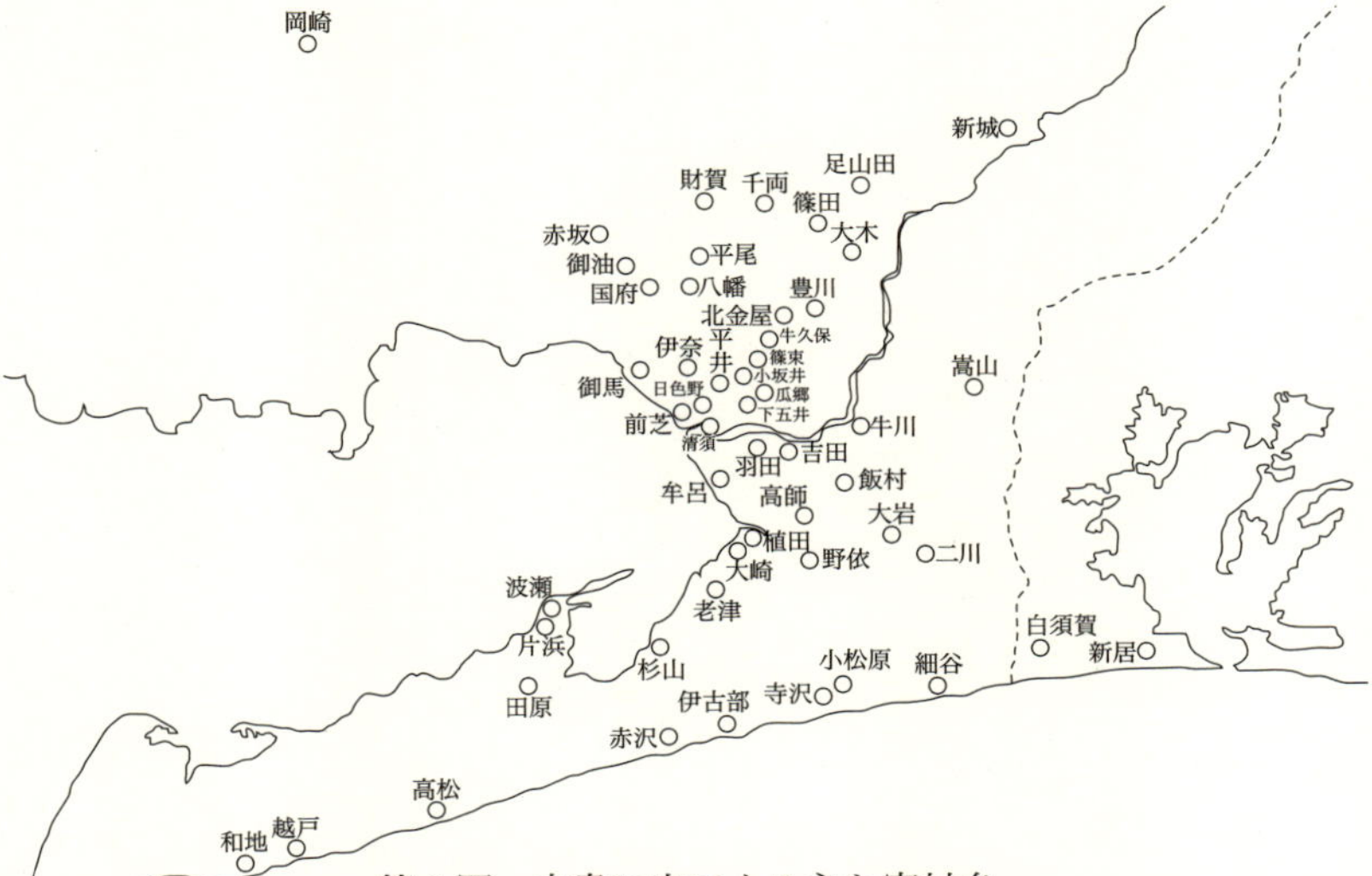

第２図　本書に出てくる主な宿村名

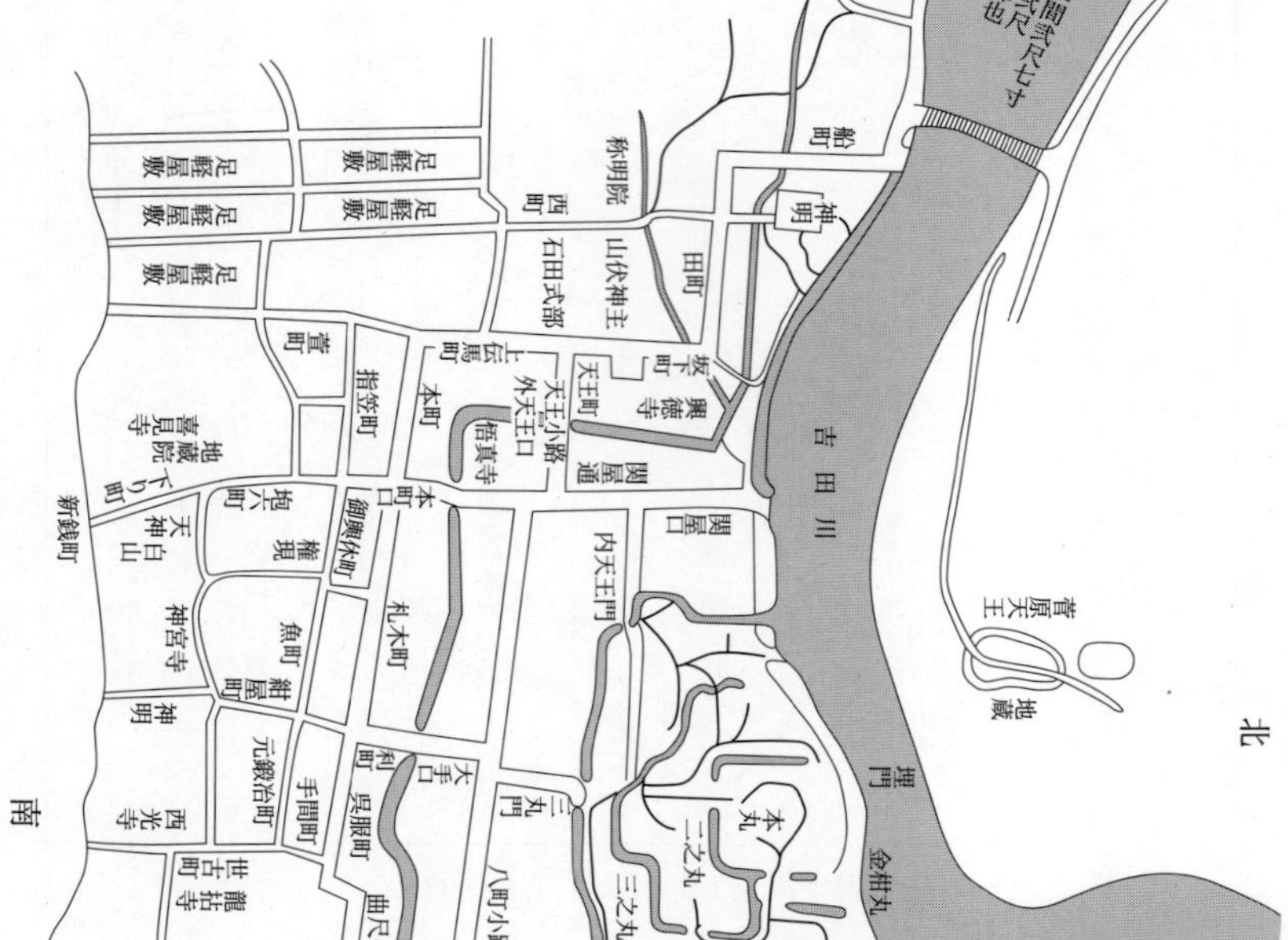

第３図　吉田城下町図　文政10年写

（『豊橋市史』第２巻より）

豊橋市浄慈院日別雑記

自天保十五年　至安政七年

（天保十五年正月）

（前欠）　行明弥蔵丑四才男時々虫ニて引付祈弐朱入、○東脇市右衛門先達而祈礼弐朱入、○又七より平井札受来ル、廿疋入、○牟呂彦太郎札遣也、○院主冬十二日ニ頭すり（剃）今日始而する也、○戒浄晩方八左衛門悔ニ行、平せん香一遣也、○□□林平娘年玉ニ来ル、四十八銅入、○清源寺□□□伝馬馬庄茶湯道具戻り来ル、□□□□□頭仕度致す、○下男こへ取、□□□□□□□る、

□□　□□□□□□より院主長平供御城礼ニ行、□□□□□□□□衣やニて斎受ル（ママ）来ル、柿廿本遣、□□□□□□□宅常陸礼十疋入、菓子出し、○□□子共祝義入、平十入来ス、頼母子語、○六郎兵衛札遣也、

□日　清須藤吉三才女子腹下り祈込上も有、廿疋入、○行明札守遣也、○斎後院主・要助、村役人等十二軒年礼ニ行、当年ハ病気□ク引籠故ナリ、○行明札遣也、

九日　横丁甚吉卯ノ年女子乳吐祈十疋入、○芦原おすま巳ノ年女長病不食祈十疋入、○大村藤次内子ノ年女月厄（役）不順病祈廿疋入、○かや町廿七才女積（癪）祈、○横丁鉄物や取次白須加廿九才男疳籠祈、○清須札遣也、

十日　城内塚本平左衛門来ル、寅ノ年女積差込祈廿疋入、昼過札遣也、北川八百右衛門よりと申札受来ル、○六郎兵衛より柑子親類十五才女ほうそう祈、昼過札遣也、○芦原札遣ス、又十疋入、○かや町廿疋入、札遣也、○鉄ものや札遣也、○富蔵手間、下男と弐人前東みかんへ干かこへ出し、○朝ノ間下男大工栄吉へ内方見舞ニまんちう一袋遣也、尤蔵西口ノ障子取ニ遣也、昨日弐朱一ツ代物ニ遣也、受取書来ル、

十一日　今日より子共習来ル、○大村藤次札遣也、○朝より与吉在所伊古部へ行、備弐ツ・切もち廿計・年玉五十文遣也、○新田治助へ星祭札遣也、

十二日　斎後戒浄・子共みのやへ冬分ノ払金弐分遣、釣百四十文取、鉄平ノ同冬分ノ払壱貫百九十文払、両家より通来ル、○新田彦左衛門こま初米ト祝義廿四文入、○公文平四郎八十三才女老病苦痛去祈念廿疋入、

十三日　斎後常陸へ礼行、よふかん一本遣、○久左衛門へも礼行、とうふ三先達而遣也、○西羽田徳次郎母悔ニ行、平せん香一遣也、其後十疋入、○新田治助卯ノ年女疝気今ニ痛、祈こま頼金弐朱入、○城内神明小路石川作右衛門孫十三才男小用詰、祈こま頼金百疋入、○七ツ頃与吉在所より帰ル、庭掃、夫よりもち米五升搗初、

十四日　朝ノ間城内石川護摩勤、晩方札受来ル、○斎過明日供物一升七合搗、○夫より新田治助こま勤、○明日札摺等ナリ、○子共三組町へ行、色々調物也、○清源寺へ手紙ニて明日助法頼遣也、留主也、○風呂近所来ル、

十五日　斎前仕度、斎後護摩勤、清源寺助法ニ頼来ル、○百度七郎左衛門十疋こま料入、○こふく(呉服)町猪左衛門内参十疋香料、○坂下定八祝義十疋入、其外男女祝義入、○新田権右衛門初尾米入、○清源寺と嶋四人秋葉参御札入、○助九郎こま初米入、廿疋星供料入、○戒浄・子共村方札配也、ハねイ(羽根井)・新田ハ子共ニ頼遣也、

十六日　朝万才来ル、三合・三十二文出し、○天白前札受ニ来ル、○和十子共弐人連年礼来ル、菓子一袋入、観音堂礼ニ来ル、柚香糖一袋入、明後日尾州礼行と云、明日年玉物遣引合也、一札書状認置也、○政蔵・平十入来ス、頼母子語也、○清源寺昨日ノ礼十疋・供物遣也、○男女五六人礼祝義入、○ハねイ和平より明日斎申娘来ル、承知ス、○下男上菓子二品三百文求行、上ケも求、

十七日　朝弐人ハねイ和平へ斎ニ行、柿十本遣也、○下シ(地)忠三郎七十五女水吐食吐祈、○かや町吉蔵四十二才腹いたミ祈廿疋入、○本町(ママ)　子ノ年女祈、(ママ)　廿疋入、○朝源右衛門来ル、民吉ノ石塔下書認遣也、○西宿弥三郎同礼廿四文入、○半右衛門より祖母三年もち四ツ入、明日斎申こし承知ス、○中セこ観音堂へ祐福寺年玉書状付封大悟院へ向遣也、子共行、○斎後本平・弥助町方こま札遣、○舟町市十・忠太夫・善兵衛十疋ツ、入、○こふく町高須や米初尾入、○長平手

間、下男と弐人九左衛門前・長全寺前麦削、

十八日　夕部少々雨、雷も初而鳴、○朝弐人半右衛門方へ斎ニ行、祖母三年也、夕方百五十文と半切百布セニ入、○子共町へくろさとふ・いも・小豆等求ニ行、代払、○かや町・本町・下地札受来ル、廿疋入、○夕方役人三人と平十・六郎兵衛・助九郎・久左衛門頼母子相談ニ召、夜四ツ半頃迄ニ済、牡丹もち三升・平一ツ付出し、

十九日　朝平四郎へ礼ニ行、明日参宮致ニ付柚香一袋(糖脱)遣也、○平十へ礼ニ行、芋少々遣也、○西組池田治平卯ノ年女時々腹熱胸先仕(支)へ祈三十疋十二文入、○馬庄来ル、反古売也、子共の川やへ手本書弐本求ニ行、九文じやより暁雲童子為十疋・千才草一袋入、

廿日　百度源右衛門より民吉三年忌もち七ツ・上ケ五ツ入、○平五郎うとん一重入、○九右衛門牡丹もち一重入、○柑子太平八才女子去年十七日よりほうそう、此節ニ皮むけ難儀祈廿疋十二文入、○曲尺手佐平二五十一男胸苦敷祈三十疋廿四文入、○うりこ(瓜郷)惣左衛門年礼五十銅、久五郎・喜平祝儀入、菓子出し、外ニ廿疋入、家内安全ノ為也、又十疋御城主(松平信宝)御病気祈念十疋入、○孫七礼祝儀入、○六郎兵衛子来ル、上伝馬亀やニこへみそ有求候哉聞来ル、少々求と云、同家へ見舞もち七ツ遣也、

廿一日　未明より雨、今日昼前止、七ツ前より天気晴ル、○曲尺手と柑子組より札受来ル、○助九郎うとん弐重入、沢山ニ用、

廿二日　舟町十吉廿七才男疝キ祈廿疋入、○半右衛門手拭壱筋入、掛物損見テ行、近日表具頼と云、○和平縄弐束持参、○六郎兵衛子来ル、○亀屋こへみそ取ニ七蔵・与吉遣、六俵取百文ニ弐貫匁と云、○七蔵手間前東残りより西少々みかん干かこへ出し、

廿三日　舟町より札受来ル、○朝六ツ半頃衣屋より夕部四才ノ女子死と云来ル、尤加持ニ来ル様頼故即刻行加持ス、○和十内足袋二足そゝくり、鎌直シ仕かへ持参、又袷ノうら壱ツ持行、○戒浄平十方へ高須よしノ義聞合頼行、今日聞ニ行と云、○夕方政蔵来ル、長十

方位牌書認頼来ル、うるしも持参、夜分下男白木綿弐
反煮ル、洗干、
廿四日　晩七ツ過より曇ル、夜ニ入雨少々、○朝四ツ
前より戒浄・利作・銀蔵・才次郎赤岩参詣、晩七ツ過
帰ル、○新田七郎右衛門四才男子虫祈廿疋入、晩札遣
也、○子共みのやへ五種香百文求、代払、拙庵へ若な
遣ス、○衣屋へ明日悔ニ参様申遣也、夕方風呂、○平
十・定吉・利作来ル、頼母子加入人□村他村書出し、
もち煮テ出し、
廿五日　晩七ツ頃より少々雨、○朝より弐人衣屋へ悔
ニ行、斎受帰ル、○油せこ（瀬古）おいね三十一籠性祈廿疋
入、○半右衛門ほた五十入、○政蔵来ル、長十方年忌
もち五ツ・十疋入、位牌書遣也、○子共天神祭、
廿六日　朝平十へ行、頼母子語也、○平六へ行、仕様
帳認半し三帖遣也、よふかん壱本遣、○油せこ札遣
也、○六郎兵衛ノ定吉来ル、此間ノこへみそ代五十九
貫五百匁代弐分と六十九文渡済、○みのや薬三子共取
行、戒浄はら張故ナリ、又柚香一本・香花求、○晩方
平十来ル、野河やへ頼母子入用風呂敷見ニ行処、夜分
ニ成故明日来ルと云帰ル、もち煮喰ス、
廿七日　朝平十来ル、の川やニて風呂敷廿持参致候
処、十ニ付十二匁八分ノ方宜敷故、又其後子共ニ右ノ
品為持返シ五十取来ル、代六十四匁也、追而通こし候
と云故代不払、頼母子進物仕度也、みのやニて印肉入
来ル、○かじ（鍛冶）町忠助三十二男痔籠大病祈、平十取次ナ
リ、戒浄二三日仕様帳書五六冊出来、○与吉前みかん
草取こへ出し、○晩方西宿弥三郎中白すミ一俵取来
ル、さし笠町与吉へ鼠染壱反染遣也、
廿八日　朝平十かじ町ノ札受来ル、廿疋入、占も見
る、○畑ケ中久作廿八才男片頭痛祈十疋十六文入、○
子共の川やへ中のり一帖・水引三わ取、○衣屋元吉礼
加持・悔斎・布施合七十二入、○泙野蜜円年礼柿十本
・十疋入、天小一升遣也、○蜜門ハ牧平村不動庵ニ居
ル云、仕様帳弐人して六冊書、○晩明日彼岸まんたら
懸、今夕丹子（団）拵置也、○与吉みかんこへ出し、前より
せとへ移小苗十一、二本かける、

廿九日　昼前より夕方止、○朝平十印形と仕様帳十五冊来ル、平六より十冊来ル、其後戒浄半右衛門来ル様頼行、組頭二軒其外頼母子名前加入方印形取来ル、夫より半蔵六冊書、戒浄四冊書印形悉押也、○畑ケ中札遣也、○七蔵手間、みかんこへかけ雨故昼より帰ル、

晦日　城下忠八巳ノ年男右肩腫物祈廿疋十二文入、○当古藤三郎七才男子虫祈十疋廿四文入、○朝戒浄半右衛門へこくう(虚空)蔵尊霊符神二ふく表具ニ頼持行、○御役所公義より金銀貸取立廻状来ル、宅蔵院へ子共持行、

二月

朔日　ヲハタ(御籏)林平内二才男躰よわし祈、○城下札遣也、○新田治助病後礼参ル、○今日は津嶋御帳開(マヽ)正月、子共坂ツ弐人計習来ル、町へ豆ふ二・上菓子求ニ行、○朝より平十・半右衛門・助九郎三人来ル、坂ツより新田十六七軒、昼より清須一・平井一・下五井一・うりこ(瓜郷)四・大村二・坂下二・上伝馬四・西宿三等頼母子取持として風呂敷一・仕用帳一ツ、持廻ル、日暮ニ帰ル、○開浴、其後□□半蔵方半し三帖仕様帳書頼遣也、助九方へ植田二軒・中芝(柴)一軒、風呂敷三・仕様帳三頼母子加入ニ頼遣也、

二日　夜明方より雨終日也、昼前両人して仕様帳十三冊書、政蔵より十一冊、半右衛門より十二冊来ル、晩方平四郎方へ与吉ニ為持印形頼遣也、○田町札遣也、廿疋入、○昼後与吉の川やへ半し二束・中のり一・白赤水引一・風呂敷五十取ニ遣候処外ノ物同来ル、風呂敷ハ不参故又々取ニ遣也、持来ル、

三日　朝より終日雪雑あられ折々降、○朝より平十・六郎兵衛・助九郎三人中郷より初村方仕様帳一・風呂敷一ツ、家々見合配ル、廻る、夕方迄ニ皆済、平十方へあくミ(飽海)与吉・清須太右衛門・こふく町金作分頼遣也、又各々三人風呂敷一ツツ、遣也、○朝平四郎来ル、伊勢土産半切百・御札・さじ一入、ツケキ二入、仕様帳持参印形致行、○平十より津嶋土産御札・ツケキ入、六郎兵衛御札・ツケキ・赤玉入、○子共の川やへ中のり一・白赤水引二わ取行、又斎後みそ・とうふ・上ケ求行、○朝戒浄平十・助九郎□頼行、○開浴、

作蔵も入来ル、
四日　夕部より大ニ風、今日終日吹大ニ寒シ、○戒浄役人世話人ノ印形返ニ行、政蔵へ半し二、仕様帳書礼上ケ九ツ共遣也、○伝次郎へ同九ツ遣、平十へ十一、六郎兵衛上ケ九ツ・半し二遣也、○助九郎より津嶋御札・ツケキ入、上ケ十一・印形返ス、○半□印形・上ケ七ツ遣也、絹わた入すそ直シ持帰ル、○子共上ケ五十求ニ行、○与吉干か弐俵平五郎へ求ニ行、代払、○ハねい(羽根井)左右衛門・八兵衛・定右衛門・兵蔵四人子共手習登山願来ル、尤孫右衛門も一人頼也、喜右衛門とも合六人也、○新田金蔵・兵右衛門・市左衛門手習登山頼来ル、市左衛門柚香糖一入、
五日　今日は寒サ大ニ和申候、○斎後助九郎へ礼ニ行、半し二・柿十本、平四郎へ十本遣也、参宮悦也、○朝戒浄・子共町へ行、の川やへ正月より頼母子入用品々分弐両壱分と壱貫文払通来ル、受取記有、外ニ少々調物有、○昼頃中セこ花谷院出火少々有、町方騒動也、○朝北川平十・利右衛門・七蔵・伝次郎・清助・政蔵六人高須より葭壱荷ツ、運、夕方百度より助九郎・源右衛門・孫次郎・八左衛門・平五郎・平四郎・平兵衛・作兵衛〆八人同高須より運也、両度とも茶漬出し、○ヲハタ林平内参、子共昨日死加持礼三十疋入、○舟町栄吉年玉柿廿本入、○長平手間、下男と弐人せとみかん草取、茶漬より中セこへ火事見舞遣ス、○夜分和平来ル、縄壱束入、仕様帳一遣也、
六日　城内鎌谷六五左衛門丑五十二男疝積(癪)祈廿疋入、○子共初幟仕度ス、○新田惣三郎一合一銭クロ米入、○朝より半蔵殿損シ物表具ニ来ル、うら打かり張致ス、○坂ツ直三郎蕎麦切沢山来ル、斎ニ用、
七日　未明より雨終日降、○朝平十へ行、色々礼ナリ、納豆少々遣ス、○六五左衛門札受来ル、又初尾三十疋十二文入、○政蔵殿来ル、冬分年貢通入、金納残銭持参受取、惣八も子共手習登山同様頼置也、○半蔵殿うら打也、○新田市左衛門来ル、近所紋右衛門と申者ノ娘□□初午ニ手習登山頼来ル、○下男朝より茶漬頃迄ニ米壱斗弐升入搗、

八日　子共もち来ル、○北川政蔵・茂右衛門・利右衛門・惣八弥明日子共登山願来ル、○馬見塚よりふき張弐人来ル、本堂前棟下二ほこふき直シ棟少々拵、北川作蔵下手伝来ル、晩方□□はりかね廿廻り取行、又新かし(河岸)留吉へ杉皮取行、新通先より来ル、○半蔵表具縁二三ふく付ル、○下男せとみかんこへ出し、○風呂助九郎只壱人来ル、○子共幟立ル、

九日　北川四人・新田四人・ハねイ(羽根井)六人合十四人手習登山、皆々赤飯持参、大櫃ニ山盛入、□□櫃ニ半分計不足、残る前三軒助九郎□□半右衛門・富蔵一重ツ、遣ス、○子共十四人ニまき筆二本ツ、遣ス、○田町嘉右衛門八才女子虫祈廿疋入、○やねふき三人下働助九郎・富□南道受ル、○やねおとり迄出来ル、

十日　ふき(葺)師弐人下働和平・富蔵也、前通□さしかや致、○新田徳左衛門札遣、廿疋入、○田町同札遣也、

十一日　朝五ツ過より少々ツ、雨、終日折々降ル、○ふ□□弐人来ル、○畑ケ中磯吉七十才男のど腫不食祈廿疋入、○高須吉五郎取次、当古亥九十四男老病付物祈廿疋十二文入、○子共みそ・上ケ求ニ行、○下男こへ仕込等也、○晩方富蔵上菓子弐百文求ニ行、

十二日　高須・畑ケ中札受来ル、○曲尺手左平次先達而祈頼、此節大病祈臨加持頼、○昼過より尺(釈)尊丹(団)子拵湯でる、米凡三升五合計、子共町へへんから・麦こうせんこ求ニ行、半分日々表具来ル、

十三日　朝平十・助九郎・久左衛門・半右衛門四人来ル、平十と助九郎ハ清須より平井・下五井・大村・畑ケ中・北嶋より内へ帰ル、昼飯後又西宿等町分十四人修覆講中不□ニ廻ル、久左衛門・半右衛門、坂ツ・新田・村方廻る、○牟呂中村長五郎・八右衛門・惣兵衛へ平十・助九郎弐人今日初而願□、風呂敷・仕様帳持行、皆々夕過ニ戻る、○風呂致、○ふき師三人来ル、先本堂西通済東少々さし前道皆下ケ□□、○天白前彦助三十八女産後血ニ風邪祈廿疋入、○子共とうふ・上ケ求ニ行、○御渡の(三渡野)より種芋七升・さつま九ツ求、代合弐百六十四文、○長平やね下働頭痛故朝ノ内彦次代り来ル、内へ行、

十四日　夜明方より雨、終日夜へ向降、○朝平十高須より下かや壱荷運来ル、○新銭町周啓五十二男風強引祈廿疋入、○城内清四郎札受来ル、廿疋入、○子共四人町へ行、千才草百文・上ケ求、油三百文求、○半蔵来ル、表具六七幅仕上軸付ル、○佐次郎上ケ七ツ入、○下男朝より茶漬迄米一臼搗、夫より本堂前少々片付ル、

十五日　昼前遺教勤参詣大分有、五□礼来ル、○夕方百度孫次郎・清七・平五郎三人来ル、此度之頼母子断言故達而之願遣也、○朝半蔵来ル、昼迄皆仕立て□□合七ふく出来、内ニて二ふく致故銭代等□定弐朱ト廿八文渡済、○巳作来ル、戒浄給仕立持来ル、

十六日　夕部より風大分強、○朝晩大寒、○戒浄北川三軒伝次郎・助九郎・半右衛門尺(釈)迦供物遣、半右衛門へ表具礼半切百・□□ニ枚遣ス、○七蔵手間せと畑少々おこし、石地蔵うら垣結、釣かね堂南東垣ゆい、地蔵堂北ノわら片付米立等也、○源次郎米つき来ル、壱斗弐升入四臼搗、めし三度くふ、○高須弐人やねふき来ル、本堂前ノ東西つま少々さし、中門棟下さし今日ニて相済、又手間十四人壱分六匁ノ処壱分弐朱遣也、飯料一日□□合せニ分壱貫弐百三十二文渡済、□□四十九文ツ、弐人へたはこ銭遣ス也、○九左衛門下働手伝来ル、○半右衛門みそ一重来ル、弐分弐朱ト弐百七十三文、高須よしかや代右ふき師弐人へ渡済、○三渡の□□□来ル、人参三十本・長芋三十本・さつま十七求代払、○上伝馬吉左衛門別家致ニ付、本家より南ノ方と申方見来ル、少々ニても外へ寄ハよいと申遣也、十疋入、○西町たかや彦次より杉大みそ桶新規持来ル、ふたとも代壱分と壱匁払、

十七日　曇天、晩七ツ頃よりそろ〳〵雨、夜ニ入降ル、ハね(羽根井)イ権之助母五十三女積(癪)祈、○札木丁子や十五女虫占見来ル、○子共弐人中セこ観音堂へ向祐福寺遷智上人と申開山四百五十年忌□香料弐朱壱ツ大悟院へ廿疋書状付封遣也、二月十七日より七日ノ間と申事也、○晩方又与吉為念急々相達様申遣也、十九日ニ出立□届と云返事也、○寺内子共寄集り広□石所々片付

ル、○晩方戒浄新田甚蔵病キ見舞行、上菓子一袋遣、今日ハ重病と□、

十八日　朝院主平四郎頼母子義ニ付行、初会□弥廿二日ニ定会日触書紙三帖持参、○□□松山市三郎二才男子虫引風祈、瓦町権平六十七男流ゐん(溜飲)祈廿疋入、○ハねイ久三郎来ル、札遣也、廿疋入、○朝下男垉六町清三郎へ有訳(脇)塩壱斗七升求ニ行、代四百廿四文払、みそへ入酒三合求六十文払、みそ玉おろしこなし致、又白みそ豆弐升弐合煮、夜ヲ越也、子共米粉三百文求ニ行、四升来ル、○夜ニ入ハねイ和平来ル、ハねイニて弐分五厘、六軒松山清吉・半左合弐合出来ルと申来ル、

十九日　昼前平十・定吉来ル、高須五軒進物風呂敷・仕様帳持行、定吉取次横須加親類一軒も遣也、○平内次ニて孟宗竹ノ子九本求来ル、夕七ツ過ニ定吉壱人来ル、めし喰帰ル、○瓦町札遣也、新せん町同遣廿疋入、○松山市三郎同遣、廿疋入、○子共上菓子・上ケ・とうふ求ニ行、○晩方平四郎より会日触書付認持参、百弐三十枚□、○味噌仕込大豆四斗也、塩壱斗七升入、○白豆弐升弐合・糀四升・塩五合入仕込、

廿日　朝より平十・定吉・権作来ル、明後日ノ頼母子買物ニ行、金弐分三貫六百文持行、追々又銭出し、昼過皆来ル、夜へ向(ママ)　料理、朝より弥之吉三相より清須・平井・下五井・うりこ(瓜郷)・大村・畑ケ中・北嶋・町等明後日触ニ行、○俊次郎牟呂・新田・村方触ル也、曲尺手庄平へ進物持俊次郎頼行、風呂敷一ツの川やニて求、○新田権右衛門来ル、村方徳左衛門断風呂敷・帳共持参、尤弐百文寄進入、古茂(菰)口善右衛門加入頼と申、其進物持帰ル、菓子出し、

廿一日　未明よりそろ〳〵雨、大降漸晩ニ天キ、○料理人三人ノ者宿、朝より直ニ料理、助九郎・半蔵同断来ル、○昼より弥之吉高須ト横須か(賀)甚四郎へ明日会日触行、○西ハタ(羽田)林蔵・四郎次・左平太三人頼母子加入断廿疋ツ、入、進物も戻ス、○こふく町八次痰祈廿疋入、○長平・富蔵手間来ル、富ハ用事ニて又七蔵代ニ来ル、小遣用也、

廿二日　今日ハ表門破損立替之為修覆講頼母子企初会口究会日致、金寄ハ霜月也、○夕方少々雨、はらく夫より晴ル、○北川三人料理其外追々七八人入来ル、昼過より役人三人取持来ル、追々他所村方入来ル、惣掛人数九十八人凡三十口余出来、六ツ過迄大かた入来ル、済、尤六七人沙汰なし、奉納物も十四五人有、五ツ半頃皆々帰ル、○当古より病気平愈礼参、○清源寺白さとふ一曲入、曲尺手庄平白雪こふ(糕)一入、口数ニ入、

廿三日　天キ、下地栄吉・田原左吉卯ノ年男腹張祈廿疋入、夕方札遣也、○北川長十、六才男子りん病祈、○朝平十道具片付来ル、半右衛門へ返手前より持参、早々持行、其後礼ニ行、三山上住天神所望遣也、○六郎兵衛白ミそ・半し二遣也、○助九郎へ同まんちう七ツとも遣也、○前二軒へ礼ニめし一重ツ、残分遣也、

廿五日　未明より雨、今日七ツ前より天キ、○久左衛門へ行、白みそ・よふかん(萱)一遣也、○源六半し二・九左衛門半し二遣也、○かや町吉蔵四十九男長病祈廿疋入、○小坂井へ長十札遣也、廿疋入、

廿六日　かや町吉蔵札遣也、○戒浄昼過新田ノ甚蔵へ悔ニ行、平せん香二遣也、○半右衛門よりみそ一重入、○まつ香五十文・うとんこ百文求子共行、○今晩尾張殿下り吉田宿也、

廿七日　下地栄吉来ル、伊予舟頭亥ノ年男巾打小便不通祈廿疋入、晩札遣也、○子共上菓子弐百文・夏大こん種求、○長十へ子共ノ病見舞よふかん一遣也、○下男外麦耕作、晩カホチや種蒔也、

廿八日　本町梅屋十七才男昨朝出奔占来ル、東か又ハ西と云、十疋入、○茂右衛門内とうふ二・おこし三十二文入、平十礼ニ来ル、○巳作来ル、芋一升入、戒浄ノわた入洗たく袷ニ仕立為持遣也、○与吉前西へ芋植ル、七升皆植ル、○今日岩屋観音開帳開白也、

廿九日　未明より雨、今日八ツ過天キ、○六郎兵衛来ル、横須加甚四郎頼母子断廿疋入、○城内丈之丞四才女子大小便遠祈廿疋入、○権吉聟連来ル、半し一入、

晦日　八重蔵・久米蔵もち来ル、城内札遣也、○馬見

塚又吉七十九女大小便詰り苦敷臨加持十疋十二文入、○下男干かこなし、湯出し、こへ一取行、

三月

朔日　民平・平三郎・八重蔵もち来ル、○西ハタ(羽田)三人上ケ五ツツ、来ル、○新田徳左衛門悔礼廿疋入、○下男せと小苗干かこへかけ也、○半右衛門女子初赤飯一重・ふき入、○権右衛門ノおなか来ル、金壱両かし十六日頃迄返引合也、○夜分下男ヲきくやへ千才草百文求ニ遣也、

二日　子共幷近所もち来ル、○半右衛門へ女子初節句、千才草一袋遣、みかん十四五入、○下男せとみかんこへ出し済、○開浴近所来ル、○坂ツ直蔵へ本家普請見舞十疋子共ニ為持遣也、

三日　子共不残礼祝義入、七八人礼ニ来ル、○斎後戒浄・北川作蔵岩屋開帳参、七ツ半頃帰ル、○西町安蔵来ル、表門建立ニ付細工願ニ来ル、又勘考と申遣也、

四日　朝五ツ頃より夜へ向終日雨、○九文じやより斎米三合・らうそく二上ル、○其外人数不来、○下男朝ノ間外麦耕作、雨ゆへわら細工也、

五日　代官丁より婦弐人来ル、七十七才女中性祈廿疋入、○西村次左衛門七十才女臨加持三十疋入、○夕方御符札遣也、新田権九郎取次也、○下地源太郎八才男不虫祈、○下男朝より茶漬迄米弐臼搗、○子共の川やへ筆・いと求ニ行、

六日　下地札遣也、廿疋入、○西ハタ次郎兵衛家移りもち大二ツ来ル、○巳作戒浄ノ袷洗たく仕立持来ル、尤わた入ヲ袷ニ仕立替也、○衣や元吉来ル、五種香一袋入、○富蔵手間昼迄角田へ苗場拵、夫よりあせかけ也、

七日　斎後清源寺へ頼母子取持礼ニ行、金赤水引一遣也、○茂右衛門よりうとんこ弐袋入、○晩方西町安蔵門之絵図幷木積致し持来ル処、中々彫物大分入見事ニ致来ル様、夜分平十招相談何分随分軽ク細工致度色々相談ニ頼行也、○九文字やより使女ニて籏寄進致度ニ付尋ニ来ル、大小之儀申故、少々ニても大ノ方宜敷と申遣也、○下男長全寺前麦ひつかけ晩迄致し外分済、

八日　大分暖気也、○御役所廻状来ル、隠居刑部殿(松平信順)病気不出来物静ノ御触也、子共宅蔵院持行、○昨晩平十来ル、西町安蔵図見セ門柱ノ木有由彼方迄聞ニ行、○今日子共舟町栄吉へ仕事ニ来ル様、又少々談度儀有故来ル様申遣也、

九日　新田市左衛門より唐ちしや・わらひ一入、紋右衛門よりわらび二入、○朝より与吉伊古部へ洗たく行、米一升・麦一升・五十文外ニ冬分給金残弐朱預置分渡是ニて皆済、

十日　朝五ツ頃より雨、そろ〳〵雨、昼頃より晩七ツ前頃大降、夕方天キニ成ル、○魚町松葉や幸吉三十才女疝(癪)積祈廿疋入、○今日は村方休、○ハねイ(羽根井)三人新田五人計習来ル、○朝平十来ル、門ノ用木一件又昼過来ル、西町安蔵へ用木引合行処、かや町方ノハ生木故不宜と云故、八右衛門へ断申来ルと言来ル、

十一日　朝半右衛門うとん壱重入、斎ニ用、浄土祖師四ふく開眼頼十疋入、○子共みのやへ戒浄ノ腹痛薬三取行、○吉川頼母子二会目ノ掛金取来ル、壱分弐朱ト四百五十八文渡受取入、○舟町善兵衛占料十疋入、○夜ニ入牧野むら繁吉より三人来ル、廿八才男ほうかん病祈頼来ル、御符遣也、

十二日　柑子万吉四十五男三年計積此節無言祈、直様致廿疋十六文入、○子共上菓子・香花求、○戒浄・子共せと菊植替、其外草木植ル、○子共庭門前草取掃除、○朝横丁甚吉来ル、卯二才女此節乳余ス祈十疋十二文入、

十三日　晩七ツ過より少々ツ、雨、○牧野千吉札受来ル、五十疋入、○本町惣助四十九男時々腹痛祈廿疋入、○垉六町弁安廿八才女病祈三十疋入、○横丁甚吉悴札受来ル、ぐろ〳〵と長語也、○子共せと通草取也、○七ツ過ニ与吉伊古(部)へより帰ル、

□□□(十四日)　未明より雨、晩方止、○垉六町ト本町と札遣也、○晩方牧野繁吉より此間祈頼処、気分大分宜少々付物有由又祈頼来ル、随求□土砂遣也、○百度八左衛門より馬見塚廿二男病祈、御符遣也、○九左衛門よりおさく土産赤飯少々来ル、

十五日　今日田中より戒浄十八道前行初也、年十五才也、○百度八左衛門女房馬見塚札受来ル、廿疋入、○かや町塩や未之年男痰祈廿疋入、○上伝馬十右衛門六十七才女痰祈、○前芝七郎右衛門八才男子頭痛即祈廿疋入、札遣也、○御役所より隠□□刑部殿去十日巳ノ中刻卒去被致停止廻状来ル、宅蔵院へ子共弐人持行、○子共弐人上菓子・香の花求ニ行、○政蔵より赤みそ一重、茂右衛門焼米、倉作同一袋入、○下男籾水上ねかし、○昼よりかじや備中かけ行処、同停止商売止持帰ル、廿三日迄也、○暮六ツ半頃御役所御廻状清源寺次来ル、刑部殿御悔廿二日四ツ時登城御触也、直様宅蔵院へ与吉為持遣也、

十六日　塩屋と上伝馬札遣也、廿疋入、○朝舟町栄吉□□門普請之儀相談、又小池潮音寺松木切由見ニ行処、用木ニなる用の者(ママ)なし、帰りニハねイ宮拝殿見而帰ル、茶漬後栄吉内へ行、暮方ニ西町安蔵来ル、門絵図引直持参見せる、先大抵宜見へ頼置也、茶漬出し帰ル、○長平・富蔵手間田あせかけ、なへ場拵ならし、晩方籾蒔也、

十七日　晩七ツ前少々雨、○下地ノ人大村六十七八男痰祈十疋入、○下男せとみかん草削り、

十八日　大村仁平九才女子ほうそうぞやミ祈廿疋入、○土手丁善右衛門十二女疳祈十疋入、○馬見塚□□丑ノ年男臨廿疋入、○かや町おろく七十才女せき出気分悪祈廿疋入、○かや町塩や弥右衛門未ノ年男痰強護摩百疋入、○長屋南より東北つま迄よしづ打、戒浄と子共も手伝出来大ニ能成ル、○子共弐人みのやへ絵具・香の花・さつま求、○下男せとみかん草削、風呂、

十九日　朝より少々ツヽ雨、終日折々光曇ル也、○朝かや町護摩勤、晩方ニ札遣也、○同丁弥次郎分も札遣也、大村同断遣也、○小坂井庄平廿九才男熱強廿疋入、○子共灯油香の花・上菓子百文求、○助九郎もち一重・ふき二把入、○下男せとみかん草取わら敷也、

廿日　未明より少々ツヽ雨、終日降ル、○横丁甚吉来ル、地蔵尊一万枚摺開眼頼来ル、直致遣十疋入、○柑子八郎左衛門廿四才女初ハしよふ□じ此節胸仕(支)食事進

兼祈、〇かや町吉蔵より辰四十九才男、三年計黄だん此節重りこま頼来ル、百疋入、〇源六より大師様へ備餅十五外壱重十一上ル、〇子共上菓子・千才草合三百文求ニ行、上ケも求、〇外ニ弐人かや町鋳物師召ニ行、明後日来ルと云、西町久次へ細工ニ来ル様申遣也、当分得不参と云、

廿一日　昼前後雨少々、曇天也、〇朝御影供勤、〇源六へ供物遣也、〇かや町こま勤、晩ニ札遣也、〇柑子村札同遣也、〇子共有米糖・よふかん三本求ニ行、〇清源寺見舞来ル、〇西宿勘之助四十九男臨加持廿疋入、〇弐人剃髪、〇下男前みかん草取、

□(廿)弐日　朝より曇ル、四ツ頃より少々終日雨、五ツ過より御城□隠居悔ニ行、玄関手札出也、昼前ニ帰ル、供下男連也、〇新銭町富吉廿二男引風祈廿疋廿四文入、

廿三日　普請組池ノ井義八申ノ年女気積祈廿疋入、〇瓦町浅吉五十二女疝気腰釣祈廿疋入、〇新銭町札遣也、〇子共町へ行、画はけ等求、代払、〇かや町鋳物師来ル、地蔵堂ノ三ツ具足唐金煮黒ミニ而三両弐分ニて誂、尤此方ノ本堂ノ花瓶壱ツ・らうそく立壱ツ・香炉壱ツ手本ニ遣ス、外ニ古花瓶壱ツ売遣ス、持行、〇下男前みかん草取、晩ニ新田権右衛門よりわら求、二荷運ニ行、取寄ル、

廿四日　談合宮八次郎八十才女臨加持廿疋入、〇昨日弐人ノ者札受来ル、〇長平・富蔵手□田打来ル、〇下男九左衛門前さゝけ・中手小豆植ル、小豆ハ平十ニてかへ来ル、〇九左衛門積ニて腹痛薬所望来ル、〇反魂丹少々・赤玉壱ツ遣、スカヌキも遣也、〇昨日富蔵婆々百ケ日膳振舞、壱膳めし一重来ル、

□(廿)五日　朝夕部五ツ半頃より雨、今日終日少々ツ、降、晩七ツ前より天気風ニ成ル、〇高須作十より七十八男痰祈即座勤、廿疋十二文入、〇朝おちの来ル、九左衛門今朝ハ腹痛□□□たん切廿四文為持遣也、〇子共かや町手本遣、三ツ具足取遣候処、香炉計来ル、跡弐品ハ暫かし被下と云、〇天神祭子共致町へ供物求ニ行、〇下男終日こもあミ致ス、

廿六日　斎後下地石屋へ行、石手水鉢壱ツ註文ス、尤寸尺ハ石塚庚申ノ通ニて岡サキ石ニて代金弐両ニて細工引合、尤浄水と深彫ならハ少々ほり代外ニかゝると云也、夫より元下じ(地)栄福寺門見ニ行、其外聖眼寺・龍雲寺へ寄見テ来ル、其内ニて龍雲寺門細工□□、○城内石矢四郎助六十五女ヲコリ祈廿疋入、○下男前みかん草取、

□□日(廿七)　横須加源四郎八十才男老忘臨三十疋入、○城内札遣也、○樫ノ山近所槙平密門年礼十疋・ゆこう糖一入、○新田おりす牡丹もち一重入、○子共門前草取掃除、○下男朝よりみかん草取、昼より九左衛門前粟一枚蒔、○大根たね・水なたね刈等いろ〳〵仕事也、

廿八日　田町忠蔵七十六男老忘祈廿疋入、○中せこ(世古)佐五八六十六女痰祈占廿四文入、○新田治助婆々来ル、羊寒(羹)一本入、○子共弐人上菓子弐百文求、又みのや五種香弐百文取、

廿九日　中せこ佐五八札遣廿疋入、○子共みのやへ行戒浄熱取薬葛根湯三服取、焼ふ三十二文求、○舟町栄吉細工ニ来様手紙遣也、

四月

朔日　北川おもと来ル、明日養子貰ヒ□□祈頼来ル、男廿七・女十六也、○子共みのや薬三・す求、○下男前みかん草取、百文骨折遣也、○みそ一重ツ、長平と富蔵へ遣也、明日田打来ル様申遣也、

二日　太平札遣廿疋入、○上伝馬九八卯ノ年女せき出祈十疋十二文入、○高須十右衛門わた十一所・いね場二か所祈三十疋入、○北川乙吉太平養子ニ行ニ付挨拶ニ来ル、○長平・富蔵手間絹田打済、都合両所二日四人手間ニ打也、○下男前西草取、○夜分四ツ過ニ魚町こんにやくや善六より三人来ル、三十八才男内よふニて苦敷祈三十疋入、

三日　こふく町九文じや使女来ル、斎米三合・らうそく弐丁上ル、外ニ上板黒ぬり・縮緬うら赤旛壱流上ル、○高須ノ人犬之子三吉四十九□□長病不食祈廿疋十二文入、○高須十右衛門□□遣也、○こんにやくやより大分楽ニ成申来ル、○九八札遣也、○勘右衛門へ

養子ニ太平へ乙吉行悦十疋為持遣也、○若め三十六文求子共行、平四郎よりとうふ二・まん中一袋来ル、○子共門前草取、庭も少々取、寺内出掃除ス、

四日　前芝岩吉五十才男内よふ祈即座札遣也、廿疋入、○新せん町十吉取次片神戸五十一男登祈、晩札遣廿疋入、○高須札遣也、○平太郎ふき一わ入、平八礼来ル、扇一遣也、○子共上菓子弐百求ニ行節、かや町ニて古花瓶・らうそく立取帰ル、○権右衛門へ金さいそく手紙遣也、

五日　新田倉作・おしげ・北川覚蔵右三人牡丹餅壱重ツヽ入、○代官丁西岡米弐合計上ル、○権右衛門より先月かしノ金壱両返受取、○子共弐人大工栄吉さいそくニ遣也、香ノ花十五文求、○庭紅葉細葉類枝ならし、

六日　折々小雨、○九文じやかヽ参、○子共庭草木ノ枝おろし壺ノ内根也、○下男みかん草取、晩こへ取行、

七日　未明より終日時々雨、○子共皆々花持参、朝より戒浄・子共三四人し花堂出来ス、七ツ前迄ニ済、○朝本町忠吉・百ト親父九十才男老病祈廿疋入、即座勤、其外占人壱人来ル、○横丁甚吉子共全快礼参十二文入、○民平牡丹九ツ入、

八日　未明大雨、今日も終日夜へ向大ニ降、○朝誕生会勤、参詣少々有、四五人入来ス、○長楽佐次右衛門四十一女気分悪夜不寝祈、即勤廿疋入、

九日　昨晩より今朝迄雨大降、今日は天気ニ成ル、田町セこ久五郎三十四女ヲコリ祈廿疋入、晩札遣也、○平十・平六牡丹餅来ル、○尺(釈)迦供物ヲ平十・六郎兵衛・権右衛門・伝四郎・助九郎・平四郎へ遣也、平四郎若め三十二文遣也、○下男朝よりセとみかん草取、○晩九左衛門前一枚唐ノ黍十二把皆植済、

十日　要助牡丹餅一重来ル、茂右衛門隠元来ル、○上伝馬半蔵十才女子胸仕(支)祈廿疋十二文入、○庭掃除、○九左衛門より二月ニ五両かし證文持参、尤馬見塚□故都合九郎右衛門證人印形計ニて十二月迄かし、○下男朝より新田よりわら五六荷運廿四文与、

十一日　晩七ツ頃よりそろ〱雨、夜へ向降出し、○上伝馬札受来ル、○夕方本堂前西ノ障子壱本・まみ弐疋来ル、骨折おそろしき音致也、○戒浄ニ今日昼後十八道少々授ル、○下男朝よりせと前東へ唐黍植ル、せと小苗間へ十八わ、前へ七わ植合廿五わ也、

十二日　悟真寺専称軒婆々くび腫物痛祈廿疋入、○ハねイ(羽根井)源次郎来ル、まんちう十二入、○佐助こふく町奉公行下山断、机持参、○吉作庚申餅七ツ入、○下男せとみかん草取、

十三日　新田市左衛門柏十五、北川平十十五来ル、○西町大工安蔵表門絵図書持参処、何分材木・瓦迄惣渡ノ積致来ル様申遣也、○子共弐人の川や草取遣也、○大工栄吉へ細工来ル様申遣也、○衣屋元吉来ル、らうそく十一入、○下男みかん草取、

十四日　天白前長太郎五十三男大病祈廿疋入、○六郎兵衛柏九ツ、久左衛門初節句十五入、巳作十五入、○七蔵こふせん一重入、田小手切来ル、長平も来ル、昼より腹いたミ仕舞行、与吉九左衛門前麦刈初、

十五日　かや町源吉四十才男痰祈廿疋入、○下り町藤助廿七才女積ニ熱祈廿疋入、○子共弐人灯油・上菓子・香の花・まつ香求ニ行、○天白前長太郎札遣也、○北川岩吉嫁連来ル、森岡より貰と云、○馬庄来ル、天小九升四十八文かへ、油たね一升四十八文かへ、売代五百文取、○与吉昨今ニめしたきなから九左衛門弐枚麦刈済、晩ニたがやへ下桶取ニ行、

十六日　伝次郎へ娘清須へ嫁入祝義百文、平六へ嫁来ル、十疋遣也、○舟町なべ屋源吉弐才男子せニ呑祈廿疋入、○かじ町九左衛門三才女子疳祈廿疋入、○平五郎粕(柏)十三来ル、昨日ノ弐人札受来ル、○朝半十・重作吉川へ茄子苗廿五本求ニ行、代廿(ママ)文払、九左衛門内せとまさき等植ル、○下男長全寺前麦刈初、朝ハ九左衛門前小物こへ出し、夕方より雨、

十七日　なべ屋札遣也、○かじ町札遣也、○三作粕十三入、○与吉昼迄前東クロおこし、唐黍弐百四五十本植ル、昼より長全寺前麦刈、

十八日　朝雨終日也、○新田倉作粕十三、坂津由太郎

十二来ル、〇かや町弥平次十四才女腹痛祈、〇下男長全寺前麦刈、雨故わら細工也、〇子共弐人みのや薬三取ニ行、又かや町鋳物師へ先方より頼ニ付、本堂火瓶本立香炉為持遣也、新調ノ形取筈也、

十九日　北川清八五才女腹下り祈、〇松山利左衛門九才女ヲコリノ躰祈廿疋入、〇松嶋権四郎五十七才男疳祈三十疋入、〇新田民平粕十一来ル、〇平次郎・弥平次札遣也、〇子共上菓子弐百文求ニ行、〇下男長全寺前こへ出し、〇夕方麦叩聞行処当分なしと云、

廿日　松山・松嶋札遣也、清八同遣也、廿疋入、〇うりこ（瓜郷）惣助来ル、七才男子虫不食胸苦敷祈弐十疋入、〇子共弐人の川やへ筆二色取、みのやニてせんき薬取長全寺頼也、〇与吉麦入、前屋敷はいこへ出し等也、五十文遣也、

廿一日　朝子共弐人上菓子百文胡マ油求ニ行、〇昼後うりこごま勤、〇九左衛門より陰（隠）元豆入、長全寺薬代五十六文入受取、

廿二日　未明より終日雨、昼前後大降ル、〇新田久右衛門酉ノ年男臨加持即勤廿疋入、札遣也、〇百度兵太郎九十才男手足痛廻り祈、〇うりこ惣助参札遣也、〇かや町鋳物屋平吉より、新長や与茂蔵使ニて此間此方より手本ニ遣候三ツ具ノ内、香炉壱□計持来ル、新三ツ具足形も出来候故、湯金地金ニ壱両弐分先かり致度申故かして遣也、近々ニ新三ツ具足も出来ルト云、

廿三日　朝札木和泉や勘兵衛より京八木治郎左衛門より地蔵尊御前立一躰・小仏こくう蔵菩薩箱へ入壱ツ持参、ちん三十二文受取印致遣也、〇作平粕十一入、〇柴や与惣次四才女腹下虫祈、〇兵太郎札遣廿疋入、〇晩七ツ前京八木治郎左衛門亭主弐人連来ル、地蔵尊再興代壱両弐分・こくう蔵菩薩代壱分弐朱渡、神教丸十粒入、

廿□□（四日）　清水千代吉四十才男長病腹張祈廿疋十二文入、〇かや町仁左衛門五才女子虫祈廿疋十二文入、〇柴や与惣次祈礼廿疋入、子共死断也、〇巳作□箱金具でば磨キ持来ル、〇与吉白胡マ九左衛門前蒔、さゝけまざき也、〇今日庚申、下迄白飯、

廿五日　晩八ツ半頃よりそろ〳〵雨、夜へ向降、○要助粕十一入、○清水千代吉札遣也、○朝子共庭草取、○天神様祭幷座改書壱枚ツヽ致ス、○下男みかん□□草取、わら細工等也、○戒浄祈祷札こま□摺也、
廿六日　未明も大降、今日終日はら〳〵雨、○かや町仁左衛門子ノ年五才女臨加持廿疋入、再祈也、○下シ（地）甚五郎四十六才女疝積祈廿疋入、○子共の川や大のり二・筆取ニ行、○子共仲間中座改一枚ツヽ、書墨付致遣也、○平三郎粕十五入、内十三助九郎へ遣也、○戒浄祈札摺廿枚余也、○下男こへ取長屋□付わら細工等也、
廿七日　下シ甚五郎札遣也、○久米屋粕十二□□、○□作小《（久我）》がさゝけ少々入、○子共弐人上菓子求ニ行、○斎後平四郎へ行、表門図幷絵ト□□見せる、粕十三遣也、○西町安蔵へ子共□□手□為持召ニ遣処無拠来ル、図幷帳面通積り処、能引合惣槻ニて敷石迄一切渡ニて五十両程ニて渡引合定遣也、○麦たゝき長平かゝ・お色弐人来ル、昼過迄ニ済、六駄三束たゝきこなし立帰ル、
廿八日　かや町弥平次母来ル、十四才女先達而祈頼□□、夫より少々用候へ共気分悪ク再祈頼来ル、○朝子共かや町平吉へ手本遣、花瓶・らうそく立取、□□今日よりかゝり候故手本入と申又昼過ニ為持遣也、○大工栄吉へ談度儀故申遣也、直様来ル、上ケ十一入、菓子遣也、女房いまた病気故仕事ニ来ル事暫延引申也、○門ノ木寄□今日より西町安蔵方へ運先金六両計受取度申来ル、又明日来ルと云、○戒浄清源寺へ来朔日こま助法頼遣也、上ケ十一遣也、○与吉朝より新田権右衛門方ノわら十五束運、先達而より合四十三束ニ成ルと云、西ノ山ニていなふらニ致置也、
廿九日　朝古茂口《（孤）》大工惣三郎来ル、表門建立□金□内金五両トせニ六貫六百文合六両□□渡、明日下地より西町迄少々木寄と云、○長平・富蔵手間、昼迄長全寺前黍蒔□□田小手切行、廿四文ツヽ遣、○下男麦初而干、○弥平治礼廿疋入、
晦日　朝より本堂・こま堂等掃除、立花等晩迄済、○

昨晩二ばん丁小沢幸助五才女子下□□祈、今朝札遣也、廿疋入、○子共町へ買物行、○かや町源蔵へもち百五十頼遣也、○子共□□其外近所ニて菖蒲花貰ニ行、□左衛門へ男子初節句祝十疋遣也、○下男麦干、九左衛門前豆うへ長全寺前少々め（目）明、庭掃、○風呂近所来ル、

五月

朔日　上伝馬彦十、四十八才男ふらくら熱も□祈廿疋入、○下シ（地）七右衛門三十五女はいよふニ疳祈□十疋入、○天白前取上婆々五十一男病キ祈、○新せん町六右衛門廿一男籠性祈廿疋入、○茂右衛門粕十一、半十九来ル、○斎後こま勤□□、○□□□清源寺助法ニ頼上茶・青柳小□□袋入、十疋布施遣也、○戒浄・子共村方礼□□、○朝平四郎来ル、昨日御役所ニて中セこ観音堂□何之時代より支配哉書付有なら差出様□□ニ付、観音堂由緒書写、晩方ニ院主源作伴ニ遣シ平四郎へ持参ス、○下男長全寺前残り少々目明、大豆植ル、

二日　夜ニ入少々ばら〳〵雨、○下シ藤右衛門六十一才男積（癪）ニてとうき祈廿疋入、夕方札遣也、○天白前久平札遣也、四百十二文入、○上伝馬と下シ、同新せん町へ札遣也、○朝平四郎来ル、○中セこ代々書写御役所へ持行処、跡より院主子共伴役所□行、□光より以来ノ和上ノ□□書御差出し、尤平四郎□□御役所へ同出ル、院主□□□□夕方□方へ差越□□文言ハ観音堂由□□□外ニ瓦十□□□□□秋葉堂ヲ以立ル様□□□□古記有哉□出との文言也、暫ク□□□□帰宅、

三日　終日雨少々、朝平四郎へ行、観音堂入仏之願□書見出し持行、見セる、相談ノ上帰り是ヲ半□書写初、晩方迄ニ少々書残る、○朝田町甚右衛門三十一男積痛祈廿疋遣也、○太平へ婚礼祝義十疋遣也、乙吉目録有故也、○九右衛門へ四枚ノたこ□□祝ニ遣也、今年ハ節句延ト云事、○ハねイ（羽根井）政平粕十九入、○下男せと目明、黒まめ□□、

□□（四日）　朝平四郎殿入来ス、○昨日申談置候観音堂入仏□□□□□候故、役所へ出様渡、夕方帰寄少々□□□

も真字ニて早速不読分直ニ返、其時□□□外ニ古キ書
無は宜敷と而断申也、○子共□□□少々ツ、遣也、○
本堂庭等掃除ス、
五日　□□雨、昼より天キ、礼人五六人来ル、粕(柏)三作
計来ル、○こふく町九文じや参、地蔵尊彩色資道上ノ
儀語也、○与吉下五井与左衛門へごま札持遣也、
□□(六日)　未明より雨、昼前止、○かや町たかや利吉四十
二男腹痛祈廿疋入、○増蔵粕七ツ入、○長平・□蔵手
間、田うねかへし、長平かゝ□□連小物草取来ル、
□日(七)　今夕より戒浄十八道ノ正行初、○松井五郎右衛
門婆々六十七女積胸先痛祈、○かや町吉蔵四十二男臨
祈廿疋入、○田町幸右衛門熱強祈、三十七才男也、廿
疋入、○夕方御役所廻状来ル、御改革ニ付□方奢侈誡
御触也、○長平かゝ半人小物草三十六文、娘半人十八
文合五十四文為持遣也、醤油二ばん壱壺遣也、
八日　朝□□□廻状坂つ寺へ持行、○城内大久ホ□□
□札遣也、十疋入、其後又若党来ル、廿疋入、○□□
□吉祈願頼也、○上伝馬仁八寅六十三男ヲコ□□□祈
廿疋入、
□□(九日)　□より雨、終日夜へ向降ル、○朝平四郎へ此間
□□□役所へ行、礼ニ行、枇杷壱包遣也、○上伝馬札
遣也、○次作頭痛坂つより母迎ニ来ル、○下男長全寺
前クロ仕事ス、
十日　折々雨、夕方より天キ、○平四郎より粕十九来
ル、○子共弐人かや町鋳物やへさいそくニ遣也、下じ
石屋へ聞ニ遣候処、岡サキよりいまた不来と云也、○
昨日新田権右衛門内病キ、うとん六十見舞ニ遣也、今
日同家へ先達而わら四十三束求分弐朱と六百文三作ニ
為持遣也、
十一日　本町吉蔵朝来ル、七十六才女疝積流ゐん(溜飲)祈、
晩札遣也、廿疋入、○下男屋敷草取こへかけ也、
□□□(十二日)　□□七ツ前より雨、夜へ向降ル、○瓦町久米
吉札遣也、○□男鍬仕事也、
十三日　未明より続而雨、大降也、漸々今日晩方止、
曇天ナリ、○田尻浅吉四十才女産後大病祈廿疋入、□
祈念札遣也、○半原代官橋本又兵衛老女臨加持頼来

ル、城内宇左美氏親類故、又明朝来ルと云、○平十内来ル、坂下定八柏十一入、
十四日　半原札受来ル、大札認御符共遣也、三十疋入、○川サキ五助未ノ年男腹病祈廿疋入、○うを町杉田屋八五郎丑ノ年男風強祈廿疋入、○今日は戒浄加行結願、日中ニ済、赤飯少々致ス、○馬庄来ル、反古売、○衣屋元吉来ル、江戸本丸焼失、又水戸公隠居と云、高松殿後見と云語也、
十五日　夕方より雨ニ成ル、○昨日三人之者札遣也、○本堂雨もり直し、蔵鼠穴塞ク、○夕方下地石や来ル、先達而註文ノ手水鉢、寸法長三尺ニて八岡サキ石も高直故、弐両ニてハ出来不申也、弐両弐分ニて寸法通ニ致と云故其直段ニて頼、尤寸法恰好石塚ノ通ニ致引ニて、浄水と中文字もあれを写引合ナリ、○与吉せとみかん草取、小麦たゝキ等ナリ、
十六日　未明より雨、今晩止、○中芝平兵衛八十才男倒より中性ノ躰片身不叶祈廿疋入、○平十へ枇杷少々遣也、
十七日　晩八ツ半頃より雨、ヲハタ中沢勘介来ル、弐才男臨加持、晩札遣也、礼物不来也、○坂ツ平三郎唐黍丹(団)子一重入、枇杷少々遣也、○長平・富蔵手間、田うねかへし、長平より焼麩少々入、
十八日　松山又右衛門巳ノ年女腹痛祈、○新田五郎右衛門酉ノ年男疝積祈廿疋廿四文入、○西宿ノ勘助寅ノ年女瘧祈、○子共町へ行、上菓子弐百文・すゞ求、○晩七ツ頃楠葉禅明弁八わた神王寺弟子仏休同道江戸へ行と云来ル、宿ス、尤両人とも丹後より直ニ来ルと云也、仏休路用遣切借用願初也、
十九日　朝両人ノ坊主出立行、禅明ニ弐百文菓子料ニ遣也、仏休事同断也、○今日は田植、長平・富蔵、植女ハ両人ノかゝ・おいろ三人也、女ハ昼飯・小時飯出し百文ツヽ、男弐人へ百文ツヽ、骨折り、与吉へ五十文遣也、○新田治助うとん壱重、権右衛門一重、坂つ治三郎めし櫃一重来ル、田日雇共へも出し、半右衛門へ少々遣也、○政蔵粕十五来ル、内十三助九郎へ遣也、○松山又右衛門札遣也、廿疋入、新田も遣也、

廿日　舟町喜太夫寅ノ年女疝積祈、○馬庄来ル、反古売代三百六十五文取、○朝清源寺と河岸龍運寺住持来ル、龍運寺白さとふ一袋入、手跡学度願来ル、又跡より一二本進と云也、○新田おしけうどんこ一重入、○長全寺前黍ノ草取長平かゝ来ル、下男こへ出しス、

廿一日　御影供如常、○晩七ツ頃よりそろ〳〵雨ニ成ル、○舟町札遣也、○三作銭四十文計失、子共中吟味致候へともとふ〳〵不知、○下男外小物こへ出し、

廿二日　夜前九ツ前大雨也、今日は天キニ成ル、○今日は村方野休日待有、○平五郎うとん二重来ル、○政蔵粕(柏)十三入、○新田権九郎申ノ年女ヲコリ祈、○横丁山田や平八寅ノ年女ヲコリ祈廿疋入、○村役人三人其外壱両人礼ニ来ル、○長平かゝ黍草壱人分七十二文渡、つぼ・唐黍もち少々遣也、

廿三日　未明雨、今朝少々降ル、○瓦町権平六十七男流ゐん(溜飲)積再祈廿疋入、○田原在谷之口と申所より四十三才男ヲコリ初祈廿疋入、○北川伝次郎うとんこ一重入、○市作茄子十一入、○清源寺来ル、龍運寺ノ文章弐本認遣也、○昼後下男二はん丁光平へ蛇ノ目傘壱本・万(番)かさ三本張かへニ遣也、○下地石やへ傘取遣也、

廿四日　朝戒浄龍拈寺地中盛源院へ絵ノ稽古頼ニ行、尤迎善僧も同道也、弐人してまんちう葉書三枚遣也、杜若一枚ツ、手本ニ書呉ル也、みの紙一帖遣置也、絵筆類少々求、○子共の川やへみの半し・筆等取行、○古(菰)茂口惣三郎へ細工ニ来ル様申手紙遣也、○谷ノ口ノ人札遣也、○中郷孫太郎来ル、○田尻弥平三十一男疳祈、○ヲハタ勘介子死礼廿疋入、○平三郎うとん一重入、○倉作・要助・久米蔵もち入、○りす茄子・うとんこ入、

廿五日　天神祭子共致ス、○クミ竹田郡左衛門四才男熱強祈廿疋入、○かや町紺屋より三十七男食事不受祈廿疋入、○三作うとんこ・茄子九ツ入、○民平赤飯少々入、○おつね・坂下おさと躰痛占、○和平来ル、今ニくびノ腫物悪クト云、○慈明より書状来ル、七月より受戒前行持参住山と申来ル、

廿六日　未明より少々ツ、雨、今日五ツ半過より天

キ、○戒浄朝盛源院へ絵見セニ行、又弐枚持帰ル、○クミ札遣也、○行明清兵衛六十九才男十日計絶食祈、○かや町札遣也、○馬庄来、古金少々売、○楠葉よりはりまや届ニて慈明より書状来ル、当九月受戒ニ付盆過より前行旁住山と申来ル、尚南都知足院義門和上三月廿四日御死去、り観も二月死申来ル、

廿七日　未明より少々ツ、雨、今暁より六ツ半頃大ニ降、夫より追々天キ、○丑久ホ(牛久保)兵之介六十九男中性直シ祈廿疋入、○上伝馬善四郎取次五十五才男流ゐん祈廿疋入、○行明札遣也、三十疋入、

廿八日　上伝馬札遣也、○八左衛門同遣廿疋十二文入、○松井五郎右衛門戌ノ年女臨加持三十疋入、晩札遣也、○西町たかや来ル、○アクミ(飽海)廿九才女大病祈廿疋入、○田町惣八五十七女時候祈廿疋入、○迎善来ル、婆々ヲコリ土砂遣也、○俊次郎来ル、村方より七人三山上参、笠印頼来ル、三ノ字と㊅ノ字書也、○茂右衛門よりうとんこ弐袋入、津嶋札二来ル、十二文上ク、○上菓子弐百文求、

廿九日　西町たかや・松井氏・坂下札遣也、○田町セこノ三右衛門八十二女臨加、○日色野七郎右衛門十三男違乱祈、○クミ郡左衛門七十五女時候祈廿疋入、○上伝馬富蔵四十二男大病不食祈廿疋十二文入、○前(芝脱カ)六蔵廿三積気ノ躰祈、○三山上参り者五人へ十疋ツ、餞別為持遣也、二三人礼ニ来ル、○しほ弐升求、代五十文払、○上方行手紙四本計書、

六月

朔日　今朝三山上参出立寄也、○馬見塚利八廿四才女ヲコリ祈、○城内岩上角右衛門廿九才女積祈、○北川彦助両手足大ニ痛祈、○札木藤屋彦七八才女けいヲコリ祈廿疋入、○新田彦三郎八十四才男胸苦敷祈、○百度八左衛門茄子七ツ入、○今日は天王社庭草小正月□□□休只坂つ弐人来ル也、○治作うとんこ一重入、

二日　かや町吉蔵廿三才男臨加廿疋入、○昨日ノ者皆札受来ル、○斎後弥介・重作弐人札木和泉屋勘兵衛方へ早便ニ而大坂はり(播)仁へ向みかの原国分□書状遣也、尤伊賀飛脚へ出しほうけいじの村藤兵衛名当ニ□紙致

遣也、ちん大坂迄弐百□□、○昼より長平内麦かじ来ル、下男と弐人して済、

三日　おつき来ル、六蔵札受来ル、初尾廿疋入、○夕方政蔵宗門印形取来ル、○新田金三郎うとん一重入、○子共白木やへ絵団(扇脱)十三本取遣也、今朝戒浄盛源院へ絵持行、帰りニ団見置代弐百四十二文払置也、○野川や白団十二本取ニ遣也、○舟町栄吉へ板かくの□□壱枚持セ遣也、○下男麦上ケ干、朝田水見ニ行、

四日　朝四ツ頃より戒浄半右衛門へ天王様かく掛あんとう(行燈)書行晩方ニ帰ル、○田町甚吉三十二才女咳出祈、○下男朝よりあら麦俵入〆ル、四俵壱斗弐升也、夫より田こへみそ糠入こなし、

五日　未明少々雨、今日昼前後より大雨降、漸晩七ツ過止、○昼前より戒浄百度三軒ト半右衛門へ団二本ツ、配り行処、大雨ニ出合半右衛門ニて逗留、斎喫七ツ頃帰ル、○田町甚吉札遣廿疋入、○庄やよりアリキ来ル、宗門落印有ニ付取来ル、直様又持参、○下男朝より米一斗弐升一合搗、夫よりわら細工ス、

六日　日色の七郎右衛門札受来ル、三十疋・米一升入、○田町豊□三十三女腹下り祈廿疋入、○田草取中郷弐人・富かゝ合三人、富蔵手間あせ草刈、絹田へこへ、みそ糠弐斗程合入レル、下男も荷也、

七日　田町豊吉札遣也、○常陸方へ暑中見舞ニうとんこ一重弐升遣也、○九平等三人巻ニ而常陸点前句天王社灯額認頼来ル、五十句也夕方持行、○子共弐人ふな町大工栄吉へ板額板ふち共取行、ハねイ(羽根井)一松斎ニ認子共持行、○戒浄、北川五軒・中郷団弐本ツ、配、○下男長全寺前耕作行、○子共上菓子求、の川や半切弐百取ニ遣也、○夜分戒浄・与吉権現様へ参行、

八日　市バ林蔵六十才男持病風痛日々不快、理趣分祈頼来ル、○ハねイ作次郎来ル、十五日頃ニ三山上へ出立、三山掛物二ふく・石尊二ふく頼来ル、○市作うとんこ一袋入、○子共町へ行、香花求、○晩方要助伴平四郎、助九郎前三軒山参見舞行、○下男干か一求ニ行、代払、○長全寺前耕作等也、

九日　久左衛門へ団弐本遣也、○民平茄子七ツ入、○

子共みのや葛根湯三取、胡マ油求、○子共弐人ハねイ
板額持行、八幡社奉納分也、○観音堂暑中見舞来ル、
上茶一箱入、○下男干かこなし耕作こへ取、田水見ニ
行等也、
十日　大ニ暑シ、晩方少々雨、○朝天王社参、前句灯
五ツ有、半右衛門へ寄、○ハねイ(羽根井)和平うとん二重入、
○富蔵一重入、内壱重六郎兵衛病キ見舞ニ遣也、○市
ハ(場)林蔵札遣也、五十疋入、○橋良清右衛門札遣也、廿
疋入、○小松松次郎三十一女ヲコリ跡気分悪祈十疋
入、○清源寺婆々臨加持頼十疋入、○中村兵右衛門家
内六人息災祈、同村市郎兵衛八人息災祈、○三四人礼
来ル、
十一日　市バより札受来ル、弐軒分遣、四十疋入、○
小松同遣也、廿疋入、○中郷三山上参仲間赤飯一重
入、○百度同一重入、○今日ハ中ノ御山日、村休日
也、○ハねイ三山上詫三ふく・石尊三ふく書也、
十二日　未明より終日雨、時々大降、○新銭町(ママ)　丑
ノ年女初ヲコリ祈廿疋廿四文入、○平十より参宮ノ土
産ニ御祓・つけき三束・かい杓子一入、○九左衛門団
一本・つけキ八わ・ぬりめし杓子一入、
十三日　未明より雨、漸晩方天キ、○新せん町札受来
ル、○ハねイノ三山上認物取来ル、三軒分二枚ツ、六
枚遣也、○子共弐人の川やへせん香・すミ三丁取遣
也、内弐丁ハねイ左助へ礼ニ遣也、みのやニ而清命丹
五十文取、
十四日　上伝馬久左衛門六十三女くわくらん(霍乱)ノ跡悪
祈、○ハねイ十作うとんこ一重入、○上菓子弐百文
求、
十五日　今日はうとん弐升打、甚みじかし、斎用、河
岸又八六十四才女初ヲコリ祈廿疋入、○上伝馬久左衛
門札遣也、十疋入、○半右衛門より暑中見舞ニ江戸番
白うり・木瓜合九ツ・茄子共入、○衣屋甘酒一重入、
助九郎へうり三ツ・甘酒遣也、○清源寺甘酒一器入、
○昨日清源寺来ル、下婆々廻向料廿疋入、心ヨ定陰信
女也、
十六日　斎過清源寺へ婆々悔ニ行、平せん三わ遣、寺

へさうめん十一手遣也、○川サキ甚八六才男子虫祈廿疋入、○下り町安兵衛五十五男躰痛祈、○高須十右衛門内来ル、亭主五十才ふぬけ致たよふニて只出家がこわいと申、占来ル、○ハねイ久作うとんこ入、○院主歯痛ニ付子共みのやへ辰砂五十文求ニ行、○田二はん草取、女三人出下男ほしか入レル、田草取も少々手伝也、

十七日　川サキ・下り町札遣也、○平四郎来ル、暑中見舞ニうとんこ弐袋入、○田町セこおいそ五十六女疝積ノ跡ヲコリ祈、○新せん町助八、七十二男祈廿疋入、○瓦町清八、三十九才男疳祈、○朝戒浄龍持行、絵不調帰ル、○孫太郎うとんこ一重入、○馬庄来ル、八く竹(淡竹)皮壱貫八百匁売代弐百文取、○子共上菓子弐百文求行、○ハねイ久八、作蔵ノ卓取ニ来ル、新城へ奉公ニ行故也、

十八日　昨日より八専、終日折々雨、○札木彦七全快礼参十疋入、○昨日之者札受来ル、初尾も入、○よこ丁甚吉孫病差重る様又占来ル、札も遣也、○大西文蔵六十四才男積流ゐん(溜飲)祈、○長平手間、せとみかん草取、

十九日　終日折々雨、○城内袋小路中根幸右衛門四十才男ヲコリ祈廿疋入、○神ケ谷清蔵七十三才女ヲコリ祈廿疋入、○半蔵カホチヤ一ツ入、○伝次郎茄子十入、○茂右衛門さゝげ一包入、○よこ丁甚吉女子死、衣屋より知セ也、

廿日　昨日弐人ノ者札受来ル、○舟町庄兵衛七十四才女加持十疋入、○助九郎うとん二重入、斎ニ沢山ニ用、○御堂セこ甚作見舞来ル、○金作朝顔一本入、○ハねイ兵左衛門うとんこ入、○本虫干、○馬庄来ル、大豆七斗、六十一文かへ売代弐分弐朱三百八十三文取、

廿一日　御作事久野幸蔵五十九女ヲコリ祈廿疋入、○次作赤飯一重入、○院主四五日おくバいたミみのや薬ニ取、○子共うら門内杉刈、庭も掃也、

廿二日　子共みのやへ薬弐取ニ行、○上菓子弐百文求、○久野幸蔵札遣也、○清須松右衛門江戸瓜十入、

菓子少々遣也、
廿三日　利町富屋十四才男虫祈、○子共大工栄吉へ遣、せかきはたさを誂申遣也、又うとんこ少々下男持遣也、
廿四日　利町とミや札遣也、廿疋入、○クミ中村金次郎丑ノ年女痰祈分廿疋入、○村清四郎来ル、上伝馬久左衛門六十三女臨加持頼来ル、尤先達而祈も頼也、○盛源院より絵二枚持参ス、○子共七夕色紙・ひやうそく等求ニ行、
廿五日　今日は庚申、源七もち来ル、○平三郎さうめん来ル、○浅吉うとんこ来ル、○クミ札受来ル、○高須十右衛門内亭主卯ノ年心間違祈、十疋十二文・白瓜三ツ・江戸瓜五ツ入、○天神祭子共致、○平十来ル、普請語也、
廿六日　未明夜中頃雨、今日は天キ也、○牟呂より江戸瓜売来ル、百文ニて十三求、内弐ツ有入足十五西町安蔵へ向普請見舞為持子共弐人遣也、○香の花十五求、○助九郎より白むし一重入、○田三はん草取、女三人来ル、○戒浄ノ寝冷薬二服子共取ニ行、
廿七日　昼過西町安蔵へ普請見ニ行、茶菓子料当百五枚遣也、○上伝馬久左衛門臨礼廿疋入、○村清四郎取次也、○新田金三郎真桑瓜七ツ入也、
廿八日　朝平十へ行、普請一件也、○斎後平四郎へ行、門普請金子盆払取かへ頼置也、さうめん十遣、○久左衛門うとんこ弐袋暑中見舞ニ入、
廿九日　吉川九郎兵衛七十八男長病加持、付物有様子也、○斎ニうとん、手搾みじかし、○朝源七(神)よりうとん施入と申来ル、明日ニ断申也、○昼前外上出火二軒焼失也、
晦日　吉川次郎兵衛廿六男、二三年所々へでき物祈廿疋入、○かや町塩や弥右衛門未ノ年男痰祈廿疋入、○百度源右衛門来ル、○仁連木五十七女不食祈、晩札遣也、○札木富田屋廿三才女病祈、○朝六郎兵衛へ大病見ニ行、白さとふ百文遣、臨加持共致帰ル、○源右衛門よりうとん沢山ニ入、斎ニ用、○上菓子弐百文求、○大神宮御祓・あらめ・はし一入、廿四文出し、

七月

朔日　今日は小正月也、○昨日之者札受来ル、○札木富田や札遣廿疋入、○由太郎西瓜一ツ・白うり壱ツ入、○新田市左衛門カホチヤ一ツ・もかり・蓮から入、○今朝五ツ頃地震ス、

二日　昼過ニ六郎兵衛へ再臨加持行、○ハねイ（羽根井）定蔵うとんこ一重入、○三相平七丑ノ年男積祈、廿疋・白うり五ツ入、○八ツ半頃定吉来ル、親父只今死申来ル、土砂遣也、○長平・富蔵手間門前杉刈皆済、○今夕温夏送有、

三日　三相札遣也、○百度源右衛門内松山祈来ル、廿疋入、○おしけうり弐ツ・茄子・さゝけ入、○八ツ頃六郎兵衛ノ送（葬）式行、香資廿疋遣也、願ヨ詫生信士也、○今日は朝より折々曇ル、雷も少々鳴、

四日　未明雨大ニ降ル、○昨晩定吉礼ニ来ル、三十疋・廿疋・十疋入、○こふく町九文じや使来ル、米一升・廿疋入、盆中ノ廻向料也、外三合・ろうそく二明日分入、○子共の川や扇いろ〳〵取見ル返、筆分取、外も二所計取見ル返、○六郎兵衛へうり七ツ・さゝけ遣、

五日　朝戒浄町へ行、本町金十ニて男扇四十本求、代八百三十二文払廿文かへ、同筆屋孫兵衛ニて巻筆七十本求代払、○清源寺廻状持参、盆灯明五ツ限触也、宅蔵院へ半十・八百蔵持行、○戒浄七夕燈額北川・子共仲間・西羽田分書、

六日　町組鈴木新平子ノ年女虫引付祈、晩ニ札遣、廿疋入、○高須惣兵衛六十三才男上り下り祈廿疋入、○八百屋九左衛門札遣廿疋入、○朝より子共七夕短冊付夜五ツ半頃仕舞行、○新田金三郎銀真桑三ツ・白うり一ツ、治助唐瓜一ツ入、

七日　沖木弥平四十四女長血祈廿疋入、○高須惣兵衛札遣也、○村三山参昨晩下向土産、六蔵・俊次郎・才次郎いろ〳〵入、○西町安蔵・古モ（菰）口惣三郎弐人来ル、門普請金ノ内壱分銀・弐朱金取合六両渡、尤此金ハ今日北川平十よりかり入金子也、受取書取也、○子共七夕祭夜四ツ頃皆仕舞行、

八日　朝四ツ前戒浄・子共皆々短冊流ニ行、○沖木弥平酉四十四才女長血祈、○かや町長玄六十四女臨加廿疋入、○北嶋薬師堂尼七十込上祈廿疋入、○大西忠三郎三才男子腹下り三十疋入、○晩方平四郎・助九郎・弥之吉・源六へ下向悦ニ行、○役所廻状来ル、今晩より明日迄先君一周忌平林寺ニ執行、停止触也、○本平・要助宅蔵院へ持行、

九日　此二三日ハ大ニ暑シ、○沖木弥平札遣也、三十疋入、○ハねイ和平祖父道ヨ七年・宣流三十三年ニ付明日斎招、又十疋・米一升入、○平四郎来ル、平作土産ニ富士御札・半切五十・くけ緒草り・ツケキ入、金九両持参借用ス、表門普請入用也、書付致し遣也、○田四ばん草取、富蔵娘・長平かゝ取、壱人ふそく故与吉手伝取也、

十日　朝より弐人ハねイ和平斎ニ行、○久左衛門へさうめん九手挨拶ニ遣也、○子共弐人しほ五十文求ニ行、○半蔵灯籠返ス、カホチヤ一ツ入、○与吉黍摘、

十一日　西町善太郎戌ノ年女ヲコリ祈廿疋入、○同所とミ五十二女積(癪)ヲコリ祈廿疋入、○晩新かし(河岸)富吉去冬祈とも壱分ト七百文払済、○長平弐朱代せニかし、○朝戒浄盛源院へ礼ニ行、廿疋・上茶一箱遣、○子共三人してせニ持の川や払、金弐分弐朱とも払済、○観音堂留主居来ル、上せん香一入、当廿二日より廿六日迄五日ノ間昼夜説法、岡サキノ徳阿招致度願来ル、聞届也、○子共四人計盆祝義入、○由太郎小豆一升入、○助九郎方へ盆さうめん十一手・青うり七ツ、外ニ扇弐本遣也、○和平来ル、昨日ノ布セ廿疋ト十疋入、

十二日　昨日ノ弐人ノもの札受来ル、○朝古茂口大工惣三郎来ル、門普請入用金之内八両トせニ壱両分合九両渡、受取書入、○子共八九人祝義入、○九左衛門牛房、権右衛門さうめん、六郎兵衛同入、六郎へ初盆らうそく十遣也、○平十扇一・青うり七ツ、衣屋へせん香一・さうめん遣、手桶一・かさ求、○子共町へ行、上菓子・す・扇求、○半右衛門へさうめん少々遣、七夕かく礼五分ノすミ弐丁子共仲間より遣也、

十三日　子共皆々礼入、扇・筆等遣也、○平四郎へま

ん中・牛房五本遣也、先よりさうめん・白うり三入、○権右衛門さうめん五入、○伝次郎同七手入、○源六牛房五入、○清源寺よりさうめん九手状袋入、此方半切百・麸三十遣也、夜ニ入四ツ半頃御役所廻状来ル、加納備中守伯母死、停止触也、

十四日　九左衛門・源六もち来ル、○朝宅蔵院へ廻状下男持行、○清源寺へ随宝初盆らうそく七丁遣也、○礼人夕方四五人来ル、○上伝馬岩吉四十二女産祈、

十五日　礼人夕方迄多分来ル、○九文じや夫婦参十疋ツヽ入、○行明弥五平六才女・三才女疳ノ虫祈、○助九郎礼人取次頼、

十六日　礼人少々来ル、○下男町へさゝ廿文求行、七わ也、○北川惣右衛門さうめんト祝義入、

十七日　田町万蔵四十才男祈、○舟町義助四十四才女流ゐん(溜飲)祈、○中村久蔵七十七女臨加、○中セこ説法願書認庄やへ下男持行、

十八日　元かじ町弥吉廿七男霍乱祈、晩札遣廿疋入、○埦六町大平や七十七女臨加三十疋入、○新田久右衛門酉ノ年男臨加廿疋入、○新銭町喜八、七十九才女臨加廿疋入、○組鈴木其助八十二女疝キ祈廿疋入、○其外昨日ノ者札遣也、○昨日ノ願書落字認直シ遣也、○子共弐人上菓子求ニ行、○下男粟摘たゝきこなし済、○北川富蔵へあら麦壱俵与吉持行、搗約束ナリ、

十九日　札木富田や廿三才女祈廿疋入、○畑ケ中安ノ助十一才男さし込祈、○昨日ノ人々札遣也、○子共弐人みのや盆払三貫四百廿八文払済、○晩方平四郎来ル、○御役所表中セこ説法ノ義御聞済有之申来ル、○さし笠町弥吉より新せん町吉六、十一才男読物セ話頼来ル、承知ス、○下男屋敷唐ノ黍切取、○夜ニ入うりこ(瓜郷)惣左衛門盆礼来ル、三軒分祝義入、外ニ十疋家内安全祈惣左衛門子ノ年男分上ル、

廿日　小坂井清五郎十一才男(支)ヲコリ跡不食祈廿疋入、○新町安兵衛六十五女食事仕へ祈三十疋入、○坂下平八子ノ年男祈廿疋入、○朝より与吉在所へ盆礼ニ遣也、さうめん七手・五十文遣也、○朝子共中セこへ説法願御聞故勤様申遣也、

廿一日　昨日之者皆札遣也、○新田弥平弐才女腹下祈、○倉作カホチヤ入、○西町大工安蔵へ唐瓜・白うり三ツ子共持行、○晩方和平来ル、子供一件也、○新せん町吉六より十一才ノ子金作と申もの連、大学素読願来ル、少々読行、まんちう壱袋入、
廿二日　新田久吉来ル、おしけ手習暫断申来ル、病身故也、○助九郎カホチヤ一ツ・茄子廿入、○金作読もの二度来ル、○与吉晩方在所より帰ル、○新かし留吉かゝ来ル、弐才男胎毒祈廿疋入、
廿三日　子共弐人地蔵尊供物千歳草小がた等求ニ行、○朝和平元平ヲ連来ル、置テ行、
廿四日　晩七ツ過よりそろ〱雨、昨日迄御城主より一ノ宮雨乞御利生と云也、○半右衛門カホチヤ一ツ・花・唐瓜、地蔵尊へ御斎米上ル、○衣屋元吉来ル、納豆・大豆持参と申来ル、即持セ遣也、○ハねイ八三郎来ル、三山上印押遣也、紙代百文・初尾三十疋入、○新田弥次郎来ル、大岩四十三男三年計病弐朱ニて護摩勤呉ト頼也、○平十来ル、世上語、又かや町花瓶屋へさいそく致処月中ニ拵と云、○常陸盆礼十疋入、其外一両人来ル、
廿五日　朝ノ間新田取次こま勤、○新町栄吉五才女子虫祈廿疋入、○斎過院主本平伴神宮寺へ見舞行、さうめん十三手到来ノ菓子一箱遣也、○子共天神祭、○富蔵荒麦三俵搗持参、実壱俵弐斗程、
廿六日　新町札遣也、○二はん丁荷物九才男付物祈十疋十二文入、○城内杉本四郎兵衛七十二才女瘧ノ跡不食祈廿疋入、○七蔵荒麦弐俵取来ル、持行、○三次郎へ行、用事也、
廿七日　大分冷シ、曇天也、○斎後助九郎へ盆礼行、さうめん十一手遣也、○平四郎へ中セこ説法□□書頼持行、村方よりも頼也、さうめん九手□□新長や治六取次三十四才女産前気分悪□□不進腹かわ〱と鳴祈廿疋十二文入、○東組三ばん善□三十三女血祈廿疋入、○行明弥蔵孫四才男言語言兼祈廿疋入、○上伝馬彦十当才男胎毒祈廿疋入、○子共寄合こま堂西ノ山ノ処土直し、草取掃除戒浄差図也、

廿八日　未明より雨そろ〳〵降、終日晩へ向降、○昨日ノ祈祷之者札遣也、○今日は小正月有、雨悦也、

廿九日　未明より続而雨、漸晩方少々止、○行明弥□札受来ル、米一升・茄子五ツ上ル、○新田弥次郎こま札受来ル、南一入、(鐐脱)○斎後六郎兵衛へ□□見舞ニ行、到来ノ菓子一袋遣也、○平十へ行まんちう七ツ遣也、小僧一件頼置也、瓶原慈明方より返事状来ル、はり(播)仁取次也、中セこ留主居ノ僧申遣処、心当も無故光明会過自身ニ下ル様申来ル也、賃十六文渡、○せい(清)明たん(丹)五十文求、子共行也、元平用也、○上伝馬彦十札遣也、○半右衛門へ地蔵尊供物戒浄持行、

八月

□□(朔日)　北川子共四人只礼祝義入、○新せん町倉作入、○吉川乙吉四才男虫引付祈、○新せん町□□八十四才女老加持廿疋入、○平十来ル、孫次郎小僧一件今朝参語ト云也、

二日　未明より少々ツ、雨、終日折々降、○長瀬彦左衛門十四才女ヲコリニ腫祈、○中芝取次岡サキ佐□□ふや源助七十五才男臨加廿疋入、○七蔵手間、昼迄外前クロ上、昼より下男と弐人シテ□根蒔、

三日　□明より大雨、今日も終日降ル、○今日元平ノ金つば剃取、弐人も剃髪、○昼過平十来ル、○三次郎行寄、子共五日頃ニ連参様申□□半蔵来ル、○新田七兵衛子四十六才男長病ノ処、此節昼ハ寝夜分兎角不寝□祈廿疋入、○又善光寺像開眼頼十□□定吉礼来ル、○長瀬札遣也、三十疋入、

四日　未明より大降、漸昼過より止曇天也、○新かし留吉弐才男胎毒再祈廿疋入、○半蔵昨日ノ掛物義新田札取来ル、○ハねイ(羽根井)久次郎久作同道来ル、久作義荒井(新居)奉公ニ行ニ付、手習下山申来り卓持行、○田町セこいそ三十四才女疝(癪)積祈、

□(五)日　夜前大雨也、今日漸昼過よりそろ〳〵天キニ成ル、○今朝毎蔵来ル、孫次郎連来ル、先手習と致し子共仲間入ニまんちう六十六入、○平十も来ル、辰蔵と四人召、坂つ三人もち一重ツ、入、小豆壱升治三郎□□、○田町セこ札廿疋入、○新かし札遣也、○子共の

河やへ大のり・半し・水引二取ニ遣也、○政□来ル、ふとんうら一反遣、染ちん三百文、同小衣類染かへし弐百文為持遣也、

六日　斎ニ蕎麦戒浄打也、沢山ニ用、○六郎兵衛内明日三十五日備四ツ上ル、明日斎召申、○斎後川村貞蔵へ行、菓子箱入、弐百□、観音堂弟子遣寺相談幷弟子取立之義等頼置也、○衣屋へ寄まんちう羽書一枚遣也、まき筆廿本求、○北川茂右衛門古宿五十才位男ヲコリ祈、○上伝馬治平亥ノ年男ヲコリ祈廿疋入、

七日　夕部雨少々降る、今日は天気、○六郎兵衛へ時(斎)ニ行、院主・戒浄、御布施十疋と三十二銅入、○上伝馬次平へ札遣也、○茂右衛門来ル、昨日之古宿の札受来ル、○晩方より院主積《しゃく》病少々わるく、スカヌキニ而大分宜しと云云、

八日　子共みのやへ風薬三取、巻せん五十文・生か(姜)求、○古宿札受来ル、廿疋入、○馬見塚清四郎六十五女長病祈、○院主今日は大分よし、○雨晩方迄折々降、○下男朝より米つき、晩弥三郎へ上白すミ壱俵取行、

九日　馬見塚札受来ル、廿疋入、○長平手間、前畑わり付、昼より小時飯迄下男と弐人して大根な蒔直シ、夫より又わり付也、

十日　魚町さ助五才女虫祈廿疋入、○城内代官丁三浦氏辰ノ年男ヲコリ祈廿疋入、○城内中沢氏病快気礼参十疋入、○和平宿来ル、

十一日　ふな町相模屋取次赤飯(坂カ)午ノ年女急病祈廿疋入、○利右衛門子源作胎毒祈十疋十二文入、○為蔵子三才男ヲコリ跡熱祈、○和平宿来ル、○昼過杏保内針もミ来ル、

十二日　為蔵札遣也、廿疋入、○利右衛門同札遣也、○和平宿来ル、

十三日　未明八ツ頃より雨、終日折々降、○半蔵唐瓜・よふかん一入、○楠葉慈明方へ先達而返事旁状斎過ニ江戸屋へ向下男持行、三十二文払、はり(播)仁へ頼遣也、

十四日　近所幷子共祭礼もち来ル、○平四郎より一重

幷平八盆礼十疋・まんちう一入、○西組山口氏吹右衛門申ノ年女気ふさく病祈廿疋入、

十五日　八幡祭礼、天キ、神楽なし、弓ハかり（計）也、和□三人来ル、上菓子一袋入、○上ケ（揚）十求政平行、○半右衛門さつま・牛房・付上一重入、○新田彦右衛門新米一升上ル、

十六日　朝五ツ頃より雨、終日はら〳〵、○上伝馬仁平十四才男虫祈廿疋入、○東組団蔵酉ノ年女胸支祈廿疋入、直ニ致遣也、○朝より孫太郎、孫次郎連手習ニ来ル、終日晩迄遊居めし喫、

十七日　衣屋元吉来ル、よこ丁太吉女房巳四十八女積祈、○垉六町札遣也、○子共弐人の川やへ大のり一・半切百取遣也、○下男朝より醤油用小麦壱斗六升搗干、○ハねイへ院主ノ古わた入壱ツそゝくり合ニ為持遣也、

十八日　未明少々雨、今日昼過より少々ツ、雨、晩七ツ過暫時大降也、○よこ丁太吉札遣也、○朝六ツ頃百度善八来ル、孫七才女八ツ頃より虫引付祈、其後死断也、○子共上菓子弐百文求、又弐人中セこへさなだ取ニ遣ス、○孫太郎来ル、孫次郎セ話晩ニ連テ行、

十九日　西羽田七左衛門来ル、神木弐本段々枯木ニ成ル故生ぬき願来ル、八ツ半頃ニ行勤、○庄やより遠州住山権現御免勧化わり合七十二文渡、朝も庄や一寸来ル、私用也、○中村由蔵より三十八才男痰病祈廿疋入、○坂下善吉卯ノ年男二月より胸仕（支）へ祈、

廿日　未明少々雨、昼前同様、○坂下善吉札遣廿疋入、○牟呂札遣也、○朝戒浄盛龍院へ絵持行、盆礼十疋遣也、○西町大工中間へ唐瓜壱ツ持セ下男遣也、○利右衛門かゝ洗芋一盆持参、源作礼也、まき三（筆脱）遣也、

廿一日　御影供、○舟町彦十未ノ年男ヲコリ祈廿疋入、○あら麦虫干沢山ニおる、○孫二郎牡丹もち弐重入、○下男大こんな一ばん抜ス、

廿二日　舟町札受来ル、○元新町五十四男水気祈廿疋入、○戒浄母来ル、袷弐ツ大小洗たく持来ル、又大袷壱ツ洗たくわた入ニ致頼遣也、わた大小二ツ持行、○孫次□昼後腹痛内へ行、○七蔵手間、長全寺□□付

済、前畑クロ草取、茶漬より荒麦卯ノ年分七俵干俵入〆ル、尤内二俵ハ寅ノ年分也、外ニ搗麦はした干〆ル、虫切致ス、○戒浄今日より悉曇前行ニかゝる、
廿三日　今日は長平かゝ頼醤油、小麦壱斗六升・大豆三升弐合・麦小米五升五合・ぬか四升程ねかし、井爐(蒸籠)ニて蒸八ツ頃過迄ニ済、かゝハ帰ル、夕方ねかす也、○北川五郎兵衛来ル、下地四十七才女□□祈廿疋入、
廿四日　夜明より雨、終日曇天、○新田□□□母もち一重入、○魚町安之助寅年男□□り祈廿疋入、○和平見舞来ル、○□平へ昨日ノ日用百文・みそ少々遣也、
廿五日　高須惣兵衛三才女子腹下り祈廿疋十二文入、後刻札遣也、○上伝馬岩蔵取次□□□□大満腹積加持廿疋入、昼過札遣也、○□□□□天神祭、○上菓子弐百文求、みのや大□□□□下みの一・水引小一わ取、鎮平弐□□□□□、○下男晩方せとへ水な・おりな蒔也、
廿六日　西ハタ(羽田)七左衛門神木発遣礼廿疋入、○魚町健治六才女腹下り祈廿疋入、○上伝馬林平巳七十二男老忘昼夜出歩行、祈十疋・廿四文占入、○泙の蜜円盆礼来ル、十疋とゆこう糖一入、牡丹三ツ出し直ニ帰ル、○新田おしけぼた一重入、○はつ盆礼壱包・三文まんちう七ツ入、○上伝馬ノ女京都□□養子貰縁談歟、見ニ来ル、○□□□□□三ばん抜、
廿七日　魚町健治札遣也、○朝より孫□□□連来ル、昼めし喫晩ニ又連テ行、○□□□かゝさつま七ツ持来ル、黒米壱斗弐升□□□、晩ニかして遣也、
廿八日　□町かわらや五十二女流ゐん(溜飲)祈廿疋入、○代蔵もち一重入、○昼後戒浄・子供町へ行、本町□□長左衛門ニて近江麻壱疋求、代弐分払済、尤□□□□なら壱反取、気ニ入ス取かへ也、の川や半し□□□みのや薬取、○与吉朝より米つき昼□□□、
廿九日　衣屋元吉小坂井助右衛門同道来ル、五井□□三十八女流ゐん祈、○中村平四郎七十三女積祈、○神宮寺より使僧来ル、上茶壱袋入、○子共大工栄吉へ近日仕事ニ来ル様申□□遣也、其外みのや調物さつま・小かた菓子・まつ香等求、

晦日　夜明より雨、終日也、○昼過子共町へこま買もの二行、○清源寺へ明日助法頼手紙遣、所々障子そゝくり、立花子共花持参、○かじ町与次兵衛酉ノ年女籠性祈三十疋入、○晩風呂、近所五六人来ル、

九月

朔日　未明より雨、昼過大降、漸晩方より□□□、○昼過こま勤、清源寺助法来る、十疋□□□、参詣も大分有、○かや町へ供物もち□五十取与吉行、代弐百三十三文払、○北川惣八より松茸五本入、○助九郎□□一升上ル、○うゑ(植)田盆祝義入、

二日　小坂井助右衛門札受来ル、弐朱一入、○百度□□来ル、中村平四郎母死断廿疋入、○斎後戒浄町へ茶漬茶わん四ツ求、衣屋へ上茶一袋先達而病見舞礼旁遣、○子共弐人町札配、○下五井弐人同札遣也、○ハねイ和平より院主綿入洗仕立持参、

三日　久左衛門隠居家普請ニ付弐間ノ間竿かり来ル、即かし、御堂正連寺ノ古家買と云、○与吉唐黍たゝき皆済、

四日　子共みのや反こん丹三取ニ行、○孫次昨晩宿、今晩方里へ行又母連来ル、腹痛と云故直ニ遣也、○下男大根な三はん抜、暫刈也、

五日　夜明より雨、漸夕方天キニ成ル、○柴や□□弐才男子虫祈廿疋入、○川サキ□□四十二女産前積不食祈廿疋入、○龍運寺、清源寺同道来ル、清書持参、手本二本認遣也、○迎善頼うへ田兄嫁□五才結積祈、○与吉朝より米つキス、○夕方北川甚作来ル、江戸土産ユこう糖一入、

六日　舟町忠太夫当才男子胸支祈廿□□、○夜分川サキ甚八札遣也、○子共上菓子求ニ行、○巳作弐人ノわた入洗仕立持参、戒浄ノあわせ綿入ニ洗致様わた□□□ニ遣也、四百文セ話料為持遣也、○朝より与吉伊古部へ洗たくニ行、米一升・麦一升・百文遣也、外ニ金壱分来年ノ給金ノ内かし、合壱分と五百文かし也、

七日　かや町もちや源蔵廿二才女籠性祈廿疋入、○子共の川やへ水引二色取行、○要助一壱盆入、

八日　新田権右衛門来ル、しめじ壱盆入、又長沢親類

廿一才女産後病祈、○かじ町吉十五十二女疝積祈三十疋入、○本平五ツ・西平七ツ・増蔵五ツ上ケ来ル、○坂ツ次作芋弐升計入、○戒浄・子共門前等草取掃除、内庭も取、○もちや源蔵札遣也、○元平ノけさ衣麻染粘(糊)付ス、

九日　朝少々雨、夫より天キ、晩ニ及又少々ツ、雨、○子共節句祝義皆々入、五六人礼ニ来ル、政蔵・伝次郎十疋ツ、元平得度祝義入、助九郎廿疋同断入、○巳作芋一升入、○豊吉上ケ五ツ入、○かじ町札遣也、○新田取次札遣也、

十日　子共上菓子・麻糸求ニ行、○本堂幷庭掃除、子共手伝也、○小僧ノ麻衣縫初、衣分出来ス、

十一日　朝六郎兵衛行、柚こふ(香)一遣也、○権右衛門供物少々遣也、○斎後助九郎行、芋弐升計遣也、○半右衛門へ柚こふ一遣也、○六蔵足けが致見舞寄、○魚町現金屋辰ノ年女ふらくら祈廿疋入、○子共町行芋百文求、○舟町忠治柑子売代弐朱一受取済、あからミ次第切と云、○夕方和平来ル、木綿弐反染頼遣也、

十二日　さし笠町より当才男子夜泣祈十疋入、○富蔵手間、与吉と弐人ひね米子(古)ノ弐俵・丑六俵引、米三俵三斗五升出来、まだ壱番引籾三斗余残る、

十三日　豆明月、さつま・豆、只芋ゆで月詠仏様へ上ル、○さし笠町札遣也、○子共弐人車屋へ麻八尺外ニ切弐尺求ニ行、○孫次出家不望ニ付、一寸親ニ参ル様申遣候処、今日ハ不来也、○今朝長平手間来ル、こへ少々ねかし初処気分悪仕舞行、跡与吉ねかし済、其外俵物二三俵〆直也、

十四日　今朝和平来ル、八兵衛方へ良平儀語処承知ニ付、今日昼より此方ニ置也、○晩方助蔵衣服持参ス、○和平より木綿染三反ねかし麦三升持来ル、○朝毎蔵来ル、孫次郎先暫と申先々置様断申遣也、○斎後平十へ行、其義申置也、○子共車屋へさらし壱反取行、代払、○田町なべや札遣也、廿疋入、○戒浄新田ノ灯かく書也、

十五日　新田三作・倉作・りす・しけ四人祭もち来ル、○役所廻状昼前来ル、公義鐐姫君と申出産、よし

の字不成様触也、○斎後子共弐人宅蔵院へ持セ遣也、
○晩方百度善光寺念仏仲間と申、弥四郎御影壱幅持参、開眼致遣也、十疋入、○子共の河や膳箱・半し壱束取行、○下男朝より七ツ頃迄ニ古米壱臼搗也、夫よりこへ取行、
十六日　新田治助もち来ル、○和平より元平ノはん天拵持参ス、○今日斎後良平十一才ニて髪落小僧ニ成ル、○おちの去年かしノわた返来ル、まだ壱わと百匁かし分也、○風呂近所来ル、
十七日　坂ツ由太郎・次作もち来ル、○角蔵同来ル、○子共車やなら麻八尺取行、九百文払、丁五十文ふそく也、○斎後平四郎見舞行、上(揚)十三遣也、
十八日　朝より雨、終日降、○源右衛門来ル、十七夜もち入、又前久八畑借才(財)ノ方へ取被下候様申と云事、尤又本人来ルと云、○助九郎・源六・伝次郎・茂右衛門もち来ル、坂ツ平三郎・次作同断、○鍛冶町九兵衛五十九才男初ヲコリ祈廿疋入、○高須十右衛門かゝ来ル、亭主七日ニ岡サキへ行、未帰占見ル、一両日見合と申遣也、○ハねイ十作もち来ル、
十九日　助九郎来ル、植田十助内おのよ積気(癪)ノ躰病腹痛祈、○利町弥平三才男子り病祈、○百度八左衛門・善八より三社詫壱幅ツヽ・名号壱幅認願来ル、○長平手間、長全寺前クロぬりス、○下男ハせと堀さらへ、
○今日ハ戒浄衣はり直し、良平衣染粘(糊)付少々縫初、
廿日　小坂井次郎兵衛五十三才男中性祈百疋入、○利町札遣也、廿疋入、○戒浄・子共諸堂掃除立花等、○役所より津留触来ル、子共宅蔵院へ持行、○せん香・麻糸求、○ハねイ(羽根井)へ良平ノわた入木綿うら子共持行、
○子共菊花持参、○下男せと堀さらへ、
廿一日　御影供如常、○助九郎札遣廿疋入、○子共上菓子百文求ニ行、○下男みのや中奉書十枚取行、○三人頭そり、○夕方小坂井ノ祈祷こま勤、○朝久左衛門へ普請見舞廿疋遣也、
廿二日　助九郎来ル、植田よりさつま大苞壱ツ入、○平十来ル、かや町花瓶類近々出来ル云、○斎後下男角田もち十六わクロ刈二度ニ運、月末入用当也、

廿三日　斎後下地石やへ手水鉢見ニ行、出来也、瓦火鉢壱ツ求帰ル、○魚町義平六十四女上あきとたゝれ祈、○舟町栄吉来ル、上十三入、○百度久八来ル、前畑弥求被下申願故承知ス、○朝下男もち十八わこく、干也、

廿四日　魚町義平札遣也、廿疋入、○大工栄吉仕事来ル、手水鉢流シ・同ふた拵也、○富蔵手間、米弐臼つき夫より表手水鉢取、下夕地直ス、○下男ハマ縄求ニ行、弐百七十六文払、○晩七ツ頃より北川作蔵・勇作・権作・七蔵・利作・伝次郎・乙吉・定吉・源蔵・林平〆十人、下地石屋より手水鉢運、夕方迄ニ場所居、茶漬出し、○風呂致ス、

廿六《下》日　大工来ル、八畳うら縁拵初、○近藤毎作札遣也、○西岡谷右衛門戊ノ年女懐胎り疾祈廿疋入、同人取戊ノ年女産後病祈廿疋入、久野幸蔵と申也、○子共庭掃除、下男表水手(ママ)鉢屋かた柱穴堀、子共クロ石ならべ、○下男絹田北通へすゝき指行、○かや町ふきや来ル、又金壱両渡、先達而とも合弐両弐分渡也、花立とらうそく立鋳持来ル、見せる、まだ荒細工也持行、此方ノらうそく立壱ツ手本ニかし遣也、

廿五《上》日　子共天神日待、米三合・大こん弐本ツ、持来ル、七ツ頃皆々帰ル、○斎ハ小豆飯、煮染　上ケ・大こん・芋・こんにやく也、○西宿忠八札遣也、○大工来ル、八畳うら縁板削かまち削初、○平四郎より芋弐升余入、○下地石屋久三郎来ル、手水鉢代弐両弐分渡、○夕方和平来ル、両平ノしゆばん(襦袢)木綿持行、○かや町ふきや来ル、

廿七日　朝平四郎田原へあミた尊直遣ニ付発遣頼来ル、又唐みかん廿計遣也、○五ツ頃より平十・定吉・権作明日買物来ル、直ニ行、夕方迄料理致ス、○昨日ノ家中札遣也、○戒浄諸堂掃除立花致ス、○晩方戒浄彦七へ子共悔行、○朝より富蔵来ル、もち籾十六わ引米壱斗出来ス、直ニ搗也、又粳米壱臼搗二軒召使行、○政平宿、

廿八日　今日は五ツ半頃より道淳・宗賢得度作法勤、○清源寺召手拭壱筋・菓子一袋入、○ハねイ八兵衛・

三相喜右衛門・助蔵・和平・政平御ばゝ・嘉次郎・衣屋元吉御母・村九左衛門・平十・権右衛門・六蔵・助九郎・才次郎・七蔵・長平以上也、何も斎出ス、○久左衛門廿疋祝義、平四郎廿疋入、何も斎過帰ル、○中郷権六同道サ藤平八廿三才、男左ノあたまはげかゝる祈、○大工来ル、土蔵ノ窓あミ戸骨拵、木少々取来ル、○斎済次第七蔵・長平・与吉、表門瓦おろし土片付ル也、

廿九日　晩七ツ頃子共ニ小僧祝ニ赤飯出し、五升也、不参ノ者八人遣ス、○六郎兵衛ニて小井爐（蒸籠）かる、小豆遣也、○ハねイ政平・弥助・寅吉もち来ル、○うら門取除表門ノ南へ立ル、かり立ナリ、表門両そで取除、○大工来ル、七蔵手間、うら門柱弐人して居ル、色々用也、○平四郎へ暫くわん（観）音様かして遣、聖くわん音也、

十月

朔日　子共近所神送もち来ル、○魚町万次郎十二才男虫祈廿疋入、○朝平十へ礼半し五遣也、六郎兵衛・権右衛門三帖ツ、遣也、○子共本町車や木綿弐反求ニ行、代払、○上菓子弐百文求、○大工来ル、蔵まと土戸細工、

二日　ちりう尾張や新五郎病快気礼廿疋入、○昨日瓦町権三郎三十六女産前不快祈、今日札遣廿疋入、○大工来ル、○朝与吉町へ塩壱斗求ニ行、代三百十二文払、醤油糀壱斗七升仕込、五合塩也、○長平へ神送もち遣也、○手間丁林吉二才男虫祈廿疋入、

三日　大工来ル、○手間丁札遣也、○晩七ツ過北川庚申大頭之物十人来ル、南ノ門東うら門へ荷直ス、○大工土かべ穴堀直シ戸付ル、手伝ノ者ニ菓子十三ツ、出し、

四日　九文じや米三合・らうそく二・高つき二本上ル、○子共上ケ三十三求ニ行、○大工来ル、蔵まど両方敷鴨居打土戸入レル済、其外表戸グハイ直ス、

五日　大工来ル、東ノ門四方瓦壱枚ツ、切ちゝめ土居葺致ス、今日ニて仕舞帰ル、○長平手間、下男と両人同断手伝、○元吉・政蔵・久左衛門上ケ十一ツ、遣、

色々見舞也、○平次郎へ釘壱度取子共行、○朝長平一度行、西町源六ニて杉一寸・ぬき二・杉小わりこわ一本取、使長平也、其外河岸又八ニて度々栄吉取来ル、今日ニて仕舞帰ル、

六日　西組徳嶋小左衛門六十四才女疝キ祈廿疋入、○舟町久之助鼠クイ不食祈、顔腫と云、○畑ケ中梅蔵十九才男名古やニてヲコリ不食祈、○斎後助九郎礼行、手拭壱筋・上ケ十一遣、平四郎へ吉川田けんみ礼、手拭□□・上ケ十一、得度祝義礼旁遣也、○ハねイより木綿弐反染、大根十本持来ル、○下男長全寺大豆引十束余、

七日　昨日三人之者札受来ル、○北川平六岩崎行娘産後不快祈、○観音堂留主居来ル、十六日より説法致度願来ル処、先□□勘考之上と申遣也、○下男朝畑ケ中市作へうら瓦葺申遣処、明日ハ未不決、○いかや(伊賀屋)ニて古酒弐升四合六百文ニて求来ル、当春仕込みそ仕込水お(多)ふき故か、一向色不付かけん悪故、右ノ酒入レル也、○昼より長蔵大豆引、夜分風烈シ、

八日　今日は大分ひへる、○山田左太郎来ル、三才男クサケ顔腫祈廿疋十二文入、○北川平六内札受来ル、○畑ケ中市作・両作弐人来ル、東門瓦葺、南かり瓦ならべ夕方迄済、日用四百文渡、秋故少々日用高ク遣也、○七蔵手間、土ねり土さし等也、○とうふ・上ケ求子共行、○ハねイ政平木綿一反煮小たひ(足袋)弐足持来ル、○宗賢古左へ古もの袷ニ拵様為持遣也、○巳作□綿二反染持来ル、衣用也、○朝七蔵鉄平ニはりかね廿廻り取ニ行、瓦とぢ用也、

九日　八丁松井主馬より寅之年女中性ノ躰祈廿疋入、○子共上菓子弐百文・みそ求ニ行、○広庭掃除、○戒浄ノ木綿裾縫残□、○下男セと少々小麦蒔也、

□(十)日　松井氏と山田札遣也、○田町権太郎申ノ年男頭腫痛祈、○昼前久米蔵・平三郎観音堂説法見合様手紙為持遣也、○晩方近所之□弐人来り何分説法致度願処、七月致而より間もなき故此度ハ見合可申遣也、帰ル、○子共弐人まつ香・薬調行、かや町平吉寄ル、三ツ具そく二三日内出来と云、○朝より庄やへ当金銭ニ

て為持遣也、○与吉せと小麦蒔ス、

十一日　東組三はん丁浦蔵子ノ年女、日々夕方より夜へ向胸苦祈廿疋入、○田町権太郎札遣也、廿疋入、○子共弐人さつま百文求行、○夕方平四郎来ル、今晩方城内宮田入来ル、○中セこ説法之義、本寺へ聞済有様達而頼ニ付、如何哉取計候哉申来ル故、再三之頼ゆへ又勘考之上聞届と申遣也、○開浴、

十二日　牟呂仙蔵より亥ノ年男ひい《(脾胃)》の痛祈廿疋入、○東組札受来ル、○六郎兵衛百ケ日米五合・もち四ツ・上三ツ入、有合菓子一箱供物ニ遣也、○与吉前外大豆引、

十三日　西組源蔵辰ノ年男疝積祈廿疋入、○札木和泉屋勘兵衛弐才男子夜分せキ出祈廿疋入、○子共の川や大のり・水引等取ニ行、みのやニて大□□取、気ニ不入直ニ戻ス、○斎後与吉かじ町鍬才弐丁持行、日暮テ出来持帰ル、四百文払、

十四日　新せん町より三十七女ノ処へ三十三男養子ニ来ル引合止ニ成様祈念頼来ル、○西組より札受来ル、○子共上菓子求ニ行、○昼後平四郎殿入来ス、此間語ノ中セこ観音堂説法之義、許諾之上願書さし出候様談来ル、其旨中セこへ申遣也、無程本通書付持参、十七日より廿一日迄ナリ、説法者ハ本聞律師と申也、角せん香一入、即刻平四郎殿へ書付致し其義戒浄持行、○坂ツ子共三人より小僧剃髪祝義十疋ツ、入、○長平手間、外前畑麦蒔、一枚半蒔、麦種五升助九郎ニて借用、遠州たねナリ、

十五日　朝願書認庄や頼遣也、昼後庄やより手紙来ル、御役所表相叶候由申来ル、其旨中セこへ子共弐人手紙添申遣也、○新セん町札受来ル、三十疋入、○昼過戒浄・三作かや町三ツ具足取ニ遣処、未出来不上四五日延引と云、○富蔵手間外前麦蒔、下男同断、

十六日　子共白木やへ箱戻し引すりと替ル、七十一文不足分払、○下男朝より昼迄米つき、夫より河岸石工文吉へ畑土取来ル様申遣候処、富□又夕方行、廿日過ニ行と云、

十七日　子共まきせんへい百文求ニ行、○斎後西はた《(羽田)》

伊助へばゞ死悔ニ行、平せん一遣也、○下男前東みかん草取、

十八日　晩方子共近所亥ノ子もち来ル、○西宿忠八申ノ年男臨加持廿疋入、○長山又蔵六十一女痰ニて喉食事度痛祈、○巳作来ル、芋一升入、

十九日　長山又蔵六十一女痰ニて喉痛食事不□札受来ル、廿疋入、○西宿忠八死札断也、○長平・富蔵へ亥ノ子もち遣也、○新田権右衛門取次、萩平右衛門三十才女血祈、

廿日　夜ニ入六ツ頃より大ニ雨降出し、○朝より畑ケ中黒鍬忠八仕事来ル、釣かね堂南土取□堀ノこもく昼迄上、夫より前畑より土運少々埋ル也、○子共本町車屋へ白木綿取行、弐反持帰ル、内壱貫百文払遣置也、○下男黒豆・黒小豆少々たゝく済、

廿一日　終日多分曇天、新田権右衛門萩札遣也、廿疋入、○同村弥次(ママ)郎大岩四十三男臨加持頼、○橋良源吉卯ノ年女　初ヲコリ祈、○晩方中セこ説法届書認、子共ニ平四郎方へ役所へ出頼遣也、○朝よりクロ鍬文吉・忠八弐人来ル、土運、○下男米古米壱臼搗也、

廿二日　晩七ツ前よりそろ〳〵雨、夜へ向少々ツ、降ル、○昼前慈明上方より帰院、赤坂宿と云也、○クロ鍬三人来ル、○朝子共弐人本町車や木綿代弐反分ノ内先達而壱貫百文払置□、今日壱貫八十六文払済、又弐人行とうふ・上ケ求也、○橋良札受来ル、弐百十六文入、○橋良ノ婦人高足善蔵と申者六十四男りん疾祈、○開浴、助九郎三人来ル、夜ニ入より清源寺来ル、御役所廻状来ル、城主(松平信宝)病□御不出来、物静御触也、

廿三日　新田札遣也、○高足同札廿疋入、○斎後平四郎行、中セこ到来菓子遣也、○クロ鍬三人来ル、○朝与吉宅蔵院へ廻状持行、

廿四日　未明より終日夜へ向大降、○子弐人さつま五十文求ニ行、○下男朝より米つき□、○斎後下地元吉手紙持遣也、○中セこ観音堂事也、

廿五日　かや町塩や弥右衛門未ノ年男痰せキ腹痛祈廿疋入、○クロ鍬弐人来ル、土取済、跡ならし済、○下

地又吉より名代ニ和助と申者来ル、留主居僧退院ノ義委申遣也、○子共四人町へ買物行、灯油壱升・まんちう等求、○富蔵手間、日用久蔵・久八稲刈、角田より初晩ニ運、もち七束三わ・粳八束一わ也、

廿六日　柑子八郎右衛門当才男夜泣祈、○クロ鍬弐人門ノ処竹根堀(掘)、○子共町へまんちう・よふかん求ニ行、○慈明子共連北川・百度近所廻りまんちう等持見舞ニ行、○半蔵朝来ル、剃髪祝廿疋・牛房五本入、○日用久八・久蔵、○長平と富蔵手間、絹田迄いね刈済、運送ル、八束六わ残るナリ、日用弐人へ四百五十文ツ、渡、

廿七日　夜ニ入雨、○クロ鍬弐人門ノ処西堀立松根堀等也、○新せん町(ママ)　十八才男百日計ヲコリ祈廿疋入、○かや町文吉二才男臨加廿疋入、○同断忠三郎六才女子虫祈廿疋十二文入、○子共上菓子・上ケ十二求ニ行、○平十見舞来ル、○長平・富蔵手間、昨日ノいね残り運、昼より富蔵ハいねかける、長平ハ内へ行、富ニ秋ほねおりニ百文遣、○今日ハ庚申旁昼ハ下迄皆惣白飯・上ケ・いも・菜也、

廿八日　昨日三人ノ札遣也、○六郎兵衛上ケ十三入、慈明ノ悦也、○下男朝より古米つき壱臼也、

廿九日　クロ鍬弐人門ノ処かめ四ツ生直し、地形土置木植かへ等也、○下地庄吉来ル、又吉よりも伝言と云、観音堂留主居僧退院之義暫日延願ニ来ルゆへ、来月十日前迄延、其頃ニは寺什□取しらべ致様申遣也、○助九郎より明日斎寺内申来ル、

晦日　本町政蔵七十五女臨加三十疋入、○田町善蔵三十二女胸苦敷祈、○黒鍬人長八壱人来ル、門立処ならし堅め晩迄ニ済、先今日ニて一休也、夕□□来ル、弐人へ作料十八人分弐分ノ処、壱人分壱貫六百六十文渡済、○今日寺内五人助九郎へ斎ニ行、うとん也、かき十一・菓子遣也、

十一月

朔日　未明少々雨、夫より天キ風烈、○朝平十へ頼母子金集メ人相談頼行、四五日ノ内ニ頼積也、○昼前舟町長七・清作弐人みかん買来ル、七両三分ニ売引合、

金弐□差金ニ受取書付致遣也、○上伝馬直□三十二男腹痛祈廿疋入、○朝より与吉米つき、夫より大豆根たゝき、長屋□也、
二日　上伝馬札遣也、○長平・富蔵手間、前ば□菜ばた迄麦残り蒔済、○夕方戒浄半右衛門頼ニ行、明日中セこ見分也、
三日　未明雨、今日は天キ也、○昼前半蔵来ル、斎後道淳同道中セこ観音へ寺ノ□□見ニ遣也、晩七ツ頃ニ帰ル、めし喫行、○朝より富蔵ノ娘大豆たゝき来ル、下男も手伝七ツ過迄済、四斗三升少々切俵入也、○金作見舞来ル、○平四郎より引札吉川分・村分来ル、長平ニ秋骨折百文、下男五十文遣也、○子共まつ香・せん香合テ百文求ニ行、
四日　山田藤蔵七十五女臨加持廿疋入、○平十来ル、明後日頼母子金集前触参ルと申也、○おなよもちぃねこき来ル、晩迄ニこき済、
五日　朝平四郎へ行、中セこ幷頼母子語也、○中村文蔵辰ノ年男三年計中性祈、○山田□死断也、○平五郎牡丹もち来ル、○昼過子共弐人、下地又吉へ手紙ニて八日頃ニ中セこ引渡致と申遣也、○九左衛門上ケ十一来ル、○慈明杉刈り・もち籾干也、
六日　昼前より平十・弥四郎・俊次郎・弥之吉四人頼、修覆講金さいそく廻る、尤も町・北在ハ平十・弥四郎、牟呂・新田・ハねイ(羽根井)分弥之吉・俊次郎行、中郷同断、村三ケ所□□町・新田(羽田)・牟呂等金合十両余集入也、跡ハ北川分平十、百ト(度)・西ハタ俊次郎頼置也、○風呂、夕方定吉来ル、下地庄吉私方へ来ル、中セこ来春迄日延被下、色々□語申と云也、○おしけ牡丹餅来ル、
七日　未明より雨、終日曇天也、○俊次郎朝来ル、両嶋名前書持行、○巳作牡丹一重入、○垉六町大平や弐才男上ケ下り祈廿疋入、○夜分定吉来ル、下地庄吉方へ明日一寸参る様頼、直ニ今夜行ト云帰ル、
八日　未明より雨、終日曇ル、○朝下地庄吉代ニ和助来ル、観音堂留主居病気故、何分明春迄日延願故、病キノ事ならハ日延致遣故、来正月十日切ニ急度引去可

申様、三人ノ一札入置へし、若一札出来不申ハ冬□ニ取片付致様申遣也、○坂ツ(津)三人よりうとん四盆来ル、○斎後平四郎へ行、集金ノ書付名前書持行置来ル、留主也、○ハねイ和平三軒分講初会かけ持参、壱両弐分取、まんちう壱袋慈明挨拶ニ入、

九日　昨日之うとん斎ニ沢山ニ用、○朝平四郎来ル、講集メ金ノ内九両、盆頃大工ニ遣ニ付かり分返ス、○政蔵来ル、慈明へゆこふ(柚香糖)湯一本入、○平四郎壱匁菓子配符入、○新城四十四女先月晦日より病気無言祈即致頼、御符遣也、廿疋入、○子共上菓子弐百、又の川やへ半し一・帳紙二・大のり一・くす紙一取遣也、○夕方兵太郎□□名前書持参、金毘羅名号認分持行、○夕方下男下地又吉へ手紙添、観音堂留主居本通退院日延一札下書為持遣也、

十日　平井弥四郎申ノ年女安産祈、○長平内粳いねこき来ル、○慈明孫太郎へ下向行、まんちう十遣也、上方より下ル土産也、

十一日　昨今ニ内残せとみかん五本切四俵有、九年坊(母)も色付分一俵切、北川小作五軒へ内取年貢米申書付遣也、○助九郎へ三俵帳尻ニて引申遣候処、承知也、○子共弐人の川やへ生ふ・水引取、○弥七ニ而小引すり一求、代払、○平十へ七月かり金六両返利壱分付遣也、先達而遣書付来ル、戒浄行、其節清須太右衛門半口掛け壱両受取来ル、○いねこき長平内・富蔵子来ル、

十二日　斎後道淳・宗賢ハねイ(羽根井)へ客ニ遣也、まん中三十ツ、・みかん三十ツ、遣也、○与吉供ニ行、晩和平送り来ル、○牡丹もち十七入、○朝子共まんちう三百文・すミ弐丁求ニ行、○平十より子共髪置赤飯一重入、○西町清吉巳ノ年女胸支祈廿疋入、○新町善十、三才女足不立言不言祈十疋入、○平井弥四郎札遣也、廿疋入、○北川伝次郎上ケ十五慈明悦ニ入、○富蔵昼より来ル、もち籾引米五斗出来也、○慈明・戒浄弐人して茶袋弐帖中継《現金屋長兵衛》也、

十三日　五十七男中性無言祈廿疋入、○下モ町半七戌ノ年婆々中性祈廿疋入、○昨日弐人札遣也、○半蔵赤

みそ一重入、○子共弐人まんちう百・塩求ニ行、○平十へ髪置祝まん中一重廿四戒浄持行、○衣屋元吉納豆出来持参五升分也、入物とも置行、○朝より昼前米蔵三人して俵片付ル也、○新田市左衛門牡丹一重入、○次作初米一升入、○与吉朝より米つき晩こへ取行、
十四日　組源蔵七十三才男躰苦敷臨加廿疋入、○助九郎来ル、植田おみち八月より積(癪)祈、こま頼金百疋入、斎後勤、○国府善八廿三才女右額腫祈廿疋入、○左次郎こま十疋入、上ケ九入、○庄やより才覚金、高わり廿五両、村方分高わり分壱分弐朱ト九十四文出ス、○富蔵へクロ椀六人前、菓子廿人前かし、○権六細や(谷)こまクロ米入、○新田権右衛門講かけ金弐両入、○曲尺手庄平壱両弐分入、尤源右衛門分と両家也、
十五日　西組一はん丁取、(次脱)新城安藤奥作十七才男熱祈廿疋入、○瓦町仁左衛門五十九才男痰祈廿疋入、○新田七兵衛取次也、初米一升入、大サキ次郎右衛門四十三才女頭ニ腫物祈金百疋入、大福寺兄也、○助九郎より助十髪置赤飯一櫃・煮染一重入、晩ニ祝義まんちう一袋・半し二・絵二枚遣也、○富蔵母仕事膳一膳入、小浜ニもち米有由申来ル、弐俵頼遣也、御符・御札沢山出来、○助九郎取次植田札・御符遣也、
十六日　未明七ツ半頃より雨、昼後天キ、○昨日之者札遣也、○高足札遣三十疋入、○斎後久左衛門へ札・上ケ十一遣也、○平十へ同断遣也、又廿日ニ金集メ頼置ナリ、○下男朝よりもち米一臼つく、昨今とも合弐斗四升也、○晩方もち米弐斗洗漬、明日小僧弐人得度祝出し為也、小豆四升弐合今夕煮置也、○夜分ニ茶袋底粘(糊)付両人致也、
十七日　朝より赤飯蒸夕方迄ニ済、跡ニて唐黍五升・もち小米壱升五合計入搗、夜ニ入切もちニ致也、○赤飯ハ村外とも合廿八軒、重箱出也、○大サキ次郎右衛門より廿日ニ札受ニ来ルト云、使来ル、○大工栄吉門前直処見ニ来ル、赤飯一重遣也、○本町忠吉・舟町飯忠みかん又買ノ積哉見ニ来ル、○朝より富蔵蒸物致来ル、○長平も来ル、弁当持南在へ下男聞合行、晩方帰ル、当人なしと云、百文小遣ニ遣、

十八日　子共胡マ油・菓子百文求ニ行、○斎後大サキ次郎右衛門こま勤、○天白前札遣也、○朝より由太郎・朝吉弐人、下地又吉へ日延一札越様申手紙遣也、○舟町長七みかん切さいそく書付遣、○大工栄吉ニて重箱取来ル、○夕方下男万屋へ二度まんちうかよふかん無哉尋遣候処、なき故きくやへ上菓子弐袋弐百文求ニ遣也、○植田十助へ見舞ニ遣用也、

十九日　朝より慈明・才次郎植田へ行、上菓子二袋トみかん五十と九年(母脱)廿とおみちとの病キ見舞・天文丸・生か(姜)漬百五十文とも遣也、夕方ニ帰ル、○斎後院主平四郎へ行、清源寺より頼母子加入一件語也、○小浜よりもち米八斗六升二度ニ持参、代壱両壱分九十三文払、升ニ付九十三文八分かへ也、○下地庄吉来ル、日延一札之義両三日延引願来ル、承知ス、○夕方平十来ル、講金集之義弥明日弐人先参る様被申也、菓子盆廿枚返ス、

廿日　今日よりみかん切来ル、代金舟町ノ長七より金五両三分受取済、三人来ル、奥せとより切、○朝平十・俊次郎弐人頼うりこ(瓜郷)・町方、昼より村方頼母子金集行、他所村とも大分入、○大サキ次郎左衛門使手紙添札受来ル、もぞ(ず)く少々入、○孫太郎牡丹もち入、○平五郎・孫次郎金弐分ツ、掛金持参入、

廿一日　御影供如常、○和平来ル、ハねイ六軒分修覆講かけ金三両弐分入、尤内五分ハ松山清吉分也、先達而三軒分入也、○みかん切五人来ル、○舟町永吉来ル、御講餅九ツ入、又門普請木細工白(精)げ□□□より明日ニも取寄申故、戒浄平十へ頼行処、明日ハ近所少々差支と云□□哉不究、もち五ツ・上ケ五ツ遣也、○斎□戒浄・子共弐人町へ行、弥七ニて膳箱一ツ、の川や半し一束・下汰(駄)二・杉(原脱カ)三取、みのや中半し五取、

廿二日　昼より曇ル、七ツ頃より雨、夜迄降、夫より晴□、○札木小嶋屋午ノ年女籠性祈廿疋入、○ヲハタ林平内来ル、丑久ホ(牛久保)彦七□□□病祈、○晩方北川権六大病加持、無程死、○みかん切五人来ル、雨ゆへ早ク仕舞、○富蔵手間、山ノ所々木切わり木拵、○の川やへ小僧下太(駄)かへ、みのや中半し小きく五とかへ、又

三帖戻行、上菓子弐百文求、○朝平十来ル、西町安蔵よりかへる鶴おり物かすミ浪もよふ弐ツ持参受□、

廿三日　今日は終日さむし、○朝平十来ル、□□□与吉掛半口分壱両と村伝次郎□□□□、○六郎兵衛来ル、もち大弐ツ入、○孫次郎より西町当才男夜泣祈、晩ニ札・守遣也、○ヲハタ(御旗)取次も遣也、○昨日より年玉茶仕度、昨今□六十本計出来ス、○の川やへ小僧下太(駄)□□子共行、又地蔵尊永(詠カ)額一二草□□□取掃、○みかん切来ル、三四人し□西、晩方迄ニ切、夫より東少々切、○下男籾干、○夕方長平明日来る様申行、不埒明□、

廿四日　朝清七来ル、牡丹餅十一・得度祝義十疋入、○佐次郎内得度祝ニまんちう廿四入、○頼母□掛金弐分入、受取書遣也、○権六へ□□平せん香一遣、先より礼十疋加持□□□□、○みかん切四人来ル、○夜分茶両人□□□八本詰ル、○下男朝より八ツ半迄ニ米□□弐升搗、夫よりこへ取行、○富朝より南郷へ男サカシ行、笠松と申処壱人有よし、一両日ノ内ニ沙汰と云、

廿五日　未明少々雨、又昼後より少々ツ、雨、晩より夜へ向降ル、○新せん町札遣也、廿疋入、○与吉朝より隙貰在所伊古部へ帰ル、□□□□三十計遣也、○北川御蔵行帰ル、○西町□□門空道具運、作蔵・権作也、○百度弥四郎・才次郎・乙吉・吉太郎同断地蔵堂へ入□、○子共四人町へ米糀弐百五十文求、夕□大豆壱升七合煮白みそ用也、の川や平こ下太(駄)一束取、

廿六日　夜分大雨也、今日終日曇天、○昼前より半蔵・定吉村方講金集行処、只清□壱軒計弐分入、六郎兵衛弐分持参入、○新田倉作・村亀吉牡丹もち一重ツ、入、○子共弐人上菓子弐百文・まつ香・とうふ・芋等求ニ行、○□□□善右衛門両人三社詫名号表具で□□□□持参、晩方遣、南一入、認開眼料とも也、○斎後慈明・代蔵、助九郎へ私用ニて行晩方帰ル、

廿七日　朝中郷弐人御蔵納序ニ西町より鏡柱一・ひかへ柱等運来ル、○平十来ル、役人□□未口究も出来か一向無沙汰云と申事故、斎後一寸庄やへ行、留主ニて

政蔵と平六計居ル、金子寄金持参見せる、大工方へ遣金子有ハ遣方宜敷と申故又持帰ル、〇みかん切弐人来ル、晩方迄□□□皆切仕舞、わら一束所望故遣也、〇夜ニ入四ツ前清源寺城主廻状持参、来月四日五ツ半時悔登城ノ触也、直ニ富蔵頼宅蔵院へ為持遣也、

廿八日　朝赤飯四升五合蒸、内三升三四合計西町安蔵方へ向三人大工ノ細工見舞為持遣由太郎・政平行、五十文ツ、貰、平十一重右セ話序ニ礼遣也、〇六郎兵衛井爐（蒸籠）かり小重一遣也、富蔵へ少々遣也、〇下男ノ義沙汰無故、明日又一度南郷へ行様戒浄申遣也、〇孫次郎□□村与次右衛門祈礼廿疋入、〇源六より得度礼十疋・一合一銭・クロ一升・十二文入、〇牟□（呂）ノ女小坂井甚吉札受来ル、三十疋・廿四文入、〇子共四五人ト戒浄合テ九年坊（母）二度□壱俵余切都合弐俵余有、

廿九日　何ノ婦人か病礼参十疋入、〇朝平十・定吉二度西町より鏡柱壱丁運又直ニ行、源治・九平・七蔵二度五人して冠木・ひしき二□持参ス、〇ハねイ八兵衛より牡丹もち廿七八持参、斎ニ沢山用、平十召ニ遣也、振舞也、〇市作牡丹餅七入、〇朝より富蔵又南郷へ下男有哉尋ニ行処、先達而引合置大サキ弥助と申もの昼□来ル故、引合給金壱両三分ニて究下書遣、めしくい又三日晩迄ニ来ル引合帰ル、其後刻入高足より壱人年玉来ル、もふ断申遣也、〇晩七ツ前富蔵帰ル、直めしくい大根半分計引運、〇風呂致ス、

十二月

朔日　朝より寺内と子共十一人大根片付漬大根致、凡三百拾二本、其外干大根当五十本計取、畑ニ残ル分子共出引済、〇昼前下地庄吉来り役□今迄ノ留主居置被下と頼とも、此方ニは申出候事故、度々色々申被参候共、無だ之義故、退院とも又ハ正月十日迄日延一札差入候とも一両日之内ニ早々取計可被成候申遣也、〇大根十本ツ、新長やと長平へ遣也、

二日　朝定吉来ル、北川平蔵掛金弐分受取、〇晩七ツ前大サキ奉公人弥助證文持参、給金壱両三分弐朱ノ処、弐朱預り跡渡、来巳ノ壱年給金也、直様帰ル、五日ニ参ルと云、〇慈明・子共

清源寺へ行、右ノとうふ三と慈明下り土産壱匁ノ菓し
菓書遣、留主也、○夕方作蔵・権作弐人、北川十二軒
こま米集持参、銭とも入、
三日　半蔵来ル、みた尊画二ふく(幅)・戸隠壱ふく開眼
頼、廿疋入、晩ニ遣也、○源六廿疋札遣也、○十疋得
度祝義孫太郎より入、○こま米入、○六郎兵衛同断こ
ま米入、○仏名備米・もち米五合上ル、○九文じやへ
使来ル、米一升と備廿六・金弐朱、空夢童子三年志
入、みかん三十遣也、○弥四郎来ル、植田おみち病重
ク慈明ニ今一度見舞貰申度云、明後日行と云、○灯油
三百文求、みのや薬三取、
四日　早朝より院主、長平伴御城へ悔ニ行、昼頃帰
ル、平次郎ニて古大キリ壱丁・髪そり一・砥一取、○
新丁室賀五左衛門より当才女子乳呑ス薬不呑祈廿疋
入、○久左衛門頼母子かけ金弐両持参受取、○子共弐
人上菓子・□□・上ケ・とうふ求ニ行、明日霊供用
也、○さし笠茂八より十八才男ひせん(皮癬)内こふ(攻)祈、七ツ
前頃断廿疋入、○富蔵手間、昼迄ささ竹取、昼より長
平と弐人して籾立俵入〆ル、九俵蔵入まだとゝろ残
る、○富蔵より年貢壱俵内納受取、
五日　朝より百度かきゆい、東ノ南角より北丑寅迄
済、才次郎・乙松・源三郎・庄次郎・善次郎・善八・
十作・定吉・平五郎・作兵衛・銀作〆十人(ママ)、半右衛門
より縄一束施入、白米こま初尾ニ入、○新田市作・倉
作米初尾入、○子共弐人町へ行、上ケ十・巻せん(へい脱)廿四
文求、○宗賢朝と昼とも食事後込上、みのやへ容躰申
遣也、薬三帖取用、夕方へ向臥、
六日　下五井孫十十疋もち米料入、仏名志也、其外新
田子共斎米三作・りす・しけ入、其外百度こま勤、ハ
ねイ四軒分入、○久米屋ほたもち一重入、○坳六町き
くや□□十五、○中セこ観音留主居めしすし□□、
○斎後平十へ礼旁行すし十七遣、○平四郎もぞく少々
遣也、○上伝馬三之助へ此間ね□□鉢大小二ツ代払、
○弥太郎ニて山西壱□仏名召使も申遣也、○七ツ過よ
り仏名供物、小もち分五升久左衛門と下五井分弐升六
兵衛みそ不足つく、六ツ半過迄済、

七日　本堂・諸堂掃除立花荘厳也、○平十・六郎兵衛・権作三人朝より来ル、昼迄買物ニ行、三貫四百文出し、○長平来り昼過迄米一斗弐升入搗、夫より庭掃除、晩ニ村方ノ召使ニ行、○富蔵七ツ過より来ル、古木わり、坂ツ子共次作・平三郎斎米持参、○札木こもや札遣也、○長七かけ金壱両入、
八日　朝より北川三人料理来ル、○富蔵・七蔵・長平手間来ル、○中セこ観音より老僧壱人来ル、○清源寺病気不参断、五種香一袋入、召人数等凡内外八十人計也、飯米弐斗一升入用也、○うりこ(瓜郷)四軒斎米入、○ヲハタ林平よりこま初米入、○丑久ホ(牛久保)庄七廿疋外三十疋祈礼入、○役人資道(祠堂)財勘定夜を□まだ利足半分も不寄、○仏名朝□四度礼、斎後より夕方迄六百礼済、結願、○子共所々もち来ル、
九日　朝清四郎来ル、講かけ金壱両入受取□、○斎後戒浄・子共村方供物配、ハねイ(羽根井)・新田・坂ツ等遣、○下五井太右衛門こま初米入、供物五軒分頼遣也、○子共弐人の川やへ半し二・水引三取遣也、○富蔵牡丹もち入、○平三郎廿三・次作廿八・清七十七胡マ餅入、○子共八日もち入、
十日　斎後由太郎・次作町方供物配ル、○舟町十右衛門・善兵衛十疋ツ、こま料入、○上伝馬彦十白米入、其外十二銅入、○斎後六郎兵衛・権右衛門礼行、半し三・白みそ一重ツ、遣、半し五・白みそ平十遣也、○うりこ(瓜郷)惣左衛門・惣助へ供物と来正月分みかん三十ツ、遣、下男弥助ニ行、○子共弐人よふかん三本求行、○夕方下男長全寺頼母子十会目遣、金弐分六百七十一文渡、受取来ル、○札木き京(桔梗)屋□御油三十九才男酒ニて腹悪祈十疋十二文入、直祈札遣也、○清助年貢壱俵五升ノ内壱俵ハ村蔵入、残五升持参受取、
十一日　朝より北川十三人、丑寅角より九左衛門南迄かきゆい済、南ひしかき東分縄かける済、皆々へ茶漬出し、○縄弐束求代弐百五十文払、○惣八より吉川地才覚高わり百六十五文取来ル、渡、○平十より頼母子かけ取次、太平・政蔵・坂下一両弐分受取、○西ハタ(羽田)徳次郎祠堂元利済受取、四両壱分弐朱ト百六十三文

取、○新田七兵衛より米一升・胡マ餅三枚仏名志上ル、
十弐日　田尻栄吉札遣三十疋入、○朝半右衛門来ル、西ハタ次郎兵衛かけ金弐分受取、又晩方使ニて未ノ年男・亥ノ年女中(仲)能様祈廿疋入、○五郎兵衛祠堂利そく金壱分入、○子共の川やへ半し弐束取行、○上菓子弐百求、きくやへみかん三十遣、○権右衛門より晩方頼母子会申来ル、不行、○下男朝よりもち黍弐斗六升三臼ニ晩方迄ニ搗済、○新長やおいそ明年こへ金壱分ト弐百六十四文渡済、
十三日　曇天、昼前より少々ツヽ雨、晩方より夜ニ入大分降、○朝子共三人野河やへ半し弐〆・筆・水引・扇等取、○拙庵(羽田)より漬松茸壱苞入、此方よりみかん五十遣、○西ハタ庄吉利壱分持来ル、つり壱匁五分遣也、○昼後子共弐人魚町紺屋へどぶ鼠ニ壱丈七尺三寸染ニ遣也、四五日ノ内出来と云、○半蔵札遣三枚分也、生ふ壱升入、○朝戒浄平四郎へ仏名礼頼母子セ話旁糀一升・胡マもち十七遣、又半右衛門へよふかん二本遣、久左衛門へ白みそ一、頭二軒へ白みそ一重ツヽ、遣、
十四日　未明より雨、終日降、○子共みのやへ葛根湯五取ニ行、又青こんふ三百文求、西町安蔵へ作料等勘定来ル様申手紙遣也、○弥四郎牡丹もち大一重入、斎沢山ニ用、又かけ金弐両受取、○慈明・戒浄茶俵包等致、正月仕度致ス、○下男朝よりもち米壱斗弐升入つく、○白みそ大豆三升煮晩ニつく、糀三升六合入仕込塩八合入、○晩方惣三郎・栄吉弐人来ル、門前左右男梁二ツ持来ル、諸入用之内又廿二両渡、壱分銀十両・弐朱金十二両也、みかん三四十遣、
十五日　平四郎より牡丹餅一重・芋弐升計入、○朝平十へ行、胡マ餅十七遣、明後日門前杉垣少々取払様手伝頼置也、明年ハ性ニ寄方悪故也、○源右衛門祠堂利金弐分入、釣六百六十文渡、○の川やへ子共遣、扇四本・朱とふし・元ゆい百取、○西町たかやへひつ一ツ・桶壱ツ・手桶壱ツ輪入遣、○平十来ル、伊賀やより売物ハねイ前田聞ニ来ル、仕様帳見よと云遣也、○新

田彦左衛門五才男腹下り祈、○草間又治札遣也、○下男もち米つき、
十六日　夜ニ入少々雨、夫より天キ、○新田と草間・中セこ札遣也、○上菓子・せん香・まつ香求、喜介利そく入、○富蔵庚申ニ付膳振舞持来ル、平三人前・めし一重・酢和へ等沢山ニ入、半し弐帖遣也、○巳作足袋二足入、半し二・みかん遣、○慈明新田宮へ三作・民平上ル、板額書遣也、○下男朝よりもち米つく、晩ニ塩弐百文求ニ行、沢庵漬用也、
十七日　夜ニ入、昼後坂ツ喜三郎へ母臨加持行、○坂ツ寺へ寄、菓子はかき壱匁五分ノ処遣、○子共弐人本町車やへ木綿壱反求ニ遣候処、壱貫百文ノ壱反と壱貫文ノ壱反と持来ル、外ニ戒浄分せき薬二服求代百八文払、○元新町吉十郎五十四男せなかニ腫もの祈廿疋入、○新町代次郎札遣也、○平十来ル、伝次郎取次かけ金子壱両受取、伊賀やうり田地仕様書持参、中田と下男(田)ニて三反壱セ余有分、三俵四升年貢出ニて代金六十両位と云也、

十八日　未明ハ雨、今日は天キニ成ル、○昼前小太郎来ル、花ケサキ求田ノ事見合断申遣也、○坂ツ由太郎蕎麦粉一重入、○新せん町金作大上ケ十一入、○昼前弥四郎来ル、慈明同道助九郎へ行、井戸堀かへ場所見行、上ケ五ツ遣、○下地与三兵衛七十余男中性祈、○昨日九左衛門よりおさく東脇へ嫁入土産もち二ツ来ル、○下男朝よりもち米つき、跡ニて唐黍四升あら搗水ニ漬ル、あく出也、○夫より西町たか(箍)やへ水桶壱ツ輪入行、外ノ桶持帰ル、
十九日　昼後より夕方へ向折々はら〳〵雨、○今日は吉日ニ付門前東通杉林南へ七八分通堀取直シ、平十頼長平来ル、昼より富蔵来ル、仕事ス、門立処四方縄張ス、○坂ツ喜三郎此間加持礼来ル、三十疋入、○安平かゝ垉六町権之助札受来ル、供物計受テ行、廿疋入、○子共上菓子弐百文求、○車やへ此間二度取ニ遣候木綿壱貫文ノ方かへニ遣処、壱貫五十文かへ持来ル、○京保かゝへ二度ノ礼十疋・みかん廿遣也、とふ一求、○九左衛門はした年貢三升六合三勺ノ処、壱升ま

け跡入、
廿日　今日ハ昨日より引かへ大分寒シ、風も烈シ、○朝平四郎来ル、かけ金壱両分入、此方より七・八・九・十・十一、五ツ月分元九両かり利足壱分弐朱渡、其後又先方へ行通置来ル、○中村兵右衛門五軒分こま白米入、同村次平同入、○下地石や久三郎ニて門柱石四ツけはなし、下長二本金三分ニて渡処、今日先金弐分内渡致也、○六十一男熱強祈頼也、○西ハタ(羽田)左平太こま十疋入、○百度善次郎年貢弐升三合ふそく分代八百六十九文ニて納取、上ケ十五入、
廿一日　御影供如常、朝平十へ行、一昨日ノ礼ニそはこ二升と上ケ十一遣也、○定吉来ル、当暮年賦金之内へ只金壱両入、跡は昨年暮迄延シ願也、○下地与三兵衛札遣也、廿疋廿四文入、○西ハタ次郎兵衛へ燈松少々売遣也、未銭不来、○子共町へ行、の川や大のり一・みの紙一取、すミ廿丁来ル、二丁ハ間違也、又刻こんふ百文求、
廿二日　斎後戒浄平十方へ当七月より十一月迄金六両かり利足先達而利弐朱一遣置、残弐朱壱ツ分今日為持遣也、外ニ四百文酒樽弐ツ序ニ求呉様頼遣也、○子共弐人の川やへ払方ノ内へ先金壱両弐分遣、通へ付サス、今日間違ノすミ廿丁返し寒中製弐丁取、上ケ五ツ求、○伝次郎より上ケ十五入、半し一遣ス、○下男籾とゝろ千半分こなし、夜分取粉弐升五合引、勘右衛門米壱俵内取納吉川惣高入用九十(ママ)　渡、○国役とも也、書付持参、吉川皆済分也、○夜ニ入平四郎・政蔵来ル、観音堂留主居義ニ付宮田彼ニて被願故申来ル処、何分下地より正月十日切退院ノ一札取置候故、もふ決着致と申呉と申遣也、
廿三日　今日は煤払、富蔵来り取、昼前ニ済、夫より外前畑削行、西屋敷芋も掘、壱斗余も有、○北川平蔵利足金壱両壱分と三匁受取、○朝役所廻状来ル、年号当十三日ニ弘化と改触也、○道淳と要助頼宅蔵院へ持行、○助九郎へ上ケ十三・白みそ一重遣、○九左衛門へお作縁旦(談)祝義十疋遣、何も道淳行、○下男とゝろ昨今ニこなし済、○風呂営、○弥四郎入来ス、金子六両

かり度申承知ス、明日来ルと云、
廿四日　曇天、晩七ツ頃よりそろ〳〵雨、今日より子共半分書始(初)認、○子共弐人野河やへ払方残今日買物分合金三分と壱貫八十八文払皆済、今日金まキ百・すミ取代払、○平六仏名志壱升と剃髪祝義十疋入、○ハねイ久作とうふ二入、清書持参、○下男朝よりもち壱斗弐升搗、壱升七合へる、夫より前畑こへ出し又取行、○小米ゆ(揺)り等也、
廿五日　未明より終日夜ニ入迄はら〳〵雨、○政蔵来ル、かや町清十金弐両かし、古證文ニ書添印形致置也、○中セこ之義昨日宮田より頼参色々語有と云、○平十来ル、四斗樽弐ツ求持参、百八十五文ツ、也、到来ノとうふ二セ話遣也、○子共書始書々済、○子共三人町買物、さとふ・串柿、車屋払等済、○衣屋元吉白みそ一重と慈明へたひ(足袋)一足入、九年坊(母)十七遣也、○埖六町半次こま初米トうノ年男と家内安全祈廿疋入、○子共今日より皆々仕舞机持行、七八人下山願也、○昼より富蔵来ル、下男と弐人してもち米六斗三升五合・中小米三升洗、黍壱斗五升五合・唐黍壱斗四升・小米三升・取粉四升也、○下男朝より夜迄唐はたき小米引等也、
廿六日　早朝七ツ過より大釜湯立、明六ツ過より富蔵と長平来ル、もちつき入逢過迄ニ済、○六郎兵衛へ十一、権右衛門へ十一、平十へ十三、右二軒へ酢和へ付、九左衛門へ十一、源六十一、助九郎へ十三遣也、晩帰ル時長平と富蔵へ小豆取、七ツツ、遣、外ニ明年手間金壱分弐朱ツ、かし、○かや町吉蔵辰三十七男痔ノ祈十疋十二文入、○亀吉廿疋と大牛房三本入、○平十かき廿本歳暮ニ入、汁子弐ツ出し、○鉄平へ金壱分内払、○九郎右衛門より先頃約束ノ金十両借用事断ニ来ル、○北川半次より平十取次ニて金三両かり度申承知ス、追而書付持参かりると云、
廿七日　未明より雨、瓢(雹)も有、漸昼頃より天キニ成ル、○かや町より札受来ル、○豊蔵利足壱分受取、連判内也、外かしノ壱分ノ利ハ来年麦迄延シ願也、○源六より歳末草り五足入、いかき又かし、○平十来ル、

勘右衛門ノ金子三両かし、古證文一通と平十請人ノ一通取置也、尤来年ニ成ル、質物入役印致證文入レル約束也、〇のし餅・唐黍両方切夜分米六枚切、〇夕方六郎兵衛井炉(蒸籠)かりニ来ル、大牛房九本歳暮ニ入、
廿八日　戒浄・道淳・宗賢村方歳末配ル、〇平十と半右衛門へ下男行、〇六郎兵衛大十三、源六十一もち来ル、〇子共五六人歳暮入、〇下男西宿弥三郎へすミ壱俵取行、みかん三十遣也、油三百文求、〇夕方星祭
(以下欠)

「（表紙）弘化二乙巳星
浄慈院日別雑記
孟陽大穀日」

正月小

元日　天気長閑暖気也、癸亥元朝也、早朝大鐘ノ長打、其後勧行多聞供勤、越年院主五十七、慈明廿八、戒浄十六、道淳・宗賢十一、下男弥助大さき出生也、礼人夕方迄十四五人来ル、子共書初張祝義入、庄やより御積講・融通講割戻し金壱両弐朱ト七百五十文入、内ニて二川入半懸り弐百五拾文引来ル、○城内石谷広助四才男子虫祈廿疋入、東クミ大須加光治巳六十一才男痰ニ流ゐん（溜飲）祈廿疋入、当古藤太夫十一才男子ひせん（皮癬）内こふ（攻）祈、○百度久八来ル、前畑久左衛門へ質入候処、此方買取ニ付元金弐分此方より出し渡、尤資道（祠堂）財かし付有之証文ニて多分済ニ成ル、

元二　今日も長閑暖気也、○礼人夕方迄多分来ル、昨日ノ者札受来ル、下男みのや冬分払方遣、壱貫六百四十二文払、宗賢冬より腹下り之処薬三服取代六十文払、新田彦兵衛こま（護摩）米入、○助九郎星祭礼廿疋入、権六こま料十疋入、

三日　未明より雨、今日昼過より天気ニ成ル、礼人廿人計来ル、○ハねイ（羽根井）・坂つ（津）同断来ル、○西ハタ（羽田）三人・坂つ由太郎・ハねイ十作・弥助下山断也、昼後下男町へ行、黒さとう弐百文・す十六文求、西ハタ四郎次十疋こま初入（尾脱）、

四日　朝より院主・道淳村方年礼、要助配人・九左衛門両掛持也、昼迄ニ北川より西ハタ済、昼後中郷済、○昼より戒浄・富蔵坂ツより新田・小向井・吉川廻り帰りハねイ皆済、子共節振舞、汁子（粉）・酢和へ三十一人也、次作不来、其外下山ノ者六人不来、新せん（銭）町金作四十九女祈、病キ祈廿疋入、汁子ニて召、○当古藤大夫死断、十疋入、○善忠院礼納豆一角入、礼人六七人来ル、○夕方下地石屋久三郎岡サキ娣大病札受来ル、御札・御符遣也、長平へ汁子十九遣也、

五日　天キ、晩七ツ過よりそろ〱と夜へ向雨、○朝より戒浄・富蔵連、瓜郷・下五井・大村年礼勝作へみかん三十遣也、外ハうりこ二軒分□分遣也、下地又吉扇二遣、坂下定八へ年玉と□(母)九年坊廿遣、新かし(河岸)留吉年礼行、斎頃ニ帰ル、夫より富蔵下男と弐人前畑耕作こへ出し、晩ニ味噌豆四斗洗漬、○松山三六札遣、廿疋入、○九左衛門昨日年礼行、礼半し二・白みそ一重遣、其外セ話人十軒へ備一重ツ、遣皆済、○夕方富蔵へ金壱両弐朱かし、おなと申娘中芝へよめ入ニ行、長持求ニ付テ也、

六日　今日は味噌、朝より煮初晩七ツ過ニ搗初処、村煮にへニて半分過取除五臼計搗丸メ、跡又桶ニ入、釜ニて蒸直夜中煮る、○ハねイ和平・八兵衛年礼祝義入、○廻状来ル、城主江戸雁ノ間詰仰付らる御触也、弥助宅蔵院へ持行、上菓子弐百文求、○九平朝みそ丸メル、夜迄居ル、

七日　昼頃少々雪あられ類之物少々降、○中セこ千吉四才男虫祈廿疋入、馬見塚平五郎五十六男積(癪)痛祈、○畑ケ中文七姉廿八才大病加持十疋十二文入、○筆子其外男女十人計祝義入、○新せん町七郎右衛門こま料十疋祝義入、○入文瓦や祝義十疋入、○坳六町菊や礼菓子小包入、昼後九平頼弥助と弐人町方・寺方等年礼遣也、年玉物、夫より□□、○朝昨日にへ損之みそ豆朝ノ間搗丸五臼計有、○晩七ツ頃御役所廻状清源寺対開ニて来ル、当廿三日朝五ツ半時年頭登城御触也、印形致弥助正林寺へ持行、○清水和十・巳作・聟蔵三人礼来ル、菓子一袋入、飯喫ス、

七(八)日　終日大ニ寒、雪折々降、○朝下地又吉・庄吉ニ中セこ観音堂弥明後十日限引取故、什物調置候様申遣候処、無程庄吉参申ニは、去冬より村組頭へ宮田掛合置故何分村役人此方迄参る様と申との事と云、左よふノ事ゆふ〱として八日限切候間、今日右之旨村役へ申達と申処、直様行と申、後刻院主平四郎方へ参処、庄吉来ルと云、今晩か明朝ハ彼方へ行返事と云、馬見塚平五郎札遣也、廿疋入、○下地伝蔵寅年小女虫祈三十疋入、○田町半次五十五才女痰積祈廿疋入、○村八

郎兵衛ノ借屋ノ者六十三男痳疾小用詰祈、○当古乙八去春祈平愈(癒)礼牛房七本・廿四文志入、○衣屋祝義廿疋入、うりこ(瓜郷)惣左衛門三軒分祝儀入、菓子出し外ニ十疋息災祈念料入、

九日　昨日之三人之者札受来ル、○朝村役人三人同道来り申ニは、今朝政蔵・伝次郎両人宮田へ参候処、宮田申ニは旧冬も其方共頼浄慈院へ向観音堂留主居坊ノ義掛合呉候様申候ニ、大晦日迄沙汰もなく、何分御城主百ケ日明迄日延ヲ本寺へ願様と申候と語候故、段々談先其日限ニもと申候、三人帰り斎後院主要助伴川村定蔵へ内々参右之訳語候処、夫ハ各別心配ハ不入、切短ニ宮田趣意村役人ノ顔も立、暫日延致遣様宜敷と被申候故、早々帰ル、直ニ庄屋平四郎へ行処、下地庄吉参早右之訳申百か日迄と申遣と云、乍併また宮田へハ通達致サス様申置故、早々御組両人宮田へ参、正月晦日切と日延本寺より致候と申行と被申候、手前ハ早々晩景ニ帰ル、イヤハヤうるさき事也、

十日　曇天也、○夜前四ツ頃より院主癪気差起、下男早々針医呼に遣処、不都合ニ而不参、○早朝才次郎魚町周白ヲ頼ニ遣処早速来、療治致四ツ頃帰ル、北川平十殿来ル、揚十五入、太兵衛修覆講初会掛金不足分金壱分同人持参也、○瓜郷惣介八才男子四五日虫せき祈頼、金弐朱入、○河岸龍運寺来ル、半切百枚年玉ニ入、菓子出ス也、北川清次郎札受ニ来、十疋入、晩方下男美濃やへ院主之薬三貼取ニ行、半夏瀉心湯持参也、○晩方七兵衛頼下地又吉へ宮田より村役人頼ニよつて、観音堂留主居当晦日迄退院日延可致遣様ニ付、明日にても一寸可来候様申遣也、九兵衛・金作、院主見舞ニ来ル、

十一日　昨日より続而曇、四ツ頃より快晴暖気也、○北川平十殿夜前見舞ニ来ル、今朝明方ニ去ル、四ツ頃ニ周白見舞ニ来ル、按腹致ス、昼飯出ス、直ニ去ル、朝北川政蔵見舞ニ来ル也、北川養介より院主病見舞ニ白砂糖曲物一入、○北川半十年礼ニ来、祝義一包入、○子供今日より習ニ来筈ニ而皆々机持参之処、院主病気故一両日可休様ニ申遣也、○牟呂治作節会□□ゆへ

今日雑煮ニ而よぶ、平三郎も同断也、○晩方常陸年礼ニ来ル、拾疋入、菓子出し也、○百度平作見舞ニ来ル、直ニ帰ル也、○夕方平十・六郎兵衛右同断、

十二日　晴天長閑、昼後風少々、○夜前四ツ頃より院主又々大起明方迄痛、富蔵下男早朝より周白頼ニ遣候処、留主ニ而断也、直ニ富蔵吉川村繁治殿頼ニ遣、早速来ル、按腹致ス、飯出ス後帰ル也、朝半蔵見舞ニ来ル、無程帰ル、○才次郎も右同断也、○篠東おつよ年礼ニ来一包入、○九左衛門内来ル、祝義□包入、又田尻護摩初尾白米ト十二銅入、○下男両度周白呼行、留主ニ而不参、○北川惣三郎より汁あめ一曲見舞ニ入、

十三日　朝曇ル、四ツ頃より晴、○院主夜前ハいかふ不痛、朝方より昼前まて少々痛、○朝政平拙庵頼ニ行、乳柑十五遣、昼後見舞ニ来ル、熊膽少々置帰ル、直様政平薬曜（貰）ニ行三貼持参也、昼後吉川繁治按腹ニ来ル、針も致ス、○朝六蔵来ル、講中ノ善光寺画像開眼礼十疋入、○朝弥四郎・増次郎見舞ニ来ル、神宮寺使僧来ル、納豆一曲・扇弐□□札も年玉ニ入、新田彦左衛門護摩初尾米祝義一包共入、はせ（波瀬）惣八来ル、三拾弐才男七八年程も気不定故正路ニ相成様祈念頼来ル、金弐朱入、富蔵昼前ニ吉川繁治呼ニ行早速□□也、○政平、鉄平ニ而温石壱つ取来ル、長芋も求、

十四日　夜□より今日向雨降ル、○院主昨日昼後時分より続而宜敷也、○朝毎蔵見舞ニ来、○百度弥四郎同断白砂糖壱袋入、○今日も政平来ル、昼後下男ト同道ニ而町へ買物ニ行、けんひつはき百四拾八文・生姜漬類百文・たまり・油揚・生姜等求、かや町源蔵へ明日供物白壱文半取、餅数百五拾、明日五ツ時まてニ拵様頼遣ス、○拙庵ニ而薬三貼取ニ行、○晩方北川祐作見舞ニ来ル、

十五日　夜前より雨やむ、今日ハ晴天風少々、○院主続而気分宜併折々も少々ツ、痛、朝政平供物餅かや町源蔵へ□ニ行、代弐百三拾文払、昼後如例年之護摩修行、参詣も大分有、○御旗林平参ル、高須御蔵御□□供物札遣ス、戒浄・小房二人政平ト村方供物配、○朝九平・貞蔵見舞ニ来ル、伝四郎内来ル、見舞ニたん切

入、○増次郎見舞ニ来、菓子少々入、俊次郎見舞ニ来ル、○北川おつね殿来ル、祝義一包入、半蔵見舞ニ来ル、長芋七本入、○羽根井供物十四軒分政平ニ頼遣ス、○晩方下男吉川繁治呼に行、早速来ル、按腹致ス、飯喰ス、暮方帰ル、○ハネイおけん殿参ル、祝義一包入、○北川茂左衛門温飩粉弐袋見舞ニ入、
十六日　晴天風少々、○院主今日は大ニよし、○四ツ時万歳来ル、三拾弐文ト米三合遣ス、札置見物も大分有、○才次郎来ル、秋葉土産付木ニ札入、植田十右衛門より院主見舞ニ白砂糖一曲入、○六郎兵衛より温飩壱重見舞ニ入、○新田兵右衛門来ル、祝義一包入、曲尺手庄平同断、○西はたおいよ右同入、○新田子供遊ニ来ル、護摩供物為持遣也、○平四郎・弥四郎・源次郎其外四五人見舞ニ来ル、御堂瀬古平作祝義一包入、○政蔵来ル、見舞ニ白砂糖壱曲入、○坂下音八弐才男子大毒祈念頼廿疋入、○下男町方ゴマ供物配ニ行、八五郎・市十・忠太夫三軒百文ツヽ入、百十弐文外より初尾入、○下五井へも次手為持行也、○晩方才次郎来ル、鶏死ス、土砂囉(貰)ニ来、十弐文、
十七日　晴天大ニ暖也、○院主段々快気、○朝舟町忠太夫来ル、弐才男子十日程咳祈礼廿疋入、○坂下音八札受ニ来ル也、○今日より小供皆々習ニ来ル、○北川甚作見舞ニ来ル、○佐藤はつ来ル、年玉廿四文入、又コマ初尾米共入、○九左衛門お作ノ聟見せニ来ル、扇子箱一入、○羽根井和平方へ古蒲団壱洗たくニ遣ス也、○晩方平十来ル、仁右衛門取次下り町分修覆講初会掛金持参也、請取遣ス、同人金子入用ニ付弐両貸而遣ス也、○長平箪笥ニ来ル、門之屋根下土ねる、下男も手伝、
十八日　晴天暖也、○院主大ニ気分よし、○朝より慈明・弥四郎植田へ祈祷ニ行とまる、○朝弥四郎十七夜餅一重入、下男屋敷麦けすり(削)こへ出す、
十九日　晴天、雪少々ふる、○院主病気大ニ能飯少々喰ス、○朝より下男拙庵へ薬取ニ行、二本入扇子箱台求、こへ柄杓トモ、○朝より戒浄・政平町行、本町車やへ慈明之綿入注文致シ置、晩方先より人来ル、是ま

でとちかふと持参見せる、明昼頃迄ニ出来候様申遣
也、○晩方慈明・才次郎植田より帰ル、○夜る九ツ時
分植田より飛きやく来ル、弥四郎臨終加持頼ニ来ル、
御符遣也、○晩方下男こへとりニ行、
廿日　晴天暖也、○朝より弥四郎来ル、植田妹夕部五
ツ過死ス云ふ、程なく助九郎殿も来ル、○昼頃三作・
倉作本町車やへ昨日注文之綿入一ツ・浅黄染木綿切壱
丈壱尺取ニ遣シ一金三分ト銭八百文内払請取書来ル、
下五井市右衛門年玉壱把入、○朝より弥助吉川繁治召
ニ行、今日は不来と云、○弥助今日八ツ時分より在所
へ年礼遣シ候、一重五拾銅遣シ外ニ四百文給金之内渡
ス、
廿一日　御影供如常、朝より雨風烈、○夕方富蔵頼遣
シ燈油三百文、拙庵ニて薬五取かけんなり、伝次郎見
舞来ル、
廿二日　昼過下男大草より帰ル、○平四郎来ル、城内
宮田氏甚三郎・石井宇門・増井岡右衛門・同兵部四人
同道来ル、百文銭三枚菓子料として入、逢たき由段々
申とも未引込長髪と申断申候処、慈明ニ語申す何分百
日も中セこ留主居日延願跡より返事と云帰ル、無程政
蔵・伝次頼遣也、両人来ル故何分もふ正月晦日ニて日
延不成と明日行断申シ候被下と頼遣也、○子共まつ香
・せん香求行、
廿三日　今日は御城御年頭なれ共、病気旁差懸故障と
申、清源寺ニ頼遣也、○組頭来ル、宮田へ返事致も世
話人衆ニても頼遣スか宜敷様申来ル故、直ニ平十ヲ頼
明日にても参呉候様頼承知ス、子供町行拙庵ニ而熊膽
五百文求、其外氷砂糖・広唐人参等亦美濃やニ而桂枝
湯弐貼取、
廿四日　朝より夜ニ向風烈敷也、○院主早朝より七蔵
供ニ而尾州祐福寺へ年頭旁出立、序ニ鳴海九右衛門遍
照院等へ御立寄之由也、○朝平十殿宮田氏へ一昨日之
相拶(挨)之手紙持行処、先ニ而申ニは村役人□返事可致様
申、手紙開封もなく持帰ル也、無程慈明組頭へ行、右
之旨相談致ス、○平十殿新河岸留吉之修復講初会掛金
壱両持参也請取遣ス、札木町嘉右衛門より三拾余才女

夜臥と体痛ミ自由不成故、祈頼弐百十弐文入、〇子供美濃やへ葛根湯四服取ニ行、〇下男西宿弥三郎ニ而上白炭壱俵取来ル、

廿五日　曇天、昼時分より雪少々、〇朝平四郎・政蔵・伝次郎・半蔵・平十右宮田一件之義何角咄ニ来ル、無程皆帰ル也、〇平十殿西宿弥三郎初会掛金弐分持参也請取遣ス、子供晩方天神祭ル、〇下男新長や両度肥取ニ行、遠州大福寺より先達而貸置文殊掛物、坳六町匊や向テ返し来ル、政次郎富士一枚ト自身之宝珠壱枚共来ル也、

廿六日　晴天長閑也、〇今日は善道房極楽地獄之縁起解ニ付正月触来ル、〇子供昼前より休ム、〇朝半蔵来ル、親類方ノ祈祷頼度様申来、〇こう(国府)村麹やより廿三才女頭痛祈頼、当百弐枚入、〇西はた(羽田)善蔵来ル、一昨日札木町ノ札受ニ来ル、〇田町権太郎ニ上乳柑数八十代三百三拾弐文、中か壱束三拾代四百六文也、〇今晩六ツ過院主七蔵供ニ而尾州より帰寺被致候、早々風呂モ致ス也、

廿七日　終日雨折々、〇朝院主平四郎へ婚礼悦旁中せこ一件語行、先達而宮田殿村役人頼晦日迄日延致処、又々殿様百ケ日過迄日延致呉様、此間家中三人同道宮田来ルニ付、其挨拶ニ組頭ニ而も頼行頼度□□置処、昼頃ニ政蔵入来、何分晩方ニ頼宮田へ参り候間、半右衛門頼致度申故頼ニ遣也、弐人行処先方客来差支故、明朝入来と頼故帰ル、半右衛門壱人寄茶漬出ス、〇小田渕猪兵衛廿二男痰長病祈、

廿八日　折々雨、〇朝柑子代五郎三十四男ヲコリ(瘧)長引祈、朝政蔵・半右衛門宮田行帰ル寄、晦日切ノ処何分一両日差支候故、其所両人へ能頼故、当院へ宜願呉候様申事故其儀願候処、一両日之事ならハ聞済と申事、又々晩方半右衛門壱人宮田沙汰ニ行、一両日過早々願ニ参ル様申行、朝両人へ昼めし出ス、〇夫より寺内五人助九郎へ斎ニ行、柿廿本・九年(母脱)十五遣、布セ十疋入、新田彦右衛門・彦八・伝兵衛三人来ル、初午ニ子共手習上度願承知ス、権右衛門ノ文作も上度願也、

廿九日　新田七右衛門蕎麦切一重持参、斎ニ沢山用、

たまり五十文求、○斎後子共弐人下地又吉へ手紙遣ス、中セこ□□□当晦日切ノ処宮田願ニ寄暫延引此段御心得致□ト申遣也、又弐人野河やへ大のり一・水引金赤一・白赤一わとさゝ笠一本取、○植田十右衛門来ル、弐朱一慈明祈礼・箱菓子一入、菓子出し、○伝四郎内来ル、去冬かし弐分ノ内今日壱分戻ス、跡ハ二月中頃迄かしニ致ス、手製ノ納豆少々入、○下地石屋さいそく遣ス処、門柱石早出来有之と云返事也、○富蔵手間、下男と弐人して前東向よりみかんこへかけ、干か(鰯)こへ也四かめ済、わら切敷也、

二月

朔日　晩七ツ前雨、○小田渕猪平札遣、廿疋入、又五十七才男積祈廿疋入、柑子代五郎札遣、廿疋入、牟呂占廿四文入、○俊次郎来ル、妹初午登山□□□、○平十へ朝行、九年坊(母)九ツ遣也、昼後西町大工へ行、組もの四ツ持来ル、○今日は津嶋御戸開小正月也、次作・乙作の川や色紙取行、まんちう(饅頭)百文求、

二日　坂つ猪蔵来ル、子供明日初午登山願来ル、同村次三郎来ル、子共登山頼来ル、○ハねイ和平へ五人斎ニ行、うとん粉・まんちう一袋・九年坊十五遣、八兵衛へ串柿十本遣、○百度十人昼過ニ下地石屋より門柱石四ツ・蹴放弐本運持来ル、○子共弐人まんちう百文求ニ行、○下男去年ノ籾とゝろ干片付ル、九斗六升ヲ弐俵ニ致〆蔵納ス、○子共今晩より初午幟立ル、

三日　朝より慈明・才次郎植田へ二七日悔ニ行、清蘭香一わ・まんちう百文遣、○初午ニて坂つ十作・角蔵・新田代作・岩吉・文作・猪兵〆六人、村久左衛門おみな以上七人登山赤飯持参、巻筆二本ツ、遣、○高須甚三郎イヌノ年男積(癪)祈三十疋入、呪札遣也、○セこ甚作正月礼三十二文入、赤飯出也、○朝平十来ル、大工方細工皆出来ス故、八日時分棟上不定と云、

四日　新せん町女弐人来ル、占三ツ見る、○昨日新かし留吉女房来ル、厄払ノもち二つ来ル、○半蔵来ル、三相五十五男・四十五女夫婦縁切、又男五十才ノ御(後)家之行故悪と云祈頼来る、金百疋入、○戒浄晩方平十へ大工ノ処へ十六日ニ棟上九日地築等頼遣、○子共ハね

イ河原へ小石荷ニ行、尤昼過ニもハねイノ者一荷持来ル、〇晩方弥助坳六町平五郎へ干か弐俵求行、代払、

五日　晩方三相護摩勤祈念ス、〇はぜより礼ニ来ル、一向宗故供物計遣也、札不遣也、断也、〇朝平十来ル、昨晩西町安蔵へ棟上十六日定申行、地築九日畑ケ中市作申行と云、和平此間ノ礼ニ来ル、〇新田権右衛門へ蔵普請見舞廿疋三拾文為持遣也、〇百度・ハねイ子共昨今ニ小石大分運也、〇子共こま油・香の花求ニ行、〇下男麦耕作、

六日　朝半蔵頼家中宮田甚三郎へ晦日切之処、暫日延願故、早速可参様さいそくニ遣処、客来故増井岡右衛門へ行明日見合来入と云、〇朝西町安蔵子共と弐人来ル、表門立場段々見積ノ処何分不都合故、もそつと南へ出し、往来より北へ十間余引込立場所有増定杭打、晩七ツ前茶漬用帰ル、〇七蔵手間、瓦土ねりかへし門前笹根少々掘、〇草間弥吉六十九男臨加持廿疋入、〇うりこ《(瓜郷)》惣助札受来ル、子共段々快気と云、

七日　朝平十来ル、夫より西町安蔵へ行、昼過安蔵・惣三郎弐人来ル、昨日定候門場所不宜と思故、又北へ引込、元ノ場所より少し南へ杭打定、八ツ半頃茶漬出し帰ル、〇新町宇平七十八男不食臨加持、〇中柴又吉五十九才男積祈廿疋入、〇清須庄作二才男子熱強祈廿疋入、〇斎後慈明・次作石峯へ行、上方より帰り不行見舞、到来ノ箱菓子一・扇二本遣、〇曲尺手庄平へ年玉扇二遣、の川やニて硯壱ツ・真書三本取、

八日　未明雨、今日も折々少々ツ、降、〇新田・牟呂村ハねイ一軒八日もち来ル、新町宇平札遣也、三十疋十二文入、〇朝下男もち米一斗一升五合入搗、〇晩七ツ前より七蔵頼、畑ケ中市作へ地築棒かりニ遣也、持来ル、

九日　今日は吉日ニて門地築初、北川筆子・若者合十九人、舎力畑ケ中文七来ル、夜五ツ頃迄かゝミ柱・ひかへ柱弐ツ西ノ方済、風呂入四ツ過帰ル、飯ハ昼より夜食迄四度出、水西も五升取持求、〇中柴又吉札遣也、子共度々小石ひろい運、

十日　中郷十七人・北川定吉・金作・作蔵取持水西夜

迄七升取持求、舎力文七来ル、手伝廿人也、○小田渕より札受来ル、国府かふじ(糀)屋同断受来ル、○舟町久蔵六十一女病祈十疋十二文入、今日札遣也、○子共みのやへ戒浄薬三取行、の川や扇六本・ふくろ三ツ取、

十一日　かや町未ノ年女祈十疋入、○巳作大牛房三本来ル、戒浄あわせ洗ニ遣也、○北川伝次郎聟連来ル、○今日より彼岸まんたら懸ル、たんご(団子)上ル、○昨晩方半蔵頼城内宮田甚三郎へ当月一日より一両日観音堂留主居義退院延引致呉頼置候へ共、沙汰なき故、此方支配所故了簡、道順取計と申断ニ行手紙遣候処、明後日是非先達而四人ノ者参候て申状箱留置也、○今日子共弐人ちょうちんかり来故為持返ニ遣也、

十二日　昨日大村藤次女房子ノ年女血祈廿疋入、○下地長太郎廿三才女疾祈、○河岸石文吉門柱根石居来ル、晩方安蔵・惣三郎両人場所後と見定ニ又来ル、○晩七ツ前ニ城内より宮田甚三郎・石井宇門・増井岡右衛門・増井兵部四人、観音堂留主居本通一代住職之義段々願来ル、なれとも後考返事ニ左様也、四人衆中惣代として家中信心之者より願なら一代なそと申事迚も不成故、当年一年留主居為致可申と申せとも不承知故、又追而沙汰可申と申故帰ル、○富蔵手間、新田よりわら廿束運、晩ニ弥助搗残ノ米つき、三木少々割済、

十三日　田町半次郎亥ノ年女大病祈廿疋入、○文吉・市作柱石居来ル、かゝミ石弐ツ、ひかへ壱ツ居外ニひかへ一ツ居初也、○百度助九郎・平蔵手間昼迄石築、夫より下地へ三度ニ伊豆石四本運、子共とうふ二求ニ行、

十四日　田町札受来ル、十二文入、○坂下弾正めくら四十才男昼より日々熱強祈廿疋十二文入、○諸堂掃除立花、ねはん像掛ル、○子共町へ色々買もの行、戒浄使ニて伝次郎へ嫁入悦十疋・よふかん一先達而見舞礼遣、政蔵同一本・筆三、亀吉へ筆五遣也、○坂つ次三郎より普請見舞蕎麦二重入、□□□用半し二遣也、○舎力市作・善兵衛来ル、弥之吉□伝ニ用蹴放石・袖石居ル、晩ニ才次郎頼弥之吉西町大工細工ノ材木取ニ

行、
十五日　朝より百度平兵衛・作兵衛・嘉十・七蔵・吉太郎・伝兵衛〆六人頼、西町大工より門細工木運、三度行、茶漬出ス、大工三人・舎力弐人来ル、何も弁当持参、大工色々地組致晩七ツ過より帰ル、舎力立地致富蔵手間也、伝四郎よりなる・道板かりる見舞ニ縄十わ入、百度子共五人十疋ツ、見舞ニ入、十五文ツ、与、日中遺教読、参詣有、○昼より弥助町へたまり・みそ・上ケ・とうふ等求ニ行、○かや町塩屋弥右衛門未ノ年男胸下苦敷祈廿疋入、○中芝より七十八女臨加持頼来ル、
十六日　今日は吉日ニ付表門柱立、化荘（粧）棟木両袖迄立也、大工三人外子共壱人・舎力三人、手間平十・作蔵・長十・金作・定吉・百度才次郎、○富蔵手間十疋祝義入、○西ハタ増蔵・東平作祝義廿疋ツ、入、三平とうふ二、次三郎上ケ九ツ、源右衛門廿疋、十疋久米蔵入、九文じや内参詣十疋入、○中芝（柴）札遣也、廿疋入、○せとみかんへ田土荷北川四五人中間へ弐貫文内渡、
十七日　大工四人破風板たるき打也、○朝院主久米蔵伴坂津寺へ行、中セこ一件相談也、○ハねイ和平牡丹餅六七十普請見舞持来ル、大工迄沢山ニ用、村方二三人普請見舞銭入、○西村孫次右衛門卯五十一才男中性右ノ方不叶祈廿疋入、○よこ丁万兵衛六十才男祈廿疋十二文入、次三郎へ普請見舞ニとうふ二遣也、○昼前半蔵来ル、さゝん（山茶）花壱本つき山かいたう（海棠）ノ木つぐと申持行、
十八日　大工四人、○新田権右衛門牡丹餅五十来ル、村半右衛門蕎麦切一重・焼ふ百五十四見舞ニ新田七兵衛藪枯祈廿疋取次ニて入、○倉作・代作廿疋ツ、見舞入、○治助女房八十八男臨加持廿疋入、占も見る、十二文入、○清源寺廻状持参、廿五日家督恐悦登城触也、○戒浄・子共ゆりね其外種物蒔等也、○夜分弥助宅蔵院へ廻状持セ遣也、○弥七ニてまき筆三十本求、代百廿六文払、
十九日　晩七ツ過より雨少々ツ、降出、○大工四人化壮（粧）板打少々残る、権右衛門へ焼ふ三十五普請見舞遣、

○新田子共四五人祝義廿疋ツ、入、○村茂右衛門同断廿疋入、○斎過ニ城内宮田へ向四人名当ニて先達而観音堂留主居永住之義被願候へとも御断申と手紙為持、弥助使ニ遣也、置帰ル、一両日ノ内返事と云、

廿日　未明より雨終日折々降、大工四人来ル、北ノ方化荘板打地搗打也、○棟札板削、慈明棟札認、○山田猪助札遣也、○手間丁林蔵当才女乳不呑祈廿疋入、○棟札書祝ニ大工へ小豆飯・とうふ・菜ニて振舞、

廿一日　未明より雨、終日時々大降也、○大工四人南ノ方板打、昼より大降ニて居細工也、七ツ過より仕舞行、○子共野河や傘一本・真書一本取行、○晩金作来ル、畑□□子ニ行ニ付、着合羽一ツ・荷合羽一ツかし、餞別ニ廿疋遣ス、下男米二臼搗、○北川田土みかんへ荷中間より賃取来ル、百文ニ八荷かへ五百廿八荷代六貫六百文之処、先達而弐貫文渡、残り四貫六百文今日渡済、

廿二日　未明より終日雨、○今日はみそ造吉日故、昼より弥助みそ玉こなし、新酒桶弐ツへ弐斗ツ、ニ仕込、朝よりあこ（赤穂）塩壱斗四升求七升ツ、別而入、三合五勺塩也、水凡八分め程ツ、入仕込也、○新五郎より門祝義十疋入、○柑子伊平二才女子驚風祈、○ハねイ久八、六十一男先月末より時々鼻血祈十疋十二文入、平十・権作見舞来ル、○晩弥助赤みそ百文・糀百文求ニ行、こも（菰）口惣左衛門傘一本返受取、

廿三日　曇天、○下モ町平八七十二女足指痛祈、○村利右衛門普請見舞十疋入、○五十文巻せん子共求ニ行、○下男干かこなし、○夕方下地又吉へ行、観音堂義申手紙遣也、今夕か明朝迄ニ来ル様申遣也、○今日醤油ノ実七分め程、去年ノ赤みそかけん悪ク塩からき故、まぜ合せる、

廿四日　今日は曇天、昼より天キ、○新町千太郎四十五女産後祈廿疋入、○清須庄九郎八十一才男臨加持廿疋入、○村半左衛門廿疋、清助十疋、ヲハタ（御旗）林平十疋門寄附ニ入、○源右衛門より□□□土産もち弐ツ入、○戒浄・政蔵夫婦□□□寺参、留主見舞ニ壱文菓子五十文為持遣□、○風呂致、夕方長平へ明日来ル様申遣

也、承知ス、
廿五日　子共天神祭、○朝五ツ前より御城へ御家督祝義出ル、扇子台共持参昼頃帰ル、長平供也、夫より晩迄米つき、○拙庵へ薬礼弐朱と熊ノゐ礼五十疋遣、○清須庄九郎札遣也、
廿六日　昼より定吉・権作明後廿八日棟上買ものニ来ル、せニ三貫文出遣夕方帰ル、○大工四人土ゐ晩迄ニ済、そでのやねも打、○晩七ツ前ニ家中四人来ル、夜五ツ過迄居、本通ノ一件申立募何分存生ノ間置又永々住ノ趣意ノ事書付取、夫出来ねハ引帰らぬと無拠書付致取遣ス、
廿七日　大工四人土ゐ葺等済、七ツ頃仕舞行、○平十・定吉・権作来ル、料理投もち備四膳之処、白米弐斗もちニ搗、小もち七百計取、西町大之助投銭壱貫文奉納持参ス受取、村方見舞銭入、料理人三人才次郎頼、七蔵夜ニ入町買ものニ行帰ル、四ツ頃帰ル、風呂ス、
○御酒取帰ル、
廿八日　快晴、○大工・子共共四人、木挽弐人・□□弐人、弐人ハ不参、其外手伝来ル、○□□□□作法初其後斎用、御幣寺分□□大工分三本立、備弐膳ツ、洗米等也、召人数ハ大人分仏名通召、常陸・弥六不参也、○衣屋入来、弐朱奉納、斎ニ召、其外祝義入、夜ニ入、平十・権作・定吉・戒浄四人西町大工へ四人ノ祝義持参、備も四膳遣処弐膳計取、跡は戻ス、大遅引、平十方ニて昼より夕方迄大工と木挽と含力役人へ馳走出ル也、皆夫へ行、遅引也、○風呂有四ツ頃帰ル、
廿九日　終日折々雨、○朝平十・六郎兵衛・権右衛門三人来ル、料理物勘定諸払ニ行、昼頃帰り皆々帰ル、
○晩方右三軒へ一寸礼ニ行、棟上もち九ツ、遣也、
○古茂(菰)口惣三郎・西町安蔵礼ニ来ル、入文幸吉より鬼瓦弐ツ持参、茶漬喰帰ル、昨日新かしより装束物一荷来ル、○ハねイ和平方へ筆子内へ一二荷ツ、瓦荷願遣候故相談ニ来ル、衣屋元吉も来ル、語晩方帰ル、
晦日　終日雨、○和平朝来ル、雨天故天キ次第ニ明日瓦荷と云也、昼後弥助使ニてこも口惣三郎・舟町栄吉

へ門備一重ツ、為持遣ス、夫より町へうとんこ壱斗求ニ行五百廿文払、上伝馬十五郎ニて求、夫より助九郎とのへ明日打来ル様願遣也、白みそ一重遣也、

三月

朔日　朝大工安蔵・惣三郎弐人来ル、控柱下り上ル、□□□□市作来ル、入文瓦屋幸吉弐人四ツ過ニ来ル、茶漬□□下働ハねイ(羽根井)徳右衛門・佐右衛門・和平、手間富蔵也、尤朝ハねイ十三人出、新かしより瓦二荷ツ、運送、其内三人終日手伝跡ハ直様帰ル、○門やね南半分北少々葺初、○上伝馬石九郎亥ノ年男積祈廿疋廿四文入、○ハねイ久八先達鼻血出祈全快礼人参五本入、○新田市左衛門・伝兵衛・坂つ角蔵もち入、○坂つ次三郎・直蔵・平兵衛廿疋ツ、普請見舞入、同喜三郎十疋入、瓦や弐人宿ス、

二日　天キ、○瓦や門屋ねふき手伝西ハタ源兵衛・吉兵衛・婿吉・次郎兵衛四人、外手間長平・七蔵也、○七蔵ハ昼迄ニ米弐臼つく、夫より瓦や手伝也、○舎力市作袖こまい済、片かべ付瓦や手伝も致ス、○清次郎より橋良七才女子ノほうそう中位故祈、○石九郎札遣也、○城垣内清四郎死悔行、其後十疋入、○子共近所もち入、○伝四郎より金三分先月かし分入、合弐分分皆済迄十一入、○舎力市作へ先達而より作料ノ内へ弐朱一かし、○子共とうふ・芋又昼過ニまんちう(饅頭)・せんへい求行、内まんちうハ助九郎へ遣慈明持参ス、○伝次郎より芋一盆・もち共入、

三日　子共祝義皆々入、○西町安蔵・舟町栄吉礼ニ来ル、其外近所礼ニ来ル、○呉服町九文じや門寄附として金壱分入、○うりこ(瓜郷)甚三郎札遣也、弐百文入、○花ケサキ彦助当才女子虫祈廿疋入、○飯村左次兵衛六十三女白血祈、晩七ツ前衣屋元吉・和平来ル、夜迄居中セこ相談也、夫より帰ル、○下男□□□等求ニ行、

四日　朝助九郎殿・才次郎来りうとん打初、昼前壱斗四升打済、昼頃平十・定吉・権右衛門入来ス、三人ノ者別而セ話ニ成故也、平十・助九郎へも壱重ツ、遣ス、○和平臨時来ル、手伝ニ衣屋来ル、直ニ行、○各々昼後皆帰ル、○花ケサキ子共死断ナリ、○瓦町権

平廿一男疱祈廿疋入、○下り町吉兵衛三十七男古疾祈廿疋入、○九文字や米二合・らうそく二入、和平宿、

五日　夜明より雨、昼過より天キ、○朝和平天王町へ行、元吉同道来ル、○昼後助九郎・半蔵来ル、四人揃中セこ義夜分迄談先宮田へ行様究ル、皆々帰ル、○吉平・権平・左次郎兵衛札遣、初尾も入、○茶屋町清兵衛廿三才女腹ニかたまり祈、

六日　朝和平帰ル、其後元吉来ル、昼過帰ル、○瓦町札遣、三十疋入、○和平より書付為持来ル、中セこ用也、○下男西ノ方みかんこへ出し、晩みのやへ風薬七服取行、とうふ・上ケ取、青けさも取来ル、○夜分半右衛門・権作・和平・衣屋四人来ル、中セこ一件四ツ頃迄語帰ル、

七日　北川政蔵善光寺参土産御影・さじ・草り・硫黄入、○下地長太郎先達而祈礼廿疋入、○下男唐黍・かほちや蒔、○夜分助四郎・権作・元吉・和平来ル、中セこ相談皆々早帰ル、

八日　丑久ほ(牛久保)卯七、六十二男疝キ祈三十疋入、○前平八親類下五井善次郎四十一女去十月産後祈、○子共三人野河や半し一・朱すミ二・小法師二取、とうふ二求、上ケ十一求、○政蔵へ善光寺参悦、上ケ十五遣也、○弥助外畑耕作、西宿弥三郎へ晩方すミ壱俵取遣也、○夜ニ入平四郎・政蔵・伝次郎・権作・半蔵寄合、中セこ相談語也、

九日　下五井札遣也、三十疋入、○松山久次郎札遣也、○衣屋昼過来ル、夜行、夜和平来ル、○富蔵手間、外麦削ひつかけも致済、下男同断、

十日　東組市川丹太夫三才男虫祈廿疋入、○八ツ頃衣屋来ル、暫居行、○新田太郎枝打来ル、せと根切枝打七八本致ス、○昨日西組光平より傘四本張かへ持参、内壱本蛇ノ目也代合壱貫三百文未不遣、

十一日　本町なべや甚兵衛八才女子、七年計煩此節悪祈廿疋入、○のた(野田)九右衛門四十二女去十月より病頭重ク祈、○田町兵右衛門五十八男積流ゐん(溜飲)祈廿疋入、○子共弐人町へ行、上菓子求、○東組札遣也、○新田太郎吉枝打来ル、せと根切こなし、前西とち二本・松二

本根切こま木切出し、
十二日　斎後薬屋藤次へ内義ノ悔ニ行、民平伴也、上菓子百文・平せん香弐わ遣、〇下地石やニてハ蹴放下中ノ小敷石壱ツ持帰ル、〇坂下三平弐十一才男籠性祈、〇萩村容右衛門年礼来ル、廿疋入、〇新田太郎吉木切来ル、こま木切出し、〇せととち木割也、〇子共弐人町へ行、弥七ニてまつ香・平せん四はら求、まん中百文求、〇長平手間せと小麦削、みかん干かこへ出し也、下男同断、
十三日　坂下三平札遣、廿疋入、〇久右衛門へ何角礼旁々菓子八十文計遣也、〇六郎兵衛・平十・権右衛門へ半し五帖ツ、色々礼ニ遣、二軒へ菓子少々添遣ス、〇半右衛門へ牛房五本同断遣ス、〇太郎吉仕事来ル、前東ニて松壱本切こま木切出し致ス、今日ニて仕舞也、九百文四日分渡、〇下男米弐斗搗、〇子共上菓子・上ケ・とうふ求、
十四日　本町なべや甚兵衛先達而祈頼八才女子、此節病キ六ケ敷医者方角見来る、加持礼廿疋入、〇平四郎へ行まんちう一袋遣、〇子共中普請祝ニ赤飯一杯ツ、喰、六人不参為持遣、もち米五升・小豆一升也、〇下男畑ケ中市作へ門油石灰来ル様申遣候処、四五日は得不参と云也、〇戒浄・子共今日よりこま木割初、
十五日　かや町丈助六十五男初足腫、夫より躰痛祈三十疋入、〇紺屋町五右衛門十才女虫祈、〇戒浄・子共こま木わり、〇清七へ牛房五本蔵直見舞遣、〇朝より弥助大サキへ洗たく遣、米一升・麦一升・百文遣、〇権右衛門内ほうふ（防風）八わ持参、畑村金作より殊（言）付来ルと云、
十六日　丈助札遣也、紺屋町同遣廿疋入、〇戒浄・子共こま木割、〇矢ノ口彦左衛門取次三十五才男はいようふ祈、
十七日　夜前より終日雨大降也、〇ハねイ和平・北川甚作来ル、〇戒浄・子共こま木わり、
十八日　橋良伝十辰ノ年小男疳祈、同村四才男子ほうそう祈廿疋入、〇三橋次郎吉十四才女病キ祈、〇西宿勇吉四才女子虫祈十疋入、〇斎後政蔵・伝次郎へ何角

ノ礼ニ行供物菓子少々ツヽ遣、○戒浄・子共こま木わり、○斎後慈明・助九郎へ行、ふき二わ持参、○子共上菓子求ニ行、

十九日　新田久右衛門取次、大村六十六男腹張小用不通祈廿疋入、○田町セこ(世古)板木や大吉四十一男積腹痛祈廿疋十二文入、○橋良・西宿札遣也、○子共弐人灯油・胡マ・油上ケ求、上ケハ伝四郎へ道板・なる長借断旁遣ス、○戒浄・子共終日こま木わり致ス、

廿日　田町セこ大吉札遣也、○橋良善十死十疋入、金壱分両かへ壱貫六百七十二文渡、○子共弐人の川やすミ三取、○西二はん丁幸平へ先達而傘四本張かへ代壱貫三百文為持遣也、受取書来ル、○源六より弘法大師へ供物もち十九・小豆もち十三入、新田権右衛門うどん一重入、此内源六へ少々遣、○戒浄・子共等ごま木わり、弥助朝五ツ頃大サキより洗沢(濯)し帰ル、夫より朝昼後とも両度こへ取行、土ねりかへし干かこなし、風呂営、○夕方和平来ル、中セこ語也、直ニ衣屋へ行く、○源六より大師様供物十五小豆、

廿一日　朝大師様勤、千才草・上菓子上ル、○源六へ晩ニ千才草七ツ・上菓子遣、○半右衛門母ふき一わ・すい(ず)き持参、○戒浄・子共こま木割、富蔵手間昼迄致、夫よりあセかけ也、○弥助平五郎へ干か弐俵取行代払、○上伝馬平やへ鍬ノ平計りかへ持行、

廿二日　晩七ツ時分雨、○戒浄・子共こま木わり、○弥助干かこなし、晩方魚町へ黒糯米弐斗求ニ行、代払、くわノ平かへ代払済、○夜分和平来ル、中セこ語也、

廿三日　終日はら〱雨、○新せん町勘七丑ノ年女疝キ祈三十疋入、○橋良次郎吉三才男ほうそう四十日計祈、○栄吉札遣也、十疋十二文入、○晩方衣や来ル、夕方帰ル、中セこ語也、○弥助朝畑ケ中市作へ暫断也、夫より粳米壱臼ともち米壱臼搗、

廿四日　天白前久米吉六十三男二三日前倒、夫より躰痛祈、理趣分頼、金壱分入、○橋良次郎吉昨日之小児死、礼廿疋入、○子共弐人町へ行、有米糖百文求、○夕方和平来ル、一件語也、○弥助前みかんこへ残分か

け済、夫より門ノ立路下ル、子共も手伝也、○夜分長平・富蔵明日仕事召ニ行、○弥助昨日より少々病キ薬代廿四文与、外ニ百文かし、○夜分和平来ル、

廿五日　子共天神祭菓子求ニ行、茶袋求、○朝子共かや町平吉へ香炉為持寸法見セニ遣、直ニ持帰ル、○市（場）八彦四郎六十三男下腰ノ痛祈三十疋入、○天白前札遣也、○晩方元吉来ル、フキ持参、家中遣書付一件語、○長平・富蔵手間田あせかけ、晩方籾蒔致済、○町組三右衛門へ古釘弐百六十匁直ニ為持三作・久米蔵行、

廿六日　西組大谷小文治当才男咳出祈、晩札遣、廿疋入、○西町安蔵・惣三郎昼後来ル、門けん魚持参、けた鼻迄打、茶漬食帰ル、○子共上菓子求ニ行、○下男朝芋種三升・若布求、嶋うり・白うりせどへ蒔、○晩七ツ過半蔵頼城内宮田へ向外三人ノ名前共記口上書ニて中セこ本通永々住ノ事法類へ相談致処、不決着と断申遣也、入逢過帰ル、○茶漬出し半蔵よりふき花持参ス、

廿七日　新田子共五人焼米入、○子共弐人車屋へ木綿壱反・白麻弐尺七寸取行代払、此木綿ハ宗賢ノひとへ物ニ致積也、○ハねイ八兵衛より宗賢給洗持参、焼米入、ひとへ物木綿壱反遣也、○弥助前西へ芋三升うへ、干か（鰯）こへセとみかんへかけ、晩方もち米弐斗求ニ行、代持参、

廿八日　北川茂右衛門内焼米・手拭壱筋持参、其外焼米入、○伝次郎焼米・上ケ九ツ入、又お京土産赤飯壱重、晩方衣や来ル、○弥助朝よりもち米弐斗搗、晩方ニもち白米弐斗求ニ行、代払、

廿九日　平十・権右衛門へ朝行、子共焼米来ル、○朝弥助小豆壱斗求行、代壱貫六十文也、黒こま三合求、○晩方もち米五斗五升・糯三升入、都合五斗八升洗上置也、夫より小豆又弐升求ニ行、尤黒もち米三升八合戻さし引取、○西宿弥三郎すミ弐俵代八百四十文渡、○下地石屋石代残六匁五分代七百十四文渡済、表門柱石代也、

四月

朔日　早朝より長平・七蔵手間、権作手伝来ル、赤飯

蒸シ白米五斗・小豆壱斗也、晩方迄ニ村諸方とも配ル、済、○坂つ寺へ庫裏普請見舞ニ二ばんノ切留ニ壱重遣ス、所々より為銭壱貫文遣ス、四人して別ル、

二日　かや町庄吉嫁安産祈廿疋十二文入、御符遣也、○大村藤次内義悔礼来ル、三十疋入、菓子出也、○斎後平四郎へ平八金毘羅参見舞ニ行、十疋遣也、○所々へ昨日かり重箱戻ス、○早朝より弥介苗代へからす入故番ニ行、そめ致し昼過帰ル、又晩ニ竹持縄はり行、

三日　朝より雨、昼後大雨也、○弥助朝より昼前田鳥番行、昼迄又一度晩ニ又一度行、○魚町平作へもち米七升八合遣、勘定取ニ行、○かや町庄吉札遣也、

四日　下り町龍吉廿八才女痰ニ積祈廿疋入、○九文じや米三合・らうそく二上ル、○北川乙吉・清太郎・熊吉・七蔵四人、門前杉取たゝき受取積見ニ来ル、帰ル、○弥助せとみかんこへ出し、○晩ニ苗場そめ竹拵、からすも拵持行、

五日　下り町龍吉札遣也、○神明前取次札遣五十疋入、○下り町安兵衛五十六男脾胃痛祈、○百度善吉申ノ年女積祈、○新田市左衛門牡丹もち一重入、○子共みのや行清明丹求、○三右衛門へ針直取ニ遣、百七十匁代百七十二文払、

六日　新町為蔵当才女虫胎毒祈廿疋入、○善吉札遣也、廿疋入、○川サキ・下り町札遣也、○倉作円豆入、○子共上菓子・胡マ油・筆求、○本町筆屋来ル、すミ・筆求、○慈明斎後百ト(度)行、わた入袷ニ直シ持行、○弥助前畑粟蒔済、晩ニ田見行、○魚町平作へ白もち米壱升九合五勺売、代弐百十五文取、○同町周伯へ先達而按摩二度礼廿疋遣、

七日　朝子共本堂花持参、戒浄・子共本堂葺、○小浜善次十才男病祈、○長平・富蔵手間田打、○朝より慈明・豊吉町へ行、衣屋へまんちう一袋遣、斎招ス、○乙平へ石印彫頼置也、○晩七ツ過家中四人侍来ル、先達永々住頼なら本山相談返事致と云故、本山聞済ハ此方も同意と書付呉と申せとも達而断申聞ス故書遣也、夜五ツ頃帰ル、○夜政蔵・伝次郎・権作来ル、何も九ツ頃帰ル、

八日　朝役人三人来ル、段々中セこ語也、何も帰ル、又昼過弐人来ル、夕方庄や来ル、本山へ願ニ就而は此地役所へ内窺之上届よしと云、是迄四人ノ侍言葉等一々書記番頭ニ内語申行、○参詣大分有、曲尺手庄平ゆこう（糖）湯壱袋入、○百度平兵衛来ル、札木二葉やより四十一男引風祈、

九日　晩雨少々曇天也、○朝役人三人来ル、中セこ談也、即座帰ル、又夜分平四郎・政蔵来ル、半蔵・衣屋・和平来ル、明日ニも祐福寺へ中セこ一件届ケ書等相談ス、五ツ過帰ル、和平・衣屋九ツ過ニ帰ル、○晩七ツ半頃ニ院主政平連、川村定蔵殿へ中セこ一件談行処、何分本山へ早速届置様ト申也、六ツ過ニ帰ル、皆々へも其趣談スル也、○札木札遣也、廿疋入、

十日　昼後より慈明衣屋元吉同道ニて部田祐福寺へ立、其趣ハ観音堂一件ニ付届也、○下り町柳吉女房追々快方礼参廿疋、○薬師仏観音様灯明料上ル、○百度善次郎取次、町十四才女疳祈廿疋入、○東組二ばん祐作六才女子虫ニ痰祈廿疋入、○北川三軒・伝四郎・助九郎へ尺（釈）迦供物遣也、源右衛門より米五合・上ケ七ツ上ル、○新田くら作牡丹もち十一入、

十一日　朝新田彦十綿五ケ所豊作枯ヌ祈頼来ル、○昼後平四郎来ル、昨日尾州へ弐人出立哉様子聞来ル、○晩方同家へ行、中セこニて当六日より八日迄昼夜説法致ス様噂御座候、此方へ一向届無故、相談之上役所へ達る哉と云処、無程平四郎同道ニて出宅、外ニ内々中セこ一件ヲ此間御番頭ノ内藤泰助へ聞合申処、本山へ届之事ならハ、役所へ何分寺より届ル様被申故、極内々ニて尾張へ届ト断申頼也、

十二日　東組三番久米吉胸苦敷祈廿疋入、○本町忠吉取次、札木四十二才女疳祈廿疋十二文入、○中村兵右衛門七十七才女老病祈、○清源寺より使、住持廿四才八日頃より引風強熱有祈十疋入、○朝平四郎来ル、土手丁番頭泰助へ昨晩行処、留主故又今より行と云、書付見せる、無程帰り寄、先ノ申ニは尾張より帰候ハヽ、様子此方へ一寸知セと云ト申事也、○清七牡丹十五入、夫ヲ馳走ニ出ス、昼過政蔵来ル、中セこ語也、○

富蔵・長平来ル、絹田打、長平ハ昼より不快内へ行、
○弥助せとへゐん(隠)元豆植ル、前畑小豆・さゝけ植等
也、
十三日　昨日之者札受来ル、○牛久ホ藤助五十二女鼠
クイ祈三十疋入、○新せん町源次郎より廿八才女ヲコ
リ祈、○舟町久米吉三才女疱瘡祈十疋十二文入、○新
田紋右衛門ト大作もち一重ツ、来ル、市左衛門山ノい
も入、○高須十右衛門綿ノ祈十五ケ所札頼也、○八ツ
過頃慈明・衣屋、尾州本山より帰ル、委細ノ事書付、
又登山ト申事也、夕方又尾張より手紙持人来ル、先直
様帰ルト云故受取書計遣、百文使ニ遣、何分住持ニ手
紙着次第参ル様申来ル、夜分返事認置也、衣屋帰宅ニ
付明日尾張飛脚頼置遣、夕方和平来ル、夜四ツ頃ニ
行、
十四日　朝平四郎入来ル、尾張行語也、○昨日ノ者札
受来ル、○上伝馬九郎兵衛十九才男腹下り熱も有祈、
壱分入、○新田岩吉・三作・民平・村孫太郎・百度平
四郎、牡丹もち一重ツ、来ル、○平八金毘羅土産半切
百、門祝廿疋入、久左衛門家かため祝もち二ツ入、○
昼尾張行衣屋親類惣八手紙持飛脚ニ立、
十五日　昼前半蔵来ル、箱菓子一・竹ノ子入、○昼過
衣屋、晩方和平・助九郎来ル、同刻平四郎来ル、中セ
こ義役所内語也、七ツ頃より院主・久米蔵川村氏へ一
両日之内ニ尾張行ニ付、尾張様子語、又役所へ届之義
聞ニ行、一寸と用向ニて行、書付ニて吉と云、○二川
久七より七十二男片身不叶祈廿疋入、晩札遣也、○高
須十右衛門綿札十五枚遣、○何茂夜迄尾張行願書相談
認、五ツ前帰宅、
十六日　朝少々雨曇天、○朝半蔵・衣屋・和平猶又役
人三人来ル、尾張行願書口書認、尚又役所へ本山行届
ケ書等認、昼前伝次郎殿行納、晩方庄や殿ヲ以尾張願
書口書持行、泰助殿ニ内々見セる、夜ニ帰ル、明日昼
過よりも部田へ同道参ル故、政蔵殿も御頼可然申帰ル
故、直様戒浄・和平弐人頼ニ行処承知也、夜ニ入何も
帰宅、○朝新田平八より五十二男疝積(癪)祈廿疋入、晩ニ
札遣也、○坂下茂助三十八才女血籠祈、○昨日弐人ノ

者札遣也、夕方助九郎へ尾張行供頼行、承知也、○子共上菓子・たまり求行、○昼より弥介米つく、○昼前伝次郎殿頼、寺社役所へ明日十七日尾州本山へ用向ニ付罷越と云届致、無事納ル也、

十七日　晴天也、○朝より半蔵・和平・衣や・役人三人来ル、尾張行之支度也、昼前平十・六郎兵衛・久左衛門尾張行義ニ付頼ニ行、早速来ル、○助九郎来ル、院主・平四郎・政蔵・才次郎昼後より祐福寺へ出立、葛籠一荷、右之衆昼飯喰ス、八ツ頃皆帰宅也、衣屋惣八殿祐福寺へ使ニ行帰来ル、大悟院より院主ニ四五日之内ニ祭山致呉様申来ル也、○晩方清源寺病気ニ付下(登)男見舞ニ遣、氷砂糖弐百文遣也、○早朝坂下茂介札受ニ来ル、○和平小坂井迄皆々ヲ送テ行、序ニ豊川等参詣之由ニ而日暮ニ帰ル来ル、茶漬喰テ直ニ去ル、

十八日　朝より毛雨少々、又七ツ前より少々降ル、○朝増次郎観音堂一件ニ付、見舞之由ニ而来ル、○権作右同断、○朝坂下茂介一昨日祈礼ニ来ル、三百文入、○野田平太郎より七拾八才男病気祈頼ニ来ル、弐百文入、○弥介所々へかほちや苗植ル也、

十九日　曇天間に〳〵照ル、○萱町九郎右衛門より廿五才男腹病喰不治祈礼ニ来ル、弐百文入、○野田平太郎より札受ニ来ル、○衣や元吉来ル、先達而惣八尾張へ飛脚行、小遣残分金弐朱ト銭七百五拾文持来ル、○子共町へ行、赤みそ・とふふ求、大工来故也、○朝平十・六郎兵衛・権作・林平表門扉西町より荷而来ル、其後讃の戸弥介ニ取ニ遣ス、朝より安蔵・栄吉・惣三郎・清作右四人門扉・讃等拵ニ来ル、昼後茶漬等出ス、七ツ過出来上り皆帰ル、○羽根井八兵衛より先達而宗賢之単物頼出来ス、持参也、切も同断、又其中ニ単物壱ツ呉度様申故、鼠色宜敷と申遣ス也、

廿日　曇天併昼前少々照、○下坂茂介小児咳出候ニ付、茶湯(貰)ニ来ル遣也、○かや町九郎右衛門より札受ニ来ル、半蔵ノ見舞ニ来ル、直ニ帰ル、○北川おつね殿来ル、留主見舞之由ニ而饅頭壱袋入、子供菓子遣ス、○坂津治介つる豆入、○本堂座敷坪内等掃除致ス、○富蔵箪笥前麦刈、弥介も手伝、○夕方助九郎殿

見舞ニ来ル、蕗三わ入、
廿一日　夜前夕方より雨降ル、今朝より晴天、○今日節句之取越、夫ニ清源寺へ岡崎より善光寺像向休日、皆々参詣ス、○朝坂下茂介茶湯受ニ来ル、○院主尾張より八ツ頃帰山、政蔵・才次郎同断、平四郎殿ハ私用ニ付尾張ニ而別併今日帰筈也、○松山より四拾七才男風引籠長病祈百十弐文入、○百度長作柏餅十五来ル、○助九郎より先達而布子袷ニ仕物綿共持来ル、○半蔵・伝次郎・増次郎・助九郎・和平・衣屋等帰山悦ニ来ル、○晩方風呂致ス、○政蔵・平四郎呼遣共不参、才次郎夕飯喰、○子供町へ行、灯油・上菓子・とふふ等求、
廿二日　佐藤より多米清五郎と申者七十二才女胸さわき病祈占も見ル、○日色野七郎兵衛十九才男日々昼後より気分悪祈、○松山安兵衛札遣也、○晩方衣屋見舞来ル、○朝四ツ頃平四郎帰ル、夕部赤坂ニ宿と云也、○坂つ次作柏十三入、○子共せと掃除、○夜ニ入平十来ル、大工三人ノ頼ニて表門普請手間木代書付持参之処、六両程ふそくニ成ルト云、○晩方より弥助在所へひとへ物取ニ行、
廿三日　朝平四郎御役所へ行、此方ノ寺社役所へ尾張より帰る届書出ス、頼遣也、○為村（多米）清五郎札遣也、廿疋入、日色ノ（野）七郎右衛門札遣也、米一升・三百文入、○田町太吉弐才女せき出祈三十疋入、○北川惣八取次、東脇伝四郎七十余女臨加持、○子共弐人町へ行、まん中四百文・すミ二求、○晩方平四郎・助九郎・政蔵三軒礼ニ行、まんちう一袋ツ、遣、○朝早ク弥助大サキより帰ル、終日麦刈、
廿四日　北川おつね来ル、勘蔵三十八ふらくら五十日計病祈、○坂下乙七弐才男子咳祈、同権吉壱才男同病祈廿疋入、田町札遣也、○平三郎粕（柏）十七来ル、○斎後川村定蔵へ行、菓子壱箱遣也、○衣屋へ椎茸壱袋遣、○惣八へ尾張行礼三十疋遣、○鉄平ニて状箱くわん弐ツ・石三ツ取代廿文也、下男麦刈皆ニて三十一束也、
廿五日　坂下両家札遣也、廿疋入、○天神祭子共菓子調行、三十二文内分求、○下男外畠草取、小豆まざき

等也、
廿六日　佐藤ノ親父和田ノ申ノ年男ふらくら病祈、直ニ致遣也、廿疋廿二文入、○久米蔵柏十一入、町巳作上ケ十五入、竹ノ子五本・ひとへ物・じゆばん(襦袢)洗持行、○子供あらめ百文十六わ也・若布三十二文求ニ行、
廿七日　坂つ直蔵粕十一入、斎ニ用、○広庭うら等掃除、下男外畑仕事、○晩方こま札百卅枚計摺朱印押済、
廿八日　朝よりそろ〳〵雨終日降、○高須勘三郎綿作祈札八枚、甚三郎同祈札十三枚頼来ル、札拵ス、○横須加弥之八、四十才女七八日熱強言葉多祈、こま勤遣ト云也、○権作見舞来ル、○下男昼より米つキ致ス、
廿九日　未明より雨、晩方曇天、○上伝馬中野屋弐才男胎毒祈廿疋入、晩札遣也、○大崎次郎左衛門、未四十七才女頭ニ腫物去年より追々広ニ金壱分廿疋上ル、○斎(ママ)後こま勤、○朝横須加こま勤、○作兵衛・利右衛門十一粕九入、○下男せと瓜植替ル等也、
晦日　朝ニ川六助、七十一女倒テより無性祈、直ニ致、札遣廿疋入、○高須両家綿札遣、八枚ニ十三枚也、○ハねイ寅吉・新田大作・ハねイ政平・村亀吉粕来ル、内十三助九郎へ遣、○広庭掃除子共草取、○子共弐人上菓子・巻せんへい・けんひつはき求ニ行、○晩ニ供物壱升八合搗、○風呂、

五月

朔日　定例之講護摩勤参詣少々有、戒浄・子共、村方札配ル、新田・ハねイ子共弐人ツ、為持遣也、小まんば与左衛門へ弐軒分、弥助持行、○朝助九郎初尾米一升上、供物為持遣也、大サキ次郎左衛門より使ニて手紙添札受来ル、海草松菜と海松二色施入、使茶漬喰ス廿四文遣、○新田内蔵作柏十三入、○巳作ひとへ物・しゆはん(襦袢)洗持参、柏十一遣也、
二日　曇天昼より雨少々ツ、、○平十十五・清七十三柏来ル、○伝次郎より上ケ九ツ・新牛房弐わ入、上ケハ権右衛門へ遣也、○朝より久米蔵・市作、ヲハタ(御籏)より町へこま札配行処、舟町六軒・高須屋不行、又昼よ

り四人手分行、○富蔵・長平手間、田小手切来ル、○横須加富三郎、五十五女熱往来祈三十疋入、

三日　子共柏来ル、○上伝馬重七丑ノ年男痰病胸苦敷祈廿疋入、○横須加札遣也、十二文入、○子共弐人上伝馬三平へ慈明ノ石印取ニ行、代六匁也未不払、○橋良より八卦三十二文入、○下男せと草取、晩ニ門ノ処ねり土寄等也、

四日　子共中柏来ル、○子共上菓子・せんへい求ニ遣也、○政平来ル、道淳ノひとへ物拵持参ス、柏十三遣ス、○長平・富蔵へ柏十一ツ、遣、○お色・長平内弐人麦たゝき来ル、六駄半晩茶漬迄済、三百廿四文渡、三駄百五十文ツ、去年より増ニ成ル、

五日　朝城内関口氏より使ニて手紙添柏一重来ル、団(扇脱)も弐本来ル、返事遣也、○西ハタ左次郎来ル、坂つ喜三郎母大病臨加持頼来ル、○政蔵ノ平作・才次郎礼来ル、柏出ス、其外壱両人来ル、○晩八ツ半頃より少々雨、

六日　折々終日雨、○院主・子共斎後平四郎へ病気見舞ニ行、夫婦不快也、金米糖遣、○朝昼過共二度下男あらめ弐百文・塩求、○次作頭痛寒気《サムケ》有暫臥、七ツ時分気分よし、

七日　終日曇天折々小雨、○高須惣兵衛六十五男大病臨加持廿疋十二文入、晩ニ札遣也、○六郎兵衛来ル、小男五才此節引風ニおこり煩祈頼来ル、晩方札又見舞ニ氷さとふ百文遣、戒浄見舞ニ行、

八日　朝曇天、八ツ頃より快晴、○百度源右衛門来ル、坂つ喜三郎臨礼廿疋入、○朝忠吉へはかき持うとん百文取遣、平四郎へ病見舞ニ遣、○昼より下男黍蒔少々也、○西宿弥三郎今日昼頃死申来ル、其後又両人来ル、土葬致度遺言故龍拈寺へ願共不成云故、何分御寺へ願度申せとも是迄形も無事故断申遣也、

九日　晩七ツ前より雨少々、○朝助九郎方へ祐福寺へ使ニて書状持行頼行、明日参ると言、○平四郎病見舞行、今日ニてハ気も大分軽シ、○高須八兵衛綿作祈札十枚頼来ル、廿疋入、○晩七ツ時分戒浄・弥助・西宿弥三郎諷経遣、三十疋香資遣、長全寺へ土葬葬ニて作

法有也、
十日　昼前衣屋来ル、柏十五来ル、菓子少々遣、先達而取かへ分百文渡、〇西宿金平葬式礼廿疋・供三十二文入、〇下男みかん草取、
十一日　未明より雨、終日大降、漸晩方止、〇舟町善兵衛弐才女込上祈廿疋入、〇上伝馬取次、竹意軒五十才僧引風頭重祈廿疋十二文入、〇下男晩方上菓子百文求ニ行、〇俊次郎来ル、百度平四郎病キ悪祈頼来ル、
十二日　斎前六郎兵衛へ子共見舞ニ行、おこりニ成ルと云、〇百度平作札受来ル、廿疋入、〇舟町善兵衛札遣也、尚又廿二男酒過と出歩行、此節西へ行由加持頼、廿疋入、〇斎後戒浄・要助弐人坂つ喜三郎へ老母悔ニ行、平せん香二わ遣、〇晩七ツ半頃才次郎尾張祐福寺より帰ル、一両日ノ大雨ニて所々橋落、別而大平橋も落、岩津天神之方へ廻り河はたと申所ニて宿、今朝舟渡越来ル也、〇下男せと小麦刈、
十三日　北川政蔵へ尾張返事之義申遣也、伝次郎方へも語呉様申遣也、〇下男前畑大豆植ル、
十四日　斎後戒浄・要助町へ行、上伝馬ニて常遣土ひん壱ツ求、其外本町ニて筆・すミ求、〇子共野河や半し一・半切五十・藤倉取、〇下男畑仕事、前畑十八さゝけ植、虫大分くふ也、
十五日　舟町おたミ卯ノ年おこり祈廿疋入、〇子共弐人町へ行、菊やニて求、肥百文求、〇斎後慈明、平四郎へ病気見舞ニ持行、病気同様と云、〇長平・富蔵手間、田小手切下男も行、水かへ出し、晩ニ又小手切手伝行、
十六日　未明より雨終日折々降、〇舟町札遣也、〇俊次郎来ル、平四郎病占見る、急ニ死とも不見申遣也、〇下男朝より米二斗三升搗也、
十七日　斎後西宿弥三郎へ悔ニ行、扇麸三十五遣ス、〇八畳やね雨もり見る、〇下男前粟草取、
十八日　未明より雨終日折々、〇北川要助・亀吉・惣三郎、新田三作・岩吉・倉作・民平・りす五人、助九郎十七夜もち右之分来ル、手間丁札遣也、〇馬見塚平五郎五十六男気分悪祈、〇新かし留吉三才男子頭ニ腫

物夜々泣祈廿疋十二文入、○中郷権太郎来ル、かや町兵九郎三山上詫三ふく頼ニ来ル、唐紙壱枚持参ス、

十九日　夜前より続而雨、漸今日八ツ頃より天気之様子成レ共夜ニ入曇ル也、○馬見塚札遣廿疋入、新河岸同遣也、札木ひなや七左衛門五才男ひせん（皮癬）内こふ（攻）祈廿疋入、朝子共上菓子・さとふ求行、○下男箕弐ツ・古壱ツ手わらニて巻、

廿日　折々雨、○札木札遣也、○草間甚右衛門廿一才女熱祈、間も無死断也、廿疋入、○ハねイ和平へ打綿少々遣、糸少々先来ル、○朝下男西町たかやへ釣べ・たらい・小桶・ひしやく・中桶壱ツ分たか（箍）入ニ持遣也、○子共本町車屋へなら（奈良）晒取ニ遣也、近江トならト三通持来ル、不宜ト見へ申也、外ニ先達而かや釣手さらし切代内へ六百文遣処、先達而毛岡布子代遣過引去弐百八十文取三百十六文戻ル取、○夜ニ入衣屋来ル、城内西村孫次右衛門子息廿八才男胸痛護摩頼来ル、金壱分入拙庵より頼ナリ、

廿一日　未明より雨終日降、○東組札遣也、○西村氏こま朝勤昼頃元吉札受来ル、○昼後院主平四郎病見舞行、菓子少々遣、○助九郎へも行、同少々遣ス、○朝下男上菓子百文・胡マ油求行、○昼後本町車やへ昨日ノ麻持行、近江晒壱疋半取、代壱両払済、疋ニ付四十匁ツ、也、

廿二日　朝少々雨、夫より天キ、○新せん町留吉丑ノ年女ヲコリ祈廿疋入、○田町甚右衛門、亥ノ年女もゝより腰痛祈廿疋入、○吉田ニ居住田原在水川村五十七才男痰祈、○衣麻壱疋染粘（糊）張少々縫初慈明分也、其外常用麻衣壱ツ洗、外ニ粘張等也、○権太郎かや町ノ三山上詫取来ル、即遣ス、慈明認也、○三作・伊兵五月ノさゝけ入、

廿三日　新田治助よりうとんこ弐升計入、○新せん町留吉札遣ス、○外壱人占有、○衣縫其外そゝくりス、○子共弐人車やへ麻糸・絹糸求ニ遣、百十四文払也、

廿四日　未明より雨、晩方雨止曇天、○佐藤金次郎廿三男疝キ祈、直ニ祈念廿疋入、○田原在札遣廿疋入、○さし笠町利吉五十一男二月より風籠病、此節大病臨

加廿疋入、○長平・富蔵手間、田小手切来ル也、
廿五日　今日は天キニ成ル、○天神祭子共勤、○斎過戒浄・子共町へ団廿三本求ニ行、車やニ而さらさ切二色持帰ル、日用茶わんも六ツ求、○慈明ノ麻衣縫□古かやノへり少々付初木綿さらさニて致ス、○亀吉うとんこ弐袋入、
廿六日　朝前芝利平来ル、未七十一女老病こま頼金百疋入、晩方勤祈念ス、○かやへり少々付ル、○衣類日干、○役所より廿九日夕より六月一日迄平林寺ニて法事鳴物触廻状来ル、宅蔵院へ継、子共遣、○車屋へさらさ為持四尺切申遣也、弐百文払、○子共上菓子・有米糖百文求ニ行、○下男せとへ白こま蒔ス、
廿七日　かやへり付済、○子共山割木片付ル、下男せと白胡マ蒔、麦干等也、○晩方雨少々降出し曇天ニ成ル、
廿八日　未明より少々雨、今日曇天又晩方より雨、○前芝利平こま札遣也、○くろさとふ五十文求子共行、○斎後慈明、助九郎へ行、○下男屋敷くろ豆植、外耕作等也、○五人剃髪、風呂、
廿九日　終日折々小雨、○上伝馬重七六十五男腹こわり胸苦敷祈廿疋入、晩札遣也、○久左衛門黒もち苗四十わ持参、○昼後下男かじ屋へ鍬壱丁才ニ行、百五十四文払、出来持帰ル、○西ハタ孫八孫女今朝生晩ニ死、土砂・三帰受来ル、十二文入、○夜分下男□お色也、長平田植女引合ニ行、
晦日　久左衛門取次未ノ年女病祈廿疋入、○昼後子共町へ行赤ミそ・壱文菓子等求、○三作うとんこ壱重持参入、○下男昼後米一斗弐升つく、○夕方才次郎淋疫ニ付見舞ニ菓子遣也、

六月小

朔日　坤六町半次郎辰之女安産祈廿疋入、○ヲハタ戸(御籏)平三才男虫祈、○久左衛門取次札遣也、○今日は田植、長平・富蔵手間、女三人長平内・お色・おすミ也、昼飯茶漬二度女三人へ出し、○昼後戒浄ヲ平四郎方へ一昨年役人引受ニて西ハタ江金子六両かし之処、仮書付而已入置候故本証文入呉候様頼遣也、○才次郎

へも見舞ニ寄、子共上菓子求ニ行、○朝下男上ケ求ニ行、○田夕方迄ニ皆済、朝助九郎殿苗壱荷持参呉候へ共、粳分不入也、久左衛門よりもち苗□ひけ四十わ入、此分植也、手間人弐人へ骨折百文ツヽ、日用女三人百文ツヽ、下男へ五十文遣也、

二日　折々雨、○新田権右衛門うとん壱重入、斎ニ用、北川伝次郎うとんこ一重入、○昼後要助・次作□□江戸屋へはり(播)仁向楠葉知事所へ書状出し、其□□春以来末庵義入組事故御無音、当年戒浄持鉢又去九月道淳・宗賢得度届申遣也、○みかの原忠四郎へも別段ニ慈明より書状遣也、三十二文賃払、

三日　上伝馬中のや十七度〻祈頼此八日計絶食臨加頼来ル、廿疋入、○ヲハタ戸平札遣也、○昼後子共三人の川や大のり・せん香取、○衣屋ニてまつ香取来ル、○新田市左衛門・政右衛門うとんこ一重ツヽ来ル、○明日は野休触来ル、

四日　中のや札遣也、○中郷権六同道来ル、佐藤六十七女食事受ス祈廿疋入、○新町安兵衛六十六男右足不叶祈廿疋入、○新田弥吉・岩吉うとんこ一重ツヽ、来ル、○市左衛門九ツ・倉作七茄子入、○六郎兵衛来ル、かや町ふきやより香炉見セ貰度申、○斎後ニ子共為持遣也、明後日晩迄かり度置帰ル、○今日ハ常陸ニて今日加茂禰ぎ参神道講尺(釈)致と云也、四五人礼来ル、

五日　城内吉田市三郎九十四女臨加持廿疋入、使来ル、返事遣也、○新町と左藤札遣也、○朝小僧弐人セ話人へ暑中見舞ニ団弐本ツヽ、為持遣也、助九郎へ団(扇脱)二本・木瓜六ツ・茄子□□、

六日　子共弐人本町忠吉へうとん百文求ニ行、次作・民平行処、たまりノ代ニす六文求来ル故かへニ行様申□□、次作過言申大ニ呵責ス、又民平と要助行、○夕方下男平四郎ノ家内へ見舞ニ持行、

七日　今日は大分暑シ、○上伝馬重七より弐才男子胎毒祈廿疋入、親父も四日ニ死と云、○新せん町半六午三十六男登セ祈廿疋入、○長平・富蔵手間、昼迄新田権右衛門よりわら二度ニ十六束運、夫より前東みかん草取、下男荒麦干、今日は能ひる也、○子共三人かや

町へ此間手本ニ遣也、香炉取ニ遣也、

八日　上伝馬ト新銭町札遣也、○新田治助・七右衛門茄子・さゝけ来ル、ハねイ寅吉茄子来ル、○下男小麦叩致五六升有、晩こへ取、廿四文与、

九日　夜前和平来ル、明後日小僧共うとんニて召様申承知ス、○戒浄朝より北川巻ノ天王社灯書、○昼後弥助町へ行、鉄平ニて両口かま壱丁と一ツ取、埦六町平五郎ニて干か弐俵求、代弐貫払、四月ふそく分廿四文払済、手前ノ笠壱ツ求代払、

十日　朝より戒浄・道淳・宗賢、ハねイ祭礼ニ付和平方へ見ニ付行、先より此方へうとん一重入、晩方三人共帰ル、八兵衛より赤飯二重入、政平持来ル、百度平五郎うとん二重入、○俊次郎うどんこ二袋入、○平十来ル、西町大工作料之事申なれ共、何分大工ニ又逢テノ上と申遣也、赤飯少々遣也、○助九郎へ赤飯一重遣、慈明行手前ノ帷子縫頼持行、○弥助昼頃よりりん疾病小用詰故こふく(呉服)町薬求、少々よし、又日暮ニ悪、医者へ行、

十一日　雨谷金蔵廿五才女付物祈、○下男昨日昼頃よりりん疾、昨晩元かじ町医者ニて薬受呑処、夜九ツ頃より朝迄込上下り大ニ難義、今日終日臥不食、晩方粥少々用、○朝より慈明・才次郎同道白須加へ灸おろし行、晩六ツ前ニ帰ル、

十二日　手間丁半之助六十四男夜ニ成痰祈廿疋入、○常陸方へ暑中見舞ニうとん弐升計遣也、○新田市作白うり弐ツ・茄子七ツ入、○清源寺祭礼ノ甘酒壱器入、○久左衛門参宮土産御祓・つけき五入、○下男今日は大分快方也、

十三日　手間丁札遣也、○ハねイ乙作うとんこ来ル、○富(蔵脱)手間、朝下男ト弐人田水見ニ行、夫より米二臼搗、八ツ半頃より前東みかん草取、

十四日　今晩七ツ半頃より夕立少々致、○昼前高須平四郎より御母辰ノ年、夜前五ツ頃より霍乱病祈金百疋入、晩ニ死と申来ル、○弥助上菓子・胡マ油求ニ遣也、○夕方戒浄と小僧弐人花火見物行、百度平蔵・子共同道行、六ツ半頃立物済皆帰ル、其頃夜ニ継而降

ル、六ツ半頃立物済也、
十五日　牛久保庵弟子四才女子虫祈廿疋入、○田町忠七卯ノ年女時候祈廿疋入、○雨谷金蔵札遣廿疋入、今ニ病人付物不取と云、随求も遣、○新田七右衛門うとん一重入、持参ス、○今日は土用入、もち米赤飯ニ蒸壱升三四合出来る、○政平来ル、道淳ノひとへ物出来持来ル、めし喰ス、
十六日　牛久保と田町札遣也、○百度平四郎より暑中見舞ニ菓子一箱平作持参ス、○平十より同見舞ニ赤飯一重入、○今日より虫干、本箱四ツ出百巻物也、
十七日　朝五ツ前少々はら〳〵、○朝六ツ半頃より小向井平四郎へ母死悔ニ行、箱菓子・長寿香弐わ遣也、院主弥助供行、○新田権右衛門茄子十一入、○子共みのやへ反魂丹三取、○かや町へ香炉足付かへ為持遣也、
十八日　晩七ツ前暫時雨、○本虫干、○高須平四郎悔礼来ル、弐朱入　○札木富田や源八三十八男耳より顔腫祈廿疋入、○子共町行の川やすミ一丁取、みのや反魂丹三取、○下男麦干夕立ニ逢困る也、畑耕作也、
十九日　朝北川茂右衛門四才女子ふるひ強祈、昼後死断也、○東組井沢浦蔵七十八女臨加廿疋入、○瓦町熊次郎廿四才男疫病祈廿疋入、○坂ツ次作赤飯二重入、倉作茄子十三、亀吉白うり三本入、○朝戒浄半右衛門へ七夕額拵頼行、搗もち一重遣、先より赤味噌一重・さゝけ少々入、○本虫干、○下男荒麦干、昼過より壱人してかじる済、
廿日　昨日之者札受ニ来ル、○小浜清五郎四十二女一昨日より産ノ気分今ニ不生祈、夕方札遣也、未不生ト云、右ノ足指へ灸治申遣也、○橋良清七未ノ年男大病臨加頼来ル、○富蔵うとん持参、斎ニ用、○北川茂右衛門へ悔行、平せん二遣也、其後はゝ礼来ル、祈・悔礼合三十疋入、○子共の川やへ半し一・水引二色取遣也、○伝四郎茄子十暑中見舞ニ入、○田一はん草取、女三人お色・長平内・おすミ也、田二枚残る、茶漬出也、○下男あせ草刈、○朝子共上菓子・たまり求ニ行、○次作白うり五ツ・茄子七ツ入、○要助十三入、

○夕方助九郎へ白うり五ツ下男ニ為持遣也、
廿一日　未明より雨、終日折々降ル、○橋良清七・魚町甚太郎臨札遣也、○御影供如常、○戒浄祈御札六十枚計摺、○六郎兵衛よりさゝけ沢山ニ入、○下男晩方町へしほ(塩)ト苧求ニ遣也、百文下男ニ麦かじ所労ニ遣也、
廿二日　未明より雨終日、漸晩八ツ半頃より日和そふニ成、○夜前五ツ前より弥助りん疾大ニ悪ク慈明・戒浄弐人富蔵頼行、直ニ参、腰もむ所少々ツ、通する故無程帰ル、今朝みのやへ様躰申、煮薬弐服又木通ノ細末も宜敷ト申故五十文求来ル、終日用、尤木通ハ酒ニて用薬ゆへ晩方酒三十二文、上菓子も弐百文求ニ行、○新田伊兵さゝけ入、大作うとんこ一重入、
廿三日　朝伝次郎・政蔵へ御役所より押込被仰付候ニ付見舞行、今日ニて二七日なれ共、何ノ御沙汰もなしト云也、○ハねイ岩吉・村源作うとんこ一重ツ、入、○田町次左衛門十九才男かつけ腫満ニヲコリ祈廿疋入、昼後死断也、○田町三右衛門八十三女臨加持廿疋入、○御蔵平兵衛取次、長瀬七十三女臨加持明朝札受度申也、○昼前頃かし(鍛冶)町石峯子息来ル、菓子弐百文ノ葉書一入、当九月書画ノ会致ニ付画名慈明ニ聞ニ来ル、茶漬出也、○子共弐人の川や大のり一・みの紙一取遣、みのや氷瑚二ふく・うすよふ十取、○九左衛門・源六へ暑見舞木うり七・さゝけ遣ス、
廿四日　御蔵札受来ル、廿疋入、○田町善吉廿六女痰せき祈、○新田おしけ白うり三、おりす茄子・白うり入、○本残虫干、正行も干、
廿五日　天神祭子共致ス、○子共町へ行、みのや薬・上菓子等求、○西宿弥三郎より親父四十九陰もち四ツ入、○ハねイ寅吉うとんこ一重入、○巳作洗たく、わた入ノわた取来ル、遣也、木綿切も少々遣、○朝平十へ行、門前杉垣江雇人移呉候様頼行、○田町たゝミや善吉札遣也、廿疋入、○田丁惣八廿九才男ヲコリ祈廿疋入、○書物虫干、○下男朝新麦ぬか運干、晩ニ又立ル、皆壱人して致、晩先達而一ばん田草女日用四人半代為持遣也、猶又、

廿六日　佐藤より申ノ年男ヲコリ祈廿疋入、〇上伝馬取次、竹意軒五十才ヲコリ祈廿疋十二文入、夕方札遣也、小僧来ル、〇子共三人の川やへ色紙・ちょふちん取行、〇新田岩吉茄子・さゝけ入、〇坂下札遣也、〇古宿より鼠クイ御符受来ル、十疋入、〇長平手間、門前菱垣処すゝ木等刈、〇入逢過頃祐福寺宿退と申、古郷ハ知多郡宮山忠兵衛と申之子ニて、五月三日師匠元勘当受と申、今夜一宿と願共断申、達而願故様子聞宿セシム、年十五才観明と申候、旧里当廿三日ニ立、江戸へ行了簡と云、長髪ナリ、

廿七日　佐藤札遣也、〇曲尺手左平次十九才男疳祈、〇伝次郎宗門印形取来ル、押遣也、〇きくや市兵衛暑中見舞一器来ル、〇下男みのや薬取、手前分も取来ル、外ニ調物有、〇昼後慈明百度行、常陸より暑見舞真桑七ツ入、

廿八日　助九郎うとん沢山来ル、斎ニ用、富蔵へも遣、〇百度喜之助女房四十一水気積(癪)祈、〇新銭町卯吉六才男大病祈十疋入、〇西組飯塚森左衛門四才男ヲコリ祈三十疋入、〇伝次郎宗門帳落印取来ル、〇富蔵手間、昼迄下男と弐人して田こへ干か弐俵壱斗程ニねかし、はい(灰)入田へ打、夫より富ハ米つき一、晩土少々ねり直し、門うらかべ用也、

廿九日　百度善次札遣也、廿疋入、〇西組同遣也、〇百度平五郎小カホチヤ弐ツ入、〇伝次郎茄子・さゝけ入、〇大神宮御祓・はし二・ひしキ来ル、廿四文上ル、〇朝より下男あら麦・つき麦合十四俵虫干、

七月

朔日　下地亥之助七十八才女臨加持廿疋入、〇札木肴屋四十九才女腕ニよふ出来痛祈廿疋入、〇朝せかき庭籏立、門両袖うらかべぬり、釣かね東よりうら門杉刈戒浄致ス、晩花壺竹切等也、〇政蔵より暑気見舞ニさうめん・さゝげ入、其後本人見舞来ル、〇半蔵七夕額出来持参、入用四百拾六文渡、真桑七ツ入、〇平十来ル、門前杉掘大工等語也、〇六郎兵衛一周忌米一升・上ケ七ツ・もち七ツ上ル、うり三ツ使ニ遣也、〇下男つき麦弐俵余干、竹切小豆摘等也、〇晩方天白前より

十二才男本町梅屋奉公夕部使ニ出、何方へ歟行占見来ル、
二日　当古清兵衛五十二才女積（癪）祈、札木札遣也、○牟呂角蔵素麺来ル、○政蔵宗門落印取来ル、○子共朝町へ行みのや薬三取、○戒浄・子共こま木洗干、○かや町へ地蔵尊香炉取遣、未足不出来、○長平かゝ田ニはん草日用渡、
三日　上伝馬善助午ノ年男臨加持廿疋入、○畑ケ中小次郎三才女子時候祈、○三作・大作もかり入、○百度作兵衛内辰ノ年女積祈、○朝六郎兵衛へ廻向ニ行、もゝとさうめん遣ス、○戒浄・子共うら門ノ処杉刈、○子共灯油・上菓子求ニ行、の川や色紙取、○下男墓所草取掃除ス、
四日　坂下権吉正月生当才男夜泣祈廿疋入、○上伝馬・畑ケ中札遣也、○朝戒浄・浅吉町へ盆前調物ニ行、の川屋と金十ニて八扇求、子共二度調物ニ行、○こふく町九文じや斎米・らうそく二入、○中郷権太郎・平八・定蔵三人門前杉垣堀取たゝき来ル、初六七分堀取尤北より叩也、○長平竹切出来ル、
五日　瓦町平次郎より新三郎取次ニて五十二才女登セ言多祈廿疋十三文入、○坂下と当古札遣也、○平四郎・助九郎・政蔵へ尾州行礼ニ行、夫々進物遣也、○門前直ニ人足権太郎・仁吉・松三郎・平八四人来ル、南往来迄西ノ方杉取、東ハ少々残る、○九文字屋より使女来ル、袈沙（ママ）衣ニ致呉候と白奈良晒壱反上ル、九文じや先祖代々幷空夢童子菩薩為也、
六日　未明雨、今日少々雨、昼より曇天也、○門前叩四人来ル、杉取堀捋多分出来ル、○瓦町札遣也、○平四郎来ル、今朝御役所手錠緩由申寄白さとふ一曲入、○新田七右衛門真桑五ツ・茄子持参入、○坂ツ角蔵西瓜壱ツ入、○七蔵手間昼迄米弐臼搗、夫より門前杭捋致ス、○七夕祭夜迄也、
七日　曇天、晩方雨ニ成ル、○百度善次郎内今朝死、土砂受来ル、○六郎兵衛親父廻向礼焼麩沢山入、○弥助みのやへ手前ノ薬五取、権太郎来ル、○門前菱かき受取ニて致様談来ル、承知ス、○子共皆々礼祝義

入、内弐人不祝義来、北川角蔵・惣三郎也、
八日　子共十人七夕夜明、ハねイ政平・浅吉・乙作・定蔵・忠作・岩吉、坂ツ次作・平三郎、北川角蔵・要助也、今朝大河へ流ニ行、うり夫々分渡、今日は子共休也、太鼓返遣ス、半し一遣也、○横丁万兵衛六十二男疝祈廿疋入、晩ニ札遣也、○門前拵人足権太郎・平八・松三郎・定蔵・弥作ノ長平・仁吉七人来ル、堀立済、垣杭東側多分出来、○弥助朝みのやへ手前ノ薬五取行、○新銭町金作より婆々礼来ル、読物礼廿疋入、
九日　晩六ツ頃より雨夕立也、○斎後善次郎へ悔ニ行、平せん香一遣、○戒浄半右衛門へ七夕額礼ニ行、半切百・西瓢(ママ)一ツ遣、○子共弐人の川やへ筆・水引等取遣、金三分二朱ト五貫文遣、差引来ル、同弐人上菓子みのや下男薬五取、○垣結六人権太郎・松三郎・平八・仁吉・長平・弥作也、西通杭打、西半分余東皆々菱かきゆふ、○新せん町万右衛門八才男虫祈廿疋入、○暮方うりこ(瓜郷)惣助より使来ル、盆供米一升・青うり十八・白うり三ツ入、廿四文与、
十日　新せん町札遣也、○門前仕事六人来ル、長平昼後休、権太郎・平八・弥作・松三郎・仁吉也、門両袖結、門前東西菱かキ結直し等ニて夕方迄ニ済、日用合廿六人半六貫文渡、外ニ三百文たば(こ脱)銭ニ遣也、夕飯振舞也、○夕方政蔵来ル、村方金談ノ義也、○才次郎来ル、慈明ノ帷子拵持参ス、
十一日　東組豊吉四才女子虫祈廿疋入、○坂下茂助三十八女大病祈、○下モ町次郎吉廿三才女疝積祈、○魚町兵右衛門卯ノ年女ヲコリ祈廿疋入、○子共上菓子又みのや山帰来取行、鉄平払済、○子共二三人祝義入、平十よりさうめん入、○下五井孫十同五・うり弐ツ入、源右衛門さうめん七手・うとんこ弐袋入、○半右衛門カホチヤ弐ツ入、○新田治介唐瓜壱ツ入、○朝より夕方迄院主と戒浄弐人門東竹垣・同西地蔵堂南等垣新ニ結、弥助も少々手伝出来ス、
十二日　昨日ノ者三人札遣也、初尾も入、○朝より院主・戒浄弐人、せと長屋と蔵ノ間竹垣結、夫より古うら門こま(護摩)堂西へ引直シ細工致ス、○子共祝義少々入、

○平四郎さうめん九手・西瓜壱ツ入、金壱両かし、○長平来ル、弐朱かし、○富蔵カホチヤ壱ツ入、○麦つき弐俵持参、五合とぬか外ニ来ル、代九百文渡、○清次郎田三はん草取賃壱人半分渡、尤弐人半ニて皆取故三人ニ致渡、○次作西瓜壱ツ入、○大工栄吉・惣三郎弐人来ル、何分門細工金残勘定被下と云故、棟梁ノ安蔵被遣と申遣也、○勘右衛門婆々祈礼廿疋と稗ノ実一重入、○三作院主わた入壱ツ、戒浄袷・わた入壱ツ、、牛房壱束入、半し一・扇一・さうめん七遣、

十三日　子共皆々祝義入、○清源寺よりそうめん十一手入、此方より牛房一束・麩廿遣也、○朝平十来ル、大工達而頼ニ付、門作料残三両五十五匁ノ内五十五匁まけ、跡ノ三両遣平十へ渡皆済、尤積帳記様申遣也、○西町源六払済、○みのや内払弐貫文払、弥助持行、○衣屋唐瓜一ツ遣、○長平へ米一升・木瓜三ツ遣、其外近所へ少々遣也、○本堂・諸堂立花荘厳、○弥助門前寺内掃除致ス、○作兵衛祈礼弐百文入、子共弐人祝義も入、○助九郎へさうめん十一手遣也、○六郎兵衛かや町ノ香炉出来持参、同家牛房一束遣也、○平十へ度々大工作料懸合礼ふ五十遣也、○富蔵米一升・木瓜三ツ遣、

十四日　朝セがキ勤、源六ほた(餅脱)九ツ来ル、札木丁字や十七才女耳ノ奥ニ腫物祈廿疋入、礼人夕方少々来ル、

十五日　礼人夕方迄ニ多分来ル、常陸礼十疋入、菓子出し、○九文じや(字屋)参十疋入、空夢(童)ト子祠堂五両弐分上ルト云引合致ス、○田町久七七十余女時候祈廿疋入、○新銭町佐右衛門礼、天白前祈礼三十疋入、尤礼参ノ印也、

十六日　田町久七、同たゝミや札遣也、○礼人七八人来ル、○うりこ喜平六十三女疝積祈、○朝より慈明、助九郎へ行晩七ツ過帰ル、○弥助上菓子弐百文求行、

十七日　折々小雨曇天也、○馬見塚利八弐才男子時候祈、○さし(指)笠町茂平八十二女胸苦敷祈廿疋入、○赤阪(坂)いつくらや六十二男初ヲコリ祈直ニ勤、札遣三十疋入、○衣屋元吉惣八と同道来ル、祝義十疋廿四文入、長語也、○子共町行、塩百文求、○清源寺七ツ過来

ル、麁菓一袋入、又廻状持参来ル、来廿六日朝五ツ時登城入部悦として可出触也、直ニ弥助宅蔵院へ為持遣也、

十八日　畑ケ中八十吉七十三才女大病不食祈、十疋十二文入、○下し(地)喜三郎四才男子時候祈、○馬見塚札遣廿疋入、○斎過ハねイ(ママ)和平へ院主・小僧弐人仏前参行、さうめん七手・まん十二ツ、遣、先よりまんぢう少々受来ル、○夕方畑ケ中札遣也、○はぎ村蜜門盆礼来ル、十疋・菓子□□壱袋入、○七蔵手間昼迄ニ米二臼搗、夫より前西みかん草取、

十九日　朝より五人助九郎方へセがき斎ニ行、切さうめん廿一・駄菓子一袋遣、帰りニ平四郎方へ寄、留主也、晩方来ル、盆前かしノ金子壱両返受取、其金子ヲ又九右衛門へかり度申、証文認持参致置也、○昨朝戒浄・子共町へ行、の川や半し取、江戸屋へ祐福寺へ直様書状届書聞遣処、早速達様申事也、

廿日　御蔵平兵衛廿四才男初ヲコリ祈、晩札遣也、廿疋十二文入、○上伝馬善四郎札遣也、廿疋入、○平井弥四郎盆祝義入、姉聟御馬ノ人転変薄成ル様祈頼置也、○長平手間、前みかん草取、

廿一日　御影供如常、○西ハタ(羽田)左平太取次、松山廿六才男久敷病祈、○清須松右衛門西瓜壱ツ入、供物遣也、○平四郎来ル、常ノ談雑語也、○朝清源寺へ行、切さうめん十五遣也、○長平へ此間田四ばん草賃八十四文渡済、

廿二日　高須金作弐才男腰ニ腫物祈廿疋入、十二文入、○ハねイ徳右衛門来ル、飯村七郎平廿六才男大病不食護摩頼、金百疋入、○和十・子共弐人共来ル、上菓子一袋入、西瓜出シ、戒浄ノ袷・はんてん、又大袷壱ツ洗ニ頼遣也、白木綿七尺遣也、○馬庄来ル、反古幷古かね売弐百文余入、

廿三日　高須金作札遣也、○畑ケ中八兵衛取次、西ノ年男ふらくら、四十二女腹筋張祈廿疋廿四文入、○坂ツ平三郎茄子十七入、○同村次三郎来ル、次作・十作東ノ縁日当ニ暑ク故、日影ニて習被下、庭ニ莚引候而も宜敷申来ル、○子共千才草・巻せんへい求ニ遣也、

○四人剃髪、五人行水、
廿四日　畑ケ中札遣也、安平同遣廿疋入、○才次郎来ル、セかき礼三十疋入、さうめん出也、○半十母みとれ五十銅入、○今日は昼前より弥助薬当り臥、終日不食、○六郎兵衛母礼壱包入、○朝ノ間地蔵堂荘厳地蔵供勤、夕時又勤行、参詣少々有、
廿五日　子共天神祭、○大蚊里権右衛門五十才ノ女月厄(役)不定祈、直ニ勤廿疋十二文入、○三作カホチヤ壱ツ入、○子共町へ行上菓子・塩等求、○弥介今日も不食なれとも起テそこ〱勤也、
廿六日　朝六ツ半頃より城主健之丞殿入部、恐悦登城致、院主・戒浄・供七蔵行、弁当持参、衣屋ニて用八ツ頃帰ル、○平井九左衛門五十三男臨加持廿疋入、○小池清吉より五十二男痰祈廿疋入、○昼より七蔵せとみかん草取、晩方前黍摘致ス、
廿七日　晩七ツ過よりそろ〱雨、○小池より死断也、○馬見塚利吉弐才男臨加持、高須仁右衛門来ル、先達而祈頼児也、○晩戒浄・子僧弐人昨日ノ黍もむ也、○弥助昨日迄二度おこりノ躰故、今朝大サキ行度願故遣、百文と菓子少々遣、○晩七ツ前尾張殿死去停止七日触来ル、宅蔵院へ為持遣也、○同子共弐人油・せん香求ニ行、
廿八日　未明より雨、今日終日はら〱雨、夕時天キ(地)ニ成ル、○馬見塚利吉死断廿疋入、○下し伊三郎六十七女胸苦敷祈廿疋入、○慈明朝より助九郎へ斎ニ行、夕方帰ル、○戒浄庭ノ中仕切障子張、流シ窓等同断張、
廿九日　朝百度平五郎来ル、母十二三日病気不食臨加持頼来ル、即刻行加持ス、平四郎へも寄来ル、○下地札遣、○今晩村方吉田形(方)うんか送有、○汧(野脱)蜜円より俗人壱人盆礼来ル、正月礼共弐十疋入、去年以来より左ノ足膝頭へ中ニて腫物出来ル、追々重り六月頃より平臥と云也、使ニ茶漬出ス、蜜円ニさうめん七手遣也、
○晩方戒浄・子共七八人前畑粟つミス、済也、
晦日　瓦町助次郎六十九才男平生大酒、此度も大酒後無言病祈廿疋入、○衣屋伯父ハぜ(波瀬)惣八来ル、甥廿六才

付物ノ躰髪ヲ切添致占祈念頼、○子共弐人衣屋へ納豆・大豆五升為持頼遣、上菓子も求、○かや町へ香炉ノ足ノゆかミ直ニ遣、○四人剃髪、五人行水、○庭籏セがき棚片付ル、

八月

朔日　晩七ツ頃より雨、尤今朝も少々降、○朝平十へ行雑語也、○晩方長全寺継講初会ニ付、昨晩扇二来ル故、見舞として三十疋道淳為持遣也、菓子来ル、○昼過ニハぜ惣八来ル、只今よりはぜへ帰ルと云、随求守・土砂遣、瓦町札遣也、

二日　夜前より未明迄大ニ雨降、今日は天キ也、○佐藤札遣也、○平野村久米蔵三十八才男胸痛苦敷祈廿疋入、○北川祐作盆礼来ル、春三月より普門寺へ納所と参る居ナリ、○今日昼前より雨、小正月触来ル、子共村分直ニ仕舞行、○夕方弥助大サキより帰ル、ヲコリ全快也、さつま・陰(隠)元壱苞持来ル、

三日　横須加金左衛門、廿一才女乳ノ下腫物うミ出大病こま頼、昼過勤晩方札遣也、○瓦町喜右衛門五十七男小張満祈、○忠興熊之助六十六才男かくしつほふ病足腫祈、○悟慶院より男絵持来ル、○弥助二度こへ取、長平へ二度手間申遣候処、留主ニて埒不明也、

四日　前芝惣七、七十九才男邪気強臨加持頼ニ来ル、○外上(神)平五郎取次、野依三十才女結積(癪)祈、晩ニ札遣也、初不参、○晩方畑ケ中吉六五才男昨晩より腹痛祈廿疋入、○忠興熊之助札遣也、廿疋廿四文入、○呉服町わたや当才男子大病祈十疋入、○市作カホチヤ一ツ入、○子共上菓子弐百求ニ行、○長平手間前畑わり付、

五日　昼前より雨終日降ル、○畑ケ中断死也、○前芝惣七札遣也、七日祈料として金壱分初入、○綿や札遣也、○坂ツ平兵衛もち一重・小豆初一升入、○富蔵手間、カホチヤ一ツ入、昼過迄米弐斗四升つく、夫より縄ない、

六日　未明より雨今日終日降、○ハねイ徳右衛門来ル、飯村七郎平、五十八女朔日より腹悪、夫より不食こま頼金百疋入、斎後ニ勤、○和平娘ふとんノ綿取来

ル、着ト敷壱ツ分遣、○子共菓子百文求ニ行、○小坂井（ママ）五十三女善光寺へ参り、帰りテより気間違得不参故近所へ気ノ毒ナ様申、此節病キ祈頼来ル、○吉川より八月納六十文取来ル渡、

七日　未明より雨、今朝は大雨、風も有八ツ過より天キ成、○手習子共北川三人来ル也、舟町八兵衛十九才位女腹痛祈廿疋十二文入、○西組取次、東組亀井彦市廿才女籠性祈廿疋入、○ハセ惣八来ル、戒名記持参、病人も食事も大分用と云、廿六才与茂□ト申者也、○ハねイ徳右衛門飯村ノ御札受来ル、○両嶋若者祭礼大挑灯弐ツ持参、絵頼来ル、

八日　東組札遣也、畑ケ中同断、○外上平五郎・野依祈礼三十疋入、病人追々宜と云、○子共弐人上菓子野河や調物ニ遣也、○朝弥助かじ町石峯へ慈明ノ使ニ手紙持、図かりニ行、○種物等いろ〳〵虫干、

九日　曇天夜ニ入、○吉川乙吉弐才男子虫ヲコリ祈廿疋廿四文、○かや町重七、七十才女ヲコリ祈、今日十二文入、○此間より沖野野ニ花火有る云事雨ニて延、今日晩方より岩屋ニて有ルと云事、手習子共三四人早仕舞行、雨故如何哉、

十日　吉川札遣也、○かや町同遣廿疋入、○助九郎より慈明へ白木綿弐反入、受戒祝義と云、○七蔵手間、寺前へ大根蒔、

十一日　今日は宮庭草小正月、ハネイ・牟呂習来ル、○早朝慈明・才次郎鳳来寺へ参、○半蔵カホチヤ弐ツ入、○吉川五郎七三才女虫祈、直ニ勤、廿疋十二文入、

十二日　城垣内清四郎より五才男子、夕部より虫起り性不付祈頼来ル、其内ニ死断也、土砂遣也、○市左衛門・権右衛門牡丹一重ツ、来ル、ハねイ寅吉唐瓜一ツ大入、○戒浄朝大工栄吉へ女房ノ悔ニ行、菓子・平せん香遣、○子共町へ行みのや求物也、砂糖も求、○暮六ツ前慈明・才次郎帰ル、○風呂致ス、

十三日　北川清三郎来ル、晦日迄金壱分かし、又六郎兵衛来ル、弐朱壱ツかし、○百度平八来ル、盆礼廿疋入、○戒浄、城清四郎と西ハタ伊介悔ニ行、○猪介よ

り十疋礼入、○御作事渡辺京蔵、十六才女初ヲコリ祈
三百一文入、○子共みのや絵ノ具等求ニ行、慈明、両
嶋大挑灯書彩色等済、○夜ニ入衣屋来ル、(中脱)セこ拙庵よ
り頼ニて来ル、西村孫次右衛門より西尾辺養子行、子
ノ年男病気祈祷頼来ル、弐朱壱ツ入、
十四日　子共其外近所もち来ル、○城垣内清四郎より
三才虫祈夕方札遣也、廿疋入、○平四郎へ平八所へ切
そうめん廿・手拭壱筋為持弥介遣也、門棟上其外いろ
〳〵挨拶ニ遣、○平五郎へ母悔ニ行、平せん弐わ遣、
其後礼ニ来ル、廿疋加持ノ礼・廿疋悔礼ニ入、○下男
野川や手拭壱筋・水引取かへ遣也、上菓子・金米糖
求、○七ツ過より弥助大サキ祭礼ニ付行、もち九ツと
五十文遣、○夜分寺内四人弟子共八幡社より組木見物
ニ行、
十五日　西ハタ新次郎取次、中芝五十三才女腹下り
祈、晩ニ札遣也、廿疋入、○田町甚右衛門酉ノ年女流
行祈廿疋入、○札木多葉こや太左衛門女子疳ノ加減か(後)
食事多祈、○夕方大村勝次来ル、下地彦三郎と中御家
病気ごま頼来ル、○拙庵より使ニて西村氏札受来ル、
○渡辺京蔵札受来ル、○権右衛門より七廻忌斎米五合
・三十二文入、セ話人故焼ふ廿五遣、仏前へ遣、○ハ
ねイ其外巳作参寄もち出也、男女二三人礼祝義入、
十六日　斎後下地こま勤、○子共菓子求ニ行、○いか
や札遣、廿疋入、○伊兵大サキより帰ル、松な入、○
弥助七ツ前大サキより帰ル、○晩方札木江戸やへ慈明
荷物はり仁へ向楠葉行為持頼遣也、七百匁有、賃大坂
迄三百六十文、内三百文渡、跡かりニ成ル、○夜ニ入
船町栄吉来ル、悔礼ノ廿疋入、カホチヤ壱ツ遣ス、○
夜五ツ過ニ清源寺廻状持参、紀伊殿御簾中逝去触也、
十七日　朝弥助宅蔵院へ廻状為持参遣也、○勝次来
ル、下地礼遣金百疋入、○札木太左衛門同札遣廿疋
入、○子共弐人町へ行、上菓子・くろさとふ合三百文
求、斎ニ牡丹餅三升七合致、切溜ニ一重助九郎へ遣、
○慈明上方行前印祝ニ遣、同弐人箱為持百五十文遣、
きくや上菓子入来ル、石峯慈明遣分也、○七ツ前より
慈明、助九郎へ行晩ニ帰ル、○銀蔵来ル、まんちう一

袋入、
十八日　中郷栄次郎来ル、下地八六、弐才女子虫祈、
○晩方札遣也廿疋入、○舟町うとん屋久蔵、五十七才
女片頭痛祈廿疋入、○朝弥助石峯へ使ニ行、慈明より
箱菓子一・書画会祝□三十疋為持遣也、先より画弐枚
と書画番付弐枚来ル、江戸より此間包物不足分賃六十
文払済、本堂うら壁破損直シ戒浄と弐人してわら竹打
拵也、○下男前畑わり付致ス、
十九日　朝助九郎より小豆飯と薬一重持参、慈明ハ斎
ニ行、帰り明日上方出立仕度致ス、○嵩山作五郎廿七
才男ふらくら病祈廿疋十二文入、○両嶋若者□□挑灯
絵書礼半し一束入、○晩方弥助みのやへ唐紙二取行、
又小銭ヲ百文銭と両かへニ行、
廿日　早朝より慈明上方へ登る、弥四郎途中迄送行、
小遣壱両壱分壱貫弐百十八文遣、外ニ弐分瓶原大藪氏
へ義法かり分返合先年遣共壱両返皆済、書状ハ知事と
蜜典師・恭禅師・覚順師へ遣、光明会正勤断申遣也、
○うりこ喜平より安蔵初尾三十疋入、明日九ツ時葬式
申弐人来ル、嵩山作五郎札遣也、○こま堂西慮院やね
瓦からならべ院主・戒浄・子共手伝也、○七蔵手間、
米弐臼昼前ニつき夫より竹切出し、長平手間、朝より
竹切出也、
廿一日　御影供如常、○朝四ツ頃よりうりこ喜平へ葬
式行、院主供ニ富蔵行、九ツ時か七ツ時ニ成□□時帰
ル、直ニ富蔵隙入帰ル、夕方うりこ喜平□三人礼ニ来
ル、弐朱ト五十文入、○川サキ甚八より亥ノ年子熱有
祈廿疋入、○三相権右衛門札遣、廿疋十二文入、○坂
ツ千蔵五才男疲痞祈、○朝七蔵古箱持百五十文入ニ
遣、七蔵同気分悪ク富蔵ト替ル也、○新田岩吉牡丹一
重入、
廿二日　未明より雨少々降出し曇ル、昼より天気ニ成
ル、今□□村方一統幷外村小正月歟子共皆々休、○新
田□太郎より外上五十三才女臨加持頼来ル、御符遣《(神)》
也、○城内関屋ノ九左衛門、三十四才女血ニ積祈廿疋
入、○西組三六、六十六才女時候祈廿疋入、○田町喜
作、廿七才女時候祈、晩ニ札遣、廿疋入、○西ハタ新

三郎石塔目明十疋入、直ニ致ス、○昼後弥助使ニて石峰へ慈明ノ手紙添、唐紙二為持遣也、九左衛門十四日豊川画張出し代画頼状也、悟慶院へ戒浄□□持行、野河やみの半紙取、しほも求、又晩ニ上菓子か□□□、新田彦左衛門初尾新米一升入、供物遣也、

廿三日　新田三太郎婆々昨日外上加持頼、夕部死と云礼ニ来ル、廿疋入、○瓦町助次郎先達而六十九才男中性無言手足不叶祈頼、此節少々自由致とも未無言再祈頼来ル、廿疋入、○城内荒井十五郎午年□□祈ヲコリ加持十疋入、○西組三六札遣也、○子共町へ行、百文油求、○利町新作と畑ケ中と弐人柿買来ル、油・壺柿二本・了久壱本合弐朱と百文□□さし銭百文取置也、○弥介な耕作、又小麦一斗弐升搗、醤油仕度用也、

廿四日　朝五ツ過より雨少々降出し暫時ニて止、夫より終日曇天也、○朝舟町中伝来ル、茶湯道具〆テ五十匁ニ売、碁盤・石共三朱ニ売、尤□茶釜少々疵故、壱朱計引直段也、代受□、○中村兵右衛門一家八十一男市之助臨加持直ニ致廿疋入、○さし笠町甚吉、五十八才女白血祈廿疋入、○左平次取次、北嶋六才男子下り腹虫祈、

廿五日　未明雨、今日折々小雨、○為金六右衛門、三十七才女産後病祈植田へ行、夕時札受来ル、廿疋入、丑（牛）久ホ七右衛門十二才女腹大腫祈廿疋入、○瓦町札受来ル、○今日日中より戒浄加行、金剛界前行十八道□□□法勤、○子共天神祭、弐人町へ買ものニ行、○弥助さゝ竹切出し、○暮方尾張とこなめ（常滑）正寿院弟子と申江戸行帰り一宿願来ル、断申也、三百文施遣ならハ常楽寺末寺ニて祐福寺孫末と云也、

廿六日　平六札遣也、○百度子共栄吉よりせき正（袢）一荷持来ル、壺之内谷落ノ処へ植ル、○巳作ノ袷・反天持来ル、染ちん共三百文渡、○子共□□ともし油・焼ふ求、

廿七日　折々雨、○馬見塚平十、八十九才男臨加持廿疋入、○金光寺入院披露来ル、扇子二本入、○中壺手水鉢所へ鳳凰竹庭より植ル、

廿八日　未明より少々ツ、雨、今昼後より大ニ降風も

烈シ、○亀吉陰元と上ケ五ツ入、外ニ人数不参、夜ニ入而も大風雨追々強ク成ル、

廿九日　夜前より今朝迄大ニ雨風強、漸未明ニ雨風静ニ成ル、今日は天キ也、○天神主より三十八才男籠性ノ躰祈廿疋入、○諸堂掃除、明日之こま仕度ス、○子共町へ買物、菓子・もち誂、○弥介朝より庭落葉片付掃除、晩方衣やへまつ香一かます取来ル、九百文預置来ル、亭主留主故也、

九月

朔日　今日は定例こま勤参詣有、跡ニて村方戒浄・子共等配ル、○新田権右衛門札遣廿疋入、天神同遣ス、○柑子弥吉三才男子虫祈、○横須加太郎作六十八才男片頭痛祈、○助九郎仏供米一升・花持参、○民平牡丹餅一重入、○弥介上菓子調ニ遣、

二日　要助・覚蔵町方こま札配、十一文ツ、遣、雨降出し子共弐人傘持行、○新田ハ弥助持、治助方へ頼遣也、○ハねイ(羽根井)ハ子共持行、○新田彦左衛門より下五井猪三郎、六十四女臨加頼来ル、晩ニ札遣也、廿疋入、○坂下茂助三十八才女再祈廿疋入、○下五井弐軒トこま札ハ彦左衛門行ニ付頼遣也、○七ツ半頃ニ尾州祐福寺より飛脚来ル、大悟院より手紙来ル、観音堂と入組一件段々延引故、何分決談ニ及度故、四日五日ノ内来ル様若病気なら十八九日と申来ル也、飛脚ノ者直ニ中セこへ向行、尤茶漬出也、○夕方平四郎行右ノ語致シ帰ル、

三日　朝昨日ノ飛脚人城内ニ宿と申来ル、観音堂留主居本通病気故延引と申也、此方より其文躰ニて延引十八九日頃ニ登山と返事遣也、○朝政蔵・伝次郎へ行、右ノ語ナリ、昼後平四郎来ル、○衣屋も来ル

四日　舟町忠太夫廿三才男気ノ方病祈廿疋入、○新田治助、弐才女子五月より腹下り祈廿疋入、○助九郎方へ行山ノいも壱苞・上菓子一包遣也、○馬庄来ル、反古売、○弥助せと畑へ若な・打な蒔、若な種平十より所望ス、

五日　忠太夫と新田治助札遣也、○衣屋来ル、さつま入、○ハねイより宗賢ノ古あわせ仕立持来ル、○富蔵

・長平手間、庭西よりせとへ向堀さらへ、○泙野より蜜円病気未宜食細便宜也、
六日　弐人頭そり、夫より北川平十・六郎兵衛・権右衛門・平六へ行見舞なから行、○斎後川村氏へ行まん中遣、衣屋へも寄帰りニの川や調物等也、○中村助五郎弐才女百日計咳虫出祈、○夜分和平来ル、白木綿弐反持参、昼ノ内道淳ニノ袷持来ル、宗賢ノわた入ノ表ニ古鼠衣壱ツ為持遣也、○権右衛門より石四ツ弐間角返、春かし分皆取済、
七日　中村助次郎札遣也、廿疋入、○朝より弥助大サキへ洗たく行、米一升・麦一升・百文と小米少々遣、外七百廿四文かし、
八日　未明より雨終日雨天也、○豊吉上ケ五ツ、○要助さつま入、○平十新米一升入、○北川惣右衛門よりかや町八右衛門へ養子ニ行新作、一昨晩城下ノ川ニて過ニて死と云、今日葬式也、廿五才也、
九日　子共皆々祝義入、○役人衆近所礼ニ来ル、○北川平六祈礼廿疋入、
十日　半右衛門より里いも壱苞入、○北川惣右衛門へ新作河ニて死、悔ニ行、平せん香弐わ遣、廿五才と云、○忠八へ徳兵衛ノ普請見舞上ケ廿遣、
十一日　本町千之助三年計病祈廿疋入、○朝戒浄町へ行、の川や紙類求、其外用調、
十二日　藤並要蔵五十三男ヲコリ日振祈廿疋入、○牛久ホの田屋甚左衛門十四才男引風、此節かん(疳)ノ様子祈、○弥助八ツ頃在所より帰ル、直ニ菜抜肥出ス、○門前東角みかんノ木一本風ニて倒故みかん切、六束余有、売ニ遣処只一升十六文分跡持来ル也、○清次郎へ伯母ノ普請見舞とうふ三遣、○惣右衛門、新作ノ悔礼来ル、十疋入、○権次郎・十吉金一両銭かへ来ル、六貫六百文渡、
十三日　飽海見せ吉四十一才男痰籠祈廿疋入ナリ、○牛久保のたや甚左衛門札遣、三十疋入、○本町庄兵衛より朝未ノ年女中性祈、晩札遣也、金百疋入、○朝泙野弥陀堂より弐人飛脚来ル、夕部蜜円死と為知来ル、三帰・土砂遣也、○斎前悟真寺本堂弟子徳盛院中龍光

院弟子麗順弐人来ル、菓子一箱入、悉曇伝受願、又其内沙汰と申遣也、○富蔵娘中芝行、帯祝遣、井炉（蒸籠）釜かし、○弥助菜耕作ス、

十四日　夕方曇ル、○上伝馬八百吉廿九才男流るいん（溜飲）ニて食事毎ニ腹より背痛祈廿疋入、○飽海札遣也、藤並同断遣、○朝弥助使ニて中セこ本通へ明後十六日頃都合能尾張へ行様申遣候処、いまた全快不致故、全快次第御沙汰申上と云返事也、帰りニ龍光院へ明朝来ル様申遣也、○晩ニ又かや町平吉へ香炉さいそくニ遣処、何分多用故、明後日迄ニ出来様申事也、

十五日　朝龍光院弟子麗順来ル、悉曇前行次第授ル、○新田子共祭礼もち来ル、○馬庄来ル、大豆弐斗売、壱貫五百文取、七十二文かへ也、○斎後戒浄車屋へ行、袈裟衣誂文引合也、

十六日　舟町治太夫、戌ノ年女去年より痔病祈、○今日は村日待、庄屋と政蔵見舞来ル、其外一両人来ル、

十七日　朝より雨終日降ル、○舟町札遣、廿疋入、○坂ツ治作もち九ツ・政平十五・九左衛門七ツ入、

十八日　子共近所十七夜来ル、○佐藤安蔵廿九女歯痛祈弐百十二文入、○車屋より戒浄ノ袈裟地麻一反見セ来ル、縫賃・鼠染ちん合弐朱一ツ、外ニ地代三十六匁合四十三匁五分ニて誂也、○戒浄毘沙門天板額披露灯シ書、ハねイ西ノ宮ニて披露と云、○子共上菓子求の川や金水引二取、○助九郎さつま壱苞・十七夜入、平四郎同もち入、○半蔵頼ニ依テ北嶋左次右衛門折手本文章書戒浄持行、

十九日　朝五ツ頃より雨終日也、○上伝馬平次郎戌ノ年男老病祈廿疋入、○ハねイたか（箍）や七十五女ころび不食祈十疋入、○富蔵手間、せと東堀さらへ前も少々、○上伝馬久左衛門十二男水気祈廿疋入、

廿日　昨日之者共札遣也、○子共町へ行、上菓子・油、みのや五種香・藍蝋一取、○朝弥助中セこへ病気快気なら尾州登山哉申遣也、いまた快方なき故宜敷と頼、快気次第沙汰致と申来ル、○衣や来ル、○夕方平四郎来ル、断状尾州へ遣相談致ス、○伝次郎よりさつま九ツ入、

廿一日　御影供如常、○佐藤みへと申廿五才女疾祈廿疋入、○朝より戒浄へ介界次第授ル、尤昨日少々授初也、○ヲハリ大悟院へ中セこノ本通未病気故登山延引ノ断状認、昼後子共弐人江戸屋へ為持遣也、早便ニて賃百文遣、受取来ル、昼前役所より廻状来ル、江戸八軒堀惣七と申奉公人、主人権四郎弁忰壱人・娘壱人みよと三人殺害欠落、人相書廿五才より少々ふけるものと申也、宅蔵院へ為持遣也、○上菓子百文求ム也、

廿二日　佐藤札遣也、○泙野ミタ堂より俗人壱人来ル、蜜円九月十二日死、加持料三十疋、廻向料ニ米一升・十疋・編ざんけさ一ツ入、此方より五種香・菓子一箱・柑子三十遣ス、めし喰帰ル、○朝ノ内龍光院ノ麗順来ル、前行済、十八章みの紙持参、置テ行、三章認斎過ニ子共為持遣也、○下男寅ノもミ六俵干ねかし置也、

廿三日　未明より雨、今日昼過八ツ前後大ニ降、漸夕方止曇天也、○六郎兵衛入来ス、○平四郎入来、役所ニて観音堂本通一件尋ル処、病気と申由語ルト云、○和平来ル、ハねイ弥介十五才病祈、○吉川繁吉、神郷廿一才男初瘧祈、○長平・七蔵手間、トラノ古米六俵下男と三人して引、漸一番引、二番引不出来日暮也、米凡弐俵半計出来ル、

廿四日　中村兵右衛門弐才男子虫祈、昼頃札遣ス、廿疋入、○松山嘉平申ノ年男疝キ祈、○要助・亀吉・新田しけもち(餅)来ル、○子共菓子・せん香求ニ行、斎過ニ新田治助へ孫女悔ニ行、平せん香一・ゆ柑子五十遣、覚夢秋栄ト(童)女也、○子共五六人明日日待買物ニ行、上ケ・こんにやく・たまり求来ル、里いも二度求ニ行、なしと云、

廿五日　子共天神日待、小豆飯、芋・大こん・こんにやく・上ケノ煮染也、○下し(地)八三郎七十五男胸苦敷臨加持、久左衛門親類四ツ屋五十七男、腹ニかたまり祈、○衣屋来ル、先達祈礼金百疋入、○源右衛門上ケ七ツ入、

廿六日　昼より曇ル、○朝平四郎へ行中セこ語、○源右衛門へ普請見舞ニ寄、さつま九ツ遣、○子共三人の

川や生麩五合龍光院へみの紙取遣、悟慶院へ絵清書持行、四ツ屋札遣、三十疋入、○下し札遣也、

廿七日　舟町札遣、○長平手間前西堀さらへ、下男同断、○祈祷札三十枚御符等出来ル、

廿八日　曲尺手吉文じや善左衛門六十九才女臨加持廿疋入、○昨日源六より長全寺前畑弐枚ノ内、西より二番上ケ来ル故、又吉右衛門同所東一上ケ故政蔵へ頼遣也、○新せん(銭)町半兵衛米買来ル、四俵売引合壱分差入一升百文かへ也、政蔵セ話也、○百度源右衛門へ山石四ツかし〆六十七貫弐百文、十四貫め(肥)かへ也、○弥介朝より七ツ前迄ニ米二臼搗、夫よりこへ取行、

廿九日　曲尺手吉文字屋善左衛門札遣也、無程又来ル、何分変気候故臨加持頼、○談合宮定吉十九才男ヲコリ日々祈廿疋入、○新せん町半兵衛来ル、先寅米壱俵売百文かへ、三斗九升代弐分ト五百四十八文取、せニ六貫七百かへ、○悟真寺徳盛来ル、悉曇前行次第授、尤明一日勤跡へ送り明後より書初申渡也、○源六へ前ノこへかめ畑手作ゆへ返シ呉様申遣也、何分預呉と申事と云、未不決、○下男籾九俵計日干ス、寅米也、

晦日　未明少々雷夕立、今朝又少々降ル、○中セこへ病気宜敷、一両日之内ニ尾張行如何申遣候処、未ふらくら致居故、又快気次第沙汰致と返事也、弥助使ニ行也、○衣屋来ル、牡丹餅一重廿一入、○和平小豆もち一重十五入、其外ハねイ六軒もち来ル、○子共弐人悟真寺徳盛方へ悉曇手本認三冊為持遣也、上菓子・生ふ求、○戒浄日々しぶ紙上張、子共も手伝、○和平木綿一反鼠染頼遣也、袷用也、

十月

朔日　上伝馬久左衛門十二才男先達而祈頼、又再祈、○子共幷近所神送もち等来ル、○衣屋より金山寺みそ一重入、○朝戒浄悟慶院へ行筆等求、○富手間、下男と米引三俵出来、

二日　上伝馬札遣廿疋入、○下り町小平四十一才男流ゐん(溜飲)祈廿疋入、○瓦町巳助五十一才女ころびめ悪祈十疋入、○悟真寺弐人悉曇清書持参、○富手間、米引

弐俵三斗出来、
三日　津留触廻状来ル、子共宅蔵院へ持行、○こま有米百文求、○悟真寺へ悉曇みの紙取ニ遣也、らうそく百文求、○斎後浦半右衛門こま勤、○晩七ツ頃観音堂ノ本通ニ召仕之老坊主来ル、申事ニは本通義未病気さつぱり共無故、城内へ相談致候処、城内ニて申ニは、此節殿様御在城ニて他出難成故、日延ヲ尾張願様申故、御断ニ参夕申故、此方より申ニは、此方ハ本通快気次第何時ニ而も部田へ行所存ニて有之候事故、其方より日延願成ともとふ成共、勝手ニ致様申遣也、其後政蔵・伝次郎・半右衛門夜分招相談致処、何分早々此方より部田へ人可遣様宜敷と決談ス故、半右衛門頼是非〳〵明後日行様頼各々帰宅、平四郎ハ留主故不参、
四日　朝平四郎へ行、早留主也、半蔵へ行、明日尾張行猶又頼置也、○衣屋元吉来ル、中セこ語也、○手間丁松次郎廿九才男〆りなく祈、晩札遣也、廿疋入、○朝嘉次郎来ル、浦半右衛門札遣也、又柑子百五十売呉様頼遣也、○下地ノ利平方札遣也、○夕方平四郎・半蔵来ル、尾州行談合、弥明早朝より半蔵頼、部田へ行ニ極、手紙大悟院行一通兼而認置、金弐分ト百銭十文共渡、皆帰ル、供合羽・風呂敷も渡、
五日　新せん町半次郎来ル、米六俵売寅卯ノ米也、一升九十三文ツ、也、金三両壱分弐朱六百三十四文受取、馬ニて付来ル持行、○与茂蔵来ル、なべ・薬鑵・金たらい・金剛皿・足鋸目・矢たて直等致、代三百十六文払、○魚町ときや見次春生ノ男大病祈廿疋入、
六日　一日風勁シ、○悟真寺坊主弐人来ル、○半蔵殿尾州より夜四ツ過ニ帰ル、風呂もあり一夜宿ス、院主疝気ニて夕方少々寒ケ有後熱気出而頭痛致ス、追々よし、
七日　晴天、院主気分不過、片天窓いたミ故、子共美濃屋へ薬取ニ遣ス、早朝半蔵殿帰ル、○牟呂外上金次(神)郎祈弐百十弐文入、○晩方新銭町半次郎唐欖柑買ニ来ル、四百文ニ而売る、○夕方衣屋元吉殿来ル、半蔵殿御帰りかと尋に来ル、又女子七夜前□名頼ニ来ル、おきくと附てやる、○下男夕方上伝馬畳屋へ遣ス、八畳

表替の注文、○ハねイ久八来ル、外上金次郎八月生女
子虫祈廿疋入、
八日　外上札遣也、○鉄平より古仏地蔵尊厨子入持来
ル、開眼願廿疋入、○子共六人の川や・みのや薬取、
しふ（渋）五十文払、みそ・たまり舟町大工・悟真寺紙取ニ
遣等也、○朝御頭弐人晩方平四郎来ル、尾張行語也、
○戒浄しぶ紙少々張、しふ引等也、○昼より弥助かじ
や鍬弐丁才ニ行、
九日　昼後戒浄町へ行、画持参、○美濃屋院主の薬取
ル、状箱紐一筋・同鐶四ツ・墨入の鈕求む、○子共大
工栄吉来ル様手紙持行、○小麦種三升助九郎ニてかり
る、弥助行、○夜前ハ（羽）根井和平ねかし物持参、○今日
長平・七蔵手間、下男ト三人して門前小麦蒔、大豆五
六束引、○源六より手前之前畑古ク作る故永々ニ作セ
呉ト云処、此方の都合宜故手作するト云、左様なら菌
かめ若菜之所たけ借て呉れと云故、来年一年借て置ト
云、承分致帰ル、
十日　晩方戒浄、半右衛門方へ此間尾張行礼ニ一寸
遣、上ケ十五遣也、○子共庄やへ当金銭為持遣也、○
上伝馬たゝミや弟子壱人仕事来ル、居間六畳と台所弐
畳表かへ里久（琉球カ）ニて致ス、○大西文太郎弐才男子虫祈、
晩札遣也、廿疋入、○のた（野田）庄右衛門廿三才女産後不快
祈、○子共町へ行、龍光院へ章持参、菓子・上ケ・こ
んにやく求、○夜ニ入大工ノ栄吉来ル、上ケ九ツ入、
同時分弥助たゝみ屋台取ニ行、
十一日　畳屋弐人来ル、八畳ノ間うらかへし、台所八
畳ノ間付□子共表八枚取行、○長平・七蔵手間、前麦
蒔ス、○のた札遣也、○清須より廿六女再縁祈、○今
日ハ亥之子、所々牡丹もち来ル、
十二日　たゝミや壱人来ル、八畳こたつ壱畳、半畳表
かへ、座敷南薄へり弐枚其外りう久弐枚、小薄へり等
済、今日ニて仕舞三分ト六百九十二文払済、○子共・
市作・猪兵、みのや薬取、悟真寺二章分持行等也、○
夜ニ入弥助、古りう久為持上敷ニ致筈ニて畳屋へ遣、
○大工へも寄らす、明後日□□家中へ行、夫より此方
へ来ルト云、○吉川平左衛門札遣、廿疋入、

十三日　下し（地）又吉、当才女子祈三十疋入、○清須札遣也、廿疋入、守も遣ス、○下男日々麦蒔ス、○夜ニ入塩八升求ニ行、代払、
十四日　横丁甚吉取次弐人来ル、四才女子食事吐病祈廿疋入、○悟真寺徳盛清書持参、十六より十八章書遣也、○子共弐人みのやへ薬院主歯痛三服取、清□□一把取、○下男麦蒔、
十五日　川サキ甚八、七十一才女死霊除祈十疋入、○上伝馬久左衛門、十二才男病除流地蔵開眼直ニ致、先達而両度加持礼廿疋ツ、入、○坂ツ平兵衛より外上（神）三十一才女産後腰抜祈等致札遣也、○甚吉取次札遣也、○子共上菓子・壱文もち求ニ行、○戒浄今夕より金剛界ノ正行ニ入、○夜前六ツ前ニ役所より戒浄刻付廻る、先寛量院殿一周忌鳴物十六日夕より十七日迄触也、直ニ弥助、宅蔵院へ持行、西宿弥三郎ニて炭取来ル、
十六日　未明八ツ過少々雨、今日は天キ也、○子共小もち廿求ニ行、○長平手間、長全寺前藪くろ小麦蒔也、下男同断、
十七日　子共弐人、大工栄吉と畑ケ中市作仕事ニ参様手紙遣也、○下男朝ノ間米壱臼つき、夫より長全前麦蒔ス、
十八日　新銭町甚吉、三十八女疳籠祈廿疋入、○紺屋町取次辰年女鼠喰付祈廿疋入、○子共糀弐百文求ニ行、みそ用也、○下男長全前麦蒔也、○巳作来ル、薯蕷芋持参、戒浄ノしゆばん（襦袢）仕立□、
十九日　新せん町・紺屋町等札遣也、○悟真寺徳盛・麗順来ル、礼金百疋ツ、入、掛物色々見せる、○子共上菓子・供物・もち等求ニ行、○朝半蔵来ル、北嶋左次右衛門手本書礼ニ里芋大一苞入、○下男長全寺前麦蒔済、せと屋敷小麦蒔仕度ス、
廿日　三相栄助四才男疳祈、○台所障子張かへ、○大豆三升一合たゝき夕時煮、糀弐升□□白みそ用也、○みのや筆取、○下男せと小麦蒔、
廿一日　御影供如常、○昼前庄やより手紙来ル、地頭よりゆつう（融通）講別加入八両之御当ノ旨申来ル、斎後庄や

へ行、留主也、減少頼置也、半右衛門へ寄ル、尾州行
礼ニ半切百・菓子少々遣ス、○子共みのや行、供物、
もちも求、○□平・富蔵手間、今日よりもちいね刈
初、○台所障子そゝくりス、○上伝馬三之助申ノ年男
風引頭痛祈廿疋入、○道淳晩方より不快臥、
廿二日　戒浄今日中ニて金剛界正行結願ス、三之助札
遣也、○子共弐人の川や半し不宜戻ニ行、同弐人鉄平
剃刀一丁・大坂のり一枚取ニ行、○畑ケ中市作さいそ
く遣、一両日延引也、○下男せと小麦蒔、もちいねか
け等也、○昨今台所障子張、又本堂今日張、
廿三日　舟町なべ屋源吉四才男子引付祈、○斎後戒浄
・市作町へ行悟慶院へ不動□□持行、(拙)雪庵へ道淳下
り腹薬□□五貼幷手前ノ歯くき痛付薬一取来、みかん
廿遣、外ニ筆・すミ・紐求、はけも求、○巳作しばん
仕度洗たく共弐ツ持参、又壱ツ仕立もめん遣、○下男
せと小麦蒔仕度□□、○風呂ス、○和平夜見舞来ル、
廿四日　舟町なべ屋源吉札遣廿疋入、○庄やより御越
来ル、御上ゆつう講何程加入之□ス、御上□□金弐両
程願被下と申遣也、子共上菓子等求ニ行、○戒浄今日
より加行護摩前行ニ加□□、
廿五日　子共天神祭、○富蔵手間、田刈もち残り四束
計刈、夫より粳四束三わ刈、
廿六日　夜前和平、道淳之見舞ニ来ル、今朝は大分気
分よし、○長平手間、田刈うるし(ち)八束三把刈、□□
今日院主奥歯しきりに痛ニ付□□□御堂世古へ歯抜頼
ニ行所加□□行□□帰り次第ニ行と云ふ、
廿七日　田町幸右衛門七才男子疱瘡祈廿疋入、○夕方
北川茂右衛門、古宿亥ノ年女疝積(癪)祈、○晩方御堂せこ
歯抜来ル、院主奥歯一本抜、外ニ弐本、血取薬二服置
弐百六十四文払、○下男な畑麦蒔、
廿八日　□□弐人札遣、○倉作人参七本入、○戒浄ニ
加行護摩次第授ル、○下男控畑な畑麦蒔、夕方より又
□□手前ノ着類取なから長年奉公ノ相談ニ行、みかん
廿・セニ五十文遣、
廿九日　小浜平作十才男子疳ニ水気祈三十疋入、○昼過
弥介大サキより帰ル、来年長年奉公十□頃ニならねハ

極と云、外にも去年奉公ノ□□□今朝来ル、夕方迄ニ極被下と云処、段々と□候処先有増長年と云、○田町幸右衛門忰死と申来ル、○夕方弥助大工栄吉へ明日細谷ニ来ル哉聞なから板取ニ行処板不来、たかや(箍)ニて桶輪入弐ツ持来ル也、

霜月

朔日　行明治太夫四十八男疝キ所々痛祈、○小浜平作札遣也、○清源寺来ル、明日より□□出立申来ル、即刻戒浄行弐十疋餞別遣、○今日は雇人清太郎・熊吉・利吉三人手間、富蔵四人して絹田刈、角田残弐束余刈、晩迄ニ運〆束数絹田分廿一束□□残一束四わ刈済、日用三人分六百七十六文与、富□□秋骨折百文みそ一重遣、○子共・亀吉・要□・北川角蔵神迎丹(団)子一重ツ、来ル、富蔵同断遣、○夕時弥助、大工栄吉聞ニ遣処、未一両日延引と云、

二日　外上(神)磯吉先達而祈礼三十疋十二文入、○行明治太夫札遣三十疋入、○臨済寺巳年僧痰祈三拾疋入、○舟町八兵衛前せとみかん惣合□□金拾両ニ売、指金弐歩(分)受取、本堂・せとノ□□六本内残り分也、○下男朝より米つき昼より四ツ屋へ莚求ニ行、十枚代五百七十文払済、夜分栄吉へ下地ニてとゆ竹求様頼置ナリ、

三日　朝より下男大工へ竹聞ニ行処壱本持来ル、昼より茶□迄ニ弐本持来ル、合尺一本九寸弐本取也、○八兵衛・権三郎外弐人、前西よりみかん切初来ル、○晩方戒□□□、本堂障子そゝくり、祈祷札四十八枚摺也、

四日　みかん切四人来ル、晩七ツ半迄ニ西屋敷済、夫より□□移切、○稲こき北川茂右衛門娘と仁平女弐人、もちいねよりこく、○城内占婦人と老男来ル、四才男子去冬より手足不叶故也、○茂右衛門より上ケ七ツ入、

五日　未明雨、久々ニて暫降能潤也、○高須十右衛門内来ル、綿初尾(ママ)　入、又卯ノ年男疳祈十疋入、○平四郎来ル、御上新講加入之義、何分村役人より頼様被申と云事、此方より何分半金位ニ減少之義頼也、○子共弐人みのやへ戒浄ノこま入用、薬種刻と細末取ニ

遣、石菖蒲少々不足也、○下男もち籾おふ打立ル、
六日　みかん切四人来ル、○子共昼後市作・源作弐人
江戸屋へはり(播)仁向楠葉慈明方返事状出ス、三十二文ち
ん遣、来春登ル事延引申遣也、久修園院へ向遣ス、○
の川や水引弐わ取、みのや昨日ふそくノ石菖取、○い
ねこき女弐人来ル、○衣屋来ル雑語、まつ代ふそく弐
百五十文渡、○戒浄・子共四人内残みかん弐本切、弐
俵計有、○下男もち籾干、
七日　みかん切四人此間より前東也、内金五両受取、
合さし金共五両弐分ノ内取也、○いねこき弐人昼迄ニ
済、昼飯喫、亀吉母ハ手伝と云也、○子共赤玉十五・
香の花求ニ行、○晩仁平方へいね廿八束六わ代三百弐
文外ニ三十二文渡、○開浴、
八日　未明九ツ過雨、今日曇天也、○下男朝より米弐
斗四升搗、○新田喜三郎へ畑預セ話小みかん三十遣、
○戒浄・小僧等昨日よりこま木寄分車屋より戒浄ノ麻
袈裟出来持参、金三百五十三文払、
九日　朝新田佐右衛門来ル、八十才之男老病躰痛祈百
疋入、晩方護摩勤祈念ス、○戒浄・小蔵こま木寄分致
ス、○子供弐人上菓子・胡麻油求行、○長平手間、絹
田畷取田へ入ル、昼より下男も行、○晩方より院主奥
歯少々痛ム、
十日　朝より歯抜へ来て呉ル様弥助行、其後来ル、□
□薬三服置、弐百六十四文、○今日大工栄吉仕事ニ来
ル、本堂内陣床直ス、外椽そゝくる、舎力文七弐人来
ル、門軒込致ス、○榁柑切も四五人来ル、○子供町
行、豆腐・油揚求来ル、
十一日　大工壱人・舎力弐人、○富蔵手間、かし(河岸)へ板
小わり取行、又砂三荷運、○橘良伝五郎四十二女腫病
祈即勤札遣、廿疋十二文入、○みかん切三人せど初、
○戒浄丸香拵等也、
十二日　大工壱人・舎力文七壱人来ル、○大工ハ晩方
門外ノ両袖包出来打、○みかん切三人、○田町善兵衛
三十二男躰痛祈廿疋十二文入、○子共弐人みのやへ院
主二三日寒ク薬三取ニ行、
十三日　舎力不参、大工壱人来ル、門西北のつゝミ致

シ、クグリ直ス、今日ニてしまう、作料弐朱渡ス、済也、鉄平釘五寸二十・四寸二十取ニ行、○の川や半紙壱束取、○みかん切四人来ル、セど小苗少々残る、○田町札遣ス、○治作牡丹餅壱重入、○昨日晩方弥助かし又八へ八分檜一丁取ニ行、
十四日　未明雨、今日昼過少々降天キ、○みかん切四人来り残少々切、昼より仕舞残金三両受取、壱両弐分まけ也、○舎力も不参、○弥助米二臼八ツ過迄搗、夫より唐香九升五合つく、水ニ漬、○茂右衛門へ稲こき礼半し五・まき筆七遣、○子共みのやへ帳紙二帖・薬三取、半し五取、間違故返分也、
十五日　今日は大ニ寒シ、○文七・留吉門仕事来ル、○子共弐人みのやへ半し替、胡マ油・上菓子・もち・上ケ・たまり求ニ行、○昨朝より大橋も渡舟ニ成ルト云事、○岩吉・猪兵もち(餅)来ル、ハねイ和平同十九来ル、○戒浄・子共四人せとみかん残り之内又弐本切、蔵ノ二階へ上ル、壱俵半も有、
十六日　今晩より戒浄こま正行初、跡ニて神供勤、○吉川次郎兵衛内弐才男疱瘡加持、五才ノ女子も頼なれ共不参故又連来ルト申、三十疋入、○要助・忠作弐人河岸又八へ檜板残弐枚返遣也、尤返ト云書付も添テ遣也、○弥助大豆根たゝき、長全寺へ道板四枚返ニ遣也、○今日は所々秋葉日待、子共少々休、半右衛門牡丹餅一重十四来ル、亀吉同来ル、○夕方弥助拙庵へ口述書致し、院主ノ薬取ニ遣処、留主故置来ル、
十七日　舎力留吉壱人来ル、○下地仁三郎、六十六女くびより躰痛祈、こま頼来ル、○畑ケ中安五郎五十三男腹下り小便詰祈、○吉川次郎兵衛昨日約束ノほうそう五才女子来ル、加持等弐ツ共遣也、○こま供物もち・油等求、○朝伝次郎来ル、先達而庄屋方向京右衛門・幸七来り観音堂へ説法致度、役所願頼来ル処、未先達而家中四人観音堂一件尾州本山へ願出し、不片付捨置候処ニ左様之義不成と申遣候処、今日又家中石井宇門・増井岡右衛門両人庄屋迄来ル、何分説法之義浄慈院へ願出し頼来ルト申来ル、此方より申ニは未先達而之一件本山表へ本通も病気ト申、今ニ不行故其義片付

迄延引致様申遣也、○夕方弥助西宿弥三郎へ茶一本・
堅炭一俵取ニ遣也、みかん三十遣也、
十八日　下地祈願、晩供物・御符遣、札断申、金百疋
入、○畑ケ中札遣廿疋入、○舎力菊蔵・留吉来ル、中
壺井戸ノ所白ぬりせと塀そゝくり門袖等也、○西ハタ
徳次郎金子借用申度来ル、当百文断云、
十九日　朝四ツ頃より菊蔵・市蔵弐人来ル、台所北破
風ぬり、せと塀そゝくり八畳東は（破）風白ぬり、うら門外
塀ぬり等也、○子共七人せとみかん残弐本昼迄ニ切、
同弐人胡マ油弐百文・ともし油三百文求、○同弐人拙
庵へ院主ノ薬五、又宗賢昨日より腹下り薬五取、○富
蔵手間麦耕作、○舎力菊蔵今日ニて先仕舞也、石ばい
・ヲスサ、作料等ノ内へ弐貫文内渡也、みかん廿計
遣、京蔵ハ晩七ツ頃より仕舞、めし不食ニ帰ル、○夕
時富、香ノ花十五文・まきせん三十二文求ニ行、○開
浴、
廿日　朝院主・子供、平十へ近日頼母子会いかゞ相段（談）
ニ行、○夫より又庄屋へ行、組頭衆へ咄置也、○朝四
ツ屋伝四郎来ル、牛久保彦（斎）三郎廿二才女風病ニ痱祈、
晩方札遣ス、三拾疋入、○時後弥助在所大崎へ行、奉
公取極ニ行、○吉川村廿三日頼母子会合触来ル、
廿一日　昼過御役所より御講加入義ニ付、常陸と手前
両所へ差紙来ル、其後久左衛門同道名代ニ戒浄遣、村
よりも政蔵行、御役所ニて何分八両加入頼と札本（元）治助
被申候と申事也、○坂ツ（津）角蔵芋弐升計来ル、りすさぼ
ん三ツ入、○長平手間、長全寺前等耕ル、同人より御
講もち九ツ入、みかん沢山ニ遣、
廿二日　昼前新田左右衛門へ親父悔ニ行、箱菓子・平
せん二遣、○山田忠三郎寅四才女虫祈廿疋入、○半右
衛門見舞来ル、○朝庄屋へ昨日役所行、語旁ニ行、○
昼前弥助大サキより来ル、籾干也、○宗賢今朝より
少々快気、起台所へ出ル、晩ニ早ク臥サス、
廿三日　晩方雪少々、七ツ時分より道淳壱人吉川三会
め頼母子会遣、壱両弐朱ト三百八十七文渡、北川五郎
兵衛同道行、○川サキ覚太夫より廿才女風痛祈、○山
田札受来ル、○戒浄今日日中ニて護摩正行結願ス、○

子共胡マ油・もち求ニ行、○弥四郎来ル、新せん町親類死、土砂遣、○下男もミ干、
廿四日　斎後院主、政平供川村氏へ行、みかん五十遣、御講之義減少内々頼書付致置、留主ニて帰ル、○の川や大ノリ弐帖・美濃紙弐帖・大杓子壱本・小平杓子三本取、○衣やおなへ病見舞千才草一袋遣也、白ミそ一重受来ル、○川崎札遣廿疋入、○下男籾干、
廿五日　終日雪はら〳〵、○朝政蔵へ行、留主也、○八ツ過より七蔵手間、手作籾俵入〆ル、九俵壱斗也、下男も手伝、○天神祭子共致、次作芋弐升計入、○坂ツ角蔵牡丹一重入、何もみかん少々遣、○年玉茶袋戻し板戒浄等致板摺皆済、
廿六日　朝平四郎へ行、御上御講一件半右衛門へも寄帰ル、○朝政蔵殿来ル、右一件語也、○晩方代官川村へ行、まんちう遣、此度御講半減之願書出度、此間頼置処、今日案文受早々帰ル、道ニて平四郎・政蔵ニ出逢也、
廿七日　朝戒浄、城主融通講加入減少願書認メ、子共庄や方へ為持頼遣也、尤地方役所と致出也、晩方院主庄やへ行、未役所より不帰と云、○助九郎より大婆々五十年・小婆々廿七年志として米一升・十疋・芋・上ケ・荘もち入、○権作来ル、お竹九月より病気腹中堅まり有由祈申来ル、○横須加惣七札遣也、廿疋入、○富蔵牡丹餅九ツ入、弐朱一かし、正岡婆々死入用と云、○弥助大豆たゝき荒叩也、六斗程ナリ、
廿八日　中芝作四郎六十六男長病、夜ニ驚起臥致故祈廿疋入、○村左平次取次、同組和田兵衛九十三男臨加持廿疋入、○長平手間もち籾引、米弐俵余出来ル、○新田代作牡丹餅一重来ル、○晩方戒浄ヲ庄や殿へ昨日ノ御上御講ニ付願書納ル歟、尚又尾州相談申遣候処、夕方平四郎殿入来、役所願書も先御預ニ成、尚又尾州へも兎角人遣候様可然相談決也、其頃和平来ル、尾州へ使者ニ頼置也、尤来三日頃ニも行様申候、○大豆壱斗五升此方へ取、
廿九日　晩方権右衛門へ竹病見ニ行、たん切五十文遣、はらせん香百文求子共行、○朝より弥助大サキ洗

たく行、給金壱両三分弐朱ノ内壱両渡、三十二文外ニ遣也、○源右衛門ト惣八牡丹もち一重ツ、来ル、

晦日　ハねイ八兵衛より宗賢綿入出来持参、又牡丹十五入、みかん少々遣、○財賀村佐次右衛門願主、村寺山ニ大師八十八ケ所寄進ニ付、当春噂御座候、此度寄進付帳持参来ル、七十三番出山釈迦・弘法大師造立寄進付記致遣也、弐百疋ツ、ニて金壱両渡受取書取、○新せん町ぬしや幸兵衛直椀出来持参、七百三十二文渡、○子共にし(西)宿弥三郎へ万(番)茶三貫四百文取ニ遣也、昨今ニ戒浄年玉茶百八十本余詰、其内道淳五十本程詰ル、○朝百度平五郎二才男子むね張乳不呑祈、夕方死断也、

十二月

朔日　三人頭そり、戒浄風跡故延ス、弥之吉召遣、○寺頼母子加入未決故申所少々加入ト云、○子共の川や半切百取、○みのや薬三取行、葛根湯也、○昼頃弥助大サキより帰ル、こへかけ也、○夜ニ入半蔵来ル、祐福寺行手紙下書相談書、

二日　吉川庄七六才女・四才女ほうそう加持、衣箕持参、加持致遣也、三百廿四文入、○同所弥次兵衛当才男同衣等持参、弐百文入、○平五郎祈廿疋入、晩方同家悔行、○庄やへ行留主、頼母子ノ義語、定日語置也、○こふく町猪左衛門へみかん五十遣、手紙ニて祠堂金上ノり申遣也、○拙庵へ戒浄風邪口中も張、少々腹下り、薬五取、菜みそ小重入、○富手間、昼前内竹かきゆい、昼より大根引かける、○下男朝米つキ、晩なわ弐束求ニ行処、只一束求来ル、○夕方北川へ明日かきゆい頼ニ要助迄申遣也、

三日　今日は垣結、太平・平十・平六・伝次郎・七蔵・利右衛門・清助・政蔵・忠八・万助・惣八・彦助・長七、(ママ)茶漬出し、縄茂右衛門より壱束六わ取、伝次郎弐束取、ハねイより弐束求代弐百三十二文払、久作弐わ寄進、○子共上菓子・白さとふ求ニ行、かす求、○牛久ホ(保)新兵衛三十七才男ひい(脾胃)の損祈廿疋入、札遣也、○尾張行手紙認、○こふく町猪右衛門ノ収納状も認置也、○夜五ツ半頃和平宿乍来ル、明日尾州行筈

也、

四日　未明七ツ頃より和平尾州江出立、大悟院へ手紙と白さとふ一曲遣、其外路用持行、○かきゆい百度才次郎・又次郎・乙松・十作・源作・定吉・銀作・代蔵・作平・善次郎〆十人、せとより西へ済、○政平縄一束入、助九郎牡丹餅廿一入、○九文じや猪左衛門より使女来ル、空夢ト(童)子祥月米一升・廿疋・らうそく弐丁・もち十三入、又祠堂金五両壱分上ル、収納状ト手紙ノ返事遣也、使ニ五十文与、○子共灯油三百文・香之花・生か(姜)求、○夕方権右衛門ノお竹無性ニ成ル、加持頼、其後弥助見ニ遣候処、未性不付ト云、

五日　昼頃より少しつヽ雪雑り雨、夫より夕方夜へ向雨計ニ成ル、○朝権右衛門よりお竹夕部より同様言答なく占見来ル、障なし、○伝次郎ト平四郎来ル、弥拙院頼母子日限極り、九日ニ仏名ト引続致様ニ成ル、其後帰ル、又平十来ル、同語也、○夕方戒浄・北川三軒・半右衛門ト料理仕度頼廻ル、○九左衛門へ会日触頼遣也、○政平壱人拙庵へ戒浄ノ薬五取行、此間ノみそれ重箱返、みかん三十遣也、○朝子共弐人糀四百文求ニ行、夕部より大豆弐升煮ル、昼前ニ搗こなし、糀合四升弐合有、塩六合入、○戒浄諸方講触札書、○九文じや妻参詣、兎香一上ル、菓子出し、○田町嘉助十五才女虫祈、○百度平五郎悔礼十疋ト牡丹一重入、○七ツ過より富蔵手間米一搗、下男朝より八ツ過迄もち米一斗弐升つく、内五升供物用漬、外ニ弐升施主分同断、夜ニ入取粉一升三合引、○夜五ツ頃和平祐福寺より帰ル、大悟院より返事来ル、訳ハ今迄ニ早速中セこ義相決可申之処、此方山主城ノ用多ニ付追々延引、此節山主も昨日又出府故、御帰談ノ上廿日頃迄ニは返事致と申義也、○今日より子共皆休、九日迄也、

六日　朝戒浄頼母子親請ト庄屋へ仏名ト頼母子勤頼ニ行、晩方院主も庄屋へ行、晩ニ庄屋来ル、二会め落書付控遣也、○朝より平十・定吉・半蔵来ル、昼前より買物ニ行、八ツ頃帰ル、少々料理、晩ニ早ク半蔵計帰ル、庄やへ口数帳為持本掛書出しノ半掛頼遣、跡弐人ハ夜迄居帰ル、○九平頼大村・うりこ(瓜郷)・下五井・坂下

・畑ケ中触昼頃帰ル、アクミ（飽海）ト下モ町平八へ触行、○久左衛門仏名志もち米一升、下五井より同志十疋入、○助九郎へうへ（植）田重左衛門へみかん一束頼遣也、新田民平・猪兵・岩吉仏名志米入、ハねイ（羽根井）徳右衛門・長三郎・弥平・善太郎こま米入、○政平朝より来ル、村方頼母子触町使行、○長平・富蔵手間、終日米つキ弐人して六臼搗、○風呂、

七日　平十・六郎兵衛・半蔵・才次郎来ル、料理等也、○諸堂掃除立花等也、○富蔵・七蔵手間、台所用掃除使等也、○皆々夜九ツ前迄仕度、帰ル、○風呂、

八日　朝仏名四百礼、昼より六百礼、夕方迄済、○昨日ノセ話人四人其外皆々来ル、○清源寺助法来ル、セ話人等皆々来ル、斎米も入、○セ話人衆夜九ツ頃迄明日仕度料理致ス、○風呂、

九日　セ話人来ル、○追々役人衆来ル、八ツ頃よりそろ〳〵頼母子人数来ル、夜六ツ頃迄大体来ル、少々不参、セ話人九ツ時分皆帰ル、役人其前来ル、諸勘定落金夫々へ頼皆持行、○風呂、

十日　平十・六郎兵衛一寸来ル行、○半蔵・弥之吉来ル、講ノ口〆荒方勘定ス、○外上（神）大蔵未ノ年女付物祈、○新丁大戸新左衛門弐才女ヲコリノ躰吐心祈十疋入、○戒浄・子共村供物配、○牟呂・ハねイ・新田ハ子共持行、○弥助使ニて菊屋へ菓子箱戻ス、遣、五ツ組四人前残り戻、百文添遣、供物上菓子取、

十一日　朝戒浄清源寺へ礼ニ行、五十疋トもち遣也、先よりらうそく弐百文分上ル也、○昼より戒浄の川やへ正月ノ買物行、○悟慶院へも行、胡マ餅少々遣也、○新田三作胡マもち入、

十二日　晩方平十・六郎兵衛へ礼ニ行、夫々進物遣也、○昼前より弥助大サキへ出替り洗沢（濯）ニ行、来年給金残り分ノ内弐分弐朱又渡、合壱両三分ノ渡也、尤此内弐朱ハ当七月ノかし分引去故、跡弐朱ノ預也、米一升・麦一升・小米・銭五十文遣也、○政蔵殿清十祠堂利足ト講かけ金持参入、瓦町札遣也、

十三日　朝より組頭弐軒・平四郎・半右衛門礼ニ行、進物遣也、○当古乙吉唐ノいも壱苞入、○九左衛門来

ル、祠堂ノり弐分・頼母子懸弐分入、釣遣也、其金ニて長全寺満会懸金弐分弐朱渡、釣来ル筈也、○戒浄昼過より風邪晩臥ス、○亀吉寒見舞糀一重入、

十四日　朝平十来ル、手前と清須懸金持参、其金子アクミト畑ケ中と合五両、坂下定八へ遣シ頼置也、尤落金也、釣銭之処ハ先弐朱一遣、残り七分五厘追而此方へ取事、○清助来ル、高須札遣也、○飯村岩吉六十才男病祈、○昼より久左衛門ト権右衛門へ行、白みそ一重ツヽ遣也、○子共弐人みのや薬取行、○晩七ツ半前方尾州本山大悟院と東光寺ト供壱人来ル、一件ハ中セこ本通去十月より之論片付ニ来臨也、平十・六郎兵衛・半右衛門知セ頼来ル、九平・七蔵同断、才次郎頼遣也、夕方役人弐人へ知セ来ル、客人ニ茶漬一寸出し、夜ニ入うとん五百文求出し、庄屋と伝次郎へも出し、賞（相）伴也、四ツ頃皆帰ル、平十・才次郎宿、○定吉・平十料理物求行、内田屋ニて夜着弐ツ・蒲団弐ツ借来ル、

十五日　平十・才次郎・七蔵手伝終日也、○和平見舞、平四郎・政蔵同断、半蔵朝来り中セこへ本通召ニ行、手紙も遣候処、医者へ行故帰り登山と云返事、又昼過召ニ行、早速来ル、使僧ニ面会色々申渡、何分早速決談申処、明朝迄延引願帰ル、○衣屋元吉納豆持参五升分也、○六郎兵衛手伝来ル、平十と町求物ニ行、○行明弥五平と申物古仏（ママ）持参、発遣頼勤而遣也、十疋入、○飯村岩吉札遣也、廿疋入、○西ハタ（羽田）林蔵・清四郎こま十疋ツヽ、徳次郎十疋昨日入、

十六日　朝四ツ時分家中宮田甚三郎・石井宇門両人并観音堂留主居本通と三人来ル処、御役僧所へ本通召寄、弟子分ニ成一代留主居ノ処、段々申達候得共、一代之義ハ先達而方丈より長山和上へ仰被渡候而御許有と抔間違之義申ニ付、難相決候ニ付皆々七ツ前ニ帰ル、役僧衆被申候ニは彼分ニてハ迚も懸合ハ六ツケ敷成候故、何分役所へ内願書差出、其上之差図次第と申、夜へ向願書被認申候、平十・六郎兵衛・才次郎宿、昼之内半蔵・七蔵・ハねイ和平手伝也、○談合宮清蔵寅ノ年女血祈廿疋入、○衣屋白みそ一重・煮豆一

重・酢和へ入、晩ニ帰ル、
十七日　朝平四郎殿入来ス、昼頃より役僧衆よりノ寺社役所へ願書持参処、先預ニ相成候、夕方帰ル、〇平十・才次郎夕部宿、終日手伝、六郎兵衛同来ル、手伝、其外御頭弐人も度々見舞也、〇風呂釜損ニ付、今日和平舟町なべ屋平兵衛へ古持行、新釜取来ル、代払済、〇下男朝大サキより帰ル、風呂桶西町持行、下たが入新釜込入、晩ニ取行、風呂致ス、
十八日　朝より御役僧御供とも三人豊河へ御参詣為案内才次郎行、晩七ツ頃ニ才次郎壱人先へ帰ル、御三人ハ城下見物致と云也、無程帰られ候、其留主へ昼過本通来り役僧ニ逢度申、他行と申遣也、又後刻本通ニ随身ノ僧壱人、城内四人ノ侍名当之手紙持参之処、他行と申持セ返也、伝次郎殿来ル、今日役所へ伺ニ出処、未評定なく追而沙汰と被申也、セ話人へ昨日之通手伝也、〇源右衛門より家移り餅弐ツ来ル、
十九日　未明より少々ツ、雨、終日降、〇朝早ク院主、弥助供、川村定蔵宅へ行、みかん五十遣、白割こんふ一袋受来ル、四人侍より本山へ願書写見セる、何分強願様と被申也、〇昼迄本通と曲尺手京右衛門両人来ル、役僧出逢種々談示ノ上役僧被申ニは明朝何分書付持参致様と被申候、是不審也、〇今昼前ニ役僧より寺社役所へ御達ノ届書一通被出也、其訳ハ早行ニ御評定出来候ハ、御待受も申共、早速之事ニ参不申候ハ、一先立帰り、寺社役所ノセ話ニ成ルと申届也、庄屋平四郎殿役所へ持参也、其節御返事ニ右四人之者放シ候義ニ御座候間、了簡通ニ御取計候様と役僧へ申越也、〇其義ニ夜ニ入村役人三人寄合談候処、先皆々本通退院為致候様と極候、其段明朝又来り御役僧へ一同申上ルと皆帰ル、平十・才次郎宿、
廿日　朝漸昼前ニ平四郎・政蔵来ル、夫前ニ役僧より夕部之セ話人談ハ如何と被尋候ニ付、夜前セ話人共段々談申候義ハ、此間本通参御両人様ニさへ何の様成ル不法之義申出候故、後向迚も拙院抔之支配ハ不出来故、何卒此段退院と被仰付候様願と申也、無程セ話人共四五人罷出段々其義願込候処、左様之次第ならハ当

院幷セ話人より役僧へ向書付御遣し候得と申故、下書願本書認、セ話人十一人ノ印形取差出也、又役僧より御役所へ来春迄日延之願書差出し、政蔵殿持参致ス、七ツ半過ニ帰ル、○七ツ過より役僧衆尾州へ出立ス、三百文供へ遣ス、○朝より六郎兵衛・半右衛門・和平・元吉来ル、晩和平内田屋へ夜着弐ツ・蒲団弐ツ戻ニ行、ちん五百七十二文払、○片付物致し皆々帰ル、○本通も先明春退院之有増積ニ成ル、

廿一日　朝より平四郎・半右衛門・助九郎、斎過平十・六郎兵衛・伝次郎礼ニ廻る、昼過政蔵殿来ル、役所へ行処、御役僧ノ内願書幷御達書早行ニ御評定有之様、若手間取事ならハ、尾州寺社役所之添翰持掛合との書一通、日延ノ書付一通、合三通役所より戻る、又役所より申ニは、飛脚尾州へ行なら尾州ノ添翰ヲ持、表向ニて願書片付ル様との仰と云、○晩方和平召ニ遣也、来ル、明日ニも尾州へ礼ニ行義頼候処、何分右御役所より仰之義と御役僧方ハ春延ニて多分片付口ニ相成候故、御役所方と少々間違之様子故、夕方より川村へ院主行内聞致処、川村申ニは役所よりと不申共、心得ニて添翰ヲ以取曖様との事と被申候、其義又夜ニ入院主・和平庄屋へ行、其段聞処何分役所へ其様ノ書付先達而御達候書付ニ有故、其段先へ申上様宜と被申候得共、色々相談不極也、○夜和平宿、衣屋見舞来ル、久左衛門来ル、○牟呂長五郎へ頼母子落金当年掛金引去、三両と百六十二文渡、外ニ七十九文久左衛門壱両ノ釣ヲ渡済、○弥助もち米一搗、又黍一臼搗初、

廿二日　朝弥之吉来ル、田之義先断申遣也、○権作来ル、清次郎利足壱分持断ニ来ル故、不承知持行又来ル、金壱分ト弐百文持参、段々願故先受取昨年ふそくノ内へ受取、当年分へせめてもふ壱分持参断申せと云遣也、○政蔵来ル、何分昨日御役所ニ而言付ノ趣もふ一度念入聞来ル様頼遣也、○晩七ツ前平四郎来ル、○今より役所へ行と云、此方ゆつう（融通）御懸金四両渡、序ニ右ノ訳聞来ルと云、○助九郎・定吉見舞来ル、○上菓子弐百文求、車屋へ弐分弐朱払、三百十五文取、残り分共皆済、○新田市作牡丹餅一重、大作・岩吉蕎麦こ（粉）

一重ツ、来ル、○権右衛門へ頼母子かけ金弐分百廿九文渡、○弥助黍弐臼つく、○長平明年手間金へ壱分弐朱渡、○昼過衣屋来ル、○夜ニ入和平明日本山行宿なから来ル、

廿三日　未明より雨、今日晩七ツ前より天キニ成ル、○朝四ツ頃より戒浄・和平セ話人惣代として本山へ此間ノ礼ニ行、両役僧へ菓子料遣也、みかんも両人と方丈へ三十ツ、遣持行、○六郎兵衛来ル、講落金ニて懸金と昨年祠堂ふそくと当年分引去四百九文渡、○次郎兵衛かけ金弐分入釣不遣、○平十・才次郎見舞来ル、○作蔵北川こま米集来ル、十三軒分入、彦助来ル、吉川田当年不作故ヿニて勘定取被下と云、当年計ヿ金来年よりハ十半と云、四升計まけ也、○六郎兵衛・猪左衛門廿両計かり来ル、左様ニ此節遊金ハなしと云、○弥助もち米つき、晩ニ二臼め搗初、

廿四日　朝より長平来ル、煤払台所分昼頃ニ済、夫よりもち米つき、○源右衛門より頼母子懸金・祠堂利入、勘定致遣也、右取かへ代三百文内入、○吉川巳吉十才男ほうそう加持廿足入、○子共塩百文求ニ行、沢庵百本一桶漬ル、○西町たかや（箍）へ櫃壱ツ・釣べ輪入かへ井戸ふた新誂ニ遣、○喜助利そく入、受取遣、○善次郎上（揚）九ツ入、年貢弐升用捨願也、○弥助黍壱斗五升洗漬、唐黍四升同断、○取粉弐升洗干、○財賀佐次右衛門来ル、八十八ケ所廿五番地蔵尊・大師両仏寄進付一両渡、○風呂致ス、平十来ル、鉄平当懸金壱両入、釣七分五厘ハ此間平十へ渡置金今日受取、

廿五日　子共黒さとふ弐百・糀三百文・かき三・す求行、○今晩書初仕舞、清書皆仕舞行、○新田七右衛門蕎麦切一重入、○彦助・清助・権次三人来ル、畑年貢麦不作故引願故、無拠一わり引遣、小作中ニ而ハ五斗四五升之損也、○七蔵手間もち米一臼・粳壱臼つき、夫より下男と弐人唐黍四升はたき、小米七升入、○もち米四斗五升洗上ル、○巳作・聟蔵来ル、たひ弐足入、古たひ二足洗頼遣也、半し三帖遣ス、○暮六ツ半過戒浄・和平尾張より岩津へ参帰ル、尤夕部堤と申所宿也、○風呂致ス、

廿六日　富蔵・七蔵・長平手間、餅つき晩七ツ半頃済、もち四斗五升・黍壱斗五升・唐黍四升・小米七升也、北川三軒・前弐軒・助九郎もち十三ツ、遣、○うりこ惣助斎米一升・牛房一束入、○柑子弥吉里いも壱苞入、○政蔵来ル、本山ノ一件如何と云、○平四郎懸金等書付頼遣也、六郎兵衛来ル、平兵衛其外太平・平十・六郎兵衛・伝次郎講証文持参受ル、○西宿弥三郎掛払、壱分弐朱内払、

廿七日　朝平四郎へ行、歳暮半し五・白味噌一重遣ス、○小作年貢引合見る、未不納多ク候、○北川彦助・清助・小助へ年貢一わり引、此間願ニ来ル、悟真寺ハ二わり引と云、其義庄や方より引と云故聞候処、左様之義無と云故手紙ニて申遣也、三人来ル、何分私共三人計外へハ不申と申せ共一わりハ不引、納夕躰ニて一俵ニ付弐升ツ、内分ニ而引遣故、左様心得様申、又跡より不足ハ金納と云、○平四郎来ル、当人と平兵衛五分昨今両年ト村方十両利合四両入処、此方より壱両出し都合五両ニ致し平兵衛分会日五両落、今日渡共合十両落也、五両今日渡皆済、○下し(地)安蔵来ル、とゆ(樋)竹代壱分内払、○高須仁右衛門来ル、こま勤六軒ト白米とせ(銭)ニ三百十二文入、○中村小三郎外ニ壱人百文ツ、こま料入、○ハねイ定右衛門四十三才男積(癪)祈、○子共四五人歳暮入、御書初清書持参、○平十より平兵衛分壱分七厘五懸分壱分受取、釣廿文遣也、○六郎兵衛・源六もち来ル、○夕部より今夕迄もち折々切済、

□□□(廿八日)　朝弥助門松求ニ行、代四十四文払、○の川やへ扇廿本・袋等求、金弐両壱分内払、又晩方衣屋牛房一束遣、先より白みそ一重入、○悟慶院へ菓子葉書一・里芋一苞遣、宝珠ノ絵一枚見セる、扇子台足悪ク替遣也、外ニなしと云、○吉右衛門一昨年かし金壱分返、こま勤十疋入、○ヲハタ(御旗)太平こま初米入、外ニ太助と申者新入米初入、○林平同米入、牛久ホ彦七廿疋同断入、其外歳暮入、○新田治助星祭三十疋ト民平歳暮入、○栄三郎開眼礼十疋入、○夜ニ入利右衛門来ル、懸金弐分受取、つり三十九文渡、

廿九日　弥助町へ遣拙庵へ金百疋薬礼、人参七本と

も、〇衣屋頭芋三遣、上菓子・千才草弐百文求、〇清源寺へ頭芋五ツ・牛房遣也、〇常陸へとうふ五・米一升遣、〇子共皆々歳暮入、平次郎柿廿本入、平十同廿本入、□□□両かし、〇半次郎頼母子返金壱分受取、合先□□□弐歩(分)取也、〇戒浄・小僧、本堂・諸堂掃除荘厳ス、〇夕時清助年貢弐升ふそく分弐百七十二文入、〇風呂入ル、〇源六利断来ル、三月ノ節句前迄延也、〇北川平蔵・清次郎申遣也、返事なし、〇夜ノ四ツ過廻状来ル、公義男子出生名改触也、〇政蔵来ル、清源寺落金ノ内又五両渡、合十五両落也、証文入置也、

（弘化四年三月）

（前欠）弐丁入、慈（明脱）帰国之見舞也、○御影供相勤、

廿二日　晴天、城内坪田岩蔵札受ニ来ル、○田町平吉札受ニ来ル、○百度伝作来ル、新田太平弐才男虫加持頼ニ来ル、○昼後助九郎入来、晩方迄味噌仕込、塩四合塩也、夕飯出ス、○子供弐人町へ行、野川ニ而半紙壱束・寒製二筆一取、魚町ニ而巻筆百十文求、○風呂致ス、○北（側脱）角蔵焼米入、

廿三日　晴天、午時後少々曇ル、○神ケ谷清兵衛札受ニ来ル、○田尻嘉兵衛四拾三才男大便必詰祈念頼ニ来ル、金百疋拾弐銅入、即斎後護摩修行致ス、○子供町へ行、上菓子弐百四拾八文・コマ油四拾九文・香花等求、○才次郎来ル、明日尾州祐福寺へ宝物二品取ニ行様申来ル、大悟院へ手紙と箱菓子為持遣、文作牡丹餅一重入、○富蔵・長平箪笥、きぬ田畔懸打等也、

廿四日　極晴天、朝戒浄龍蔵へ行、○田尻嘉兵衛札受ニ来ル、○大村孫兵衛廿七才男肺癰祈頼来ル、公儀盛姫殿逝去廿三日より七日之間停止触廻状来ル、直様宅蔵院へ子供為持遣ス也、祐福寺開帳二月廿八日より今日廿四日迄也、内五日日延共也、

廿五日　天気、午刻後より曇、少々はら〳〵、○大村孫兵衛札受ニ来ル、弐百文入、○新銭町此吉四拾六才女口中病ふら〳〵祈頼弐百文入、○柴屋甚兵衛五拾壱才女風邪祈頼来ル、中郷清四郎五才女子痘瘡祈頼来ル、○子供天神祭致ス、○入相頃才次郎尾州祐福寺より帰ル、押合地蔵簾名号大悟院より手紙付持来ル、夜前ハ大悟院ニ而宿ス由也、○夜前四ツ前大分大成ル地震致ス、其後明方迄三四度致様子也、今晩初夜頃少なり致ス、

廿六日　夜前より雨、今朝卯半刻ニ止ム、晴天、風有、○清四郎札受ニ来ル、○柴屋甚兵衛札受ニ来ル、弐百文入、○新銭町此吉札受ニ来ル、草間村弁吉六拾八才男痰癪祈頼来ル、弐拾疋入、○久左衛門（鍛冶）より油揚十九入、慈（明脱）帰国見舞之由也、○与吉加治町へ鍬弐丁直に行、代四百文也、

（後筆）

「信州善光寺廿四日夜より翌晩初夜頃迄大地震ニ而、善光寺坊其外町在共七里カ間破壊焼失ス、乍併善光寺御堂ト山門計残ルト申事、諸人死去夥シ、別而開帳ニ付参詣人も多、此辺ニ而も参詣致死ル者四五人有ル也、」

廿七日　極晴天、○朝百度伝作来ル、此間新田太平祈礼弐拾疋入、○草間弁吉札受ニ来ル、○坂下惣七卅一才男、廿四才女縁切祈頼来ル、弐拾疋入、○戒浄、平十へ油揚十一持行、○子供甘茶摘也、与吉前畑東一枚糯粟蒔、茄子苗植ル下地等拵也、○子供町へ行油五合求代弐百八拾五文也、

廿八日　曇天、朝戒浄龍蔵へ行、留主之由也、清源寺にて花貰ひ来ル、花瓶一器借りて来ル也、○坂下惣七札受ニ来ル、○与吉前畑一枚粳粟蒔、種九左衛門ニ而貰ふ、

廿九日　晴天、昼頃より雨ニ成る、○朝清四郎先達而祈礼ニ来ル、弐拾疋入、○茂左衛門婆々来ル、牡丹餅壱重入、院主留主見舞之由也、○新田浅四郎・弥市牡丹餅一重入、○九左衛門昨日粟種壱合五合(ママ)程無心故牡丹餅七ツ遣ス、○朝戒浄龍蔵へ行、留主也、○久左衛門・伊左衛門・彦八・又七より善光寺一付木三わ入、

晦日　夜前雨、今朝より晴天、併風有不順、○助九郎入来、小豆餅三十来ル、○新田倉作・岩吉牡丹餅壱重つゝ入、○篠田伊介より八拾弐才女付物祈頼ニ来ル、牧野ノ人取次也、○浄戒(ママ)観音堂へ勤行ニゆく、○野川屋ニ而美濃一墨・下駄台等取、魚筆屋にて真書代百文也、埊六町五平次ニ而金燈籠借り来ル、代三匁と申事也、○与吉米壱臼搗、○引つり壱足直ス、藤くら草履壱足共弐百八文遣ス、○政蔵より羊羹葉書壱枚見舞ニ入、○高足光林寺清書持参也、到来之餅出ス、施餓鬼五如来と等認遣ス、

卯月小庚申

朔日　極快晴、○斎後道淳と子供弐人観音堂へ行、花堂上丈持来ル、美濃屋にて返(反)魂丹三服取、○篠田伊介札受ニ来ル、三拾疋入、○長平・七蔵箪笥ニ来ル、角田ノ方打相済、○晩方政蔵殿留主見舞ニ来ル、

二日　晴天、西町権次郎五才男子瘧祈念頼ニ来ル、新田彦四郎牡丹餅一重入、○伝次郎内来ル、牡丹餅一重入、○百度源三郎嫁見せニ来ル、坂津弁介より来ルと中事也、○朝与吉町へ茄子苗五十本求ニ行、代六十五文也、

三日　晴天、朝戒浄、平四郎善光寺参詣ニ付留主見舞ニ行、饅頭葉書壱遣ス、○六郎兵衛来ル、油揚十一院主留主見舞ニ入、○西町権次郎札受ニ来ル、弐拾疋入、○牛川弥平来ル、廿七才男熱祈頼ニ来ル、十弐文入、○源七婚礼祝義ニ百文遣、使与吉也、暮方清源寺廻状持来ル、水野隼江戸中老職に相成之旨也、○重作妻善光寺参詣之処、跡月廿四日夜大地震、善光寺坊皆破損出火之由ニ而死、今日葬式也、其外萱町塩屋夫婦・小池・牟呂・新銭町等所々ノ人死と申事、扨も気之毒千万也、

四日　晴天、昼より曇ル、○高須十右衛門より綿祈祷頼ニ来ル、十疋ト綿大風(呂脱)敷ニ一杯入、○小浜小重廿九才男疳祈頼ニ来ル、○戒浄又七へ悔に行、平線香一遣ス、先より礼ニ入来、十疋入、○与吉、左門次へ茄子苗求ニ行、八拾本九拾弐文也、前畑と瀬戸へ植ル也、○今朝廻状宅蔵院へ子供為持遣也、平線香弐わ野川ニ而取、

五日　曇天、午刻よりはら〱晩方大分降、○吉川弥平太札受ニ来ル、三拾疋入、○小浜小重札受ニ来ル、弐拾疋入、尾(王)ケ崎善三郎五才女風邪祈頼ニ来ル、○清水おはる四拾三才女腹病祈弐拾疋入、○金田惣十廿弐才女ヒツ祈弐拾疋入、遠方故直ニ札遣ス、○九左衛門より牡丹餅一重入、○半右衛門より一間葭簾四枚持来ル、代五百三拾弐文札遣ス、三相ニ而出来ル也、

六日　晴天、明前大分雨降、○高須平右衛門守受ニ来ル、十五守ト供物遣ス、○尾ケ崎善三郎札受ニ来ル、弐拾疋入、○清水おはる札受ニ来ル、○清水右近一左耳遠祈頼来ル、弐拾疋入、○坂津次太郎より普請出来祝備二重入、○子供弐人町へ行、美濃屋ニ而甘草・肉桂等取、○朝より与吉唐苗長全寺前等植、昼後米壱搗臼(ママ)、

七日　晴天、萱町忠兵衛七拾余女熱祈頼ニ来ル、弐拾疋入、○清水右近一札受ニ来ル、○新田伊兵牡丹餅一重入、○晩方助九郎殿来ル、蕗弐わ・かほちや苗等入、其後風呂入りに来ル、○和平殿夕方見舞入来、風呂入り帰ル、○子供皆々花持参、戒浄・子供、中瀬古ト両方花御堂葺、晩方戒浄・子供観音へ花御堂等持仕度ニ行、○子供町へ行、千歳草小形菊屋ニ而求、

八日　晴天、午時後はら〳〵、晩方より大分夜ニ向テ降、誕生会相勤、花堂荘厳等如例、○萱町忠兵衛札受ニ来ル、○朝より戒浄観音へ行、甘茶一荷与吉持行、晩方又向行也、○世話人等大分来ル也、○下り町五平次ニ而銅行灯仕替代百三拾弐文也、此方行灯百六拾四文取ル也、

九日　終日雨、本堂荘厳方（片）付ル、○昨日供物北川三軒・介九郎へ遣ス、○百度伝蔵庚申ニ付忌尋ニ来ル、○与吉洗踊（濯）ニ付、米壱升・麦壱升・百文と遣ス、三百文預り之内かし、○此七日八日地震致と申噂ニ而騒敷、八幡ニ六日より昨日迄祈祷有、村方も日待等致ス、

十日　夜前より雨、丑刻前より大東風、明前より辰巳へ廻る、辰下刻頃迄吹、併垣少々損位事、昼より青天、風晩へ向少々強シ、○子供北川三人・奥蔵来ル也、○新田大作松菜少々入、○長平来ル、平四郎善光寺土産ニ紙弐帖・付木三・御影入、明日節句之取越休日と云、○七蔵見舞ニ来ル、垣損シ少々直ス、

十一日　晴天、朝より庭掃除致ス、○高足光林寺清書持来ル、是非短・名頭・町付等認遣ス、○清源寺も同道ニ而入来也、城内狩田岩蔵易頼ニ来ル、○金田惣十占三拾二銅入、今日は節句取越子供休、坂津・羽根井四人来ル、○九左衛門入来、治作・平三郎観音堂へ合羽返ニ遣ス、昨日風にて瓦五六十枚程落様ニ申也、

十二日　晴天、中柴紋蔵四拾弐才女眼病祈弐拾疋入、松山又右衛門七拾壱才男腹痛祈弐拾疋入、○風ニ而垣損シ直ス、○道淳・宗賢布子羽根井へ洗踊（濯）ニ遣ス、

十三日　夜前雨、今朝五ツ頃より昼迄降ル、○中（川脱）柴又右衛門札受ニ来ル、○中柴紋蔵右同断、○北角蔵牡丹餅一重入、○虎之介同断、○今朝瀬戸胡瓜・隠元苗

少々植ル、○晩方在所より与吉帰ル、
十四日　晴天、不順、○城内蒔田岩蔵来ル、六拾六才男再祈頼ニ来ル、金百疋入、晩方護摩修行致ス、○清源寺入来、院主留主見舞ニ油（柚）香糖壱袋入、是非短其外手本頼、半紙弐帖・中糀（糊）壱帖持参也、○戒浄・子供中瀬古へ行、此間風諸堂瓦六拾枚程損、玄関少々漏様子也、○子供弐人上菓子弐百五十文・巻せんへい・胡麻油・香花等求ニ行、美濃屋ニて五薬取、平四郎殿入来、○新田市作牡丹一重入、○文作柏餅一重入、
十五日　晴天、新田弥市郎柏餅十五入、○七蔵たんす前麦苅、与吉も同断、○御作事久野幸蔵廿六才女癪祈頼ニ来、弐拾疋入、
十六日　晴天、城内蒔田岩蔵札受ニ来ル、○草間平五郎四拾六才男熱祈弐拾疋入、直ニ札遣ス、○魚町文蔵七拾六才男中気祈弐拾疋入、○城内久野幸蔵札受ニ来ル、○朝戒浄龍蔵へ行、留主ノ由也、道淳・才次郎明日中瀬古へ頼行、○与吉麦苅、
十七日　晴天、魚町文蔵札受ニ来ル、○行明権十、廿五才女ヲコリ付物祈弐拾疋入、○長平箪笥、朝より前麦苅、昼前気分悪敷去ル、○子供三人中瀬古へ燈油・菓子等求持行、芭蕉壱本持帰ル、○昼後戒浄中瀬古へ行、夜九ツ時帰ル、才次郎も同断、飯出ス、無程去ル、○高足高林寺清書持参、手本弐本遣ス、○百度より襦袢ノ洗たく持来ル、
十八日　極晴天、大分薄暑、行明権十札受ニ来ル、局内芭蕉植ル、○昨日供物百度へ遣ス、○俊次郎来ル、院主留主見舞柚羔糖壱袋弐百文・蕗一わ入、
十九日　昼より曇ル、晩方ばら〳〵、清水右近一札受ニ来ル、○清源寺入来、是非短・大和往来等ノ認遣ス、○与吉麦苅、
廿日　曇天、昼後折々はら〳〵、鍛冶町石峯九日より痢病祈頼ニ来ル、金百疋入、同家妻一昨日死去と申事也、吉川弥兵衛取次廿三才女熱祈頼ニ来ル、○長平・七蔵箪笥、一日こて切也、
廿一日　晴天、昼後護摩修行、○羽根井久七四国より帰り上気祈頼ニ来ル、○鍛冶町与惣太コマ札受ニ来

ル、○吉川弥平太札受ニ来ル、三百文入、○子供弐人上菓子弐百文・あり平・胡麻・香花等求ニ行、美濃にて薬種取、○又新簾網苧百文求、染賃廿四文也、野川ニ而対山二本取、○清源寺清書持参也、

廿二日　曇天、羽根井久七札受ニ来ル、弐百文入、○子供弐人町へ行、苧廿四文求、○今日は玄関へ懸る簾綱《(網)》ミ直ス、○前畑麦惣〆四拾壱束皆取入ル、

廿三日　曇天、夜前雨、今日は何も用なし、与吉腹痛ニ而一日寝る、

廿四日　天気曇晴、清水右近一先日祈頼全快ニ付、備弐膳・蝋燭廿四文、不動・観音両尊へ備ニ来ル、供物少々遣、清源寺清書持参、○与吉米壱搗、昼後前畑眼ヲ明ル、吉川弥平太占ニ来ル、十弐文入、

廿五日　曇天、巳刻地震大分大也、夫より夜へ向雨降続、上伝馬何某廿四才女癪祈拾疋入、○久左衛門来ル、綿枯候故祈頼場三所と申也、○馬見塚倉吉四才女ヒツ祈頼ニ来ル、○和平入来、留主見舞まん中壱袋入、○子供町へ行、西町彦次郎ニ而誂へ置つるべ取来ル、皆々天神祭、○与吉米一臼搗、

廿六日　晴天、馬見塚倉吉札受ニ来ル、弐拾疋入、○子供弐人野川屋へ大のり弐帖・中のり壱帖取ニ行、○高足光林寺清書持参、○上伝馬何某札受ニ来ル、○七蔵箪笥、先日長平と両人致し分残り一枚致ス、角田も一枚致ス、

廿七日　晴天、久左衛門札受ニ来ル、弐拾疋入、○上伝馬町重蔵五拾七才女湿毒祈弐拾疋入、○平四郎・半右衛門へ饅頭少々戒浄為持遣ス、○晩方清源入来、○大作牡丹餅壱重入、

廿八日　晴天、○上伝馬重蔵札受ニ来ル、○道淳・大作中瀬古へ行、野川やニ而半紙等取来ル、○子供弐人西宿弥三郎へ墨壱俵取ニ遣ス、

廿九日　八ツ頃より曇ル、○三堂掃除花立ル、○倉作・彦四郎・浅四郎柏餅一重ツ、入、○子供大分花持参沢山立ル、子供三人町へ行、けんひつはき弐百文・胡麻油五十文・燈油三百文・香花等求、○昨日供物餅一升五合搗、長平・七蔵手伝、右両人箪笥こで切相済、

五月小己卯

朔日　夜前雨、五ツ頃より昼後迄雨降ル、○朝より護摩仕度、昼後如例修行致ス、参詣十人程有、村方講中札・供物等配ル、○半蔵入来、院主留主見舞ニ菓子葉書一枚入、○羽根井も札・供物等遣ス、指笠町市兵衛三拾六才女祈頼ニ来ル、○新田岩吉・孫次郎餅一重ツ、入、○羽根井寅吉・奥蔵・六郎兵衛柏餅一重ツ、入、

二日　夜前より少々雨、昼前迄降、○指笠町市兵衛札受ニ来ル、弐拾疋入、○新田七兵衛より七拾弐才女疝気祈弐拾疋入、○子供弐人御籏・町方等ゴマ札配ニ行、初尾百四十四文有、十弐文ツ、賃遣ス、新田大作・羊助・百(度脱)長作・茂吉・おミな・牟呂重作・羽根井岩吉柏餅一重ツ、入、

三日　晴天、大分暑シ、○百度半次郎婆々来ル、瓦町五拾九才女癪祈ニ来ル、○新田七兵衛へ札子供ニ為持遣也、○朝政平来ル、道淳布子単物ニ致し二ツ、柏餅一重入、○朝戒浄龍蔵へ柏餅少々持行、清源へ先日借用本済ス、○北(川脱)角蔵・政次郎・富作・梅蔵・虎蔵・吉作柏餅一重ツ、入、市作赤飯入、○七蔵箪笥、長全寺前小麦苅、与吉も同一まい苅ト云也、○豊蔵へ麦叩賃七蔵為持遣也、

四日　極晴天、百度伝兵衛瓦町ノ札受ニ来ル、三百廿四文入、道淳・長作中瀬古へ行、風呂やへ柏餅少々遣、野川ニ而金赤水引取、○子供上菓子求ニ行、西大作・伊兵衛・平三郎・新作・乙作・牟(呂脱)角蔵・次郎作柏餅入、作平揚七ツ入、○清源寺清書持参、柏餅出ス、

五日　極晴天、朝より子供皆礼ニ来、祝義入、○平作・俊次郎・林平礼ニ来ル、○助九郎より小豆餅一重入、平十より柏餅一重入、○戒浄半右衛門へ息子初節句柚香糖一袋持行、先より柏餅一重入、龍蔵殿へ柚香糖壱袋持礼ニ行、○光林寺清書持来ル、

六日　五ツ頃より一日雨はら〳〵、夜ニ向テ降、○百度久七、八拾九才女年病祈弐百十弐文入、○松山嘉十廿壱才女腹痛胸ツカヘ祈弐拾疋入、

七日　夜前より昼前迄少々ツ、雨、○百度久八札受ニ

来ル、松山嘉平札受ニ来ル、○上伝馬弥介三拾八才男大病祈弐拾疋入、○与吉米壱臼搗、○清源寺清書持来ル、○今日枇杷少々取初、

八日　晴天、指笠町丁子や与吉廿七才男熱祈弐拾疋入、○上伝馬弥介札受ニ来ル、○戒浄・子供庭の松樹作ル、○子供本町車や木綿三反借りて来ル、銭壱貫百文渡し置也、○道淳・羊介観音堂へ行、○与吉、門前畑大豆植ル、相済、

九日　天気曇晴、不順時候、○戒浄龍蔵へ行、昨日木綿一反ニ付壱貫百文求、外弐反返ニ子供遣也、指笠町与吉札受ニ来ル、○長平・七蔵箪笥、長全寺前畑黍蒔、また一枚残ル、

十日　天気曇晴、油屋瀬古半次郎六拾三才女留(溜)飲祈弐拾疋入、○清源寺清書持参、○長平嗅・おそよ・清次郎婆々三人草取ニ来ル、門前皆済、長全寺前黍畑少々取、○上伝馬岩蔵五拾五才女祈頼来ル、弐拾疋入、病人御油也、

十一日　早朝より雨、四ツ頃より天気、○油屋瀬古半次郎札受ニ来ル、上伝馬岩蔵札受ニ来ル、○瓜郷惣左衛門入来、喜兵衛・久五郎と三軒分年玉一包ツ、入、蕗弐わ入、○百度久八婆々死去悔ニ行、戒名乗屋清蓮信女八拾九才長命也、助九郎へ寄ル、枇杷少々遣ス、○御油白木や清兵衛より月役出ル様符貰ヒに来ル、三拾弐文入、○畑ケ中秋葉社修覆ニ付八会仕様帳・扇子壱対持来ル、志百文遣ス、

十二日　大晴天、早朝小浜吉六、廿壱才女産祈頼ニ来ル、又晩方札受ニ来ル、弐拾疋入、○高須金作九才男子疱瘡祈頼来ル、又晩方札受ニ来ル、弐拾疋入、長瀬村利右衛門卅三才女血祈頼ニ来ル、弐百文入、北川茂吉疱瘡初発之由ニ而祈頼ニ来ル、○横須賀善次郎三才男子引風祈頼ニ来ル、○子供町へ上菓子・茶求ニ遣ス、○七蔵箪笥、長全寺前黍蒔、大豆少々植ル、与吉も手伝、

十三日　大晴天、院主夜前道中無滞四ツ頃帰院被致也、○長瀬村利右衛門・北川茂吉・横須賀善次郎皆札受ニ来ル、○新田平五郎九才女子引風虫祈頼ニ来ル、

弐拾疋入、○美濃やへ薬弐服取ニ行、風呂致ス、和平殿暮方入来、風呂入り去ル也、○長平嚊・三平娘昼後より麦かし(浸)に来ル、晩方迄ニ済、百四十八文弐人分賃遣ス、○先日草取賃弐百□□八文三人分遣ス、○夜五ツ過清源寺より廻状持来ル、徳川民部卿逝去ニ付停止触也、

十四日　大晴天、早朝助九郎、院主帰寺悦ニ来ル、○新□平五郎へ札・供物遣ス、○宗賢中瀬古へ勤ニ遣ス、道心十日より病気故斎後戒浄行、晩方浄□新田へ引取故戒浄泊り、夜着替・味噌・米等為持道淳・与吉遣ス也、○晩方弥四郎□□悦ニ来ル、○舟町長右衛門廿一才男祈頼ニ来ル、○長平箪笥、中瀬古小麦残り分有、大豆蒔、与吉も手伝一日懸ル也、長平油揚六ツ入、

十五日　晴天、舟町長右衛門札受ニ来ル、弐拾疋入、○田町文蔵□□六才男祈弐拾疋入、○舟町平右衛門四拾壱才男祈頼ニ来ル、病人岡崎也、○垉六町半次郎廿八才女安産祈弐拾疋入、竹之内平九郎十六才男水気腹張祈弐拾疋入、○高足光林寺清書持参、○子供野川へ半紙弐束取ニ遣ス、○長平嚊・三平婆々小麦叩ニ来ル、三駄壱束ツ、賃百五拾六文ツ、処、六拾四文ツ、遣ス、晩迄懸る、○七蔵□笥、大瀬戸豆植ル、

十六日　朝より一日はら〱雨、○院主土産六郎兵衛・平□・伝次郎・政蔵・助九郎・源右衛門・平四郎・半右衛門・久左衛門・源六・九左衛門・伝四郎・権右衛門、宗賢ニ為持遣ス、○文蔵札受ニ来ル、○与吉米三升・着物等遣ス、晩方蚊屋(帳)・干大根・紙等為持遣ス也、○夜前才次郎団扇十四本求ニ行、土産用、○子供弐人万や□□三百文求ニ遣ス、

十七日　曇天、巳之刻より晴天ニ成ル、元鍛冶町勘□拾四才女血祈弐拾疋入、○舟町平左衛門札受ニ来ル、当百壱枚入、○竹之内平九郎札受ニ来ル、○上菓子弐百文求、○宗賢・子供三人、燈油・枇杷・瓜・花等為持遣ス、○院主、世話人等へ見舞ニ行、○半蔵・平□・政蔵・伝次郎帰寺悦に来ル、○源六より悦に揚九ツ入、与吉米壱臼搗、○晩方より才次郎、観音堂へ札遣

□□帰ル也、
十八日　極晴天、朝清七殿入来、院主帰寺悦ニ菓子□袋入、○元鍛治町勘蔵札受ニ来ル、○利町よりヲコリ祈頼ニ来ル、○斎後院主観音堂定蔵方□□宗賢伴也、定蔵へ団扇一・菓子一袋遣ス、晩方道淳・宗賢観音堂へ帰ル、○昨日観音さい銭壱貫七百廿七文也、長平・七蔵箪笥畔かへし致ス、相済両人へ□□弐帖ツ、土産ニ遣ス、○清源寺廻状持参、又与吉□□院へ為持遣ス、晩方又浮ふまん中三十求ニ行、
十九日　午刻後より曇ル、○院主・道淳観音院より八ツ□□無程道淳又行、今朝与吉中瀬古へ赤味噌一重為持遣ス、○宗賢、北川六郎兵衛・茂右衛門両家へ痘瘡見舞ニ浮麩まん中十五ツ、遣ス、○清源寺・常□・清七へ土産遣ス、○利町善七札受ニ来ル、十弐□□、仁連木惣右衛門より廿七才女咳痩祈頼ニ来ル、廿四文□料入、○新田弥吉方へ浄林小遣四月ふ足分三百文、当月十四日迄先弐百文遣ス、白せんべい五十文見舞ニ遣ス、与吉使也、
廿日　晴天、斎後院主治作伴、中瀬古被越百文御持参、道淳・治作晩方帰り来ル、○仁連木惣右衛門札受ニ来、弐百文入、馬見塚喜之介廿八才男疥瘡内こう(攻)祈弐拾疋入、おなが来ル、おそよ五拾九才ニ相成熱瘧祈頼、○百□□七拾三才女年病祈頼来ル、病人麻生田也、○光林寺清□□□、夕方おなか、おそよの札受来ル、弐拾疋ト十弐文入、
廿一日　朝暮曇、風強シ、早朝助九郎殿入来、早不足成ハお越様申来ル、早々去ル、○子供三人中瀬古へ院主着、胡瓜等為持遣ス、まん中・植木鉢弐ツ持来ル、○百度善吉札受ニ来ル、弐拾疋入、○馬見塚喜之介札受ニ来ル、○長平・七蔵箪笥、長平嶋・おいろ・三平はゞ(ママ)田植致ス、助九郎ニ而苗囉(貰カ)い沢山有也、長七へ百文ツ、骨折ニ遣ス、女賃三百文渡、与吉ニ五十文遣ス、○子供弐人とふふ・あ□求ニ行、○百度善作来ル、姉下り町ニて商売致、西岡や板看(ママ)頼来ル、
廿二日　天気曇晴、時々はら〳〵雨、○羽根井八右衛門四才男子虫祈弐拾疋入、昼後去死(ママ)と申来ル、○西町

重三郎取次、御油七拾五才女祈弐拾疋入、○北川茂吉母来ル、神立祝赤飯一重ト木綿壱反祈礼ニ入、菓子少々遣ス、○源右衛門院主帰寺悦ニ来ル、千歳草一箱入、新田文作・倉作・弥市郎饂飩入、○中瀬古へ饂飩一重・千歳草一箱等為持遣ス、○朝戒浄来ル、入用品か何角与吉ニ持せ運様子也、銭弐貫文戒ニ相渡ス、中瀬古より米壱俵持帰ル、此方ニ而搗遣ス積也、○清源寺清書持参、

廿三日　朝曇、横町富や吉次郎八拾壱才女祈弐拾疋入、○西町重三郎札受ニ来ル、○新田彦四郎・浅四郎小麦粉一重ツヽ入、○昨日治作ニ枇杷少々遣ス、○与吉長全寺前堀田植ル、

廿四日　時々はら〳〵雨、○横町吉次郎札受ニ来ル、○西組竹本是介七拾壱才男痰祈弐拾疋入、○御籏重吉廿三才女時候祈、白米壱升・五十銅入、○北川茂右衛門見舞来ル、又後茂吉母小麦粉弐袋入、半し一・巻弐本遣ス、○牟呂平三郎・角蔵菓子壱袋ツヽ入、枇杷少々ツヽ遣ス、○六郎兵衛入来、痘瘡神立祝赤飯一重入、○羊介・富作・文作・倉作廿三夜餅入、○今日ハ野休ミ也、アルキ津嶋ノ札持来ル、○与吉町へ行、拙庵へ上菓子壱袋・枇杷一盆遣ス、菊やニ而上菓子弐百文求、

廿五日　天気曇晴、晩方はら〳〵、西組是介・御籏重吉札受ニ来ル、東赤根三太郎八拾弐才男年病祈直ニ札遣ス、弐拾疋入、○萱町当才男子虫祈弐拾疋入、○新田大作松菜一風呂敷入、○子供天神祭如例、○子供町へ行、菊やニ而箱菓子代弐百文、尤箱ハ此方より遣ス、巻せん四十弐文求、○与吉、中瀬古へ遣ス米壱臼・胡瓜等為持遣ス、石峰へ箱菓子壱・枇杷少々両人悔ニ手紙付遣ス也、○与吉米一臼搗、中瀬古分也、○七蔵箪笥、片目開長全寺前一枚と少々残ル、江戸屋より籠包ノ荷物持来ル、賃三拾弐文遣ス、右ハ院主荷物大坂嘉久より当月六日出ニ而来ル也、

廿六日　天気曇晴、時々はら〳〵雨、○萱町弥右衛門札受ニ来ル、馬見塚佐右衛門廿八才男気不落付頼ニ来ル、源七殿入来、仁連木廿七才女次第痩労故加持頼ニ

来ル、子供美濃屋ニ而煎薬取観音院遣ス、和尚服用也、魚町筆屋にて巻筆百文、真書弐三本借りて来ル、○新田岩吉小麦粉一重入、○七蔵篳笥片目寄相済、本ケツリ少々致ス、○黍草取、三平はゝ・清四郎娘弐人取ニ来ル、
廿七日　天気曇晴、○朝源七殿入来、仁連木惣右衛門之札遣ス、弐拾疋入、○馬見塚佐右衛門札受ニ来ル、弐拾疋入、百度善八看板認遣ス也、○昨日之草取女弐人出ル、黍相済、○長平篳笥小物耕作、与吉も同断、万屋饅頭三百文求、子供三拾五人弐ツヽ、院主土産ニ遣ス、○浅四郎一重入、
廿八日　晴天、広石村勘右衛門廿八才女産後上セ眼病護摩頼ニ来ル、遠方故直ニ致遣ス、金百疋入、昼飯喰ス、子供町行あり平五十文・上菓子等求、○戒浄来ル、観音堂流し栄吉ニも為拵度様申、葛其外持参致帰ル、銭四百文右同、○常陸より院主帰寺挨拶に温飩(饂)一ろし使ニ而入、
廿九日　天気曇晴、○紺屋町何某六拾壱才女中気祈当百弐枚入、○呉服町深井や弥兵衛三拾七才男疳弐拾疋入、○清源寺入来、院主帰寺悦菓子一袋入、清書も持参也、○新田伊兵小麦粉一重入、○長平麩十五入也、七蔵たんす小物耕作、

六月大戊申

朔日　昨日暮方大雨、今日終日雨、夕方揚ル、○紺屋町勘十札受ニ来ル、○呉服町深井や同断、○元新町右衛門七拾壱才男疝気祈当百弐枚入、○今日は天王社庭草休日也、子供皆休ム、○富作温飩一重入、○昼前与吉米壱臼搗、
二日　極晴天、○朝源七殿入来、赤飯一重嫁土産ニ入、○元新町右衛門札受ニ来ル、○垉六町半次郎先日祈頼札受ニ来ル、○高足藤三郎五拾八才女眼病祈頼、○瓦町七蔵四十九才女胸ツカヱ絶食祈弐拾疋入、○治作・倉作中瀬古へ和尚・戒浄古着物銭六百文、廿八日分と〆壱貫文也右為持遣ス、○道淳羽根井和平方へ和尚帰寺土産菓子一袋・枇杷・亀遣ス、
三日　晴天、○高足藤三郎札受ニ来ル、弐拾疋入、○

瓦町七蔵札受ニ来ル、○談合宮小次郎弐才男子疱瘡祈拾疋入、○子供中瀬古へ小〆銅盥と早鍋、美濃やニ而薬共為持遣ス、○新田浅四郎茄子九ツ入、○晩方才次郎単物持参也、○宗賢単物洗たく致し、旧里より殊(言)付テ来ル也、

四日　晴天、○新銭町伊左衛門廿六才男腹痛祈弐拾疋入、○元新町嘉兵衛八拾壱才女年病祈、当百弐穴入、○子供燈油弐百文求為持遣ス、野川ニ而紙筆取、○平四郎殿宗旨印取ニ来ル也、○七蔵箪笥ひつかけ致ス、小中飯より麦俵へ入る、四俵三斗五升有ル也、夫より田廻りニ行、

五日　青天、風少々晩方曇也、○新銭町伊左衛門札受ニ来ル、元新町喜兵衛札受ニ来ル、○札木梛や産符・易等頼ニ来ル、四十八銅入、○七蔵箪笥外引懸相済、晩方より屋敷草ケツル、

六日　天気曇晴、涼シ、○御籏戸平先日祈礼弐拾疋入、○子供上菓子弐百文求ニ行、○与吉(ママ)給金預り分之内三百十弐文かし、○雲助御家人之羽織羽合盗ミ、於片町ニ一昨日より今日迄肆と申事也、

七日　午時より晴天、○長瀬村利右衛門五才女子疳虫祈弐拾疋入、○松山孫左衛門三拾弐才男上気付物祈頼ニ来ル、○清源寺清書持参、

八日　昼前迄晴天、○松山孫左衛門札受ニ来ル、弐拾疋入、○長瀬村利右衛門札受ニ来ル、○本町角忠五十余ノ女耳鳴祈弐拾疋入、○東赤沢伊兵衛三拾八才男眼病祈弐拾疋ト廿四文入、遠方故札直ニ遣ス、○新銭町勘七見料入、○虎蔵花・茄子九ツ入、○和平殿入来、小麦粉二重入、十日祭礼ニ小僧御越呉様申也、○三平婆々・長平嚊・清次郎娘田の草取ニ来ル、

九日　晴天、晩方曇ル、○早朝助九郎より赤飯一器入、子供中瀬古へ小麦粉弐袋・赤飯少々為持行、○本町角忠より札受ニ来ル、○おつね殿来ル、松蔵痰瘡五日目空言云故祈頼ニ来ル、○おちの来ル、和尚帰寺挨拶素麺五手入、畑ケ村銀蔵来饅頭壱袋入、○燈油・巻せんべい・水引子供求ニ遣ス、

十日　晴天、晩方曇ル、○早朝道淳、平十へ札□壱ツ

遣ス、又晩方宗賢、松蔵痘瘡見舞ニ饅頭壱袋遣ス、○新開作五郎七拾弐才女絶食祈三拾疋ト白瓜三本入、○指笠町安太郎廿六才女所々痛祈弐拾疋入、○元鍛冶町戌吉六拾八才女癪祈弐拾疋入、○八丁松本幸太郎当才女子祈拾疋入、○百度より天窓剃ニ来ル、大角豆入、○道淳・宗賢羽根井祭礼ニ行、晩方帰ル、○庄屋へ麦年貢金弐分弐朱ト六百八十弐文処、銭四貫七百四十六文渡ス、観音堂分麦弐斗壱升代弐朱ト弐百十一文処壱貫廿三文右与吉ニ為持相渡ス、

十一日　晴天、夜前雨はら〱、昨日八幡へ雨乞也、夜西羽田神楽神庭ニ有、○指笠町安太郎札受ニ来ル、○元鍛冶町戌吉同断、○八丁松本幸太郎病人死去と申来ル也、○馬見塚本次郎三拾八才男疥瘡内こう(攻)祈弐拾疋入、○魚町安之介五拾弐才女胸ツカヘ祈三拾疋入、○小松平十、六才女子痘瘡祈拾疋入、○子供上菓子弐百文求ニ遣ス、○中瀬古へ釘平等為持やる、

十二日　晴天、道淳子供弐人野川や白団(扇脱)十弐本・絵団十弐本取ニ行、○小松平十死去祈礼ニ来ル、馬見塚本次郎札受ニ来ル、○中瀬古清九郎七拾七才女年病大食祈頼ニ来ル、○魚町八百九、五拾九才女癪祈頼ニ来ル、弐百十弐文入、○西組良作四才女子時候祈頼ニ来ル、○治作白瓜三ツ入、○乙作小麦粉一重入、○羽根井子供六人へ筆六対和尚土産ニ遣ス、代壱匁弐分也、○宗賢七ツ前少々腹痛、七ツ半頃頻ニ痛故、カボチヤ葉茎シボリ汁呑ス、三度程吐逆ス、道淳拙庵へ薬罹(貰)ニ行、三服持来ル、初夜頃大分由(良)、○与吉垉六町平五郎ニ而干かのそが壱俵求行、代六百八拾三文也、○植田重右衛門来ル、柚香糖壱袋入、○菊やより暑気見舞壱鉢入、

十三日　晴天、暑難堪少々風有、○魚町安之介札受来ル、魚町八百九札受ニ来ル、○西組一番丁長坂両作札受ニ来ル、弐拾疋入、○中瀬古清九郎札受ニ来ル、弐拾疋入、○高足正太夫六拾五才女去九月より不言絶祈頼ニ来ル、○新田兵太郎取次、植田半兵衛七拾九才男年病祈頼ニ来ル、○助九郎より庚申当番ニ付召カワリ斎米壱升・油揚九ツ入、○治介赤飯一重入、○高林寺

入来、小麦粉一袋入、○道・宗世話人十弐軒へ団弐本ツ、土用見舞ニ配ル、○宗賢今日快気也、○七蔵箪笥米二臼搗、昼より瀬戸榓(蜜)柑草取、晩方ひね麦五俵内へ為持遣ス、搗罹(貫カ)約束也、○与吉田水かへに行、
十四日　晴天、暑厳也、○高足正太夫札受ニ来ル、○新田兵太郎来ル、西植田半兵衛ノ札受ニ来ル、廿四文弐拾疋入、○羽根井岩吉・新作小麦粉一重入、○虎蔵大角豆入、○代温(饂)飩壱重入、○昼前与吉、中瀬古へ米弐臼ト茄子・大角豆為持遣ス、○
十五日　晴天、益暑シ、風少々有ル、○今日はツクデトカ申処より神勧請致し、八幡宮ニ而雨乞有、○百度より天窓剃ニ来ル、○道淳・宗賢祇園見物ニ行、晩方帰ル、
十六日　晴天、暑シ、風少々、○おつね殿入来、松蔵神立赤飯一重ト弐百文祈礼入、○北川おそよ、先日より段々病気重り四五日絶食祈頼ニ甚作母来ル、○子供中瀬古へ和尚帷子二ツ・襦袢共為持遣ス、○斎後与吉中瀬古へ門前杉垣取手伝ニ行、日暮ニ帰ル、○羽根井政次郎小麦粉一重入、
十七日　晴天、晩方曇ル、○今晩八幡ニ雨乞、三日目ニ付籠有ル様アルキ申来ル、西羽田神楽も有、○おそよ札受ニ来ル、弐拾疋入、長病故此方も弐百文志遣ス、○子供上菓子・巻せんへい求ニ遣ス、○茂吉今日より習ニ来ル、瓜五本入、○牟呂平三郎茄子十三入、○晩方才次郎中瀬古へ行、○七蔵箪笥中瀬古へ一日仕事也、
十八日　晴天、風有、夜前より明方迄八幡ニ神楽有、酒も二斗余り有と云、○本町川越や助左衛門三拾弐才男疝気祈弐拾疋入、○今日は雨乞ニ付休日、子供皆休、○清源寺入来、清書持参、菊やノ玉あられ一箱入、○半右衛門婆々殿暑気見舞ニ真桑拾本入、○七蔵箪笥、麺素(ママ)五手入、○田こへ干か灰ニませ致ス、八ツ過より田ノ草手伝行、○田草取長平嶋・御色・おいら三人出る、
十九日　晴天、風少々、二三度時《夕》雨致ス、○本町川越や札受ニ来ル、○岩吉来ル、おそよノ臨加持頼ニ来

ル、弐拾疋入、○平十殿、おそよ土砂罹(貫カ)ニ来ル、○七
蔵来ル、金弐朱かしテ遣ス、○昨日田草取賃八十四文
ツ、三人へ遣ス、○牟(呂脱)角蔵茄子入、○茄子・瓜中瀬古
へ子供ニ為持遣ス、○
廿日　晴天、暑難堪、○おつね殿来ル、松蔵疱瘡揆熟
テ気分不勝故祈頼ニ来ル、弐百十弐文入、○宗賢、お
そよ悔ニ遣、平香一わ遣ス、無程礼ニ来ル、十疋入、
○羽根井吉作小麦粉（以下欠）

「（後筆）
嘉永弐年」

正月大庚午取

元日　今暁寅刻より雨少々、辰刻頃大分降、午後晴天ニ成ル、○早朝大鐘百八打、其後多聞供修行、○小食小豆粥諸尊江供ス、斎雑煮餅同断、○越年院主三十二才、道淳十四才、宗賢十六歳、下男与吉六十八才、○子共書始台所へ張ル、○礼人晩方少々来ル、○晩方百度へ明日才次良年玉拵ニ来ル様申遣ス、

二日　晴天、長閑也、○早朝多聞供修行、○礼人夕方迄ニ多分来ル、○才次良年玉拵ニ来ル、○小食斎如先日諸尊へ供、○中瀬古へ豆腐二丁・頭芋□吉為持遣ス、和尚ノ上袈裟借ル、たまり一升・酢求、○高足半十、卅九才女風邪ニ吹出祈、○曲尺手吉蔵卅七才女疝癪大食祈、○九左衛門・北角蔵・孫次良明日年玉配ニ頼ニ遣ス、

元三　晴天、大長閑也、○早朝多聞供修行、○朝ヨリ院主孫次良伴村方礼ニ廻ル、八ツ頃済、年玉持九左衛門・配人角蔵也、両人ニ半紙一・菓子少々遣ス、九左衛門江半紙二帖為持遣ス、○曲尺手吉蔵札受来ル、弐十疋入、○新銭町七右衛門五十一才男疳祈弐十疋入、○菊屋礼ニ来ル、柚香糖一入、○晩方与吉、中瀬古へ挟箱ト餅為持遣ス、○才次良斎拵へ来ル、○御堂瀬古平作入院賀義十疋入、祝義も入、

四日　曇天、午刻前より雨、夕方迄降、○今日は節会、汁子餅子共卅六人呼、寅吉・岩吉下山ニ付不参也、百度より手伝ニ来ル、○長平・富蔵汁子餅一重ツ、遣ス、○太郎七より高足半十札受ニ来ル、弐十疋十弐文入、○新銭町七右衛門札受ニ来ル、○宗賢早朝より中瀬古へ行礼廻り□、八ツ過帰ル、○与吉上菓子・黒砂糖・燈油求ニ遣ス、

五日　天気曇晴、折々時雨致ス、○朝より日記帳トチル、○久五郎・弥次郎分旧冬祠堂ノ利足金壱分ト三百十五文持参也、○夕方政蔵殿入来、修覆講返金清源寺分・久左衛門より出ル筈ノ処、私ノ趣ニ付旧冬不出故

同人より残分弐両壱分弐朱入、釣り遣ス、此方より掛金壱両遣ス、釣り七十弐文入、○才次郎来ル、みかん小ツ弐俵程□忠ニ売ル、○久保茂七ニ十五俵売約束致ス、手金壱分入、○下五井茂七祝義入、市右衛門より入賀義百文ト祝義入、○六郎兵衛より切餅一重・豆腐弐丁入、半し一遣ス、○悟真寺・龍拈寺・善忠院年玉入、

六日　晴天、○神明前順吉弐才女子虫祈弐十疋入、○御簱吉介取次、六十才女長血祈弐十疋入、○横須加惣七、五才男子疱瘡十一日目虫祈、○猪三郎うとんこ一重・こま初尾米入、○朝より牛久保茂七国符（府）ノ人みかん売代入、○昼後西町利吉舟頭連テ来ル、みかん廿俵売、百度より三人手伝ニ来ル、○風呂営、

七日　晴天、長閑也、○早朝より富蔵供御城御年頭御留主故玄関にて済、倹約ニ付扇子なし、札本・代官等へ扇子一対遣、定蔵へみかん卅遣ス、御家老其外廻る、昼前帰ル、○子共祝義入、○礼人六七人来ル、○御簱太介より札受ニ来ル、○朝百度より三人みかん挊ニ来ル、昼前帰ル、○与吉中瀬古へ挟箱取ニ行、半紙三束ト備三膳持来ル、○神宮寺使僧年玉曲納豆ト札入、○常陸礼ニ来ル、十疋入、○宗賢世話人備配ル、政蔵・伝次郎・平十・権右衛門・六郎兵衛・半右衛門・平四郎・久左衛門八軒也、助九郎へは不遣、

八日　晴天、風少々寒、○朝より羽根井・坂津・新田礼ニ行、道淳伴七蔵年玉持也、昼後より吉川・下五井・大村、晩迄懸ル、○横須加惣七札受ニ来ル、弐十疋・牛房一束入、○九文字屋より使にて年玉拾疋入、○牛久保茂七みかん売（買）ニ来ル、西前屋敷分売、才次郎手伝壱両壱分程有、○晩方トヒ一荷売ニ百度より行、壱貫入、

九日　晴天、長閑、○御年貢通算用間違ニ付庄屋行処、留主也、通預ケ置帰ル、○権五郎年貢不足ニ付呼ニ遣ス、来ル也、○萱町庄吉安産之符頂ニ来ル、廿四文入、

十日　朝よりはら（ママ）雨、晩迄降ル、○朝伝次郎へ行、年貢通間違等委細頼置也、○国符（府）みかん買来ル、少々

売、○富蔵ノ年貢不足故□□年貢過米壱斗五升壱合遣ス、また不足故五百文かし、○才次郎みかん手伝、色々算用頼夜分帰ル、○
十一日　晴天、長閑、○昼後道淳伴町方礼ニ行、与吉年玉持、中瀬古へ赤みそ一重・白一重・みかん遣ス、文蔵包昆布トみかん卅遣ス、○朝政蔵殿入来、頼母子帳面持参、地下へ参居故也、○下条金蔵七十三□男病重祈、○子供今日より習ニ来ル、三十弐人□、光明寺入来、杉原弐状(帖)入、龍雲寺入来、
十二日　晴天、大ニ暖シ、○下条金蔵札受ニ来ル、百十弐文入、○平十来ル、作蔵秋葉参詣ニ付羽合(ママ)借ス、○吉川宗福寺来ル、占頼也、○道淳定八へ年玉包・半し壱帖・扇為持遣ス、○平次郎払九百五十文為持遣ス、相済也、○長平たんす、麦耕作、昼後より与吉も同断、
十三日　曇天、午刻より晴ル、夜へ向風有、○新田民平星供札受ニ来ル、○羽根井権六取次、切反ケ谷也廿九才男湿疳病気祈、○萱町半十、廿三才女腹病祈弐十疋入、○呉服町占見料入、○瓜郷惣介より使ニ而年玉十疋入、○子供上菓子・けんひつはき・こま油・香花求ニ遣ス、○沢庵積(漬)壱荷仕込、百六十四本也、
十四日　晴天、風、○羽根井権六札受ニ来ル、○萱町半十同断、○蜜門入来、年玉十疋入、半し二・みかん遣ス、○当古音八頭芋九ッ入、みかん卅余遣ス、○開浴、
十五日　晴天、風有、○早朝よりこま堂掃除、こま仕度ス、昼後如例修行、参詣余程有ル、御籏・新田・羽根井・村方皆、札・供物遣ス、○戒浄助法ニ来ル、晩方帰ル、○西伊古部五十弐才女長病祈金弐朱入、十弐文入、○高須八兵衛母・吉五郎母参詣、こま初尾五軒分持参、みかん遣ス、○朝子供供物之餅取ニ行代払、あけ七ツ求、○助九郎よりこま斎米壱升入、晩方寺内同家へ風呂ニ行、供物・頭芋四ツ遣ス、○半右衛門参衣屋ノ祝義入、○篠東勘右衛門・兵右衛門□同入、
十六日　晴天、風有、○昼前万歳来ル、札入、三合・卅弐文遣ス、○おい□祝義一包入、○六郎兵衛内きと

同入、○元新町治介祝義□入、○光明寺入来、手本弁
梵字遣ス、龍雲寺□□年玉柚香糖入、○斎前羅漢勧請
致ス、直奉送、
十七日　晴天、長閑也、○垉六町義兵衛弐才女子腹下
り祈、晩札受ニ来ル、廿疋入、○道淳・宗賢羽根井礼
ニ行、みかん卅ツ、遣ス、七ツ前帰ル、直ニ道淳中瀬
古へ遣ス、先日ノ上けさ為持返ス、○伊古部□蔵札受
ニ来ル、○おつね入来、昨日秋葉参詣御影・付木入、
○助九郎より権右衛門同入、○町□□こま供物配ニ子
供遣ス、
十八日　晴天、昼頃よりはら〳〵雨、晩方より夜へ向
テ大分降ル、○行明村行明寺三十三才僧ヒイ(脾胃)ノ痛大病
祈、○おミな□□餅入、○晩方道淳帰ル、○朝より与
吉在所へ年礼ニ行、□百文・みかん遣ス、銭弐百文か
し、○長平たんす、門前麦□□、昼前より気分悪敷内
へ帰ル、○羽根井岩蔵祝義入、
十九日　夜前今晩へ向風強シ、晴天、○伝四郎より年
来挨拶ニ年玉足袋壱足入、半し一遣ス、○行明寺僧病
死断ニ来ル、三十疋入、土砂遣ス、○指笠町文吉廿六
才女疳血上気廿疋入、○村方より惣代十吉馬金取ニ来
ル、此方相談何レ共不決由申帰ス、
廿日　晴天、風有、○指笠町文吉札受来ル、○子供野
川屋へ線香百文取ニ遣ス、旧冬掛金壱両弐分三百六十
文常陸馬金返事致事申遣ス、明後日入来□□□返事
也、○助九郎入来、○与吉在所より晩方帰ル、
廿一日　晴天、暖気、晩方曇ル、○草間与吉八才男子
風熱虫祈三十疋入、○西組山内京右衛門取次、十五才
女熱祈廿疋入、○前川権六願主萩村七右衛門七十三才
女中気祈十疋入、○垉六町塩屋長兵衛五才男子風邪
祈、弁家内安全廿疋入、○八ツ頃常陸殿・清源寺・七
左衛門入来、□□□より近年馬金高直ニ付、小前之者
頼ニ付寺社□□出呉候様申来ル故、其談合也、寺社一
統より金子壱両□金として包差出様決シ、即壱両取替
右三人庄屋へ行相渡シ帰ル、○七蔵たんす、麦二番こ
へ、門西弐まい□□□よりみかん耕作、○文蔵礼祝義
入、

廿二日　夜前九ツ前より雨大分降ル、昼前より晴天、○昨日之四人もの札受ニ来ル、○馬見塚弥五兵衛七十三才男耳□□時々聞祈、○菰口善蔵みかん買ニ来ル、小みかん廿壱束売代弐朱ト四百七十文入、才次郎両度往来ス、○子供上菓子弐百文求ニ遣ス、

廿三日　天気曇晴、はら〳〵霰時々降ル、○清水太介十一才女疳□□□大病祈廿疋入、○馬見塚弥五兵衛札受ニ来ル、

廿疋入、○才次郎両度往来、祐福寺行之みかん入ノ苞持参、明日□福寺へ年頭ニ頼遣ス、山主へ一札弐十疋・上みかん五十、大悟院十疋・上みかん五十手紙添相遣ス、

廿四日　晴天、○清水太介札受ニ来ル、○舟町忠左衛門□□七才男背中痛祈廿疋入、○おなか木綿壱反持参、代壱貫文渡ス、○櫁《(蜜)》柑買来ル、少々売代□□、早朝より味噌煮百度より手伝ニ来ル、豆四斗□、○七ツ頃富蔵味噌つきに来ル処、晩迄ニ不煮夕飯喰イ帰ル、○五ツ頃より百度より両人味噌見ニ来ル処、桶きわ一向不煮カキマセテ亦タク、九ツ頃帰ル、

廿五日　晴天、○舟町忠左衛門札受ニ来ル、○草間市左衛門病人死、断ニ来ル、○作蔵入来、小嶋乙吉風邪大病祈、□□□入来、新田兵太郎風邪ニ口中ニ耳痛大病□□、早朝よりみそ玉拵百度より手伝ニ来ル、昼前済、□蔵たんす同断、みかん枝も少々切、昼より帰ル、○紺屋町清作へ包昆布・元結一年玉ニ遣ス、○新町次介へ□□□みかん遣ス、宗賢・岩吉に為持行也、○子供天神祭、○晩方醤油タク、

廿六日　晴天、暖気、○御堂瀬古金介居盲目廿七才男耳遠成り祈、○朝才次郎来ル、夜前五ツ頃帰ル由也、大悟院より返事来ル、方丈旧冬東山永観堂禅林寺へ昇進被致後住職ハ名古屋徳林寺より当廿一日入山之旨、細筆□□来ル也、○伝作札受ニ来ル、弐百十弐文入、○子供上菓子・水引求ニ行、○七蔵たんす、前麦耕作、こへ掛二番□□、晩方開浴、百度より入りニ来ル、○北川□繕明日子供触□□、

廿七日　夜前より雨、昼前迄降ル、昼後より晴ル、○

前芝加藤長左衛門より使来ル、六十五才女長病祈百疋入、○才次郎来ル、明日斎ニ召度様申来ル、○昨日羽根井寅吉ニ而縄弐束求ニ□□代弐百文也、○八ツ頃より北川六郎兵衛・勇作・作蔵・民平・利作・七蔵・要介・源蔵・林平・斧蔵・小介・□□□・政吉・長重〆十四人ニ而莨(艮)角より増次郎角迄相済、小中飯出ス、○百度ニ而はそり借ル、与吉落しワル、

廿八日　晴天、暖気、○百度へ三人斎ニ行、菓子配書遣ス、○和田庄次郎九十三才男年病腹下り祈、○高足村小平次四十四才男熱気大病祈弐廿(ママ)疋入、○御堂瀬こ金介札受ニ来ル、○勘左衛門婆々小嶋ノ札受ニ来ル、□□□、○子供あり平・こま油・香花求ニ遣ス、○兵右衛門婆々足袋二洗たくニ遣ス、○

廿九日　曇天、昼後よりはら〳〵、○前芝加藤札受ニ来ル、高足小平次札受ニ来ル、○和田庄次郎同断三十疋入、○札木町さかな屋竹蔵廿弐才女病気祈弐百十弐文入、○朝才次郎鮫ノ頭等一荷求来ル、弐百五十文鯛頭等片荷求来ル、弐百文也、昼前迄懸ル、○与吉干か煮出し前西へ少々懸ル、○国符(府)ノ人先日みかん不足銭百文入、

晦日　夜前より雨、終日はら〳〵雨、○札木町肴や竹蔵□□来ル、○六郎兵衛婆々来ル、下地ノ姉八十才長病臨加持頼ニ来ル、○中瀬古へ醤油壱樽凡六升余・同実一重与吉ニ為持遣ス、○美濃屋へ冬払九百文渡ス、○平四郎・久左衛門年玉□紙遣ス、

二月小子開

朔日　天気曇、日蝕五ツ三分より四ツ八寸迄懸ル、○札木町角屋嘉吉廿壱才男労所祈百十弐文入、○元鍛治町次郎七、七十五才男躰痛祈廿疋入、○定吉下地使病死土砂頂ニ来ル、○今日は休日、子供皆休ム、○斎後角蔵伴光明寺へ入院悦旁行、半紙壱束・扇一本・みかん五十(へ脱)遣ス、○龍雲寺へも行、ミカン卅遣ス、○与吉みかんこ出し前西済、

二日　夜前より雨大分降ル、晩方晴ル、○六郎兵衛婆々下地祈礼弐十疋入、○夕方政蔵殿入来、親父□□伯十三年明日退(逮)夜、斎ニ召度様申来ル、餅□五ツ入、

○与吉百度ニ而藁壱束罹（貫カ）い来ル、○才次郎入来、

三日　晴天、○大崎儀八、廿七才男風ノ引込ふら〳〵祈□疋入、直ニ札遣ス、○飯村甚八、四十六才男疳祈、○東植田半兵衛卅三才癪労所再祈金弐朱入、○上伝馬長三郎六十九才女左股腫物痛祈廿疋入、○元鍛冶町次郎七札受ニ来ル、○今日は宗賢伴政蔵親父往套蓮生信士卅三回忌斎ニ行、まん中一袋・柚香糖一遣ス、○西羽田新蔵入来、九才子供初午より登山致度様頼ニ来ル、○朝より与吉、中瀬古へ麦耕作・こへ懸等ニ遣ス、小遣銭三貫文遣ス、

四日　曇天、○萱町与茂蔵三十一才男ヲ、痰（黄疸）祈弐百十弐文入、○上伝馬長三郎札受ニ来ル、○東植田半兵衛札受ニ来ル、○飯村甚八札受ニ来ル、百文入、○助四郎・栄吉初午より子供祭山（登）願ニ来ル、朝より才次郎・三作・七蔵新田より藁はこび、八十四束代金弐分渡、権右衛門殿も東結手伝と申、小時飯より三作休ム、○前芝仁右衛門去冬祈礼参、蝋燭十丁・手拭壱筋入、供物遣ス、○夕方政蔵殿入来、昨日斎礼弐十疋ト十疋入、○

五日　夜前より雨、終日夜へ向テ降ル、○萱町与茂蔵札受ニ来ル、○萱町（ママ）　十一才女熱気小言祈廿疋入、○新田彦十・彦三郎来ル、初午より子供登山之□□来ル、清介・長重入来、右同断、

六日　晴天、○萱町藤吉札受ニ来ル、○下五井猪右衛門より祝義一包入、○富蔵来ル、跡月五百文かし処、金弐朱入故銭三百文遣ス、○子供野川へ色紙・蝋燭・巻筆取ニ遣ス、○子供幟皆書、○開浴、百度より入ニ来ル、

七日　晴天、○子供皆々幟立ル、○北川長重鉄蔵九ツ、清介清十九ツ、助九郎助七郎八ツ、助四郎泰助八ツ、栄吉石松十一、四郎次新作九ツ、新田彦十由三郎九ツ、彦三郎みつ十、右八人登山、赤飯寺へも入、子供振舞残も入、子供へ巻二本ツ、遣ス、○中瀬古九左衛門・伝四郎・平十・六郎・七蔵・政蔵へ赤飯少々ツ、遣ス、○羽根井八右衛門八十八才女長病臨加持・符遣ス、百文入、○御はた（旗）林平祝義一包入、○今日は

初午休日也、清源寺ニ□□神楽等有、大分群集と申事
也、
八日　夜前より雨、終日降ル、晩方より夜ニ向風強
シ、○横須加惣七より弐才男子痘瘡後腹下り祈、夜前
申来ル、今日札受ニ来ル、弐十疋入、○西嶋記内五十
三才女疝ニ痰長病祈、○朝道淳新田権右衛門へ先日藁
ハコヒ礼ニみかん百・赤飯少々遣ス、先より半し二
入、同家より餅入、柚香一・墨一遣ス、○六三郎・由
三郎・梅蔵・宗吉・茂吉・西(田脱)羽四人・おみな餅一重
ツ、入、○九左衛門も入、○子供壱文菓子求ニ遣ス、
九日　夜前より風強シ、今暁ヒヨン(雹)降ル、晴天、○西
嶋(ママ)喜内病死断ニ来ル、弐十疋入、土砂遣ス、○長平ニ
三日せつくり不食祈廿疋入、○長平へ米壱升・百文ト
餅少々見舞ニ遣ス、○中瀬古へ餅卅程為持遣ス、○上
菓子・さとふ求、○□□分新田・北川・百度・中郷餅
皆来ル、富蔵よりも入、○兵右衛門はゞ(ママ)洗たく足袋二
足持参、もち遣ス、
十日　晴天、大分寒シ、○平四郎殿入来、馬金包金ニ
而遣候処、小前不承知之趣之噂咄等也、○百度よりこ
ま木十八□□廿四人而取ニ行、○ぬか六升・塩弐升入
仕込置也、
十一日　晴天、寒シ、○東赤沢村吉兵衛七十八才男中
気付物祈、直ニ札遣ス、廿疋入、○新銭町弁蔵七十弐
才男年病祈廿疋入、○孫七嶋、長平ノ占頼来ル、○瓶
原忠四郎方へ年頭旁状京伊勢や治介へ向テ遣ス、賃三
十弐文也、○庄次郎、七蔵門前畑土ぬキ門袖塀ニ致土
ハコフ、余程出来ル、○江戸九平より正月三日出にて
年頭状来ル、御地頭も旧冬御下り之処、不首尾ニ而御
引込之由申来ル、
十二日　晴天、長閑也、○新銭町平蔵札受ニ来ル、○
昨日与茂蔵ハソリ損シイカケニ遣ス、今日取与吉遣
ス、賃弐百文也、○おちの来ル、江戸九平之処行手紙
頼ニ来ル、寺も壱本遣ス、○与吉夜前ト今夕と供物粉
三升ツヽ引、
十二(三)日　夜前九ツ前より雨、今日四ツ頃迄降ル、○大
西政吉五十六才男痰祈三十疋入、○畑ケ中文七へ門袖

塀築ニ付頼ニ才次郎行、即見ニ来ル也、○中瀬古へ尺（釈）迦供物米ニ而三升為曳（引）九年（母脱）卅・小みかん共ニ子供ニ為持遣ス、
十四日　晴天、○大西政吉札受ニ来ル、○二川与介四十三才女腹ハリ長病祈百十弐文入、○九左衛門より菜入、○子供千歳小形求ニ遣ス、○晩方供物粉にて□□致ス、○風呂致ス、百度より入りニ来ル、○与吉前□□みかん草ケツリ済、
十五日　晴天、長閑也、○朝遣経読誦ス、○参詣余程、平十・六郎其外三四人入来、○二川与介札受ニ来ル也、羽根井五兵衛廿壱才女水気様子腫病祈、○孫□取次、清須也六十七才女中気不言絶祈三百文入、○鉄蔵登山祝赤飯一重入、半し一遣ス、○与吉ニ四百文かし、○戌ノ下刻より清水ノ野口より南へ向テ出火、九ツ頃焼失余程大火也、
十六日　天気曇晴、折々はら〳〵致ス、○昨日朝より嵩山ノ松樹寺焼失、此辺も焔見ヘル也、○羽根井五兵衛札受ニ来ル、弐十疋入、○孫七取次、清須ノ札受ニ来ル、○佐藤茂平七十四才男躰フキテ（吹出）祈弐朱入、○由三郎花入、○神宮寺へ手紙ニ而火事見舞ニ道淳遣ス、中瀬古へ元亨尺（釈）書五巻為持遣ス、先より孝経・唐詩持帰ル、八〇ニ而まつ香求、○北川三軒供物遣ス、政蔵・半右衛門・助九郎へも遣ス、○七蔵たんす、みかん耕作藁敷、
十七日　夜前雨余程降、晴天、○大崎政次郎四十弐才男三年程頭痛祈、○坂下（ママ）　取次、遠州奥ノ山四十三才僧癪ニ痰祈、○岩崎佐兵衛廿五才男風通祈、○昼後宗賢羽根井八右衛門婆々ノ悔ニ遣ス、平せん香一遣ス、直ニ中瀬古へ遣ス、○子供上菓子求ニ遣ス、○才次郎入来、干か之咄也、
十八日　晴天、長閑、○岩崎佐兵衛、坂下（ママ）　取次札受ニ来ル、廿疋ツ、入、○佐藤茂平札受ニ来ル、○魚町嘉吉卅五才女産後祈廿疋入、○羽根井八右衛門悔礼廿疋入、○常陸より馬金一件村方不承知之旨ニ付明日打寄相談致度様申来ル、七左衛門へも申遣ス、○晩方宗（賢脱）中瀬古より帰ル、○才次郎、平五郎ニ而干（鰯脱）弐俵求ニ

行、代壱分弐朱ト弐百廿九文払、
十九日　曇天、昼後よりはら〱雨、暮方より大分降ル、○大崎村□次郎札受ニ来ル、廿疋入、○魚町甚吉札受ニ来ル、○□□人取次、三十五才女妊シン咳祈頼ニ来ル、次ニ木綿衣三ツ・襦袢壱ツ洗踊（濯）ニ遣ス、○昼後常陸・清源・七左衛門入来、先日馬金ノ助金壱両遣処日懸等も有之、何分馬金出呉様之旨故今日相談致、五ケ年之内寺社より金弐分助金出様庄屋へ四人参頼置、平四郎殿留主也、○才次郎とふ□借りニ来ル、
廿日　夜前風雨、曇天、○（ママ）利町ノ札受ニ来ル、廿疋入、○平十殿入来、○与吉米壱臼搗、
廿一日　天気曇晴、○上伝馬町宇平廿四才女昨日より夢中祈、○昼後助九郎味噌仕込ニ来ル、○昼後与吉中瀬古へこへ懸ニ行、余り少々持帰ル、○中瀬古江小遣銭壱貫文・唐詩選一遣ス、○上菓子求、○朝才次郎塩壱俵売て来ル、代八百五十文也、○平十より庚申餅一重入、
廿二日　晴天、夜前より寒シ、○上伝馬町宇平札受ニ来ル、○馬見塚村八右衛門廿六才女吐血祈三十疋入、○指笠町佐之兵衛へ石ノ催促ニ子供遣ス、明日来ル云返事也、○七蔵たんす、門前畑土取、跡へ百度にてからし苗もらい植ル、○与吉前東みかんこへ出し、七本残ル、
廿三日　晴天、○馬見塚八右衛門札受ニ来ル、○昼前指笠町佐之兵衛来ル、常陸文庫ノ残り石冬求引合、今日目ヲ懸請取石数五十也、掛目三百四十七貫九百目代弐貫百七十弐文、内壱分冬かし残分渡ス、才次郎手伝直ニ七蔵弐人して運ふ、○百度風呂、三人共入りニ行、○七蔵たんす、門前西より三麦耕作、石はこひ、与吉みかん根藁敷、
廿四日　晴天、暖気、○大西政吉五十六才女再祈弐百十弐文入、○羽根井十作姉ノ悔礼百文入、○萱町七右衛門礼参、備壱膳・らうそ（く脱）七本観音菩薩へ上ル、○子供野川ニ而大のり・上菓子五十文求ニ遣ス、○豆三升五合煮キ（焚カ）醤油ノ実ト合仕込、○今日彼岸ノ入、昨晩曇茶尊像懸ル、

廿五日　晴天、長閑也、○大西政吉札受ニ来ル、○坂下お□と来ル、年玉当百一穴入、九年（母脱）十五遣ス、○子供天神祭礼、○

廿六日　曇天、昼頃よりはら〳〵、○畑ケ中者（舎）力弐人門袖塗、石懸拵ニ来ル、雨故八ツ時去ル、○子供油揚五ツ求ニ遣ス、

廿七日　晴天、○畑ケ中円四郎五十六才女癪祈百文入、○佐藤茂兵衛七十四才男躰吹出再祈弐朱入、九年坊（母）廿遣ス、○九文字や内参詣十疋入、菓子出ス、○倉作カキナト桃の花入、明日読物参度様頼、○畑ケ中者力弐人来ル、晩迄門袖塀之石懸相済、

廿八日　晴天、○畑ケ中円四郎札受ニ来ル、○札木町大和屋廿七才女引風痰血吐祈廿疋入、○飯村吉祥院三十四才尼僧ヒツ疳瘡長病祈十疋入、○新田浅四郎五六日腹痛食不勧祈十疋入、○飽海吉兵衛占廿四文入、○西宿富蔵占十弐文入、○安平取次清須占十弐文、○才次郎来ル、節句菱切餅五重入、○由三郎花入、○与吉腹痛臥、○夕方孫七嗅、清須孫三郎六十七才女長病不食不言絶臨加持弐十疋入、

廿九日　朝より雨、夜へ向テ降ル、○佐藤茂平札受ニ来ル、○新田浅四郎へも遣ス、○東脇半蔵七十才女右手痛ミ祈廿疋入、○天白前七左衛門廿三才女脾胃痛祈、○朝政蔵へ行、娘初節句祝ニ菓子葉書壱匁五分ノ遣ス、○政蔵・平十初節句餅入、○茂吉揚七ツ入、○今日は社日、村方休日也、○おなか来ル、赤坂より取ニ来ル由ニ而金壱分弐朱かりニ来ル、貸テ遣ス、早々返ス引合也、

弥生大

朔日　夜風強シ、晴天、今日も強シ、○天白前七左衛門札受ニ来ル、廿疋入、○東脇半蔵札受ニ来ル、○浅四郎御婆々芹・三ツ葉入、○粂蔵岩見屋ノ年玉持来ル、○宗吉・西羽田四人油揚入、○おみつ餅ト金山寺味噌入、○□□□・富作・おみな餅入、○源六よりも入、○宗吉も同断、○道淳平十娘初節句壱匁葉書ト九年（母脱）十五為持遣ス、○子供菓子求ニ遣ス、○七蔵たんす、堀ノ土ねり也、

二日　晴天、○飯村吉祥寺札受ニ来ル、三十疋入、○札木大和屋札受ニ来ル、○田町はきや代吉四十五才男疝癪長病祈弐十疋入、○田町権兵衛四才女子腫物祈廿疋入、○孫七嗅先日ノ清須ノ病人死と云来ル、土砂遣ス、○百度よりとふふ入、○燈油・上菓子求ニ子供遣ス、○清十母来ル、油揚十五入、○おりゑ衣三ツ・襦袢一ツせんたく持来ル、先日足袋弐足分ト賃五百文渡ス、○子供餅残分大躰入、○七蔵たんす、門塀土ねり済、晩方みかんこへ少々致ス、餅・油揚□□遣ス、○開浴、百度より入りニ来ル、牛房五本ト菓子一袋遣ス、
二日(三)　天気曇晴、八ツ過より雨、暮方迄降ル、○子供祝義皆入、○宇平揚七ツ入、餅不参、重作・岩蔵・□□三人也、○百度より小豆餅一櫃入、○政蔵殿・六郎兵衛其外入来、○田町代吉札受ニ来ル、○飯村四十弐□女月水ノ御符頂来ル、廿四文入、○朝与吉中瀬古へ餅・揚等為持遣ス、石峰ニ而黒さとふ百文求、○長平へ米壱升・あけ遣ス、
四日　晴天、○西組粂右衛門六十八才男衰ヨウ大病再祈、○公文喜之介六才男子疱瘡十日目祈、○子供畑ケ中へ塀の催促ニ遣ス、明後日来ル返事也、菓子五十文求、○道淳、政次郎婆々悔ニ行、○平せん香一遣ス、○与吉米一搗、
五日　晴天、○西組粂右衛門・公文喜之介札受ニ来ル、初尾廿疋ツヽ入、○東植田半右衛門入来、砂糖□曲入、菓子出ス、育清院住持卅七才鼓張大病□直ニ致札遣ス、三十疋入、○呉服町九文字屋筆求弐百十六文払、○七蔵来ル、銭五百文かし、○政次郎悔礼十疋入、○
六日　晴天、○前芝太郎兵衛六十三才男片頭片頬痛祈金弐朱入、○下り町弁庵当才男子舌タツコ祈三十疋入、○羽根井兵作三才男子引風ニ虫祈百十弐文入、○百度平蔵入来、井戸カワ(側)土運ふ相談也、昨日仁連木職人行呉様申故頼也、○晩方与吉中瀬古へ米壱斗・餅少々為持遣ス、桜花入、○
七日　晴天、暖気、○下り町弁庵札受ニ来ル、○羽根

井兵作同断、○百度平蔵早朝より仁連木へ井戸かわたゝき人雇ニ行、十三日ニ来ル様返事、道具持テ四ツ頃帰ル、飯喰、○畑ケ中舎力弐人門袖塀筑（築）ニ来ル、半分程出来ル、才次郎手伝、富蔵たんす同断、○戒浄早朝来ル、斎後帰ル、○子供町へ上菓子・こま油、野川にて杉堂嶋紐共取、

八日　晴天、七ツ前よりはら〳〵、○前芝太郎兵衛札受ニ来ル、○畑ケ中舎力弐人塀つきに来ル、七ツ頃はら〳〵故帰ル、○平蔵・伝兵衛・才次郎、古清水辺長太郎、畑じやり井戸カワニ用土運ふ、夕方迄廿四荷入、二度飯喰、○富蔵たんす、塀つき手伝也、

九日　夜前雨、終日折々雨、○新田伝兵衛荒木畑□□より上テ来ル也、○与吉米壱臼搗、○今日は無用、

十日　晴天、○萱町与茂蔵六十壱才男黄疸再祈弐百十弐文入、○牟呂清六廿四才男・廿三才女縁切祈占三百文入、曲尺手下駄屋占料入、○次介金山寺入、○子供中瀬古へ銭弐貫文・礼記廿巻・カナ付四巻為持遣ス、○百度へ木綿三反煮テ呉ニ遣ス、到来ノ味噌遣ス、○富蔵へ前西ノツンタ□ミカンノ木三本遣ス、○平蔵之内取ノ夕、キ土六七荷親子荷来ル入、○カキ菜文作より入、

十一日　晴天、風有寒シ、○東植田種吉卅弐才女熱気ふら〳〵祈三十疋入、直ニ札遣ス、○萱町与茂蔵札受ニ来ル、○牟呂清六同断、○山田庄次郎廿四才女手足痛大病祈弐百十弐文入、○作蔵破風瓦六まい無心ニ来ル、遣ス、○道淳、百度ニ而煮木綿取テ来ル、○次三郎来ル、赤沢より下直之干か来ル様申来ル、六俵程誂へ遣ス、○七蔵たんす、馬糞肥みかん運ぶ等、麦耕作等、三はんケツリ也、平蔵・代蔵内取ノ土運ふ、昨日ト合十二荷也、代蔵飯喰ス、

十二日　晴天、寒、○山田庄次郎札受ニ来ル、○今新町仁三郎五十八才男痰祈廿疋入、○畑ケ中舎力弐人塀つきに来ル、七ツ頃迄ニ済、才次郎・七蔵手伝、○あけも求、○八兵衛来ル、妻三回忌引上父廿三回忌ニ付宗（賢脱）召度中、

十三日　大晴天、暖気、○新町仁三郎札受ニ来ル、○

下地吉蔵四才男子疱瘡四日目祈廿疋入、○宗賢母三回忌引上斎ニ行、まん中一袋ト九年(母脱)少々遣ス、晩方八兵衛同道ニ而帰ル、十疋入、○子供まん中百文求ニ遣、○朝戒浄来ル、馬金ノ談状到来也、○平十殿入来、長作不進様ニ付断之由申来ル也、○おりへ宗賢布子洗たくニ遣ス、木綿壱反遣ス、袷ニ致様申遣、

十四日　晴天、○下地吉蔵札受ニ来ル、○昨日重作蕎麦切三ロシ入、○次三郎より干鰯四俵馬ニ而持参、昨日ト〆六俵也、赤沢より求、代金三分ト四百五十文・駄賃三百文也ト申、○虎之介牛房五本入、○新大作三ツ葉入、○重作ニ紙壱帖ト筆一駄賃ニ遣ス、○三平娘・長平娘草取来ル、長全前藪畔一まい済、○与吉瀬戸みかんこへ、

十五日　快晴、○埖六町油屋喜八取次、荒居(新)四十八才女留(溜)飲長病祈廿疋入、昼後札受ニ来ル、○四ツ屋吉兵衛弐才男子疱瘡十日目重シ祈、坂津次三郎へ干鰯六俵代三分ト七百四十八文重作為持遣ス、此内三百文駄賃也、○町へ九年(母)坊売代入、○昨日弐人門前麦草大畑一まい半程取、

十六日　晴天、○四ツ屋吉兵衛札受ニ来ル、廿疋入、○萱町与茂蔵六十一才男再祈臨、○七十一文干か銭不足分、次三郎へ渡ス、○子供上菓子求遣ス、○昨日女弐人門前草取少々残ル、○七蔵たんす、朝中瀬古より大少々大便取テ来ル、野川にて堂嶋取、夫より麦耕作、

十七日　晴天、○早朝仁連木より三人井戸かわ(側)タ、□来ル、平蔵・才次郎手伝、三ツ出来ル、石灰六俵持参也、○政平来ル、拙庵より白砂糖一曲・浅草海苔十まい入、○半蔵殿入来、あけ十一入、○□□光明寺清書持参、○斎後道(淳脱)中瀬古へ行、詩経・カナ付共弐部遣ス、○七蔵たんす、麦耕作也、

十八日　晴天、○孫太郎来ル、○田尻六才男子虫祈、○畑ケ中文七来ル、金壱分かし、○昨日三人井戸カワ拵ニ来ル、手伝も昨日と同断、三ツ出来ル、才次郎内取ノたゝき土六荷入、○次介饅頭壱袋□□一遣ス、○七蔵荒麦弐俵取ニ来ル、急テ搗様申遣ス、○道淳中瀬

古より帰ル、○平十へ行、到来ノまん中遣ス、
十九日　天気曇晴、○孫太郎より田尻ノ札受ニ来ル、○片神戸新六廿三才男気違物案し祈□疋入、○平十殿入来、あけ十七入、○梅蔵蕨□□入、○井戸かわたゝき弐人来ル、平蔵・才次郎手伝四ツ出来ル、井筒共都合十相済、○石灰十四俵代六十三匁賃四百七十文・作料八人十六匁処、金壱両壱分ト八百九十四文渡ス、○七蔵たんす、麦耕作也、昼後より新町常吉へ石灰弐俵取ニ行、古俵ノ内也、□□たゝき手伝、○斎後与吉麦割致相済、○与吉昨日米壱臼搗、
廿日　夜前より雨、今暁より終日風烈敷、○中芝権平取次、片神戸市兵衛廿弐才女疳祈廿疋□、直ニ札遣ス、○片神戸新六札受ニ来ル、○飯村より符頂ニ来ル、○源六より大師飾餅三重入、○□□左衛門へ藁弐束代八十文遣ス、○与吉米一搗、○風呂営、百度より入ニ来ル、
廿一日　晴天、寒不順、○朝御影供修行、○西植田悦蔵四十弐才女引風頭痛祈廿疋入、直ニ札遣ス、○西組小玉登保平五十三才女痰労長病祈□疋入、○東組佐太夫五十五才女気塞不□□祈廿疋入、○瓦町八右衛門四十九才女引風祈□□□、○上菓子求、○治作芋壱風呂敷入、○同家□糠五升遣ス、○七蔵へ馬こへ踏賃弐百文遣□、○七蔵たんす、引懸致ス、○与吉瀬戸みか□□□致一反通相済、
廿二日　晴天不順、○国符(府)扇や五右衛門六十七才男食不□祈廿疋入、同勘三郎五十一才女疳祈廿疋入、直ニ札□、○こふく(呉服)町宗右衛門七十四才男祈廿疋入、○川(河)岸佐藤又八、十三才女足裏腫レ痛祈卅(ママ)十疋入、○昨日三人札受ニ来ル、○源六へ大師尊供物遣ス、○勘右衛門□□乙吉ノ祈礼廿疋入、○倉作芹・三ツ葉入、○清□種芋三升程入、
廿三日　晴天不順、風有、○河岸又八・呉服町宗□□□札受ニ来ル、○西羽田四郎兵衛取次、大村八十才□年病祈、○朝戒(浄脱)来ル、昼後帰ル、○富蔵たんす、袖塀中塗土運ひねる、
廿四日　朝よりはら〱雨、○西羽田四郎兵衛札受ニ

来ル、廿疋入、○下地長太郎廿八才女痰咳祈、○小浜利右衛門五十九才男首ノ鉢痛祈十弐文入、○上菓子求子供遣ス、

廿五日　晴天不順、○小浜利右衛門札受ニ来ル、廿疋入、○下地長太郎札受ニ来ル、○羽根井伝次郎小十□□□祈廿疋入、○中瀬古へ銭壱貫文・みそ一重□□為持遣ス、先より王代一覧四冊来ル、○野川にて大根種等求、○子供天神祭、○宗賢平蔵先日ノ礼亦土十二荷入旁ニ御朱壱ツ遣ス、○石松疱瘡見舞ニ菓子少々遣ス、

廿六日　晴天、寒不順、風有、○羽根井伝次郎札受ニ来ル、○吉川音吉三十七才女流産後振イ気祈卅疋入、○西植田幸右衛門四十七才男下疳耳へ吹出痛祈廿疋入、○西町大之介取次、出雲五十弐才男風引祈廿疋入、○清水おはる眼病祈廿疋入、○魚町浅井屋弥兵衛取次、三十六才女風引籠長病祈廿疋入、○中瀬古より関口親父病死ニ付与吉□□様申来ル、七ツ頃より遣ス、葬式ハ夜ニ入ル故宿、諷経□暮方帰ル、○野川にて大のり二・墨一取、○富蔵□金壱分かし、○七蔵籾種積（漬）ニ来ル、内ノももち弐升、粳五升積ル、○平十二而藁十七束□先日四束ト都合廿壱束也、代金弐朱渡ス、

廿七日　晴天、昼中暖気、○昨日五人札受ニ来ル、○畑ケ中万蔵十三才女引風虫祈弐百十弐文、○坂下はゝ取次、天王町佐五兵衛当才男子祈、○町組三与八、三十五才女右虫歯痛祈廿疋入、○孫太郎取次、田尻弥平祈礼五十疋入、○上菓子求、野川にて水引取、○七蔵苗代拵へ、夕飯計喰、

廿八日　晴天、暖気、○昨日三人札受ニ来ル、天王町佐次兵衛弐百文入、○浅四郎牡丹一重入、○栄吉来ル、石松神立赤飯一重入、四十八文銅遣ス、○おなか畑ケ中へ瓦着之由申来ル、○弥四郎将束（装カ）瓦一荷持来ル、○子供燈油求ニ遣ス、○与吉弐百文かし、○与吉前東みかんこへ二度目掛ル、○おりへ給仕立持参也、宗ノ也、

廿九日　朝よりはら〳〵、夕方より夜へ向雨、○下モ

町平八取次、三才男子新城也、祈直ニ札遣ス、廿足入、○横須加金右衛門廿八才男病気再祈廿足入、○六三郎杜若入、○北川子供之親九人畑ケ中より瓦一荷ツ、持来ル、才次郎も同断、○与吉米一搗、○晩方百度へ三人風呂ニ行、○百度ニ而搗壱斗かる、

晦日　晴天、○尾(王)ケ崎六三郎六十九才女病気祈、○横須加金左衛門札受ニ来ル、○瓜郷惣左衛門三軒之年玉十疋入、○畑ケ中文七、瓦屋三渡野新右衛門連テ来ル、袖塀瓦代壱両三分弐朱ト三匁五厘処へ金壱両内渡ス、○百(度脱)七蔵・助四郎瓦一荷持参、○昼後宗賢ト文作伴関口氏へ親父ノ悔ニ行、箱菓子一・平せん香一遣ス、中瀬古へ寄サイ・味噌一重遣ス、もち入、呉服町白木屋ニて調物致ス、○与吉米一搗、

四月小

朔日　晴天、暖シ、○尾ケ崎六三郎札受ニ来ル、廿足入、○天白前弥右衛門四十三才女病気祈廿足入、○百度平作腰腫物風引熱祈、○おミな三ツ葉入、○晩方宗賢、平作ノ病気見舞ニ白砂糖壱曲為持遣ス、○畑ケ中より舎力弐人来ル、門袖塀瓦下地拵少々ふく、才次郎手伝、七蔵たんす同断、○与吉中瀬古へこへ一荷取ニ行、○子供上菓子・あけ平次郎ニていとかね・釘取、

二日　晴天、夜前夕方小雷少々、○平四郎より札受ニ来ル、○天白前弥右衛門同断、○東脇忠蔵七十六才男腫物内こう(攻)胸ツカへ祈、○松山喜兵衛片身痛祈廿足入、○猪三郎牡丹餅入、○畑ケ中舎力弐人来ル、両袖瓦フセ相済、才次郎手伝、富蔵たんす同断、○菊蔵へ百文かし、○百度より糸かね借る、

三日　曇天、朝はら〳〵、八ツ頃よりはら〳〵夜へ向テ大分降、松山喜兵衛札受ニ来ル、○中瀬古栄吉四十八才女胸ツカへ祈、○治作牡丹餅入、新大作同断、○舎力弐人来ル、鉢巻拵表通相済、七ツ前より雨故帰ル、七蔵たんす手伝、七蔵も伝馬当る故七ツ頃より帰ル、○助九郎入来、塩五升代百五十五文入、○浅四郎伴ニ而平作見舞ニ行、牡丹餅少々遣ス、次ニ旧冬年貢過壱斗弐升八合五勺代壱貫百廿三文請取入、半右衛門へ白砂糖一曲遣ス、清七・平五郎・源右衛門へ供物

佐次郎
一包ツ、遣ス、○子供中瀬古へ食具七ツ・王代一覧二
為持遣ス、野川にて秣(抹)香・蝋燭取、
四日　夜前雨風烈敷、今日晴天、風有、○中瀬古栄吉
札受ニ来ル、百疋入、○東脇忠蔵同断廿疋入、○小池
兵右衛門廿一才女風邪祈弐百十弐文入、○六蔵来ル、
三平嫁落付様子ニ而屏風・菓子盆借りニ来ル、○与吉
米一搗、
五日　晴天、寒不順、○小松松次郎三十六才女病気祈
百文入、○舟町三河屋仁右衛門取次、六十才女乳ガン
ニ癪祈三十疋入、○清七入来、牡丹餅入、○梅蔵蕗・
蕨入、○上菓子・あけ求、○畑ケ中菊蔵・藤吉来ル、
先日残分相済、門袖ノ棟坪葺替ル、金弐朱かし、弐百
文此間より十八人ノ処へ煙草銭ニ遣ス、○中瀬古より
子供三人花堂持参、鉢袋ト米三升・銭壱貫文遣ス、○
与吉土ねり致ス、道(淳脱)・宗(賢脱)土さし也、
六日　未刻より雨、夜へ向テ降ル、○小池兵右衛門・
小松松次郎・舟町三河屋仁右衛門札受ニ来ル、○田町
久吉十五才男熱ニ虫祈廿疋入、○西羽田仁左衛門本尊
開眼頼ニ来ル、晩方取ニ来ル、百文入、○源六より昨
日屏風・菓子盆借(貸)スニ付牡丹餅一重入、○朝より中瀬
古へ与吉麦耕作ニ遣ス、米七升遣ス、八ツ過帰ル、亦
王代一覧幷小遣銭壱貫文為持遣ス、明日関口へ斎ニ行
筈之処、母病気ニ付断と申来ル也、野川にて傘壱本
取、○風呂営才次郎入ニ来ル、
七日　五ツ頃より天気ニ成ル、○田町久吉札受ニ来
ル、○前芝加藤長左衛門三十三才去正月より病気、使
ニ而祈手紙到来(ママ)ル、百疋入、○新町　　五十四才男痰
癪祈廿疋入、○西羽田源兵衛取次、草間三才男子藪疱
瘡内こう(攻)祈、○百度より餅一重入、斎沢山用、○子供
皆花摘来ル、○朝より戒浄来ル、晩方迄ニ両方ノ花堂
葺、小僧共・子供手伝、○与吉中瀬古へ甘茶せんし為
持遣ス、○子供千歳(ママ)小形・甘草・肉桂求ニ遣ス、○呉
服町計時師来ル、油塗り帰(ママ)ル、○与吉米一搗、○
八日　曇天、昼前よりはら雨、○新町伊介札受ニ来
ル、○西羽田源兵衛草間市太郎ノ札受ニ来ル、廿疋
入、○大崎村六三郎三十七才女産後祈廿疋入、○朝誕

生仏法楽、参詣も余程有、○文作牡丹餅・蕗入、○平四郎・半右衛門・政蔵・六郎兵衛等入来、○権右衛門より積(漬)松茸一苞入、○政平入来、
九日　晴天、寒不順、風有、○大崎六三郎札受ニ来ル、○羽根井善次郎跡月出生男子ノ名ヲ頼ニ来ル、良助ト付テ遣ス、○おみつ牡丹餅入、○由三郎餅入、○浅四郎蕗入、○北川三軒へ昨日ノ供物遣ス、○七蔵たんす、角田畔掛、○与吉みかんこへ出し、
十日　晴天、昼中暖気、○前芝加藤長左衛門札受ニ来ル、○舟町疋田仁右衛門四十一才女疳祈三十疋入、○下地長太郎先日礼廿疋入、○彦次郎孫眼病占、廿疋入、○六三郎牡丹餅一重入、○茂吉饅頭壱袋・半し一・絵本一遣ス、○中瀬古へ到来ノ牡丹餅・松茸少々為持遣ス、○政蔵・伝次郎・茂右衛門・伝四郎・久左衛門へ行、菓子一包ツ、遣ス、平十へもち七ツ遣ス、○籾七蔵ニ蒔テ罹(貰カ)ふ、与吉ソメ致ス、○おみな焼米入、○百度へ風呂ニ行、
十一日　曇天、七ツ頃より雨、夜へ向テ降ル、○舟町三河屋仁右衛門札受ニ来ル、同人三十七才転宅方角除星祭等頼、○佐平次妻母六十八才女老病祈、芦原也、○小助七才女子疱瘡六日目食不勧祈、○今日は村方休日、○倉作焼米入、○羽根井へ道淳ノ布□・襦袢せんたくニ遣ス、まん中も遣ス、
十二日　夜前より雨、大分降ル、四ツ過より晴ル、○虎蔵札頂ニ来ル、○清十焼米入、○清源(寺脱)より役所よりノ廻状来ル、紀伊大納言御逝去鳴物等停止之趣也、一乗院へ直ニ遣、○才次郎蚊帳買テ来ル、見せル、余り古キ故返ス、○上菓子・まきせん求、
十三日　晴天、暖シ、○舟町仁右衛門札受ニ来ル、廿疋入、○佐平次芦原ノ札受ニ来ル、廿疋入、○松山喜平六十位男癪□痛祈廿疋入、○田尻定八、六十八才男肩身痛ム病祈、直ニ札遣ス、廿疋入、○舟町嘉七廿一才男風邪祈、○羊助餅一重入、○岩吉・浅四郎・弥市□・彦四郎・六三郎・みつ・茂吉・宗吉焼米入、○松風巻煮(煎)餅求ニ子供遣ス、○七蔵箪笥、絹田畔かけ相済、

十四日　夜前より大雨、昼前迄降ル、○松山喜平札受ニ来ル、○舟町嘉七同断廿疋入、○札木町桔梗屋市兵衛八十九□□痰老病絶食祈廿疋入、○権次郎祈礼ニ来ル、廿疋入、○百度八左衛門七才男子痘瘡初熱強祈、○廻□来ル、兵庫守(頭)殿息女卒去ニ付鳴物停止ノ触也、□□宅蔵(院脱)へ遣ス、○弥市郎牡丹餅入、○文作・鉄蔵・長太郎焼米入、○与吉米一臼搗、

十五日　夜前より雨、昼前迄降ル、晩方晴ル、○八左衛門札受ニ来ル、弐百文入、○百度より若杜(ママ)花入、○猪三郎焼米入、○与□朝より洗たくニ行、米麦壱升ツヽ・百文遣ス、外□四百文給金之内かし、○百度へ三人風呂ニ行、

十六日　晴天、○田尻浅蔵弐才男子疱瘡後祈廿疋入、○□□長三郎七才男子熱強祈、○下地八三郎廿弐才男頭痛祈廿疋入、○西羽田四郎兵衛取次、横須加七十弐才女老□祈、○百度作兵衛四十弐才女咳祈、○百度平四郎入来、平□長病再祈こま頼、昼後勤、晩方参詣札遣ス、○彦四郎牡丹餅入、○大作焼米入、○上菓子・あり平・こま油・香花求ニ子供遣ス、○

十七日　天気曇晴、○三ツ相長三郎札受ニ来ル、廿疋入、○下□八三郎札受ニ来ル、○作兵衛廿疋入、○四郎兵衛同断、○田尻浅蔵夜前死去ト申断ニ来ル、○田尻庄介卅六才女産後祈、○萱町仲蔵廿四才男労所祈、○坂津寺入来、菓子壱袋入、高野山大塔再建ニ付古義真言一派勧化ニ付帳□持参ニ而志頼ニ来ル、高野山勧誘方より五種香一袋入、此辺ノ大地(院)ハ百両位之奉加也、跡より返事と申返ス、○昼後宗(賢脱)中瀬古へ行、菜味噌一重・杜若遣ス、○野□(川)にて金赤一取、○呉服町中田屋時計サヤヒイトロ張取ニ来ル、○七蔵たんす、角田打一まい不足残ト云、

十八日　晴天、○田尻庄介・萱町仲蔵札受ニ来ル、○西羽田林蔵取次、横須加惣吉三才男子片頬腫□廿疋入、○半蔵殿入来、牡丹餅一重入、○朝戒浄来ル、昼後去ル、牡丹五ツ遣ス、○宗賢帰ル、

十八(九)日　晴天、暖シ、○林蔵横須加之札受ニ来ル、○昼後より道淳伴倉作・次介四人岩屋山へ参詣、卅三所

も廻□、片町にてじ（磁）器ノ筒弐本求、三百廿八文也、晩方帰寺、○孫次郎餅一重入、○昼前戒浄来ル、京右衛門・平作見□行由ニ而同道也、留主故直ニ帰ルと云、
廿日　天気曇晴、晩方雨少々、○大崎庄次郎廿五才男□□大病祈、○倉作牡丹餅入、半し遣ス、○岩吉・北角蔵牡丹餅入、○黒さとふ百文求、○百度へ牡丹餅少々□□、才次郎井戸見ニ来ル也、○作兵衛妻病死、土砂頂来ル、○朝五ツ頃与吉帰ル、高足ニ泊由也、
廿一日　夜前より雨、昼過迄降ル、八ツ前より晴ル、○大崎兵助札受ニ来ル、三百十弐文入、○宗賢作兵衛へ悔ニ遣ス、長寿香一遣ス、○七蔵箪笥、籾四俵引弐俵□□出来ル、小中飯迄済、与吉同断、北嶋裏より砂壱荷取テ来ル、
廿二日　晴天、○富蔵朝より井戸カワ落潰レを上ニ□、才次郎手伝、又次郎・日雇三人ニ而致ス、晩迄大分出来ル、○清十赤飯壱重入、半し一遣ス、○作兵衛悔礼十疋入、○子供若海苔・ふ求ニ遣ス、○与吉米一搗、
廿三日　曇天、○早朝小介来ル、七才女子大病臨加持頼、死去、晩方葬式也、○惣右衛門取次、長山ノ妹三十五才病□祈、○仁連木より三人井戸カワ入レニ来ル、昼前土出し後より晩迄二ツ入ル、富蔵も同断、助九郎手伝、又次郎日雇右六人也、○夕、キ土善八より三荷借り入、○百度より蔓豆・干大根入、○弥市郎蕗入、○由三郎蔓豆入、○鉄蔵牡丹餅入、○夜前助九郎仁連木政七へ来ル様頼行、五ツ過帰ル、○七蔵たんす、小物荒方済、
廿四日　夜前より雨、大ニ降ル、昼後より晴ル、○惣右衛門長山ノ札受ニ来ル、廿疋入、○与吉米壱臼搗、
廿五日　晴天、寒不順也、○古茂（菰）口平兵衛十一才女心熱祈廿疋入、○高足代次郎六十一才男頭痛腹痛祈三十疋入、○高須十右衛門より木綿祈祷頼来ル、十疋ト木綿一風呂敷入、○仁連木より井戸堀（掘）三人来ル、カワ五ツ入ル、弐ツ残ル也、○才次郎手伝、富蔵・又次郎日雇同断、○岩田屋にて石灰一求、五百十弐文也、○六三郎蕗入、○宗吉あげ十一入、○小助臨礼十疋入、○

□小助へ悔ニ行、平せん香一遣ス、○燈油・上菓子求、野川平せん香四取、
廿六日　晴天、不順、○下モ町佐次郎当才女子泣祈廿疋入、○古茂口平兵衛病人死、断ニ来ル、土砂遣ス、○高足代次郎札受ニ来ル、○小助悔礼十疋入、○仁連木より弐人井戸仕事ニ来ル、残分井筒共三ツ七ツ前迄ニ相済壁下地等致ス、井戸四尺古カワ残し夕、キ、カワ九ツ入、井筒共十也、此度作料八人分廿七匁之処へ酒手共金弐分遣ス、○才次郎手伝、○富蔵も同断、四人箪笥通へ付、前両日井戸這入ル故、外ニ三百文遣ス、○百度よりつる豆入、○和平より道淳ノ布子洗濯致単物ニ仕立来ル、襦袢道(淳脱)・宗(賢脱)ノ弐ツせんたく致来ル、此方より木綿壱反遣ス、道ノ単物ニ致様頼遣ス、
廿七日　晴天、薄暑、○田町市蔵六十七才女長病祈廿疋入、○田町煙草や太吉六十三才女中気祈廿疋入、○高須十右衛門下モ町佐次郎札受ニ来ル、○井戸跡残土子供庭へ地形ニ持掃除致ス、○百度長作餅一重入、○富蔵へ井戸手伝之心附不足ニ付亦百文遣ス、○晩方風呂致ス、
廿八日　晴天、薄暑、単物着初、○田町市蔵札受ニ来ル、○田町太吉札受ニ来ル、昨晩病死と申也、○中瀬古より子供使ニ来ル、赤みそ一重・醤油小徳利一ツ・花遣ス、○昨日孫次郎草履十五足代百卅五文遣ス、○小僧帯五尺染賃十五文、子供染に遣ス、○昼後茂吉伴平作見舞ニ行、尓今同様と申切素麺十一わ遣ス、助九郎へも先日礼ニ寄供物一包遣ス、
廿九日　曇天、八ツ過より雨、夜へ向テ降ル、○忠蔵息子来ル、横丁鉄物屋取次、白須加西町吉兵衛廿五才女大病祈三十疋入、晩方札受ニ来ル、○平十殿来ル、坂下入用ニ付来月迄金三両借度様申、貸テ遣ス、来月急度返済約速(束)也、○二三人占頼ニ来ル、○与吉朝より中瀬古へ大小一荷取ニ行、○亦吉川へ茄子苗百本求ニ行、代百廿四文也、門前ト瀬戸へ植ル、○中瀬古へ三十本持テ植ニ行、まん中十・杜若ノ根為持遣ス、先より空豆入、○長平病気全快礼ニ来ル、まん中一袋入、○子供上菓子・かりやす求、○百度へ田打雇人頼遣

ス、まん中十遣ス、

閏四月小戊酉建

朔日　夜前より雨、八ツ過迄降ル、晩方晴ル、不順也、○小助四才男痘瘡後食不勧祈、○おみか来ル、銀作熱病十一日目祈、平作ハ少々ヨシト云、○孫七取次、清須也四才男子八日程夢中虫祈廿疋入、晩方札受ニ来ル、○百度親父参詣、つる豆・干大根十弐本入、

○

二日　曇天、八ツ頃より晴ル、○小助札受ニ来ル、廿疋入、○道淳、銀作ノ祈ノ札持行也、○舟町善兵衛廿四才女疥瘡祈廿疋入、○畑ケ中清四郎六十二才女疝癪祈、○治介餅一重入、○才次郎来ル、田打雇人致、手前も手伝様申来ル、

三日　夜前雨、今日も八ツ頃迄折々降、○舟町善兵衛札受ニ来ル、○畑ケ中清四郎同断十疋入、○才次郎田打手伝ニ来ル、万蔵日雇・七蔵箪笥、角田残分壱枚ト絹田打済、直ニ絹田道ハタ一まい小手切致ス、○与吉米壱搗、

四日　天気曇晴、○中瀬古より子供使ニ来ル、米弐升ト銭五百文・薯蕷遣ス、○長重来ル、井戸ノ古筒曪(貫)ニ来ル、遣ス、晩方運、○才次郎手伝・万蔵日雇・七蔵箪笥、絹田残二まい・角田共小手切相済、万蔵ニ四百文日雇渡ス、○子供上菓子求ニ遣ス、○江州中郡ノ商人ニ六七釣之麻蚊帳壱張求、壱両壱分ト弐百文也、○今日は村方節句取越休日也、

五日　晴天、○油屋瀬古重兵衛三十四才男労症祈廿疋入、○小介四才男子同様医者吉凶聞ニ来ル、菓子一包遣ス、十弐文入、○富作つる豆入、○道淳八左衛門へ悔ニ行、平線香一遣ス、○同家より花入、○泰介痘瘡見舞寄セル、菓子一包遣ス、○西町彦次郎手桶・檜桶一荷鑰入ニ遣ス、

六日　朝はら〳〵、曇天也、○油屋瀬戸重兵衛札受ニ来ル、○中瀬古より子供使ニ来ル、関口江明七日斎ニ参ル様申来ル也、菜みそ一器遣ス、○与吉米壱つく、○西町彦次郎へ手桶・檜桶・柄杓鑰替取ニ与吉行、

七日　朝はら〳〵雨、昼前より晴ル、○朝より道淳伴

関口親父六七日斎ニ行、中瀬古へ向テ和尚道同(ママ)ニ而
行、白銀壱匁三分・当百一まい布施入、○野川にて半
し壱束・織(折)本二対・たかき壱対・朱墨一・墨一丁取、
八日　天気曇晴、○新銭町佐右衛門廿八才女腹悪敷
祈、○呉服町足袋屋喜兵衛十九才男ヒツ祈廿疋入、○
西林蔵四才男子箕加持頼十疋入、○川サキ覚道来ル、
旧冬礼ニ饅頭壱袋入、菓子出ス、出来合斎も出ス、病
気尓今同様、コ(護)身法授度様願明後日来ル様申遣也、○
中瀬古へ与吉飯米壱斗・銭壱貫五百文為持遣ス、こへ
取テ来ル、○長平今日より来始也、長全前(より脱)麦一枚麦苅
小中飯迄済、昼後より与吉も手伝、夫みかん草取、
こうせん(香煎)一重入、
九日　晴天、○新銭町佐右衛門札受ニ来ル、○こふく(呉服)
町足袋や喜兵衛同断、○おみつ柏餅入、○子供中瀬古
へ此間ノ預ケ置傘・下駄等取ニ遣ス、柏餅少々遣ス、
先より空豆入、松風巻せん求、
十日　晴天、○清源寺入来、川サキ覚道子狂気か付物
かニ付守受ニ来ル、○無程覚道子入来、一昨日頼護身
法授ケ遣ス、○九左衛門よりつる豆入、○百度よりも
入、○助四郎泰介神立赤飯一重入、○富蔵搗麦三斗四
升持参、先達而分共四斗升(ママ)五合也、ぬかも入、荒麦弐
俵遣処也、○与吉長全前麦運ふ、十三束也、○同人ニ
百文かし、
十一日　曇天、○瓦町藤介六十壱才男左腕痛祈、○百
度庄次郎・八左衛門悔礼ニ来ル、五十銅入、栄吉八左
衛門之弐才児痘瘡にて死、土砂受ニ来ル、○本町八文
字屋より楠葉義法師方より之書翰届来ル、賃十六文
払、僧林無人咋冬より義師輪番知足等兼甚不行届故、
誰成共登山致呉と之事也、○上菓子野川にてせん香・
とふしん取、○長平箪笥、門前麦苅、与吉も同断、
十二日　曇天、朝はら〳〵、○平四郎入来、みと熱病
食不納祈、○神明前おりき六十弐才女瘧祈弐百廿四文
入、○西宿庄吉四十六才女痰か癪胸痛祈、○七蔵たん
す、小物こへ懸少々残ル、長全寺前一まい目あけ、与
吉も同断、
十三日　夜前より雨、大分降、曇天、○天白前おりき

札受ニ来ル、〇西宿庄吉同断十疋入、〇道淳平四郎へみとの札為持遣ス、夜前より食納と云、〇六兵衛婆々取次、羽根井小十長病臨十疋入、〇伝次郎殿宗旨印形取ニ来ル、〇才次郎来ル、胡麻種入、〇与吉斎後より鍬ノ才懸ニ行、四百文遣ス、外ニ百文黒砂糖求、〇七蔵来ル、長七より井筒代金弐朱入、五百文返ス、

十四日　曇天、夜ニ入テはら〳〵、〇瓦町藤作札受ニ来ル、十疋入、〇下地嘉介札受ニ来ル、〇西宿庄吉観音様へ燈明料十疋入、〇百度より干大根十五本・つる豆入、〇同家より茄子苗廿本程入、〇昼後より与吉門前麦苅、〇三渡野尻屋より門袖屋根鬼弐枚・鳥休弐本、新河岸より孫太郎序有由ニ而持参入、

十五日　夜前より雨、今日昼前両度大ニ降ル、晩方晴ル、〇清七殿入来、天神眼（ママ）開礼十疋入、〇上伝馬宅蔵八才女子ヒツ疳祈廿疋ト十弐文入、直ニ札遣ス、〇宗賢八左衛門へ悔ニ行、平せん香一遣ス、〇与吉米一搗、

十六日　晴天、〇下地長太郎廿八才女痰咳再祈、〇横須加七兵衛弐才男子痘瘡十日目祈、〇松山又右衛門六十三才男胸痛祈弐百十弐文入、〇浅四郎・慶作菖蒲花入、〇子供上菓子・香花求ニ遣ス、〇与吉門前麦苅、

十七日　曇天、時々はら〳〵、〇下地長太郎札受ニ来ル、〇松山又右衛門札受ニ来ル、〇横須加七兵衛昨日病人死、祈廿疋入、土砂遣ス、〇下地松蔵七才男子痘瘡四日目祈、〇下地平介三十九才女血ふら〳〵祈三十疋入、〇昼後より道淳中瀬古へ行、菜みそ遣ス、〇長平箪笥、門前残分麦苅、此間苅廿九束入ル、小もの・茄子へこへ致ス、与吉同断、

十八日　夜前より雨、昼前より天気晴ル、〇下地平介札受ニ来ル、〇同松蔵同断廿疋入、〇政平来ル、かふせん（香煎）一重入、道（淳脱）ノ単物仕立出来持参也、笋遣ス、〇道晩方中瀬古より帰ル、楠葉義法師へ行返事□参也、〇夕方半蔵殿入来、新田七兵衛息子ニ習ス由ニ而文章認頼ニ来ル、柚香糖一袋入、〇与吉米一搗、昼後より門前目明ケ、

十九日　曇天、八ツ頃より雨、夜へ向テ降ル、〇田町

善兵衛□□高山也弐才女子虫祈廿疋入、○羽根井権六
廿才男目廻ふら〳〵祈、○戒浄平四郎へ見舞ニ行趣ニ
付立寄ル、○長作・六三郎・彦四郎・みつ花入、○昼
後与吉中瀬古へ小麦苅等ニ行、暮方帰ル、
廿日　天気曇晴、○田町善兵衛札受ニ来ル、○羽根井
権吉札受ニ来ル、廿疋入、○アルキ津嶋ノ札持参、○
百(度脱)長作花入、○
廿一日　朝より雨、夜へ向テ降ル、○正岡村次三郎四
十四才女長病痰ふら〳〵咳出祈金弐朱入、○御影供如
常、
廿二日　曇天、折々雨降ル、○大作柏餅・花入、浅四
郎・由三郎柏餅入、○平十より餅壱重入、○おみな・
弥市郎・角蔵花入、
廿二(三)日　曇天、折々はら〳〵、○正岡村次三郎札受ニ
来ル、○六三郎・岩吉・弥市郎・猪三郎・茂吉柏餅
入、○大作松菜三わ入、○上菓子・壱文菓子求ニ子供
遣ス、○九左衛門柏少々遣ス、○道淳和平方へ行、柏
餅遣ス、○みつ花入、

廿五(四)日　天気曇晴、朝晩はら〳〵、○麻生田彦八、五
十九才男長病付物祈、○北川小介取次、田尻五十弐才
女病気祈、○横須加惣七、五十四才女強引風祈、○西
組山内市右衛門廿才女産後祈廿疋入、○文作・新□・
吉作柏餅入、○朝戒浄来ル、晩方帰ル、柏餅遣ス、○
長平箪笥小麦苅、与吉も同断、
廿五日　朝はら〳〵、昼前より晴ル、○小介田尻ノ札
受ニ来ル、廿疋入、随求守二ツ遣ス、廿四文入、○西
組京右衛門札受ニ来ル、横須加惣七同断廿疋入、○麻
生田彦八同断、□弐朱入、○佐藤金次郎十弐才男躰毒
足へ出祈廿疋入、○倉作・治作柏餅入、○道淳種屋へ
半し壱束・大のり二求、代四百八十九文払、本町八文
字屋へ頼楠葉義法師方へ先達而ノ返書也、老師よりも
行物□千寿幷忠四郎へも遣ス、賃三十弐文也、○三渡
野瓦屋新右衛門来ル、門袖塀瓦代残金壱両払相済、尤
先日壱両渡し置也、○七蔵たんす、畔かへし、
廿六日　晴天、○佐藤金次郎札受ニ来ル、○上伝馬宅
蔵八才女子疳再祈百文入、○曲尺手八〇当才男子体毒

祈百文入、〇子供町へ遣ス、種やにて大のり壱帖・半切百求、三百文内渡、卅文不足、まつ香百文求、〇昼前富作伴平四郎病人見舞行、柚香糖一袋遣ス、平作少々ツ、宜敷と申也、〇百度にて黍種無心致ス、〇七蔵たんす、西より三まい目ト菜畑黍まき、与吉同断小麦取入ル、

廿七日　終日雨、〇曲尺手八〇札受ニ来ル、〇佐藤茂兵衛親父七十四才男カラ咳長病祈弐朱入、〇小浜秀右衛門五十才女手足渋(痺)レ祈弐百十弐文入、〇上菓子百文求、

廿八日　天気曇晴、二度はら〱、〇小浜秀右衛門札受ニ来ル、〇彦四郎・奥蔵柏餅入、〇子供こま油・香花求ニ遣ス、〇長平内おきせ麦叩ニ来ル、八駄弐束也、晩迄ニ済、賃合四百十六文遣ス、〇源次郎銭かりニ来ル、三百文貸ス、

廿九日　終日雨、〇忠蔵来ル、田尻親類四十三才男癪祈廿疋入、〇佐藤茂兵衛札受ニ来ル、〇要介・宗吉・豊作柏餅入、〇子供明日供物けんひつはき求ニ遣ス、野(川脱)にて白赤大(水引)三わ取、〇七蔵柏餅遣ス、〇六三郎もかり大角豆入、

五月

朔日　晴天、少々曇ル、〇早朝より護摩支度昼後修行、参詣少々也、供物札所へ配ル、〇忠蔵札受ニ来ル、〇平四郎殿入来、銀作廿五才病気平愈ノ添護摩頼ム、枇杷無人故道(淳脱)ニ一盆為持遣ス、〇戒浄助法入来、時計掃除ス、夕方帰ル、柏・野菜遣ス、与吉送ル、〇梅蔵柏餅入、〇百度より斎米壱升入、〇供物餅源蔵へ取ニ行代払、〇長平たんす、長全寺前小麦苅、昼後(よ脱)り与吉も同断中瀬古小麦苅、

二日　晴天、晩方曇ル、〇城内松井五郎右衛門三才男子疱瘡十日目祈三十疋入、〇下地忠蔵四十一才男息差シ痛祈廿疋入、〇早朝長平来ル、彦八より孫死ニ付米無心ニ来ル、黒米壱斗三升貸ス、秋返済引合也、〇平四郎へ添こま守・御符・供物共為持遣ス、〇百度ニ而黍種借ル、〇七蔵箪笥、門前豆種・黍蒔等、与吉も同断、

三日　雨天、○城内松井五郎右衛門・下地忠蔵札受ニ来ル、○和田七三郎四十八才胸ツカヘ祈、○道淳彦次郎孫死ニ付悔ニ遣、平せん香一遣ス、○同家より礼五十銅入、○虎之介・富作・おみな・大作・慶作柏餅入、○上菓子求ニ子供遣ス、○宗賢百度へ唐黍売テ羅（貫カ）度様頼遣ス、柏餅も遣ス、○与吉米一搗、
四日　晴天、大分暑シ、○和田七三郎札受ニ来ル、廿疋入、○曲尺手八○より先達祈礼三十疋・大らうそく十一丁上ル、○孫次郎・石松・ハね（イ脱カ）新作・定蔵・次郎作柏もち入、○こふく町美濃屋筆墨売ニ来ル、二三本求、○宗吉揚七ツ入、○中瀬古へ醤油一徳利・柏少々遣ス、○子供町へ菓子、種屋ニて美濃一求遣ス、○長平へ柏餅遣ス、○長平娘おきせ小物草取ニ来ル、○与吉麦干、
五日　晴天、折々曇、○子供礼祝義皆入、○六郎兵衛入来、○次介柏餅・枇杷入、○坂角柏餅入、○角蔵同断、○畑ケ中文七入来、麺廿六入、枇杷遣ス、○呉服町中田時計師来る、ヤツコ不合時々留る故直ニ持行也、○富蔵たんす、長全寺前一枚目あけ、二まい豆植相済、与吉も同断、
六日　曇天、折々雨、○東組丹太夫三十七才女血眼上気祈廿疋入、○
七日　晴天、少々曇ル、○東組丹太夫札受ニ来ル、○小介来ル、田尻従弟四十九才男水食当り腹痛祈、晩方札受ニ来ル、○畑ケ中京蔵五十弐才男尻瘤出来膿血出祈廿疋入、○紺屋町長兵衛年玉祝義一包入、○おみつ枇杷入、○子供中瀬古へ枇杷為持遣ス、簾編道具持帰ル、○長平娘弐人草取来ル、長全前取済、先日壱人ト〆三人賃弐百五十文、外ニ十弐文遣ス、おきせへも八十四文為持遣ス、
四（八）日　曇天、朝はら〱、昼より晴天、○畑ケ中京蔵札受ニ来ル、○上伝馬佐次兵衛廿才男熱祈廿疋入、○上菓子求ニ子供遣ス、○長平たんす、中瀬古へ豆植ニ行、与吉も同断、八ツ過帰ル、小麦一荷ツ、持来ル也、○米三升ト銭弐貫文為持遣ス也、
九日　終日雨、晩方風烈シ、○上伝馬佐次兵衛札受ニ

来ル、○御はた（籏）戸平卅七才女産後血ふら〳〵祈、○前夜才次郎黍種持参也、○七蔵たんす、絹田畔かへし相済、○与吉米一搗、

十日　曇天、昼より晴ル、○御はた戸平札受ニ来ル、廿疋入、○小介取次田尻七蔵礼弐十疋入、○羽根井嘉次郎来ル、七兵衛妻卅五才女血熱祈、○与吉中瀬古へ米七升為持遣ス、先より小麦持来ル、

十一日　晴天、○嘉次郎七兵衛ノ札受ニ来ル、廿疋入、○昼少々前より長平嚊・娘弐人麦かじに来ル、六俵弐斗五升程有、晩迄懸ル、○麦かじ賃百三十弐文、外ニ十六文遣ス、

十二日　晴天、○芦原新田佐吉三十四才女腹下り祈、○上菓子野川にて平せん香四わ取、子供遣ス、○長平嚊・娘弐人小麦叩ニ来ル、六駄弐束也、賃三百十六文渡、晩迄懸ル、○

十三日　朝より終日雨、○上伝馬佐次兵衛廿才男疳強シ再祈廿疋入、○芦原新田佐吉札受ニ来ル、五十疋入、○三番丁粂治手本書テ曜（貫）度様頼来ル也、○

十四日　晴天、○上伝馬佐次兵衛札受ニ来ル、百文入、○中村彦蔵七十才男水気祈、○小池甚太郎廿七才女乳腫レ三才男子瘡疱（ママ）後乳不喰祈、○浅四郎茄子九ツ入、○彦四郎・猪三郎・六三郎・由三郎飽温（饂飩カ）粉入、○長平・七蔵たんす田植、長平内・三平嫁・万介後家植ル、晩迄済、苗不足ニ付六郎兵衛ニ而二荷曜（貫）百度ニ而もち苗四十わ曜也、長ト七ニ百文ツヽ、与吉ニ五十文、女三人へ三百文遣ス、

十五日　天気曇晴、○中村彦蔵札受ニ来ル、五百文入、○小池甚太郎同廿疋入、○平十殿入来、清須松蔵母五十壱才女り病大病祈、○廻状来ル、尾張中納言御逝去鳴物停止之旨也、直ニ一乗院へ遣ス、○新田岩吉温（饂）飩粉入、弥市郎飩温（ママ）一重入、○子供上菓子求ニ遣ス、○道淳平四郎へ見舞ニ遣ス、三人共追々全快と申、枇杷一盆遣ス、

十六日　天気曇晴、○普請組増尾丑次五十八才男留（溜）飲祈十疋入、晩方札受ニ来ル、○西二番丁幸右衛門子年男江戸ニ而病気祈十疋入、○清須市右衛門廿六才女産

後り病折、○朝平十殿入来、清須松蔵母夕部死去、土砂頂ニ来ル、○浅四郎温飩粉入、○六三郎コカ（久我）大角豆入、○おみつ茄子七ツ入、○子供楊（梅脱）取大分有、○半右衛門へ楊一重ト茄子遣ス、百度へも楊遣ス、○

十七日　晴天、大分暑シ、○清須市右衛門札受ニ来ル、廿疋入、○西組幸右衛門札受ニ来ル、○横須加市作三才女子虫祈廿疋入、○西組二番丁粂治折手本認頼来ル、素読も頼、断申共先日参頼故承知ス、○宗賢昼後より中瀬古へ行、枇杷・野菜・花為持遣ス、楊梅も遣ス、○政蔵・伝次郎・平十・平六・権右衛門・六郎兵衛・七蔵・伝四郎・九左衛門・長重楊梅遣ス、○拙庵へも一重遣ス、燈油三百文求、○道淳羽根井行、楊梅一重遣ス、嘉次郎・八兵衛へも同断、○小麦干上壱石四升有、

十八日　晴天、昼後より曇ル、○横須加市作札受ニ来ル、十弐文入、○百度長作暫不快之由ニ而節句祝義一包入、○御頭両人・半右衛門殿入来、寛政用文章借（貸）テ遣ス、○倉作温飩一器入、半し一・扇一遣ス、○文作・岩吉・弥市郎・猪三郎・六三郎・由三郎・みつ・茂吉・おミな・富作十七夜餅入、○竹葉売、五貫四百目、五百三十九文入、○道淳助十見ニ遣ス、大分宜敷ト云、到来ノ品遣ス、○今日は野休也、○宗（賢脱）中瀬古より晩方帰寺、八〇ニ而筆求来ル、代弐百九十五文也、文蔵子供ノ悔ニ遣ス、平せん香一遣ス、

十九日　朝より雨、晩方天気、○文作温飩一重入、○茂吉同粉一重入、○要介餅入、○子供中瀬古へ赤みそ一重・餅少々為持遣ス、○与吉米一搗、

廿日　曇天、昼前より晴天、○河岸次郎八取次、隣家大嶋屋三才女子胸へ桂枝ツマリ祈三百文入、晩方死と申断也、土砂遣ス、○西弐番丁小沢粂治初而素読ニ来ル、大学より始ム、○上伝馬町善蔵より先日祈礼参ニ赤飯壱重入、供物遣ス、○子供上菓子求ニ遣ス、○長（平脱カ）たんす、長全前ニまい片目寄セ済、門前一まい本耕作、与吉も同断、○長平娘・三平嫁小もの草取ニ来ル、○

廿一日　天気曇晴、七ツ過より雨、風有ル、○城内久

野丈介卅八才女上気祈金弐朱入、○坂下八十七・新銭町庄五郎ニ小麦弐俵売六十壱文かへ、唐黍壱斗六升八合三十弐文五分かへ、〆金三分ト七百弐文請取、○子供中瀬古へ楊梅為持遣ス、○昨日女弐人小もの草取ニ来ル済、与吉こへ懸、
廿二日　天気曇晴、○おつね清須ノ礼ニ来ル、弐百廿四文入、○呉服町中田へ時計ノ催促ニ遣ス、○美濃屋ニ而五香取、香花も求、子供遣ス、○長平へ弐人分・三平・おきせ〆四人草取賃八十文ツ、遣ス、○猪三郎茄子九ツ入、
廿三日　天気曇晴、○久野丈介札受ニ来ル、○西宿忠八、三十九才男ふら〳〵祈廿疋入、○坂下定八来ル、先達而金子借（貸）ス返済、最暫延引致呉ト云、羊羹壱棹入、○七蔵箪笥、小もの耕作・肥懸等、胡瓜四ツ遣ス、○与吉一昨日肥荷腰骨積（癪）痛、上伝馬七蔵へ行、五十文遣ス、
廿四日　雨天、八ツ頃より大分降ル、○西宿忠八札受ニ来ル、○下地三十才眼病祈廿疋入、○魚町安之介四十弐才女風邪長引祈弐朱入、○百（度脱）長作庚申餅入、○子供上菓子求ニ遣ス、○羽根井助蔵来ル、八兵衛三山上へ参詣ニ付立心富士之名号四幅頼ニ来ル、
廿五日　雨天、○拙庵より手紙ニ而酉年女左手痛痰労祈金百疋入、施主城内歟、○普請組小玉友平五十三才女再祈大病廿疋入、○おりゑ取次、丑年四十五才男病気祈廿疋入、直ニ符ト供物遣ス、○札木町和泉屋勘兵衛十四才男耳垂頭痛祈廿疋入、○子供天神祭、○胡麻油・あり平求、○弥四郎来ル、才次郎一昨日より頭痛致ト云、○文作茄子十一入、
廿六日　終日少々ツ、雨、折々降ル、○普請組友平札受ニ来ル、○札木和泉や同断、○神明前千之介七十五才女中気祈廿疋入、○仁連木九郎右衛門六十三才男痰祈十疋入、○拙庵へ手紙添御符・こま供物子供ニ為持遣ス、○おみな・俊次より杏入、○孫次郎紫蘇入、○才次郎頭痛尋ニ宗賢遣ス、杏少々遣ス、少々快方ト云、○与吉腰痛未不宜、上伝馬へ行、
廿七日　曇天、少々照ル、○神明前千之介札受ニ来

ル、○仁連木九郎右衛門同断十疋入、○三ツ相善六四十四才女血痞祈弐百十弐文入、○牛久保八太郎卅弐才女痞咳祈、○六三郎茄子七ツ入、○百長作同七ツ入、○清十温飩粉一袋入、○上菓子求、○才次郎頭痛大分快方ト云、枇杷遣ス、

廿八日　天気曇晴、○三ツ相善六札受ニ来ル、茄子七ツ入、○牛久保八太郎同断廿疋入、○八左衛門内悔礼五十文入、○中瀬古より子供使ニ来ル、銭弐貫文ト胡瓜・茄子少々ツ、遣ス、○美濃屋へ唐紙弐まい取ニ遣ス、代壱匁三分也、○長平箪笥、長全寺小物本割壱まい程致ス、

廿九日　朝はら〱、晴天、暑シ、○松山喜平取次、伊古部四十四才男熱祈廿疋入、○長平より女弐人長全前黍畑草取半日ニ済、○七蔵箪笥、籾三俵引六斗有、八ツ頃より小もの耕作、こへかけ也、笠代ニ百文遣ス、晦日　晴天、折々曇ル、暑シ、○松山喜平札受ニ来ル、○弥市郎茄子入、○百度より餅一重入、茄子遣ス、○中瀬古へ明日温飩致ニ付召度様尋ニ遣ス、和尚腹合悪敷後故、暑気ノ時分故不参と之返シ(事)、戒(浄脱)計り来ル様也、○たまり・胡椒求、○種作世話ニ而笋子堀(掘)之付茶漬茶碗廿人前求、晩方持参也、代廿四匁也、□□金壱分弐朱ト百六十文渡ス、売主魚町酒屋と申、○助蔵三山上二幅・石尊二幅認取ニ来ル、□□分共也、三百文入、○八兵衛明日より三山上出立ニ付宗(賢脱)見舞ニ遣ス、餞別廿疋遣ス、○七蔵箪笥、昼前長(全寺)前小もの割、後よりみかん草取、

水無月

朔日　晴天、少々曇ル、夜前酉ノ七刻土用入、大暑シ、○川崎藤吉五才男子腹痛虫祈廿疋入、○おみつ温(饂)飩一器入、沢山也、半し一遣ス、○早朝より温飩打、百度より手伝ニ来ル、大角豆入、○中瀬古へ一重ト大角豆少々遣ス、○百度へ一重、長平・七蔵へも一重ツ、遣ス、○

二日　大晴天、暑サ強し、○早朝戒浄来ル、本虫干始む、四百巻程干、戒夕方帰ル、乾餅・瓜等遣ス、○川崎藤吉子供死去ト申断ニ来ル、○半右衛門より大牛房

三本・白瓜三ツ暑気見舞ニ入、○
三日　晴天、暑強シ、○宗吉温飩壱重入、○本虫干、三百巻程出ス、○長平内・三平内・万介後家田ノ草取ニ来ル、小中飯より七蔵手伝相済、晩方八十四(文脱)ツ、賃遣ス、○長平・七蔵たんす、前東みかん草割り、七蔵昼迄米二臼搗、長平麺共入、半し一遣ス、○おりへ蒲団弐ツ、院(主脱)布子・はんてん、宗(賢脱)はんてん洗踊(濯)ニ遣ス、糀(糊)米も遣ス、木綿弐反代壱貫百四八(ママ)十文渡ス、
四日　晴天、暑シ、○早朝戒浄虫干ニ来ル、夕方帰ル、三百巻程出ス、○外神五三郎暑気見舞ニ来ル、長素麺八手入、弟対州へ行、朝鮮より渡りの団扇壱本共入、半し一・墨一遣ス、○指笠町市兵衛占見料入、○菊屋暑気見舞葛餅十七入、○おみな大角豆入、○倉作茄子・大角豆入、○才次郎大角豆・茗荷入、祭礼ノ絵頼ニ来ル、○道淳羽根井善次郎親父ノ悔ニ行、平せん香弐わ遣ス、和平へ瓜三本・もゝ遣ス、○九平夜前江戸より帰ル、絵入中瀬古へも入、○
五日　天気曇晴、暑シ、○羽根井権六・権吉金毘(羅脱)参詣道無事か占頼ニ来ル、○常陸より暑気見舞ニ白瓜五本入、○重作赤飯一重・白瓜大三本入、斎沢山用、桃ト筆二遣ス、○六三郎大角豆入、○中瀬古へ米四升・糠・桃為持遣ス、其外諸本百度額ニ紙画等共遣ス、○横丁白木屋にて白十六文団扇十弐本・絵団扇十弐本求、○浮麺(麩)まん中十五、四十五文求、鉄蔵疱瘡見舞ニ遣ス、
六日　天気曇晴、暑シ、○本・御経類虫干、晩方其儘置、○中芝清八取次、四ツ屋四十五才男霍乱後大病祈廿疋入、札も遣ス、○田町忠左衛門四五七(ママ)才男胸痛祈廿疋入、○鉄蔵神立祝赤飯一重入、○清源寺より甘酒壱施入、○道淳・子供町へ行、昨日白屋ニ而団扇取処、虫喰有故替ル、不足分廿四文払、種屋ニ而半紙壱束求、弐百七十五文也、○世話人十壱軒へ団扇如例配ル、九郎右衛門ハ無人故不遣、○清源寺へ白瓜大三ツ暑見舞ニ遣ス、○伝次郎内入来、うとんこ一重入、白瓜壱本遣ス、○長平たんす、瀬戸みかん草取、与吉も同断、与吉ニ百文かし、

七日　晴天、暑シ、○昨日虫干晩方入ル、○畑ケ中与四郎五十七才男大病祈弐百十弐文入、○田町忠左衛門札受ニ来ル、○龍雲寺・光明寺入来、万屋五本ノ羊羹配書ツ、入、桃出ス、○坂角蔵素麺十手入、筆二遣ス、○北角（蔵脱）・宗吉・助十郎大角豆入、○羊介茄子十一入、○子供上菓子・酢求ニ遣ス、○七蔵たんす、瀬戸みかん草割り、与吉も同断、七ニ大角豆遣ス、
八日　曇天、四ツ前より夕立少々、昼過より晴天、涼シ、○畑ケ中与四郎札受ニ来ル、○四つ屋権七、弐才男子上ケ下シ祈、○清源寺来ル、暑気見舞ニ茶一箱入、菓子出し、○呉服町中田時計直しテ持参ス、賃五匁呉と云、去冬求節不工合成ハ只直ス引合ト申遣ス也、○早朝弥介来ル、和平殿・政平・栄介・菊次郎三上詣笠印頼ニ来ル、○無程道淳逢ニ行、弐百文餞別ニ遣ス、○七蔵たんす、瀬戸みかん草相済、与吉も同断、
九日　天気曇晴、涼シ、○四ツ屋権七札受ニ来ル、廿疋入、○魚町紅屋取次、御薗村貞蔵三十九才男痰□病祈廿疋入、○大村彦兵衛六才男子疱瘡初発三日目祈、○中瀬古へ胡瓜・茄子・桃為持子供ニ遣ス、○先より子供使来ル、百度額之画持参也、小遣銭弐貫文遣ス、○助蔵来ル、干温（饂）飩一重入、○おとら明日祭礼ニ付道淳召度様申来ル也、○
十日　晴天、少々凌能也、○大村彦兵衛札受ニ来ル、三十疋入、○魚町紅屋御薗村ノ札受ニ来ル、○天白前喜之介廿五才男時候疳祈廿疋入、○舟町平野屋四十四才女産後祈廿疋入、○富作温飩一重入、○おとら来ル、温飩二重入、○おみつ・由三郎茄子入、○庄屋へ麦年貢金弐分ト六百十六文為持遣ス、○
十二（一）日　晴天、暑シ、八ツ過夕立少々、○段子（談合）ノ宮喜之介札受ニ来ル、○馬見塚七三郎九十才女老病祈、○七蔵温飩一重入、半し一遣ス、○新大作白瓜二本・大角豆入、○六三郎花入、○虎蔵温飩粉一重入、花も入、○久左衛門より温飩粉一袋入、○九左衛門・源六参宮団扇一ツ、・付（木）キ三わツ、入、○六軒組合ニ而参宮祓・付キ入、○中瀬古より子供来ル、飯米四升ト茄

子遣ス、○女三人田草取ニ来ル、○長平たんす、田こへ打干鰯弐俵余致ス、畔草も刈少々残ル、
十二日　晴天、暑シ、○(馬脱)見塚七三郎供物受ニ来ル、○茅町八十吉三十四才男酒毒祈廿疋入、○源兵衛取次、草間村四才男子霍乱祈廿疋入、晩方札受ニ来ル、○源六参宮土産ノ挨拶ニ白瓜二・胡瓜一遣ス、○田ノ草取女三人、八十四文ツ、遣ス、
十三日　晴天、暑シ、○氏神へ雨乞、昼後より休日アルキ触テ来ル、○院主浅四郎伴昼後清須松蔵母悔ニ行、菓子一袋・平せん香一・桃共遣ス、○おりゑ団蒲(ママ)嶋表見セニ来ル、九ノヒロ(尋)ニ而金壱分ト弐百文求代渡、宗賢単物洗たく致来ル、うり遣ス、
十四日　晴天、暑シ、○百(度脱)長作唐茄子一ツ入、○北角蔵白瓜五本入、○虎之介同三本・茄子共入、○宗吉大角豆入、○九左衛門参宮悦ニ桃少々遣ス、○
十五日　晴天、大ニ暑シ、○お作取次、隣家忠兵衛七十六才男大病臨十疋入、○酢八文求、○百度親父入来、おちの入来也、
十六日　晴天、暑シ、晩方少々曇ル、○田町忠左衛門四十七才男大病再祈臨弐十疋入、○野田惣次郎廿四才女疝癪腹張祈、○同七三郎三才男子虫夢中祈、○上菓子求、○中瀬古より子供四人来ル、七夕額為持遣ス、赤みそ二重・白瓜弐本・大角豆も遣ス、○□□温飩二重入、○孫次郎温飩粉入、○浅四郎茄子・大角豆入、○与吉米一搗、
十七日　晴天、暑シ、昼後より折(ママ)曇、夕方へ向小雷鳴、○野田七三郎札受ニ来ル、廿疋入、○同惣次郎同断廿疋入、○柴屋彦兵衛六才男子疱瘡十一日目再祈廿疋入、○朝より弥四郎蔵米穀米虫(干脱)致ス、○朝より宗賢中瀬古へ勤ニ行、子供ニ米弐升・茄子・桃為持遣ス、○野川ニて金赤(水引)・平せん香取、○文作・慶作温飩粉一重入、○茂吉大唐茄子一入、○昼後□七蔵たんす、荒麦四俵内へ運ふ、搗用意也、夫より干俵〆直シ晩迄方(片)付ル、
十八日　天気曇晴、夜前四ツ頃はら〳〵少々、○新大作温飩粉入、○昼後宗(賢脱)中瀬古より帰ル、七夕之色紙等

八〇ニ而求持参、〇子供中瀬古江温飩一重・かほちや半分遣ス、七夕額出来上り持帰ル、〇与吉米一搗、
十九日　朝より雨大分降ル、〇雨悦休日、子供壱人も不参、〇下地七兵衛三才男子疱瘡後眼病祈廿疋入、〇梅蔵温飩粉入、〇吉作同断、〇治作来ル、西瓜壱ツ・真桑三ツ・茄子廿入、半し一遣ス、皓月堂ニ而四声求、代金弐朱ト百文預ケ置也、〇政蔵・伝次郎入来ス、〇女三人田ノ草三番目取、
廿日　晴天、暑シ、〇下地七兵衛札受ニ来ル、〇清十母白瓜三本・茄子共入、〇宗吉茄子入、〇六三郎隠元豆入、〇中瀬古へ西瓜・真桑・醤油小一徳利遣ス、七夕額拵へ入用・色紙等代七百九十三文遣ス、〇先より子供盆ニ遣ス扇・筆等八〇ニ而求来ル也、〇宗賢、才次郎不快尋ニ行、瓜一・真（桑脱）一遣ス、〇田ノ草取三人日雇八十四文ツ、遣ス、
廿一日　晴天、暑シ、〇御影供如常、〇小浜三平三十七才男ヒツ祈廿疋入、〇西羽田六三郎取次、瓦町三十弐才男引風滞り祈、晩方札受ニ来ル、〇光明寺取次十弐才男熱大病祈廿疋入、〇夜前平四郎内来ル、三才男子り病祈、今日札・供物為持遣ス、〇平四郎殿入来也、〇上菓子求、〇今日は北伊勢向八幡ニ而雨乞、一日西羽田神楽夜も有、休日也、
廿二日　晴天、暑シ、〇小浜三平札受ニ来ル、〇和平殿入来、山上参土産ニ菓子配書一枚入、〇治介来ル、瓜弐本・茄子廿入、〇猪三郎越瓜弐本・真桑五ツ入、〇茂吉越瓜三・積（漬）瓜二ツ入、〇子供中瀬古へ遣ス、先日之扇一箱替ル、扇・筆代弐貫四十四文渡、右八〇払也、白瓜弐本遣ス、〇長平たんす、長全（寺脱）前引掛致ス、
廿三日　天気曇晴、折々はら〳〵雨降ル、〇西羽田六三郎瓦町祈・初尾廿疋入、〇
廿四日　天気曇晴、大ニ涼シ、〇茅町権作四十五才女今暁より腹痛祈廿疋入、〇渡辺龍蔵母七十四才女長病臨加持三十疋入、〇定蔵温飩粉入、〇由三郎真桑五・茄子入、〇子供種屋へ半紙借りニ遣ス、壱束ト壱帖手本ニ持参ス、〇七蔵たんす、門前引懸致ス、
廿五日　晴天、暑シ、〇田町瀬古茶碗屋佐七、十六才

男疳祈、○田町祐吉廿五才男風通祈弐百十弐文入、○茅町権作札受ニ来ル、○直作瓜四本入、○新大作三本入、○豊作温飩一重入、○平四郎孫り病見舞ニ行、菓子一包遣ス、○燈油三百文求、○塩百文求、

廿六日　晴天、暑シ、○田町瀬古茶碗屋佐七札受ニ来ル、廿疋入、○田町祐吉札受ニ来ル、○新丁室賀五左衛門八十五才女中気臨加持廿疋入、直ニ札遣ス、○本町小野屋久兵衛六十才女五六年気分不勝祈金弐朱入、○栄吉来ル、平四郎孫夜前病死、土砂囉(貫カ)来ル、○重作西瓜一・瓜二入、○猪三郎唐(ママ)　壱ツ入、○清須松蔵母悔ノ礼ニ真桑瓜九本入、○道淳与吉供、平四郎孫葬式ニ行、菓子配書一遣ス、○子供上菓子、美濃屋ニ而反魂丹五ふく取、○

廿六〈七〉日　昼後より晴天、暑シ、○早朝平四郎孫ノ悔ニ行、平せん香一遣ス、○晩方礼ニ来ル、廿疋入、○六郎兵衛ニ行、真桑ニ菓子一包遣ス、平六へ祐作大村へ養子ニ行悦ニ菓子配書一遣ス、平十へ寄菓子一包遣ス、○百度若者より祭礼額之画礼まん中配書入、

廿七〈八〉日　昼後より晴天、暑シ、○新田紋右衛門四十才男僧風通ヒツ大病臨加持廿疋入、晩方札・供物遣ス、○弥市郎温飩粉入、○中瀬古より子供使ニ来ル、小遣銭壱貫文・真桑二本遣ス、○与吉ニ百文かし、給金預ケ分相済也、

廿九日　曇天、申ノ上刻より大夕立、雷夜へ向テ鳴ル、○本町小のや久兵衛札受ニ来ル、○清水おはる四十五才男風祈廿疋入、○札木玉屋太次右衛門五十八才女霍乱後大病祈廿疋入、○下地音吉弐才女子虫祈、○田ノ草四番目女三人出取、○与吉米壱臼搗、

夷則大

朔日　曇天、午刻前より晴天、○諸方休日、子供壱人も不来、○清水おはる札受ニ来ル、○札木玉屋同断、○下地音吉同断、○札木町丁子屋三十五才男時候ノ熱気ふら〳〵祈、○中瀬古へ飯米壱斗・唐瓜壱ツ与吉ニ為持遣ス、○百度平兵衛九才女子腹痛不食祈、○六郎兵衛入来、明日親父七回ニ付斎ニ召度様申、承知ス、○昨日田ノ草取七ツ頃より雷雨ニ付上り、今日昼前三

人出取相済、賃百四文ツ、遣ス、○名古屋皓月(堂脱)大介本掛取ニ来ル、金壱分ト六百四十六文渡相済、
二日　大晴天、暑シ、○百度平兵衛札受ニ来ル、廿疋入、○札木町丁子屋同断、○院主道淳伴六郎兵衛七回忌斎ニ行、温飩也、菓子配書一遣ス、宗賢へ二重入、晩方礼ニ来ル、百卅弐文入、○小浜代次郎弐才男子咳祈、西組三六、七十才男疳ふら〱祈廿疋入、○中村次郎吉・清三郎村方り病流行ニ付家内安全之祈、○鍛冶町斧や菊野六十九才男痰祈廿疋入、○西宿仁右衛門取次、六十六才女年病癪祈廿疋入、○坂角(蔵脱)西瓜壱ツ入、○長平たんす、中瀬古畑草削ニ行相済、与吉も同断、○坂下八十七ニ大豆弐斗売、八十文かへ也、代壱貫六百六十四文ノ処壱貫五百文入、
三日　昼後迄折々夕立、晴天、暑、○昨日之もの札受ニ来ル、小浜代次郎廿疋入、○中村清三郎・次郎七守四幅・供物壱包遣ス、百文ツ、入、○長平より長茄子廿一入、白瓜弐本遣ス、○虎蔵かほちや壱ツ入、○瓜郷惣介より下五井瓜廿本・斎米壱升入、供物一包遣ス、○七蔵たんす、籾四俵引、弐俵程米出来ル、唐黍苗曜(貫カ)賃ニ唐黍壱升遣ス、
四日　夜前も夕立、晴天、暑シ、○魚町八五郎六十三才女癪ニ痰祈弐百十弐文入、○呉服町多葉粉やより五十六才男疳乱気占百文入、○朝戒浄平四郎へ悔ニ行寄ル、○子供町へ行上菓子、美濃屋ニ而あいろふ弐本求、代壱匁弐分也、○与吉米壱臼搗、
五日　晴天、暑シ、○魚町八五郎札受ニ来ル、○西組竹田軍左衛門八拾才女霍乱後付物祈廿疋入、夕方札受ニ来ル、○西組高橋三代介三十四才男上気耳遠シ祈廿疋入、○虎之介大西瓜壱ツ入、○宗吉茄子入、○子供野川へまつ香取ニ行、○中瀬古より七夕掛行燈之画四まい取ニ行、○中瀬古より子供使ニ来ル、銭弐貫ト茄子・醤油壱壺遣ス、○子供七夕短冊書、
六日　晴天、暑シ、晩方少々曇ル、○西組竹田軍左衛門・同高橋三代介札受ニ来ル、○半右衛門入来、母六十弐才女二三日已前より中症食不勧祈廿疋入、○西組山内京右衛門廿五才男時候癪腹痛祈廿疋入、○朝より

子供七夕祭支度短冊等釣ス、夜五ツ半過皆帰宅、○倉作読物礼三百文・真桑五本入、半し三・扇一・墨一遣ス、○次介西瓜一・江戸瓜二入、○孫次郎草履三足入、○宗賢北川惣八孫病死悔ニ行、平せん一遣ス、○七日　晴天、○今日は七夕、子供祝義入、夜四ツ頃皆帰ル、○中村助左衛門四才男子り病祈廿疋入、○西宿利兵六十九才男疳祈弐百廿四文入、○西組市右衛門札受ニ来ル、○

(表紙)「嘉永第四辛亥星
浄慈院日別雑記
孟陽大良辰日」

正月大戊子閉

元日　大晴天、長閑也、○早朝大鐘百八打、其後多聞供修行、○小食小豆粥諸尊江供、斎雑煮餅同断、○越年院主三十四歳・道淳十六歳・宗賢十八歳・下男与吉七十才也、○子共書始台所江張、○礼人三四十人程来ル、○庄屋ヨリ金弐分ト四百十三文去冬勘定ノ割ホコリノ由ニ而アルキ持参、○新田権右衛(門脱)ヨリ去年三月ニ貸金三両ト外ニ壱分二朱入、文作持参故預置也、○開浴営、百度・近所来ル、

元二　快晴風少々、○早朝多聞供修行、○小食斎如昨日、○礼人夕方迄多分来ル、○呉服町九文字屋礼十疋入、菓子出ス、○大村藤次良礼、藤右衛門下佐脇ヨリ養子連立来ル、八橋納豆壱箱入、○朝ヨリ才次良年玉拵ニ来ル、西町利吉江茶一本求ニ行、代六百十五文也、○下男酢・朱唐紙求ニ遣ス、明日年玉配等人頼ニ遣ス也、

元三　晴天、大ニ寒シ、○早朝多聞供修行、○朝ヨリ院主長作伴村中・御籏・西宿・萱町迄礼ニ廻ル、八ツ前迄ニ済、年玉持九左衛門・配人要助也、子供二人江半紙一帖ツヽ・菓子一包ツヽ遣ス、○九左衛門へ半紙二帖遣ス、○昨日阪(坂)津六右衛門七十二才男種(腫)物大病祈、今日札受ニ来ル、廿疋入、○瓜郷惣助礼十疋入、菓子出ス、去冬ノ斎米一升・里芋一苞入、○新田喜三良礼ニ来ル、一昨日金一分二朱ノ内弐朱ハ過故返ス、外ニ壱分藁代ニ遣ス也、○清源寺年玉半紙半帖・扇一本入、長全寺半紙一帖入、○下男中瀬古江挟箱為持遣ス、先より金一分弐朱ト六貫六百文入、上菓子・黒砂糖・酢求ム、○

四日　大ニ寒シ、少々曇ル、○多聞供修行、○節会子共廿四人呼フ、七人風邪旁ニテ不参、次郎作・奥蔵・吉作・茂吉下山故不参也、小豆一升五合沢山也、○才

次良朝ヨリ手伝フ、○富蔵・長平呼フ、後ヨリ半人長全前麦二番削り致ス、○早朝道淳中瀬古江礼ノ助勢ニ行、昼前帰ル、○六良兵衛より豆腐弐丁ト切餅一重入、半紙一状(帖)遣ス、○川崎甚八、十三才男名替頼来ル、十疋入、房次良付ル、○小松松次良三十六才女病気祈十疋入、○船町粂蔵六才男子疱瘡祈、○常蔵来ル、田尻親類七十一才男風邪祈、直ニ札遣ス、弐百十弐文入、○札木町堺屋与七、三十八才女風邪祈、○牛久保彦介女房再縁祈、○下男中瀬古へ膳・茶碗・箸・テコ芋一苞為持遣ス、挟箱備四膳返ル、

五日　晴天、晩方少曇ル、○多聞供修行、○豊川佐次良六才男子眼病祈廿疋入、○百度親父、子供弐人箕加持頼ニ来ル、亀次郎疱瘡六日目也、大ニ軽シ、着物持参也礼廿疋入、星祭札遣ス礼廿疋入、○小松松次郎札受ニ来ル、観音尊へ志入、○札木町堺屋与七同断四十疋入、○船町粂蔵同断廿疋入、○日記帳面等綴ル、上出来也、○新田大作こま初尾入、外ニ小豆一升入、半し一・櫁(蜜)柑廿余遣ス、○龍拈寺方丈礼ニ入来、扇子箱入、○悟真寺使僧礼扇子弐本入、○善忠院同納豆入、○御籏与平娘・高須五軒分こま初尾入、外ニ仏名会志弐百五十文入、みかん三十余遣ス、○菊屋礼白雪糕一入、

六日　夜前雪はら〱、天気曇晴、風有寒ヒヨン(雹)降ル、○多聞供修行、○田町畳屋善吉六十六才男黄疸祈、○新田治介星祭札受ニ来ル、○おつき銭八百文借り来ル、○朝戒浄来ル、直ニ去ぬ、明日御城より中瀬古ニ而斎喰様申来ル也、○斎後道淳与吉伴、羽根井・牟呂・新田・吉川へ年礼ニ行、晩方帰ル、○開浴営、百度富蔵入り来ル、

七日　晴天、昼より大ニ長閑、○早朝より院主富蔵伴、御城御年頭御留主故玄関ニ而済、城内其外町方直ニ年礼致ス、中瀬古ニ而斎、昼後帰寺、中瀬古へ櫁(蜜)柑・九年(母脱)遣ス、○昼後より道淳・富蔵、大村・瓜郷・下五井へ年礼ニ行、藤右衛門へ養子悦ニ柚香糖一袋ト扇子弐本遣ス、○子供皆礼来ル、久吉不参也、其外三人礼残分大分来ル、○倉作大サボン弐ツ入、○東脇安兵

衛四十七才女小水ツマリ祈、○田町畳屋善吉札受ニ来ル、廿疋入、○神宮寺使僧礼御札ニ納豆入、○茂左衛門茂吉下山ノ断来ル、母も来ル、祝義入、○

八日　天気曇晴、夕方風強し、○清水市作母風邪痰咳祈三十疋入、○坂津六右衛門六才女子疱瘡十日目祈、○東脇安兵衛札受ニ来ル、廿疋入、○豊川佐次郎同断、○平十・権右衛門・六郎兵衛・徳兵衛・伝四郎・久左衛門・助九郎へ備壱膳ツ、配ル、半右衛門へは先日遣ス也、○道淳野川ニ而水引三わ・大のり弐帖取、人形ニ笛求、亀次郎疱瘡見舞ニ直ニ為持遣ス、○常陸礼十疋入、菓子出ス、○与吉みかんこへ懸ル、

九日　天気曇晴、風強シ、寒シ、折々雪、時雨、○坂津六右衛門札受ニ来ル、弐百廿四文入、○市作札受ニ来ル、みかん廿遣ス、○平十より豆腐弐丁入、○青□致ス、才次郎喰ス、清須へ本堂ノ用萱引合頼置遣、○新田市右衛門・浅四郎下山願来ル、弟常右衛門事ヲ頼行也、

十日　晴天、長閑也、○三橋幸吉十一才女風邪虫祈、○小池与四郎三十才女風邪祈、○御堂瀬古とく三才女子疱瘡祈、晩方死ト云断、廿疋入、○亀次郎神立祝赤飯一重入、○重作神立祝同一器入、みかん遣ス、○水主（ママ）礼十疋入、菓子出ス、○与吉中瀬古へ膳・茶椀持ニ行、小ニ取ニ行也、

十一日　晴天、長閑也、○垉六町内田屋平兵衛五十才女風邪祈廿疋入、○小池与四郎札受ニ来ル、廿疋入、○坂津六右衛門疱瘡病死スト申来ル、守礼十疋入、○子供今日より習ニ来ル、節会不参者五人汁子ニ□召フ、○新町治介年礼十疋入、餅焼テ喰ス、○子供上菓子・燈油等求ニ遣ス、○浅四郎里芋・梅花入、用文章手本残分四五本書テ遣ス、○七蔵たんす、門前松枝切ル、昼前より眼もの入り帰ル、川角売テ遣ス、

十二日　晴天、風有ル、○西宿乙蔵五十一才男他行早ク帰宅祈、○小池岩蔵四十八才女癪祈、○垉六町内田屋病人死ト云断土砂遣ス、○朝より才次郎清須へ本堂屋根用茅求ニ行、金弐分相渡、○道淳光明寺・龍雲寺へ榁柑五十ツ、為持遣ス、定八ト新河岸へ年玉遣ス、

新河岸へ去年分掛金三分弐朱相渡相済也、中瀬古分也、野川ニ而大のり二・紐等求、
十三日　晴天長閑也、○坂津金作六才女子疱瘡祈三十疋入、○御堂瀬古次郎右衛門四十弐才女肺労祈廿疋入、○三橋幸吉札遣ス、廿疋入、○西宿乙蔵同断十十（ママ）疋入、○小池岩蔵同断廿疋入、○西町利兵衛同断、○龍雲寺入来、納豆一箱・柚香糖配書一百文也入、光明寺同断納豆一箱・煎茶一袋入、菓子出ス、○利右衛門嗅・畑ケ中伝吉祈礼廿疋入、○けんひつはき・香花求、○江戸九平より手紙来ル、三月頃ニ帰度様申来ル也、○七蔵たんす、中瀬古へ大一取ニ行、夫より前松樹枝伐ル、○長平たんす、門前麦二ばん削、
十四日　曇天、晩方はら〳〵、○御堂瀬古次郎右衛門札受ニ来ル、○坂津金作病人死ス断也、土砂遣ス、○牛久保又次郎礼参、蝋燭十弐銅入、○アルキ秋葉山札・付木三・薬持参也、七文遣ス、○宗賢風邪臥ス、○美濃屋へ葛根湯三ふく取ニ遣ス、こま油求、○開浴、百度と長□入り来ル、
十五日　夜前より雨昼前迄降ル、晴天、○斎後例年之通講之護摩修行、村方他所供物・札遣ス、参詣少々有、○今日は湯立也、○戒浄助法来ル、晩方帰堂、○餅屋源蔵白二文取、餅数百五十取ニ遣ス、代払上菓子求、○
十六日　曇天也、少々照ル、夕方よりはら〳〵、○新銭町嘉太夫五才男子咳祈廿疋入、○松山孫兵衛三十四五才男病気祈廿疋入、晩方札遣ス、○田尻定吉廿四才男腹カタマリ祈廿疋入、直ニ札遣ス、○大西文太郎八才男子疱瘡祈、○昼前万歳来ル、米三合・三十弐文遣ス、○
十七日　夜前雨早朝迄降ル、快晴、晩方より風強し、○牧野村八五郎廿才男風邪付物祈、○三渡野次郎七四十七才女足腫物祈三十疋入、直ニ札遣ス、○新田平吉廿五才男厄除祈十疋入、こま初尾も入、○新銭町嘉太夫札受ニ来ル、○晩方道淳中瀬古へ助法ニ行、○宗賢風邪同様、○美濃屋ニ而葛根湯三取、○上菓子求、中瀬古へ供物ノみかん三十遣ス、○六郎兵衛秋葉札・付

木入、○坂（津脱）角蔵妹神立祝赤飯一重入、菓子一包遣ス、○与吉米一臼つく、○夜前四ツや二軒焼ル也、

十八日　晴天、風強シ、寒シ、○牧野川初（ママ）五郎札受ニ来ル、付物致故随求守共遣ス、金弐朱入、○草間佐次郎七十六才男風邪祈、○大西文太郎病人死ト云、廿疋入、札も遣ス、○晩方道淳中瀬古より帰ル、○宗賢風邪同様也、○久吉・和三郎十七夜餅入、○富作、聖徳太子ノ画像開眼頼来ル、致遣ス、○

十九日　晴天也、○市場林蔵六十七才男水気祈五百疋入、百度親父来ル、助十郎夜前より上言疱瘡五日目也祈、里芋一風呂敷入、○垉六町大原屋卅八才女疝癪祈廿疋入、○草間佐次郎札遣ス、廿疋入、○新田平吉札遣ス、○長作疱瘡神立祝赤飯一重入、祝ニ菓子一包遣ス、○源六より此間貸分八百文入、○下五井猪右衛門・篠束つよ礼年玉入、○上菓子求美濃屋ニ而薬三服取、○富蔵たんす、瀬戸樒（蜜）柑こへ懸、

廿日　晴天也、○村方休日也、○早朝より味噌煮豆五斗昨日昼後より積（漬）ル、八ツ前迄出来ル、夕方より富蔵来ル、搗丸メル也、○市場林蔵・垉六町大原屋札受ニ来ル、○才次郎味噌折々見に来ル、○道淳拙庵へ行、樒柑五十・八橋納豆一箱共遣ス、○宗賢今朝より起ル、○牛久保条吉当月ノ札受ニ来ル、廿疋入、四月ニ札受度様頼帰ル、

廿一日　夜前雨四つ前迄降ル、○百度伝十、弐才男子風邪祈、○朝富蔵来ル、味噌玉釣ス、四ツ過ニ帰ル、○百度助十郎見舞ニ行、今朝より大分静ニ成ルト云、札遣ス、絵本一遣ス、○与吉中瀬古へ赤みそ一重為持遣ス、小一取来ル、

廿二日　晴天、寒シ、○田尻虎蔵六十九才男疝気祈、○小松重次郎四十弐才女留（溜）飲祈、○西組林泰□四十弐才女疳祈廿疋入、○百度伝十札遣ス、廿疋入、○上菓子求、

廿三日　極晴天、長閑也、○草間嘉左衛門七十六才男病気祈廿疋入、○花ケ崎善吉四才女子疱瘡祈、○田尻虎蔵札受ニ来ル、三十疋入、○小松重次郎同断十疋・蝋燭入、○西組二番丁泰治同断、○才次郎・おつね□

神立祝赤飯一重入、○朝より道淳・宗賢羽根井年頭ニ行、櫁(蜜)柑・九年(母脱)遣ス、晩方帰ル、

廿四日　曇天折々照ル、○夜前九ツ半時、萱町綿実や源吉三才男子痰労敷祈、今朝札受ニ来ル、○花ケ崎善吉札受ニ来ル、廿疋入、○草間嘉左衛門同断、○与吉在所へ礼ニ行、備一・百文・みかん遣ス、外ニ三百文かし、○長平たんす、門前麦耕作也、○外神七三郎初午より九才男子手習登山頼来ル、○美の薬三取、

廿五日　晴天也、○牛久保彦助参詣、○才次郎入来、○茂吉手本取ニ来ル、あけ九ツ入、○子供天神祭、○燈油求、○鉄蔵梅花入、○伝次郎へ味噌蒸桶借ル賃ニ半し二遣ス、

廿六日　晴天也、○札木町おむら屋政右衛門六才女子疱瘡後祈十疋入、○百度源七取次、仁連木五左衛門六十五才女持病祈廿疋入、○曲尺手弥太郎五十七才男気不実正祈金弐朱入、○田町久七、三十九才女胸苦敷祈、○西組蕗右衛門七十三才男疳荒立祈廿疋入、○清七殿入来、孫九才女子初午より手習登山頼来ル、○百度より助十郎神立祝赤飯一重入、○才次郎伊奈へ行序ニ瓜郷惣介へ年頭失念ノみかん二十為持遣ス、○与吉晩方在所より帰ル、

廿七日　晴天、長閑也、○西羽田佐次右衛門来ル、小坂井十四才女虫祈頼、初午ニ九才息子手習登山致様頼行、○田町久七札受ニ来ル、廿疋入、○仁連木五左衛門同断、○西組蕗右衛門夜前死ト申断、土砂遣ス、○朝より三作藁荷手伝晩迄ニ六荷、富蔵たんす同断、〆四十八束入、○美濃屋ニ而五香取、上菓子・香花求、○与吉中瀬古へ小一取ニ行、みかん少々遣ス、

廿八日　夜前より今暁迄雨天気、風強シ、○御堂瀬古忠太郎六才男子疱瘡祈、○新銭町佐右衛門三十三才女風邪祈弐百廿四文入、○曲尺手弥太郎札受ニ来ル、○西羽田佐次右衛門同断廿疋入、○道淳、小八子疱瘡ニ而死ス悔ニ行、平せん香一遣ス、○善八・吉兵衛初午より子供手習登山頼来ル、○才次郎来ル、明日横須かへ茅運送ニ行様申、村手習子供ノ親連一荷ツ、荷様頼遣ス、○祐福寺年頭ニ風邪故手紙ニ而明日七蔵遣ス、

廿疋ト一札、大悟院へ手紙ト十疋・上櫁（蜜）柑五十遣ス、○七蔵へ弁当米一升遣ス、

廿九日　晴天、終日風、○垉六町長次郎十八才男・弐才男子病気祈廿疋入、○御堂瀬古忠太郎札受ニ来ル、廿疋入、○新銭町佐右衛門同断、○久太郎・新蔵・新田権右衛門初午ニ子供祭山（登）之旨頼ニ来ル、○早朝より才次郎横須加へ本堂ノ差茅請取ニ行、渡舟場へ付、昼後より村方子供ノ親一荷ツヽ荷、六郎兵衛・清介・政蔵・重□・長十・助九郎・清七・平兵衛・作兵衛・吉太郎新□□之替りニ銀作・久左衛門右十三人ニ而運ふ、六百十一把也、代ハ先達而渡ス、弐分也、○道淳野川ニ而大のり二・色□金赤一・細筆二取、美濃屋ニ而朱墨三丁取、○和平殿入来、道教ノ傍示杭壱本認遣ス、○坂津寺より納豆・半紙一状（帖）年玉ニ入、角蔵持参也、○与吉腹痛臥ス、○村方より去年暮分馬金弐分取ニ来ル、渡ス、使久蔵也、

晦日　晴天、晩方より曇ル、○松山三十一才男風邪祈廿疋入、○芦原平六、六十六才女疝癪祈廿疋入、○下地（ママ）　取次、当古也廿九才女産後腹痛祈弐百十弐文入、○垉六町長次郎札遣ス、○子供稲荷幟書、○新田彦三郎・市右衛門初午より子供祭山（登）頼来ル、○夜五ツ過七蔵祐福寺より帰ル、御油ニ而日暮ト云、大悟院より返事来ル、進物ハ本山へ弐十疋ト一札、大悟へ十疋ト外ニ上櫁（蜜）柑五十遣ス、先大悟院去八月ニ祐福寺ノ隣寺へ転住ニ而今ノ住持ハ岡崎より来ト云事也、○野川ニ而金養筆十八本取、上菓子求、○開浴宮、百度より入ニ来ル、○泙野蜜門礼十疋入、半し二・櫁柑遣ス、

如月大

朔日　夜前今暁はら〳〵、昼頃より快晴、○六兵衛六才女子疱瘡十二日目虫祈、○昨日之三人札受ニ来ル、○今日は初午、新蔵方八才新四郎・佐次右衛門佐代吉九才・吉兵衛吉作十才・久五郎源吉八才・吉太郎弥介九才・清七おはつ九才・善八孫茅町也伊介九才・助九郎亀次郎七才・新田権右衛門源吉七才・市右衛門常右衛門八才・彦三郎実五郎七才・外神七三郎浜吉九才〆十二人登山、赤飯一器入、子供へも赤飯振舞也、巻筆

弐本ツ、遣ス、○中瀬古へ赤飯少々遣ス、先よりも弐人祭(登)山ニ而まん中七ツ入、使与吉也、○平十へ赤飯一重遣ス、○九左衛門へ同一包遣ス、○作蔵殿入来、祠堂金滞語等也、○拙庵より和平殿使ニ而半切百・扇子壱対入、

二日　晴天、長閑也、○長瀬重蔵六才女子疱瘡祈廿疋入、○横丁甚吉六十四才男吐血後祈廿疋入、○舟町善九郎三十八才女癪服薬祈廿疋入、○六兵衛札受来ル、○政蔵孫疱瘡見舞ニ菓子一包遣ス、虎之介同断遣ス、宗賢持行也、○与吉中瀬古へ小一取ニ行、○助蔵すへ縄六わ持来ル、代百四十文遣ス、○長平たんす、長前畑三番削致ス、与吉も同断、

三日　夜前より雨昼頃迄降ル、○北川おかね五十六才疝癪長病祈廿疋入、○新銭町源三郎三十九才男・三才男病気祈、○舟町善九郎・長瀬重蔵札受ニ来ル、○道淳新田喜三郎先日藁運ふ礼ニ小櫁(蜜)柑百五十遣ス、○源次郎干か求由ニ而金壱分かし、当月十五日時分返スト云、

四日　夜前四ツ頃大時雨ヒヨン(雹)降ル、雷も五ツ六ツ鳴ル、風強シ、□モ少々降ル、○北川虎之介疱瘡十日程重シ祈、○柑子善太郎四才男子虫不言絶祈、晩方札受ニ来ル、廿疋入、○花ケ崎善右衛門三才男子虫引取祈、○新銭町源三郎札受ニ来ル、○北川おかね同断、去年よりノ長病故米壱升施ニ遣ス、○百度へ行納豆遣ス、○七蔵へ尾州行礼ニ半し三帖遣ス、○上菓子求、

五日　晴天、風強シ、雪時雨折々致ス、寒シ、○高足村武八、九才男子大小不〆祈弐百十弐文入、○長重札受ニ来ル、廿疋入、○花ケ崎善右衛門同断、○七蔵箪笥、中瀬古へ大一取ニ行、夫より樹枝打柴拵、○

六日　晴天也、○飯村七郎平六才男子疱瘡六か目こま頼来ル、直ニ勤遣ス、金百疋入、○宗賢中瀬古へ年礼ニ行、みかん少々遣ス、○新町治介へも行、半紙二・茶俵一遣ス、○野川ニ而半紙壱束・白赤三・平せん香四わ取、○こま油・あり平求、○喜三郎藁十八束運ふ、先日共〆五十六束也、代壱分弐朱先達而渡ス、

七日　夜前大雨、昼前より晴ル、風有、○夜前八ツ過

より隣九郎右衛門灰小家焼失也、鐘楼風ハ東風ニ而大雨故類火もなく安心也、十人余見舞ニ来ル、○今日近所其外西羽田・百度よりも見舞ニ廿人余来ル、新田子供親達も来ル、○高足武吉札受ニ来ル、○七左衛門金光寺分□□金割七百十壱文処へ金弐朱入、百十三文渡ス、○常陸より壱貫百九文入、○百度ニ而橀《(蜜)》柑売テ貰ふ、六百七十八文入、○七蔵棒壱本細工致持参也、○

八日　晴天也、少々曇ル、○文作・猪三郎・六三郎・常右衛門・要介・泰介・富作・新作・佐代吉・吉作・久吉・和三郎・宗吉・長作・清十・次郎作・滝蔵・九左衛門餅入、○石松里芋入、○羽根井子供親火事見舞、八兵衛・和平同断、曾我記四冊持参、○次作入来、○燈油・巻せん求、○六郎兵衛へ三人風呂ニ行、○次郎八七十才女風邪頬腫レ祈、○長平たんす、前橀柑こへ、餅十一遣ス、○

九日　晴天、少々曇ル、○百度次郎八札受ニ来ル、廿疋入、○戒浄朝火事見舞ニ来ル、○親父百度黄□入、餅出ス、○外神弐人・羽根《(井脱)》惣衛兵火事見舞来ル、○中瀬古へもち一重・赤みそ一重遣ス、醤油一樽与吉持行、麦耕作致也、小一取テ来ル、○茂吉清書持参、まん中一袋入、半し二遣ス、

十日　晴天、○小池善吉五十六才男風邪祈廿疋入、直ニ札遣ス、○道淳、新田おみつ・実五郎疱瘡見舞ニ菓子一包・九年七ツ遣ス、大分軽ト云、○□右衛門両親之悔ニ行、平せん香二遣ス、○権右衛門へ寄、藁《(肛)》運ふ礼ニ菓子一包遣ス、○坂津医者へ中瀬古隠居ノ後門ノ薬貰ニ行、代壱匁五分也、○中瀬古へ大根ト薬為持遣ス、○百度よりあけ五ツ入、○おちの同断入、

十一日　朝より終日雨降ル、○中瀬古供物米三升与吉引、○

十二日　天気曇晴、○川崎兵蔵八才男子疱瘡初発祈、茅町平六五才男子咳祈十疋入、○粂蔵、仁連木五左衛門六十五才女長病再祈臨、○院主・宗賢風邪、○中瀬古へ粉米ニ而三升分遣ス、○美濃屋ニ而薬三貼取、冬分掛八百八十八文渡ス、上菓子求、○虎介疱瘡神立祝赤飯入、○政蔵孫同断入、○

十三日　晴天、昼より風甚強シ、○川崎兵助札受ニ来ル、廿疋入、○茅町平六同断、○茅町源吉先日祈礼廿疋入、○今日は二之午子供休ム、幟立ル、○風邪同様、

十四日　晴天也、○早朝より明日供物拵粉にて五升致ス、○本堂・諸堂掃除、涅槃像掛ル、○千歳小形求遣ス、○左次郎孫疱瘡見舞ニ菓子一包宗賢遣ス、○長平たんす、門前麦二番こへ初、○開浴営、六郎兵衛百度より入りニ来ル、○仁連木五左衛門礼廿疋入、

十五日　朝曇り、晴天ニ成ル、○遺経如例参詣も大分有、○三九郎守頂来ル、○小八悔礼五十銅入、○岩吉、長全寺ノ馬金割持参也、○清源寺よりも同断入、○

十六日　晴天、晩方曇ル、○彼岸ノ入、曼陀羅掛ル、○釈加供物北川三軒分百度へ遣ス、○半右衛門へも暫不沙汰故遣ス、○宗賢、清七孫疱瘡見舞ニ菓子一包遣ス、○おみつ瘡瘡(マヽ)神立祝赤飯壱重入、○朝俊次入来、坂津次三郎発記(起)人ニ而老和尚筆子中ニ而画像・石碑共建立致度様申来ル也、金弐朱両替、○斎後宗賢中瀬古へ右之旨申遣処、返事ハ断云カ宜敷様申来ル、○仁連木臨(済)財寺へ涅槃像ノ開帳へも参り来ル、○

十七日　夜前より雨終日はら〳〵降、○小池源吉五十六才男再祈廿疋入、○斎後より宗賢中瀬古へ助法ニ行、九年(母脱)少々遣ス、○昨日子供野川へ冬残四貫四百文渡、○美濃屋ニ而風薬三取、○

十八日　晴天也、○新田浅四郎弟常右衛門疱瘡四日目祈廿疋入、○百度権五郎孫指笠町四才男子疱瘡八日目祈、晩方札受ニ来ル、廿疋入、○小池源吉札受ニ来ル、○昼前宗(賢脱)中瀬古より帰ル、○左次郎孫神立祝赤飯一重入、○百度八左衛門孫疱瘡ニ而死ス、悔ニ行平せん香一遣ス、○明日は彼岸中日ニ付隆照師・勝慶和尚・智観沙弥年忌勤ニ付、○三次郎ト長太郎へ明日斎ニ呼様申遣ス、○百度親父料理調物致ニ町へ行、晩方才次郎料理ゆて物致ス、○羽根井長三郎悔礼十疋入、○百度作兵衛位牌認遣ス、眼開礼十疋入、○与吉中瀬古へ小一取ニ行、

十九日　晴天、風有、○今日は彼岸中日ニ而休日也、○勝慶和尚五十回忌・隆照律師十七回忌・智観沙弥卅三回忌彼岸ニ付塔婆立ル、○朝より中瀬古より老和尚御尊来、箱菓子二・五種香入、子供伴也、晩方御帰堂、供物等少々遣ス、○辰蔵ト孫次郎参詣三十疋入、伝兵衛同断弐十疋入、斎出ス、まん中五ツ引、○早朝より才次郎料理煮焼ニ来ル、十疋入、親父歯痛故晩方参詣、飯喰ス、○浅四郎札受ニ来ル、○鉄蔵餅七ツ入、○猪三郎妹神立祝赤飯一重入、菓子一包遣ス、○清七孫同断一重入、○平十馬小屋建ニ付あけ十一遣ス、道淳行、

廿日　曇勝、夕方より雨、○百度権五郎孫四才男疱瘡虫再臨、○上伝馬甚右衛門七十七才男夜分気塞ク祈廿疋入、○上伝馬安次郎廿七才女産後祈廿疋入、○百度八左衛門内悔礼五十銅入、○子供美濃屋ニ而風薬三ト上菓子求、○重作すべ縄八わト只縄ニわ本堂屋根そゝくりニ付入、○長平たんす、門前麦三はん削、

廿一日　夜前より雨、今日も終日降ル、○上伝馬安次郎・甚右衛門札受ニ来ル、○岩吉来ル、おかね大病臨加持頼、○今日は社日ニ而休日、○

廿二日　雨降続、晩方止ム、○松山次右衛門四十六才女疝気祈廿疋入、○西羽田林蔵弐才男子・清兵衛四才男子箕加持、十疋ツヽ入、○道淳西羽田源吉疱瘡見舞ニ行、菓子一包遣ス、○百度権五郎臨加持礼廿疋入、○

廿三日　夜前より雨、夕方照ル、○北川徳兵衛殿入来、腹腫物久敷兼祈三十疋入、○松山次右衛門札受ニ来ル、○才次郎菜ニ水餅入、○新田常右衛門疱瘡見舞ニ菓子一包遣ス、道淳行、

廿四日　晴天也、茅町庄吉五十三才男空中急病祈、○西羽田久太郎源吉ノ神立祝赤飯一重入、○中瀬古へ切餅ノ水積（漬）少々遣ス、小一取テ来ル、○才次郎接穂致ニ来ル、○羽根井お虎来ル、道淳ノ布子仕立頼、木綿壱反ト八掛切ト古袷裏ニ致様ニ遣ス、

廿五日　夜前雨少々、晴天也、○川崎寿三郎十一才男疱瘡祈、○西羽田新蔵入来、新四郎疱瘡八か目大病箕

加持頼来ル、十疋入、○同家へ宗賢見舞ニ遣ス、菓子一包遣ス、○北川徳兵衛札受ニ来ル、○茅町庄吉死ト申断、土砂遣ス、○子供中瀬古へ米二升為持遣ス、燈油・上菓子野川ニ而抹香取、○子供天神祭、○与吉米一つく、○
廿六日　天気曇晴、○二川沢瀉屋弥次右衛門四才女子疱瘡九か目祈金百疋入、○川崎寿三郎札受ニ来ル、廿疋入、○岩吉来ル、おかね大病亦臨加持頼来り、直ニ行テ致ス、○弥四郎中芝又吉へ干鰯求ニ行、六俵一両替四俵求来ル、代金弐分ト壱貫三十四文也、○あり平・こま油求ニ子供遣ス、○上伝馬甚右衛門七日上り参詣、せんへい上ル、
廿七日　晴天、風強シ、寒シ、○垉六町花屋藤次郎六才男子咳祈金弐朱入、○飽海与平三才女子虫祈三十疋入、○新田市右衛門来ル、常右衛門神立祝赤飯入、○晩方西羽田新四郎疱瘡十日目死ト云断、○与吉小麦へこへかけ、
廿八日　晴天、風少々、○藤並喜兵衛八十二才男中気祈廿疋入、○魚町八百屋九左衛門取次、国符(府)弐才女子疱瘡祈廿疋入、晩方札受ニ来ル、○垉六町花屋藤次郎札受ニ来ル、○飽海与平同断、○二川沢瀉屋来ル、病人死スト申、供物計遣ス、土砂も遣ス、○羽根井五三郎三十三才女眼病虚空蔵菩薩へ立願頼来ル、菓子上ル、○七蔵たんす、大瀬戸櫁(蜜)柑樹三本、瀬戸ノ明た処へ植替ル、○才次郎昼後より手伝、晩方弥四郎・幸作同断、○長平たんす麦耕作、みかん手伝等、○与吉中瀬古へ小用一取ニ行、飯米八升ト昨日奉書代遣ス、
廿九日　曇天はら〳〵、晩方より夜へ向テ大分降ル、○新田安兵衛栄次郎疱瘡七日目祈廿疋入、晩方札遣ス、○豊川政蔵七十八才男年病祈、○札木桜屋小兵衛九才女子腹痛祈廿疋入、○藤並喜兵衛札受来ル、○西羽田四郎次新四郎ノ悔ニ行、平せん香一遣ス、新作ニ九年(母脱)少々遣ス、○上菓子求、
晦日　夜前雨、晴天、晩方より風強シ、○飽海権作廿三才男ふら〳〵祈廿疋入、○豊川政蔵札受ニ来ル、三百文入、○札木町桜屋札受来ル、○半右衛門へ普請見

舞ニ行、到来ノ箱菓子一遣ス、晩方とふふ二丁遣ス、○佐次郎・清七へ寄菓子遣ス、宗賢新田栄次郎之疱瘡見舞行、菓子一包遣ス、○平十より初節句餅七ツ入、○清十とふふ二丁入、○要介・久吉・長作・滝蔵餅入、○富蔵たんす籾四俵引、弐俵余成ル、

三月小

朔日　夜前風強し、晴天也、○御籏林平内養子不身持故祈、○西羽田四郎次悔礼十疋入、○西羽田佐代吉・吉作・源吉あけ入、○鉄蔵里芋入、○浅四郎手本取ニ来ル、まん中一袋入、半し一・細筆二遣ス、○市作白木綿壱反入、半し五・細筆二遣ス、○平十へ娘初節句故まん中一袋遣ス、○徳兵衛病気見舞ニ菓子一袋遣ス、○伝次郎・茂右衛門・権右衛門寄ル、菓子一包ツ、遣ス、○餅三四人来ル、○晩方倉作三ツ葉・芹入、桃花・椿・桜花入、風呂入テ帰ル、○与吉瀬戸か(み脱)んこへ、○開浴営、百度より入ニ来ル、あけ十一・粉入、

二日　朝よりはら〱晩方迄降ル、○子供餅大躰入、○西羽田新作神立祝赤飯一重入、○おみつ下弐人神立祝赤飯一重入、菓子一包遣ス、○上菓子求、○朝七蔵中瀬古へ大一取ニ行、あけ七ツ遣ス、先より椎茸入、○□□米一つく、

三日　天気曇晴、昼後より風強シ、夜へ向テ吹ク、○桃花之節句目出度し、○子供祝義皆入、栄次郎疱瘡大病不参、○九左衛門餅入、○宇平・重作・岩蔵・浜吉餅不来也、○新田安兵衛栄次郎十一日目大病祈弐百廿四文入、○御籏林平札受ニ来ル、○平十・平作入来、○朝中瀬古へ餅一重・赤みそ一重与吉為持遣ス、○七蔵へもち遣ス、

四日　天気曇晴也、○上伝馬畳屋善四郎四十四才男災難除祈廿疋入、○曲尺手近藤浄悦五十六才女疳祈廿疋入、○新田栄次郎大病臨加持符遣ス、○野川へ半切取ニ遣ス、○大根百度へ遣ス、○与吉腹痛臥、

五日　快晴、長閑也、○大木村十郎太夫廿九才女ふら〱祈、直ニ札遣ス、○上伝馬善四郎・曲尺手浄悦札受ニ来ル、○栄□今暁七つ頃ニ死去ト申来ル、土砂遣

ス、無程机も持ニ来ル、○楠葉義法師方へ手紙出ス、性霊集三冊返済、西法寺へも壱通遣ス、瓶原忠四郎へも遣ス、大坂迄賃九十文也、□□取次、○おなか亦候おかねノ臨加持頼来ル、符遣ス、○徳兵衛入来、○新町金兵衛籥掛ニ来ル、桶・小桶等致ス、○富蔵たんす、中瀬古塀そゝくり土塗等也、

六日　天気曇晴、はら〳〵少々、○当古三平廿九才女癪祈廿疋入、直ニ札遣ス、○大木村十郎太夫祈礼廿疋入、○飽海権作札遣ス、○新町金兵衛籥仕事ニ来ル、風呂桶・盥鹵檜桶等致ス、相済、賃弐人分四百文、外ニ廿四文遣ス、○朝才次郎下地へ杉皮求ニ行処、切レ檜ノ皮五束求来ル、壱束壱匁七分ツヽ、代九百三十三文、外ニ皮廿四文求、○長平たんす、長全前麦四はん削、

七日　極晴天、長閑也、○金田重作八十才女胸ツカヘ祈弐百十弐文入、直ニ札遣ス、○昼後新田栄次郎之悔ニ行、平せん香二遣ス、○野川ニ而丸せん香取、○種芋弐升求、○江戸家老関屋弥一左衛門病死ニ付三日鳴物停止ノ廻状来ル、一条院へ遣ス、○

八日　晴天、暖気、○坂津六右衛門三才女子風邪祈、○羽根井七兵衛取次、市場六十八才女積(癪)祈、○下地吉蔵弐才男子風邪祈廿疋入、○新田喜三郎来ル、源吉疱瘡六ケ敷祈、○朝道淳源吉見舞ニ行、菓子一包遣ス、半し二入、○五郎兵衛来ル、金壱両両替頼来ル、六貫六百文渡ス、金入、○道(淳脱)常左衛門へ寄、菓子遣ス、○与吉瀬戸みかんこへ相済也、

九日　晴天、長閑也、○羽根井七兵衛札受ニ来ル、廿疋入、○坂津六右衛門同断弐百三十弐文入、付物有様子故守遣ス、○新田文作札受ニ来ル、廿疋入、今朝ハ少々ヨシト云、○下地吉蔵札遣ス、○新田安兵衛来ル、悔礼廿疋ト餅弐ツ入、栄次郎礼トシテ三百文入、半し三遣ス、○道淳町へ行、野川ニ而半紙三・筆等取、美濃屋ニ而青間ニ合二まい・彫紙四まい取、白木ニ而絵本一・手遊弐ツ求、○今宵九ツ前七蔵・源三郎入来、宵ニ与吉風呂ニ行、御堂瀬古親類ノ栄次郎へ寄、五ツ過より中気ニ発夢中之旨申来ル、亦明前栄次

郎・七蔵参七ツ過ニ死去ト云、甚困り入事也、生死ハ
無常トハ申共無墓(傍)者ニ也、栄次郎親類ノ事故伊古部よ
り向(迎)来迄預り置様ニ申遣ス、
十日　朝曇り、快晴也、○田町甚三郎六十六才男手病
祈廿疋入、○新田治介弐才女子ほうそう十二日目祈
虫、晩方札受ニ来ル、廿疋入、金山寺一重入、菓子遣
ス、○かや町弥次郎七十七才女目舞祈廿疋入、○朝九
ツ頃より七蔵伊古部村与吉引請人兵四郎方へ飛脚ニ
行、引取ニ来ル様申遣ス処、壱人同道ニ而晩方帰ル、
飯喰ス、夫より御堂瀬古へ行、栄次郎ト外ニ弐人雇夜
五ツ頃より行ト云、七蔵も御堂瀬古迄遣ス也、与吉着
類所持之もの皆渡、米弐升遣ス、○栄次郎へも壱升遣
ス、○中瀬古へ大根少々遣ス、野川ニ而平せん香四わ
取、香花・ふ求、○北川おかね悔ニ行、平せん香遣
ス、先より三度ノ臨礼ニ三百文入、○浅四郎妹ノ神立
祝飯(ママ)赤一重入、菓子遣ス、○長平たんす前麦耕作、○
七蔵たんす、夜前与吉娘松嶋ニ居故呼ニ行、亦伊古部
へも飛行、夜も少も不寝、

十一日　晴天也、○国符(府)嘉兵衛五才女子疱瘡祈廿疋
入、直ニ札遣ス、○茅町弥右衛門弐才女子風ニ虫祈、
○大村藤次郎廿八才男不埒気静様祈三十疋入、○かや
町弥次郎札遣ス、○道淳新田源吉見舞ニ行、六ケ敷ト
云、手遊弐ツ・絵本一遣ス、○六郎兵衛・おちの与吉
悔ニ来ル、○羽根井より足袋一洗たく入、
十二日　昼前よりはら〳〵、晩方より夜へ向大雨、○
普請組一六、廿四才男病気祈十疋入、○新田彦八五才
女子疱瘡十二日目祈廿疋入、○茅町弥右衛門札受ニ来
ル、三十疋入、○大村藤次郎同断、○上菓子・巻せん
求、○御堂瀬(古脱)栄次郎来ル、与吉無滞送届葬式四五人ニ
而相済ト云、駕籠借り賃五十文渡ス、
十三日　夜前大雨、晴天也、○西組富吉廿一才男腰痛
祈廿疋入、○野田庵地四十弐才女頭痛耳鳴祈、○橋良
次郎太夫七十六才女年病臨、○普請組一六・新田彦八
札受ニ来ル、○廻状来ル、人相書也、一乗へ次ク、○
燈油求、○和平殿与吉之悔ニ来ル、○羽根井五三郎虚
空蔵尊へ参詣、先日礼十疋ト菓子少々上ル、供物遣

ス、

十四日　朝よりはら〳〵、昼頃より降ル、○西羽田七左衛門七才男子疱瘡ニ疳祈廿疋入、札晩方遣ス、○河岸又八、十一才女風邪祈三十疋入、○四ツ屋半右衛門弐才女子熱強し祈百十弐文入、○西宿留吉札遣ス、○野田庵地同断廿疋入、○道淳御堂瀬古栄次郎へ此間礼米壱升遣ス、いも二升也、組頭政吉へ菓子一包遣ス、○百度□菜味噌一曲遣ス、○夕方畑ケ中文七去年門塀諸色勘定来ル、付間違有故勘定不出来、むし菓子弐本入、半し二帖遣ス、○

十五日　晴天也、○沖木磯吉七十一才男長病臨加持金弐朱入、○上伝馬善太郎五才男子咳祈廿疋入、○西羽田林蔵六才男子疱瘡祈、○上伝馬比良や五才女子咳祈、○川岸又八・草間次郎太夫・四つ屋半右衛門札遣ス、○百度より斎ニ温飩(饂)呼カワリニ入、菓子遣ス、○宗賢北川五郎兵衛へ普請見舞ニ十疋遣ス、○柳蔵蕨入、○野川ニ而平せん香四・金赤一取、○新田治介子死ト申来、土砂遣ス、○百度より薩摩芋入、○晩方百度へ三人風呂ニ行、○紺屋町長兵衛へ唐黍二斗三升売、代壱貫六百廿四文入、

十六日　五ツ前よりはら〳〵、昼後より夜へ向テ降ル、○元新町宗次郎五十五才男中気祈廿疋入、直ニ札遣ス、○吉川弥次兵衛五才男子咳祈廿疋入、○西羽田新蔵、林蔵ノ札受ニ来ル、弐百十弐文入、○上伝馬半蔵・同善太郎札遣ス、○沖木磯吉病死ト申来ル、土砂遣ス、○百度次郎八婆々死ス、土砂頂ニ来ル、○草間より本堂屋根直しニ三人来レ共雨故帰ル、○徳兵衛殿入来、蕨三わ入、○長平・七蔵たんす、苗代拵へ畔かけ、昼後より帰ル、○伝次郎ノ八ニ先日夜飛脚賃ニ百文七蔵為持遣ス、七蔵ハたんすニ付遣ス、

十七日　晴天、冷ル、○百度伝十、弐才男子咳祈、○天白前五七、廿三才男脾胃痛祈廿疋入、○西羽田清右衛門取次、小浜也四才男子疱瘡祈、○新銭町徳三郎四十三才男風邪祈、○茅町次郎九取次、未年女産後腹痛祈、○吉川弥次兵衛札受ニ来ル、○朝道淳、新田治介子供ノ悔ニ遣ス、平せん香二遣ス、餅弐ツ入、彦八へ

も子供ノ悔ニ遣ス、平せん香二、○新田治介礼来ル、廿疋入、権右衛門方源吉疱瘡十七日目ニ而死ト云、土砂遣ス、○宗賢中瀬古へ助法ニ行、○草間葺師新蔵等三人来ル、本堂棟結荒方出来ル、弁当持也、○才次郎手伝、○富蔵たんす、両人下働也、○才次郎下地へ杉皮求ニ行、弐束代三百七十弐文也、以上七束也、○中芝権四郎世話ニ而茂七ト申六十八才男飯煮（焚）ニ来ル也、○百度次郎八婆々悔ニ行、平せん香一遣ス、平四郎寄菓子遣ス、

十八日　天気曇晴也、○天白前五七札受ニ来ル、○西羽田清右衛門同断廿疋入、○新銭町徳三郎弐百廿四文入、○茅町次六同断廿疋入、○百度伝十子死ト申来ル、土砂遣ス、○朝宗賢中瀬古より帰ル、干大根入、○中瀬古へ菜みそ一重遣ス、○草間八太郎・次郎吉・平蔵、本堂屋根・前裏中門指茅致ス、相済茅大分残ル、今日は一日飯喰ス、賃昨日三人九百文、今日六百文、外ニ百文酒手遣、○才次郎手伝也、○七蔵たんす下働、○開浴ヲ営、近所両家・百度より入ニ来ル、

十九日　夜前より雨終日降ル、○中村平七四才女子咳祈、○百度次郎八悔礼十疋入、○道淳、伝十へ子供ノ悔ニ行、平せん香一遣ス、○宗賢百度へ籾種約束ニ行、菓子遣ス、○瀧蔵蕗入、○茂七米一臼搗、

廿日　曇天、折々はら〱、○畑ケ中房吉五才女・弐才女咳祈、○東植田与兵衛疱瘡咳九才女子祈廿疋入、○新田治介子ノ生立様祈廿疋入、○吉左衛門取次、下五井三十六才女産後祈、○中村平七札受来ル、弐百十弐文入、○新田権右衛門へ源吉ノ悔ニ行、平線香二遣ス、相誉大音童子也、○政蔵へ寄菓子遣ス、○伝四郎ノ貞蔵見舞ニ行、大分快方ト云、菓子一包遣ス、○源六より大師様へ餅十五上ル、○新田大作悔礼十疋入、蕗入、○百度ニ而籾種五升・餅壱升五六合借ル、直様水ニ積（漬）、

廿一日　夜前大雨、今暁雷鳴ル、晴天、○畑ケ中善吉五十八才女痰・七才女子咳祈弐百廿四文入、○舟町治平三才女子咳百十弐文入、○西羽田新次郎取次、松山六才女子虫咳祈、○吉川平左衛門三十才男歯痛祈、○

吉右衛門下五井八左衛門ノ札受ニ来ル、廿疋十弐文入、○東植田与兵衛札遣ス、○畑ケ中房吉同断、○昼後御影供修行、○下男茂吉中瀬古へ大小取ニ行、○上菓子・あけ求、○茂吉米一つく、○晩方百度へ三人風呂ニ行、

廿二日　天気曇晴、昼後よりはら〳〵晩方より大雨、夜へ向テ降ル、○畑ケ中善介札受ニ来ル、当才男子咳祈百十弐文入、○善八孫西岡屋五才女子咳祈、○西羽田林蔵弐才男子疱瘡十一日目祈弐百十弐文入、○船町治平札遣ス、○西羽田新次郎松山ノ札受ニ来ル、廿疋入、○吉川平左衛門札遣ス、弐百十弐文入、○杉苗(ママ)本求代百文金田より持参、○新田権右衛門源吉ノ悔礼廿疋入、○牛川へ稲荷勧請地頭より也、七万石、庄屋取持今日遷宮也、領分中休日、○小僧両人参詣ニ行、○大師様供物源六へ菓子一包遣ス、○おりへ婆々へもち七ツ遣、せんたく頼共風邪ノ由也、○今暁植田重右衛門入来談合也、箱菓子一入、

廿三日　晴天少々曇、○仁連木京蔵三才男子風邪祈、○新次郎取次、松山七三郎四才女子咳祈、○善八西岡屋ノ札受来ル、○畑ケ中善介札遣ス、○林蔵子今暁死ト申、土砂遣ス、○戒浄入来、○道淳町へ行、野川ニ而半し二束・大のり壱・上美濃一取、八○半し一束求、茶碗四ツ求代払、○茂吉粟一臼つく、

廿四日　曇晴、晩方はら〳〵、○松山又右衛門七十五才男背骨痛祈、○かや町吉蔵四才女子風邪咳祈廿疋入、○松山七三郎札受ニ来ル、廿疋入、○仁連木京蔵同断、弐百廿四文入、○西羽田林蔵ノ子供悔ニ宗賢遣ス、平せん香一遣ス、○上菓子求、○子供甘茶摘、○おりへ来ル、儒伴(襦袢)五ツ・単物一・布衣一洗濯ニ遣ス、○長平たんす、苗代へ肥出ス、門前引懸、茂吉も同断、

廿五日　夜前より終日雨、風も有ル、○新銭町勘七、五十七才女風邪祈弐百十弐文入、○松山又右衛門札受来ル、廿疋入、○茅町吉蔵同断、○子供天神祭也、

廿六日　晴天也、○清七婆々魚町聟四十四才男ふら〳〵祈、○地下(下地)三蔵取次、四十九才女労症祈、晩方札

遣ス、廿疋入、○東脇久太郎六十弐才男痰長病祈、○新銭町勘七札受ニ来ル、○茂吉ニ給金之内金弐分相渡ス、

廿七日　晴天也、○清七より魚町之札受ニ来ル、廿疋入、○東脇久太郎札受来ル、三十疋入、○林蔵悔礼十疋入、○平作親父ノ石碑出来開眼頼来ル、金光寺へ行子供共弐本開眼致ス、○お菊麦草取ニ来ル、○百度より蕗入、

廿八日　晴天、八ツ過よりはら〳〵夜へ向テ大雨、風も有ル、○新田彦三郎三才男子咳祈廿疋入、晩方札遣ス、○お菊両人・清次郎嗅麦草取来ル、晩方早ク仕舞、○富蔵たんす、こま堂裏ニ而叩土取、茂吉荷、

廿九日　快晴、風有り、○東植田市郎兵衛弐才女子疱瘡十二日目祈廿疋入、直ニ札遣ス、○清水七蔵三十五才女疳労祈廿疋入、○御堂瀬古次郎右衛門五十四才女長病再祈廿疋入、○吉川惣四郎廿五才女ふら〳〵祈廿疋入、○橋良与左衛門四才男子疱瘡十日目箕加持廿疋入、○平十孫弐才女子急病死ト申、茂右衛門土砂頂来ル、○直ニ道淳悔ニ遣ス、晩方野送同人行、○野川ニ而平せん香四・苧取、香花求、○中瀬古より飯米・みそ払底申来ル、

四月大

朔日　晴天、朝冷、○小浜清吉六才男子疱瘡祈、○清水七蔵札受来ル、○御堂瀬古次郎右衛門同断、○吉川惣四郎同断、橋良与右衛門、○朝平十へ子供ノ悔ニ行、菓子配書一・平せん香一遣ス、○無程同家作蔵礼ニ来ル、弐百廿四文入、○百度平作開眼礼廿疋入、○江戸九平より手紙来ル、賃十六文江戸やへ渡ス、○百度より餅一重入、○中瀬古へ飯米五升・赤みそ一重遣ス、小一取来ル、○大鍋鋳かけ賃五十六文、茅町何某へ渡、○長平たんす、引懸ニ苗場打かへす、○清次郎へ草取賃八十四文遣ス、

二日　天気曇晴、晩方風強シ、○富田三次郎九才男子疱瘡祈十疋入、○小浜清吉病人死ト申、廿疋入、土砂遣ス、○宗吉・久吉・和三郎焼米入、○常右衛門三ツ葉入、○道淳、坂津次三郎へ先日屋根屋頼縄壱束入、

礼ニ半し三・柚香糖一為持遣ス、○巻せん求、
三日　晴天也、○清須九郎兵衛五十才女顔痛祈廿疋入、○富田新田三次郎札受来ル、○文作・猪三郎・六三郎・清十焼入、○昨日富蔵苗代へ縄引張、茂吉も行、今日同人籾蒔ク、ソメ致ス、
四日　四ツ過よりはら〳〵雨、○天王小路立心三十八才女風祈、○清須九郎兵衛札受来ル、○燈油・塩子供求ニ行、○朝弥四郎、桑清ニ而赤穂塩一俵求テ持参也、代弐朱ト云、先ニ而払、○茂吉米一つく、
五日　昨日よりはら〳〵雨、○中村久太郎九才男子虫祈、○元鍛治町多葉こや弥吉三十五才男乱症祈、○札木紙屋五兵衛四才女子咳虫祈廿疋入、○橋良千代蔵三才女子疱瘡十一日目祈廿疋入、○天王小路立心札受来ル、十疋入、○伝四郎嶋小麦出来ル迄金壱分無心ニ来ル、貸ス、○牛久保粂吉母来ル、御符・供物遣ス、十疋入、五月分も頼ト云、○おみつ焼米入、○茂吉米一つく、
六日　夜前も少々雨、快晴也、○中村富吉四十五才女癪血祈五十疋入、○新田彦三郎三才男子咳虫臨廿疋入、○上伝馬金蔵四才女子疱瘡後芥蒼祈十疋入、無程死ト申来ル、土砂遣ス、○西町十八、六十六才男病気祈十疋入、○橋良千代蔵・札木町紙屋・中村久太郎札遣ス、○元鍛治町弥吉同断廿疋入、○上菓子求、○富蔵・長平たんす、角田畔かけ少々打、○茂吉中瀬古へ米五升・菜みそ・焼米遣ス、小一取来ル、
七日　終日はら〳〵、○大崎喜左衛門弐才女子虫祈廿疋入、○茅町富吉三十九才男熱祈、○中村富吉札受来ル、○子供花摘持参也、道・宗・子供花御堂葺昼迄ニ済、昼後より道淳・子供中瀬古へ花持行葺、○明日供物等求、○瀧蔵・次郎作焼米入、○開浴営、百度より来ル、塩代八百三十弐文渡ス、
八日　快晴也、風強シ、○朝より誕生会修行、○早朝より中瀬古へ甘茶為持遣ス、干菜十連入、○西羽田庄吉弐才女子疱瘡祈、○西町勘介五十一才女再縁祈三十疋入、○羽根井平左衛門三十六才女・十三才男熱こま頼、金百疋入、○茅町富吉札受来ル、廿疋入、○大崎

も来ル、○徳兵衛・おつね・貞蔵・百度入来、○五郎兵衛入来、普請見舞礼蕗入、○粂蔵手本読ニ来ル、○北七蔵・泰介たこ画書、

九日　晴天也、○下地七兵衛四十才男風癪祈廿疋十弐文入、○西はた庄吉札受来ル、十疋入、○西町勘介札受来ル、○北川三軒ト徳兵衛百度へ供物遣ス、○常右衛門焼米入、○新田彦三郎三才男子死ス申来、土砂遣ス、○上菓子・あり平・こま油・香花求ニ子供行、○美濃ニ而たん取、○おりへ来ル、洗濯儒伴(襦袢)五ツ・単物一持来ル、焼米遣、○七蔵たんす、中瀬古所々屋根直下働ニ行、○孫次郎・六三郎・彦作ノたこ画道(淳脱)致ス、

十日　天気曇晴也、○羽根井久七、廿五才女長病臨、○魚町浅井屋弥兵衛十八才風邪癪祈廿疋入、○羽根井平左衛門札受ニ来ル、○孫次郎・新作・慶作・瀧蔵凧絵書、○長平たんす、中瀬古へ屋ね直シ下働ニ行、蕗一わ遣ス、○

十一日　夜前より雨也、○今日は節句取越休日也、○牛久保又兵衛四才女子咳祈三十疋入、○魚町浅井屋札受ニ来ル、○羽根井久七病人死スと申来ル、土砂遣ス、廿疋入、○昼後道淳、新田彦三郎三才男子悔、外神七三郎三才男子悔ニ行、平せんこ二ツ遣ス、○茂吉米一つく、○垉六町又右衛門来ル、脇机弐脚代金弐分ト弐百文相渡、中瀬古分也、

十二日　晴天、風強シ、大ニ冷ル、○牛久保又兵衛札受来ル、○古宿平七、弐才男子熱祈廿疋入、○小坂井八幡祭礼延ル、○道淳、宗賢・徳兵衛殿・才次郎道同(ママ)ニ而豊川へ小坂井参詣ス、夕方帰ル、○七蔵たんす、中瀬古屋根直シ下働ニ行也、大半・小半取、○忠蔵風巾(凧)画頼来ル、

十三日　晴天、晩方曇ル、此間より続而冷ル、○新田彦三郎来ル、悔礼廿疋入、○古宿平七札受来ル、○猪三郎牡丹餅入、○上菓子・紅求、○西郡蒲形村全高寺鐘鋳ノ奉加三十弐文遣ス、○重作・鉄蔵たこ画、○茂吉□前へ小もの蒔、○七蔵たんす、中瀬古行、今日迄ニ相済、

十四日　朝曇り晴天、晩方曇ル、○牛久保勝五郎三才

女子風咳祈三十疋入、○六三郎牡丹餅入、○吉日ニ付味噌仕込百度親父致ス、玉五斗・塩壱斗七升ニ置塩弐升也、○長平たんす田打、○茂吉長全前粳粟蒔、
十五日　曇天、晩方はら〱、○船町作十、廿一才女労症祈廿疋入、○山田清蔵四十六才女風邪祈廿疋入、○上伝馬市右衛門申年女持病祈廿疋入、○早朝清七殿、魚町権七病死ニ付臨加持頼来ル、土砂遣ス、○常右衛門牡丹餅入、○おちの弐朱両替ニ来ル、○富蔵たんす、絹田畔かけト打、○晩方百度へ皆風呂ニ行也、
十六日　天気曇晴、折(々脱)はら〱、○橋良惣兵衛六十一才女痰瘤祈、○西宿伝十、廿七才女身骨痛祈、○船町六兵衛十九才女風祈、○茅町平吉五十一才男風邪祈廿疋入、○昨日三人札受来ル、○久(ママ)牛保勝五郎同断、○清十母来ル、赤飯一重入沢山也、半し一遣ス、○和三郎餅一重入、○百度より伊良胡土産防風入、○中瀬古へ赤飯少々遣ス、○上菓子・さとふ・巻せん求、○富蔵たんす絹田打済、○茂吉ニ銭弐百文かし、
十七日　晴天、風ニ大ニ強シ、夜へ向テ吹、○百度孫次郎木綿祈祷頼来ル、○内袋小路平野惣左衛門弐才女子咳祈十疋入、○橋良惣兵衛・西宿伝十・船町六兵衛札受来、廿疋ツ、入、○茅町平吉札遣ス、○七蔵・魚町権七臨加持礼十疋入、○外神七三郎三才男子悔礼廿疋入、○道淳中瀬古へ助法行、○九左衛門、源左衛門へ行菓子一包遣ス、百度ニ而防風貰、○六三郎たこ画道(淳脱)致、
十八日　晴天也、風なし、○北川重吉四十三才女癪祈、○小浜三十四才男風熱祈、○上伝馬七右衛門七十一才女熱田虫祈弐百十弐文入、○小浜常吉廿七才女熱祈弐百十弐文入、○船町忠太夫母熱病祈廿疋入、○平野惣左衛門札受来、○朝道淳中瀬古より帰ル、野川ニ而大のり二□・た□□一・生ふ三・うなり取、○同人岩田へ亦行、釣瓶□輪一組借り来ル、代九匁四分四厘ト申、○文作牡丹餅入、○
十九日　晴天也、○住吉甚六、五十五才男疝気祈弐朱入、○小介取次、田尻小左衛門五十六才女胸息ツカシ祈、○尾(王)ケ崎六三郎八十弐才男中気祈、○北川重吉・

上伝馬七左衛門札受来ル、船町忠太夫同断、○小浜久太郎同断三十疋入、○百度孫次郎札受来ル、廿疋入、○草間常吉札遣ス、○中孫次郎、猪左衛門方初節句凧絵書礼歟柏餅一重入、祝ニ十疋遣ス、○みつ餅一重入、○夕方和平殿来、久七方当地頼母子落札□返済致間、金弐分無心ニ来ル、借ス、○

廿日　快晴也、○鍛冶町新兵衛取次、日比沢村平右衛門五十三才女カク(膈)祈廿疋入、○当古権太郎四十四才女癪祈廿疋入、○虎蔵田尻ノ札受来ル、廿疋入、花入、○尾ケ崎六三郎同断廿疋入、○富作・瀧蔵・粂蔵牡丹餅一重ツヽ入、○おなか来ル、幸作嫁取由ニ而銭五月節前迄壱貫六百五十文かし、○中瀬古へ牡丹等少々遣ス、先よりうんさいト申薬草入、○

廿一日　晴天、少々曇、○河岸和介三才男子熱気祈廿□□、○西町仁三郎、源六母タムシ祈廿疋入、○小八取次、天王小路也七才女子風腹痛祈、○橋良武右衛門九才男子疱瘡祈廿疋入、○加治(鍛冶)町新兵衛当古権太郎札受来ル、○御影供如常修行、○文作年回餅入、○住吉甚六札受来、○

廿二日　夜前四ツ頃よりはら〳〵、今暁大雨、晴天ニ成ル、○小池与十、三才女子疱瘡祈、○小浜八三郎三才男子風ニ虫祈、○橋良久四郎十九才男ふら〳〵長病食コナレス祈、○河岸和介・西町仁三郎・橋良武右衛門札受来ル、○小八天王小路札受来ル、廿疋入、○上菓子求美濃屋ニ而葛根湯三・五種香百文取、○徳兵衛殿温(饂)飩一重入、為柏遣ス、○茂吉米一臼つく、○中瀬古へ小一取、

廿三日　天気曇晴也、○小浜八三郎札受来、三十疋入、○小池与十同断廿疋入、○橋良久四郎同断弐百十弐文入、○六三郎豆腐弐丁入、○長作柏餅入、○百度より唐黍苗入、茂吉植ル、○下男茂吉息子来ル、買世帯六ケ敷給金ノ内壱分相渡、

廿四日　朝曇、晴天也、○中郷八郎兵衛取次、四十九□□風祈、○畑ケ中岩吉四十八才女長血祈、○□□野金作廿三才男ふら〳〵祈廿疋入、○坂下□□三十六才女癪祈、○新銭町源三郎先達而祈礼廿疋入、○文作蕗

入、○猪三郎花入、○普請組某花入、○朝より才次郎手伝、七蔵たんす、壺ノ内夕、キ致ス、半分程出来ル、○中瀬古より子供来ル、小遣弐貫文渡ス、○本町岩田ニ而石灰弐俵求、茂吉行、代壱貫五十文、先日釣瓶輪壱貫四十五文也右払、○羽根井おけん殿大病之由、道淳見舞ニ行、切素麺十一わ遣ス、○同人平左衛門嗅病死悔ニ行、平せんこ一遣ス、

廿五日　天気曇晴也、○羽根井善八、五十六才女癪祈、○孫七取次、垉六町権吉兄大津也五十五才男肺癰祈、○八郎兵衛札受来ル、廿疋入、○畑ケ中岩吉同断十疋入、○日色野同断、○朝才次郎手伝、七蔵ト昨日ノ残夕、キ夕方迄ニ相済、石灰二俵用、水一盃漲也、○子供天神祭ル、○上菓子求、

廿六日　曇天也、夕方はら〳〵、○羽根井善八札受来、廿疋入、○孫七同断廿疋入、○坂下音七同断廿疋入、○羽根井平左衛門悔礼十疋入、○泰介・佐与吉柏餅入、○虎之介牡丹餅入、○政平来ル、直次郎方初節句柏餅一重入、○伝四郎八ツ鼻道致行（淳脱）、○百度へ柏餅遣ス、○

廿七日　夜前少々はら〳〵、曇天時々はら〳〵、○中芝清八、弐才男子咳祈廿疋入、○百度音松先日祈ト悔礼弐百五十文入、○泰吉柏餅入、○孫次郎唐黍苗入、○六三郎円唐豆入、○百度よりも同断入、○茂吉、吉川次郎兵衛茄子苗五十本求ニ行、代七十文也、○茂吉米一つく、

廿八日　晴天也、○百度八左衛門取次、馬見塚十八才女病気祈、○高須十右衛門木綿祈祷頼来ル、クリ綿入、○常右衛門・和三郎柏餅入、○中瀬古へ柏餅遣ス、灯油・巻せん求、○富蔵・長平たんす、角田こで切少々残ル、○羽根井直次郎初節句ニ付美濃十四まい扇たこ壱ツ遣ス、

廿九日　天気曇晴、○小松十五郎七才男・四才男病祈十疋ツ、入、○西植田左吉四才女子咳祈廿疋入、○手間丁新蔵四十八才男風祈廿疋入、○佐藤利平廿三才女湿薫薬祈三十疋入、○新田権九郎家内安全祈、○百度八左衛門馬見塚札受来ル、廿疋入、○百度より柏餅

入、○九左衛門へ柏十一遣ス、○開浴、
晦日　天気同様、○新銭町勘十、六十三才男風祈二百十弐文入、○佐藤利兵衛・小松十五郎・手間丁新蔵札受来ル、○新田権九郎同断十疋入、○重作・直作・みつ・清十・要介柏餅入、西新作餅入、○虎之介長芋四本入、○富蔵へ柏餅遣ス、○喜三郎ト藤四郎こま堂裏ノたゝき土取ニ来ル、○けんひつはき・こま油・香花・上菓子求、○長平・富蔵たんす、絹田こで切済也、○昨日廻状来ル、人相書ノ尋人也、一乗院へ渡ス、

五月小

朔日　天気晴曇、○斎後講ノ護摩修行、参詣少々、○東植田喜之介四才男子疱瘡初発祈廿疋入、○野依彦太郎四十八才男風癪祈百十弐文入、玉ニ札遣、○大礒（ママ）　三十一才男引風長病祈三十疋入、○新銭町勘十札受来ル、○平六婆々西植田ノ札受来ル、昨年こま初尾米入、○高須十右衛門札受来ル、十疋入、○指笠町三七取次、豊川新兵衛五十八才女風夜前祈頼来ル、今朝死ス申断廿疋入、土砂遣ス、○戒浄助法ニ来ル、晩方帰ル、柏餅遣ス、○村方其外供物配ル、○供物餅浅蔵へ取ニ行、数百五十代、三百十弐文払、ふ求、○猪三郎・六三郎・柳蔵・慶作柏餅入、○六郎兵衛来ル、赤飯一重入、細屋より聟初客ニ付蚊帳一・蒲団三貸ニ遣ス、○百度より斎米一升入、供物遣ス、○西羽田伊介へたゝき板かり礼ニ菓子一包遣ス、○茂吉門前麦苅初、
二日　朝よりはら〳〵夜へ向テ大分降ル、○大礒久次郎札受ニ来ル、○吉作・定蔵柏餅入、○茂吉米壱臼搗、
三日　雨天、雷ル、晩方少々照ル、○畑ケ中四郎八、弐才女子疱瘡九日目祈、○富作・岩蔵・羽根井新作柏餅入、○七蔵たんす、籾四俵引弐俵弐升正実出来ル、○中瀬古へ飯米六升遣ス、先より笋七本入、茂吉持行、
四日　今暁大雨終日はら〳〵、○畑ケ中四郎八病人死ト申也、土砂遣ス、十疋入、○文作・久吉・浜吉・石松・源吉柏餅入、○常右衛門蕗入、○六郎兵衛先日夜

具貸ス礼ニ来ル、柚の花ト云菓子一・あけ七ツ入、○おちの・円次郎入、○和平殿老母替事なきト申来ル、柏餅遣ス、○長平へ柏餅遣ス、○茂吉米二臼搗、○粂蔵読物ニ来ル、ふ廿八入、筆遣ス、

五日　晴天也、○菖蒲之節句目出度し、○談合宮代八、四十四才男痰祈廿疋入、○子供祝儀皆入、○六郎兵衛・貞蔵入来、○半右衛門同断饅頭配書二入、○昼より七蔵夕、キ瓶ノ処少々水洩故直しニ来ル、八つ過帰ル、○

六日　天気晴曇也、○山田清蔵五十七才男熱気祈廿疋入、○指笠町次郎兵衛八十九才男飲留(溜飲)祈廿疋入、○花ケ崎善吉弐才男子風祈、○談合宮代八札受来ル、○長平たんす門前麦苅、茂吉も同断、○西宿弥三郎炭壱俵代四百六十四文取ニ来ル、払、

七日　雨天晩方ヤム、○山田清蔵札受来ル、○指笠町次郎兵衛同断、○花ケ崎善吉同断、廿疋入、○七蔵たんす、長全前麦苅、茂吉も同断済、七ニ笠代百文ト棒挊等ノ礼半紙三帖遣ス、○入相頃宗賢出奔、羽根井七蔵遣ス、中瀬古へ才次郎遣ス、其外所尋共不見、八兵衛来ル、直様帰ル、

八日　天気晴曇、○地六町八百屋喜兵衛三十四才男風祈廿疋入、○西町十三郎取次、国符(府)六十一才男病気祈三十疋入、○新銭町与十、廿四才女ふら〳〵祈廿疋入、○西宿りく四十六才女種(腫)レ病祈、○野川ニ而まつ香百文取上菓子求、○早朝より才次郎羽根井へ有無尋ニ行、無程八兵衛・和平来ル、八兵衛親類方所々尋、和平・才次郎国符辺より小在尋、幸作豊川辺を尋、夕方六郎兵衛・七蔵共下地辺へ尋ニ行とも一向不見、夜五ツ半頃帰ル、飯喰九ツ頃ニ皆帰宅、○才次郎宿ス、

九日　雨天也、○橋良久吉弐才女子疱瘡九日目祈、○孫太郎取次、手洗也四十弐才男黄痰祈廿疋入、直ニ札遣ス、○八百屋喜兵衛札受来ル、テコ芋入、○西町十三郎・西宿りく札受来ル、○上菓子・あけ求、○昨日朝より戒定来ル、柏餅入、夕方帰堂、○四ツ前より八兵衛宮辺迄追手ニ行、○同刻より才次郎・七蔵荒井(新居)迄尋ニ行、夜五ツ過ニ帰ル、○定吉・作蔵同刻より新城

海道辺尋行暮方帰ル、○政蔵・清介・伝次郎・栄三郎牟呂辺小在へ尋ニ行、夕方帰ル、一向ニ何方ニ在ルとも不足付誠ニ困り入ル事也、近所其外筆子親見舞来ル、新田よりも来ル、○才次郎宿ス、

十一(十)日　終日雨天也、○手洗平三郎六十才女風祈三十疋入、直ニ札遣ス、○橋良久吉札受来ル、百十弐文入、○昼前八兵衛岡崎迄行共一向ニ道不付ニ付、夕部赤坂ニ宿り帰り来ル、○晩方北川三人・半右衛門・百度よりも見舞来ル、其外も来ル、○茂吉米二臼つく、

十一日　曇天也、少々はら〳〵、○東植田兵右衛門三才女子ほうそう祈廿疋入、○政蔵・伝次郎・清介見舞来ル、○新田権右衛門・市左衛門今日北在へ追手ニ参度様中共断申、○権右衛門・市左衛門・彦左衛門・市右衛門・北川政蔵・伝次郎・清介・栄三郎・長十・作蔵・岩吉・太郎兵衛・利作・七蔵新城辺・本宮山辺・御油在北在等へ尋ニ行、夕方五ツ頃ニ帰ル、一向不分、○牟呂子供ノ親其外近所等見舞来ル、○幸作・才次郎内手伝也、○昼前中瀬古へ戒定呼ニ遣ス、即来ル、夕方帰ル、○徳兵衛入来、○虎之介柏餅入、○茂(吉脱)米一臼つく、○百度よりも四五人追手ニ行様申共断申也、

十二日　夜前雨、曇天也、○田町善作六十才女熱病祈、○戒定入来、○百度吉太郎・七蔵・作兵衛・助四郎・善作、弁当持ニ而北在へ尋行度様申来ル、断云、不聞、西方・御馬・宮(三谷)辺迄尋行、夕方帰ル、一向不知レ、○嘉次郎・才次郎昨日豊川ニ少々手掛り有様子故委尋行、人間違也、○所々より見舞人入来ス、

十三日　晴天也、○田町善作札受来、廿疋入、○中瀬古へ飯米四升為持遣ス、先よりも子供来ル、○常陸見舞来ル、新(田脱)七右衛門同断也、○七蔵たんす、麦内へ入ル済、少々目明ケ、茂吉も同断、

十四日　極快晴也、○大崎金四郎五才女子疱瘡祈、○横須加弥三郎四十四才女脾胃痛祈廿疋入、○早朝八兵衛入来、夜前横須加より川ニ小僧ノ死人有由羽根井へ申来ル云、即和平・八三郎・茂八・久作尋ニ行、人違ひ俗人也、先安堵致ス、才次郎も行、飯皆へ出ス、○

半右衛門殿見舞来ル、○六郎兵衛同断、○昼後道淳町へ行、鉄平ニ而錐三本取、野川ニ半紙二束・美濃一・水引・はけ・蝋燭求、○外神ノ七三郎見舞、○長平箪笥、門前目あけ、○弥市郎花入、

十五日　晴天、折々曇、○野依善六、六才女子疱瘡祈、○東植田村弥四郎四才男子疱瘡祈廿疋入、○船町加藤弥平次廿七才男ふら〳〵祈金弐朱入、○本町桶屋富士蔵巳十三才女風祈廿疋入、○横須加弥三郎札受来ル、○大崎金四郎同断、弐百廿四文入、○垉六町八百屋喜兵衛祈弐十疋入、枇杷遣ス、○六三郎花入、○平作・俊次入来也、○源右衛門婆々病気見舞ニ菓子一包遣ス、道行(淳脱)、○七蔵たんす、目あけニ小物こへ、

十六日　曇天、昼後よりはら〳〵、夜分大分降ル、○吉右衛門取次、垉六町廿八才女風祈廿疋入、○船町伊勢屋清兵衛四十三才女風祈、○東植田弥四郎・本町富士蔵札遣ス、○野依善六病人死スト申来ル、土砂遣ス、○北川茂吉母宗ノ見舞ニ来ル、豆腐弐丁入、筆遣ス、○夕方作蔵殿入来、宗ノ寺出村方より地方へ届処、寺よりも寺社へ届様ニ申来ル、○茂吉長全前目あけ、

十七日　天気晴曇、晩方はら〳〵、○下地平次郎六十一才女風祈廿疋入、○小松十次郎四十弐才女風祈百十弐文入、○東植田五右衛門五才女疱瘡十七日目祈廿疋入、○船町伊勢屋清兵衛三十八才男熱大病祈廿疋入、昨日礼十疋入、終ニ死ト云、○吉右衛門取次札受来ル、○船町加藤弥平次札受来ル、○中瀬古へ枇杷三・テコ芋遣ス、宗ノ届書之義申遣、○宗賢今以不知義認届ケ書半右衛門へ頼置、尤村方より□□出ス、豆腐二遣ス、○道(淳脱)中瀬古へ助法ニ行、○虎之介花入、○茂吉門前小麦苅始、○才次郎宿ス、

十八日　極晴天、○紺屋町又五郎六十四才女癪祈十疋入、○新銭町彦吉廿八才女風祈廿疋入、○西町祐助三十八才男風祈、○大崎繁蔵五才男子疱瘡後祈廿疋入、○舟町六兵衛廿五才男風祈廿疋入、○舟町伊勢屋・東植田五右衛門・小松十次郎札遣ス、○下地平次郎病人死ト云、土砂遣ス、○猪三郎・六三郎・常右衛門十七

夜餅入、○昼前道淳中瀬古より帰ル、八○ニ而形紙五十枚代、亦八枚取代弐匁六分七厘ト云、筆三本求代百十四文也、白せん五十文求、○おきせ・清次郎内麦叩ニ来ル、五十九束三十わ也、七ツ頃ニ済、賃五百文渡ス、○
十九日　晴天、朝暮曇ル、○牛久保善八、五十七才女黄痰祈、○船町半十、四十弐才男風祈廿疋入、○同儀助五十一才女風祈廿疋入、○羽根井久五郎三十三才男癪ニ風祈、○横須加惣七取次、佐吉廿一才女風祈、○昨日ノ五人札受来ル、西町祐介廿疋入、○七蔵・長平たんす、小麦苅目あけこま蒔ク、茂吉も同断、
廿日　夜前より雨、四ツ前迄降ル、○柴屋彦介四十才男疱瘡長病祈、○札木肴屋孫兵衛取次、三才男子疱瘡後眼病祈廿疋入、○舟町源之介四十三才女風祈、○昨日四人札受来ル、久五郎・惣七廿疋ツ、入、○瀧蔵柏餅入、○中瀬古へ柏少々遣ス、此間八○ニ而取唐紙形紙代弐百九十弐文共為持遣ス也、呉服町挑燈矢張二張持帰ル、○道淳羽根井おけん殿見舞行、不食ト云、白せんべい少々遣ス、○茂吉米二臼つく、
廿一日　朝曇り、晴ル、○新町油屋作次郎四十四才男風祈廿疋入、○指笠町善吉戌年女祈廿疋入、○畑ケ中文七、三十八才女流産祈、市作廿一才女風祈、○八百屋喜兵衛風再発祈廿疋入、○紺屋町栄次郎廿弐才男風後祈十疋入、○昨日三人札受来ル、源之介廿疋入、○上菓子求、○猪三郎花入、○茂吉門前豆植始ル、同人在所へ芋□・味噌一重遣ス、
廿二日　極晴天也、○助四郎取次、札木町二葉屋四十七才男酒乱祈、○暮河源蔵酒毒四十五才男祈、○下り町善吉五十六才男虐後熱祈廿疋入、○権右衛門お竹廿四才熱祈、○作次郎・善吉・文七・市作札遣ス、○八百屋同断廿疋入、テコ芋一苞入、○上菓子求、○茂吉黍蒔初、
廿三日　晴天、晩方曇ル、○上伝馬治平六十一才女疝気風祈弐百十弐文入、○西宿伝十、三十一才男風祈、○札木二葉や・下り町善吉札遣ス、○暮河源蔵同断廿疋入、○権右衛門柏遣ス、○上菓子求、○権左衛門お

竹病気見舞ニ菓子一包遣ス、道淳行、○百度ニ而黍種三合借ル、○おきせ・清次郎内小もの草取来ル、○七蔵たんす黍蒔、
廿四日　曇天、折々はら〳〵、○西宿伝十札受来ル、廿疋入、○上伝馬次平札遣ス、○おりの金弐朱両替致ス、○久吉・和三郎廿三夜餅入、○七蔵たんす、大豆蒔、黍まさき、○
廿五日　夜前より雨五ツ過大雨也、○札木丸屋五十八才男風祈廿疋入、○西組竹内番左衛門七十六才女食好ミ祈弐百廿四文入、○舟町つほや庄右衛門三十九才女風祈廿疋、○中瀬古へもち・ひわ遣ス、○子供天神祭、長平・七蔵たんす、角田畔かへし、
廿六日　曇天、折々はら〳〵晩方雨、○舟町つほや・西組番左衛門札受来ル、○札木丸屋同断廿疋入、○貞厳院殿三十回忌法事於平林寺修行ニ付停止ノ廻状来ル、次へ継、○院主世話人三軒へ宗賢一件ニ付世話礼ニ行、平十へ半し一・菓子一包、六郎兵衛へ同断、姉娘細屋へ縁付祝ニまん中配書一遣ス、権右衛門へ半し二、幸作嫁貰祝ニ菓子配書一遣ス、○朝より茂吉中瀬古へ小麦苅ニ行、小遣壱貫文・赤みそ一重遣ス、小麦四束廿わ有ト云、○朝才次郎頼、貞助へ宗賢ノ行衛占頼ニ遣ス、地風升ニ而六七十里西南ノ方へ行、昨日今日住居定ト云、長ク居るニ非只三月歟四月迄ト云、礼十疋遣ス、○朝より清次郎内・おきせ長全前小もの草残分取昼ニ済、
廿七日　曇天、折々はら〳〵、○下地取次、赤坂野田屋いと三十三才女肺ヨウ祈廿疋入、○弥介廿七夜餅入、○六郎兵衛来ル、銭弐貫文かし、○清次郎・おきせへ小もの草取賃壱人半ツ、為持遣ス、○茂吉米一臼つく、
廿八日　始終曇天、大分雨降ル、○舟町善九、三十八九ノ時□夢中祈廿疋入、○御籏戸平七才女子時候祈、○古宿平七巳年男顔種（腫）レ祈廿疋入、○赤坂野田や札受来ル、○昨日おちのあけ七ツ入、○上菓子求、○
廿九日　曇天、折々はら〳〵折々照ル、○牛久保篠介三才女子疱瘡後眼病祈、○城内石井宇門三才女子疱瘡

祈廿疋入、○昨日三人札受来ル、○昼後茂吉中瀬古へ大豆植ニ行、飯米一斗・枇杷遣ス、先より夏大根ト菓子一包入、○富蔵たんす、角田畔かへし、奥一まい残ル、

六月大辰

朔日　始終はら〳〵雨也、○城内石井宇門札受来ル、○宗賢行衛不相分ニ付楠葉土佐瓶原へ乍見舞尋ニ書状播仁向テ出ス、○北川おすみ病死ニ付、道淳彦次へ悔ニ行、志弐百文遣ス、○長平昼前たんす、角田残一まい畔かへし相済後より帰ル、

二日　晴天、九ツ時雷大分鳴ル、夕立、晩方照ル、○魚町八百屋喜兵衛十三才女風腹痛祈廿疋入、○七蔵・長平たんす田植、清次郎内・おきせ・お菊植人也、相済、粳苗少々不足猪左衛門ニ而貰済、長七へ百文ツ、下男五十文遣ス、○女三人へ三百文賃渡ス、○青昆布・あけ求、○斎小豆飯也、

三日　極晴天、大ニ暑シ、○舟町伊勢屋清兵衛廿五才（久我）女熱祈廿疋入、○魚町八百屋札受来ル、茄子三・コカ大角豆入、枇杷遣ス、○上菓子・香花求、

四日　晴天暑シ、○朝和平殿入来、直次郎熱病祈、供物一包遣ス、おけん殿廿日程不食、卦立ル沢水困五出ル、砂糖少々遣ス、○新銭町半左衛門取次、新所也三十弐才女労症祈三十疋入、○舟町伊勢屋札受来ル、○中世古へ菜味噌ト野菜為持遣ス、○常右衛門小麦粉入、○茂吉黍まさく、

五日　朝曇りはら〳〵、晴天風有、○新銭町半左衛門札受来ル、○牛久保篠介同断五十文入、○猪三郎粉一重入、○天王社庭草休日也、○道淳・新田権右衛門・市左衛門・彦左衛門・市右衛門先達而宗賢尋行礼ニ半し二帖ツ、為持遣ス、○七蔵へ菜味噌一重・半し二各同断遣ス、○朝道淳野川へ半紙三束・大のり一・美濃一・水引二取、下駄壱足・紐弐束取、

六日　晴天、折々曇ル、大ニ冷シ、不順也、和平殿直次郎ノ札受来ル、廿疋入、○同人へ種豆弐升借（貸）ス、羊蔵へ先日礼旁供物一包頼遣ス、○文作・弥市郎温（饂）飩壱重ツ、入、半し一遣ス、○幸作本町兄ノ処ノ花火筒用

竹二本無心ニ来ル、遣ス、同家お竹病気温飩少々遣ス、〇中瀬古へ薯蕷少々遣ス、画手本取り来ル、〇百度若者掛行燈之画頼来ル、〇百度親父入来、温飩喰ス、〇

七日　曇天、昼前少々照ル、晩方はらく、〇西宿弥三郎母六十七才女ふらく祈廿疋入、〇六三郎小麦粉入、〇利右衛門・平六・伝次郎・清介・政蔵・栄三郎・長十へ先達而宗賢尋礼ニ行、半(し脱)二ツ、遣ス、徳兵衛・平十・伝次郎へ供物一包遣ス、〇半左衛門・作兵衛・助四郎・清七・善作へ右同断半し一・筆一ツ、礼ニ遣ス、半右衛門・助九郎へ菓子一包ツ、遣ス、〇半右衛門殿入来、切素麺十九わ入、先日金引替ニ遣ス分壱分入済也、〇昨日おりへ来ル、ふ廿四・もち五ツ入、布子・袷・半天・木綿衣院主分、布子・袷・半天宗賢分洗濯ニ遣ス、麦一升遣ス、〇長平たんす門前片目寄、

八日　終日雨、風も強シ、〇今日は村方野休、長全ニ日待有ル、〇佐藤仙蔵三十四才上気祈、〇西宿弥三郎へ下男札為持遣ス、到来ノ柚の花ト云菓子見舞ニ遣ス、〇

九日　朝曇り、快晴也、〇新銭町善蔵取次、大木也四十七才女月水滞り祈、〇日待ノ供物アルキ持来ル、〇百度より掛行灯画取ニ来ル、〇

十日　晴天、暑シ、〇天王社祭礼也、〇中村兵右衛門来ル、諸方悪病ニ付兵右衛門・兵次郎・市郎兵衛・次平家内安全ノ祈頼、〇新田彦三郎木綿三所作枯ル無難祈、茄子十一入、〇仁連木戸三郎三十三才男腹苦敷祈、〇山田清□取次、飯村也廿三才男風祈廿疋入、〇新銭町善蔵、大木村嶋田十郎太夫ノ札受来ル、三十疋入、〇佐藤千蔵札受来ル、廿疋入、〇庄屋へ麦年貢金弐分ト六貫弐百六拾壱文為持遣ス、中瀬古分共也、〇上菓子求、

十一日　極晴天、暑シ、〇小松十五郎五十一才男風祈十疋入、〇山田清蔵札受来ル、〇仁連木戸三郎同断百十弐文入、〇新田彦三郎同断廿疋入、〇中村兵右衛門四軒分札受来ル、随求ノ守も四服遣ス、廿疋ツ、入、

楊梅一袋遣ス、○文作茄子九ツ入、○六三郎久我大角豆入、○中瀬古へ野菜少々為持遣ス、○先より子供来ル、小遣壱貫五百文渡ス、○朝より清次郎内・おきせ小麦叩来ル、廿三束三十わ昼前ニ済、昼より麦かじ八俵一斗有ル、晩方迄ニ済、賃百文ツ、遣ス、小麦弐百文ト外ニ十六文遣ス、

十二日　朝曇り晴天はら〳〵、風有ル、○小松十五郎札受来ル、○常右衛門茄子九ツ入、○清源寺より甘酒入、○中瀬古へ飯米四升茂吉為持遣ス、雪踏ノ直シ弐足持来ル、大半・小半取来ル、○平十・六郎兵衛・半右衛門・助九郎・久左衛門・俊次・孫太郎楊梅遣ス、○拙庵ト中瀬古へも遣ス、茂吉行、○長平・富蔵たんす、片目寄長前前相済、門前本ケツリ一まい致ス、

十三日　晴天、折々曇ル、○牛久保煙草や清蔵廿九才女ふら〳〵祈廿疋入、○権左衛門へ楊梅遣ス、○羽根井へ道淳布子・半天洗濯ニ遣ス、楊梅遣ス、

十四日　晴天、○前川孫六取次、高足庄太夫八十三才男無病臨廿疋入、○上菓子・酢求、○清次郎内・おきせ黍草取来ル、○羽根井羊蔵来ル、和平方老母おけん殿未下刻命終ト申為知来ル、七十七才也、土砂遣ス、○下男中瀬古へ右為知、明日葬式ニ和尚名代ニ戒定遣様申来ル、○八百屋九左衛門へ楊梅一重遣ス、先より白瓜三本・茄子七ツ入、○晩方道淳羽根井へ勤ニ行、

十五日　夜前雨、八ツ頃雷鳴ル、天気曇晴、○祇園祭礼、○孫六取次札受来ル、○牛久保清介同断、○道淳下男供羽根井おけん殿葬式ニ行、南鐐壱片香資遣ス、戒名は開誉聞説信女也、暮方帰ル、○夕方弥四郎入来、梅楊《(マヽ)》遣ス、○九左衛門へ同断遣ス、

十六日　夜前雨天気、曇晴折々はら〳〵、○利作取次、札木町丸屋五十九才男再祈臨廿疋入、○徳兵衛へ楊梅遣ス、○おつね殿入来、温飩粉二袋入、山桃遣ス、○清次郎内・おきせ粟草取来ル相済、少残ル、○茂吉米二つく、

十七日　天気曇晴、夕方はら〳〵、○上伝馬栄吉四十才男風祈廿疋入、○清十温飩粉入、○中瀬古へ野菜ニ楊梅為持遣ス、○晩方より道淳助法ニ行、○おちの金

弐分両替、○和平殿入来、此間礼ニ廿疋入、○早朝院主羽根井和平方へ老母ノ悔ニ行、平せんこ二遣ス、嘉次郎へ楊梅少々遣ス、八兵衛へ寄楊梅ト菓子一包遣ス、助蔵病同様ト云、

十八日　天気也、昼後より大雷大夕立、○瓦町栄次郎四十一才男風祈弐百廿四文入、○魚町清三郎三十四才男眼病祈廿疋入、○上伝馬栄吉供物遣ス、○朝道淳中瀬古より帰ル、美濃源ニ而七夕額組絵四まい・続忠臣蔵求代百三十弐文、○燈(行)灯二ツ張替、代八十八文払、○六三郎茄子入、○清七殿ふ廿五入、宗賢出奔ノ見舞也、○昨日久左衛門・猪右衛門・孫太郎伊勢参宮御祓・付木入、○長平・七蔵たんす、長全前小もの耕作、昼後より雨故帰ル、

十九日　曇晴折々はらく、○飽海源蔵七十七才男中症祈廿疋入、○下地辰三郎八十三才女骨痛祈、○昨日弐人札遣ス、○茂吉温飩粉入、扇一遣ス、供物一包外ニ遣ス、○ハね(羽根井)新作同断入、○才次郎夜前参宮帰ル、御祓・付木入、飯喰ス、道中筋宗賢事一向ニ不相分ト云、○三平・吉右衛門同断入、○野川ニ而白扇十四本取、○白木屋ニ而絵扇十弐本求、代弐百三十八文払、
○

廿(廿)一日　晴天、少々曇ル、地雷折々、夕方はらく、○飯村久七、四十四才男風祈、○橋良藤九郎弐才男子ほうそう十一日目祈、晩方おちの札受来ル、白瓜壱本遣ス、○飽海源蔵札遣□、下地辰三郎同断廿疋入、○道淳半右衛門へ団扇弐本外ニ白瓜弐本遣ス、○おみつ茄子十五入、○百度ニ而黒小豆種貰ふ、○七蔵たんす小もの耕作、茂吉も同断、

廿一日　晴天也、大分暑シ、○西羽田庄右衛門取次、紺屋町廿才男種(腫)物祈、○市ハ(場)源吉取次、四十七才男鼠喰レ祈、○舟町嘉右衛門五十九才女風祈廿疋入、○飯村久七札遣ス、○子供野川ニ而金赤一・生ふ取、灯油・香花求、○

廿二日　曇天、はらく、昼後より晴天也、○辰刻より土用ニ入、○西羽田庄右衛門取次札受来ル、廿疋入、○市ハ源吉取次同断三十疋入、○舟町嘉右衛門札

遣ス、○百度より赤飯壱重入、○半右衛門殿宗旨印形取ニ来ル、暑中見舞ニ菓子配書一取、跡月女子出産ノ処無程死ス、戒名繰出しへ書持参、紅蓮照短童女也、十疋入、○中瀬古へ赤飯・茄子少々遣ス、○

廿三日　晴天、○山田作蔵弐才女子咳祈、○紺屋町八十、四十七才女癪気祈廿疋入、○院主朝より風気、昼より熱大ニうく、晩迄同断也、○茂吉中瀬古へ行小一取、八〇ニ而紅紙六枚取、○中瀬古へ銭三貫五百文ト味噌一・茄子・瓜遣ス、○美濃屋ニ而薬三服取、○おちの橋良の子死スと申来ル、土砂遣ス、○平十・六郎兵衛・権右衛門・徳兵衛・助九郎・源右衛門・半右衛門・久左衛門・伝四郎へ団扇弐本ツヽ遣ス、○八百屋よりミくじ頼ニ来ル、瓜・茄子大分入、供物遣ス、○おつぎ八百三十文無心ニ来ル、貸ス、○久吉さヽぎ入、

廿四日　夜前大雨、曇晴也、○山田作蔵・紺屋町八十札遣ス、○七蔵温飩壱重入、半し一遣ス、○院主不快也、○美濃屋ニ而薬三貼取、○茂吉米一つく、○百度若者祭礼画礼ニ菓子配書一入、○権右衛門お竹祈礼廿疋入、

廿五日　夜前も夕立、晴天也、○院主夕方より気分軽シ、○菊屋より暑見舞入、○おつき一昨日八百三十文持参済、ふ十九入、白瓜弐ツ遣ス、○重作白瓜五本入、○六三郎茄子十二入、○柳蔵小麦粉入、○才次郎入来、白瓜四本遣ス、○清次郎内・おきせ・七蔵たんす、田ノ草一番取、○女弐人へ賃渡ス、

廿六日　夜前夕立、晴曇也、○小松十五郎五十一才男風祈十疋入、○羽根井久五郎母来ル、助蔵長病甚六ケ敷臨十疋入、○朝八兵衛来ル、宗賢事昨夕方横須加親類方迄帰り来ル様申、今夕方連来様ニ申衣単物渡ス、○中瀬古へも右之段為知、○美津温飩一器入、半し二遣ス、○直作白瓜二・茄子入、○浜吉茄子入、○虎之介瓜二本入、○長平たんす門前引懸、○

廿七日　夜前夕立、朝早快晴也、○小松十五郎札受来ル、○和三郎うとんこ二袋入、団扇一本遣ス、○中瀬古へ白瓜・茄子遣ス、○宗、昨夜不来故手紙ニ而今夕

連立来様申遣ス、和平方へ頼遣ス、○才次郎稲荷へ参詣ニ付宗帰ル故豊川へ十疋・御膳献ス、○
廿八日　快晴、大ニ暑シ、五ツ過はら〳〵、○上伝馬吉左衛門□十弐才男腹痛祈廿疋入、○六郎兵衛来ル、先日弐貫文かし□へ金壱分三百五十文請取済、ふ廿三入、○百度より温飩壱器入、○庄屋へ麦初尾廿八文遣ス、○長平たんす引懸、○昨日橋良お作来、弐百十弐文祈礼入、ふ十九入、弐才男死ス、地蔵尊手遊物入、白瓜弐本遣ス、
廿九日　快晴也、暑シ、○城内柴田周四郎五十七才男祈廿疋入、○上伝馬吉左衛門より植田ノ札受来ル、○道淳・子供町へ行、七夕買物其外美濃屋ニ而朱墨三・さらさ紙四、の川ニ而半し二・大のり二取、○慶作粉入、○源六弐朱両替、○富蔵たんす、瀬戸みかん草取、○茂吉中瀬古へ草取ニ行、晩方帰ル、米五升遣ス、

夷則大

朔日　快晴、暑シ、○今日は休日ニ而子供皆休、○早朝より才次郎手伝温飩打、○中瀬古・百度・富蔵・長平へ遣ス、権右衛門お仲病気ニ少々遣ス、羽根井和平方へ同断、○市作赤飯一重入、扇一遣ス、○清七殿温飩壱重入、○次郎作同断入、○作蔵入来、うとん出ス、○畑ケ中市作入来、□□遣ス、○佐次郎入来、
二日　晴天、暑シ、○市場八十八、六十弐才男病気祈三十疋入、朝和平入来、宗賢事帰山致度様茂八より夜前申来ト云テ来ル、うんとん出ス、○徳兵衛殿入来、うとんこ一袋入、○女三人田二はん草ニ出ル、○茂吉粟一つく、
三日　晴天、暑シ、○小松八太郎六才女子時候虫祈十疋入、○市ハ（場）八十八札遣ス、○朝八兵衛来ル、宗賢帰山願承知ス、未癒日振ト云、○七蔵たんす、絹田へ鰯弐俵サス、昼後より泉水嶋拵、○長平たんす、みかん草取、○夕方和平ニ久五郎、宗賢連而来ル、此後心得違ひ無様相慎様申帰山承知ス、美濃辺迄ウロツヨウ申、○同人・久五郎取次、助蔵甚大病ニ付護摩頼、明日勤遣ト云、

四日　快晴也、暑シ、〇札木刀屋万右衛門四十七才女癪留(溜)飲祈廿疋入、〇小松八太郎札遣ス、〇斎後助蔵ノこま修行、八兵衛ト子供参詣札遣ス、〇盆中火之用心之廻状来ル、次へ送ル、〇中瀬古へ宗賢ノ帰山申遣ス、八〇ニ而筆ニ扇求、〇常右衛門茄子・大角豆入、

五日　快晴暑シ、〇札木刀屋万右衛門札受来ル、〇政蔵殿入来、玉あられ入、長作ト久吉出入ノ捌頼来ル、子供皆短冊書、

六日　快晴、暑シ、夕方少々はら〳〵、〇下地又蔵十弐才女虫祈廿疋入、〇徳兵衛殿入来、親父長病之処大病之旨臨加持頼、廿疋入、〇早朝より子供短冊釣ルス、荘り付等致ス、額ニ懸行燈子供より十八持参ニ而大分賑敷也、はら〳〵故早ク仕舞帰ル、〇久左衛門入来、粉二袋入、〇坂(津脱)角蔵切素麺十九わ入、筆二遣ス、〇常右衛門親父西瓜壱ツ入、〇百度より南京二ツ・ハツタイ二袋入、〇宗吉大角豆入、〇中瀬古へ桃廿ト八〇へ返ス筆一袋半・銭壱貫九百文買物代ニ渡ス、当方ノ也、〇七蔵たんす、門前ト墓掃除、額懸処拵ふ等也、〇

七日　晴天暑シ、少々秋風気也、〇花ケ崎惣次郎十三才女腹痛祈廿疋入、〇西組山田又六、五十一才男水気風眼祈三十疋入、〇下地千蔵札遣ス、〇子供祝義皆入、夕方四ツ頃ニ仕舞帰宅、〇栄三郎来、粉一重トふ廿九入、扇一・筆遣ス、〇長重入来、白瓜五本入、〇六郎兵衛竹三本売代百文入、〇泰介桑瓜五本入、〇源三郎入来、長素麺九手入、〇和平入来、金弐分当座ニかし、〇西羽田年番うんか送籏頼来ル、十疋入、〇外ニ礼人入来ス、〇常陸へ暑見舞ニまん中配書一遣ス、

八日　晴天暑シ、〇植田磯吉六十七才女腹カタマリ祈、〇六兵衛取次、中柴廿七才女腹カタマリ祈、〇花ケ崎惣次郎札遣ス、〇朝子供短冊流しに行、今日は休ム、〇新田権右衛門入来、粉一重入、文作盆切ニ而下山願、読物頼ト云、〇瓜郷惣介より使ニ而下五井瓜十五本・斎米一升入、供物一包遣ス、〇中瀬古へ米五升ト南京壱ツ遣ス、小便取来ル、茂吉行也、〇長平たんす前東みかん草、

九日　大夕立、風も有ル、○利町伊兵衛四十八才女傷寒祈廿疋入、○六兵衛中柴ノ札受来ル、廿疋入、○道淳八ツ過より中瀬古へ助法ニ行、瓜・茄子遣ス、○定蔵粉一重入、○文作茄子十五入、○

十日　快晴也、○佐藤善六、廿一才男瘧祈廿疋十弐文入、○植田磯吉札受来ル、十疋入、○岩蔵まん中一袋入、○野川ニ而まつ香・せん香取、○道淳中瀬古へ助法ニ行、晩方まん中・梨子供物ニ遣ス、○鉄平掛百三十一文払、

十一日　天気曇晴也、昼後よりはら〱、○氏神へ雨乞ニ而休日、○佐藤善六札遣ス、○九文字屋より斎米一升・十疋ト蝋燭五・昆布入、牌前へ打敷拵度寸方聞ニ来ル、○六郎兵衛来ル、金弐分かし、大角豆入、真桑弐本遣ス、○朝道(淳脱)中瀬古より帰ル、の川ニ而半紙三束取、○中瀬古うとんこ二袋・真桑二遣ス、先より餅入、○和平入来、切素麺入、○おりへ来ル、大布子・大半天・大袷・大木綿衣・小袷せんたく入、昨冬壱両かし処金弐分入、ふト上菓子入、素麺遣ス、○同人へ昨日足袋五束せんたくニ遣ス、○

十二日　昼後より折々はら〱、○新銭町佐次兵衛五十九才女腹(腫)種物祈廿疋入、○本堂其外掃除、○作蔵殿入来、長素麺入、半し一・ふ廿遣ス、金壱両当座かし、○おつきふ(麩)廿六入、壱貫文当座かし、○桶屋彦次郎釣瓶弐ツ代金弐朱払、○権右衛門ふ廿七入、○九文字屋より空夢ノ前へ打敷壱ツ入、○朝道淳の川へ半し二束・まき筆弐百文・白赤二等取、○七蔵たんす、門前西ノ垣キワ草削ル、○茂吉米二つく、

十三日　終日折々はら〱雨、夕方大時雨、○新銭町佐次兵衛札受来ル、○本堂荘厳致ス、○子供礼皆入、○おちのふ卅入、○八兵衛来ル、素麺四手入、半し一遣ス、金弐朱こま初尾入、○昼後中瀬古へ飯米八升・素麺廿手遣ス、先よりふ卅・奈良積(漬)・筆二入、先達而取替分金弐分入、○弥四郎井戸綱求来ル、代百八十文ト云、同家より斎米一升・十疋入、○半し壱束ト素麺遣ス、○長平・七蔵へ素麺七手ツ、遣ス、○西羽田年番新蔵馬金壱分取ニ来ル、即渡ス、○

十四日　今暁前大夕立、快晴也、○長山賢蔵廿五才男心落付廿疋入、夕方札遣ス、○神明前周蔵十八才女長病祈、○東植田村六左衛門廿才女初瘧祈廿疋入、○礼人少々来ル、子供も来ル、○百度より餅入、○源六同断、○道淳羽根井おけん殿初精霊ニ付棚経ニ行、半紙五・ふ卌遣ス、○同人半右衛門西瓜壱ツ為持遣ス、百度へ棚経ニ遣ス、○

十五日　快晴也、○新銭町万吉五十九才男瘧祈廿疋入、○東植田六左衛門・神明前周蔵札受来ル、○礼人夕方迄ニ大分来ル、○九文字屋使ニ而十疋入、十五文遣ス、○昨日忠八病死ニ付早朝道淳一寸遣ス、○倉作花入、○昼才次郎暫礼人取次来ル、

十六日　快晴也、○自恣心念、○羅漢勧請致ス、施餓鬼勤、○常陸殿礼十疋入、菓子出ス、○御籏勘介先達而ノ祈廿疋入、○三十六才男り病、新銭町周蔵取次大塚也、祈廿疋入、○忠八悔礼十疋入、○三九郎来ル、西瓜壱ツ入、半し一遣ス、

十七日　晴天也、○牛久保おさよ五十弐才女乳眼祈三十疋入、○文作素読ニ来始メ、茄子十六入、○晩方より道淳中瀬古へ助法ニ行、○富蔵たんす田畔草苅、○朝より茂吉中芝へ盆礼ニ遣ス、素麺五手・五十銅遣ス、○

十八日　快晴也、○河岸大黒屋喜三郎三才男子時候祈廿疋入、○道淳中瀬古より朝帰ル、さとふ弐百文求、の川ニ而金赤取、○弥市郎より唐瓜壱ツ入、文作持来ル、○晩方宗賢、助蔵大病ニ付逢ニ行、供物一包遣ス、茂八へも一包遣ス、和平方へ寄おけん殿三十五日ニ付米五合・五十銅入、○女三人田の草ニ出ル、三番目也、済、○朝茂吉在所より帰ル、

十九日　晴天、日々照続残暑厳シ、○舟町喜兵衛廿六才男疳祈、○河岸大黒屋喜兵衛札受来ル、指下駄一足入、供物遣ス、○羽根井おけん殿三十五日ニ付道淳斎ニ行、菓子一包ト平線香一遣ス、院主ハ腹痛故断云也、塔婆壱本建ル、

廿日　快晴、残暑同様厳シ、○牛久保庄蔵弐才男子足痛祈、○舟町喜兵衛廿六才男疳ふら〱祈廿疋入、○

和平入来、昨日布施十疋入、○八兵衛札ト守受来ル、助蔵同様大病ト云、○長平箪笥、中瀬古へ草削ニ行、茂吉も同断、西瓜・唐瓜半分ツ、遣ス、○半右衛門殿付添、道淳役所へ宗賢帰山届書持行、○

廿一日　快晴、同様暑、○御影供如常、○手洗平三郎三十一才男熱祈、○上伝馬針屋徳兵衛当才女子虫祈、○魚町清三郎女房三十三才ヲ三十二祭変頼廿疋入、○古宿平七、八才女子時候祈、○役所より庄屋へ向、院主・宗賢・村役人壱人付添相達候義有之間、病気快気次第可出様差紙也、○西羽田惣代温蚊（浮塵子）送り幟認頼来ル、十疋入、○

廿二日　快晴也、昼前はら〱少々致ス、○秋葉山火ヲ向氏神ニ而焼ク、西羽田神楽有休日也、○古宿平七札受来ル、廿疋入、○上伝馬針屋夜前死ト云、土砂遣ス、廿疋入、○舟町平次郎四才女子虫祈廿疋入、○龍拈寺前瓦屋平次郎縁切祈、○百度親父新銭町へはそり鋳掛ニ行、大損シ、賃弐百五十文払、○新町次介盆祝義五十銅入、仁連木三次郎悴十才男子藤七ト申者小僧ニ致連立来ル、まん中一袋ト寝まき一持参也、尤中瀬古和尚より手紙も来ル、置テ帰ル也、○九平行ノ手紙認ム礼ニ油菓子入、○

廿三日　五ツ半頃よりはら〱、晩方迄降ル、能潤也、○舟町平次郎札受来ル、○手洗平三郎同断廿疋入、○猪三郎唐瓜壱ツ入、○昨日供物等求ニ子供行、

廿四日　快晴也、潤雨故大分冷シ、○地蔵堂会式荘厳等如例、夜分参詣少々、○前川喜介五才男子時候祈十疋入、○田尻平九郎七十九才女長病臨三十疋入、○六郎兵衛殿入来、温飩粉二袋入、筆二遣ス、○百度より餅一重入、○半右衛門より付あけ一重入、まん中七ツ遣ス、○才次郎入来、馬金割致ス、

廿五日　晴天也、○指笠町丁子屋与吉三十七才女癪祈、○西組織治取次、西村御長屋廿三才男・廿弐才女縁切祈百疋入、○喜介札受来ル、○田尻平九郎病死ト申来ル、土砂遣ス、○半右衛門・半左衛門・清七へ行供物一包ツ、遣ス、○昨日之供物北川三軒・百度と伝四郎へ遣ス、○昨日瓜郷惣介隠居病死ト申飛脚来ル、

葬式明日八ツ時ト云、土砂遣ス、○道淳茂吉伴、惣介へ諷経ニ斎後より行、廿疋ト清蘭香一わ遣ス、暮方帰ル、○瓦屋平次郎守受来ル、○

廿六日　快晴也、暑、○舟町伊勢屋善兵衛四才男子時候祈廿疋入、○指笠町丁子屋札受来ル、三十疋入、○瓜郷惣介頼ニ来ル、三十疋ト一包入、戒名儀徳香順居士ト云、○中瀬古へ赤味噌一重・米二升遣ス、○あり平・こま油求、○茂吉米一つく、黍少々摘、○要介菓子配書一入、暑見舞也、扇一遣ス、

廿七日　快晴、暑シ、○指笠町利吉九才男子時候祈廿疋入、○西組織治城内ノ札受来ル、○舟町伊勢屋善兵衛札受来ル、○喜介子五才男子死悔ニ道淳行、平せん香一遣ス、○富蔵たんす、籾四俵引二俵余出来ル、茂吉も同断、

廿八日　快晴、暑シ、○指笠町利吉札受来ル、道淳□□、○百度八左衛門母娘指笠町也三才女子時候臨祈、○百度へ斎ニ行、三人行新小僧も行、○重作小豆一袋入、○上菓子求、○宗賢ヲコリ廿六日より快気也、明日役所へ出様半右衛門へ同人達ニ行、

廿九日　快晴也、○四ツ前より院主・宗賢、庄屋半右衛門付そへニ而役所へ出ル、宗賢寺出候之義此以後急度相慎様ニ申被付相済也、斎前帰寺、半右衛門ニ飯喰ス也、○百度より斎布施十疋・かぼちや一ツ入、○蜜門礼十疋・半紙三状遣ス、飯喰ス、○斎後より宗賢ヲコリ全快ニ付、中瀬古へ問訊ニ行、仁連木藤七泣故連させテ治介方迄返ス、○おつき先日かし分壱貫文返し入、あけ九ツ入、

晦日　快晴也、○八百屋九左衛門四才男子夢中祈弐百十弐文入、○鍛冶村甚八、六十八才女癪祈、○本町拙庵娘廿四才女霍乱祈、○西羽田四郎次死ス、悔ニ行、平せん香一遣ス、○宗賢久シ振ニ而天窓スル、○同人半右衛門へ昨日之礼ニ行、菓子配書一・梨子五ツ遣ス、○同人世話人方へ寺出ノ節ノ礼言葉ニ而行、○常陸より馬金割五百六十文入、○長平たんす、黍・粟摘、○茂吉米一つく、

南呂

朔日　晴天也、○中芝定蔵三十七才女眼病祈廿疋入、○藤並久平八十三才男瘧り祈廿疋入、○小池政平五才男子ハシカ後時候祈廿疋入、○伝四郎ノ貞蔵廿五才長病祈、○八百屋ト拙庵札遣ス、○早朝院主助十伴中瀬古へ行、菜味噌一重ト柚香糖一袋遣ス、楠葉(登)祭山之語等也、○俊次入来、無心ニ来、金壱両借ス、○おつぎ餅一重入、金壱両無心也、晩方源次郎持ニ来ル、当暮無相違返済致様借ス、○北川子共皆祝義入、伊介も同断、○喜介悔礼五十文入、○仁連木三次郎息子弟藤七ヲ連立来ル、置テ行、さつま芋入、○

二日　夜前大夕立也、○畑ケ中利兵衛五十四才男霍乱祈三十疋入、○上伝馬喜兵衛六十七才女癪時候祈廿疋入、○下五井市右衛門六十七才女中気祈廿疋入、○中芝定蔵・藤並久平・小池政平札受来ル、○貞蔵同断廿疋入、○西羽田新蔵悔礼十疋入、○平兵衛位牌眼(ママ)開頼来ル、晩方取ニ来ル、十疋入、○斎後羽根井宗賢助蔵見舞ニ行処即刻死去ト云、気之毒之至也、○晩方同家より明日八ツ葬式之旨為知来ル、土砂遣ス、○本町奈良屋へ大豆七斗売、代金壱両ト三百十五文入、才次郎持行也、○文作茄子入、○戸田山城守卒去ニ付停止触ノ廻状来ル、次へ遣ス、○

三日　晴天也、○牛久保甚八札受来ル、廿疋入、○上伝馬喜兵衛同断、○早朝下五井市右衛門飛脚来ル、内□□死去今日九ツ時葬式ト申来ル、土砂遣ス、○道淳・茂吉下五井市右衛門へ諷経ニ行、清蘭香一遣ス、○宗賢助蔵ノ野送ニ行、廿疋香資遣ス、巴厳禅鏤善男ト云戒名也、○信州戸隠山勧化五十文銅遣ス、

四日　晴天也、暑シ、○瓦町三右衛門三十一才女時候祈、○朝より宗賢旧里へ灰寄セ勤ニ行、晩方帰ル、八兵衛入来、臨礼三十疋ト葬式礼廿疋入、○六三郎茄子入、○中瀬古へ米四升・茄子遣ス、○

五日　晴天也、○瓦町三右衛門札受来ル、三十疋入、○坂つ重作・直作餅一重ツ、入、○次三郎金無心ニ来、断云テ帰ル、○上菓子・巻せん求、○

六日　晴天也、○田町廿五才女血道祈廿疋入、○本町拙庵五十六才男霍乱ニ癪祈、○舟町平次郎四才女子再

祈廿疋入、○晩方半右衛門殿入来、掛物大（ママ）小（ママ）
表具致持参也、昨年残分也、料金弐朱ト百六十文渡
ス、唐瓜壱ツ入、同人取次上伝馬亀屋五十三才男縁切
祈金百疋入、○院主亀次伴、助蔵ノ悔ニ行、平せん香
二遣ス、和平方へも寄供物遣ス、○貞蔵見舞ニ行、梨
子五ツ遣ス、久左衛門・俊次・孫太郎へ行供物遣ス、
○昨日宗賢のた伯筵庵へ芥蒼ノ薬求ニ行、代弐百文
也、昼後より羽根井へ古股引借りニ行、○晩方宗賢薬
付ル、○茂吉米一つく、
七日　曇晴也、昼前より夕立、大分降ル、能潤也、今
日秋葉山火向雨乞ノ休日也、○高足嘉介十六才女小張
満祈廿疋入、○田町兵右衛門札遣ス、○舟町榎屋死ト
申来ル、土砂遣ス、○拙庵より使ニ而札受来ル、廿疋
入、先日分廿疋入、白砂糖一箱入、○
八日　晴天暑シ、○高足嘉介札受来ル、○おみつ唐瓜
壱ツ入、○長平たんす、小もの殻取り、○上菓子・こ
ま油・あり平など求、○
九日　晴天、暑シ、○瓦町千吉四十九才女時候祈、晩
方札遣ス、廿疋入、○田尻久作取次八十才男時候祈、
直ニ札遣ス、十疋入、○呉服町九文字屋手代入来、木
村氏内室ノ母岡崎ノ衣也、跡月晦日命果、金百疋回向
料入、戒名智誉貞範慧忍大姉也、○同家店林七斧当月
四日命終同断廿疋入、戒名万岳宗経信士也、○吉川よ
り八月金六十一文取ニ来ル、○源次郎荒麦六俵ト壱斗
弐升取ニ来ル、急ニ搗ト云、○源三郎入来、源作疳ニ
而内不和ニ付在所ニ而仏祟ト云事ニ而施餓餽頼ニ来
ル、○富蔵箪笥、小もの殻取、
十日　快晴、暑シ、○本町惣介五才女子時候祈弐百廿
四文入、○曲尺手茂八、三十五才女血道下り□病祈三
十疋入、○呉服町紙屋三吉五十九才女疳祈廿疋入、○
□町庄右衛門廿八才女腹張大病祈、○半右衛門へ八月
金弐朱ト七十弐文道淳持行、○
十一日　晴天、暑シ、○平尾三代吉三十五才男病気祈
廿疋入、直ニ札遣ス、○本町惣介・曲尺手茂八・呉服
町紙屋三吉札遣ス、○茅町庄右衛門同断廿疋入、○道
淳拙庵へ病気見舞ニ行、梨子七ツ遣ス、種屋ニ而美濃

求、○中世古へ米四升・梨子十遣ス、鍬の才も三丁鍛冶町へ持行、休日故預ケ置五百文賃渡、○中郷より懸行燈画取ニ来ル、○

十二日　晴天、暑シ、○新開取次、西植田惣左衛門七十九才女頭痛祈三百文入、○尾(王)ケ崎善次郎弐才男子熱祈、○三ツ橋新右衛門七十五才男ふら〳〵祈廿疋入、○天王甚右衛門廿四才女血道祈、○早朝伝四郎より貞蔵廿五才ニ而今暁病死加持頼来ル、直ニ行致ス、○晩方葬式、道淳茂吉伴諷経ニ行、廿疋ト平せんこ一遣ス、○同家より玄米三斗無心ニ来ル、使三平也遣ス、○宗賢七日目野田へ様躰申ニ行、昨日晩より霍乱上下へ取、未腹痛丸薬弐ツ求来ル、五十文也、才次郎行、○茂吉米一搗、

十三日　快晴也、○植田惣左衛門札受来ル、○尾ケ崎善次郎同断百十弐文入、○三ツ橋新右衛門札遣ス、○朝伝四郎□経ニ行、○同家より昨日葬式礼三十疋入、○宗賢今朝八か目湯へ入、同人未腹痛故道淳付添拙庵へ見セニ行処留主也、薬二服嗅調合致貰来ル、○子供上菓子・燈油・巻きせん五文・薬等求行、

十四日　快晴、暑シ、○八幡宮宵祭也、○中郷より額ノ三方用襖取ニ来ル、虎ニ猿雀ノ画道淳認メ、礼半紙五帖入、○天王甚右衛門札受来ル、三十疋入、○村方子供餅多分入、源吉・佐代吉・和三郎不参、○九左衛門・平十・権右衛門・富蔵餅入、○茂吉中瀬古へ餅一重為持遣ス、鍛冶町与次兵衛ニ而鍬才三丁致持帰ル、○

十五日　快晴也、暑シ、○氏神祭礼大分賑敷也、神楽有、○甘酒入、○政蔵取次、横須加弥助三才女子虫祈廿疋入、○半右衛門取次、こま修行守・供物為持遣ス、○中芝茂吉忰来ル、夜前茂吉内へ帰り時候様子故快気迄隙呉ト云、餅少々遣ス、○和平・政平・八兵衛入来、餅出ス、○道淳、新町治介へ先日小僧ノ礼旁餅一重遣ス、○

十六日　昼頃より雨降ル、晩方止ム、久敷振ノ潤雨也、○御堂瀬古久次郎八才女子時候祈廿疋入、○横須加弥介札受来ル、○伝四郎此間ノ玄米三斗返済来ル、

柚香糖一袋入、○富蔵膳具返し来ル、カホチヤ一ツ
入、○朝八兵衛入来、宗賢同道ニ而三相喜右衛門へ先
日礼旁行、柚香糖一袋遣ス、横須加(ママ)　へも同断半紙
三帖遣ス、○
十八日　曇天也、折々はら〳〵、○畑ケ中市作三才女
子時候祈百十八文入、○九左衛門取次、仏餉嘉吉六才
男子時候祈、直ニ札受来ル、弐百十弐文入、○天王甚
右衛門廿四才女再祈頼来ル、○御堂瀬古久次郎札受来
ル、○斎後宗賢中瀬古へ助法ニ行、梨子六ツ遣ス、○
野川ニ而大のり一・吉(野)の紙取、○七蔵たんす大根蒔、
八ツ頃より泉水蓋拵、
十九日　終日はら〳〵雨天気也、○権右衛門取次本町
藤十廿一才女時候祈、○小介取次、新田彦右衛門三才
女子時候祈、○吉川九郎兵衛五才女子初瘧祈廿疋入、
○百度取次、植田半右衛門眼病・家内安全祈、○宗賢
帰寺ニ付徳兵衛へ見舞ニ行、梨子三ツ遣ス、○茂吉全
快、中芝より朝帰ル、○七蔵たんす、泉水蓋細工、
廿日　天気同様、晩方晴ル、○魚町引馬屋儀兵衛三十
四才女癪祈廿疋入、○本町藤十・新田彦右衛門札受来
ル、廿疋ツ、入、○百度甚右衛門婆々、留吉養子ニ貰
ニ付方角等尋来ル、○昨日中瀬古より子供来ル、米三
升遣ス、○七蔵たんす、泉水蓋拵へ、長平たんす中瀬
古へこへ取ニ行、夫より小ものから取、○鉄平ニ而弐
寸釘三わ取、
廿一日　夕方雨、○御影供如常、○北川岩吉嫁廿六才
瘧祈、○魚町引馬屋札遣ス、○吉川九郎兵衛同断、○
文作唐瓜壱ツ入、○茂吉中瀬古へ米四升・茄子為持遣
ス、和尚御持参之品持帰ル、○百度源七施餓鬼三座、
礼金百疋入、守ト供物遣ス、○
廿二日　終日曇晴はら〳〵、○仏餉平吉四才女子時候
祈廿疋入、○同太郎吉家内安全祈廿疋入、○平六より
札受来ル、○晩方中瀬古へ和尚迎ニ茂吉遣ス、即御
出、明日楠葉大会御祭(登)山支度致ス、○牛川稲荷登位ニ
付休日也、○徳兵衛入来、○才次郎草鞋弐足持参也、
○和平殿入来、○昨日宗賢八兵衛へ暇乞ニ行、○才次
郎金三両かり入、

廿三日　天気曇晴也、○早朝老和尚宗賢随伴ニ而楠葉大会御足出也、尤讃州金毘羅も御参詣之積也、義法師方へ諸書手本廿まい返済、手紙遣ス、千寿和尚へも同断、才次郎畑ケ中迄送ル、仏餉喜次郎家内安全祈廿疋入、晩方札遣ス、○仏餉平吉・太郎吉札遣ス、柿少々入、○百度より餞別ニ廿疋入、○昨日美濃屋へ弐貫弐百九十弐文盆払致ス、○

廿四日　朝はら〱、○上伝馬畳屋増吉廿九才女疳癪祈弐百十弐文入、○藤ケ池六蔵六十一才女疳癪祈三十疋入、○仏餉十太郎五才女子り病祈、○みつ牡丹餅入、○道淳中瀬古へ天窓剃ニ行、○百度善作ニ大紅鯉壱ツ求、才次郎持来ル、○茂吉米一臼つく、○今日は社日ニ而休日也、

廿五日　昼頃より折々夕立、○仏餉十太郎札受来ル、廿疋入、○上伝馬増吉同断、○常右衛門牡丹餅入、○子供天神祭ル、○燈油・上菓子求、○七蔵たんす、門前割付、茂吉も同断、

廿六日　夜前大雨、雷も鳴ル、朝小雷雨、○小浜平作取次、藤ケ池六蔵ノ札受来ル、○才次郎入来也、○七蔵たんす、昼後より泉水蓋拵来ル、○茂吉米壱臼つく、○廻状来ル、一乗へ遣ス、○大川洪水、松原ト下地切ルト云、往来留也、○彼岸まんたら懸ル、

廿七日　天気同様、○昨日之通り大水也、往来少々留ル、○七蔵たんす、泉水蓋拵へ少々残ル也、○茂吉米壱臼つく、

廿八日　夜前も雨、五ツ頃より快晴ニ成ル、○松嶋権四郎おま廿七才歯痛ム祈、○札木扇屋弥兵衛廿二才女癪気服薬祈廿疋入、○子供町へ調物ニ行、○茂吉ニ給金ノ内八百三十弐文かし、

廿九日　快晴也、○彼岸中日ニ而休日也、○町組内藤源蔵二才女子長病祈十疋入、○下地池田屋清右衛門三十四五才男痰祈弐百十弐文入、○札木扇屋札遣ス、○伝四郎より松嶋ノ札受来ル、廿疋入、○新田安兵衛牡丹餅入、喜三郎唐瓜・茄子入、残叩土三四荷運ふ也、○百度より餅入、○作蔵入来、盆前かし分内金三分入、牡丹喰ス、○下男中瀬古へ早朝より菜蒔ニ行、昼

過帰ル、米五升・柿・茄子遣ス、新町へも柿少々遣ス、先より牡丹餅入、

菊月

朔日　夜前雨、四ツ前より快晴ニ成ル、○斎後講ノ護摩修行、参詣少々、○戒浄助法ニ来ル、○供物村方配ル、○札木肴や客六十六才男病気祈廿疋入、○下地池田屋札遣ス、○町組源蔵方病人死ト云、土砂遣ス、○牛久保粂吉母参詣、さつま芋ト十疋入、符・供物ト供物(ママ)遣ス、○朝餅屋へ供物取ニ行、○長平・七蔵たんす、瀬戸堀クロノ薄取、四ツ頃より割付、茂吉も同断相済、○瓜郷惣介入来、親父忌中回向料米二升・三十疋入、儀徳厚順居士也、菓子出ス、

二日　天気曇晴、折々はら〳〵、○植田半右衛門札受来ル、三十疋入、○札木肴屋同断、○新田・羽根井・町方へ昨日ノ札配ル、○茂吉菜ノ初ヌキ致ス、○作蔵殿竹二本無心ニ来ル、

三日　朝曇り、快晴也、○牛久保政八、四十五才女腹痛祈、○田町徳兵衛六才男子痩疳祈廿疋入、○小僧共常衣糊付ル、○泉水ノ水入替ル、

四日　晴天也、○東組池田弥八、十一才男痩疳祈三十疋入、○田町徳兵衛札受来ル、○子供町へ遣ス、の川ニ而金赤一・白赤三・丸せん香取、上菓子求、

五日　晴天也、○天王甚右衛門札受来ル、三十疋入、同病人ノ臨加持頼、十疋入、○牛久保政八札受来ル、三十疋入、○東組池田氏死ト申来ル、土砂遣ス、○瓶原綱屋忠四郎より八月四日出ニ而江戸屋より書面着、先達而ノ返事也、庄次郎ノ息子七月ニ出産ト云、○浜吉茄子種子入、○源六より搗麦三俵ト八升余、小米ノ麦六升余、糠共持参也、右賃ノ内五百文かし、○粟乾上ケ致ス、餅三斗弐升余・粳三斗壱升余・黍四斗三升余有高、○

六日　快晴也、○新開祐吉取次、植田惣左衛門七十九才女絶食再祈三十疋入、○忠蔵息子瘧、土砂頂来ル、○猪三郎牡丹餅入、○竹皮代百六十弐文入、○長平たんす、檔(蜜)柑くろ薄堀掃除、茂吉も同断、

七日　晴天也、○大津佐門次四才男子虫腹張祈三十疋

入、○西羽田六三郎取次、仁連木七十才女年病祈、○新開祐吉取次、植田病人死ト申、土砂遣ス、○道淳中瀬古へ天窓剃ニ行、柿廿五遣ス、先より瓦町七歳ノ三甫ノ書入、の川ニ而半紙二束・半二色取、○鉄平ニ而髪剃壱丁取、中瀬古分也、○瀧蔵里芋入、○

八日　曇天也、昼頃より折々はら〱、○草間直蔵三才男子時候祈弐十疋入、○西羽田六三郎仁連木ノ札受来ル、廿疋入、○坂津祐吉大津佐門次ノ札受来ル、○西羽田子供四人揚入、○宗吉同九ツ入、○清十薩摩芋十入、○昼後七蔵来ル、泉水ノ屋根ノ竹切入ルテ帰ル、揚遣ス、○百度へも遣ス、才次郎入来、

九日　天気曇晴也、大分蒸暑シ、○草間直蔵札受来ル、○子供礼皆祝義入、○六郎兵衛・粂治入来也、○今日は野田法香院ニ諸芸ノ会有ト云、尤吉田方計也、○九左衛門へあけ遣ス、

十日　天気同断、折々はら〱雨、○佐藤金次郎十四才男足ノ年々腫物祈廿疋入、○千両村増右衛門六十四才女手足痛祈百十弐文入、直ニ札遣ス、○中瀬古へ野菜為持遣ス、○おりへせんたく足袋五足ト宗賢ノ布子半天解キ別シ持参、先日単物儒伴(襦袢)仕立等〆三百廿四文渡ス、大こんにやく弐ツ入、半し一遣ス、○七蔵たんす、籾五俵ト弐斗程引、米弐俵(ママ)　出来ル、是ニ而籾皆済也、

十一日　晴天也、少々曇ル、○吉川庄介四才男子時候祈、○佐藤金次郎札受来ル、○浜吉唐黍餅一重入、○西羽田源吉不快ニ付道淳見ニ行、菓子遣ス、瘧後腹痛甚ト云、○斎後茂吉中瀬古へ小一取ニ行、菜耕作致シ帰ル、

十二日　折々はら〱雨也、○早朝より道淳中瀬古へ天窓剃ニ行、○和平方へ柿遣ス、○百度へも同断遣ス、

十三日　快天也、少々曇ル、○吉川庄介札受来ル、廿疋入、○文作茄子沢山入、○長平たんす、中瀬古へ大一取ニ行、夫よりこへねかし致ス、小中飯より草削ル、

十四日　曇天也、○西羽田新三郎三十四才女腹カタマ

リ祈、○半右衛門へ柿卅道淳ニ為持遣ス、○七蔵金弐朱かし、○茂吉米一搗、
十五日　快晴也、今暁雨少々、今宵より大ニ冷気、○羽根井徳右衛門八十才女ツカへ祈、○栄三郎来ル、瀧蔵ト四才女子十一日より瘧日振祈家内安全、○西羽田新三郎札受来ル、○新田子供五軒より祭餅入、○巻せんへい求、さとふも求、○今夕風呂致ス、芭蕉ノ根煮(煎)シ入ル、百度近所入ニ来ル、
十六日　曇天也、田町神明祭礼、村日待也、○新河岸留吉甥三十五才男頭痛色々大病祈弐十疋入、○栄三郎札受来ル、○羽根井徳右衛門同断廿疋入、○道淳・子供明神祭礼見物ニ行、拙庵へ宗賢ノ薬礼百文・柿三十遣ス、抱六町五平次ニ而机一脚・茶呑茶碗五ツかりテ来ル、○中瀬古へ餅・柿為持遣ス、○平十ト百度へ餅遣ス、○百度よりあけ入、
十七日　快晴也、風也、夜へ向テ吹、○坂下良石四十四才男足痛祈廿疋入、○新銭町常蔵四才女子り病祈廿疋入、○新河岸留吉札遣ス、○半右衛門より大唐瓜壱ツ入、○浜吉餅入、○虎之介同断、○才次郎泊り来ル、餅入、○道(淳脱)中瀬古へ助法ニ行、もち・豆ノこ遣ス、○昨日之机五平次へ返ス、茶碗求置五ツ百廿四文也、○茂吉中瀬古へ若菜蒔行、小一取、
十八日　晴天也、朝風、○吉川庄蔵三十一才男り病祈、○茅町半十、廿才女病気祈弐百十弐文入、○坂下良石・新銭町常蔵札遣ス、○久吉・和三郎・富作・要介十七夜餅入、○栄三郎祈礼廿疋入、あけ七ツ入、菓子遣ス、○昼前道中瀬古より帰ル、松茸入、○道淳羽根井惣兵衛病死悔ニ行、せんこ一遣ス、旧里へ木綿切中綿分持行也、○
十九日　曇天、昼後よりはら〱風吹ク、○茅町惣吉五十一才女上気祈廿疋入、○吉川庄蔵・茅町半十札受来ル、○朝道淳西羽田新三郎妻ノ悔ニ行、平せんこ一遣ス、○無程同人礼ニ来ル、祈礼廿疋ト布施十疋入、子供ニ柿少遣ス、○異風ノ頭巾冠事無用ノ廻状来ル、一乗院へ次ク、○
廿日　夜前風雨、昼前より晴ル、亦夜へ向テ風強シ、

○日色野直蔵六十一才男時候祈廿疋入、○河岸新兵衛四十四才男瘧祈三十疋入、○伝四郎取次、松嶋権四郎廿七才女歯痛再祈金弐朱入、○茅町惣吉札遣ス、○中瀬古より風ニ而垣転故直ニ来様申、子供来ル、昼後下男遣ス、○下男茂(吉脱)一臼つく、羽根井伊兵衛悔礼十疋入、

廿一日　天気曇晴也、○茅町庄吉取次、利町也五十才男心落付祈金弐朱入、○伝四郎より松嶋の札受来ル、○日色野次喜蔵同断、○茂吉朝より中瀬古へ垣結ニ行、晩方小一取来ル、

廿二日　曇天、折々はら〳〵、○朝より百度親父手伝ねかし物蒸ス、小麦正実弐斗八升・小米麦七升・大豆六升・ぬか八升也、かけんよし、晩方ねかす、○庄次郎壺内手水鉢・水落等其外拵へに来ル、○富蔵たんす、中瀬古垣結ニ行、米五升・赤みそ一重・茄子遣ス、先よりさつま芋入、○今日は豊河ニ花火ノ会有ト云、大賑ト申事也、

廿三日　夜前雨、今日もはら〳〵雨天気、○吉川乙吉十六才男り病祈、○九左衛門取次、小浜元次郎五十才男疝気祈、○河岸新兵衛札受来ル、○長作餅一重入、○

廿四日　快晴也、荒吹、○作蔵殿入来、母眼病両眼不自由也祈弐百廿四文入、○羽根井長三郎四十九才女長病臨加持十疋入、○吉川乙吉札受来ル、廿疋入、○茅町庄吉札・守受来ル、○小浜元次郎同断弐百十弐文入、○政平入来、おけん殿百ケ日、米五合・五十銅入、柿廿・柘榴遣ス、○朝道淳中瀬古へ天窓剃ニ行、○子供日待ノ買物行、

廿五日　晴天也、○平井弥四郎取次、御馬七十三才女絶食臨加持廿疋入、○野依善七、五十才男疝気祈廿疋入、○今日は子供天神日待也、○晩方平十へ札為持遣ス、○長平たんす、門前クロあげ也、

廿六日　快晴也、○西羽田清右衛門三十四才腹中へ種(腫)物大病祈、夕方死ト申来ル、土砂遣ス、○舟町万吉廿七才男霍乱後セツクリ祈廿疋入、○野依善七札受来ル、○子供町へ遣ス、美濃屋ニ而延胡索胸痛薬百文

取、白さ□□菊屋ニ而求、○百度よりこま木七玉入、
○佐与吉餅入、○
廿七日　五ツ過よりはら〳〵雨、夜へ向テ降ル、○舟
町万蔵札受来ル、○道淳おつね殿眼病見舞ニ行、白さ
とふ□文遣ス、○七蔵も眼病故菓子一包遣ス、○百度
親父ねかし物見舞来ル、かけん能寝ル、返ス也、○茂
吉中瀬古へ小一取ニ行、野菜ノ類遣ス、先より八(初)ツ茸
入、○米一搗、
廿八日　雨天也、晩方より晴ル、夕方より風強シ、○
元作事尾当□□八十三才男中症祈廿疋入、○伝四郎よ
り米二升返ル、
廿九日　夜前より朝迄風強シ、晴天、○田尻五左衛門
七十五才男長病臨廿疋ト廿四文入、○御作事鉄平札受
来ル、○西羽田清右衛門へ悔ニ行、平せんこ一遣ス、
○和平殿入来、道淳布子ト半天洗濯致持参也、和尚・
宗賢留主見舞ニ菓子一袋入、○伝四郎より貞蔵尽七日
ニ付斎米ト餅四ツ・十弐文入、里芋少々遣ス、○長
平たんす門前クロアケ、○朝百度よりねかし物干ニ来
ル、夕方植田村重右衛門より薩摩芋二苞入、
晦日　天気曇晴也、○朝道淳中瀬古へ天窓剃ニ行、○
おつね殿眼病見舞行、柘榴三ツ遣ス、六郎兵衛・権右
衛門へも行、菓子一包遣ス、○源六より赤飯一重入、
○浜吉白蒸九ツ入、○ハね(羽根井)貞蔵もち入、○朝より茂吉
洗濯ニ行、米一升・麦一升・五十文遣ス、四百文か
し、

応鐘

朔日　曇天、少々照ル、○中村平四郎弐才男子虫祈、
○牛久保清八、八十才男疵痛等祈三十疋入、○子供多
分神送来ル、不参ハ岩蔵・西新作・慶作・源吉四人
也、○九左衛門・平十・和平同断入、○中瀬古へ餅ト
苞餅為持遣ス、○富蔵苞餅入、○長(ママ)平へ十五遣ス、○
二日　夜前風強シ、雨少々、前昼より雨、晩上ル、○
市場安兵衛□□十七才男長病祈三十疋入、○牛久保清
八札遣ス、○中村平四郎同断廿疋入、○坂津次三郎来
ル、竹四本売代百六十四文入、○
三日　夜前も風強シ、晴天也、○牛久保安之介取次、

廿六才気落付ス女縁切祈廿疋入、○市場安兵衛札受来ル、○札木町扇屋礼参、十疋入、供物遣ス、○手間丁亀屋易三ツ見料入、○おつき来ル、五百文かし、反古六十枚遣ス、三十文入、○中瀬古より子供来ル、小遣壱貫文遣ス、○朝茂吉中芝(柴)より帰ル、○老和尚宗賢伴、光明会御出勤、瓶原・土佐弁讃岐金毘羅山参詣被成、八月廿三日出ニ而今夕無恙御帰院也、金四両弐分弐朱ト百銭五十四枚右入用分也、

四日　晴天也、○牛久保慶治六才男子時候祈、○畑ケ中長兵衛六十六才女ルチウ祈、○慶作餅一重入、○瀧蔵里芋入、○百度よりこま木四玉入、白糸も無心入、○和平御帰院悦ニ来ル、○風呂致ス、百度・近所弐軒入ニ来ル、

五日　快晴也、○大崎喜三郎五才女子虫祈、○牛久保慶治札受来ル、三百廿四文入、○畑ケ中長兵衛同断廿疋入、○牛久保安之介同断、○老和尚茂吉供、暮方より中瀬古へ御帰堂、○浜吉里芋一風呂敷入、○宗賢羽根井へ行、和平方へ手拭壱・半紙二・砂糖豆遣ス、八兵衛へ手拭壱・半紙一・豆共遣ス、

六日　極晴天也、○西町桐屋四十弐才女安全祈、○大崎喜三郎札受来ル、廿疋入、○中瀬古へ里芋・さつま・和尚荷物為持遣ス、○百度へ手拭一・半し二・豆、土産ニ遣ス、○六郎兵衛母来ル、あげ七ツ入、熟柿少遣ス、

七日　快晴也、○吉川高福寺四十四才僧り病後癪祈廿疋入、○八兵衛入来、宗賢上方より帰院悦ニ饅頭一袋入、○大崎喜三郎札受来ル、弐十疋入、○九左衛門ト富作庚申ノ餅入、○昼後より才次郎来ル、松ノ生杭十六本持参入、直ニ竹切(ママ)　○長平たんす、長全前クロ上ケ、茂吉も同断、

八日　快晴也、○吉川高福寺札受来ル、○西町桐屋同断、○宗賢今日晩方より礼拝加行ニ懸ル、○中瀬古より子供来ル、菜味噌ト柘榴遣ス、○茂吉中瀬古へ垣結ニ行、小一取来ル、

九日　快晴也、○北川清八、七十八才疝気祈、○上菓子求ニ子供遣ス、○昨日おりへ来ル、宗賢布子・半天

洗濯仕立ニ遣ス、入添ノ綿も遣ス、
十日　曇天、夕方はら〳〵、○御油銀杏屋三才才《（ママ）》男長病祈、○清八札受来ル、弐百十弐文入、○百度より豆ノ粉一重入、○村方子供亥子之牡丹餅多分入、○九左衛門・源六よりも同断、○久太郎同断入、菓子遣ス、源吉追々全快ト云、○子供町へ調物ニ遣ス、○道淳庄屋へ当金弐分持行、吉川田検見頼遣、○吉川より当金百六十六文取ニ来ル、
十一日　快晴也、新銭町此吉五十才女長病祈廿疋入、○仏餉藤平弐才女子時候祈廿疋入、○新田子供村残分飯団餅入、○御油宿銀杏屋札受来ル、○百度親父赤穂塩下地へ求ニ行、代八百文也、醤油直ニ仕込、糀三斗九升二樽ニ仕込也、○中瀬古へ豆ノこ・行事抄為持遣ス、先より和尚上方ニ而求粟田口流手本二冊ト飯団餅入、○庄次郎中庭ノ築山致ニ来ル、出来上ル、○長平・富蔵たんす、角田口二枚餅苅、十四束壱わ皆運送ス、
十二日　極晴天、長閑也、○上伝馬善六、三十七才女時候祈廿疋入、○飽海清三郎当才男子咳祈、○札木町丁屋《（ママ）》子廿五才男ふら〳〵祈廿疋入、○新銭町此吉・仏餉藤平札受来ル、○おなか清八嗅胎子待占安産符遣ス、○津留ノ廻状来ル、一乗院へ継、○中瀬古へ茂吉山茶花樹壱本ト米三升遣ス、小一取来ル、○伊介餅一重入、○長平・富蔵箪笥、角田・奥田刈、十二束六わ皆運送ス、苗場丈ケ残ルト云、
十三日　天気曇晴也、○夜前北川小介来ル、田尻五十四才女長病臨、○羽根井作次郎三才男子り病祈廿疋入、○上伝馬善六札遣ス、○飽海清三郎同断廿疋入、○美濃屋へ返《（反）》魂丹三服取ニ遣ス、
十四日　極晴天也、○吉川源蔵十七才女咳祈、○中芝紋次郎三十三才女ふら〳〵祈廿疋入、○羽根井作次郎札受来ル、○虎蔵田尻仙次郎臨、死ス、礼十疋入、土砂遣ス、○茂吉米壱臼搗、
十五日　天気曇晴也、○前芝山内栄蔵廿八才女産後時候祈百疋入、○中芝紋次郎・吉川源蔵札受ニ来ル、廿疋入、○吉川田合附作蔵より来ル、○朝道□栄吉へ襖

ノ縁四本丈調ニ行、○子供燈油・こま油求行、
十六日　天気晴曇、○吉川五郎七六才男子・弐才男子
り病祈、○吉川弥次兵衛三十才男り病祈廿疋入、○松
山庄次郎五十一才男ふら〳〵祈廿疋入、○野川ニ而抹
香百文取、上菓子・あり平・香花求、○中瀬古より子
供宗賢ノ着類等持来ル、○茂吉中瀬古へ飯米七升・唐
櫁柑・柑子為持遣ス、小一取来ル、○おみつ白足袋壱
足入、半し二・唐みかん廿遣ス、○おりへ宗賢ノ布子
半天洗濯致シ持参也、
十七日　晴天、晩方曇り、○羽根井兵三郎五十才男種(腫)
レ病祈、○下地藤十郎七十九才女背中痛祈、○前芝栄
蔵札受来ル、○吉川弥次兵衛同断、廿五才女産後安全
祈十疋入、○同所五郎七ノ札同人ニ遣ス、廿疋入、○
松山庄次郎札受来ル、○晩方より道淳中瀬古へ助法ニ
行、○茂吉粳粟壱臼搗、
十八日　晴天、風少々、○羽根井兵三郎・下地藤十郎
札受来ル、廿疋ツ、入、○道淳中瀬古より昼前帰ル、
○猪三郎初米壱升入、唐櫁柑遣ス、○岩蔵薩摩芋壱苞
入、同断、○長平・富蔵絹田稲苅、十三束五わ運送ト
云、弐束弐わ残ルト云、
十九日　曇天也、○下り町平六、三十四才女疝癪祈□
疋入、○中瀬古へ薩摩芋為持遣ス、野川ニ而□□□金
赤一取、○長平・富蔵たんす、絹田残分□□済、昨日
共〆廿七束三わト云、皆運ぶ、角田苗場分壱束弐わ刈
皆済ト云、
廿日　夜前雨少々、風有、今日は大分寒シ、○開爐、
○夕方風呂致、百度より来ル、
廿一日　晴天也、寒シ、○御影供如常、○下り町平六
札受ニ来ル、○おちの着物預ニ来ル、草履三足入、○
おつき先日かし分五百文入、あけ七ツ入、薩摩三ツ遣
ス、○茂吉門前豆引、
廿二日　晴天也、市田勘蔵三才男子額へ瘤祈三十疋
入、直ニ札遣ス、○清次郎親類橋良四十余女血ノ道祈
廿疋入、○伊介花入、○助十郎不快見ニ道行(淳脱)、唐櫁(蜜)柑
遣ス、○茂吉ニ弐百文かし、
廿三日　天気曇晴、○清次郎橋良ノ札受来ル、○松山

おとよ病気占十弐文入、○七蔵全快ニ付入来、豆腐弐丁入、半し一遣ス、○中瀬古へ菜みそ少々茂吉持行、小一取、
廿四日　晴天也、○吉川高福寺願主、野田法香院隠居四十弐才僧風邪大病祈弐百廿四文入、○畑ケ中長兵衛七十才女風邪祈、○茂吉大豆今日迄引仕舞、門前十九束・十七束有ル、此分長全前二枚、
廿五日　晴天也、○城内渥美三平五十弐才男大病祈廿疋入、○西植田与十、七十一才男疝ニり病祈、○野田法香院札受来ル、○畑ケ中長兵衛同断廿疋入、○茂吉□壱臼搗、○子供天神祭、燈油求、
廿六日　曇天、七ツ前よりはら（ママ）雨、夜へ向テ余程降ル、○御堂瀬古□□七十一才女消渇祈弐百十弐文入、○植田与十札受来ル、弐百廿四文入、○伊介薩摩芋七ツ入、○百度ニ而小麦種三升貸ル、○長平・七蔵箪笥、長全前藪クロ小麦蒔始メ、晩方唐黍ユリ（揺）片付ル、
廿七日　天気曇晴也、晩方より風、○御堂瀬古政吉札受来ル、○中瀬古より子供来ル、小遣壱貫文渡ス、新町次介より自然薯三本入、○子供町へ行、野川平せんこ四・丸せんこ・とふしん取、上菓子求、
廿八日　曇天、昼後より風大分寒シ、○道淳八郎兵衛四才男子死悔ニ行、平せん香一遣ス、おりへへ座蒲団木綿□□余遣ス、○七蔵箪笥、長全前小麦蒔、茂吉同断、
廿九日　快晴ニ成ル也、○前芝山内栄蔵三十六才男り病ニ上言祈百疋入、○手間丁源次郎廿才女流産後祈廿疋入、○長平たんす、長全前小麦蒔、茂吉も同断、○開浴営、近所・両家・富蔵入りニ来ル、

黄鐘大未成

朔日　天気曇晴也、○手間丁源次郎札受来ル、○実五郎・常右衛門・虎之介・泰介・弥介神向ノ焼餅入、富蔵も同断、○中瀬古へ焼餅少々計為持遣ス、菊屋ニ而あり平・香花求、○八郎兵衛悔礼十疋入、戒名寒霜禅童子也、
二日　夜前雨風、終日雨天也、○前芝山内栄蔵札受ニ来ル、榁（蜜）柑廿余遣ス、○茂吉米二臼搗、

三日　快晴也、暖シ、○油屋瀬古ノ宇八母つよ長病祈廿疋入、○大崎左太郎廿才女血祈廿疋入、直ニ札遣ス、○中瀬古へ茂吉小一取ニ行、○同人昼後より長全前畑打、

四日　天気曇晴、時雨少々、○藪下善次郎四十四才男留（溜）飲祈、○三相次郎七、七十才男中気祈廿疋入、○中瀬古より子供来ル、八〇ニ而美濃四帖求入、壱匁壱分五厘ツヽ、也代六百文渡ス、中瀬古小遣分壱貫五百文渡ス、○上菓子・香花求、○茂吉長全前麦蒔、

五日　夜前より風終日吹、快晴也、○七蔵中瀬古へ大一取ニ行、○長平・七蔵たんす、長全前残蒔、門前東一枚麦蒔、

六日　天気曇晴、寒冷也、○藪下善次郎札受来ル、金百疋入故亦こま勤遣様ニ申、明後札受ニ来ルト云、○三ツ相次郎七札遣ス、○今日は吉日ニ付、中瀬古へ宗賢十八道次第授りニ行、八〇ニ而墨四十丁求テ貰来ル、代九百十六文払、○燈油・こま油求、○豆三升三合・米糀五升・飯壱升・塩壱升五合ニ而味噌仕込、頼母子仏名ノ用意也、○糀求、○茂吉門前麦蒔、

七日　夜前より風雨、晩方晴ル、○茂吉米弐臼搗、

八日　晴天、風有り、○藪下善次郎こまノ札受来ル、○茂吉中瀬古へ米一斗持行、小便一取来ル、八〇ニ而筆四袋求テ貰来ル、代八百五十弐文払、○長平・七蔵たんす、門前麦蒔、西一まい菜畑残ル、骨折ニ百文ツヽ、茂吉ニ五十文遣ス、同人ニ弐百文給金ノ内渡ス、

九日　快晴也、○藪下善次郎籠駕（ママ）ニ而参詣ス、廿疋ト小蝋燭六十丁入、みかん卅遣ス、○おりへ座蒲団仕立持参ス、先日布子・半天共〆弐百四十八文渡、納豆一袋入、半し二遣ス、○アルキ田方合付持参、

十日　極晴天、暖シ、○魚町浅井屋弥兵衛十八才女長病祈廿疋入、○次郎九取次、羽根井徳右衛門母八十才女長病大病臨、○晩方開浴営、

十一日　極晴天、暖シ、○牛久保市蔵八才女子腹痛祈廿疋入、○魚町浅井屋札受来ル、○半右衛門へ検見礼頼母子咄旁行、菓子壱袋遣ス、平十・徳兵衛同断同一

包遣ス、政蔵・伝次郎へも寄菓子一包遣ス、○おきせ・おきく稲扱ニ来ル、もち十四束八ツ過迄ニ済、夫より粳扱ク、六束余コクト云、○新町佐次兵衛四十一才女病気祈廿疋入、○富蔵たんす、茂吉中瀬古へ小麦蒔ニ行、みかん遣ス、八○ニ而筆求代八百廿八文渡ス、

十二日　極快晴也、○新町佐次兵衛札受来ル、○重作・六三郎牡丹餅入、○長平たんす、門前菜畑麦蒔済、瀬戸へも少々蒔、

十三日　極快晴也、○西羽田新兵衛取次、前芝四十九才男り病後祈、○新銭町七右衛門七十六才女中気祈廿疋入、○半蔵殿入来、認物致遣ス、○

十四日　晴天、風有、○船町善兵衛取次、札木也六十三女血道祈廿疋入、○赤坂大八、弐才男子大病祈、直ニ札遣ス、三十疋入、○新兵衛前芝ノ札受来ル、廿疋入、○猪三郎飯団餅入、○浜吉同断入、○燈油・香花求、○おきせ・お菊稲扱ニ来ル、七ツ頃迄ニ相済、夫よりト、口叩、

十五日　晴天也、晩方曇ル、○西三番丁山内才治廿一才女大病祈、○垉六町弁南三才男子虫歯祈三十疋入、○舟町善兵衛札受来ル、○アルキ鈕・御祓・暦ニ茶持参、○豊川稲荷ノ御影同人持参也、○文作今日より亦素読始ル、牡丹餅入、○平十へ頼母子定日之義相談ニ行、納豆一包遣ス、六郎・権右衛門同断菓子一包遣ス、○指笠町利兵衛ニ前東瀬戸橀(蜜)柑分不残金八両ニ而売ル、差金弐分請取、廿日過より切引合也、○おきせ・お菊ト、口片付ニ来ル、昼頃ニ済、夕方おきせ分賃四百文為持遣ス、

十六日　曇天也、○西町弥四郎五十三才男ふら〱祈、○西三番丁山内才治札受来ル、廿疋入、○垉六町弁南同断、○政平来ル、徳右衛門母病死臨礼十疋入、土砂遣ス、羊蔵五才女子虫ニ而二三日已前死ト云、○今日は秋葉祭礼ニ付休日、両社ニ而餅投有ル、

十七日　夜前雨少々、曇天、風夜へ向テ強シ、○西町弥四郎札受ニ来ル、十疋入、○昼後より道淳中瀬古へ助法ニ行、みかん遣ス、野川ニ而調物致子供ニ為持帰ル、上菓子も求、○茂吉米壱臼つく、○吉川村より返

金講廿日ニ興行ノ口上書持参也、
十八日　晴天、昼後より曇ル、風有寒、○牛久保市蔵札受来ル、薩摩芋入、みかん遣ス、○昼後道淳中瀬古より帰ル、八○ニ而墨一求、代八十八文払、○野川へ美濃等調ニ遣ス、○百度親父、中芝ノ世話ニ而大津ノ伝兵衛ト云者下男ニ見せニ来ル、明年置引合ニ致ス、廿七八日頃ニ来ルト云、
十九日　天気曇晴、雪シマケ少々風強シ、夜へ向テ同断、○百度源三郎母疝癪祈、○おはつ牡丹餅入、○昼頃より才次郎北在・町方へ頼母子会日触ニ行、暮方帰ル、○中瀬古白味噌遣ス、会日触書持帰ル也、○七蔵たんす、糯籾四俵壱斗処曳而弐俵ト五升余出来ル、○牟呂・新田・羽根井会日触子供頼遣ス、
廿日　晴天、朝雪シマケ、風有ル、○源三郎札受来ル、弐百十弐文入、○古金銀引替ノ廻状来ル、一乗院次ク、○中瀬古より子供来ル、小遣弐貫文遣ス、○お美津牡丹餅一器入、みかん遣ス、○長平御講餅九ツ入、みかん遣ス、○彦次郎同断、半し一・筆一遣ス、○たまり・香花・油揚求、○道淳羽根井羊蔵息女五才悔ニ行、平せんこ一遣ス、徳右衛門婆々同断、和平方へみかん遣ス、○百度より黒米四斗六升年貢之内入、○茂吉米一つく、○吉川村頼母子才次郎頼遣ス、下夕郷会日触残分も行、○新田喜三郎藁四十束運ぶ入、
廿一日　極晴天、朝寒シ、○昼後より北川世話人三人修覆講七会目買物ニ来ル、夫々調夕方帰ル、○源吉母入来、餅一重入、源吉追々快気と云、○虎之介牡丹餅一重入、○源三郎母病気見舞ニ菓子一包遣ス、○道淳絹藤ニ而一森半斤代三百三十四文、キヒシヨ壱ツ百三十三文也、野川ニ而半し一束・杓子一本取、○夕方才次郎村方分会日触ニ歩行、○長平たんす、中瀬古より仏供米四斗取ニ行入、小便も一取ニ行、夫より米一つく、
廿二日　晴天也、○朝より平十・六郎兵衛・才次郎料理ニ来ル、幸作法事ニ付昼より来ル、夜九ツ過ニ済、○岩蔵餅一重入、○和平殿平左衛門分落札頼来ル、○七蔵たんす米つき、小使等也、○米弐臼搗、○開浴

営、
廿三日　晴天也、○早朝より北川世話人三人・才次郎ト親父手伝ニ来ル、九左衛門・源六同断、役人三人四ツ前より入来、昼後より□□伝四郎・久左衛門・九郎左衛門取持来ル、喜三郎・助十□□給仕手(マヽ)致ス、七ツ頃より客追々来ル、五ツ前迄ニ皆来ル、夫□算用致ス、帳場へ釣り銭十五貫文出ス、代金壱両三分弐□弐貫四百三十六文入、亦金弐両三分弐朱ト三百三十四文雑用□□ニ相済皆々引、才次郎宿ス、○早朝より戒定手間ニ来ル、夜ル帰ル、茂吉送ル、○道(淳脱)浅井屋へ半し一束求ニ行、弐百五十四文払、○買物銭七貫六百十九文三人へ相渡ス、菊屋引菓子代ハ別也、○長平・七蔵たんす、夜九ツ頃ニ帰ル、○開浴、
廿四日　曇天也、○中瀬古へ残物菜ノ類少々為持遣ス、○半右衛門櫃三ツ・汁ツキ二ツ・湯桶一返脚(却)ニ茂吉行、○常陸へ燭台二脚返ス、○茂吉昼過より奉公□聞ニ行ト云、隙少々遣ス、
廿五日　極晴天也、○高須惣兵衛来ル、落札之證文下書遣ス、○百度より飯団餅一器入、○同人持参、植田半右衛門より薩摩芋一苞入、○道淳、半右衛門へ礼行、柚香糖百配書一・白みそ一重・付揚一曲共遣ス、○北川三軒へ白みそ一重ツ、・付揚一曲ツ、道淳持行、近日院主半し持行、礼ニ行積也、○中瀬古へ付揚少々遣ス、○子供天神祭、○前西残シ櫁(蜜)柑道淳・子供今日切初メ、○朝茂吉帰ル、
廿六日　天気曇晴也、○林蔵取次、牛久保七蔵廿九才産後足腫物祈廿疋入、○常右衛門飯団餅入、○百度より豆ノ粉入、白みそ・付揚遣ス、○道淳・子供共前西みかん切ル、
廿七日　晴天、風夜へ向テ吹、○二川輪違屋七十七才□□病祈十疋入、○草間庄蔵廿六才男吐血祈廿疋入、○林蔵牛久保ノ札受来ル、○百度才次郎東へ□家普請ニ付地祭ノ祝ニ赤飯一器・あけ五ツ入、菓□一包遣ス、○直作飯団餅入、○半右衛門より母三回忌ニ付飾餅大四ツ入、○道淳中瀬古文蔵妻病死ニ付悔ニ遣ス、平せん一遣ス、松坂屋ニ而註入実語教・童子教求、代

弐百七十六文払、○新田権右衛門金子借り来ル、跡より返事ト云遣ス、

廿八日　晴天也、風有ル、寒、○草間庄蔵札受来ル、○羽根井和平入来、落札金五両相渡ス、先年借分四両入、盆之分弐分入、此間分壱分弐朱入、当年り（利）四両分壱分弐朱ト百六十四文入、相済也、亦今日一両新ニかし、蕎麦粉一重入、みかん遣ス、○半右衛門母三回忌ニ付膳到来、台引・引菓子等有、大分馳走也、○小僧・子供みかん切、○茂吉中瀬古へ大半・小半取ニ行、○百度ニ而粳米七合余取粉少々かり、宗賢正行入供物ニ用、○夕方風呂致ス、

廿九日　晴天、風有ル、○清須伝兵衛六十七才女疝キ祈金百疋入、○今日晩方より宗賢十八道正行入、○昼小豆飯致ス、中瀬古へも遣ス、先まん中一袋入、○利兵衛・喜和蔵みかん切ニ来ル、八両之内金五両請取、瀬戸より始ル、○茂吉米一臼つく、○清八来ル、祠堂り壱分入、

晦日　快晴也、○院主半右衛門へ此間ノ礼ニ行、年回之飾餅・膳到来故、まん中一袋遣ス、回向も致ス、○半左衛門・浜七・平四郎・源右衛門へ寄、菓子一包ツ、遣ス、○高須惣□□證文持参ニ而落札金請取ニ来ル、五両渡ス、○おつき来ル、八月借し分金壱両入、外ニり足シテ六百文預置、○同人直ニ壱両来年五月迄かし、○利兵衛・喜和蔵みかん切ニ来ル、瀬戸廿四俵・前東廿四俵有ト云、相済、金八両之処壱両弐分まけ今日壱両請取相済、○茂吉昼前ニ内へ引、みかん壱盆・唐黍弐升遣ス、半月ノ給金ト外ニ弐百文心付ノカワリニ古蒲団壱ツ遣ス、○昼後大津伝兵衛ト云者、東漸寺より直ニ奉公ニ来ル、

十二月

朔日　快晴也、○中村平四郎廿才女疳祈、○中清須伝兵衛札受来ル、○牛久保粂吉母参詣、諸（ママ）甘入、みかん遣ス、供物ト御符遣ス、十疋入、○八兵衛殿入来、宗賢加行見舞ニ赤飯一器入、みかん遣ス、○菊屋へ頼母子引菓子代弐貫五百六十六文払、あり平求、○七蔵たんす馬入処拵、昼後より粳籾俵ニ致ス、十一俵三斗

有、同人今日より馬連テ来ル、半月借り置引合也、みかん少々遣ス、○重作仏名米初穂入、
二日　快晴也、○朝才次郎頼母子掛金不足ノ門共九左衛門一軒取、○瓜郷惣介殿入来、落札金十両□□八文取掛金入、惣左衛門分も同人取替入、○下男忠□一昨日赤飯少々為持遣ス、小一取、○残みかん切済、○清四郎掛金壱両壱分持参、釣り遣ス、
三日　朝曇、快晴也、○中村平四郎札受来ル、廿疋入、清三郎両家分こま初尾米入、みかん廿遣ス、○六郎兵衛母飯団餅入、細屋ノ方ニ干鰯有ル故求呉様咄、金壱両弐分程頼遣ス、○下男中瀬古飯米一斗・赤みそ一重遣ス、先より大豆六束持参也、○長平たんす大豆叩、四十一束有、下男も同断、
四日　快晴、晩方曇ル、○上伝馬亀屋五十三才男切縁心落付祈金弐朱入、○源六より牡丹餅一重入、筆二遣ス、○富蔵同断みかん遣ス、○羽根井与右衛門五軒分ごま初尾米持参、みかん遣ス、○北川へ頼母子礼ニ行、六郎・権右衛門へ半し三、平十へ五帖ト菓子少々、徳兵衛へ同三帖遣ス、○九文字屋より斎米一升・弐百文・蝋燭三入、みかん五十遣ス、○久左衛門仏名供物米入、孫十より十疋入、○新田権右衛門へ来暮迄金三両かし、文作ニ為持遣ス、○伝兵衛大豆二ばん叩、
五日　快晴也、○松嶋兵助廿五才女初産難産祈、○馬見塚清兵衛廿才女風湿祈、○新田七右衛門仏名斎米一升入、○庄屋へ大豆年貢遣ス、○伝兵衛もち米一臼搗、○富蔵たんす大根引、八ツ頃より門前麦削ル、○七蔵馬之爪切ニ連テ行、○九文字屋手代参詣、蝋三入、
六日　快晴也、○松嶋兵助札受来ル、三十疋入、○馬見塚村清兵衛同断三十疋入、○西町組伊藤初右衛門弐才女子虫祈廿疋入、○供物米五升、久左衛門・孫十分弐升水ニ積(漬)ル、七ツ過より搗、百度親父手伝来ル、○源三郎入来、飯団餅一重入、筆二遣ス、祠堂金壱両借度様申、○作蔵掛金壱両弐分ト三百三十四文持参也、○新田権右衛門へ普請見舞ニ十疋入ト此間藁運礼ニみ

かん壱束余遣ス、青藁三束持参、富蔵行、○富蔵たんす長全前麦削等、○伝兵衛米壱臼搗、○宗賢今日日中ニ而十八道正行無滞成満也、

七日　天気曇晴、大寒シ、○朝より北川世話人三人仏名買物ニ来ル、夕方迄ニ料理相済、才次郎手伝、○朝才次郎上竈壱ツ求ニ行、代三匁也、○町組伊藤札受来ル、○中村清三郎同断廿疋入、○おなか来ル、四月ノ壱分かし分持参也、直ニ組ノ方へかり分ニ而頼故貸ス、り足ノ内弐百文預り置、○文作斎米一升入、○孫次郎花入、○北川子供花入、其外も少々入、○伊兵衛中瀬古へみかん弐束為持遣ス、和尚義一昨日より御不快之由申来ル、○長平たんす、門前麦こへ掛・小使等也、○開浴、

八日　朝曇、極快晴也、風なし、○早朝より北川世話人三人、百度より両人料理手伝ニ来ル、其外近所追々ニ来ル、□人も昼頃より来ル、庚申ニ付清七不参断、膳遣ス、昨年弥六は断也、佐平次不参也、子供も皆来ル、宇平庚申ニ付不参膳遣ス、○早朝戒定法助（マヽ）ニ来ル、老和尚帰国後始終腹合悪敷二三日別而悪敷不食故御不参也、夕方帰ル、○早朝仏名過去開白晩方済、○瓜郷惣左衛門参詣、膳出ス、斎米四軒分・盆正賀三軒分、外ニ惣左衛門家内安全志十疋入、みかん三十遣ス、○九左衛門へ筆壱対遣ス、○役人祠堂ノ利足勘定致ス、三両余寄ル、○取持之衆四ツ前ニ皆々内へ帰ル、○長平・富蔵・七蔵箪笥、開浴営、

九日　晴天也、○早朝より未来ノ巻初、夕方済、内三人勤也、○下五井猪右衛門参詣斎米一升入、茶漬出ス、みかん三十遣ス、○百度・北川子供昨日より餅入、○平作こま餅卅三切入、蜜柑遣ス、○中瀬古へ昨日膳部残もの・餅一重為持遣ス、○

十日　天気曇晴、風有大ニ寒シ、○早朝未来ノ巻始ル、○常右衛門餅入、八日ニ猪三郎・文作同断入、○要介赤飯一重入、○百度親父入来、安産ノ符遣ス、志入、○大津へ伝兵衛替りノ洗たくニ行、来年給金ノ内金壱両弐分かし、蜜柑五十・廿四文遣ス、○子供書始手本出シ始メル、○長平たんす麦こへ、

十一日　今暁薄雪少々、終日寒シ、曇晴、○みつ・六三郎・佐与吉餅入、○百度より豆ノ粉入、○仏名会供物村方・新田・羽根井・牟呂・町方等皆配ル、○才次郎頼母子掛金不足取ニ行、作右衛門・勘右衛門計出ル、○遠州大福寺隠居入来、雪除ト宝珠玉・土砂入、菓子出ス、当院ニ而土砂加持修行ノ勧咄等也、先達而より用事ニ付大聖寺ニ滞留ノ由也、○斧蔵金三両来暮迄借度様申、即貸ス、

十二日　曇晴、風有寒シ、○昼後宗賢・助十郎、瓜郷・下五井へ供物持行、惣介へみかん三十遣ス、惣左衛門へも同断、同家より神教散七服一廻り分・金龍丸四十二粒入、子歳男役安全祈廿疋入、○早朝六郎兵衛入来、金四両二三日借度様申、即貸ス、○半右衛門内入来、窓の月箱菓子一入、こま初尾も入、新田七兵衛落札金ノ内四両渡ス、○

十三日　極晴天也、○馬見塚民蔵四十一才女痞大病祈廿疋入、○惣八来ル、祠堂金六両借り分返済也、證文渡ス、○六郎兵衛昨日ノ金返済来ル、○中瀬古へ仏名供物遣ス、備壱膳遣ス、○道淳野川へ半紙四束取、中のり一取、筆屋ニ而大乗筆一本求、○百度へ風呂入ニ行、菓子一包遣ス、

十四日　曇天、寒シ、少々時雨、○坂下安兵衛取次廿七才女皃腫物祈廿疋入、直ニ札遣ス、○三ツ相武蔵方病人死ト申来ル、土砂遣ス、○小助祠堂り（利）入、○源右衛門来ル、祠堂金壱両貸ス証文入、頼母子懸金も入、○伝四郎内四月貸分壱分返済也、○六郎兵衛来ル、金三分かし、○清七殿入来、仏名不参ニ付志十疋入、○北川へ仏名ノ礼ニ行、平十へ半し五・菓子一包・こま餅遣ス、権右衛門・六郎兵衛・徳兵衛へ半し二・菓子一包遣ス、○中瀬古より子供来ル、弐貫文ト金弐分渡ス、こぬかも遣ス、○重作縄壱束入、筆壱対遣ス、○六郎兵衛取次ニ而細屋仙次郎方より干鰯十五俵求、皆二郎より寺へ運下男荷、○伝兵衛昼頃大津より帰ル、

十五日　極晴天也、大霜、○半右衛門へ仏名会礼ニ行、菓子配書一・菓子一包遣ス、同家取次新田七兵衛七十六才女年病祈、晩方札為持遣ス、○道淳新田彦三

郎座敷普請見舞ニ行、百文トみかん七十遣ス、○和三郎飯団餅入、○清介藁六十三束運ふ、代壱分弐朱直ニ渡ス、○喜介祠堂り入、○長平へ来年たんす金弐分渡ス、外ニ五月迄壱分かし、○同人たんす麦耕作也、○伝兵衛中瀬古へ小一取、

十六日　晴天也、○上伝馬喜右衛門三十六才ノ女風祈十疋入、○田町兵右衛門三十八才男風ニ腹悪敷祈廿疋入、○半右衛門殿入来、新田七兵衛祈三十疋入、同人へ祠堂金ノ内惣八返済分六両貸シ渡ス、○六郎兵衛入来、此間ノ三分返済入、頼母子返金も入、七月貸分弐分も返済入、此間より干鰯十五俵代壱両弐分トた(駄)賃代八百五十四文、運上九十文相渡勘定皆済也、○伝四郎内昨日金ノり不取ニ付まん中十七入、牡丹七ツ遣ス、○宗賢旧里へ行加行、供物トみかん五十程遣ス、和平方へ供物一包遣ス、○清十牡丹餅一重入、菓子一包遣ス、○羽根井子供縄五束求来ル、代五百文渡ス、○伝兵衛米壱臼搗、○富蔵たんす、中瀬古へ　　取ニ行、夫より麦耕作一番削相済、

十七日　快晴也、昼後より風夜へ向テ吹、○田町兵右衛門札受来ル、○来年七日朝五ツ時年頭登城ノ旨廻状来ル、正淋寺へ次ク、○斎後宗賢中瀬古へ助法ニ行、みかん遣ス、○伝兵衛黍四斗五升余晩迄ニ搗上ル、

十八日　極快晴也、暖シ寒シ、○朝より台所煤払、昼迄相済也、○昼後より中瀬古へ煤払ニ行、○富蔵たんす、○坂津源太郎八十三才男空ラ言祈廿疋入、○牛久保彦七、七十九才男年病祈廿疋入、○和平殿兵左衛門・平左衛門分落札金十両ノ内七両弐分相渡ス、○早朝宗賢中瀬古より帰ル、○中瀬古より子供来ル、かす調へ入、金壱分ト銭三貫文遣ス、○常右衛門蕎麦粉入、○北権六掛金入、○開浴営、近所・百度入ニ来ル、

廿日(十九)　天気曇晴也、○札木町桔梗屋市兵衛白須加廿才女病気祈弐百十弐文入、○坂津源太郎札受来ル、○平蔵祠堂り足ト掛金入、○才次郎植田へ行、重右衛門へみかん壱束五十、半右衛門へ壱束頼遣ス、○伝兵衛もち粟三斗三升搗ク、七ツ頃ニ済、

廿一日(廿)　晴天、朝夕風夜へ向テ吹、○札木桔梗屋札受

来ル、○道淳野川へ半紙見ニ行、種屋ニ而半紙三束求、代八百六十弐文払、野川ニ而絹巻筆弐百文取、○百度源三郎・才次郎・大次郎・善作・八重蔵・吉作・栄吉・七蔵・代蔵・伝兵衛・平兵衛・吉太郎右十弐人垣結ニ来ル、権右衛門ノ小家之処迄済、○七蔵、松山ノり足弐朱入、釣り百六十九文渡ス、去年取過五分渡、○昨日菊屋より寒見舞ニ十四入、○植田より為ニさつま芋入、○伝兵衛粳米一・もち米一搗、○長平たんす長全前麦こへ、

廿一日　朝風寒シ、夫より極晴晩迄暖シ、○仁連木豊三郎七十九才男手種(腫)物祈廿疋十弐文入、○吉右衛門、川田ノ年貢四俵三升五合之内壱俵今日内へ取、○朝より北川六郎兵衛・平六・茂右衛門・要介・七蔵・源作・源吉・林平・斧蔵・十吉・栄三郎・政吉・小助・梅蔵・惣三郎・長重・西半右衛門男十七人、権右衛門小家之処より九左衛門境迄済、表通ト門前両脇内垣等暖気故皆相済、先安心也、○羽根井子供三束五わ縄求来ル、○昨日七蔵吉川へ年貢納ニ行、弐貫四百三十三文也、○伝兵衛中瀬古へ小一取ニ行、○

廿二日　晴天、夕方より風、○朝小介来ル、権左衛門頼母子十会目掛返共壱分ト四百五十八文渡、半分落残分当会ニ落札之旨ニ而持参故請取、○百度七蔵落札金ノ内五両渡ス、○平蔵来ル、珠光院分掛金入、○喜三郎来ル、竹六本持行、文作清書持参、同弐本持行也、○坂(津脱)角蔵同持参、竹一本持行、○仁連木豊三郎病気ト云、土砂遣ス、○おちのこま初尾入、九平廿四才厄除祈十疋入、○七蔵・長平たんす、中瀬古垣結ニ行、伝兵衛も同断、米一升・竹五本遣ス、

廿三日　晴天也、○牛久保彦七・上伝馬久左衛門札受ニ来ル、○朝政平来ル、こま初尾米入、縄壱束入、みかん遣ス、○同人へ落札金残分金弐両弐分相渡ス、兵左衛門分也、○同人取次兵作息子十九日朝出生名付頼□五十疋入、○道淳町へ行、野川ニ而水引四わ・朱唐紙一枚取、八〇ニ而種屋ニ而調物致預ケ置、○清源寺ノ頼母子四会目掛金三分弐朱ト三百九十四文、作蔵殿へ相渡ス、○中兵右衛門こま初尾米五軒分入、みかん

遣ス、○おみつ蕎麦粉一器入、○伝兵衛もち米二臼搗、風邪故晩方臥ル、

廿四日　晴天也、○半右衛門殿入来、清源寺ノ返金三両弐分ト六匁入、役人引請ノ祠堂り弐分ト六匁入、新田七兵衛落札金残金壱両相渡、〆五両落也、○伝四郎祠堂り足ノ内金壱両入、○夕方作蔵殿入来、三ケ年祠堂り滞り分弐両弐分入、外ニかし分弐分返済入、こま初尾米入、○子供昨日より今日書初書也、○子供種屋へ半紙取ニ遣ス、代弐貫八百八十四文払、八○へ襖ノ縁弐本つり引手弐ツ取ニ行、元結百廿わ共壱貫廿弐文払、○伝兵衛もち米弐臼搗、粟一斗五升カス(浸)、○七蔵たんす、昼前籾立ノクス等片付、後より麦こへ出し、○羽根井和平方へ向、兵作ノ息子名円次郎ト付テ遣ス、

廿五日　晴天也、○俊次来ル、八月かし分金壱両返済、り弐匁五分入、○新田彦三郎来ル、おみつ当暮切ニ下山願来ル、○平蔵・利作来ル、金弐朱両替、○仁左衛門祠堂ノり弐朱ト六匁入、○道淳、久左衛門へ行□□□包遣ス、○昼より七蔵たんす、西町□□万茶壱本求ニ行、夫より糯米六斗六升カス、○伝兵衛もち米一臼搗、○七蔵来年手間金三分かし、○子供天神祭、皆机内へ持行也、

廿六日　天気曇晴、寒気甚敷霰大分降ル、○橋良五三郎廿九才男風祈廿疋入、○早朝より餅搗致ス、日暮迄ニ相済也、○戒浄手伝ニ来ル、晩方去ル、○百度親父同断、○長平・七蔵たんす、備ノ次ノ臼長平手返ス、伝兵衛搗ク処杵コケ天窓ブツ、血出ル、薬付ケ直ニ内へ帰ル、○北川三軒・百度九左衛門・源六へもち遣、○長平へも遣ス、○富ニも晩ニ遣ス、○彦介・市右衛門弐人来ル、堀田皆無ニ付引願古来ノ堀田引致サス故納メ呉様ニ申遣ス、○清次郎来ル、祠堂ノり足ノ内弐分春迄延引ノ処願来ル、證文ノ外壱両ニ相成也、○かや町清十祠堂り来延頼来ル、不承知返答致ス、○一両日已前より文七祠堂金十両ノ質ギロウ田地求呉様ニ申共断申居処、今日組合ノ者弐人参売□□金ノ方へ入ねバ先詰ル様ニも申、最早当年は金ツマリ故外へは六ケ

敷何分御勘弁ノ上頼ト云、○八ツ過彦三郎来ル、長平・順蔵医者ヲも為縫候処大ニ六ケ敷ト申来ル故、七蔵・富蔵カハリ〳〵見セニ行、道淳□□□ス、□者大そふ□言故気落致也、○
廿七日　天気也、大分寒シ、○西羽田清四郎五十四才□ルチウ（流注）祈、○御籏太助疔祈百十弐文入、○橋良五三郎札受来ル、○終日餅切ル、○九文字屋より斎米一升・十疋入、蝋三本入、備壱膳入、みかん五十遣ス、○百度七蔵取次分ノ落札金取ニ来ル、證文入、五両渡此分共〆十両也、○文蔵来ル、妻悔礼十疋入、○六郎兵衛より餅一重入、○人相書ノ廻状来ル、一乗へ次、○おちの大人参五本トそうり二足入、○弥次郎同五足（ママ）入、○又七組合ノ者弐人来ル、キロウ田地壱反之内本畝壱反壱畝十七歩也、祠堂金十両ト亦弐両かしノ処、十八両ニ而買取積ニ返弁致ス、尤難渋願故り足ノ内ニ而弐分引遣ス約束也、○羽根井新作ノ親来ル、当暮ニ而下山ノ願也、○下男伝兵衛中瀬古へこへ取ニ行、買物代ノ内弐貫文渡ス、○西弥炭弐俵代九百三十弐文払、○朝七蔵□□角忠へ鶴ノ油貰ニ行、即長平へ遣ス、疝薬也、○長平ヲ道淳見ニ行、今暁八ツ頃よりもの言出し食事も納り大分快方ト云、
廿八日　晴天、風強ク大ニ寒シ、○西羽田清四郎□□□三十疋入、○尾（王）ケ崎弥七同断廿疋入、○九左衛門・源六より餅入、○勘右衛門より坂下安兵衛分掛金入、○半右衛門より使ニ而手面来ル、祠堂金ノ内金三両貸ス、使彦蔵へ渡ス、○長重来ル、落札金五両渡ス、○善右衛門へ此間川田年貢壱俵不納ニ付催促致ス処今日来ル、算用違も有ル様故、篤ト改被下頼故承知ス、○猪左衛門来ル、又七田地ノ證文持参金不都合故明日渡スと云返ス、○道淳町へ半紙調ニ行也、○朝より富蔵中瀬古へ飾松立ニ遣ス、大々備壱膳・大備四膳・中小九膳、亦小か七膳、供物餅壱枚・切餅弐百五十枚、亦百枚・黍五十枚、榓（蜜）柑三束半余、橙為持遣ス、七ツ前ニ帰ル、夫より当方飾松立ル也、○猪三郎・六三郎蕎麦粉入、○六郎兵衛より蕎麦切一重入、○
廿九日　晴天、寒シ、○百度嘉十、四十六才癪気祈、

晩方札遣ス、廿疋入、○おなか来ル、本町金作母五十五才疝気祈、○政蔵・清十祠堂り之内壱両入、六匁不足也、○伝四郎同り弐分入、壱分不足春迄延シ頼、○作蔵来ル、平六へ取次分弐両返済也、○猪左衛門来ル、又□分みふでん上田壱反壱畝十□歩、道場壱反□□祠堂金十両ヲ質ニ入、亦弐両かし、右り足壱□弐朱ト四匁五分也、右ヲ差加へ四両三分ト三匁ハ今日渡シ、都合十九両ニ而右田地相求也、證文は昨日取、難渋ニ付り足勘弁願故弐分遣ス也、当暮馬金取替分弐百五十四文共渡ス、○中瀬古へ伝兵衛□飯米一斗・赤みそ一重・人参・里芋・串柿・蕎麦粉一袋遣ス、先より椎茸・海苔入、金三分も入、唐ノ芋入、和尚癪気悪敷様中来ル、○野川へ銭八貫文遣ス、○おりへ足袋壱足・里芋一盆入、金壱分弐朱かし分入、弐朱不足也、榓(蜜)柑遣ス、○彦三郎来ル、長平天窓疵ノ薬礼旁由ニ而金壱分かし、○富蔵金壱分弐朱当座かし、○政平来ル、串柿十本入、久七へ弐分かしり足四百十八文入、半し三・榓柑遣ス、兵作へ円次郎ノ息災祈、守・供物遣ス、○浅四郎牛房壱束・書初持参也、半し一遣ス、○弥市郎米一升入、書初持参、半し二・筆一遣ス、竹弐本持行、○

元一(嘉永五年) ○極晴天、長閑也、○九文字屋礼来、廿疋入、菓子出ス、○林平・清十り足不足弐朱持参、百六十五文遣ス、○本町藤札受来ル、廿疋入、○畑ケ中清四郎祈、○半右衛門より、

元二　快晴、折々曇ル、風有ル雪シマケ少々、○畑ケ中札受来ル、十疋入、○百度嘉十死ト申来ル、土砂遣ス、○関口礼十疋入、菓子出ス、○伝兵衛たまり一升・酢求行、

元三　晴天、風有ル、夜前薄雪少々、○礼ニ廻ル、○中瀬古へ挟箱遣ス、○黒さとふ求、○

四日　晴天也、長閑、○指笠町祈廿疋入、○子供節也、○宗賢中瀬古へ行、○膳わん中瀬古へ遣ス、○中瀬古より備と銭三貫分□義入、○植田重右衛門□菓子入、此方よりも遣、○富蔵嚊壱分弐朱かし、長平へもち遣ス、○上菓子弐百・酢求、

五日　晴天、風有ル、〇田尻嘉次郎祈百疋入、〇おちの・久次郎こま初尾入、〇増次郎紙遣、〇常玩子人も遣ス、〇備配、〇悟真寺善忠礼、〇

（表紙）「嘉永五壬子天
浄慈院日別雑記
孟春大穀日　多聞山摩々亭」

（正月五日）○中瀬古膳茶わん遣ス、○上菓子弐百文・酢十六文求、

六日　天気曇晴、少々寒シ、○松山甚左衛門五十弐才男風邪祈廿疋入、○伝次郎取次札受来ル、廿疋入、○悟真寺扇弐本入、○中瀬古へ挟箱取ニ遣ス、備餅六膳せんわん（膳碗）帰ル、○中瀬古仙蔵・松次郎蜜柑つこみにて六十弐かへ廿九束売、代金弐分ト壱貫三百文入、亦弐東五十代四百文入、才次郎小半日懸ル、○今日は節分也、○

七日　天気曇晴也、○談合之宮甚左衛門廿一才男疳労祈廿疋入、○松山甚左衛門札受来ル、○河岸新兵衛同断、○川崎吉蔵もち米一升壱合・三十弐銅志入、みかん三十遣ス、○今日ハ御城年頭持病ニ付書付ヲ以断ル、清源寺へ頼ム遣ス、○礼人之残大分来ル、○子供皆祝義入、○朝より宗賢入来、昼後新田・吉川方・牟呂・羽根井・町方迄年礼ニ廻ル、暮方帰ル、藤七伴也、新田権右衛門内義病気ニ付見舞ニ菓子一袋遣ス、○夜ル宗（賢脱）帰堂ス、藤七送ル、

八日　天気曇晴、寒シ、風有ル、○新町橋本屋勘兵衛廿三才女八ケ月安全祈廿疋入、○談合ノ宮甚左衛門札受来ル、○龍拈寺年玉入、○今日より子供習ニ来ル、○才次郎みかん売ニ来ル、弐朱ト壱貫文、○壱分ト壱貫三百文売ル、○中瀬古腐みかん七十遣ス、道淳持行、紙文庫来ル、

（以下、中欠）

（十二月十日）願来ル、跡より返事ト申帰ス、○村よりアルキ来ル、此間かし分三貫文入、済、暦ニ拳・祓・付木二わ入、初尾五十文遣ス、○おりへ布衣一ツ洗濯致持参、おこ《こぶのり》少々入、餅九ツ遣ス、院主ノ半天一、襦袢一、宗ノ単物一ツ洗ニ遣ス、○今日より書初手本出ス、

十一日　極快晴也、寒気、○畑ケ中長兵衛七十一才女頭雲祈、○羽根井左平次廿六才女産後目まい祈、○院主半右衛門へ仏名礼ニ行、まん中一袋・白みそ一重遣ス、成恵半し一到来致、○今日台所朝より煤払富蔵致ス、斎後中瀬古へ同人煤取ニ行、七ツ前ニ帰ル、○夫より亦大一取ニ行、餅九ツト仏名会供物遣ス、手鎌壱丁持参ス、○吉川村より惣代三人来ル、当夏水引入用ノ見舞金弐朱無心ニ来ル、即遣ス、○植田重右衛門殿入来、胡麻餅一重入、蜜柑五十遣ス、飯呑ス、○開浴営ム、百度より入来ル、

十二日　夜ルより雨大分降ル、七ツ頃ニ止ム、夫より風、雨へ向テ強シ、○畑ケ中長兵衛札受来ル、廿疋入、○羽根井左平次同断弐百十弐文入、○才次郎入来、小作之引米勘定致ス、○昨日より今日供物包ム、新田・羽根井へ子供ニ為持遣ス、○伝兵衛糯米一臼搗、

十三日　快晴、寒気也、○瓦町仁左衛門十九才女産後祈、○今日村方弁町へ仏名会供物配ル、坂津・中村ニも遣ス、○西羽田庄吉祠堂り足金壱分入、釣り百六十五文遣ス、○伝兵衛出替り之洗濯ニ大津へ行、来年給金ノ内壱両弐分渡ス、蕎麦一升弐合・みかん卅遣ス、

十四日　快晴、寒気、○瓦町仁左衛門札受来ル、廿疋入、○政蔵入来、清十り足不足分弐朱入、釣り百六十五文渡、○清三郎祠堂り足壱分入、○富蔵来ル、年貢過米一俵代ノ之《ママ》内弐分預ル、先日弐朱共合弐分弐朱也、此間かし分三百五十文請取、糯米七升四合代八百三文渡、百八文かへ也、○

十五日　快晴、静也、○羽根井左平次廿六才女産後震気フケサメ再祈金弐朱ト十弐文入、昼後護摩修ス、三人参詣ス、直ニ札遣ス、○天王清太郎六十才男脳労祈、○六三郎蕎粉入、○船町清七橙買ニ来ル、一束十、四百四十文ニ而払、○新田小作権十・平八不作ニ付年貢勘弁達而願来ル、少々ツ、引遣ス、○与作牛房一束入、竹三本持行、

十六日　夜前も雨、今日も終日雨、夜へ向降ル、寒中珍敷雨也、夜へ入テ風付ル、○天王清太郎札受来ル、

廿疋入、○昨夕方作蔵殿入来、小作ノ堀田引之語也、当年珍敷旱魃ニ而皆無故堀田丈は皆無致シ遣様ニ相談也、○祠堂ノり足不来ノ家四軒催足(促)ニ遣ス、

十七日　昨日より始終雨、昼後より晴ル、○牛久保市蔵五十弐才男片頭シヒレ耳鳴ル祈廿疋入、○天王清太郎札受来ル、廿疋入、○喜介祠堂り金壱分入、釣り七百五十文渡ス、○伝四郎内来ル、去年祠堂り不足分壱分ト八月かし分壱貫五百文之内へ金二分入、釣り百三十六文渡ス、○中瀬古へ蜜柑一束程為持遣ス、○晩方より道淳中瀬古へ法助ニ行、○晩方伝兵衛在所より帰ル、○夕方才次郎宿り来ル、○暮方瓜郷惣左衛門田地売口尋ニ来ル、断申、達而頼故跡より返事ト云返ス、

十八日　快晴也、○平蔵祠堂り足弐分持参ス、未六匁不足也、○斎前道淳中瀬古より帰ル、八〇ニ而明ほの一袋求、鉄虎ニ而太字筆一本代七十文・堂嶋弐足共取、種屋ニ而半紙九束間似合弐枚取、の川ニ而半し三束・水引四わ・唐紙一取、大のり一・中のり一共、○斎後道淳、植(田脱)重作・瓜郷へ仏名供物持行、惣左衛門へ蜜柑三十去年ノ菜ノ礼金弐朱遣ス、田地求ノ義断申遣ス、惣介みかん二十遣ス、下五井猪右衛門へみかん二十供物遣ス、○朝才次郎内へ帰ル、白みそ・こふ・海苔遣ス、今夕方浪之上善太郎より嫁来ルト云、○中瀬古へ伝兵衛大半・小半取ニ行、○晩方瓜郷惣左衛門来ル、熟柿七ツ入、田地北場所ノ仕様持参ス、

十九日　快晴、寒気也、○院主仏名会礼ニ平十へ行、半し五帖・菓子一包・白みそ小重へ一遣ス、熟柿弐ツ共六郎兵衛へ半し二・菓子一包・白みそ同断遣ス、○助四郎来ル、成恵悦ニ千歳草小箱一入、明ほの弐本遣ス、○昨日求分種屋ニ而半紙九束・間似合二代弐貫六百四十一文渡、○中瀬古へ飯米弐升・赤みそ一重・蕎麦粉少々遣ス、○伝兵衛黍弐斗六合搗、一斗六合ニ成直ニ水に積(漬)ル、

廿日　天気曇晴、大ニ寒シ、凍ル、風も有ル、○畑ケ中京蔵当才女子風邪祈、○牛久保市蔵札受来ル、○中村兵右衛門こま初尾米七軒分持参、みかん卅余遣ス、○院主徳兵衛へ仏名ノ礼行、半し二・菓子一包遣ス、

政蔵・伝次郎・茂左衛門へ寄ル、供物一包ツ、遣ス、長十へ同一包遣ス、成恵へ虎ト鉄より十疋入故細筆弐本共遣ス、○清七、清右衛門ト百度へも行、供物一包ツ、遣ス、○岩吉祠堂ノ利足十弐匁之処へ金壱分弐朱ト百六十四文入、預置、尤平十殿ト訳有也、○おとき蕎麦粉入、○六郎兵衛より成恵剃髪悦ニ十疋入、宗吉持来ル、○晩方三人百度へ風呂ニ行、こま餅遣ス、○伝兵衛粟二臼搗、弐斗弐升六合程也、○長平たんす、前東蜜柑こへ懸ル、来年たんす金壱分かし、

廿一日　快晴、静也、○本町小野屋母参詣、かす一重入、みかん三十遣ス、同人取次下地又治四十才男疳時々差込祈金弐朱入、○畑ケ中京蔵札受来ル、百十弐文入、○中瀬古より子供来ル、壺坂宝珠院賢照師より和尚方へ返事書翰見セ来ル、千寿院一件之書面也、小遣弐貫ト外ニ金壱分弐朱渡ス、○朝より百度庄次郎来ル、溜り水覆致ス、晩方迄出来ス、○中瀬古へ伝兵衛小一取ニ行、○もち米一臼搗、

廿二日　快晴、静也、○北平蔵祠堂り（川脱）不足弐朱入、釣り百六十四文遣ス、○才次郎植田へ行、重右衛門へ蜜柑一束五十遣ス、外ニ成恵ノ肝煎礼ニ菓子配書遣ス、弐百文也、半右衛門ト儀介蜜柑三十ツ、遣ス、○村会所よりアルキ金弐分両替来ル、三貫三百五十文渡、○富蔵たんす内垣結也、門前両側も少々結、○伝兵衛もち米二臼搗、○今日より子供書初書ス、

廿三日　快晴也、○小野屋より下地ノ又治ノ札受来ル、○政蔵来ル、祠堂金ノ内四両貸ス、先日弐両ト合六両也、證文入、○伝四郎より祠堂金り足ノ内壱両入、○道淳羽根井へ行、歳暮ニ半し三・蜜柑遣ス、胡麻餅少子供ニ遣ス、単物・襦袢洗濯ニ遣ス、○道淳新田権右衛門へ行、みかん一束遣ス礼也、○藁百五束弐分ト五匁七分九厘処、三両ノり十八匁引、亦竹六本代弐百九文引、壱分ト百文渡、同家ニ而餅米一斗九升求、代壱貫九百文渡、伝兵衛取ニ行、○才次郎西町善右衛門へ茶一本求ニ行、七百五十文也、○子供書初書、○伝兵衛、前東へ蜜柑こへ懸ル、

廿四日　曇天也、○横須加惣七、五十九才男眼病祈、

まん中一袋入、蜜柑三十遣ス、○野依吉左衛門五十五才男疝気祈廿疋入、○北川惣次郎、吉川ノ国役惣高入用百五十一文取ニ来ル、○早朝道淳中瀬古へ行、得度作法報謝ニ足袋一足・千歳草小一箱・白みそ一重進ス、○野川ニ而大のり二帖・扇十八本・下駄一緒一足取、鉄利ニ而半紙五束取、○六郎兵衛大半切壱ツ持参、代金弐朱ト云、預り置也、○伝兵衛もち餅二臼搗、○富蔵昼より半日たんす内垣結、晩方○（ママ）もち米五斗洗ふ、○子供今日迄ニ書初済、晩方皆机内へ持行、

廿五日　夜前夕方より雨降ル、昼頃少々照ル、亦晩方より夜へ向テ大分降ル、○今日は米搗、百度より御親父幷才次郎手伝ニ来ル、大割木持参也、富蔵たんす、晩方迄ニ済也、今年は長平ハ不呼、○野依吉左衛門札受来ル、○平十・六郎兵衛・百度九左衛門・源六へ餅遣ス、権右衛門へ遣共不取、○富蔵へも少々遣ス、○朝より宗賢手伝来ル、暮方帰ル、もち少遣ス、○昨日重作内へ行、廿疋トさつま芋一苞入、半右衛門よりも一苞入、○人相書ノ廻状来ル、一乗院へ次、○子供天神祭ニ来ル、○開浴営、○近所より入り来ル、百度同断、

廿六日　晴天、風有ル、○昨日節分也、○餅切致ス、○道淳半右衛門へ行、半紙五・まん中一袋・青海苔五わ共歳暮ニ遣ス、○斧蔵来ル、三両ノ利足金壱分ト三百三十三文入、弐両返済、壱両貸分ニ成、○西弥炭二俵代九百三十弐文渡、○九左衛門牛房一束・唐黍・掃箒一本共入、さつま三ツ遣ス、田尻よりこま初尾米入、みかん遣ス、○源六より草履五足入、○坂津金作テコ芋二本入、半し一遣ス、○源右衛門より牛房一束入、○新田弥一書初清書持参、蕎麦粉一重入、こま初尾米入、筆一・みかん十五遣ス、竹弐本遣ス、代六十四文入、○岩吉来ル、こま初尾米入、先日祠堂り十弐匁過金弐朱ト四匁五分分渡ス、○中瀬古へみかん弐束四十程遣ス、小一取テ来ル、○

廿七日　晴天、静也、○横須加惣七札受来ル、廿疋入、○昨日餅米三升、餅不足ニ付百度へ頼遣ス、才次郎今日持参ス、大村より大牛房三本入、同人持参、○

半右衛門内入来、串柿廿本・菓子配書一・牛房一束入、かす少々遣ス、○世話人へ歳暮遣ス、○六郎兵衛より餅一重入、○六郎兵衛へはん切代金弐朱渡ス、○中瀬古へ餅米五升遣ス、小一取テ来ル、○長平来ル、とふふ二丁入、米一升・みかん三十遣ス、来年麦迄金壱分かし、○
廿八日　快晴也、○飽海弥兵衛七十七才男疳祈廿疋入、○中瀬古へ富蔵門松立ニ遣ス、大備一膳・小備廿膳・小もち廿一・切餅百五十枚、亦小七十枚のし餅一搗、中備四膳・橙三ツ・三宝為持遣ス、先門松当方分二本持参ニ而昼過帰ル、白砂糖一袋・筆弐本入、先日取替分壱分弐朱入、○富蔵ま□□当方門松立ル、○おちの餅一重入、あけ五ツ為、○源六より餅一重入、さつま三ツ為祠堂ノ利足金壱分入、○才次郎昆布三百文・手拭一筋求ニ行、百十文也、○桶差掛弐百十七文渡、○六郎兵衛よりとふふ三丁入、○九左衛門・源六へとふふ二丁ツ、遣ス、○羽根井八兵衛入来、成恵得度祝義十疋入、牛房一束入、半し一・みかん遣ス、○おりへ半天・単物・襦袢・布衣せんたく持参、賃弐百廿四文渡ス、外ニ来春迄壱貫文かし、足袋一足分・薯蕷二本入、みかん七十・牛房一束為、○伝兵衛前東みかんこへ懸相済、○
廿九日　快晴也、○歳末之暮目出度し、○林蔵取次、牛久保七蔵三十才男寒ノ引込祈廿疋入、○一昨日より子供皆歳暮入、○富蔵松山ノり足弐朱入、釣百六十四文渡、同人牛房入、○伝四郎来ル、利足合テ壱両三分之処先日一両入、今日壱分弐朱入、跡壱分弐朱は来暮迄貸被下と云、○清太郎来、麦迄壱貫文かし、○和平殿入来、テコ芋一苞入、みかん三十遣ス、同人壱両ノりト久七壱両弐分ノりト合壱分入、道淳半天一・襦袢一洗濯持参、お岩致と云、みかん三十遣ス、○中瀬古へ串柿十本・とふふ二丁・黍餅廿枚伝兵衛持行、○野川屋へ五貫文内払、伝兵衛持行、○おちの九郎右衛門より牛房一束持参、○平十よりまん中配書一入、○徳兵衛入来、同断入、○瓜郷惣介より斎米一升・牛房一束入、○おつき来ル、金弐朱かし、○伝兵衛給金ノ内弐朱かし、外ニ弐百文当年日かけ之分遣ス、○大福寺隠居入来、納豆一箱入、金子借度様申共達而断云、○百度より斎米一升・十疋入、夕方開浴営、○百度近所入ニ来ル、

(嘉永六年)
一日　斧蔵金壱両返済也、○百度より人参六本入、

二日　田尻嘉兵衛金百疋入、○高須八兵衛祈廿疋入、○九文字屋手代参詣、らう三丁入、○使ニ而年玉十疋入、○黒さとふ壱斤求、

三日　八兵衛札受来ル、こま初尾十軒分入、三百十八文入、坂津金作年玉足袋入、半し二遣ス、○札木紙屋祈、○川崎善平米一升入、みかん十五遣ス、○百度ニ而小豆弐升借ル、○九文字屋手代利助参詣、志廿疋入、○

四日　快晴、少々風、○茅町弥次郎祈三十疋入、○西二はん丁小沢幸助祈、○夕方天王町もん祈廿疋入、○札木五兵衛札受来ル、廿疋入、○植田両家菓子二ツ・手拭一包・廿疋入、○酢ト上菓子求、

五日　快晴、長閑也、○次郎八祈廿疋入、○龍拈寺・悟真寺礼、○備配ル、○菊屋へみかん遣ス、上菓・あり平求、○

六日　快晴、晩方少曇、雪はら〳〵風有ル、○次郎八札受来ル、○植田半右衛門年礼菓子一箱入、○道淳中瀬古へ早朝より節会手伝ニ行、切餅五十枚遣ス、半し五束の川ニ而取、車屋ニ而麻一疋取ル、代三十弐匁ト云、○嘉兵衛より札受来ル、まん中一袋入、上蜜柑廿五遣ス、○下五井茂七礼、○長平たんす、門前麦二はん削り、昼より伝兵衛同断、○百度へ三人風呂ニ行、

(嘉永七年)
甲寅

元一　快晴、長閑也、暖シ、折々曇ル、○礼人西羽田・中郷ハ多分来ル、○百度親父礼取次来ル、○六郎兵衛・松次郎分弐分入、○富蔵・松山り入、釣り遣ス、○橋良善助祈廿疋入、○徳兵衛殿入来、利右衛門源作大病臨廿疋入、○

二日　夜前四ツ前より雨、四ツ過誠ニ大雨、暫時降ル、昼より快晴、長閑、暖也、○今暁前利右衛門より源作苦敷臨頼来ル、直ニ行テ致ス、○野依戸平太八十

一才女祈廿疋入、○市八(場)左助廿五才女初産前祈百十弐文入、青のりも入、○橋良善助札遣ス、○中瀬古へ茶俵取ニ藤七遣ス、白みそ一重遣ス、○酢十六文求、○関口礼菓子出ス、○九文字屋より使ニ而十疋入、○七蔵来ル、源作九つ時死ト云、土砂遣ス、○

三日　快晴、長閑、晴、○河岸権兵衛四十三才男中気祈廿疋入、○魚町籠屋寅年男・辰年女家内安全祈廿疋入、○中瀬古へ挟箱遣ス、○黒さとふ弐百文・人参廿四文求、○瓜郷惣助礼、

四日　天気曇晴、○河岸佐藤五十才男風邪祈金百疋入、○飯村甚蔵八十弐才男腫物祈三百十弐文入、直ニ札遣ス、○早朝利右衛門へ悔ニ行、平せんこ遣ス、○昼頃利作礼廿疋ト十疋入、大光□照善男也、○晩方同家へ到来ノまん中一袋遣ス、礼厚旁也、○六郎兵衛より餅一重ト雑煮ノ具・とふふ一丁・一重入、半し一・柿弐本遣ス、○久左衛門久吉下山願来ル、○

五日　夜前宵よりはら〱雨、今日も折々はら〱、○節会也、○北川伝次郎取次、横須加七十弐才男風邪祈、○河岸権兵衛札受来ル、○東植田儀介礼十疋入、汁子餅出ス、○高足君貞入来、十疋ト五十銅入、汁子餅出ス、みかん七十遣ス、

「（表紙）嘉永六癸丑天
浄慈院日別雑記
孟春大殼日　　多聞山
摩々帝」

正月大甲午定

元日　曇晴、昼後より快晴、至極長閑也、○早朝大鐘百八打、其後多聞供修行ス、○越年院主三十六歳、道淳十八歳、成恵十一歳、下男大津伝兵衛五十四也、○小食小豆粥諸尊江供、斎雑煮餅同断、○子供書始台所江張ル、○礼人廿四人入来ス、○斧蔵金一両返済入、○百度より人参六本入、

元二　天気如昨日、風少々、○早朝多聞供修行ス、○小食斎如昨日、○礼人夕方迄多分来ル、○田尻村嘉兵衛より使ニテ四十九歳男病気平癒家内安全祈金百匹入、○高須八兵衛娘廿一才産後癪腹痛祈廿疋入、国府也、○九文字屋より使ニテ年玉十疋入、○同家より手代参詣ス、蝋三丁入、○

元三　天気同断風有ル、暮方唯少ハラ〳〵雨、暮六過外ト白昼ノ如ク障子エ移ル、暫時ノ間也、暫ク致し音スル、翌日ノ咄ニ火ノ玉東ヨリ西ヱ行ト云事也、○小食斎同断、○早朝多聞供修行、○朝ヨリ院主長作伴、村中礼ニ廻ル、八ツ迄済、年玉持九左衛門・配人久吉也、子供二人エ半紙一帖ツヽ・菓子一包ツヽ遣ス、九左衛門へ半紙二帖為持遣ス、○高須八兵衛札受来ル、コマ初尾米五軒分入、仏名志共ニ三百十弐文入、○札木町紙屋五兵衛十二才女疳祈、○川崎吉平米初尾一升入、蜜柑十五遣ス、○九文字屋手代両人参詣ス、利助ヨリ察願西往信女十二月廿一日命日志廿疋入、○百度ニテ小豆二升借ル、○阪（坂）津金作礼足袋一足入、半紙二帖遣ス、○中瀬古エ挟箱遣ス、石峰ニテ黒砂糖一斤求、○清源・長全（寺脱）年玉入、

四日　快晴、少々風有ル、○早朝多聞供修行、○節会汁子餅子供三十七人、豊作・定蔵・虎之介・次郎作・富作・定二郎・六三郎下山ニ付不参、小豆一升五合沢

山也、○百度御親父手伝ニ来ル、○富蔵ノ長平も召
フ、昼後植田重左衛門・重作礼ニ来ル、菓子一箱ト弐
百文入、重作歳暮年玉ニ半紙二帖・筆二・墨一遣ス、
儀介も同道箱菓子一、道淳へ手拭壱筋、成恵へ祝義一
包入、汁子餅出ス、晩方帰ル、○茅町弥次郎四十九才
女虫歯祈十疋入、同人取次雨谷村吉右衛門弐才男子夜
泣祈廿疋入、○西二番丁小沢幸介二才男子祈、○夕方
天王町もん八十四才女年病祈廿疋入、○札木町紙屋札
受来ル、廿疋入、○上菓子・酢求、○坂津寺年玉計入
ル、
五日　快晴、長閑也、○早朝多聞供修行、○河岸佐藤
次郎八五才女子足焼ド祈廿疋入、○龍拈寺礼ニ来ル、
扇子箱入、○悟真寺扇子二本入、○平十・六郎兵衛・
徳兵衛・伝四郎・久左衛門・半右衛門・百度へ備餅一
膳ツヽ配ル、成恵・助十郎・亀次郎行、○菊屋へ蜜柑
三十遣ス、上菓子・あり平求、○茅町弥四郎供物遣
ス、○雨谷ノ札遣ス、○天王町もん同断、○組幸介方
死ト云、土砂遣、
六日　快晴、晩方少曇ル、雪はら〳〵、風有ル、○早
朝多聞供修行、○河岸次郎八札受来ル、○晩方植田半
右衛門年礼菓子一箱入、○早朝より道淳中瀬古ノ節会
手伝ニ行、切餅五十遣ス、野川屋ニ而半紙五束取、車
屋ニ而麻壱疋取、代三十弐匁也、成恵衣ノ用意、○朝
より星供、寺内一統・百度嘉兵衛共安全祈、○田尻村
嘉兵衛より札受来ル、護摩札ト星供札一所ニ致シ遣
ス、饅頭一袋入、上蜜柑二十五遣ス、○下五井茂七礼
一包入、長平たんす、門前麦二番削、昼後より伝兵衛
同断、○百度へ三人風呂ニ行、
七日　快晴、風強大ニ寒シ、○早朝多聞供修行也、○
朝より院主富蔵伴、御城御年頭如例、御留主故玄関ニ
而済、省略中故進物ハ不持、直ニ中世古へ行、斎呼
也、和尚へ饅頭一袋上ル、城内・町方御旗等迄礼済
也、昼頃帰ル、○直ニ大村・瓜郷・下五井へ行、晩方
帰ル、大ニ寒シ、○子供祝義皆入、○大人七八人来
ル、○羽根井善八五十七才女腫物祈廿疋入、○大西忠
七、八十一才女痰祈三十疋入、○伝四郎内足袋一足

入、半紙壱帖遣ス、
八日　快晴也、長閑、○河岸榎屋平次郎弐才女子腫物祈廿疋入、○新田三太郎七十九才女長病臨廿疋入、○羽根井善八・大西忠七札受来ル、○朝より院主伝兵衛伴、新田・坂津・外神礼ニ廻ル、斎後より羽根井へ行相済也、○宗賢中世古分礼ニ廻ル、寄ル、斎喰ス、○内習ノ六三郎節会不参ニ付呼フ、○才次郎入来、星祭礼十疋入、○道淳日記帳面綴ル、
九日　曇天、昼よりはら〳〵雨、○羽根井久八、六十九才男痰祈、○朝道淳光明寺へ蜜柑五十年玉ニ遣ス、新河岸留吉へも年玉遣ス、野川ニ而金赤水引一わ取、絹藤ニ而薄雪半斤求、代百六十四文也、○河岸榎屋病人死ト云、土砂遣ス、○神宮寺使僧角納豆ト札入、○中瀬古へ下男膳茶碗取ニ遣ス、○瓜郷喜兵衛礼一包入、
十日　極快晴、長閑甚暖気也、○羽根井久八札受来ル、廿疋入、○朝より道淳政平同道ニ而佐藤長太郎へ始メ而見舞ニ行、菓子一箱・蜜柑五十遣ス、茂右衛門同一箱・みかん三十遣ス、伯母市右衛門へ同三十遣ス、同家より菓子料廿疋入、暮方帰ル、○常陸・主水礼十疋入ツ《(ママ)》、入、菓子出ス、○中瀬古へ下男小一取ニ行、夫より麦二ばん削り、○百度へ風呂ニ皆行、
十一日　今暁雨、昼前より大分晩方迄降ル、風も強シ、○龍雲寺礼半切百枚・納豆一箱入、光明寺菓子配書一・同一箱入、菓子出ス、○今日より子供手習ニ来ル、
十二日　快晴也、長閑暖気、○牛久保清八、八十弐才男中気祈三十疋入、○天王佐六、六十一才男頬腫レ祈、○西羽田源兵衛三社詫ニ秋葉火の用心発遣ニ来ル、○宗賢入来、黍餅五十枚ト足袋壱足遣、○大戸新左衛門町奉行兼郡奉行ニ成廻状来ル、一乗院へ遣ス、○上菓子求、○東脇直三郎入来、柚香糖一入、儀助方より成恵ノ上袖なし入ル、○
十三日　快晴、長閑暖気也、○楠木喜十家内和合ノ祈、○牛久保清八札受来ル、○天王佐六同断廿疋入、○中瀬古へ醤油一徳利・腐みかん少々遣ス、○燈油

求、こま油・香花求、○上細屋仙次郎当年初而礼ニ来ル、廿四銅入、○伝兵衛瀬戸みかんこへ懸初メ、

十四日　曇晴、寒シ、昼より曇ル、暮方はら〳〵致ス、○道淳・成恵鬼祭へ行、中瀬古へ成恵布衣ノ麻壱疋仕立頼遣ス、○庄次郎こま堂裏権右衛門境藪樹伐ル、北堀迄済、○百度へ三人風呂入りに行、到来納豆一箱遣ス、

十五日　曇天也、○川崎四郎平廿六才男疳祈廿疋入、○昼後例年之講ノ護摩修行ス、参詣余程有、○宗賢助法ニ入来ス、○村方供物配ル、○高須村八兵衛母参詣、此方病人全快云、金寺（山脱）一重入、供物一包遣ス、○御籏林平内祝義入、こま初尾入、牛久保より同断廿疋入、○太平祝義一包入、○篠束つよ祝義入、○平蔵村会所より両替ニ来ル、金弐朱入、八百三十文渡ス、○こま供物求、○久左衛門老人の祝義入、○百度より斎米一升入、供物遣ス、

十六日　曇天、昼後唯少々はら〳〵、○万歳来ル、三合ト三十弐文遣ス、○羅漢勧請奉送致ス、○おちの入来、九平廿六才江戸ニ而安全祈、○半右衛門祝義一包・まん中配書一入、○おいよ同一包入、○畑ケ中文七礼串柿九本入、みかん五十遣ス、餅焼喰ス、○道淳六郎兵衛へ行、仙次郎より祝義入挨拶ニ柚香糖一遣ス、○茅町惣吉祝義入、

十七日　夜前より薄雪、昼後迄はら〳〵致ス、晩方より晴天也、○町方羽根井・新田・中村供物配ル、○川崎四郎平札受来ル、○中瀬古へ道淳助法ニ行、本町車屋麻壱疋代弐分ト弐百廿文払、鉄利へ冬より掛弐貫三百十弐文払、○朝中瀬古へ供物ニ蜜柑為持遣ス、○才次郎泊りに来ル、

十八日　快晴也、○坂下長七弐才男子風邪祈、○常右衛門・和三郎・久吉百度より十七夜餅入、○晩方道淳中瀬古より帰ル、蕗臺（薹）ト供物入、美濃源ニ而筆弐対求、巻せん五十文求、○百度より年貢之内米四俵入、○中瀬古へ伝兵衛大半・小半取ニ行、○俊次津嶋土産付木二・祓入、

十九日　晴天、晩方風強シ、○上伝馬種屋徳兵衛弐才

女子風邪祈廿疋入、○坂下長七札受来ル、廿疋入、○楠木喜十同断廿疋入、○上菓子求、○朝より伝兵衛大津へ年礼ニ行、備一膳・百文・手拭壱筋遣ス、
廿日　曇天、折々照ル、寒シ、○草間伝左衛門廿三才□五年程腫物祈三十疋入、○上伝馬針屋札受来ル、○村方休日、子供新田・牟呂来ル、○六郎兵衛入来、壱貫六百六十文かし、○虎之介梅の花入、○七ツ前ニ伝兵衛大津より帰ル、○開浴、百度より入ニ来ル、
廿一日　曇天、昼前よりはら〳〵晩方大雨、○御影供如常、○佐藤権左衛門六十八才男腫病祈廿疋入、○長楽九郎右衛門四十六才男足痛祈、○才次郎方浪之上より嫁入、今日道開屏風火鉢等持行、○同家へ白味噌一重、到来ノ石盃一ツ遣ス、○道淳町へ行、本町美濃屋へ九百四十文冬掛払、鉄利火箸三膳取、の川ニ而渋蛇ノ目傘一本取、○湯立悪敷云事、秋葉へ代参立、今日八幡ニ而院内神楽有ル、雨故帰ルト云、○子供新田・牟呂計来ル、
□□□（廿二日）　晴天也、○成恵斎前閼加（伽）□ノ縁下へ落□□仰向ニ成ル、空中気付等□□□熊膽□程□□元甃ヲ道淳呼ニ行、早速来ル、熊膽ニ龍□煮薬等用足大指ト頭へ灸、腹中へ針致セ共次第ニ弱り暮方六ツ過ニ命果歎敷事哉、昨冬十一月十四日ノ得度也、元甃七ツ半頃ニ内へ帰ル、○才次郎美の屋へ気付百文求ニ行、百度親父植田十右衛門見舞ニ来ル、同人植田へ帰ル付儀介方へ沙汰ス、○東脇直三郎へ知ス、即来ル、命終後帰ル、○植田儀介殿五ツ前ニ来ル、命終後残念也、○無程植田市郎兵衛・彦三郎入来、飯出ス、即刻帰ル、○九左衛門・源六・伝四郎・平十・六郎兵衛・富蔵見舞入来ス、長平同断、○平十・六郎兵衛・富蔵・百度親父儀介通夜ス、○九左衛門・源六八ツ頃ニ帰ル、○佐藤権左衛門札受来ル、○草間伝左衛門同断、○才次郎嫁披露ニ来ル、
廿三日　快晴也、○夜前通夜ノ平十・六郎・富蔵小食□帰宅ス、○朝儀助殿も帰宅、晩方家内ト梅次郎ト全喜連立来ル、○猶三郎旦那寺聞繕ニ植田へ向テ行、□平寺ニ而随分勝手ニ葬式致様ニ申ト云、○□田佐代助

□□直ニ帰宅ス、○半右衛門□□□□□□□右衛門・富吉・助四郎・七左衛門・三次郎□□□□□□吉・栄三郎・徳兵衛・清助□□□□□□来ル、羽根井・牟呂子供ノ□□□□□□帰ル、直様亦入来ス、暮方帰ル、○和平・八兵衛入来、○通夜ノ者儀介・猶三郎・源次郎、○平十・六郎兵衛夕方入来、弥明日八ツ時送式（葬）近所□ニ行、幸作も世話方断なれ共亦右両人是迄通ニ世話致度ト云テ行、即来ル、明日調物等相談ス、三人□帰□□作兵衛母悔ニ宗賢遣ス、平せん香一遣ス、○長楽九郎右衛門札受来ル、三百十弐文入、○伝兵衛米一搗、○

廿四日　快晴也、○北川三人早朝より送式（葬）調物ニ行、○九右衛門・源六・伝四郎・三次郎朝より手伝来ル、清七・源右衛門・九郎右衛門・左平次追々来ル、龕幡等諸色昼過迄出来ス、○百度より三人手伝入来ス、○儀介親類之者五人昼頃ニ入来ス、成恵手習師、宵清作入来ス、皆香資入、○早朝より中瀬古老師宗賢尊来ス、○手習子供其外大分葬式ニ入来ス、○八ツ過より阿弥陀前ニ而葬式ノ作法老和尚導師也、下座讃理趣経等誦ス、終テ墓へ埋、法名は□恵覚心沙弥也、○植田□□□□□□帰宅ス、儀介穢レ着物□□□□□和尚も暮方帰堂、○取持□□□□□□致ス、世話人三人・百度親父・源次郎四ツ前□帰ル、○富蔵・長平も同断、

廿五日　晴天、晩方曇ル、○林蔵・外神五三郎・七三郎悔ニ入来ス、○跡片付等致ス、○子供今日は休む、

廿六日　はら〳〵雨天気也、○葬式取持幷村中香資入輩へ道淳言葉の礼ニ廻ル、長全寺十疋布施ス、○晩方院主百度才次郎婚礼悦ニ行、廿疋ト扇子壱封遣ス、○百度甚平母死ス、土砂受ニ来ル、

廿七日　終日只はら〳〵雨、○二川何某取次、橋本伝作三十弐才女痰血祈廿疋入、札直ニ遣ス、○朝地主甚三郎へ母ノ悔ニ行、平せんこう一遣ス、晩方先より礼ニ来ル、十疋入、○小松松次郎札受来ル、○宗賢入来ス、赤飯一重入、所々仏前へ備、昨日戒定より手紙着之旨ニ而当方へも来ル、土佐千寿院蜜典剛恵老和尚当

八十四才、正月九日卯ノ刻ニ御遷化之由久々老台之様子久右衛門トカ申者始終介抱致、弟子廿七□□□難義□□□千万也、○豆四斗水に浸ス、百度ニ而蒸桶借ル、○百度御親父入来念仏申、

廿八日　快晴、極長閑暖気也、○田尻佐吉五十弐才女腫レ病祈弐百十弐文入、札直ニ遣ス、○清水右近一、六十三才女時々腹痛祈廿疋入、○成恵初七日塔婆建ル、助十郎・亀次呼フ、○昼過植田儀介墓参来ル、餝餅四ツ・十疋入、飯出ス、当春入ル袖□木魚之敷布団ニ致度様申遣ス、○早朝より豆煮キ(ママ)昼前ニ煮ル、百度御親父手伝晩方搗丸メル、加減上々吉也、○葬式□□子供より香資入ル故三十八人へ上菓子□□弐文包遣ス、○朝才次郎菊屋へ上菓子壱貫文求ニ行、○百度より木割木一荷持参借ル、

廿九日　曇天、晩方はら〳〵、○佐藤権左衛門六十八才男再祈廿疋入、○六郎兵衛入来、紺(柑)子ノ母七十余、二三日夢中臨、同人へ金壱分かし、○清水右近一札受来ル、○おすみ紅梅枝花九本入、○味噌丸釣ルス、○中瀬古へ粟餅三十・腐みかん少々・大松廿入、伝兵衛□□□□蕗臺(薹)入、小一取来ル、○今朝弥四郎殿津嶋へ参詣ニ付祐福寺へ年頭、例之進物大悟院へ手紙添千歳草一箱共夜前為持頼遣ス、

晦日　夜前雨風強シ、終日風強シ、○佐藤権左衛門札受ニ来ル、茶一包入、○六郎兵衛より紺子ノ臨礼廿疋入、于今不替夢中ト云、○道淳町へ行、の川ニ而半紙五束・大のり二・金赤一・白赤二取、鉄利ニ而編デッキ一挺取、新河岸へ去年盆前掛中瀬古分木代廿九匁六分□厘ノ処へ三貫弐百八十弐文払相済也、○

如月小

朔日　快晴、長閑也、○川崎善次郎四十六才男持病祈、○本町弓屋弥源太三十五才男長病口より膿出ル大病祈金百疋入、○朝より道淳・助十郎植田へ行、重右衛門へ半紙三帖・蜜柑五遣ス、斎召レ十疋受来ル、助十も一包入、半右衛門へ同五十遣ス、○儀助方へ半紙五帖同五十遣ス、全喜へ成恵ノ形見ニ手拭一・蜜柑三十遣ス、同家へ頼遣也、育法院へ三十疋回向料・蜜柑

三十遣ス、成恵親類ニ吊来ル、市郎兵衛・七郎左衛門・喜平・佐代助へ言葉之礼ニ寄夕方帰ル、○林蔵・徳次郎入来、初午より八才童子手習頼ト云、○畑ケ中岩吉ニ蜜柑売代金弐朱ト八文入、○新銭町重蔵菜種二升六合五勺代弐百四十弐文入、○幸作来ル、息子出生四日七夜之由ニ而銭壱貫文かし、○

二日　強風、寒シ、晴天也、○御堂瀬古政吉四十六才男身骨痛祈廿疋入、○大西平吉八十弐才女年□祈、○川崎善次郎札受来ル、三十疋入、○院主北川へ葬式礼ニ行、平十・六郎へ半し三・納豆一箱ツ、遣ス、権右衛門へ半し二遣ス、○伝四郎へ二帖、九左衛門へ二帖、左平次・九郎右衛門一帖ツ、、三次郎へ二帖遣ス、源六へ三帖遣ス、○清七・源右衛門へ二帖ツ、、源右衛門より去冬成恵剃髪悦ニ廿疋入挨拶ニ半し五帖遣ス、半右衛門へも寄到来ノ菓子一箱遣ス、○今日も両人百度へ斎ニ行、菓子一包遣ス、晩方風呂入ニ行、○昼後より中瀬古へ大半・小半取ニ伝兵衛行、小麦削暮方帰ル、○長平たんす、門前麦三番削り、

（後筆）
「今昼宵四ツ時地震、大分強シ、此時相州・豆州・駿州・甲州右大地震也、別而相州小田原大久保加賀守領分也、右昼四ツより夜九ツ時迄震ル、四ケ国ニテ人数三千七百八十人・馬五百二十三匹・牛三十五匹・土蔵□ス、東西廿里余、南北十二三里大アレ、」

三日　快晴也、風少々、○本町弓屋札受来ル、○大西平吉同断廿疋入、○早朝道淳吉川庄□小坂井へ年玉持行、直ニ新田・坂津・外神此間葬式礼ニ行、権右衛門ト次三郎へ供物一包ツ、遣ス、○昼後羽根井筆子三軒へ同断、和平方へ年礼行蜜柑遣ス、羊蔵へ供物一包遣ス、○今日は問屋場ノ上棟、子供皆見ニ行、

四日　快晴、晩方曇ル、風少々、○高須権七、四十弐才男風邪祈、○四ツ屋久次郎廿八才男湿ニ怪病祈、○弥四郎入来ス、津嶋より二日ニ帰ル、祐福寺年玉無滞相済、大悟院も昨霜月病死ト云無住、山内受徳院より返事来ル也、○同人より昨年小麦代金弐朱ト七百十九文入、去年塩一俵代七百五十文借り分返ス、津嶋札・

付木入、○新田権右衛門明日より金毘羅へ発足、楠葉へも立寄ト云、戒定へ此間返事頼遣ス、餞別百文遣ス、○新田彦八・北川平吉・百度七蔵初午より子供手習頼来ル、○中瀬古へ醤油一壺遣ス、○紀伊一位様逝去、鳴物七日停止触来ル、

五日　五ツ前より雨はら〳〵、余程降ル、暮方晴ル、○高須権七札受来ル、廿疋入、○中柴茂平次同断廿疋入、○作蔵・五郎兵衛・羽根井善八・善兵衛初午より子供手習上度様頼来ル、○伝兵衛米一搗、

六日　天気、曇晴也、風強シ、晩方より折々強く夜へ向テ吹く、手間丁清吉三十三才女瘧血祈廿疋入、○四ツ□(屋カ)久次郎札受来ル、廿疋入、○六郎兵衛入来、明日より勝蔵手習上度頼、○中瀬古へ粟餅少々遣ス、の川ニ而墨筆弐百文取、○子供皆幟書、

七日　快晴、昼前より風夜へ向テ余程吹、○今日は初午子供幟立、○平十孫平作八才・六郎兵衛勝三郎七才・平蔵吉右衛門八才・五郎兵衛兼蔵九才・清七儀介九才・林蔵善助八才・徳次郎密蔵八才・羽根井善八代次郎八才・善兵衛常吉八才・新田彦八徳四郎九才、右十人初登山赤飯二櫃入、子供中赤飯ニ而披露、巻筆二ツ、遣ス、都合四十六人也、○大磯林清十、六十九才男年病祈金百疋入、○手間丁清吉札受来ル、○政蔵・才次郎入来ス、○中瀬古へ赤飯少々遣ス、先も今日十人初登山ニ而まん中十五入、四十一人ニ成ト云繁昌也、○九左衛門へ赤飯少遣ス、○虎之介餅一重入、

八日　快晴也、風も有ル、○畑ケ中庄吉六十九才男風邪祈、○普請組栗原八十七取次、雲ノ谷善三郎四十九女水気祈廿疋入、直ニ札遣ス、○平十・六□・平作・勝蔵登山祝ニ半し二・巻(筆脱)三道淳ニ為□遣ス、○猪三郎・徳四郎・平作・太右衛門・清十・長作・為吉・兼蔵・瀧蔵・金作・新作・安五郎来ル、佐与吉・源吉・善助・密蔵・久吉・和三郎餅入、○宗吉同断、勝蔵祝ニ赤飯入、○九左衛門・源六餅入、○上菓子・あり平・香花求、○利右衛門境へ杉苗廿本植ル、代百文也、○下男門前麦二番こへ、

九日　極快晴、暖気也、○魚町与十、廿九才男ふら

〱祈廿疋入、○大磯清十札受来ル、○畑ケ中庄吉同断十疋入、○早朝より村中行乞出ル、米九升六合・銭五十四文有ル、○百度御親父留主居ニ来ル、○中世古へ餅廿三遣ス、小一取来ル、伝兵衛行、○常右衛門・実五郎・とき・泰介・弥介・すみ・はつ餅入、○

十日　晴天、風有ル、○魚町与十札受来ル、○斎後院主中瀬古へ先達而礼旁ニ行、蕎麦粉一重・柚香糖一袋・餅十三等遣ス、○六三郎餅入、○清七へ儀介登山悦ニ半し二・巻三遣ス、○西羽田次郎兵衛香資入挨拶ニ菓子一包遣ス、○才次郎・庄次郎・伝作・利作四人、権右衛門屋敷井戸埋旁門前へ荷、伝兵衛も同断、

十一日　極快晴、暖気也、○羽根井久八、六十九才男□□絶食臨九年坊五ツ遣ス、○西羽田伊介□□□□仁(母)右衛門五十四才女水気祈三十疋入、札□□□、○久蔵五十才男疳長々病祈三百十六文入、○□□清次郎取次、国府七十九才男大病臨、○東脇直三郎へ年玉ニ半紙二帖道淳持行、明日成恵三七日済ニ来ル様申遣ス、○明日調物子供遣ス、○才次郎・八重蔵・利作・林作・権右衛門屋敷地均ニ来ル、伝兵衛も同断、○菊屋ニ而六百文処上菓子取、

十二日　極快晴也、暖気、○今日は彼岸中日也、○成恵三七日ニ付斎供養ス、早朝より百度御親父手伝ニ来ル、十疋入、○植田儀介殿・同梅次郎・東脇直三郎入来、廿疋ト十疋入、円通寺より言付ニ而串柿廿本入、斎ニ菓子出ス、晩方帰ル、○朝道淳世話人中へ夕方仏念頼ニ行、○夕方念仏ニ平十・六郎兵衛・権右衛門(ママ)・徳兵衛・源右衛門・清七・半右衛門・左平次・源六・伝四郎・九左衛門分三十四銅入、久左衛門同断、三次郎蝋七丁入、助九郎・富蔵・長平入来也、小豆粥煮〆付菓子出ス、○百度子供両人召フ、○朝より宗賢手伝ニ入来ス、串柿十本・千歳草九ツ入、四ツ頃帰ル、伝兵衛送ル、□□もの老師へ上ル、○植田重右衛門不参ニ而十疋入、○密展□恵和尚五七日塔婆建ル、○羽根井久八札受来ル、廿疋ト十疋入、○市バ九蔵札受来ル、○□□□□□供物米三升洗引、

十三日　曇天、五ツ過よりはら〱雨、昼後より天□

□風□□向テ強吹ク、○下地林七、四十三才女癪祈□□□、清次郎国府ノ臨礼ニ来ル、弐百十弐文入、○百度□□位牌開眼ニ来ル、○今日は社日村方休日、○晩□中瀬古供物拵、○菊屋へ菓子入物返ス、代六百文払、

十四日　晴天、折々曇ル、二度時雨也、○小池甚九郎廿七才男時々腹痛祈、○下地林七札受来ル、○百度次郎八位牌取ニ来ル、眼開《(ママ)》礼十疋入、○朝より尺《(釈)》尊供物、米にて三升余拵ふ、○中瀬古へ供物ニ醤油ノ実一重・平せんこ三為持遣ス、小一取来ル、○七蔵たんす、門前箱道ノ石並へ当年初来ル、歳暮ノ分手拭一筋遣ス、○晩方開浴営、近所百度より入ニ来ル、

十五日　快晴也、暖気、○涅槃会遺教経勤、○泙野清七、六十一才男胸イレ祈、直ニ札遣ス、○城内西町軽長屋森屋彦太郎四十九才女癪祈廿疋入、○小池甚九郎祈供物遣ス、廿疋入、○□□□□入来、饅頭配書二入、○平十・六郎・百度□□□入来ス、○中瀬古へ牛房一束遺教経礼ニ遣ス、

十六日　快晴、晩方トロム、○魚町彦十、三十八才女□□祈廿疋入、○城内彦太郎札受来ル、○□□□□百度と半右衛門へ昨日供物遣ス、○□□□□権右衛門屋敷門トノ処根篠等堀ル、○富蔵た□す、麦長全前三はん削り、下男こへ懸ケ也、

十七日　四ツ頃よりはら〱雨、晩方より夜へ向テ大分降ル、風有ル、○魚町善八、三十六才男腹下り祈廿疋入、○魚町彦十札受来ル、○伝作・利作・才次郎、権右衛門屋敷門トノ処笋堀り堀立ル、雨故昼前帰ル、○中瀬古へ道淳晩方より助法ニ行、

十八日　雨天、昼後より晴ル、○魚町善八札受来ル、○朝道淳中瀬古より帰ル、○林作日雇賃ノ内四百文かし、○伝兵衛、権右衛門屋敷門ト処木堀ル、

十九日　晴天、折々曇ル、○二之午子供皆幟立ツ、○西宿竹蔵三十一才男膝痛祈、○六兵衛取次、仁連木植地也十九才女長病祈、○下地藤吉六十九□女腹筋張祈廿疋入、○才次郎娘佐藤□□□赤飯一重入、○利作・八重蔵□□□□□ジヤリ土《(どぶ)》トフヱ埋ム、○富蔵たん□

□□□蜜柑弐本堀りカヾル、
廿日　曇天、折々照ル、晩方はら〱、○西宿竹蔵札受来ル、弐百十弐文、○下地藤吉同断、○□□母仁連木札受来ル、廿疋入、○才次郎（母脱）□□□□小僧ノ義尋ニ行、亭主留主故不分九年十一遣、○伝作・林作、権右衛門屋敷シヤリ（砂利）取ニ来ル、昼後より利作・八重蔵・才次郎五人蜜柑樹植支度来ル、無程幸作・弥四郎手伝荷大瀬戸より四本暮方迄ニ植ル、富蔵・伝兵衛同断、皆へ小中飯出ス、弐升煎ク、
廿一日　夜前雨、曇天、暮方晴ル、○坂下弥七廿四才男頭痛祈、○御影供如常、○伝作・利作・林作昼後より才次郎右四人権右衛門屋敷西方へ堀立懸ル、
廿二日　夜前雨、朝よりはら〱雨、昼頃より晴ル、○坂下弥七札受来ル、廿疋入、○昼後より伝作・利作・林作三人、昨日ノ続堀立ル、
廿三日　快晴也、晩方より風ニ成ル、少々冷ル、○おつき入来、家内中善光寺へ参詣致道中無難ノ祈、中瀬古より子供来ル、醤油ノ実一重遣ス、○□□□佐兵衛大半・小半取ニ行、赤味噌一重遣ス、□□伝作・利作・林作昨日続南迄堀立ル、晩方迄ニ済、○利作牛房三本入、○百度よりさつまノ餅一重入、○富蔵たんす、瀬戸みかん木三本残ル、□男も手伝、
廿四日　快晴也、○御堂瀬古政吉四十六才男再祈臨□□入、○羽根井久八取次外神金次郎八十六才男□病祈、○おつき来ル、随求ノ守一ト供物遣ス、弥今日より善光寺へ出立ト云、往来認メ遣ス、金弐朱かし餞別へ弐百文為持遣ス、夫婦ニ菊出立暇乞来ル、○中瀬古へ醤油一壺遣ス、○富蔵・長平たんす、瀬戸みかん木一本堀ル、○伝作・八重蔵・利作・林作みかんノ鉢かヾり等致ス、昼後より才次郎・政吉来ル、瀬戸より五本暮方迄ニ権右衛門屋敷へ植ル、弥四□・斧蔵少々手伝荷、茶漬ニ飯喰ス、○
廿五日　天気、曇晴也、夕方より雨、○遊行上人神宮寺へ来ル、今日は休日也、○大津喜助廿弐才女疳祈金百疋入、○舟町鍋屋源吉取次、十七才□□疳廿疋入、○羽根井久八より外神金次郎札受来ル、廿疋ト十疋

入、○羽根井久八病死ニ付□□□ニ行、平せんこ二遣ス、和平方へ寄菓子一包遣、朝西羽田新蔵入来、石塔弐本・位牌弐本開眼頼来ル、晩方取ニ来ル、供物一包共遣ス、廿疋入、○道淳・子供天神へ参詣ニ行、の川ニ而半し弐束取、○朝より昼迄伝作・利作・林作、権右衛門屋敷堀り土地(蔵脱カ)堂ノ前へ百十荷荷、屋根葺用意也、○

廿六日　夜前雨、晴天、風有ル、寒シ、○本町岩田屋六十弐才男疝気祈廿疋入、○舟町鍋屋来ル、□□故札此方へ納呉ト云、○子供今日天神祭ル、○中瀬古へテコ芋弐本遣ス、小一取来ル、○の川ニ而丸せんこ百文取、上菓子・あり平求、○新作餅五ツ□、○利作・八重蔵・林作、権右衛門屋内ノ跡ヲコス、□り土広庭へ七八十荷荷フ、○百度よりさつま芋五ツ入、

廿七日　天気、曇晴也、○大津喜助札受来ル、○本□岩田屋同断、○百度より嫁ノ土産餅・備一膳入、○道淳神宮寺へ遊行上人参詣(全寺脱カ)、浅井屋へまつ香代百文渡ス、○長平たんす、長前麦四はん削り、門前西同断、下男も同断、

廿八日　快晴也、○百度甚三郎取次、十三本塚弥吉□七才男出奔帰宅ノ祈廿疋入、○おちの来ル、田尻ノ姪赤岩へ縁付ノ由ニ而入用金壱分弐朱□、○朝より伝兵衛中瀬古へ小麦耕作こへ懸ニ行、八ツ半頃帰ル、○徳四郎桜花入、○おきせ、源六下女麦草取ニ来ル、

廿九日　極快晴、暖気ニ也、○甚三郎より弥吉ノ札□□□、早朝道淳瓜郷惣左衛門へ小僧聞ニ行、未不定云、○道淳半右衛門へ門前へ敷石無心ニ行、先下男一荷持来ル入、大福寺より到来ノ納豆一箱遣ス、左次郎・清七へ供物一包ツ、遣ス、○夕方伝作来ル、長咄し也、婆々不快ノ由也、供物一包遣ス、権右衛門屋敷普請日雇貸ノ内弐貫文渡ス、○おきせ・源六下女麦草取ニ来ル、○富蔵たんす、昼迄土ねり、後より麦四はん削り、下男も同断、○おちの来ル、里芋一盆入、柿三本遣ス、

三月大

朔日　天気曇晴、両度時雨、暖シ、○安太郎揚十一

入、○密蔵七・吉作五・宗吉九同断入、○鉄蔵・滝蔵・久吉・和三郎・仙吉・伊介・はつ・弥介・すみ餅入、あけ九ツ遣ス、○伝兵衛瀬戸へ蜜柑こへ出し、

二日　夜前宵より雨、四ツ頃迄降ル、夫より曇晴風有、○清十十三・源吉七・佐代吉五・善助七・新作七油揚入、○子供多分米入、○宗吉餅入、柿三本遣ス、○平作同断あけ七ツ遣ス、○富蔵同断あけ九ツ遣ス、○おちの同断七ツ遣ス、○百度同断、豆ノ粉引テ来ル、あけ十三遣ス、○中瀬古へ餅三十・里芋・豆ノ粉為持遣ス、あけ七ツ共遣ス、新田権右衛門金毘羅より夜前帰ル由ニ而戒定より手紙来ル、戒定金比羅より直ニ四国拝礼之由也、大半・小半取テ来ル、○伝兵衛米壱臼搗、

三日　極快晴、朝冷暖気也、桃花之節句目出度し、○子供祝義皆入、○六郎兵衛・作蔵・俊次百度より入来ス、○七蔵・利作入来餅喰ス、○伝作来ル、餅五ツ入、○子供餅、不参ハ岩蔵・浜吉、○俊次方二人目初(母脱)九年七ツ遣ス、○利作へあけ七ツ遣ス、○おりへ着蒲団一・敷一洗濯致シ持参、餅九ツ遣ス、

四日　晴天、折々曇ル、夕方より雨、○元新町本次郎廿八才男湿毒祈廿疋入、直ニ札遣ス、○朝才次郎蜜柑三本接ニ来ル、先達而木綿(マヽ)　遣ス処へ木綿壱疋入、衣ニ致ス積り也、○伝作、権右衛門屋敷ノ東ノ方堀ノ土揚ニ来ル、藤ノ根も大分有ル、○朝より畑ケ中文七・惣三郎・又七右三人釣鐘堂瓦下シ来ル、昼迄道懸ケ七ツ頃迄瓦皆下ス、夫より鳩の糞出ス掃除ス、屋根下タ大分損シ有ル也、○所々ニ而道板かる、

五日　夜前雨、快晴風有ル、冷ル、○隣ノ松次郎昨日江戸より帰ルト云逢ニ来ル、風呂敷一ツ入、六年江戸ニ居ルト云、○昨日三人来ル、下地朽直シ南北瓦葺、河岸又八ニ而杉四部二間・ヌキ一本取来ル、○鉄利ニ而釘ニ針金取、○伝作・利作、権右衛門屋敷地平均ニ来ル、○富蔵たんす下働キ、○中瀬古米五升為持遣ス、老師昨日より歯痛、今日少々快方ト申来ル、

六日　晴天、折々曇ル、○佐藤岡田茂平殿入来ス、菓子配符一枚入弐百文、菓子出ス、直ニ帰ル、○植田重

右衛門殿入来ス、和地海苔二・さつま芋一苞入、餅出ス、柿一本遣ス、○新田権右衛門殿入来、金毘羅土産ニ椎茸大一袋入、瓶原より戒浄ト同道ニ而金毘羅へ参詣、戒浄は丸亀ニ而別レ所々霊場廻ルト云、恭禅和上より先年共五条金三分ニ而求預ケ置、此度権右衛門殿持参致シ入、○おすミ牛房料理致し品一重トあけ六ツ・伊勢海鹿一袋普請見舞入、半し一遣ス、○伝作、権右衛門屋敷畑ニ作ニ致シ来ル、○昨日三人屋根葺来ル、未少々残ル、○富蔵たんす、伝兵衛両人下働、○鉄利ニ而四寸五十本・針金三丈ト弐丈取、昨日弐寸弐わ・五寸廿本・六寸十本取、針金弐丈共取、

七日　曇天、暮方よりはら〳〵、○小松松次郎四十才女眼病祈十疋入、○九郎左衛門へ松次郎江戸より帰ル挨拶ニ半し三遣ス、道淳行、○文七残分葺ニ来ル、晩迄済、足場も下ス、○長平たんす下働、伝兵衛同断、○こま堂ノ裏ノ藪、今日より富蔵夕、ク、

八日　曇天、朝はら〳〵夕方はら〳〵、八専ノ入也、○手洗ノ平三郎六十弐才女大病祈廿疋入、直ニ札遣、○小松札受来ル、○昼後道淳、瓜郷惣左衛門へ小僧ノ義尋行、断也、○権右衛門より弐朱両替ニ来ル、○浜吉牡丹花入、○中瀬古へ伝兵衛小一取ニ行、

九日　曇天也、夜前雨余程降ル、○羽根井久八悔礼十疋入、○伝兵衛大瀬戸蜜柑こへ出し、

十日　曇晴、暖気、○鍛治町菊之一、三十八才男ふら〳〵祈廿疋入、○多米惣助六十弐才男黄痰祈、○元鍛治町峯吉十三才女熱強シ祈廿疋入、○中瀬古へ醤油実一重トさつま芋遣ス、○伝作、権右衛門屋敷ノ墓ノ処藤根堀り起ス、○清七ノ孫儀介、小僧貫様ニ才次郎聞ニ行、

十一日　夜前雨降ル、四ツ前より晴天、○新銭町久八、廿四才癪祈廿疋入、○三谷東山利吉五十弐才男黄痰祈三十疋入、晩方札受来ル、○多米重兵衛七十九才男中気祈三十疋入、○鍛治町菊之一札受来ル、○多米惣介同断廿疋入、○元鍛治町峯吉同断、○今日は成恵四十九忌塔婆建ル、光明三昧修行ス、助十郎壱人召フ、○万屋へ配書ニ而まん中百文取ル、○下へも白飯

喰ス、○亀次郎三四日不快菓子一包遣ス、○富蔵来ル、庚申ニ付銭弐分之処三貫三百三十文かし、○伝兵衛米一搗、
十二日　夜前雨少々、曇天はら〳〵、八ツ前より晴ル、○新銭町久八札受来ル、紺屋より手水手拭一上ル、○多米十兵衛同断、○才次郎来ル、清七孫小僧断ト云、○朝道淳下五井孫十婆々ノ悔ニ行、平せんこ二遣ス、○中瀬古へ小一取ニ伝兵衛行、○坂津久作竹一本求ニ来ル、代弐百五十文入、
十三日　晴天、昼より曇、晩方よりはら〳〵、○昨日半右衛門へまん中供物一包遣ス、芳太郎四五日不快也、○利作糠五升遣ス、○長平たんす引懸ケ、
十四日　夜前雨余程降ル、快晴也、○上伝馬平次郎九才男子疳祈、晩方死ト申、十疋入、土砂遣ス、○伝作、権右衛門屋敷ノ堀リ上ケ残上ル、先今日ニテ荒方一切済也、橘木一本遣ス、○七蔵たんす、門前箱道拵へ也、○伝兵衛引懸済、
十五日　極快晴也、○魚町文次郎十八才男ふら〳〵祈十疋入、○西弐番丁文平三十弐才男血巡り悪敷祈弐百十弐文入、○利右衛門取次、畑ケ中伝七、六十四才女痰絶食祈弐百十弐文入、○牛久保健兵衛廿三才男ふら〳〵祈三十疋入、○小野屋母参詣戌年女十疋・四十一才男十疋志入、供物一包遣ス、○百度御親父入来、産気安産符頂来ル、初尾入、○林作日雇賃六百文取ニ来ル、相済合三貫四百文ニ成ル也、○常陸先日十九日立ニ而京其外見物之由、留主見舞ニ菓子配書百文一・とふふ二遣ス、道淳行也、○平十よりとふふ二丁入、○昨晩伝兵衛ニ給金ノ内六百文かし、単物求由也、
十六日　五ツ過よりはら〳〵、晩方より夜へ向テ大分降ル、○御油久蔵五十三才女疝癪祈廿疋入、直ニ札遣ス、○八幡小路山田重兵衛八十七才男年病上気祈金百疋入、○丈平、利右衛門取次札受来ル、文次郎同断亦十疋入、○百度伝兵衛入来、取次ニ而聖観音開眼頼、○斧蔵入来、○弥四郎入来、昨日暮方安産男子ト云、両人共達者也、桑清へ塩壱俵求ニ行、六百六十四文也、○今日は庚申、富蔵より膳部二膳・飯一重・もち

五ツ入、百文遣、中瀬古へ伝兵衛飯米五升持行、小一取、

十七日　天気曇晴也、○牛久保健兵衛札受来ル、○百度伝兵衛聖観音鋳仏開眼頂ニ来ル、十疋入、○晩方より道淳中瀬古へ助法ニ行、○伊兵衛米二臼搗、

十八日　快晴、昼より曇ル、○佐藤茂兵衛五十六才女血ノ滞腹痛祈金弐朱入、供物一包遣ス、○札木町駿河屋取次、白須賀本町長左衛門五十才女痰付物祈廿疋入、○龍拈寺せこ千蔵五十五才女疝気祈、○百度親父不浄除守頂来ル、○中瀬古より道淳朝帰ル、色々調物仕来ル、の川ニ而細筆二本取、○おとき紫色一重ノ牡丹樹一本入、半し一・筆一遣ス、○畑ケ中留作・又七本堂ノ西方庇葺替ニ来ル、晩迄ニ済、作料ノ内金一分弐朱渡ス、萓銭百文遣ス、

十九日　雲(ママ)天也、少々照ル、○牛久保夷屋又蔵取次岡崎也七十弐才男年病祈、○高須十右衛門三十六才男疳祈廿疋入、○札木駿河屋、白須加札受来ル、○龍拈寺瀬古千蔵同断、○城内山田重兵衛同断、○中瀬古より子供来ル、五帖遣ス、○常右衛門蕗入、○すミ蕨二わ入、○すぎ牡(丹)蔵花入、○道淳単物せんたく羽根井より入、

廿日　夜前夕方より雨降続、今昼八ツ頃迄降ル、大川へ水(ママ)出ルト云、晩方晴ル、○牛久保又蔵札受来ル、○高須十右衛門同断、○

廿一日　朝冷ル、快晴、暖気、夕方蚊出ル、○御影供如常、○下地又六、八十八才女絶食臨廿疋入、昼後死ト云来ル、土砂遣ス、○佐藤茂兵衛殿札受来ル、斎出ス、○千蔵草・上菓子等求、○百度助九郎孫七夜、男子ニ而文平ト名付遣ス、○中瀬古□伝兵衛小一取ニ行、蕨二わ入、○羽根井□□処へ小麦一斗引テ貰ニ遣ス、○伝兵衛、権右□□屋敷みかんこへ、

廿二日　快晴也、○牛川稲荷祭礼一統休日也、○札木藤屋六十七才女年病祈廿疋入、○松嶋善平三十才女長病祈廿疋入、○徳兵衛殿入来、牛久保夷屋祈礼廿疋入、○道淳魚町鳳湖へ画書テ貰ニ行、美濃紙一帖持行、壱朱分ノ菓子配書遣ス、画五まい書貰来ル、○中

瀬古へ伝兵衛大半・小半取ニ行、○羽根井慶作小麦粉
一斗引持参ス、賃百三十四文渡ス、○権右衛門弐朱両
替、○伝四郎来ル、四百文かし、
廿三日　朝より折々はら〳〵、夕方余程降ル、○大崎
彦□衛門八十五才男年病祈三十疋入、直ニ札遣ス、○
松嶋善平・札木藤屋札受来ル、○朝百度へ文平出産ノ
悦ニ行、供物一包遣ス、○百度伝作ノ処へ日雇賃残分
壱貫四百文持行、済、供□一包遣ス、○今宵より蚊屋(帳)
釣り初メ、
廿四日　晴天也、○新銭町庄七取次、杉山廿三才女ふ
ら〳〵祈廿疋入、晩方札受来ル、○篠束平七、三才女
子虫祈廿疋入、○お菊来ル、善光寺より一昨日帰ルト
云、〆□□弐足・付木五わ・飯団餅一重入、○利作ニ
□□屋敷普請賃十一人分弐貫弐百文渡、政吉来ル、百
文共渡ス、○茂右衛門へ縄束代百廿四文渡、○おきせ
へ割付草賃弐人分八十四文ツ、渡ス、○鉄蔵□□種芋
一升半程入、○朝道淳鳳湖□□清書持行、の川ニ而織(折)
本一対取、冬残分金□□弐朱ト六百八十弐文渡済、美
の久ニ而朱墨壱□代壱匁壱分取、
廿五日　曇天、八ツ前よりはら〳〵夜へ向テ降ル、○
篠束平七ノ札、又七より受ニ来ル、○おつき入来、祈
礼廿疋入、先日かし分弐朱入、○利作橘壱本遣ス、此
方裏ノ樹三本入、
廿六日　天気曇晴也、○田原本町千七、四十六才男疳
祈、○西宿権次郎七十弐才男年病祈三十疋入、○新田
喜兵衛六十四才女癪祈、○六三郎・とき・宗吉・平作
・兼蔵焼米入、○中瀬古へ小一取ニ行、鍛冶町へ鍬弐
丁才頼遣ス、○道淳芳太郎普請見舞ニ行、菓子一包遣
ス、三五画手本借り来ル、○伝兵衛、権右衛門屋敷へ
みかんこへ、
廿七日　曇勝也、○田原千七ノ札田町より受来ル、廿
疋入、○西町権次郎同断、○新田喜兵衛同断廿疋入、
○久□焼米入、○植田重作来ル、焼米一袋入、又五郎
方弟子供断、兄ノ方進ト申来ル也、半し一・指(筆脱)一遣
ス、□□帰ル、○中世古へ醤油一樽・赤みそ一重、伝
兵衛□□鍬弐丁才出来持参ス、○百度へ三人風呂ニ

行、
廿八日　天気曇晴也、〇元鍛治町七蔵三十三才男目まい□十疋入、〇実五郎焼米・あけ七ツ入、すき・徳四郎・清十・鉄蔵・為吉・吉右衛門・久吉・和三郎焼米入、〇助十郎蕗入、〇道淳芳湖へ行、留主也、の川ニ而美濃一帖壱匁弐分、鉄(蔵脱カ)利針金十丈・五寸釘壱わ□、〇文七・留作・又七地堂之屋根葺替ニ来ル、前瓦下シ下地朽直ス、文七ハ方形ノ身棒替ル、
〇同人河岸ノ(ママ)　壱本取ニ行、〇富蔵たんす、角田畔かけ田打一枚余残ル、伝兵衛昼迄手伝、
廿九日　朝より雨、終日降ル、〇市ハ政吉六十九才女痰咳祈、〇元鍛治町七蔵札受来ル、〇道淳芳湖へ行、〇中瀬古へ飯米五升遣ス、大半・小半取テ来ル、〇長作・常右衛門焼米入、〇昼後より伝兵衛米一搗、粟一搗、
晦日　快晴也、〇外神平五郎八十九才女年病祈、〇新銭町辰三郎廿八才男労症祈廿疋入、〇西羽田源兵衛五十九才女風邪後祈、〇おりへ取次、垉六町清三郎四十一才女癪祈廿疋入、〇市ハ政吉六十九才女ノ札受来ル、五十疋入、〇文七・留作・又七朝より地蔵堂前晩迄ニ葺、〇富蔵たんす下働、伝兵衛同断、

四月大

朔日　快晴也、〇西羽田源兵衛札受来ル、廿疋入、〇新銭町辰三郎札受来ル、〇桑清ノ札、おりへ受来ル、〇留作・又七来ル、地蔵堂前少々残分葺、北方瓦下ケ小半分葺、〇長平たんす下働、伝兵衛同断、
二日　晴天也、〇清水弥五郎五十六才女腹痛祈廿疋入、〇中村嘉平九十余カヨ年病祈、〇外神平五郎札受来ル、廿疋入、〇常右衛門飯団餅入、〇留作・又七地蔵堂北方半分余残り葺、下り棟少々直し、南方道受ル、〇富蔵たんす下働、伝兵衛同断、
三日　快晴也、〇新田佐右衛門五十弐才男ツカヘ食薬共不納祈金百疋入、〇清水弥五郎札受来ル、〇中村嘉平同断廿疋入、〇直作種芋三升程持参、代百五十文遣ス、〇鉄りニ而針金五丈・五寸一わ取、地蔵堂屋根用、上菓子・あけ求、〇文七・留作・又七三人来ル、

文七下地白木やニ而弐間杉赤ミ一寸板取来ル、方形ノ中ノ箱ニ致ス、昼迄ニ出来ル、今日は方形直シ下り棟少々直シ南方少々葺、○長平たんす下働、伝兵衛同断、○七蔵たんす、門前箱道相済也、

四日　晴天、晩方曇ル、○下モ町彦右衛門三十八才女癪祈廿疋入、○紺屋町善蔵三十八才女風咳祈、○弥四郎殿入来、あけ九ツ入、○同家ニ而糯粳粟□□貰ふ、○文七・留作・又七三人来ル、昨日ノ南方昼過迄葺相済、夫より方形其外少々油石灰致ス、今日迄十七人半ニ済、尤下り棟は其儘也、裏ニ方上計り直ス、又七は昼より眼病ニ付帰ル、○富蔵たんす下働、伝兵衛同断、同人長全前一、前ニ粟蒔く、○文七石灰一俵持参ス、代四匁五分ト云、

五日　夜前もはら〳〵、今日は終日はら〳〵雨天気也、○新田佐右衛門札受来ル、○下モ町彦右衛門同断、○紺屋町善蔵同断廿疋入、○中瀬古へ小一取ニ行、焼米七合遣ス、○伝兵衛昼より角田打ニ行、

六日　曇天也、折々はら〳〵、○羽根井猪左衛門七十四才女疝気祈廿疋入、○百度より餅一重入、斎沢山也、○の川ニ而生ふ五合取、○中瀬古へ米五升遣ス、小一取来ル、○源六ニ而てんこ種弐合借ル、○伝兵衛、権右衛門屋敷へ蒔、

七日　夜前七ツ前より大夕立、晴天、風有ル、少冷ル、○西組鷲蔵三十三才女産後祈廿疋入、○羽根井猪左衛門札受来ル、○子供花摘来ル、道淳・長作・猪三郎・久吉昼迄花堂葺、昼後より同人中瀬古へ葺ニ行、摘花持参ル、甘茶《チヤ》ニタハソリ遣ス、○明日供物求、○廻状来ル、伊豆守殿御奏者ニ成触也、○六郎兵衛来ル、松次郎江戸より帰り住居ノ仕度致ス由金弐分□□、○おとき飯団餅入、○門前へ一まい粟蒔、

八日　快晴也、○朝誕生会勤行ス、○松嶋安平□□五才男頭重シ祈廿疋入、○西羽田藤兵衛五十弐才女長病祈廿疋入、○東組柳嶋又右衛門四十九才女病気祈廿疋入、○西組鷲蔵札受来ル、○猪三郎・実五郎牡丹餅入、○六郎・徳兵衛・百度其外両三人入来、○百度へ飯団餅一重遣ス、

九日　曇天、昼前より雨、夜へ向テ降ル、晩方風も有ル、○田尻虎蔵三十□男薬毒祈、○牛久保金兵衛廿七才男薬毒祈、○昨日三人札受来ル、北川三軒・徳兵衛・百度半右衛門へ供物遣ス、○半右衛門内参詣菓子一箱入、筆二遣ス、○富蔵・長平たんす絹田打、後より伝兵衛同断、○長全前一まいニ粟蒔、

十日　朝より雨、昼より快晴也、風有ル、大ニ冷ル、○吉川弥次兵衛廿七才女乳腫祈廿疋入、○元鍛治町源六、七十才男痰イン祈廿疋入、○小松松次郎四十才女眼病祈十疋入、○田尻虎蔵ノ札受来ル、弐百十弐文入、○牛久保金兵衛同断廿疋入、○直作唐黍苗三百五十本入、半し一・筆一遣ス、○伊介四百五十本入、○道淳政蔵へ行、長作小僧ニ貰度様申、跡より返事ト云、○伝兵衛米一搗、昼後より唐黍植ル、

十一日　晴天、昨日より始終風強シ、大ニ冷ル、○吉川弥次兵衛・元鍛治町源六・小松松次郎札受来ル、○今日は□□□句取越休日也、○利右衛門へ糠五升遣ス、同人之□□清次郎ニ而てんこ種二合求、廿文也、○弥一郎餅一重入、○直作唐黍苗三百余入、○斎後道淳・徳兵衛殿小坂井へ参詣、菊ト白薊求来ル、○中瀬古へ伝(兵衛脱)小一取ニ行、同人ニ銭百かし、

十二日　晴天、風止ム、少々冷ル、○萩村四郎兵衛四十三才男ふら〱病祈廿疋入、直ニ札遣ス、○新銭町惣介廿八才男風邪後祈、○清十赤飯一重入、菓子遣ス、○西羽田藤兵衛妻病死今日葬式也、志五十銅入、

十三日　五ツ頃よりはら〱、終日時々降ル、○東組柳島又右衛門四十九才女再祈臨廿疋入、○伝作入来、木綿三ヶ所祈祷、○新銭町惣介札受来ル、廿疋入、○富蔵・長平たんす、絹田打、角田も残打済、伝兵衛同断、

十四日　晴天、折々曇ル、○すミ、あけ七ツ入、○とき柏餅一重入、○前川へ万蔵昨日金毘羅より帰ルト云、大坂舟中ニ而戒定ト乗合手紙到来ス、戒定も二月廿一日より四国霊場巡り、三月廿一日丸亀より舟ニ乗り廿七日大坂へ着ト云来ル、○中瀬古へ小遣弐貫文渡、○中瀬古へ伝小一取ニ行、○西羽田ノ藤兵衛へ悔

ニ行、平せんこ一遣ス、

十五日　曇天、七ツ半頃より雨也、○御城主御奏者御役付ノ祝休日也、○町組鯉介四十九才男長留（溜）飲等祈、○魚町甚八廿八才女懐妊風邪祈廿疋入、○百□□□札受来ル、弐百十六文入、○植田重作、又五郎方ノ十一□□連立テ来ル、赤飯二重入、半し二・墨一遣ス、安平ニ半し□□遣ス、晩方より帰ル、才次郎頼送り遣ス、○

十六日　快晴也、○鯉助・甚八札受来ル、○六三郎飯団餅一重入、○常陸より大和廻り金毘羅土産ニ菓子一箱・京祇園ゴウセン一竹・鳥毛ノ（ママ）　付木三・金毘羅象ノ画入、○慶作より小麦一斗引一斗三升粉持参ル、賃百三十四文渡、○伝兵衛大津へせんたくニ行、米麦一升ツヽ・百文ト外ニみそ遣ス、

十七日　極快晴也、○千原三右衛門五十九才男足種（腫）物祈百十弐文入、直ニ札遣ス、○中瀬古へ飯米五升・菜みそ一重遣ス、○道淳、政蔵へ長作縁有□聞ニ行、舟□進之由ニ而断也、○鉄蔵芋種ノ礼ニ半し二遣ス、○百度善八へ唐黍苗頼半し一遣ス、○晩方より道淳中瀬古へ行、○才次郎宿り来ル、

十八日　快晴也、○三つ相権右衛門四十六才男眼病祈廿疋入、□ワリ除礼三十疋入、○安五郎柏餅入、○道淳中瀬古より帰ル、の川ニ而大のり一取、其外筆紙等求、

十九日　快晴、晩方曇ル、○横須加市作三十七才女血癪祈、○高須十右衛門木綿祈祷頼来ル、十疋ト綿入、○三つ相権右衛門札受来ル、○鉄蔵餅一重入、○清□飯団餅一重入、○中瀬古へ飯団餅遣ス、○善□柏餅十一入、

廿日　快晴、暑シ、○横須加市作札受来ル、廿疋入、○□五郎柏餅入、○長作同断入、○百度より里芋トまん中九ツ入、おかつ土産也、柏餅遣ス、○平□□まん中遣ス、○中瀬古へ柏餅遣ス、○植田重作、又五郎息子十一才ノ安平ト中者連テ来ル、小僧ニ致ス積也、宿ス、

廿一日　極快晴、暑シ、晩方曇ル、○吉川惣四郎廿六

才女ふ□□□祈、○横須加弥介廿弐才女風邪祈廿疋入、○□□孫三郎八十五才女病気祈廿疋入、○中村惣四郎九十四才女年病祈、○常右衛門柏餅入、○太右衛門同断入、○道淳孫八へ悔ニ行、平せんこ一遣ス、○百度来、杉原紙□□□文章手本頼来ル、○才次郎柏葉取来ル、○伝兵衛大津より六日目ニ而帰ル、○富蔵・長平たんす、絹田こて切、

廿二日　夜前宵より雨、昼前も少々降ル、後より天気也、○市ハ(場)林蔵六十三才女ふら〱祈弐百十弐文入、○札木箕屋廿弐才女風邪祈廿疋入、○昨日四人札受来ル、中村惣四郎廿疋入、○百度より柏餅入、○平十より同十一入、○新作同断入、○佐与吉九入、○中瀬古へ小一取ニ行、○米壱臼搗、

廿三日　快晴也、○昨日二人札受来ル、○おすミ柏十三入、○宗□十七入、○おちの、つる豆一盆入、○富蔵へ柏□遣ス、○百度御親父味噌仕込ニ来ル、豆四升也四□□致ス、○朝重作内へ帰ル、扇凧一・柏九ツ遣ス、□□整兼そふに見ル故連立テ返ス、儀介へ成恵百日成二日ノ内法事勤案内ノ手紙遣ス、○伝兵衛・源□□まい麦苅ル、

廿四日　快晴也、○元鍛治町駒吉六十才女痰祈廿疋入、○西羽田孫八悔礼五十銅入、○仙吉柏餅十九入、○佐代吉凧礼草履五足入、筆一遣ス、○平十孫初九まいの風巾(凧)一遣ス、○中瀬古へ柏餅少遣ス、○中瀬古ニ下男大半・小半取ニ行、直ニ百度へ苗代こへニ遣ス、○伝兵衛長全前麦苅、

廿五日　極快晴也、□□□新銭町徳三郎三才女子虫祈、○横丁大黒□□八才女腹痛祈十疋入、○元鍛治丁駒吉札受来ル、○富蔵・長平たんす、長全前残麦苅、門前苅少々残ル、下男同断、

廿六日　極快晴也、暑シ、○新銭町徳三郎札受来ル、○横丁大黒屋札遣ス、○伝兵衛前西蜜柑草、

廿七日　朝曇り、四ツ頃より晴天、○百度へするめ凧一ツ遣ス、○伝兵衛門前菜畑麦残分苅ル、夫より苅置ノ麦運ぶ、長全前一まい十弐束・門前三十弐束入也、

廿八日　晴天也、○藪下善次郎四十六才男水気□□

□、○中瀬古へ小一取ニ伝行、○同人小ものこへ懸ケ、○門前菜畑麦四束三十わ入ル、昨日共に四十八束三十わ也、
廿九日　天気曇晴、はら〳〵少々、少雷大分鳴ル、○元鍛治□源吉十九才女熱祈、○舟町壺屋廿五才女頭吹出祈廿疋入、○藪下善次郎札受来ル、三十疋入、小蝋三十□共入、○富蔵たんす、絹田こて切済、伝兵衛同断、
晦日　極快晴、暑シ、○町組尾崎沢右衛門六十才男痰飲胸痛祈三十疋入、○忠興藤助五十九才男中気空言祈廿疋入、○元鍛治町源吉札受来ル、三十疋入、○舟町壺屋同断、○半蔵殿入来、菓子一袋入、○朝道淳町へ行、種屋ニ而大のり二帖取、代弐匁ト云、○常右衛門□入、○中瀬古へ赤みそ一重・菜みそ一重遣ス、今日□□口明致ス、
五月
朔日　快晴也、暑シ、○松山政蔵六十才女血道祈廿疋入、○沢右衛門・藤介札受来ル、○斎後講ノこま修行、参詣少々、○村方供物配ル、○宗賢助法ニ来ル、晩方帰ル、○百度より斎米入、供物遣ス、○横丁はりのや供物餅百五十求、
二日　朝より雨、昼前ニ止ム、○松山政蔵札受来ル、○今日は成恵百ヶ目相当法事勤、○宗賢助法ニ来ル、柏十三入、晩方帰ル節此方も到来柏十三・菜少々遣ス、○東植田儀介・梅次郎両人参詣廿疋入、斎出ス、まん中五ツヽ、○道淳朝より町へ調物へ行、助十・亀次も行、○慶作柏廿入、○常吉同十三入、○助十・亀次・長作飯喰ス、○同人昼後より町方へこま供物配ニ行、○富蔵より茄子苗四十本入、○百度より三十本余入、○中瀬古へ伝（兵衛脱）苗廿五本植ニ行、○まん中百文配書ニ而取、
三日　快晴也、○小松松次郎四十才女眼病祈十疋入、○平十より餅十三入、菓子遣ス、○泰介柏十五入、○柳蔵十一入、○中瀬古へ餅五ツ・まん中七ツ遣ス、先柏十一入、○作右衛門普請見舞ニ十疋遣ス、道淳行、○おきせト源六下女麦叩ニ来ル、八駄三十わ昼迄ニ叩

済、夫よりおふ打、茶漬喰ス、一人分弐百弐文ツ、也(ママ)せき分渡ス、九左衛門へ柏九ツ遣ス、○長平たんす、門前目あけ、
四日　天気曇晴、風有少冷ル、○談合ノ宮源次郎廿五才女風祈廿疋入、○下地庄吉七十弐才女年病祈廿疋入、晩方死申来ル、土砂遣ス、○小松より札受来ル、○□助麩廿入、筆一遣ス、○六三郎柏十四・猪三郎十三・徳四郎十一、久我大角豆共入、為吉九ツ・兼蔵九・はつ十三・金作九ツ・弥助十三・源吉九ツ・弥一郎九ツ・繁蔵十一入、○勝蔵あげ九ツ入、柏七ツ遣ス、○長平へ柏十一遣ス、○伝兵衛門前へこま蒔く、
五日　晴天也、晩方曇ル、風少々ニ而凧少シ上ル、○菖蒲之節句目出度し静也、○舟町甚兵衛四十一才男風祈廿疋入、○談合ノ宮より札受来ル、○子供祝義皆□、○滝蔵・直作・伊介柏餅入、○政蔵入来、□廿三入、枇杷遣ス、○徳兵衛殿・利作・おちの入来、○朝道淳芳湖へ礼ニ行、枇杷遣ス、おりへへ柏九ツ遣ス、○柏不来分ハ岩蔵・浜吉・清十・鉄蔵・久吉也、
六日　朝よりはら〳〵、昼前止ム、折々照ル、○田町甚三郎三十□男長病祈廿疋入、○舟町甚兵衛札受来ル、○朝道淳芳湖へ行、○才次郎入来、浪之上ニ而小僧義聞、断云、柏十三遣ス、○富蔵へ九ツ同遣ス、○富蔵たんす、角田こて切三まい致スト云、伝兵衛同断、
七日　天気曇晴也、○おちか取次、丈平親類下五井六十四才女長病祈、○□□甚□郎供物頂来ル、○朝道淳平井弥四郎母ノ悔ニ行、菓子一箱・平せんこ一遣ス、○中瀬古へ米三升・枇杷一盆遣ス、伝兵衛長全前藪クロ小麦苅皆運ふ、○小野屋母□□枇杷遣ス、
八日　快晴也、○御籏組勘介弐才男子頭へ腫物祈、○下五□茂平札受来ル、廿疋入、○羽根井八兵衛より枇杷一盆入、○半右衛門へアシ海苔二・枇杷一盆道淳持行、○百度ニ而黍種四合かり、○長平たんす、角田一まい残りこて切伝(兵衛脱)行、後より門前へ黍蒔、
九日　天気曇晴也、○佐藤権左衛門五十九才女手足痛祈、○談合ノ宮新三郎四十九才男瘧祈百十弐文入、○

林平取次、天白前庄八五十八才□痔祈廿疋入、○勘介
札受来ル、廿疋入、○平□□六郎兵衛へ行、枇杷遣
ス、○百度よりかふせん（香煎）一重入、枇杷遣ス、○伝兵衛
米一搗、長全前粟こへ懸等、○西羽田藤兵衛大豆種三
升無心ニ来ル、遣ス、
十日　朝より雨はら〳〵、昼前大分降ル、所々雨乞氏
神へも懸□、新田彦三郎綿枯レ祈廿疋入、○金田半三
郎七□六才女年病臨十疋入、○天白前ノ札政蔵受□□
談合ノ宮札遣ス、○佐藤権左衛門同断廿疋入、○□□
勘介来ル、弐才息子名武平ト付遣ス、木性也、十疋
入、○富蔵たんす、長全前目あけ、□兵衛同断、○伝
兵衛米一搗、
十一日　朝より半日雨降ル、○雨悦ノ休日也、○新田
彦三郎守受来ル、○鉄蔵餅一重入、○政平入来、□□
一重入、枇杷遣ス、○夕方才次郎頼、中芝へ小麦一□
□貰頼遣ス、枇杷一盆遣ス、○中瀬古へ米七升遣ス、
小一取来ル、
十二日　天気曇晴也、○草間（橋良）伝吉六十七才男目まいふ
ら〳〵祈、○中村兵右衛門より三十三才女産占料入、
安産符遣ス、○道淳芳湖へ行、の川ニ而美の一帖・白
赤二わ取、○百度より豆種弐升かり、○伝兵衛、権右
衛門屋敷へ豆蒔ル、
十三日　未明より雨、昼前迄大分降ル、夫より快晴
也、○□□作十取次、七十五才女長病絶食祈廿疋入、
○吉川□□三十四才女急病祈廿疋入、○長楽丈助廿一
□□留（溜）飲祈、○橋良伝吉札受来ル、○おりへ来ル、□
三十弐・胡瓜弐本入、半し一・枇杷遣ス、院主ノ布子
・袷洗濯ニ遣ス、成恵ノ浴衣打敷ニ致様ニ頼遣ス、○
清十柏入、○伝兵衛、昼前権右衛門屋敷小麦刈、後よ
り中瀬古へ小麦刈ニ行、枇杷一盆遣ス、小麦二□、
十四日　快晴也、○百度清七殿入来、錦蟻□祈、○□
□与之介廿四才男疳祈廿疋入、○土手丁松本□□四十
六才女中気祈廿疋入、○長楽丈助札受来ル、三十疋
入、○吉川庄七舟町作十□□、○源六ニてんこ種弐合
先日無心ニ付半し一□□□□□、○□□・長平たん
す、種豆植外ハ済、○伝兵衛中瀬古目あけ豆植ニ行

済、小麦、
十五日　快晴、暮前大夕立、○百度清七守受来ル、□□遣ス、廿疋入、○松本嘉介・与之介札受来ル、○朝道淳中瀬古文蔵母病死悔ニ行、平せんこ一遣ス、芳湖も寄新居応賀寺弟子法瑞房実祥始而入来、□歳草五十銅ノ入、律信仰之旨年廿才結構ノ事也宿ス、○伝兵衛、権右衛門屋敷豆植、
十六日　今晩より雨、昼前迄降ル、○札木長門屋十六才女大病祈、○田中村八十八、三才女子虚躰祈弐百□□□□、○源六庚申ニ付温飩(饂)打一重入、○徳兵衛金壱分両替、○斎後応賀寺ノ法瑞□□傘壱本貸ス、○富蔵・長平たんす、う□□□致ス済、伝兵衛同断、
十七日　終日はら〳〵、夜大分降ル、○札木長門屋・田中新田八十八札受来ル、○徳兵衛殿入来、○中瀬古へ道淳晩方より助法ニ行、枇杷遣ス、○おきせ・源六下女弐人小もの草取来ル、○伝(兵衛脱)背戸みかん草、
十八日　始終雨大分降ル、○西弐番丁戸田大□□五十五才女疳祈十疋入、○金田半三郎七十六才□再臨十疋入、○松山市三郎十七才女痔労祈、○中瀬古より道淳帰ル、○猪三郎・□□衛門・実五郎・久吉・和三郎・すミ十七夜餅入、○儀介ばゝ□□入、はつ瘧ニ付供物一包遣ス、○伝兵衛米一搗、
十九日　始終雨天、大川へ水六合出ルト云、昼頃より天気、○松山市三郎札受来ル、廿疋入、○戸田太平札受□□、中瀬古へ餅十一遣ス、小一取来ル、○
廿日　快晴也、少々曇ル、○前芝山内八平五才女子虫眼病祈金百疋入、○道淳芳湖へ行、の川ニ而大のり一取、○おきせ・源六下女小もの草取、○中瀬古へ伝兵衛小一取ニ行、
廿一日　天気曇晴也、○舟町甚兵衛四十弐才女ふら〳〵熱祈廿疋入、○おきせ源六(下女脱カ)より昼迄小□□□取ニ出ル、○伝兵衛小ものこへ懸、西屋敷豆植、
廿二日　天気曇天也、○前芝八平札受来ル、○舟町甚兵衛同断、○の川ニ而金赤水引一わ取、上菓子求、○伝兵衛西屋敷豆植相済、
廿三日　朝曇り、極快晴、暑シ、夕方夕立小雷鳴ル、

○羽根井八左衛門亥年女子育様祈十疋入、花入、○大津久三郎廿三才男労症祈廿疋入、直ニ札遣ス、○中瀬古へ小一取ニ伝(兵衛脱)行、○百度栄吉法躰乞食□□□百文遣ス、

廿四日　極快晴、暑シ、○下五井弁蔵七十一才女中気祈廿疋入、○羽根井八左衛門札受来ル、○今日は田植也、源六より弐人、おきせ植人也、朝より越清水へ苗取ニ□、富蔵・長平たんす、暮方迄ニ済、伝兵衛一日苗荷也、男三人へ骨折百文ツ、遣ス、○御堂瀬古音次取次ニ而大福寺より桃十五ト桜漬少々入、

廿五日　極快晴、暑シ、○今日は無用、○子供天神祭、○おちの来ル、小麦売迄と云八百文かし、○おきせ先日小もの草弐人半日雇ト田植百文ト為持遣ス、○伝兵衛小ものこへ残懸ケ、長全前少片目寄セ、

廿六日　快晴也、○下五井茂平取次、常光寺六十三才尼僧中気祈、晩方札受来ル、廿疋入、○今日は半夏生也、○伝兵衛長全前片目寄セ、

廿七日　極快晴、暑シ、○手間丁久吉五十一才男腫物祈廿疋入、○中瀬古へ小遣壱貫五百文渡、小一取来ル、道淳芳湖へ行、画筆一本到来ス、○下男片目寄、

廿八日　極快晴、暑シ、○小浜彦太郎六十四才男癪留(溜)飲祈、○茅町次郎九、六十九才男痰癪祈廿疋入、○手間丁久吉札受来ル、○おすき小麦粉一重入、○半右衛門百度・北川三軒・平六へ楊梅遣ス、○富蔵たんす、門前小もの削り、下男同断、○

廿九日　天気同断、○小浜彦太郎札受来ル、弐百十弐文入、○早朝道淳羽根井和平・八兵衛へ楊梅一重ツ、持行、○中瀬古へ同一重遣ス、○安五郎茄子九ツ入、楊梅遣ス、○常右衛門小麦粉一重入、茄子九ツ入、筆・楊梅遣ス、○才次郎頼、浪之上へ仁連木ノ小僧聞頼遣ス、到来ノ千歳草五十文一箱遣ス、○本町みの屋五種香百文取、

六月大

朔日　晴天也、暑シ、○大崎助四郎三十一才女労症祈廿疋入、○仏餉太郎吉三十八才男気落付祈、○茅町次郎九札受来ル、廿疋入、○同人取次、前芝午年男癪

祈、○今日村方野休ミ、長全寺ニ日待、○庄屋より宗旨帳持参、使すミ、楊梅一袋遣ス、道淳亦持行、京ノ俊彦唐紙半分椿画一・景地短冊三枚借り来ル、代五百文ト云、此方へ買積也、○百度親父入来、酢(鮨)シ・楊梅遣ス、○増次郎此間ノ八百文入済、○徳兵衛入来、○伝兵衛母七回忌之由ニ而朝より大津へ行、楊梅一袋遣ス、

二日　朝曇り、快晴、暑シ、○大崎助四郎札受来ル、○仏餉太郎吉同断廿疋入、○おすミ白瓜三本・石菖入、楊梅遣、○道淳芳湖へ行、楊梅一重遣ス、○九左衛門・源六・久左衛門・俊次へ同断一重遣ス、○伝兵衛晩方大津より帰ル、

三日　極快晴、暑シ、○馬見塚喜太郎十九才男空躰祈、○茅町次郎九、前芝ノ札受来ル、○平作茄子十一入、楊梅遣ス、○中瀬古へ米弐升・白瓜一本・茄子遣ス、楊梅一重遣ス、先より木瓜二本入、○おきせ・源六下女麦かじ来ル、六俵一斗余有ル、小麦も廿三束遣叩済、きせへ弐百文賃遣ス、○伝兵衛不快ふら〱、

四日　日々照込暑シ、○馬見塚喜太郎札受来ル、廿疋入、○茂吉饂飩粉一重入、筆一・楊梅一重遣ス、○伝兵衛同断ふら〱臥居ル、

五日　天気同様、西風強シ、○今日は秋葉山火向ニ氏神ニ而籠、夜神楽、御□も有ル、休日也、○坂津重作来ル、白瓜七本入、楊梅・半紙一状(帖)遣ス、○道淳芳湖へ行、○伝兵衛今日は少々快方也、○清十温(饂)飩粉一重入、

六日　天気同様也、○瀧蔵小麦粉一重入、○百度より大角豆入ル、白瓜遣ス、○左次郎殿入来、温飩一重入、斎沢山也、半し一・白瓜一本遣ス、○道淳心得違之義有ニ付、和平呼ニ遣ス、即来ル、種々申聞済、温飩少々出ス、十日程政平不快ト云、

七日　天気同様暑シ、風有ル、○金田半三郎七十六才女□三臨土砂遣ス、○中瀬古へ白瓜弐本遣ス、○の川ニ而まつ香百文取、

八日　天気同様、暑シ、○俊次入来、五才お貞躰毒内惣身腫レ祈、○松山庄吉六十三才男ふら〱祈廿疋

入、○下五井常光寺三十八才女疝気祈、○仙吉茄子十五入、○中瀬古へ米六升遣ス、小一取来ル、○富蔵たんす、西屋敷天コ草削、門前畑同断、

九日　天気同様、暑シ、晩少々曇ル、○松山庄八札受来ル、○下五井常光寺同断廿疋入、○俊次札遣ス、○朝道淳七夕額之画美濃源へ求ニ行、此方分三まい、中瀬古分三取来ル、白木屋ニ而白扇団十弐本・絵十弐本求、代四百五十弐文払、鉄利ニ而庖丁一丁取、の川ニ而半紙四束取、○百度若者掛行燈画取ニ来ル、○お菊来ル、四百文かし、○天王社宵祭、道淳参詣、

十日　天気同様、暑シ、折々曇ル、○小松松次郎四十才女眼病祈十疋入、○杉山四郎左衛門三十五才男長病祈弐百十弐文入、直ニ札遣ス、○粉五升百度へ遣、温飩打貰ふ、○斎ニ用、○中瀬古へ温飩一重ト茄子十五遣ス、○富蔵へ同断一重遣ス、○直作白瓜弐本・茄子十一入、○すぎ茄子十五入、○道淳半右衛門へ麦年貢弐分弐朱ト六百文遣ス、俊彦ノ画一枚・景地ノ短冊三枚代五百文渡、団扇弐本遣ス、○平十殿小麦粉一袋・団一本・菓子遣ス、○お菊来ル、暫金壱分弐朱ト六百文かし、○

十一日　天気同様、暑シ、○神明前平五郎三十五才男吐血祈廿疋入、○長山喜右衛門五十四才女瘧後大病祈金百疋入、○小松松次郎札受来ル、○朝道淳町へ行、の川ニ而藤倉一足・美の一帖取、美の久ニ而紺紙四まい・更砂（紗）紙一取、鉄利ニ而坂（板）付一わ取、其外額入用之品求、○中瀬古ノ額拵へ也、○

十二日　天気同様、暑シ、○朝より長山喜右衛門ノ護摩修行□□参詣、直ニ札遣ス、○神明前平五郎札受来ル、○清□□より甘酒入、○俊次ノお貞不快見舞ニ道淳行、菓子一包遣ス、○久吉大角豆入、○おりへ成恵ノ浴衣折敷ニ仕立持参、白瓜一本遣ス、○道淳中瀬古額拵、○おきせ、源六より弐人田草一ばん目取来ル、

十三日　今暁前夕立少々、快晴暑シ、○秋葉山火向、馬見塚ニ而焼ト云、休日也、○半右衛門へ道淳行、中瀬古麦年貢壱分弐朱ト十六文渡、○三津蔵茄子十五入、○実五郎茄子十二入、○中瀬古ノ額道（淳脱）拵、

十四日　天気同様、暑シ、○今日暮六ツ時土用入、○本虫干始メ、○百度より嫁在所土産・赤飯一重入、茄子遣ス、おかつ入来、浪ノ上より温飩粉二袋入、菓子一包遣ス、○宗賢虫干ニ来ル、夕方道淳同道ニ而花火見乍帰ル、○中瀬古へ赤飯・茄子遣ス、○伝兵衛米一搗、

十五日　天気同様、暑シ、東風吹、浪鳴ル、○新田弥平□廿才女痰祈弐百十弐文入、○竹ノ内七兵衛六十三才男ふら〳〵祈、○紺屋町喜八廿七才女大病祈弐百廿四文入、晩方死ト云来ル、土砂遣ス、○世話人十軒へ扇団弐本ツヽ配ル、○富蔵温飩一重入、半し一遣ス、○百(度脱カ)同断入、○百度へ同一重遣ス、○道淳中瀬古へ向テ祇園参詣ニ行、○平井弥四郎母ノ悔礼廿疋入、八十才死ト云、同村新右衛門ニ十二才童子小僧ニ貰様聞ニ頼遣ス、

十六日　天気同様、暑シ、鳴ル嶋朝一面曇ル、只少々はら〳〵、○瓦町甚左衛門廿才女産後祈、○竹内七兵衛□□来ル、廿疋ト大角豆入、○新田弥平次札受来ル、○百度より真桑瓜四本入、○中瀬古へ米四升遣ス、大半・小半取来ル、

十七日　天気同様、暑シ、○瓦町甚左衛門札受来ル、廿疋入、中瀬古へ道淳晩方より助法ニ行、○半右衛門より暑見舞ニ□ん中配書一・銀真桑三本入、半し一・(筆脱)指一遣ス、○下男角田水引、

十八日　天気曇晴、昼時只少はら〳〵、本宮山へ今日迄雨乞、休日也、○下五井新兵衛五十四才女時候祈十疋入、○仁連木戸三郎廿七才女時候祈、○牛久保彦七六才女子腫物祈、○田原千吉三十五才女瘧祈三十疋入、直ニ札遣ス、○清水次平六十六才女病気祈廿疋入、○中瀬古より道淳帰ル、八○ニ而子供扇四十七本・筆□袋・紺紙一まい取ル、○俊次より温飩粉二袋入、□□一本遣ス、○百度栄吉来ル、素麺五手入、半し一遣ス、○権左衛門・喜介、参宮御祓・津嶋札・付木入、

十九日　曇晴也、雷も少々鳴ル、昨日迄本宮山へ雨乞、○下五井新兵衛・清水鉄平札受来ル、○仁連木戸

三郎同断百十弐文入、○本虫干致ス、○中瀬古より宗賢虫干手伝来ル、○常右衛門大角豆入、○此間より異国舟江戸辺へ三百人上り公儀へ書物差出ト云事、当城主も軍用百々辺へ出張ノ人足当村へ三十人当りト云、

廿日　快晴、同様暑シ、○高須権七病気全快、礼□□桑瓜七本入、供物一包遣ス、○中瀬古へ野菜遣ス、○とき茄子・大角豆入、○伝兵衛角田へ水引、

廿一日　天気同様、暑シ、○昨日より高須裏ニ而大川塞クト云、昨年と云引続大旱魃也、○本聖教虫干、○久左衛門より粉二袋入、○百度へ真桑三本遣ス、○鉄蔵黒瓜三・白瓜二入、○政平入来、○佐藤文太郎親父九十余今日死ト云来ル、○伝兵衛角田へ水引、

廿二日　快晴、暑シ、九ツ頃雲出レ共不降、○牛久保彦七札受来ル、廿疋入、○仙吉瓜五本入、○はつカボチヤ入、○常陸へ白瓜五本暑見舞ニ遣ス、○お菊此間金壱分弐朱返済、ふ廿（ママ）入、瓜弐本遣ス、○おきせ、源六より弐人田二番草ニ出ル、○下男粟一搗、

廿三日　快晴、暑シ、折々雲出ル、雷も少々鳴、雨ハ不降、○□□□昨日より雨乞、今日池行ト云、休日也、○昼前伝兵衛絹田水かへ畔草刈、

廿四日　天気同様、暑シ、朝晩雲出レ共不降也、○早朝より道淳佐藤文太郎親父ノ悔ニ行、菓子百五十文・平せんこ一遣ス、説岸道法信士也、斎過帰ル、○の川ニ而色紙六十まいツ、取、金銀等も取、七夕用、○源六へ荒麦三俵搗ニ遣ス、○おとき茄子十一入、○中瀬古へ茄子・瓜遣ス、

廿五日　快晴、暑シ、○羽根井兵作三才男子腹下り祈□□廿四文入、○常吉粉一重入、○宗吉まん中一袋入、半紙一遣ス、○弥四郎殿豆三斗四升町へ持行、代金一分ト五百文入、○伝兵衛田水かへ、絹田井戸富蔵暫頼（ママ）ル、水大分出ルト云、

廿六日　快晴、暑シ、○羽根井兵作札受来ル、○坂津重作西瓜弐ツ入、扇子二本遣ス、○兼蔵粉一重入、○徳兵衛入来、粉一袋入、○半右衛門・佐次郎・清七・百度へ行、菓子一包ツ、遣ス、○下男田水かへ也、○源六より荒麦三俵搗、六斗七升正実也、小米ノ麦

（ママ）
ぬか一斗三升右持参也、
廿七日　快晴也、暑シ、○坂津金作入来、粉一重入、○徳四□同断入、○朝道淳町へ行、の川ニ而半し一・白赤三取、横丁白木屋筆十本・柳樽一取、
廿八日　快晴、暑シ、○清七殿入来、温飩一重入、筆二遣、○直作西瓜一ツ、○夕方源三郎入来、西瓜一・嶋二入、筆二遣ス、○中瀬古へ西瓜一ツ遣ス、松坂屋ニ而こま百文求、○百度へ西瓜半分遣ス、
廿九日　快晴、暑シ、○おちの来ル、万茶一風呂敷入、白瓜一本遣ス、○燈油こま油求、○伝兵衛田水かへ、
晦日　快晴、暑シ、○今日より本宮山ト石巻山へ雨乞、○直作長素麺（ママ）　入、扇子一遣ス、○柳蔵粉入、○道淳、半右衛門へ西瓜一ツ持行、○中瀬古より子供来ル、弐貫□□小遣遣ス、外ニ金一分弐朱渡ス、赤みそ少々遣ス、○

夷則

朔日　快晴、暑、少々雲出ル、○田町林ノ介当才女子虫祈十疋入、○百度より温飩一器入、○坂津重作赤飯一重入、半紙一・筆一遣ス、○おすミ温飩一重・カホチヤ一ツ入、まん中七ツ遣ス、○泰介長素麺七手入、扇一遣ス、○岩蔵まん中一袋入、○昼後東植田儀介入来、温飩粉二袋入、成恵初盆ニ付米□一・草履一足入、温飩出ス、白団扇一・扇一遣ス、○
二日　快晴、暑シ、尤折々雲出ル、○夕方才次郎古荒麦弐俵搗ニ久七へ持行、○中瀬古へ子供七夕額出□上り持セ遣ス、入用五百十弐文也、序八○払、当方分一貫五百六十三文ノ内額代引、残分払頼遣ス、○中瀬古小一取ニ伝兵衛行、○白木屋へ此間筆・絵本代払、

「一　嘉永七甲寅稔
浄慈院日別雑記
孟春大穀日　　多聞山摩々帝」

正月小辛丑建

元日　快晴長閑也、暖折々曇ル、○早朝大鐘百八打、其後多聞供修行、○越年院主三十七歳、下男大崎藤七五十八才也、○小食小豆粥諸尊江供ス、斎雑煮餅同断、○子供書始台所へ張ル、○礼人三四十人来ル、○百度親父礼取次ニ来ル、○橋良善助廿七才女胸種(腫)物祈廿疋入、○徳兵衛殿入来、利右衛門・源作大病臨廿疋入、○六良兵衛昨年貸金二歩(分)返済入、松次良分也、○富蔵松山ノり(利)二□入、釣り遣ス、

元二　夜前四ツ前より雨四ツ過暫時誠大雨也、快晴長閑暖、○早朝多聞供修行、○小食斎如昨日、○礼人夕方迄多分来ル、○今暁前利右衛門より源作苦鋪亦臨願来ル、直ニ行テ致ス、○野依戸平太八十一才女祈廿疋入、○市場左助廿五才女初□祈百十二銅入、青海苔十抱入、蜜柑少々遣ス、○橋良善助札遣ス、○中瀬古へ茶俵取ニ藤七遣ス、白味噌一重遣ス、○関口礼十疋入、菓子出ス、○九文字屋使ニ而礼十疋入、○七蔵入来、源作九ツ時死ト云、土砂遣ス、十九才也、○百度へ風呂ニ行ク、

元三　快晴長閑也、暖シ、○小食斎同断、○早朝多聞供修行、○朝ヨリ院主長作伴、村中・御籏・西宿礼ニ回ル、八ツ過ニ済、年玉持九左衛門、配人久吉也、子二人ニ半紙一帖・菓子一包ツヽ遣ス、九左衛門ニ半紙二帖為持遣ス、○百度御親父一日手伝、○河岸権兵衛四十三才男中気祈廿疋入、○魚町籠屋家内安全祈廿疋入、○瓜郷惣助礼十疋入、菓子遣ス、○中瀬古へ挟箱遣ス、○黒砂糖二百文求、人参求、○清源寺・長全寺年玉入、

四日　天気曇晴也、○早朝多聞供修行、○河岸佐藤□兵衛五十才男風邪祈金百匹(疋)入、○飯邑甚蔵八十□□男種(腫)レ物祈三百十二銅入、直ニ札遣ス、○早朝利右衛門□□行、平線香壱遣ス、○利作礼ニ来ル、廿疋ト十疋

入、○晩方同家へ至(到)来ノ饅頭一袋遣ス、○太良兵衛より餅一重ト煮□□腐一丁入、半紙一帖・柿二本遣ス、○久左□□久吉□願入来、素読頼、

□□(五日) □□宵よりはら〳〵雨、今日モ折々はら〳〵雨、○今日□□節会汁子(粉)餅子供三十六人、慶作・すき・徳四郎・□□□・伊介・清十・はつ不参也、小豆一升五合沢山也、○百度□□親父・才次良手伝入来ス、○富蔵・七蔵召フ、○□□□助礼十疋入、汁子餅出ス、○高足邑ノ君大崎貞□入来、五十銅ト十疋入、餅出ス、蜜柑七十遣ス、○伝次良取次、横須加伝四郎七十弐才男風邪祈、○河岸権兵衛札受来ル、○中瀬古へ膳茶碗為持遣ス、○上菓子二百文・酢十六文求、

□□(六日) 天気曇晴、少々寒シ、○今日ハ節分也、○早朝多聞供、○松山甚左衛門五十二才男風邪祈廿疋入、○伝次良取次札受ニ来ル、廿疋入、○悟真寺扇子二本入、○中瀬古へ挟箱取ニ遣ス、備餅五膳ト膳茶碗返ル、○中瀬古□蔵・松次良蜜柑廿九束売、代金二歩(分)ト一貫三百文入、亦□五十代四百文入、六十二かへ也、才次郎半日懸ル、○

七日 天気曇晴也、○早朝多聞供修、○今□□□病ニ付書付ヲ以テ断ル、清源寺へ頼遣ス、○談合□□□□男疳労祈廿疋入、○松山甚左衛門札受ニ□□□□兵衛同□□、○川崎吉蔵糯米一升三□□□□□蜜柑二十□ス、○子供皆祝儀入、○朝□□□□□□□新□□門□□□根□□□□□□□□□、○新□□□衛門義病気ニ付見舞□□□□□□□、○夜ル宗賢帰堂ス、藤七送ル、

□□(八日) 天気曇晴、寒シ、風有ル、○新町橋本屋勘□□□□八ヶ月目安全祈廿疋入、○談合ノ宮甚□□□□龍拈寺年玉入、○今日より子供習ニ来ル、○才次良蜜□売ニ入来、二朱ト一貫文、○亦一歩(分)ト一貫三百文売ル、○中瀬古へ腐蜜柑遣ス、道淳持行、紙文庫来ル、

□日(九) 天気曇晴、風無シ、○新町橋本屋札受来ル、○朝より宗賢入来、斎大村・瓜郷・下五井年礼ニ遣ス、光明寺ト龍雲寺へ蜜柑五十ツ、遣ス、○常陸礼十疋入、菓子出、旧冬馬金割書持参也、七左衛門へ次ク、

○年礼伴藤七也、○浪之上善太良始テ年礼来ル、饅頭二入、蜜柑卅遣ス、○鉄利懸払、○昨日平十・権右衛門・太良兵衛・徳兵衛・伝四良・久左衛門・半右衛門・百度へ□□配ル、

□(十)日　朝曇り、晴天長閑也、○瓜郷喜兵衛七十七□□□夢中祈臨廿疋入、○西宿主水年礼十疋入、○才次□入来、蜜柑三人ニ売代入、○常陸馬金□□□□文遣ス、旧冬分也、○菊屋へ蜜柑卅遣ス、□□□□□□来ス、羽根井久五郎昨秋小僧世話礼□□□□為持□□、○朝より藤七大崎へ□□□□□□□日□□□柑□□□□□□、○□□□□□菓□□□龍雲寺□□□□□□□明寺□□□□配書五一枚・納豆一箱入、□□□□□、

□□□(十一日)　□曇り、快晴長閑也、○御籏組太平五十九□□□□□□血道祈廿疋入、○新銭町富吉六十二才女□□□□□才次良明日秋葉山へ出立ニ付廿四銅□□□□、

十二日　九ツ時より雨、夜へ向テ降ル、○萱町九良右衛門□□□虫祈廿疋入、○坂津源吉四十四才女産後大病□□疋、晩方死ト云来ル、土砂遣ス、○新銭町札受来ル、○□籏太平死ト云来ル、土砂遣ス、○九平次嫁□□来ル、六郎兵衛娘也、○徳兵衛殿入来、○篠束はつ礼祝儀一包入、

□□日(十三)　朝曇、快晴也、○萱町九良右衛門札受ニ来ル、○瓜郷喜兵衛昨日九ツ時病死ト云、八ツ時葬式ト云、土砂遣ス、○上細屋(谷)仙次良例祝儀一包入、○三昧院礼納豆一箱入、蜜柑十三出ス、○藤七在所より帰ル、薩摩芋一苞入、○坂津寺より納豆二箱・茶入、

□□□(十四日)　天気曇天、少々照ル、○大西惣左衛門七十八才男年□祈廿疋入、無程死ト云来ル、土砂遣ス、○御親父頭剃□、○新田権右衛門へ昨晩蜜柑七十ト菓代ノ勘定□弐分為持遣ス、○開浴営、百度入来ル、

□□日(十五)　快晴、昼より風有ル、夜雨少々、○飽海源□□□□□□□年病祈三十疋入、○氷川左太夫五才□□□□廿疋□□□□□遣ス、○斎□□□□□□□□□□□□ル、○朝□□□□□□□□□□、○□□□□井・新

田・中村供□□□□□□□□□礼ニ□□□□□□□□子一箱入、菓子出ス、○百□□□□升入、供物遣ス、○徳四郎蕎麦粉入、○□□□□□□初午より九才童子手習登山願也、
□□□（十六日）　夜前より終日風強寒シ、快晴也、○飽海□□札受来ル、○万歳来ル、米三合・三十弐文遣ス、○礼人少々有ル、○□□□六貫文内払遣ス、○中瀬古へ腐蜜柑遣ス、先より□□□同入、○アルキ般若ノ供物餅持参也、○伝四郎より□□□入、半し一帖遣ス、
□□□（十七日）　快晴、風有ル、寒シ、○草間和助十二才男疸瘡十三日目祈廿疋入、○中瀬古へ供物蜜柑少々遣ス、○町方へこま（護摩）札配ル、○沢野蜜門礼十疋入、半し二・みかん三十遣ス、○藤七門前ニはん削り、○十四日より大背戸みかんこへ懸初、
十八日　朝寒シ、快晴、長閑也、○御蔵善六三十七才女□□祈、○おちの入来、とね十九才年中安全祈十疋入、○草間和助札受来ル、○久吉百度両家十七夜□入、○中瀬古へ蕎麦粉一重・薩摩芋□□遣ス、藤□小一取ニ行、○此度南鐐ノ上銀ニ而壱朱□□□□致様ノ廻状来ル、一乗院へ継、○の川紙□□□□小蝋百文取、
□□□（十九日）　昼前曇ル、夕方より雨、○新田□□□□□女□□□□□こま初尾入、○□□□来□、□□□来ル、
□□（廿日）　□前より雨、今朝大雨、晩方より晴ル、○百度廿□入、○藤七麦ニ番削り、
□□□手本認メ礼ニ砂糖一袋入、手本読也、○□□□□書持参、外良（郎）一本入ル、○おちの札受来ル、○□□□秋葉土産付木入、○上伝馬乙平□□□□□牌彫り賃廿九文也、○今日は休日、子供一人も不来、
廿一日　天気曇晴、風強く大ニ寒シ、凍ル、○御影供如常、○□□彦十、六十六才女湿祈廿疋入、○おりへ来ル、壱分弐朱□弐貫五百十弐文来月迄引合ニ而かし、○百度御親□明日ノ調物ニ行、○今日より成恵一周忌逮夜也、○中瀬古へ小一取ニ藤七行、○味噌豆四斗五升余水ニ積（漬）ル、
廿二日　快晴也、寒シ、凍ル、○今日は成恵一周忌

勤、○御斎白飯、汁　とふふ・菜、平　あけ・人参・
牛房・長芋、酢あへ計也、○早朝より宗賢入来ス、
（ママ）入、夕方帰堂、菜少々遣ス、○百度御親父早朝
より入来、十疋入、助十郎・亀次郎召フ、○早朝□□
味噌煮昼迄ニ煮ル、誠ニ加減吉晩ニ丸メル、○吉川音
吉十九才男喉種（腫）物祈、○市バ治郎吉四十一才□積（癪）祈、
○一番丁高橋三代助取次、六十才女□□祈、○開浴
営、百度より入ニ来ル、
（廿三日）□□□　快晴也、風も有ル、○昨日ノ三人札受来ル、
皆□□□坂下喜三郎五十三才男惣身痛祈廿疋入、○西
宿□□四才男痰口痛祈、○夕方中郷惣兵衛五十一才女
血積頭痛・腹痛祈廿疋入、○斎後院主仙吉伴、瓜郷喜
兵衛悔ニ行、平せんこ二遣ス、戒名□□寿徳菴主也、
七十七才也、○藤七味噌玉釣□、
廿四日　曇天也、昼前よりはら〳〵暮方照ル、○羽根
井作次郎廿三才男銭不遣様祈弐百廿四文入、○昨日ノ
三人札受来ル、音蔵弐百廿四文入、○利作古茂（菰）口より
嫁貰ふ祝儀十疋遣ス、○久吉下五井孫十より祝儀一包

入、昨年母ノ悔礼廿疋入、
廿五日　曇天也、風有ル、晩方はら〳〵、風強シ、入
日照ル、夕方風強シ、○本町角忠六十九才男痰祈弐百
十弐文入、○坂下平八、六十三才男種（腫）物祈廿疋入、○
市バ仙蔵取次、杉山也六十八才男大病祈直ニ札遣ス、
○古茂口茂平三十弐才女腹カタマリ祈、○羽根井作次
札受来ル、○斎前より宗賢札摺手伝ニ来ル、晩方帰
ル、○中瀬古へ餅為持遣ス、小一取来ル、○子供天神
祭ル、○利作婚ノ祝礼ニ入来、
廿六日　夜前より終日風強シ、寒シ、中風也、折々雪
シマケ、○古茂口茂平札受来ル、廿疋入、○角忠同
断、平八同断、○芳太郎水仙花入、
廿七日　風同様、快晴也、大ニ寒シ、花瓶等迄凍ル、
○御蔵□□十九才男風祈、○御堂世古周白六十一才風
セツクリ大病祈弐百十弐文入、○牛川佐兵衛五十六才
女疝積祈廿□□、直ニ札遣ス、○昼後応賀寺ノ法瑞子
入来、手拭壱筋・□□画像一軸・星供ノ札入、宿ス、
○明日より七蔵尾州祐福寺へ遣ス、本山へ廿疋一札、

大悟院へ十疋ト外ニ九年坊(母)十七遣ス、小遣五百文・弁当米一升共渡ス、○富蔵たんす、長全前畑二はん削り、割木拵、○坂津惣太郎・外神彦三郎入来、初午より子供祭(登)山願也、北川清八同断、○

廿八日　快晴、寒シ、氷ル、風ハ少々、○御蔵善六札受来ル、廿疋入、○周白死ト云来ル、土砂遣ス、○本町かいはや(飼葉)三十六才女長病祈廿疋入、○市ハ仙蔵杉山病人死ト云、廿疋入、○瓜郷喜兵衛悔ノ礼来ル、三十疋入、年玉一包入、○百度より温(饂)飩一器入、斎沢山也、○応賀寺ノ法瑞子晩方帰ル、行宗記含註戒本律ノ目録共十七巻借ス、今夕ハ普門寺ニ宿スト云、(ママ)ノ地蔵尊一躰譲ル、九年(母脱)九ツ遣ス、○法瑞子ノ古布衣おりへニ仕立ニ遣ス、裙ハ此方拵遣ス、藤七麦へこへ出し、

廿九日　快晴、少々寒シ、○瓦町仙吉三十弐才男労症祈弐百十弐文入、○市場(ママ)　取次、野依直蔵五十九才男湿大病祈五百文入、廿四文共、○本町かいはや札受来ル、○中瀬古へ醤油一徳利遣ス、○外神善之助初午より祭(登)山願来ル、○暮方七蔵祐福寺より帰ル、年頭無滞済、大悟院より返事来ル、住寺有ト云事也、○藤七麦□作、

二月大庚午定

朔日　快晴也、長閑、○西植田又次郎六十一才女種(腫)物祈、○茅(萱)町弥八廿八才女産前祈廿疋入、○夕方草間又右衛門廿三才男風祈、○瓦町仙吉札受来ル、○今日ハ初午也、○外神善之助坂平九才・彦三郎要作九才・坂津惣太郎茂作十才・北川小助勝蔵九才・清八孫清作八才右五人登山、赤飯一器入、筆二本ツ、遣ス、子供中へ赤飯振舞也、○半右衛門殿入来、○七蔵へ祐福寺行心付ニ半し三帖・赤飯少々遣ス、○中瀬古へ藤七小一取ニ行、

二日　折々はら〳〵雨、○野依村直蔵札受来ル、○西植田又次郎同断廿疋入、○茅町弥八同断、○草間又右衛門供物計受来ル、廿疋入、○院主昨日より風邪重り平臥也、○美の久へ風薬三取ニ行、○中瀬古へ藤七大半・小半取ニ行、

三日　夜前雨天気、曇晴也、○牛川佐兵衛此間病人占頼来ル料入、○おりへ法瑞子ノ古布衣上計仕立持参ル、賃五十文渡、○直ニ中瀬古迄出ス、先より飛脚取ニ来ル引合也、○三次郎秋葉札・付木入、
四日　朝曇り、快晴、風有ル、○八右衛門取次指笠町豊蔵九才男子風虫祈、晩方札受来ル、弐百十弐文入、○横須加弁蔵六才男子風ニ虫祈廿疋入、○中瀬古より子供来ル、赤みそ一重・菜みそ一重遣ス、○富蔵たんす、外麦三番削り、藤七同断、
□□(五日)　快晴也、風少々、○新銭町半六、七十六才男痰祈廿疋入、○畑ケ中平三郎六十一才男中気夢中祈、○横須加弁蔵札受来ル、○前川権六冬かし分金ニ而壱分返済入、廿四文一包り入、○藤七門前鳥麦取、
□□(六日)　□後より快晴、風無シ、○大西忠七、八十弐才男肌身痛祈三百十弐文入、○元鍛治町助次郎四十六才男腹種(腫)物痛祈廿疋入、○瓦町三右衛門取次、遠州六十六才男風祈、○畑ケ中平三郎札受来ル、百十弐文入、○新銭町半六同断、○藤七鳥麦取門前済、

七日　朝よりはら〱終日、○清須次郎吉(登)四十弐才男風空躰祈金弐朱入、○外神善之介初午ニ祭山、坂平便道へ種(腫)物不通祈、供物一包遣ス、○瓦町三右衛門札受来ル、三十疋入、○大西忠七札浜吉ニ為持遣ス、○中瀬古へ藤七小一取ニ行、
八日　はら〱雨、昼前より晴天也、○外神善之介より札受ニ来ル、夜前ニ便通ト云、○清須次郎吉死ト云、土砂遣ス、○九左衛門・源六餅入、子供も入、○才次郎入来、到来ノ由赤飯一重入、餅遣ス、中芝(柴)ニ而木綿求持参、代渡ス、○壱朱銀通用ノ廻状来ル、一乗へ遣ス、
九日　朝暮曇ル、○横須加安右衛門七十七才女□年祈廿疋入、○小浜藤吉廿五才女風祈、○子供昨日より村方・新田多分来ル、不参鉄蔵・為吉・伊介・す□・佐代吉ト牟呂・羽根井也、浜吉飯団餅入、○中瀬古へ餅四十弐遣ス、戒定より手紙到来、河内鞍□ノ鍛治氏手本二本見セニ来ル、小一取来ル、○□□婆々来ル、餅二遣ス、○百度へ木綿一反ねりに頼遣ス、○坂津平三

郎礼五十文入、
十日　快晴、暖気静也、○羽根井和平入来、政平江□帰ル様先月中頃手紙出セ共未沙汰無シ、早帰国ノ祈□□□垣ノ三反也、○指笠町豊蔵九才男子大病臨、○小浜藤吉札受来ル、三十疋入、○昼後院主半右衛門内義・子供風邪見舞へ行、白砂糖一袋・角納豆遣ス、佐次郎・助九郎へも寄角納豆遣ス、○清源寺より□杖借り来ル、
十一日　朝霜、快晴、暖シ、○西羽田弥五兵衛前芝姉痃積（癪）祈弐百十弐文入、○六兵衛取次、桜町幸松四才男子□祈、○上伝馬善九郎弐才男子虫祈弐百廿四文入、○利右衛門母嫁ノ土産餅一重入、○中瀬古分釈迦供物米三升洗引、
十三日（二カ）　快晴、風有ル、寒シ、晩方猶強シ、○六兵衛桜町ノ札受来ル、廿疋入、○弥五兵衛札受来ル、○善九郎より死ト云来ル、土砂遣ス、○利平方へ札為持遣ス、○六郎兵衛□娘□□縁付悦ニ行、まん中配書一遣ス、細屋へ年玉□□一遣ス、○平十へも行、角納豆一遣ス、○富士札アルキ持来ル、○供物粉三升引、○指笠町豊蔵死□□□、
十四日（三カ）　快晴、風強シ、寒シ、○西町九兵衛四十四才女テンカン祈□疋入、○魚町研屋健治七十七才女風水甚シ祈廿疋入、○□□藤三左衛門廿弐才女産後乳不出祈廿疋入、○□□□□□也、子供皆休ム、
□□□（十四日）　□□長閑暖シ、○御堂世古喜作三十□□□□□百十弐文入、○昨日三人札受来ル、○朝より宗賢釈迦供物拵に来ル、両方分晩迄ニ済、米にて三升ツ、也、晩□帰堂ス、藤七中瀬古分為持遣ス、○供物燈油□□、
十五日　夜前はら〳〵、朝より雨、昼後より大分夜へ向テ□□、○涅槃会勤、○久吉頼子供ニ供□□□□蕷薯汁百度親父入来拵ふ、○六郎兵衛□来、
十六日　快晴、風有ル、○新町六右衛門四十才男労症祈弐百文入、○昨日ノ供物北川三軒・百度へ遣ス、半右衛門へ遣ス、○久吉昨日頼故一包遣ス、○中瀬古へ餅十五為持□□、小一取来ル、○光明寺入来、清書持

参、いろは葉書手本・□尽等ノ手本頼紙持参也、白砂糖一曲入、
(十七日)□□□　天気曇晴也、夕方より雨ニ成ル、○吉川繁治□□□□大病臨廿疋入、○八左衛門婆々指笠町豊蔵□□廿疋入、○中瀬古へ蜜柑三十・供物為持遣ス、○おす□内ニ而□ト云来ル、菓子一箱入、机持行、○藤七□□□切ル、
十八日　夜前より終日静成雨也、○高浜清作□□□□病祈廿疋入、○坂津阿部玄鵞五才男子腹□□金弐朱入、○明日ハ社日休日、牛川稲荷上棟ト云、□□□
十九日　朝より天気ニ成ル、風強シ、晩方より猶強寒シ、○□□□来、平作七日程風邪祈、○田町善六四十二才□□□□□□、○□須□作□□□、○吉川□□□□□□□社日□休□□□稲上持□□、
(廿日)□□　快晴、風強シ、寒シ、少々雪シマケ、○西宿岩七□□□□病祈弐百十弐文入、○船町善兵衛母寅□□□□□祈廿疋入、○長山伝次郎七十一才女年病祈□□□□、○清水嘉六廿八才男風祈廿疋入、○田町□□□□□来ル、廿疋入、○平十へ札為持遣ス、少々快□□□、○玄鵞札受来ル、○中瀬古へ大半・小半取ニ行、
廿一日　朝寒シ、極快晴、静也、○船町善兵衛・長山伝次郎札受ニ来ル、○宗賢朝より札摺手伝来ル、の川ニ而大のり□□・金赤一水引取、○夕方才次郎頭すりに入来、○大□□□□□、
廿二日　快晴、静也、○田原本町善助弐才男子手足不叶祈五百疋入、○牛川京右衛門五十五才女積祈□□□、○羽根井権六廿三才男積(癪)留(溜)飲祈、○作蔵殿入来、位牌認頼即認遣ス、此間祈礼弐百十弐文入、○晩方院主平十見ニ行、未宜食不進ト云、菓子一箱□□□□組頭ニ成ル故悦に行、菓子一箱遣ス、○□兵衛□□小僧聞礼ニ柚香糖一本遣ス、
廿三日　快晴、長閑也、○田原本町善助札受来ル、○□□□□四才男子箕加持十疋入、箕此方ニ而拵遣ス、□田弥五兵衛来ル、前芝与右衛門ノ祈先日申来ル、先ノ男□□入、□物一包遣ス、□□□云、○今日□□□□□□□郎より温(饂)飩一重入、斎ニ用、○□□□□冬分

壱貫三百五十四文払、藤七持行、

廿四日　□晴、暖シ、風少々、○□田七兵衛取次、下モ町甚□五十八才女疝積祈廿疋入、晩方札遣ス、○上□□佐次兵衛十七才男疳祈廿疋入、○城内大久保□□□十四才女痰祈、○本町合羽屋箕加持□□来ル、金山寺味噌入、九年(母脱)五ツ遣ス、○九文字屋母参□□□□九年五ツ遣ス、○藤七背戸みかんこへ、○牛川京右衛門札受来ル、

廿五日　朝寒、快晴、暖気也、○本町小野屋久兵衛母参詣、四十四才男疳ニ而気塞ク祈金弐朱入、○下地村藤兵衛三十弐才男疝気祈廿疋入、○上伝馬佐次兵衛札受来ル、○子供天神祭ル、皆下り町天神参詣ス、

廿六日　快晴、風少々、暖気也、○野田惣四郎四才女子風邪祈、○下地定吉五十九才男足痛祈、○大久保□□札受来ル、十疋入、○百度屋敷ノ庚申尊少々跡へ□サラ修覆ニ付斎後法施ニ行、○中瀬古より子供来ル、□□苗三本入、地蔵堂ノ南ノ山へ植ル、○晩方仙蔵□□□□弐本開眼頼来ル、○外神要作餅一重入、

廿七日　快晴、暖気也、○東脇小平太廿七才女長病祈十疋□、○舟町伊勢屋善兵衛母大病再臨十疋入、○大西兵左衛門□□□女風邪祈、○野田惣次郎札受来ル、廿疋入、○□□□□□□□十疋入、戒定方へ返事認遣ス、□□□瀬古へ遣ス、藤七小□取来ル、○平十へ位牌□□□□為持遣ス、無程内義入来、平十殿百ケ日飾餅五ツ入、□□□眼礼入、みかん十五遣ス、

廿八日　朝はら〳〵雨、夫より夜へ向テ風強シ、寒シ、○東脇小平太札受来ル、○大西兵左衛門同断三十疋入、○夜前才□□頭すりニ入来、九年(母脱)売テ貰ふ、十八かへ也、金弐朱ト□□八十四文入、○三平・五左衛門津嶋参、札・付木入、

廿九日　快晴、風強ク寒シ、○行明佐助廿八才男痰祈弐百十弐文入、○昼後中瀬古へ当年初而行、□□□一本、到来ノ蕎麦切・金山寺味噌遣ス、暮方帰ル、□□行、書面□等也、先より富川一袋入、○おすミ蕎麦切一重入、

晦日　快晴、朝寒シ、暮方曇ル、○新田六三郎母四十

六才□風邪祈、○小野屋母参詣、未札不出来、和地海苔二枚入、シナビ蜜柑廿、桃花遣ス、病人大分軽方ト云、○□□□九左衛門・源六へ行、菓子一包遣ス、百度へ行、文平先日より風邪、菓子一包遣ス、○百度より給仕立持参也、○作□・瀧蔵・長作餅入、○善助七・安五郎九揚入、

弥生

□□(朔日) □□風有ル、寒也、○市場政蔵三十六才女産後祈、○□□□□吉□□弐才女産後祈廿足入、○六三郎読物□□□□□□弐百十弐文入、○菅勝蔵・儀助・直作・佐□□□善作五・源吉五・密蔵七・勝蔵九揚入、○楠葉去秋西法寺恭禅和上一老職相成由故招、悦旁□面中瀬古へ向テ遣ス、○藤七瀬戸みかんこへ済、少々西屋敷へ懸、

二日　極快晴、暖気也、長閑、○中村兵右衛門入来、大森□□□□□才男風ニ虫祈、○六兵衛取次、仁連木文五郎□□男長病祈廿足入、、○市ハ(場)政蔵札受来ル、五百□□□□、○御堂瀬古吉作札受来ル、○新田喜三郎入来、□□□□あけ七つ遣ス、餅喰ス、先達而藁代弐分遣ス処、此方□□□□来分も有故帰ル、請取置也、○佐代吉あけ五つ入、○子供多分餅入ル、○才次郎豆粉引持参也、○中瀬古へ餅五十・あげ五遣ス、大半・小半取来ル、○の川ニ而小□□百文取、

三日　今暁前はら〳〵、雷三つ程鳴ル、曇天、折々照ル、桃花節句目出度シ、○西町吉蔵四十四才男ふら〳〵□□□□、○西羽田吉左衛門孫五六才急病虫祈、晩方札受来ル、□足入、未夢中ト云、○札木町藤屋彦七、七十八才女中気祈廿足入、○中村兵左衛門大森ノ札受来ル、廿足入、□□ゆへシナヒ蜜柑二十遣ス、○子供皆祝儀入、○六郎・長三郎入来、○才次郎より餅一重入、○浜吉・岩蔵・□□餅不□也、○六三郎母風邪、菓子一包遣ス、○昼後藤七□□□せんたくに行、米麦一升ツヽ・百文遣ス、□□□大□□□ニ帰ルト云、

□□(四日) □□風有ル、□□□、○牛川権七、十七才女疳祈、○□□□蔵札木藤屋札受来ル、○六兵衛婆々仁□

□□札受来ル、○西羽田吉左衛門孫今朝死スト云来ル、○六三郎餅入、○の川ニ而大のり二帖取、

(五)□日　極快晴、暖気、長閑也、○中瀬古助三郎五十一才女□気祈廿疋入、○手間丁富士太郎三十一才□□□□祈廿疋入、○牛川権七札受来ル、弐百十弐文□□□□、おりへ来ル、白みそ一重入、餅十三遣ス、木綿□□□□、

六日　朝はら〳〵、曇天、少シ照ル、晩方より風、○松山久□□三十四才男長病祈、○中瀬古助三郎手間丁富士太郎札受来ル、○西羽田吉左衛門へ悔ニ行、平せんこ一遣ス、晩方定吉礼ニ来ル、十疋入、○斎後宗賢来ル、札摺等致、一両日之内金剛界前行懸ル、本尊三幅持行、○きせ・源六下女麦草取ニ昼前半日来ル、下男未帰故戒□□□□もち九ツ遣ス、

七日　夜前宵只少はら〳〵、天気曇晴也、○松山□□□□来ル、廿疋入、○夕方六兵衛来ル、仁連木文五郎□□□先断ト云、○家中足軽御ノ字可付事、御家中ノ御門□□通り抜不相成御家中ノ内へ案内、尤もものト云事不用成ル云廻状来ル、一乗院へ次ク、

八日　朝よりはら〳〵雨、昼後より照ル、夕方風、○新田□□郎□□□虫祈廿疋入、○新田彦十、五十四才女風□□□□□シナビ蜜柑□□遣ス、○下り町平六三十九才男□□□□祈廿疋入、○□後藤七大崎より帰ル、あげ七ツ□□、□瀬古へ餅十三遣ス、昨日より宗賢金剛界前行、○□□□用一取来ル、○唐船ニ付領分中より四十人早□□江戸中門行分今日帰ルと云、江戸も大分静ニ成ルト云事、当村□四人行、九平も同道ニ而帰宅ス、両親共大悦也、

九日　曇天、朝少々照ル、○下地定吉居候五十弐才男□□痛祈廿疋入、○新田山三郎・下り町平六札受□□、○新田彦十同断廿疋入、○藤七西屋敷へみかん□□□、

十日　夜前よりはら〳〵雨、終日降ル、風有ル、○下地定□□□来ル、廿疋入、○今日ハ金毘羅ニ付休日也、○晩方九平入来ス、江戸より五年目ニ而帰ル、絵十枚入、イキリス船江戸へ来事委聞、大成ルハ長サ九

十間、巾か四十間ト云、十艘金河(神奈川)ノ沖半道向迄着ト
云、最早二艘ハ帰り跡八艘ハ未滞留ト云、
十一日　快晴、長閑暖気也、○上伝馬元吉卯年女病祈
廿疋入、○舟町善左衛門廿九才男病気祈、○大崎繁□
八才男子風邪祈、○城内真道(ママ)立其廿九才男□□□、○
朝より百度へ行、到来ノ白味噌遣ス、種々談方□□□
□芋入、○九左衛門へ九平江戸より帰ル、悦ニ寄□□
□書三本遣ス、○中瀬古へ野菜為持遣ス、小用一取、
十二日　晴天也、未明より雨、五つ過迄降ル、○野依
利兵衛四十七才男長病祈弐百廿四文入、○上伝馬重太
郎五□□男上祈廿疋入、○瓦町浅吉六十弐才男□□□
□□□、○城内新藤氏札受来ル、弐百廿四文入、○□
□□急病祈□□□□□入、○舟町善左□□□□、朝上
伝馬元吉□□□、○才次郎頼桑吉へ□□□□調へニ
行、留主也、○おちの来ル、九平帰国□□□□返済之
由ニ而金一両かし、○中瀬古へ藤七小□□、
十三日　快晴也、暖気、○上伝馬重太郎・野依利兵衛
札受来ル、○巣山井筒屋源七へ道淳本預ケ置故□□□
紙遣ス、魚町綿実屋重三郎へ頼遣ス、○の川ニ而□□
紙一束・金赤一・白赤二取、○おきせ・源六下女□□
□草取来ル、少シ残ル云、○藤七麦四はん割り、
十四日　朝はら〳〵、曇晴也、七ツ頃より雨ニ成ル、
○上伝馬佐次兵衛□□人五十弐才男、鼻へ種(腫)物祈廿
疋入、○瓦町浅吉札受来ル、○九平次来ル、明日より
庚申へ奉燈発句頼来ル、認メ遣ス、○おきせ・源六下
女麦草取来ル、外済、西屋敷少々取、小中飯より雨故
帰ル、藤(七脱)麦耕作、
十五日　快晴、風有ル、寒シ、○嘉十取次、仁連木平
十、七十四才男年病祈、○毎蔵入来、田尻源蔵六、十
弐才男□□祈廿疋入、○佐藤文太郎子息入来、昨盆後
□□□悔礼ニ菓子料入、菓子出ス、○石塚庚申□□□
□□帳投餅有、大賑合也、○御堂も本堂ノ釿立□□□
大賑合ト云、○子供一人も不来、○才次郎頭すりに□
□□、中瀬古へ赤みそ一重遣ス、小用一取来ル、
十六日　天気同様也、○藤ケ池利八、九十四才女長病
□□嘉十仁連木札受来ル、○上伝馬佐次兵衛□□、○

□□□んす麦耕作也、少々残ル、藤七同□□□□、源
六下女西屋敷小□□□前昼済、後より長□□□□□草
取皆済也、六人半也、
十七日　快晴也、冷ル、○百度八太郎五十才痰長病祈
□□□、○□太郎より田尻ノ札受来ル、○藤七長全前
四□□入来、○才次郎舟町栄吉へ戸ノ車弐ツ持行、
十八日　天気曇晴也、晩方よりはら〳〵、○町組尾崎
□□□□□九才女内悪敷祈三十疋入、○御油掛間政蔵
□□□大病祈三十疋入、直ニ札遣ス、○百度八左衛門
より札受来ル、○石塚開帳中同餅投有、○今日醤油焼
三ハソリ、未□□一ハソリ程有ル、
(十九日)□□□　快晴、少々曇ル、○上伝馬、○舟町九郎右衛
門五十□才男耳痛祈廿疋入、○町組又兵衛札受来ル、
○石華院殿五十回忌平林寺ニ而廿一日より法事中鳴物
停止廻状来ル、一乗院へ遣ス、○中瀬古小用取、○お
菊□□来月迄金一分かし、
廿日　快晴、暖盛也、○舟町九郎右衛門札受来ル、○
源六より□□飾餅一重・小豆餅一重入、菓子五十文程
遣ス、○晩方開浴、近所百度大分来ル、○中瀬古へ飾
□□□、
廿一日　快晴、暖気也、○草間長次郎七十一才女大□
□□□弐□入、直ニ札遣ス、○牛久保古手屋又助六十
□□□□気祈廿疋入、○馬見塚権吉廿五才女産後□□
□、○御影供如常、○浜吉飯団餅入、○今日ハ八幡□
□□有ル、昨年祭礼ニ□□也、○石塚庚申□□也、○
□□□江戸□□中□□□□朱ト五百八十四文為持□□
□□□□□間より積□云、供□一包遣ス、○和平お□
□□□□、
廿二日　快晴、暖シ、晩方曇ル、○馬見塚権吉札受□
□□ト十弐文入、○浜吉茂□牡丹花入、○植田□□□
□入来ス、松露一苞入、菓子一包遣ス、○天王□□□
□□来ル、飯喰ス、○中瀬古小用取ニ行、○俊次□□
□□、
(廿三日)□□□　朝早より雨大分、晩方より天気、○院主今□
□□□□痛五ツ頃より水吐ス、甚難義也、才次郎看病
□□□□元周へ様躰ニて薬取ニ遣ス、○牛川位稲荷祭礼

□□休日也、○六郎兵衛入来、中娘土産赤飯一重入、○□□□宿ス、○牛久保又兵衛札受ニ来ル、○

(廿四日)□□□　快晴、○院主今暁八ツ頃より腹痛大分由平臥也、○□□□□看病来ル、晩方帰ル、○百度より度々見舞ニ来ル、才次郎宿ス、百度親父植田へ行、此方より重右衛門あじのり弐□□ス、

(廿五日)□□□　快晴也、○前芝又右衛門廿八才男労症祈、○新長屋□蔵廿弐才女風後血祈廿疋入、○院主平臥、未刻頃より頭痛致、○朝中瀬古より宗賢入来、白砂糖一曲入、宿ス、○六郎兵衛切漏返済ニ来ル、□□切一苞入、○田町浜之市四十五才女荒立祈廿疋入、○子供天神□ル、

廿六日　未明雷少々、天気曇晴也、昼後大雷夕立□□□□□屋小平七十一才女中気祈廿疋入、○東植田九□□□十弐才女痰祈廿疋入、○札木きわらや八十九□□□□廿疋入、○嘉十取次、仁連木平十、七十四才男□□□三人札受来ル、○宗賢七ツ頃帰堂ス、青のり五わ□□、院主今日ハ大分快方、未食不進、○才次郎夕□□□□□□前西□□□□□初也、

(廿七日)□□□　□終日夜へ向□、風□□、冷ル、○西羽田□□□□才女大病臨無□死ト云、土砂遣ス、○かや町□作□□□虫歯祈廿疋入、○普請組此吉三十八才男□□□□□祈廿疋入、○院主今朝より起ル、○下り町□□□□□植田九平次札受来ル、○坂津重作見舞来ル、□□□一袋入、半し二遣ス、○直作里芋種□□□□余入、半し二遣ス、○中瀬古へ小用取ニ行、夫より運□、

廿八日　晴天、風如昨日、○九文字屋より使来ル、内義一昨日より積(癪)痛通し祈、金百疋入、○昨日弐人札受来ル、○九郎兵衛□朱両替来ル、○中瀬古へ大半・小半取ニ行、○おりへ来ル、蚊帳語り也、

廿九日　快晴也、暖シ、○九文字屋後家病気見舞ニかんさらし百五十□□・□砂糖一曲中瀬古へ頼宗賢為持遣ス、○六七ノ新蚊帳蚊□□おりへに売テ貰頼遣ス、取ニ来ル、○朝より三十長屋□□□来ル、晩迄ニ済、飯三度喰ス、賃百五十文也、十弐文莨銭遣ス、○子供

町へ遣ス、の川ニ而半紙一束・大のり一帖・筆一対取、○燈□胡麻油求、○西羽田吉左衛門婆々ノ悔ニ行、平せんこ一遣ス、供物□□□供ニ遣ス、○同家より昨日三十疋臨礼入、今日百文□□入、

卯月大

(朔日)□□ 極快晴、暖気也、○坂津次左衛門来ル、元周妻女□□七日ノ祈、○松山茂三郎廿三才男腹痛不食祈□□□□□、○□□こま修行、○夕方九文字屋より札受来ル、□□痛不食ト云、○中□古より宗入来、○羽根井□□□弟子ニ成度由□□来ルト云、蕨五わ入、無程□□、○お□□糯袢一ツ仕立持参、木綿弐反求来ル、代弐朱ト□□□也、即相渡、○お仲弐朱両替来ル、○子供甘茶□□□□、

(二日)□□ 極快晴、暖気也、○御城内小畠助左衛門六十才積□□□疋入、○新町辰次廿三才男勢切祈廿疋入、○□□茂三郎札受来ル、廿疋入、○百度御親父味噌仕込□来ル、豆四斗一桶、○醤油ノ実へ六升豆入仕込、○塩清へ赤穂塩一俵求ニ藤七遣ス、代四百七十弐文也、○中瀬古へ小用取ニ行、○和三郎餅一重入、○百度□木綿□反煮テ貫ひに遣ス、

三日 天気曇晴也、○魚町伝九郎五十九才女血祈廿疋入、○壗之上七三郎十八才女疳労祈、○南大津佐太郎六□□□男耳鳴ル祈、○新町辰次札受来ル、○中瀬古□□来ル、小遣弐貫文渡、○中瀬古へ醤油ノ実一重為持遣ス、今朝作蔵より到来ノ内ニ而まん中十二入、出家に達而成り度事也、備中ノかつら一入、○富蔵たんす、絹田畔かけ、□田も小中飯より懸ルト云、藤七同断也、○富蔵に醤油一□□□ス、

四日 □より雨少々、曇晴、荒吹也、○御作事福岡□□□□女子舌あれ祈廿疋入、○魚町伝九郎大津佐太郎札□来ル、○城内小畠氏より同断、○常右衛門牡丹餅入、□□□角田残畔かけに行、未残ト云、○の川ニ而美濃□帖・小蝋百文取、

五日 天気曇晴、冷ル、○下地弥兵衛三才男子足□□□□、○御作事喜平次札受来ル、○中瀬古へ飯米□□□遣ス、小用取来ル、

六日　□晴、昼頃晩方はら〳〵雨少々、○下地弥兵衛札受来ル、廿疋入、○藤七みかんへこへ懸ル、
七日　折々雨、夜へ向テ降ル、○西羽田吉左衛門七十五才男大病臨、無程□□□土砂遣ス、○中芝（柴）又吉六十一才女太鼓瘡痛祈、○沖木清太、六十九才男中気祈三十疋入、○子供皆花持参ス、昼過□□花堂葺済、○宗賢手伝ニ来ル、残花中瀬古へ持行、○昨日供物求、○中瀬古へ甘茶一荷・立花少々遣ス、○助九郎より餅一重入、夕方才次郎頭すりに入来ス、○清作焼米入、○藤七米一臼搗、
八日　夜前より雨大分降ル、四ツ過迄降ル、快晴也、○朝誕生会修行、○大崎平兵衛六十七才女中気祈、○呉服町鈴木仙庵六十五才女□左胸ツカヘ祈弐百十弐文入、○中芝又吉札受来ル、廿疋入、○文作参詣、蕗一わ入、宗吉焼米入、○百度親父・六郎兵衛其外一両人入来ス、○巣山仲井源七より道淳預ケ置西谷六巻・地蔵経□二巻・手本一冊、河岸佐藤新兵衛へ向テ着到来ス、賃廿弐文渡ス、○百度嘉十より仁連木祈廿疋ツ、二ツ入、
九日　快晴、晩方雷少々鳴ル、○中村助右衛門七十一才男風邪祈、○大崎平兵衛札受来ル、弐百十弐文入、○呉服町仙庵仲屋清太夫札受来ル、○院主、北川三軒・徳兵衛へ供物持行、平十□田皆作検地打礼ニ半紙二帖遣ス、○半右衛門ト助九郎供物為持遣ス、○徳四郎・萱勝蔵焼米入、
□□（十日）　快晴也、冷ル、○壗之上七三郎札受来ル、三十疋入、○西羽田六左□□□行、平せんこ二遣ス、○坂津金作親ノ悔ニ行、平せんこ□□□、坂津重作ノ処へ寄、此間病気見舞来ル故菓子一包遣ス、□□□清七へ供物一包遣ス、○西羽田吉左衛門礼ニ来ル、三十疋ト百文入、□□一包遣ス、○常右衛門・鉄蔵焼米入、○の川ニ而平せんこ四取、
十一日　快晴也、冷ル、○中村助右衛門札受来ル、金弐朱ト三十疋入、○今日ハ休日也、○藤七息子入来、つる豆入、菓子一包遣ス、飯喰ス、○中瀬古へ小用一取ニ行、○俊次両替、

十二日　快晴也、暖シ、○西宿音蔵五十四才男痰胸へ
ツカへ大病祈、○御城内小畠助左衛門六十才積(癪)長病再
祈臨廿□入、○御城内倉垣主鈴殿病死、鳴物三日停止
廻状来ル、一乗院へ次、○中瀬古より子供来ル、羽根
井作蔵義断之由ニ而和平方へ向テ手紙来ル、即届ケ
ル、醤油一徳利遣ス、○兼蔵焼米入、○百度八太郎病
死ト云、土砂遣ス、○富蔵たんす田打、藤七も同断、
十三日　曇天、晩方より夜へ向テ雨、○衣屋取次小坂
井助左衛門七十弐才女疳祈廿疋入、○茅(萱)町弥次郎八十
才女□病祈廿疋入、○実五郎餅一重入、○百度吉作親
祈礼来ル、廿疋入、○富蔵たんす田打済、藤七同断、
十四日　夜前より雨降り続キ暖シ、両三日蚊出ル、○
橋良松右衛門三才男子虫引付祈、○茅町弥次郎・西宿
音蔵札受ニ来ル、○百度八太郎ノ悔ニ行、平せんこ一
遣ス、晩方吉作礼来ル、十疋入、○儀助飯団餅入、○
久吉もち入、○才次郎夕方頭剃に入来ス、
□□□(十五日)　曇天、四ツ過より照ル、○御籏組勘介弐才男
□虫引付祈、○新銭町留吉三十四才男ふら〱祈、○
橋良松右衛門札受来ル、廿疋入、○布薩心念結夏ス、
○中瀬古へ大半取(ママ)半取ニ藤七行、
十六日　曇天、両三度はら〱致ス、○指笠町利兵衛
□□才男留(溜)飲祈廿疋入、○四ツ屋権七、九十弐才女上
言祈、○勘助ニ留吉札受来ル、○おりゑ布ノ六七ノ古
蚊帳持参ス、代金弐朱ト四百三十六文渡ス、焼米少々
遣ス、○徳兵衛殿入来、
十七日　天気曇晴也、○普請組夏目此吉七才男子虫眼
病祈廿疋入、○元鍛冶町源六、四十三才女ふら〱祈
廿疋入、○指笠町利兵衛札受来ル、○四つ屋権七同断
廿疋入、○浜吉柏餅入、○助十郎つる豆入、○半右衛
門より年回ニ付飾餅大四ツ入、蕗入、柏七ツ遣ス、○
の川ニ而はらせんこ百文・吉の(野)紙取、○藤七粟蒔、も
ち・うるし(ち)種百度ニ而無心、
十八日　快晴、晩方曇ル、○八丁斎藤倉五郎廿九才吹
出物大病祈十疋入、○垉六町伊賀屋店六十弐才男大病
祈十疋入、○東脇仙次郎八十九才男気強荒立祈金弐朱
入、○六郎兵衛壱分両替、○中瀬古より子供来ル、道

淳より信州周（諏）訪ニ而無事越年ト云、年頭状来ル、羽根井へも厚キ書面直様届ケル、○藤七粟蒔外済、

十九日　快晴也、○百度周蔵入来、木綿祈三ケ所也、○早朝和平殿入来、道淳事去十一月より信州周訪ノ高嶋高木村薬師堂ニ随心致、壱丈五尺ノ仏五躰建立ニ付、手伝居ルト云、盆後ニ帰国致度様申来ルト云、○中瀬古へ醤油一徳利遣ス、小用一取来ル、○藤七西屋敷半分過粟蒔、○夜前九ツ時禁裏炎上ニ付、鳴物三日之間停止触廻状来ル、割付也、直ニ藤七一乗院へ持行、

廿日　快晴也、○橋良音次郎廿八才男通（痛）風祈百廿四文入、○清須藤吉四十三才積（癪）留飲頭痛祈弐百廿四文入、○東脇仙次郎札受来ル、○富蔵たんす、長全前一枚油種苅ル、藤七同断、○常右衛門蕗入、

廿一日　快晴、暖シ、○羽根井与右衛門来ル、源吉ノ六十六才女痰祈、○市バ（場）仙之介四十一才女長病祈、○新銭町佐右衛門来ル、源次郎四十一才積祈、○舟町鍋屋源吉五才男子眼病祈、○清須藤吉札受来ル、○百度周蔵御守受来ル、廿疋入、○藤七長全前油種跡へ粟蒔、

廿二日　天気曇晴也、○坂津八郎兵衛五十才男積（癪）絶食祈金弐朱入、○昨日ノ四人札受来ル、初尾入、橋良音次郎も受ニ来ル、○おなか金弐朱両替、○外神善ノ介入来、坂平平愈（癒）一両日之内習ニ来ルト云、祈礼廿疋とまん中（饅頭）一袋入、菓子一包遣ス、○芳太郎まん中九ツ遣ス、○夕方才次郎頭すりに入来ス、

廿三日　夜前宵より雨、終日はら〳〵雨、暮方晴ル、○西町権三郎三十才男咳ふら〳〵祈廿疋入、○舟町角屋源六三十七才女種（腫）物祈、○二川巴屋嘉七四十七才女積祈廿疋入、直ニ札遣ス、○坂津八郎兵衛札受来ル、夜前より大ニ楽ト云、○徳四郎蕗入、

廿四日　快晴也、朝冷ル、○田町角屋源六札受来ル、廿疋入、○西町権三郎札受来ル、○中瀬古へ小用一取ニ行、○暮方清源寺地方役所より差紙持参、訳ハ廻状ニ付申達儀有故、明廿五日・六日両日之内役所へ出様ト云、此間禁裏炎上□廻状何日何時ニ順達ト云事書付

ニ致、持参可致様との事、直シ一乗院へ継ク、
廿五日　朝五ツ頃より雨、夜へ向テ降ル、冷ル、○橋良新次郎六十六才男風邪祈、○庄作子五才女虫急病祈、晩方死ト云来ル、土砂遣ス、○斎後院主地方役所へ出ル、禁裏炎上ノ廻状着ノ日ト刻限ト認メ持参ス、直ニ済帰ル、清源寺も同道致ス、○才次郎入来、両三日気分悪敷ト云、○和平殿入来、八兵衛飯田迄行ニ付諏訪薬師堂へ道淳帰国致様ト申遣スト云、廿二日ニ立ツト云、借り置凧苧求帰ル、○子供天神祭ル、
廿六日　雨天也、午刻より止ム、晩方照ル、○西組壱番丁青山□右衛門七十九才女年病祈廿疋入、○吉川平左衛門三十三才男疝気祈廿疋入、○坂津重作来ル、平井重右衛門廿五才男熱祈廿疋入、佐代吉殿廿日程も積(癪)と云、菓子一包遣ス、○新田源兵衛五十六才腸満祈廿疋入、○松山久次郎三十四才男大病再祈廿疋入、○市バ仙之介四十一才女大病再祈、○徳四郎飯団餅入、○茂作柏餅入、○才次郎入来、未ふら〳〵、柏餅少々遣ス、○藤七油種モム、
廿七日　天気曇晴也、○札木町何某四十四才女無実難遁様祈弐百十弐文入、○昨日五人札受来ル、○重作母平井札受来ル、○市場仙之介病人死ト云来ル、百文入、土砂遣ス、○太郎七後家新田源兵衛病人死ト云来ル、土砂遣ス、志入、○鉄蔵飯団餅入、○おとき柏餅入、○の川ニ而大のり一・金赤一取、○浜吉昨日唐黍苗十把入、半し一・さし一遣ス、○藤七唐黍植ル、油種もむ、○おちのつる豆一盆入、
廿八日　夜前雨、四ツ頃より照ル、○前川庄作息女ノ悔ニ行、平せんこ(線香)一遣ス、○無程礼ニ来ル、五十銅入、十疋祈礼入、○芳太郎柏餅入、○平作庚申餅入、○中瀬古へ朝藤七遣ス、柏餅十五遣ス、小用取、○源六ニ而唐黍苗四五わ貰ふ、西屋敷へ植ル、○藤七米一つく、
廿九日　快晴、晩方曇ル、○御堂瀬古(谷)源蔵六十九才女空言祈弐百十弐文入、○細屋儀平六十弐才男再祈百十弐文入、札遣ス、○密蔵・代次郎・田勝蔵柏餅入、○権右衛門初柏餅九ツ入、○源六ニ而唐黍苗亦今日も

少々貰ふ、柏餅十一遣ス、○藤七前東みかんこへ、○昨日藤七内入来、松菜入、中瀬古へ少々遣ス、
晦日　昼よりはら〳〵雨、夜へ向テ降ル、○御籏組善蔵廿五才女血ふら〳〵祈廿疋入、○御堂瀬古源蔵札受来ル、○和平方より手紙来ル、八兵衛昨晩帰ル、飯田より諏訪辺迄行、入魂ノ人ニ手紙頼遣スト云、○中瀬古へ右之趣申遣ス、米弐升遣ス、○常右衛門・善助柏餅入、○才次郎頭すりに入来、未不快ふら〳〵也、○富蔵たんす、角田こて切藤七同断、

五月小己亥破

朔日　夜前より雨、大分降ル、四ツ頃迄降ル、曇天也、○斎後講護摩修行ス、参詣少々有ル、○朝より宗賢助法ニ入来、今晩金剛界正行入、赤飯一重入、晩方帰ル、小餅百・柏餅九ツ・あけ廿遣ス、○朝供物ノ餅一升六合搗、百度御親父手伝来ル、○同家より斎米一升・蔓豆一風呂敷入、こま供物遣ス、○御籏組善蔵札受来ル、○平作餅一重入、○安五郎柏餅トあけ九ツ入、○要作・仙吉柏餅入、○和三郎同断入、○村方・羽根井・中村供物遣ス、○権右衛門延初節句大直シ九枚ノ風巾（凧）一ツ遣ス、○富□□柏餅十一遣ス、
二日　昼前迄はら〳〵、夫より照ル、○橋良新次郎六十六男再祈、直ニ札遣ス、廿疋入、○川崎吉蔵悪病除祈廿疋入、○草間重作五才男子ほうそう祈廿疋入、○泰助・実五郎・太右衛門・弥助・常吉柏餅入、○おかつ入来、温飩少々入、才次郎今日ハ大分悪敷ト云、□致ス、柏餅遣ス、○斎後見舞ニ行、供物一包遣ス、□□不進ト云、元周ニ見セル、本家へも寄ル、柏少々遣ス、□□九左衛門へ柏十五遣ス、○和平殿入来、道淳方へ手紙八兵衛殿ニ頼遣ス等ノ語也、柏十五遣ス、○坂津元周此間ノ薬礼三十疋遣ス、○富蔵ニ而茄子苗□□六本貰ふ、
三日　天気曇晴也、○草間重作札受来ル、○中瀬古□□八升円豆少々遣ス、大半・小半取来ル、○徳四郎柏餅□、□屋敷へテンコ（天小）植ル、
四日　昼前より快晴也、○川崎吉蔵札受来ル、○儀助・金作・助十郎・源吉・吉作・佐代吉・柳蔵・繁蔵・入、

久□・長作・兼蔵・坂平柏餅入、○おりへ来ル、糯袢三ツ洗濯袖仕替持参、牛房弐わ入、柏餅□□遣ス、○お菊来ル、此間かし分内弐朱入、つる豆一風□敷・柏七ツ遣ス、○百度へ頭すりに行、気分少々快シト云、○藤七門前麦苅初メ、○七蔵へあけ五ツ遣ス、

五日　晴天、折々曇ル、○端午之節句目出度し、○半右衛門殿入来、菓子配書一入、柏餅出ス、宗旨帳持参也、一枚書□遣ス、○百度親父・幸作・おちの入来ス、○子供祝儀入、○直作・瀧蔵・勝蔵柏餅入、○藤七朝より在所□□、柏餅九ツ遣ス、夕方帰ル、

六日　天気曇晴、折々夕立、○西植田孫右衛門四十弐才男病気祈弐百十弐文入、○直ニ札遣ス、○中瀬古へ牛房一わ・蔓豆・薯蕷□□、先よりさつま二ツ入、○晩方才次郎参詣ス、大分快気ト云、○藤七麦苅、

七日　□快晴、昼前より大分暑シ、○草間太七、六才女子ほうそう祈金弐朱入、○小松平十、四十五才女積(癪)祈十疋入、○□□又右衛門廿七才女腫物祈、○羽根井源□□□□大病臨百十弐文入、○高須十右衛門木綿祈□□□□綿入、○富蔵たんす、門前麦苅藤七同断、○浜吉まん中一袋入、半し一遣ス、

八日　天気曇晴也、両度夕立夜へ向テ荒吹也、○下地定吉七才女子腹痛祈、○小松札受来ル、○羽根井源□□□土砂遣ス、十弐文入、○半右衛門殿入来、宗旨帳書直シ□□、中瀬古より子供来ル、宗賢今日中ニ而金剛界正行□願ニ来ル、供物入、柏餅共入、赤みそ一重遣ス、文蔵長病処夜前死ト申来ル、気之毒也、○藤七門前麦苅、

九日　天気曇晴、両三日冷ル、○仁連木五太夫三才男子上下取大病祈廿疋入、○下地定吉札受来ル、廿疋入、○晩宗賢入来ル、昨日中ニ而無滞金界相済、供物并柏餅入、札摺等致シ暮方帰堂ス、○草間又右衛門祈礼十疋入、供物遣ス、○藤七長全前麦苅り、○久吉入来、前芝西福寺より頼、文童中のりへ認申承知ス、

十日　曇晴也、時々はら〳〵、○仁連木五太夫札受来ル、○中瀬古へ藤七小用一取ニ行、○同人麦苅也、

(十一日)□□□　天気曇晴、晩方はら〳〵雨降ル、○紺屋町か

づら□要助廿才女疳労祈廿疋入、○新銭町与十廿□□積祈十疋入、○大崎助四郎八十弐才女痰祈廿疋入、直ニ札遣ス、○藤七麦苅昼前迄ニ済、夫より長□□種物目あけ、○夕方才次郎頭すりニ入来、

（十）□二日　極快晴、暑シ、○小池政平十四才女・十一才女□□腹痛祈弐百十弐文入、○西一番丁大谷小文次六十一才□□□祈、○与十ニかづら屋札受来ル、○藤七麦入□□〆五十弐束、長全前一枚十四束十四わ有ルト云、□□□、

（十）□三日　極快晴暑シ、○下地春吉三十七才男風邪祈□□、城内おとみ五十一才眼病祈、米一升・十疋入、○小池政平札受来ル、○大谷氏同断廿疋入、○の川ニ而中のり□帖・小らう百文取、○富蔵たんす、門前目あけ等同断、

十四日　晴天、折々曇ル、入梅ト八専入也、○下地春吉札受来ル、廿疋入、○城内御とみ同断、○中瀬古へ頼□□□□のり一帖取、代九分云、油・菓子百文求、○藤七門前胡麻・黍蒔、目あけ等、

十五日　晴天、折々曇ル、○東一番丁山田又六、五十□□□□病祈廿疋入、○中瀬古へ小一取ニ行、昨日八○求中のり代九分ノ処百五文渡、○富蔵たんす、目あけ等同断、○の川屋へ一昨日中のり返シ大のり一取、

十六日　昼前夕立也、晩方少々照ル、○小池新兵衛四十四才女病気祈弐百十弐文入、○仁連木仁三郎八十弐才女病祈、○一番丁又六札受来ル、○おきせ□□□□麦叩来ル、六十六束十四わ八ツ過迄叩、夫より□□、

十七日　快晴也、○野依戸平太十一才男腹痛祈廿疋入、□□札遣ス、廿疋入、○百度平蔵仁連木ノ札受来ル、○□□□□兵衛札受来ル、○中瀬古へ枇杷一盆・赤みそ□□□□、○藤七目あけ、小ものこへ等目明外済、

（十）□八日　天気少々曇ル、○前芝山内八平六才女子□□□祈金弐朱入、○御籏惣平四十弐才女疳祈廿疋入、○平蔵来ル、仁連木病人死廿疋入、□□□花入、○儀助・芳太郎・弥助・実五郎十七夜餅□、○中瀬古へもち九ツ遣ス、○中瀬古へ小用一取ニ遣ス、○西屋敷小麦

苅、〇半右衛門へ借用之本返ス、到来ノ柚香糖一袋遣ス、

□□(十九)日　快晴也、〇前芝八平札受来ル、〇御はた惣平同断菖蒲ノ花入、〇新銭町重蔵ニ油種二斗五升弐合売ル、代壱分ト七百十八文入、一斗九百五□□□、〇常右衛門十七夜もち入、〇おきせ・源六下女麦草取ニ来ル、〇富蔵たんす、絹田こて切、藤七同断、〇芳太郎頭剃に入来ス、

廿日　快晴也、大分暑シ、〇今日ハ無用、〇富蔵たんす、絹田こて切、藤七も同断、未残ルト云、

廿一日　朝はら〱雨少々、曇天、風夜へ向テ吹、折々照ル、〇高須十右衛門守受来ル、〇半右衛門ト平十へ枇杷一盆ツ、遣ス、〇藤七西屋敷小麦苅、

廿二日　夜前はら〱夕立、今朝も同断、快晴、暑シ、〇飽□(海)孫八、六十七才女長病祈弐百廿四文入、〇中瀬古へ小一取ニ藤七行、〇今日ハ氏神へ雨乞、休日也、〇町ニ□茄子苗廿本求、廿四文也、

廿三日　天気曇晴也、〇下モ町甚兵衛四十六才□□□長大病祈廿疋入、〇飽海孫八札受来ル、〇助十こふせん一重入、〇藤七西屋敷小麦苅仕舞、

廿四日　夜前よりはら〱雨、夜へ向テ降ル、能雨也、〇下モ町甚兵衛札受来ル、〇久吉・和三郎廿三夜餅入、枇杷一盆ツ、遣ス、〇六郎兵衛入来、金弐分当座かし、〇富蔵たんす、絹田残こて切済、角田二まい畔かへし、藤七同断、

廿五日　快晴也、風有ル、〇舟町長右衛門四十弐才女月水滞祈、〇虎之助餅一重入、〇おきせ日雇門前ト長全前二まい豆植、外小時飯迄ニ済、夫より西屋敷目あけ、藤七同断、

廿六日　快晴也、〇上伝馬町彦(ママ)五十三才男折々熱気祈廿疋入、〇舟町長右衛門札受来ル、廿疋入、〇中瀬古より子供来ル、小遣壱貫五百文渡ス、枇杷少々遣ス、〇中瀬古へ小一取ニ行、〇おきせ・お菊、粟草長全前二まい取、外済也、〇下男西屋敷目あけ、黍少々蒔ク、

廿七日　天気曇晴、両度はら〱雨、〇舟町長右衛門

・上伝馬彦札受来ル、○の川ニ而金赤一(水引)・白赤四わ取、○夕方才次郎頭すりに入来ス、○富蔵たんす、角田残り分こで切済、藤七も行、
□(廿)八日　未明はら〳〵少々、曇晴也、○本宮山ト石巻山へ雨□、○源蔵取次、清水平八、三十才男酒ニ而腹悪□□□□、○前芝山内八平六才女子眼病再祈金百疋入、○□□町信野(ママ)屋借家ノとも三十九才女狂気祈廿疋入、○坂平梅四升入、○藤七西屋敷目明ケ済、豆西一まい植ル、
晦日　夜前雨、曇天也、折々照ル、○中郷庄作取次、御堂瀬古三十才男積(癪)から(空)咳祈廿疋入、○中瀬古へ橙餅一袋遣ス、宗賢顔ノ腫物未快ト云来ル、呑薬・付薬致居ト云、○の川ニ而平せんこ四わ取、○富蔵たんす、絹田ト角田少々畔かへし相済、藤七も同断、昨日百度源右衛門へ富吉、北川へ別家悦ニ行、菓子一包遣ス、

六月大

□□(朔日)　天気曇晴、晩にはら〳〵少々、○清七取次、魚町権七三十八才女ふら〳〵、仏ノ障り祈、○橋良左平次三才女子虫祈、○前川庄作・前芝八平札受来ル、○孫蔵平八ノ札受来ル、廿疋入、○休日也、○九左衛門へ枇杷少々遣ス、○藤七西屋敷豆残蒔済、粟へこへ懸ル、
二日　□晴、折々曇ル、○清七殿魚町ノ札受来ル、廿疋入、○橋良左平次札受来ル、廿疋入、○半右衛門内鎖□□□矢占来ル、山火責上多也、廿四文入、○門前黍延過ニ付、百度おかつ頼晩方少々抜ク、○中瀬古へ藤七豆植、○斎後より行、種一升遣ス、先茄子弐ツ入、○
三日　曇晴也、○下地七兵衛四十三才男積祈□□□、晩方札受来ル、○一昨日坂平梅四升入、半し□・指一(筆脱)・巻二(筆脱)遣ス、○藤七門前粟切へ黍まさく、片目寄等也、○西羽田久五郎悔礼十疋入、○舟町鍋・平かね・釘代三百五十五文取来ル、渡ス、
四日　□暮曇天、暑シ、○大崎平十、七十八才男痰祈弐百十弐文入、直ニ札遣ス、○垉六町□□札受来ル、○□兵衛殿入来ス、○藤七長全前片目寄済、

五日　朝暮曇ル、○大崎安蔵六十六才男・五十四才女疝気祈、○今日ハ田植也、小豆飯煮(焚)ク、○富蔵・七蔵たんす、おきせト源六より弐人出ル、当年も百度ニ而越清水へ苗すへる、朝取ニ行、暮迄ニ植仕舞也、○富・七ト藤七ニ百文ツヽ遣ス、○夕方才次郎天窓剃ニ入来ス、豆粉一袋入、枇杷遣ス、○

□□(六日)　天気同断、暑シ、暮方はら〱少々、○大崎安蔵札受来ル、三十疋入、○藤七長全寺粟二はんこへ、

七日　朝曇り、快晴、暑シ、○の川ニ而半紙一束・まつ香□□□、○中瀬古より子供入来、米三升渡ス、○中瀬古へ藤七大半・小半取ニ行、豆も植ル、

八日　天気曇晴、斎後夕立、はら〱暫降ル、晩方照ル、○野依源右衛門十六才女長病祈弐百十弐文入、直ニ札遣ス、○西弐番丁徳嶋音吉六十三才男痰祈廿疋入、○斎後宗賢掛行燈画手伝ニ来ル、暮方帰ル、○おきせ□□□黍抜来ル、昼より雨故休む、○本町美濃□□□絵具取、

九日　曇晴也、晩方只はら〱、○弐番丁音吉札受来ル、○百度より掛行燈画取ニ来ル、○おつき・おきせ西屋敷小もの抜来ル、小中飯迄済、夫より外二はん草取、おきせ□□賃五度ふり相渡、○おなか来ル、盆過迄弐百文かし、

十日　五ツ過より雨、夜へ向テ静ニ降ル、誠能雨也、一宮雨乞ノ中日也、○前芝山内八平六才女子眼病、今日より見へ兼ル□、金百疋ト廿四文入、○西羽田若者天王様御酒持参、○麦年貢金三分ト三百三文寺分・中瀬古分、金壱分弐朱ト三百六文共半右衛門殿へ為持遣ス、三十一文丑ノ国役金中瀬古分渡ス、○弐百五十四文清源寺□四会目掛金行、過日同家より入、

十一日　天気曇晴也、○雨悦ノ休日也、○畑ケ中理兵衛六十三才女夜眼玉痛祈、○前芝八平内参□□勢伴躰毒下シ薬眼病ニ相応歟占来ル、一包入、○中□古より子供来ル、飯米弐升・赤みそ一重遣ス、○新町安兵衛より温(饂)飩一重入、半し一・枇杷少遣ス、○清源寺甘酒入、○仙吉茄子七ツ入、

十二日　朝より快晴、暑シ、○畑ケ中理兵衛札受来

ル、廿疋入、〇□□八平札受来ル、少々宜敷ト云、〇常右衛門温飩粉□□□□八ツ入、〇茂吉温飩一重入、半し一帖遣ス、枇杷□□、〇中瀬古へ斎後より藤七豆植ニ遣ス、済、米五升・茄子□□□、小用一取来ル、〇夕方才次郎天窓剃ニ入来、

十三日　曇晴也、未刻過地震、風有ル、〇横須加惣七三十□□□ふら〱祈、茄子五ツ入、廿疋入、〇藤七門前小もの耕作、

十四日　折々はら〱、五ツ前より四ツ過迄大夕立、大分降ル、夫より快晴、暑シ、〇才次郎入来、温飩一器入、〇清八入来、同断一重入、〇中瀬古へ温飩一重遣ス、〇藤七□□臼搗、

十五日　曇晴也、今暁丑上刻地震、大ニ強シ、所々所ニより戸ノ開キ明ク、暁より晩方迄小地震、小廿度も震ル、〇東組山本善左衛門六十才男留(溜)飲大病祈廿疋入、〇横須加惣七札受来ル、〇九平入来、斎喰ス、〇□□おから本読ニ来ル、枇杷・楊梅少々遣ス、

(十六日)□□□　朝曇り、快晴、暑シ、申ノ七刻頃地震二度□□□□一度震ル、〇東組善右衛門札受来ル、〇半右衛門より御□□菓子一ツ入、到来ノ団扇一本遣ス、〇実五郎茄子入、〇おきせ・お菊小麦叩来ル、六駄四束也、昼より麦かし(じ)、六俵三斗八升出来ル、〇富蔵門前小もの二はん割り済、

十七日　曇天也、折々照ル、朝ト未ノ上刻地震、〇小浜秀右衛門廿八才女病気祈弐百廿四文入、〇□□□□門三才男子虫祈、無程死ト云来ル、土砂遣ス、〇□□野休也、〇弥助温飩一重□□□、〇□蔵粉一重入、〇東勝蔵同弐俵入、〇藤七朝より大崎へ行、廿四銅遣、楊梅・枇杷少々・古蚊帳□□、

十八日　夜前よりはら〱、昼後より暫照暮方よりはら〱□、地震、〇吉川善十廿六才女湿大病祈廿疋入、〇小浜秀右衛門札受来ル、〇九文字屋より内義病気全快祝赤飯一重入、今月差入より快方ト云、〇昼□宗賢入来、本部屋鼠狩ル、子八疋居ル、丁渡(ママ)□□、〇晩方藤七帰ル、息子津嶋へ参ル由扇団・付木・団子等入、今朝伊勢船出し昼時着ト云、

十九日　朝はら〳〵、昼後より大分降ル、○坂津浅右衛門廿□□男腹痛祈、○吉川善十札受来ル、○新田権右衛門入来、古茂(菰)口善左衛門祇園ノ車ニ而左足ヒシヤキ死ス、土砂受来ル、四十□才、気之毒千万也、○政平入来、江戸より十五日帰宅、□□□□□□喰ス、○芳太郎大角豆入、○藤七米壱臼搗、○□□才次郎頭すりに入来ス、

廿日　曇天、折々照ル、早朝地震、○松嶋権四郎山上へ□詣、下女内ヲ汚ス詫ノ祈廿疋入、直ニ札遣ス、○高須甚□□□七才女積祈弐百十弐文入、○橋良平右衛門五十□□□□祈、○仁連木与十、十才男子疳祈廿疋入、○角右衛門茄子十一入、○徳四郎粉一重入、○□□□□□手本認メ遣ス、○松本四郎□□□御□□□廻状来ル、次へ継、○半右衛門より下男夜前出奔□□未済ミ也、○中瀬古へ大角豆遣ス、昨日より□人弐人来ルト云、

廿一日　朝より四ツ前迄大夕立也、夫より快晴也、○酉ノ下□地震、大分おゝきし、○新銭町久作取次、五十□才女月役ニ出様祈、○古宿徳五郎十七才女□□□入、○仁連木与十・高須甚三郎札受来ル、○□□□右衛門同断廿疋入、○昼後宗賢入来、みの源ニ而七夕額画三まい続求来ル、百八文渡、本部屋鼠狩跡掃除ス、暮方帰ル、○中瀬古へ藤七大半・小半取ニ行、醤油一徳利・茄子十遣ス、

□□(廿二)日　昼後よりはら〳〵、七ツ頃より夜へ向テ大降り、○船町鍋屋源吉五才男子眼病再祈金弐朱入、○新銭町久作札受来ル、廿疋入、○浜吉大角豆□□□□、○亀次郎同断、○新田権右衛門入来、大茄子□□入、供物一包遣ス、○おきせ・おつき長全前栗草取来ル、未残ル、小中飯より雨故帰ル、

□(廿)三日　曇天、晩方少々照ル、○才次郎より赤飯入、□□□□□、○百度本家より温(饂)飩一器入、○実五郎同断、□器入、半し一・細筆二遣ス、○おすミ□うとん□□□じ入、半し一遣ス、○中瀬古へ温□□□□、□(羽)根井和平方へうとん一重遣ス、政平□□□□□也、○瀧蔵うとん粉一重入、○常陸□□□うとん到来ノ儘

暑見舞遣ス、
□□□(廿四日) 曇晴、昼後大分照ル、昼前はら〳〵、○吉川
□□三十五才女安産ノ祈廿疋入、直供物計遣ス、○垉
六□伊賀屋廿才女七ケ月目流血祈廿疋入、○金□半
十、七十九才男中気長病祈廿疋入、□□□□□ツ入、
○おきせ・源六下女門前小も□□□残ル、
廿五日 快晴暑シ、○百度御親父入来、木綿不枯様祈
廿疋入、○垉六町いか屋札受来ル、○常陸より□見舞
ニまん中一袋入、○朝宗賢入来、白□屋ニ而絵団(扇脱)十本
求来ル、札拵へ等手伝、晩方帰□、の川ニ而白団十本
・大のり一・半紙一束取、○子□天神祭ル、○おつき
・おきせ小もの草、門前□□□屋敷も取済、○富蔵た
んす、長全前小もの□はん削り、
廿六日 昼迄折々照ル、曇天、今暁丑(ママ) 土用入り、
○豊□□十、三十九才男、廿弐才女縁切、○南金屋半
十□□□才男、三十才女縁切祈、○西羽田惣四郎悴栄
三郎□才登山、子供へまん中二袋披露ニ持参也、□□
二外ニ半し一遣ス、○平作うとんこ二袋入、□□右衛
門ノうとんこ一重入、○おとき同断入、○百□□十郎
赤飯一重入、○おりへ来ル、団子九ツ入、□□七ツ遣
ス、単物一せんたくニ遣ス、同一ツ縫かへし遣ス、○
中瀬古へ小用一取遣ス、鍬才出来上持参ス、代□□、
中瀬古へ小遣壱貫五百文渡、糠少遣ス、○おきせ、源
六より弐人田一はん草ニ出ル、済、
廿七日 朝はら〳〵、曇晴也、○中芝又吉九十弐才女
腕□□□祈廿疋入、○百度本家へ守二ツ遣ス、□□□
□人十一軒団扇二本ツ、配、○田勝蔵大角豆□□入、
○新田権右衛門へ菰口小僧義尋ニ手紙遣ス、到来ノま
ん中一袋遣ス、
□(廿)八日 天気曇晴也、○小浜平作五十五才男手痛祈□
疋入、○中芝又吉札受来ル、○豊川新十・南金屋半十
札受来ル、廿疋ツ、入、外百文志入、○地震□休日
也、○六三郎入来、茄子入、○安五郎同断入、○□井
応賀寺弟子実祥子朝入来ス、当春□山へ登□丁致スト
云、扇子二本・手拭一・真雅僧正御形入、宿ス、藤川
角屋佐七ニ七才童子出家へ成度ト云、

廿九日　昼頃よりはら〳〵雨折々、晩方より夜へ向テ大降り、○□□二郎取次、国符《(府)》四十八才男瘧祈、○小浜平吉□受来ル、○早朝八ツ立ニ而実祥子、藤七伴ニ而□□角屋へ小僧貰に行、温飩屋世話人也、角屋□□子ニ求□身内ト云、角屋へ菓子一箱、うとん屋へ手拭□□□、暮方子供七才相成連来ル、至極機けん□□□物着替弐ツ持参ス、名ハ宮之丞ト云、○朝□百度親父温飩打来ル、右之人馳走也、○夕方富蔵ト百度両家へうとん一重ツヽ遣ス、

晦日　快晴、折々曇、はら〳〵、○舟町九郎右衛門五十七才男大病臨廿疋入、無程加持表聞来ル、供物・土砂遣ス、○斎後応賀寺弟子帰ル、四文銭百文遣ス、当人より温飩へ遣ス、手紙出ル故□□也、○藤七米壱臼つく、中瀬古へ米五升大工ノ日□□弐貫弐百文遣ス、小用一取来ル、○才次郎頭すりに入来、

七月

朔日　曇晴、晩方より雨、夜へ向テ降ル、○弥五兵衛入来、前芝仁右衛門五十八才女長病再祈臨廿疋入、○御蔵善作□□八才男大病祈廿疋入、○清次郎より国符ノ札受来ル、○今日ハ休日也、○為吉うとん一重入、○弥一郎うとん□□袋・白瓜二本入、○小池与四郎祈廿疋入、

□□《(二日)》　夜前より大雨、朝迄降ル、曇晴、折々はら〳〵、上伝馬善四郎七十八才男長病臨弐百十弐文入、○□□御蔵善作・小池与四郎札受来ル、○盆火之元□□廻状来ル、直ニ次ク、○中瀬古より宗賢昼前ニ入□、小僧宮之丞之見舞也、菓子少々入、○富蔵よりうとん一重入、菓子遣ス、○六郎兵衛より同断入、親父十三回之由也、皿廿人前かし、○才次郎頼三社ノ詫五幅、三之介へ表具ニ遣ス、七夕之額乙平へ頼、○藤七米一臼つく、○菅勝蔵粉一重入、

三日　昼迄快晴、夫より折々はら〳〵、○作蔵御入来、□□□ニ付発遣ニ来ル、○中瀬古より八○ニ而筆求来ル、外ニ宮之□手遊之品五ツ中瀬古より入、○の川へ扇・色紙等取ニ来ル、

四日　極快晴、暑甚シ、○下地佐五平七才女子□□祈

廿疋入、〇松嶋安平四十一才女ふら〱祈、□□十弐
文入、〇西羽田弥五兵衛来ル、前芝姉五十八才少々快
方様子ト云、再祈三百十弐文、西瓜壱ツ・真桑一ツ
入、菓子一包遣ス、〇坂平レイシ六ツ入、〇中瀬古へ
□□へ赤みそ一重遣ス、八〇払筆代四百七十六文頼遣
ス、女扇三本来ル、廿六文ツ、也、
五日　極快晴、暑シ、〇川崎伝蔵七十弐才女顔腫物三
十疋入、〇南金屋徳兵衛三十七才男熱気祈三十疋入、
〇新銭町作次郎六才女子虫祈十疋入、〇松嶋安平札受
来ル、〇下地佐五平死ト云、土□□□、〇久作来ル、
善四郎夜前死ト云、土砂遣ス、〇□□□黒瓜三・白二
本入、〇要作桑真(ママ)瓜五本入、〇中瀬古へ黒瓜二本・真
桑二本遣ス、長雄□□白軸筆二袋八〇取来ル、〇百度
へ苗代かり、こへ大半・小半遣ス、〇前川権六来ル、
八月末迄金壱分当座かし、〇藤七長全前粟引懸、
□(六)日　快晴、晩曇ル、戌ノ半刻より雨、〇小野屋久兵
衛母参詣、四十三才男気塞キ祈廿疋入、〇南金屋徳兵
衛札受来ル、〇子供短冊朝より釣ル、夕方額掛行燈大
分賑敷□、〇仙□親入来、粉一重入、〇清七殿入来、
長素麺五手入、書扇一本遣ス、〇才次郎頭すりに入来
ス、〇常右衛門大角豆入、
七日　夜前大雨大雷、昼前より快晴也、〇下り町熊吉
弐才口中種(腫)物祈廿疋入、〇子供祝儀入、〇七夕夜四比
迄□□、〇百度本家より温飩一器入、〇中瀬古より昨
日戒浄□□手紙□成旨ニ当方へも来ル、跡月十三日よ
り彼地大地震、大和古市・郡山・南都・木津・笠置・
加茂・信楽・伊賀上野西村東村・□チコヤ・嶋ケ原ハ
家崩レ岩明水涌キ出、死人・怪我人数不知、尤其内瓶
原ハ少々軽キ由、七蔵等も痛ミ少く怪我人も格別なき
由廿六日頃ニ而も野宿致居ト申来ル、恐敷事也、楠葉
ハ軽キト申、八幡ニ而廿五六軒も家崩□中来ル也、〇
泰助粉一重入、〇御頭長十入来、村中馬金昨年迄五ケ
年之処相済、亦引続出し呉ト□、〇
八日　夜前も亦大雨、快晴也、暑シ、〇茅(萱)町弥次郎三
十弐□□祈廿疋入、〇下り町熊吉札受来ル、〇川崎
伝蔵同断、〇吉助西瓜一ツ入、〇子供短冊流ニ行、

九日　快晴暑シ、○政平入来、切素麺(ママ)入、外ニ祈礼廿疋入、半し三・菓子一包遣ス、○繁蔵粉入、○□作切素麺(ママ)入、○仙吉茄子十七入、○アルキ大神宮釼・祓・箸二膳入、廿四文上ル、
十日　夜前少々はら〱、曇晴也、○西羽田藤兵衛廿四才女腹痛祈、○弥四郎札受来ル、○前芝八平内・子供参詣、眼病少々ツ、快方ト云、西瓜一ツ・蝋燭五丁入、菓子一包遣ス、○瓜郷惣助より斎米一升、下五井瓜十五本入、供物一包遣ス、○中瀬古より子供来ル、赤みそ小重一遣ス、○代次郎粉入、○藤七不快也、
十一日　快晴暑シ、○御堂瀬古半四郎廿八才女腹痛祈十疋入、○舟町鍋屋源吉五才男子眼病、未不宜薬へ加持頼来ル、廿疋入、直ニ致遣ス、○藤兵衛札受来ル、廿疋入、○九文字屋より使来ル、一升・廿疋・蝋十丁入、○六郎兵衛より金弐朱両替、舟町九郎右衛門死ト云、土砂遣ス、○中瀬古へ修覆入用ノ由ニ而三貫百七十弐文渡、米一升・下五井瓜三本遣ス、先より備餅一ツ入、○吉川村より□戸行中間金割九十四文取来ル、○久吉入来、暑見舞ニ粉二袋入、○藤七晩方より□□□仕事致ス、
十二日　朝西風涼シ、快晴暑、○御堂瀬古半四郎札□□□、○舟町鍋屋より点水薬ノ眼病ニ能歟鬮頼来ル、□疋入、七十二番出ル、○朝より宗賢掃除致ニ入□□、の川ニ而弐匁四分五、弐匁三分五ノ半し二束ツ、取、○亦□□百文・巻筆弐百文取、○中瀬古へ米五升遣ス、大半□半取来ル、○半右衛門へ西瓜一ツ遣ス、○作蔵殿親ノ石塔子供ノ廿弐本開眼ニ来ル、
十三日　朝ハ涼し、快晴、暑シ、○折々曇ル、はら〱、○昨夕□才次郎上伝馬三之助へ三社ノ宅(詫)五幅取ニ行、□ニ付□六分金一分遣、釣り三百八十七文入、○源三郎来ル、西瓜一ツ・嶋瓜二本入、○猪三郎来ル、三百文素麺・真桑五□□、内習ト云、名目計也、半し五・手拭一・扇一遣ス、○中瀬古へ黒□一包・温飩粉二袋遣ス、当方調物代之内へ先八百文渡、先より手拭壱筋入、○作蔵石塔弐本取ニ来ル、廿疋入、○の川屋内払ニ七貫文渡ス、○おきせに日雇賃之内八百文

渡、○
十四日　天気曇晴也、○飽海小平次五十六才男時候痟祈廿疋入、○百度両家より餅一重ツ、入、○源六餅一重・草履三足入、瓜三本遣ス、○坂津重作礼一包・西瓜一ツ入、扇一遣ス、○礼人少々来ル、○才次郎頭□□□入来ス、浪ノ上善太郎分三社詫一幅遣ス、○平□弐朱両替、
十五日　快晴、折々曇ル、暑シ、○中元之節句目□□□静也、○飽海小平次札受来ル、○早朝院主□□初盆ニ付勤ニ行、西瓜一ツ遣ス、○礼人多分来ル、○百度御親父礼人受ニ来ル、○植田重右衛門殿入来、祝□□一包入、直ニ帰ル、○同所儀助礼十疋入、扇一遣ス、□□出ス、○新田浅四郎三社詫遣ス、○御籏勘助祈礼廿疋入、○清次郎取次、国符(府)ノ祈礼廿疋入、○
十六日　天気曇晴、折々はら〳〵、○朝施餓鬼勤、○宗賢助法ニ入来、八ツ頃帰ル、○昨日九文字屋手代参詣、菓子出ス、○百度若者より掛行燈画礼菓子配書弐百文入、○外神彦三郎礼一包入、黒瓜三・真桑瓜一本入、○礼人残り大分来ル、○常陸殿礼十疋入、菓子出ス、○斎後藤七大崎へ礼ニ行、十疋ト素麺七手遣ス、外ニ廿六文扇子供ニ遣ス、
十七日　快晴也、○土手丁松本嘉助四十七才男痟中大病臨廿疋入、○夕方藤七在所より帰ル、カボチヤ壱ツ入、モクノロ明ニ而晩迄取ト云、○慎徳院様法事中物静ニ致様廻状水□□□、坂津寺へ次ク、
十八日　曇晴、晩方大夕立、夜も少々降ル、○茅町庄吉七十七才女積痰祈、○清水久四郎廿三才女臨月腹下り祈三□□、田町与吉五十七才男水気祈廿疋入、○新田勝□三社詫一幅認、開眼礼ニ金弐朱入、表具代壱匁三分□□此内ニ而済シ置也、○才次郎夕方頭すりに入来、□□三社詫礼五百疋入、○関口千蔵竹五本無心ニ来、三百文入、○龍雲寺俊栄入来、手本認礼□□□壱箱入、光明寺弁亮入来、油配書五合一入、大福寺到来ノ雷除ノ石摺一枚遣ス、○朝藤七大崎へ□□□手伝ニ行、小西瓜一ツ・瓜一本遣ス、
十九日　曇晴折々はら〳〵、○茅町庄吉札受来ル、廿

疋入、○清水久四郎・田町与吉同断、○長作黒瓜□□□、○村方より盆前ニ馬金ノ次願故今日拙院へ寺社寄相談致ス、最三ケ年助ル談合成り庄屋へ右之趣一□申処、半右衛門取計ニ而五ケ年出シ呉と云故皆承知ス、

○昼後藤七大崎より帰ル、

廿日　快晴大ニ暑シ、○芦原左吉六十五才男□□□□祈三十疋入、○おきせ・源六より弐人田草三□ん取済、

廿一日　快晴大ニ暑シ、○天王町豊蔵四才女子時候祈百十弐文入、晩方死ト云来ル、土砂遣ス、○吉川庄七□□病気祈、○朝より院主中瀬古へ行、白砂糖□□・西瓜一ツ遣ス、宮之丞連行晩方帰ル、瓶原□□大地震ノ返書遣ス、忠四郎へ見舞状遣ス、○□□瓜五本入、

○中瀬古へ藤七小用一取ニ行、

廿二日　快晴暑シ、甚シ、○魚町善次郎六十五才女留(溜)飲祈□疋入、○清水おはる五十才女熱祈廿疋入、○城□□□□六十三才ツカへ祈廿疋入、○□□□□三十弐才男熱祈、○芦原左吉札受来ル、○□□庄七同断廿疋入、○

廿三日　曇晴也、折々はら〳〵、○町組尾崎権六、三十□□女熱後血祈三十疋入、○魚町白木屋弥□□三十三才男疳祈廿疋入、○昨日ノ四人札受来ル、○□□政吉廿疋入、○明日ノ供物等求、

廿四日　極快晴、暑シ、○町組尾崎権六札受来ル、○魚町弥□□同断、○今日ハ盂蘭盆地蔵堂荘厳、夕方参詣□□、○才次郎温飩一重入、○百度御親父入来、○和平同断、道淳ノ語也、○百度両家へ瓜三本ツ、遣ス、

廿五日　天気同断、暑シ、○下地源四郎三才女子疱瘡□□□、○新銭町浜名屋和吉四十三才女白血祈廿疋入、○□□加中蔵五才男子虫祈廿疋入、○今日ハ百度本家へ斎ニ行、温飩也、菓子一包遣ス、○昨日ノ供物北川三軒ト伝四郎・半右衛門・助九郎へ遣ス、○子供天神祭ル、○の川ニ而丸せんこ百文取、○儀助カボチヤ一ツ入、

廿六日　極快晴、暑シ、○天白前梅三郎三十三才男腹

下り祈百文入、○草間武八妻指大ニ痛祈弐百廿四文
入、○横須加中蔵札受来ル、○下地孫四郎死ト云来
ル、□□遣ス、○紺屋町長兵衛ニ小麦二俵三斗六升売
□金一両弐朱ト百五十七文入、才次郎世話致しニ来
ル、○中瀬古へ赤みそ一重遣ス、○安五郎瓜三本入、
廿七日　天気同様、暑シ、○舟町鍋屋源吉五才男子□
□加持頼来ル、直ニ勤遣ス、廿疋入、札等如常遣ス、
○長平十九才女疳祈廿疋入、○天白前梅三郎・草間□
□札受来ル、○昼後中瀬古へ小用一取ニ行、
廿八日　天気同断、暑シ、○夜前舟町源之介当才男子
虫祈廿疋入、今日札受来ル、○長平より供物受来ル、
切素麺十五わ遣ス、○おつき位牌開眼来ル、十疋入、
○
廿九日　天気同断、暑シ、少々曇ル、○小浜彦右衛門
五十九才女腹痛祈、四才男子虫引付祈、○本町美濃屋
へ壱貫弐百五十六文掛払、
晦日　夜前夕立、雷も三ツ鳴ル、快晴、暑シ、○中村
四郎兵衛三十一才女霍乱祈、○小浜彦右衛門札受来
ル、弐人遣ス、廿疋ツヽ入、○才次郎頭すりに入来
ス、○新田市右衛門先日託宣ノ厚礼故、供物一包子供
ニ遣ス、○の川ニ而大のり一・金赤一取、中瀬古ニ而
御符取来ル、

閏七月小

朔日　快晴、折々曇ル、小雷少々鳴ル、○羽根井与右
衛門取次、左次兵衛三才男子虫眼病祈弐百十弐文入、
○おきせ前ノ松太郎三四日不快占来ル、○新田治助入
来、茂三郎ノ名乗付テ遣ス、慶成也、
二日　曇晴也、暑シ、○四ツ過より昼迄大夕立也、夫
より折々はら〱也、夕方雷鳴ル、○おきせ・幸作ノ
松太郎ふら□□祈、○羽根井与右衛門・左次兵衛札受
来ル、○中村四郎二同断廿疋入、○中村兵右衛門入
来、市郎兵衛より黒瓜三本入、当春みかん病人ニ遣ス
礼也、○九文字屋より使ニ而十疋入、盆ニ不参故也、
○常右衛門西瓜一ツ入、○藤七米一搗、
三日　今朝大夕立暫降ル、昼前より晴ル、○清水源蔵
取次、重蔵三十才長病水気祈三十疋入、○おなか札受

来ル、○今日ハ蝗送休日也、○紺屋町長兵衛弐朱両替、
四日　快晴、朝夕涼シ、○馬見塚弥五兵衛七十九才女病気祈廿疋入、○西組要助三十弐才男時候祈廿疋入、○新町一口屋文七、七十三才女・三十四才女痰祈廿疋入、○清水源蔵、重蔵ノ札受来ル、○の川ニ而大のり一・金赤一取、○夕方作蔵入来、平蔵妹嫁ニ付金子借用致度頼少々承知ス、
五日　天気曇晴也、折々はら〳〵、○上伝馬彦市三才女子り病祈廿疋入、○子供ノ金作西瓜壱ツ入、○平蔵来ル、金壱両弐分借ス、妹嫁ス入用ト云、○富蔵たんす、菜畑打黍つミ等、
六日　曇晴、朝はら〳〵、○昨日一昨日四人札受来ル、○実五郎大唐瓜《とうくわん》壱ツ入、○中瀬古へ小用ニ取ニ藤七行、○黍摘済、○江戸行ノ中間給金ノ割弐百三十七文庄屋へ渡、村会所より寺社より馬金ノ助盆前分金壱分取ニ来ル、渡、訳ハ昨冬迄五ケ年寺社より三分ツ、出ス所相済、亦候当年唐舟騒ニ而通行多馬金入用多懸故、当年より五ケ年出呉との願也、承知ス、○夕方才次郎頭剃に入来ス、
七日　曇天、折々はら〳〵、○西羽田弥五兵衛来ル、前芝仁右衛門五十八才女長病再祈廿疋入、○高須佐兵衛五才男子饅驚風夢中祈、○中瀬古より朝宗賢入来、松寿堂一対・小僧茶碗一ツ求来ル、代渡、札摺等致ス、晩方帰ル、○藤七粳粟摘、
八日　曇天、はら〳〵折々、昼大分降ル、小雷も鳴ル、○古茂(菰)口甚八、四十七才男熱祈、○赤根源兵衛四才女子り病祈三十疋入、直ニ札遣ス、○高須佐兵衛病人死ト申来ル、廿疋入、土砂遣ス、○弥五兵衛入来、前芝姉死スト云、土砂遣ス、○天王町衣屋へ十才女子ノ悔ニ行、平せんこ二遣ス、要三郎もり(痢)病、菓子一包遣ス、○斎後幸作子病気見舞ニ行、供物一包遣ス、○百度両家へも行、西瓜遣ス、○市バ(場)左助入来、西瓜一ツ入、留主中也、○藤七うるし(粳)粟摘等、
九日　夜前より雨、小雷鳴ル、朝より昼迄大降り、七ツより晴ル、二百(十日)ニ而休日、子供一人も不参、○市ハ

左助当才男子躰毒祈百十弐文入、昨日西瓜入故供物一包遣ス、○御籏近藤善蔵廿一才女腹カタマリ祈弐百十弐文入、○西羽田左右衛門取次、清須伊助弐才男子り病祈、○おかつ入来、温飩一重入、半し遣ス、○

十日　曇天、両度大夕立、夜前も雨、○西羽田左右衛門清須ノ札受来ル、廿疋入、○御籏善助札受来ル、○夕方才次郎頭剃に入来ス、

十一日　夜前も雨、昼前同断、晩方晴ル、○河岸佐藤新兵衛七才男子・四才女子り病祈金弐朱入、○公文取次、草か部力蔵六十四才男疳祈、○藤七米壱臼搗、

十二日　極快晴、暑シ、○公文彦次六十三才女腹腫物痰祈、○仙吉夕顔大二本・茄子三十五入、筆二遣ス、○燈油・胡麻ノ油求、○中瀬古より子供来ル、飯米三升渡、

十三日　曇晴暑シ、○天王町庄太郎三才女子り病祈百疋入、○公文彦次札受来ル、弐百十弐文入、○草ケ部力蔵同断廿疋入、○河岸新兵衛同断、○富蔵たんす、門前割付、

十四日　朝曇り、極快晴、暑シ、○平野村半四郎六十四才女□□祈、直ニ札遣ス、廿疋入、○上伝馬幸三郎五十六才男、廿七才女縁切祈、○天王町庄太郎札受来ル、○中瀬古より宗賢入来、聖教等虫干致ス、晩方帰ル、○の川ニ而半し一束取、○藤七粟摘済、

十五日　極快晴、暑シ、○茅町遠州屋悦蔵四十七才男痰祈三十疋入、○町組人鶏頭花入、伊介・萱勝同入、○中瀬古へ飯米七升遣ス、小用一取来ル、○藤七嫁不快ノ由ニ而大崎へ晩方より行、供物一包遣ス、

十六日　極快晴、暑シ、○市場久助廿八才男積痰祈、女房廿四才・廿六才祭替共也、同人取次、彦蔵七十一才女積ふら〳〵祈、○国符(府)紺屋八十八、四十一才男留(溜)飲祈廿疋入、○上伝馬彦市三才女子り病後虫祈廿疋入、○茅町悦蔵札受来ル、○上伝馬亀屋より同断金弐朱入、○昼時に荒井(新居)応賀寺弟子法瑞子入来、美濃紙一帖・春の雪一箱入、密教ノ語也、宿ス、河内延命寺派ノ星田愛染院へ入、伴随身致シ安流伝受ノ志仏法興隆構(ママ)結之事、当月中ニも発足由也、○百度御親父頼晩方

□□□□、○暮方藤七大崎より帰ル、ふんとう（葡萄）一袋
入、嫁腫物大分快、
□□（十七）日　夜前九ツ頃地震、快晴、曇ル、晩方より風荒
シ、○天王町□□□悔ノ礼ニ入来ス、十疋入、○七ツ
過より法□□□□□谷迄行度様云、○藤七米一臼搗、
□（十）八日　曇晴、朝夕涼シ、○牛久保米蔵六十二□□
腹（ママ）り下り後祈廿疋入、○小松又吉五十才無性病祈十疋
入、○市ハ（場）久助札受来ル、廿疋□□□□、小豆五合
入、供物一包遣ス、○同彦蔵札遣ス、廿疋入、○国符（府）
八十八・上伝馬彦市札受来ル、○才次郎頭すりに入来
ス、○藤七足腫物町へ付薬納行、○おなか先日祈礼廿
疋入、子供未不快ト云、
十九日　未明よりはら〳〵、暫降ル、曇晴、○百度甚
三郎取次、横須加吉太郎四十八才男り病祈、○元鍛治
町源六四十三才女脾胃痛祈廿疋入、○牛久保浅吉六十
四才男気取上セ祈、○小松平三郎札受来ル、○朝清源
寺より廻状来ル、天保度ノ五両判当月限□□之触也、
一乗院へ継、
廿日　快晴、昼後より曇ル、涼シ、○佐藤吉兵衛十七
才男腫物祈廿疋入、○土手丁中西藤八、六十五才女中
気大病祈弐百廿四文入、○草ケ部美濃右衛門四十八才
男□□祈廿疋入、直ニ札遣ス、○牛久保浅吉札受来
ル、□□□元鍛治町源六同断、○の川盆分七百八十□
□□□済、金赤一・白赤四・対山堂二本取、○富蔵□
□□□済、割付也、下男同、
□□□（廿一日）　□□□静ニ降ル、曇天也、○御影供□□□
□、○□兵衛札受来ル、○百度甚三郎より横須加ノ札
受来ル、○昨日藤川東町佐七より返事来ル、宮之丞□
□□十月廿五日出生と申来ル、愛助より持来ル、八文
賃□□□、
廿二日　極快晴、暑シ、○土手丁中西藤八より病人死
ト申来ル、土砂遣ス、○中瀬古より宗賢入来ス、○掃
除其外手伝暮方帰ル、藤七西屋敷割付、○おりへ来
ル、足袋四足洗濯致シ入、盆祝儀一包入、布子へ入添
之綿一まい遣ス、
廿三日　快晴、朝夕涼シ、○紺屋町良吉三十九才女積

祈廿疋入、○西町助次郎八十三才年病祈十疋入、○指笠町仁兵衛廿八才男瘧祈十疋入、○茅町善六五十五才男喉腫レ祈、○市バ源四郎廿弐才女腹カタマリ祈、○中瀬古より子供来ル、真書五本入、代百三十六文ト云、昨日弐百文渡、赤みそ一重ト小遣□□五百文渡、
廿四日　快晴、大分冷気也、○紺屋町良吉・西町助次郎・指笠町仁兵衛札受来ル、○茅町善六同断廿疋入、腫物濃(膿)□快ト云、○市バ源四郎同断廿疋入、○中瀬古へ小一取ニ□□、
廿五日　大ニ冷気、曇晴也、○夕方才次郎天窓剃ニ入□、○□□□此間よりふら〳〵不快ト云、○藤七今日迄割付仕□□□、○子供天神祭ル、
(廿六日)□□□　□□□昼中は暑シ、○朝作蔵□□□□□□、不食祈、晩方札受来ル、占□□明□□□□、
(廿七日)□□□　曇天也、○朝岩吉入来、作蔵子三才今暁□□□死ト云、土砂遣ス、同家へ金弐分当座かし、○□□□□悔ニ行、○中瀬古へ宗賢呼ニ行、斎後来ル、御符□□□平十へ諷経ニ遣ス、十疋ト平せんこ一遣ス、○才次郎□□唐黍之柏餅少々入、かつ大分快ト云、○百度孫次郎鶏頭花子供持参ス、麦三俵三斗三升、代壱貫百文遣ス、供物一包遣ス、晩方同家よりさつま芋入、銭六十□返ル、受取置、○中瀬古大半・小半取、○の川ニ而□□一束・平せんこ四わ取、○おちの参花入、
廿八日　未明雷、夕立、朝晴ル、極快晴也、暑シ、○坂津□作より小豆一升入、半し一・扇一遣ス、○今日より彼岸ニ入、昨日曼荼羅掛ル、○の川ニ而小蝋百文・火口取、○藤七米一搗、○源六ニ而大根種一合無心、大根生へ損故蒔替ル、○新田権右衛門入来、唐瓜壱ツ入、供物一包遣ス、
廿九日　昼より快晴暑シ、○清水おはる五十才女熱気□祈廿疋入、○平井常七六十六才男病気祈廿疋入、○夕方才次郎入来、おかつ未同様食不進ト云、□□□ノ粉遣ス、○九平次入来、灰小屋ノ普請用由竹二本遣、代金入、○藤七小麦六斗搗、ねかし□□□□、○□十へ三才男子ノ悔ニ行、供□一包□□、

八月

朔日　夜前雨、雷も少々鳴ル、曇晴也、夕方より亦雨ニ成ル、○田面之節句芽(目)出度静也、○源六より餅一重入、半紙壱帖遣ス、○才次郎入来、鉄利ニ而砥石□□□代一匁三分ト云、○羽田西林蔵より産符頂来ル、○おかつ参詣、気分不替ふらく、祈ノ供物計遣ス、

二日　夜前も亦雨、快晴也、○今日ハ彼岸中日也、社日休日也、供一人も不来、○仙吉里芋・さつま芋入、菓子箱遣ス、箒弐本共入、

三日　快晴、冷気也、○御堂瀬古半四郎三十一才女長□祈十疋入、○新銭町長次郎六十才男霍乱祈廿疋入、○晩方和平殿入来、一両日之内八兵衛殿飯田□□故諏訪迄行道淳ノ安否尋様ニ申来ル、○中瀬古へ里芋・さつま共遣ス、小用取来ル、

四日　天気曇晴也、少々はらく、○上伝馬亀屋母占頼来ル、白砂糖一袋入、五十銅入、○百度栄吉□□五十銅志遣ス、○藤七土こへねかし、

五日　天気曇晴、晩方晴ル、○今日ハ彼岸ノ結願也、○茂作・要作・直作餅一重ツ、入、○中瀬古より子供来ル、塀直ス、舎力ノ日雇ノ由ニ而壱貫八百□□□□、米一升渡、○百度親□□□鍋□□□頼古鍋壱ツ持行、

六日　快晴也、○牛久保七之助取次、八幡村也四十才男博奕祈、○西羽田新三郎婆々悔ニ行、平せん香一遣ス、七十四頓死ト申事、○百度御親父鍋いかけ新銭町へ取ニ行、出来持参ス、賃百十六文也、○□□宗賢入来、何角手伝晩方帰ル、

七日　極快晴也、○下五井甚吉八十九才男年病(者)祈、○西羽田新三郎来ル、悔礼十疋入、困窮物故米一升遣ス、○百度へ小僧之義頼ニ行、松嶋聞様ニ申ス、増次郎・源六へ寄細筆一対ツ、遣ス、○中瀬古ニ而大□□壱荷取来ル、

八日　快晴、暑シ、○中村兵右衛門入来、大西兵太郎三十□才男持病祈、○高須十右衛門廿八才女腫物□廿疋入、○橋良久太郎三十弐才男夜不寝祈廿疋入、○下五井甚吉札受来ル、廿疋入、○半右衛門入来、まん中配書一入、○徳兵衛殿入来、

九日　快晴、暑シ、晩方曇ル、○天白前清吉三十才男病祈、○橋良久太郎・高須十右衛門札受来ル、○大西兵太郎同断廿疋入、○牛久保七之助同断五十文入、○藤七米壱臼搗、○

十日　夜前より雨、折々大分降ル、○上伝馬善四郎七十□□り病後不食臨弐百十弐文入、○天白前清□□受来ル、○中瀬古米七升遣ス、小用一取来□、□□金弐朱ト七十弐文八月金庄屋殿へ遣ス、

十一日　快晴也、冷気、○常右衛門飯団餅一重入、○今宵ハ御城内秋葉山上遷宮、種々作物額・能等賑敷と申事、

十二日　快晴也、折々曇ル、○百度へ行、斎ニ出ル、○中瀬古より本次第一風呂敷来ル、○藤七息子来ル、さつま芋入、飯喰ス、菓子一包遣ス、銭弐朱分かし、○おちの来ル、菜ト茄子入、さつま三ツ遣ス、銭五百文かし、

十三日　折々はら〳〵雨也、○茅町遠州屋悦蔵四十七才男長病再祈廿疋入、○草間嘉吉四才男子り病大病祈廿疋ト十弐文入、晩方札受来ル、○才次郎餅一重入、○おなか同断、○おすミ同断入、○中瀬古へさつま少々遣ス、小用一取来ル、○源六より荒麦三俵搗ニ□取ニ来ル、

十四日　曇天、昼前より折々はら〳〵、晩方より余程降ル、○氏神宵祭雨故淋し、○茅町悦蔵札受来ル、○村方子供餅皆入、○おちの同断入、○朝より藤七大崎へ祭ニ付洗濯旁行、麦米一升ツヽ・百文遣ス、外ニ唐黍二升遣ス、三百文当座かし、

十五日　曇天、折々はら〳〵、少々照ル、○氏神祭り、神□等有ル、○上伝馬善四郎母只今往生ト云、土砂遣ス、今朝再臨頼来ル、廿疋入、○中瀬古へもち三十一遣ス、黄粉共遣ス、○政平入来、もち十七遣ス、○長作もち入、○常陸より甘酒入、

十六日　夜前より風疎々敷也、快晴也、今宵も同断、○新銭町土屋吉作廿四才女腰ツり祈廿疋入、○おとき茄子十三入、もち五ツ遣ス、

十七日　朝夕大冷気也、当院十四日より蚊帳止ル、○

松山七郎平六十二才女長病付物祈廿疋入、○おなか金弐朱両替、○晩方和平入来、八兵衛殿五日立ニ而飯田へ用事なから諏訪□□□迄道淳呼ニ行処、霜月仏連立も出来故夫仕舞帰国と云ト云事、夜前帰ルト云、此度ハ当院より呼ニ遣ニ□もなく先ノ了簡旁也、尤路用ハ此方ニ而出スハ成マイ迷惑也、○
十八日　曇天、折々はら〳〵、折々照ル、夕方より雨ニ成ル、○魚町易次郎四十一才女長病祈三十疋入、○市場久助当才男子虫祈、晩方死ト申来ル、占廿四文入、○松山七郎平札受来ル、○
十九日　夜前より今朝へ向大雨、雷も少々鳴ル、終日雨天也、○佐藤茂兵衛五十八才時候後積（癪）腹痛祈、供物一包見舞ニ遣ス、三十疋入、○魚町易次郎札受来ル、○
廿日　夜前も雨、終日雨天気、入日由、○久左衛門分大村ノ婆々七十一才年病臨、○長平□□□今朝より長平片身不叶不食祈廿疋入、米一升・供物一包遣ス、晩方又来ル、祈ノ供物遣ス、○
廿一日　曇天、入日晴ル、○橋良紋次郎三十八才男腕痛祈弐百十弐文入、○佐藤茂兵衛札受来ル、○夕方藤七在所より帰ル、さつま一風呂敷入、
廿二日　天気曇晴也、○橋良紋次郎札受来ル、○の川ニ而大のり二状（帖）取、○藤七中瀬古へ（ママ）　取ニ行、○夕方才次郎頭剃に入来ス、
廿三日　極快晴也、○普請組銀作十三才吹出□□□、○舟町鍋屋源吉参詣、男子三次郎未眼病不宜雲取ニ様こま頼、馬嶋へ出養生ト云、○
廿四日　天気曇晴也、○新銭町万助四十一才男熱夢中祈廿疋入、○清須勘十、四十三才男積祈廿疋入、○才次郎入来、金壱分両替、○おつき佐脇ノ兄病死ニ付三百文借り来ル、貸ス、○藤七舟町□□へ背戸口ノ戸一本取ニ行、
廿五日　未明よりはら〳〵雨、曇天、暮方照ル、○普請組□□札受来ル、廿疋入、○中瀬古へ小遣壱貫五百文渡、茄□八ツ遣ス、小用一取来ル、○九左衛門より小僧ニ□□入、○清須勘十札受来ル、○子供天神祭

ル、
廿六日　極快晴也、○朝より宗賢入来、八○ニ而壱匁三分ト八□□朱墨二丁取来ル、札摺等手伝御符も入、○浜□□□つま芋入、○才次郎頼小松へ小僧家柄聞ニ行、○□□先日剃刀・砥一代百四十四文渡、
廿七日　極快晴也、○舟町鍋屋源吉札受来ル、入来ス、金百疋入、二三日之内ニ馬嶋へ出立ト云、○
廿八日　極々快晴暖シ、暑シ、○新銭町久次郎五才男子虫上言祈廿疋入、○草間五郎右衛門旧冬祈礼参り、さつま芋七ツ・八ツ竹入、柘榴七ツ遣ス、○楠葉大会断手紙八喜より播仁へ向テ出ス、賃三十弐文也、戒・蓮ト西法寺義法師へも遣ス、○藤七息子入来、柚香糖一袋婚礼之由ニ付金一両無心借ス、○中瀬古へ机壱脚為持遣ス、大半・小半取来ル、○源六より麦三俵搗上壱俵三斗有ト云持来ル、小米弐升程トぬか共持参、
廿九日　極快晴、暑シ、○新銭町久次郎札受来ル、○中瀬古より子供来ル、修覆入用ノ由金弐分ト三貫七百五十文渡ス、一両分也、外ニ当方朱代弐百三十五文渡ス、○才次郎頭剃に入来ス、明日岩津へ参詣ト云、下□□角屋へ宮之丞無事と云手紙誂へ遣ス、○廻状□□、一乗院へ次ク、○藤七米壱臼つく、
晦日　今暁七ツ頃より大夕立也、曇天折々はら〳〵、○金田吉之助廿七才男疳大病祈廿疋入、○前川権六七月五日かし分金一分返済入、五十文志入、供物一包遣ス、○斎後宗賢手伝ニ入来ス、昨□□□恭禅和尚より手紙到着、此方も一通来ル、□□□親類共より願出心底聞糺本伴ニ相成物片付ニ帰山、許容トノ事也、○晩方供物餅つく、百度御親父助十郎手紙来ル、○久左衛門入来、役害ノ尼僧病死、土砂頂来ル、

九月小丁卯取

朔日　夜前より雨、曇天也、○魚町油屋弥助取次、田原本町源吉四十八才女下血後大病祈廿疋入、○斎後講之護摩修行ス、参詣も余程有ル、○宗賢朝より助法ニ入来、暮方帰ル、供物遣ス、明日より護摩ノ前行ニ懸ル云、○村方諸方へ札・供物遣ス、○町方泰助・助十郎配ル、市十十疋入、○百度本家より斎米一升入、供

物遣ス、
二日　天気曇晴也、○東脇彦十田原本町源吉ノ札受来ル、○□□上菓子求、○大冷気也、
三日　大極快晴、朝冷気甚し、○横須加周蔵廿一才女流産後祈廿疋入、○朝久左衛門へおのふ姉□□悔ニ行、平せんこ二遣ス、おみな前芝権兵衛へ縁付祝に菓子一箱遣、柘榴五ツ共遣ス、○孫太郎・俊次へも寄供物一包ツ、遣ス、○六郎兵衛へも仁連木ニ而小僧聞礼ニ同一包遣ス、○久左衛門礼来ル、弐十ト十疋布施入、○中瀬古へ柿三十持セ遣ス、小用一取来ル、
四日　曇天、晩方はら〳〵雨、○清七殿入来、七蔵歯痛甚シ祈、○横須加周蔵札受来ル、○市場久助先日病人死祈礼ニ十疋トさつま芋入、供物一包遣ス、○安五郎里芋一盆入、○大崎藤七悴入来、さつま芋入、柿七ツ遣ス、藤七今より隙願ト云、○婚礼ニ付無程藤七在所へ行、祝儀廿疋遣ス、○の川ニ而大のり一・平せんこ四、丸ヲ百文取、
五日　未明よりはら〳〵、晩方大分降ル、○西組三□□宇野駒平六十一才女熱祈廿疋入、○百度清七札受来ル、廿疋入、○
六日　快晴也、○瓦町京右衛門□才男子虫祈十疋入、○西組駒平札受来ル、○新田彦三郎弐才男子虫引付死ス、悔ニ行、平せんこ一遣ス、
七日　快晴也、○瓦町京右衛門札受来ル、○中瀬古より子供来ル、米一升・赤みそ一重遣ス、○おちの茄子・沢庵□、さつま三ツ遣ス、○百度取次、植田重右衛門□□□□□一苞入、○源吉あけ七ツ入、
八日　快晴也、○新田彦三郎悔礼ニ来ル、廿疋入、供物一包遣ス、○密蔵里芋入、○吉作・善助さつま入、○栄三郎・佐代吉あけ入、○鉄蔵里芋入、あけ五ツ遣ス、○田勝蔵あけ九ツ入、○九左衛門へあけ五ツ遣ス、○百度本家へ宮之丞着物洗濯縫上ケ故□□遣ス、○才次郎頭すりに入来、芋遣ス、○夕方藤七在所より帰ル、さつま入、
九日　極快晴、菊花ノ節句目出度静也、○御城内八幡小路尾崎円四郎三十三才男大病祈弐百十弐文入、晩方

札受来ル、○子供祝義入、○音蔵里芋入、○百度親父・作蔵・俊次・政蔵等入来、
十日　極快晴也、○下五井孫兵衛八才男子時候大病ごま金百疋入、○町組和田広右衛門十才女子惣身腫大病祈、○中瀬古へ米八升・里芋共為持遣ス、小用一取来ル、○の川ニ而小蝋百文取、
十一日　極快晴也、○下五井孫兵衛ノこま修行札受来ル、○町組和田広右衛門札受来ル、廿疋入、○瀧蔵里芋壱盆入、筆二遣ス、清書持参、○藤七竹切致ス、○昨日富蔵八足ノ大師へ参詣由ニ而弐百文かし、
十二日　曇晴、晩方大曇り、はら／＼、○半□□□□□検見頼ニ行、柿廿遣ス、清七へ寄供物一包遣ス、
十三日　夜前雨、五ツ頃より晴ル、○五郎兵衛取次、下五井善八、四十八才女風熱強祈廿疋入、○中瀬古へさつま芋九ツ遣ス、小用取来ル、○藤七米一搗、○佐代吉餅五ツ入、
十四日　曇天、七ツ過より雨、夜へ向テ降ル、○西一番丁守屋沢平廿一才女ヲ、ハン祈、○前川権六入来、□□妹上気祈百廿四文入、外ニ草り三足入、○美の屋ニ而益気湯・煉(練)薬五百文取、○藤七長全前へ油種蒔、種六兵衛ニ而求、○おつき九月かし分三百文返済入、
十五日　曇はら／＼、五ツ前より快晴、折々曇ル、○田町板木□代吉五十才男積(癪)留(溜)飲祈、○西一番丁沢平札受来ル、□疋入、○権六同断、○徳四郎・常右衛門・実五郎もち入、○おすき一重入、細筆二遣ス、○藤七長全前油種蒔キ、○中瀬古へ大半・小半取ニ遣ス、
十六日　快晴、風有ル、○田町板木屋代吉札受来ル、弐百廿四文入、○北川惣八、八十五才ニ而病死悔ニ行、平せんこ一遣ス、無程礼ニ来ル、十疋入、○百度ト富蔵へもち少々ツ、遣ス、○孫太郎よりさつま芋沢山入、半し一・細一遣ス、○半□より廻状来ル、一乗院へ次ク、○源六養□□□親聟披露ニ来ル、扇一本ツ、入、○同家□屏風ニ火鉢借ス、○百度新家より蕎麦切一・柿遣ス、
十七日　極快晴也、○田尻七蔵七十六才女年病祈、西宿又蔵取次也、斎後札受来ル、廿疋入、○普請組銀蔵

十三才男疳祈、○小浜藤蔵廿五才女虫歯祈、○仙吉・茂作・浜吉・要作粟餅一重ツヽ入、○中瀬古へ餅十三・柑子廿・さつま芋廿為持遣ス、○密蔵・吉作・安五郎餅入、○大工栄吉来ル、台所瀬戸口ノ戸切込戸も彼人内ニ而拵ふ、夫より上ノ小使ノ上戸拵ふ、○下地安兵衛へ杉六間巾一尺位之処、板二取来ル、上戸ニ拵ふ、○源六へ養子貰悦ニ行、百文トとふふ配書一丁遣ス、○藤七長全前へ油種蒔仕舞、

十八日　曇晴也、昼後より折々はら〳〵、○横須加佐兵衛四十五才女血積祈三十疋入、○小浜藤蔵札受来ル、廿疋入、○百度両家・儀助・泰助・弥助・すミ・和三郎・繁蔵餅一重ツヽ入、○大工栄吉来ル、昨日より上戸出来、便所竹ニ仕替昼迄出来、夫より戸東等入かへ済、○舟町鍋源参詣、三次郎眼病少々クルイ来ルト云、直ニ帰ル、○富蔵たんす、藤七共角田口もち昼迄刈晩迄運送、七束九わト云、

十九日　夜前もはら〳〵、曇天、昼後より晴ル、○魚町浅井屋弥兵衛廿一才女り病祈廿疋入、○船町甚兵衛四十五才男疳祈廿疋入、○横須加佐兵衛札受来ル、○中瀬古へ餅十一為持遣ス、大半・小半取来ル、

廿日　夜前より終日風強シ、寒シ、快晴也、○魚町浅井屋・舟町甚兵衛札受来ル、○藤七角田もち刈ニ行、四束刈皆運ふ、

廿一日　極快晴、大ニ冷ル、○高須仁右衛門取次、篠東仁左衛門六十三才女長病臨廿疋入、○おりへ来ル、院主布子二ツ洗濯出来持参也、里芋一盆入、餅九ツ遣ス、中瀬古ノ足袋三足預ル、○富蔵たんす、角田稲刈仕舞、絹田も少々刈ル、

廿二日　快晴也、○新銭町善太郎弐才男子ふら〳〵祈廿疋入、○中瀬古より加行こまノ供子供持来ル、○富蔵たんす、絹田稲刈、

廿三日　快晴也、○新町万屋佐兵衛四十九才女風祈、○神明□金六四十弐才男水気祈、○新銭町善太郎札受来ル、中瀬古より加行こまノ供物等子供持来ル、○小豆餅一重ト煮〆一重入、昼後宗賢入来、晩方より護摩正行へ懸ル、○美濃屋ニ而風薬三取、○藤七絹田ノ稲

運、
廿四日　曇天也、○新銭町七右衛門八十一才男年祈廿疋入、○牛久保藤助五十六才男風祈、○魚町伴治九□女子り病祈廿疋入、○新銭町彦七祈、四十一才男□廿□□、○新町ト神明前札受来ル、○清作餅□□□、○子供明日買物ニ行、○藤七長全前大豆引、
廿五日　夜前宵雨少々、極快晴也、○夕方西羽田源兵衛六十才女晩吐血夢中祈、○彦吉・伴治札受来ル、○七右衛門より死ト云来ル、土砂遣ス、○子供日待三十八人、平作不参、小豆飯也、○直作さつま芋入、○富蔵たんす、絹田残分稲刈済、晩方藤七少々運ぶ、
廿六日　快晴也、○牛久保藤助札受来ル、廿疋入、○西羽田源兵衛同断廿疋入、○中瀬古へこま油・供物仕舞成故申来ル、さつま芋遣ス、先よりさつまノ付揚入、○藤七絹田ノ稲運ひ済、
廿七日　快晴也、○新銭町源三郎九才男子腹張祈、○中瀬古より正行用之こま油・供物ノ餅等子供持来ル、小遣壱貫五百文渡ス、○中瀬古へ大根十一本遣ス、小用一取来ル、○百度ニ而宮之丞布子・襦袢洗濯仕立入、
廿八日　極快晴也、○百度助四郎取次、下地重吉六十八才女瘧祈、○新銭町源三郎札受来ル、弐百十弐文入、○藤七大豆引、長全前済、
廿九日　極快晴也、○助四郎より下地之札受来ル、廿疋入、○中瀬古より宗賢こま正行祝ニコモク飯二重入、○おとき赤飯一重入、柿七ツ遣ス、○中瀬古へ藤七大半・小半取ニ行、○藤七長全前大豆引、

十月大丙申納

朔日　極快晴、大ニ冷ル、○子供神送餅多分入、○不参佐代吉・源吉・栄三郎・繁蔵・伊介也、善助里芋入、○□□外才次郎・九左衛門入、和平同断柑卅遣ス、富蔵同断、○宗賢日中ニ而護摩正行結願也、晩方帰堂ス、○中瀬古へ苞餅遣ス、六郎より来分も届ル、○長□□□、○六郎兵衛弐朱両替、
二日　曇天、昼前よりはら〱夜へ向テ大分降ル、今暁もはら〱、雷一ツ鳴ル、○新田兵太郎七十五才女

り病後腹痛祈弐百廿四文入、○藤七西屋敷大豆引、粟壱臼つく、○長平娘来ル、病気未同様ト云、まん中一袋入、餅十五ト柑子三十遣ス、
三日　快晴也、○朝中瀬古より老師御入来、あけ五ツ入、晩方御帰堂也、○中瀬古へ宗賢こま加行、供物重箱等為持遣ス、○藤七西屋敷大豆晩迄引、三十五束有ルト云、
四日　快晴也、○三ツ相権右衛門四十七才眼病祈、○安作里芋入、柑子遣ス、○藤七西屋敷へ小麦蒔懸ル、○みの源ニ而頬印ノ織(折)本二本求百文一払、
五日　快晴也、○斎前荒井応賀寺法瑞房□□□□州□田愛染院へ求法ノ為ニ登山スト云、五□□□□□□、○中瀬古より子供来ル、楠葉戒定□□手紙□□□□□受戒願度様也、此頃大坂天満□□□□□□□□□紀州へも見ヘルト云、大坂阿□□□□□迄ニ山崎へ亀山出張、泉州へ淀出張□□□□□山出陣ト云、騒敷事、八幡宮ノ祈祷□□□、○藤七西屋敷小麦蒔、
六日　極快晴也、○三ツ相権右衛門札受来ル、廿疋入、○法瑞房帰ル、唐蜜柑廿遣ス、○昨日豆三升五合煮ル、糀五升求、頼母子ノ用意也、○富蔵□□□、門前麦蒔、藤七同断、人参五本入、柑子遣ス、
七日　極快晴也、○中清須源作生レ落ノ女子ふら〱祈廿疋入、○北川清八方嫁上気空言祈、供物一包遣ス、○中瀬古へ飯三升・赤みそ一重・大根五本為持遣ス、小用取来ル、○藤七西屋敷小麦蒔、
八日　曇天、晩方少々照ル、○横須加歓喜寺より四十七才僧□病痰祈三十疋入、暮方死スト云来ル、土砂遣ス、○下地村権四郎六十九才男痰祈廿疋入、○清八より札受来ル、□□□無言ト云、○暮方幸作入来、清八病人ノ臨頼来ル、此方ニ而致ス、○坂平人参九本入、柑子遣ス、○藤七門前□□□□、昼後より西屋敷へ小麦蒔、
(九日)□□　□晴也、○下地権四郎札受来ル、○清□□□□□来ル、○北川清八へ病人見舞ニ行、□□□□□□□□、六郎兵衛へ寄供物一包遣ス、□□□□□□□□蒔、藤七同断、

(十日)
□□　□□、昼後より雨ニ成ル、○松山次右衛門□□□□□□疋入、○下五井庄二郎四十八才女り病□□□□□、○弥之□来ル、下地亀屋平六頼ニ而蜜柑□□□□瀬戸皆西屋敷共合金十弐両ニ而売引合致ス、□□未不取、○同人横丁ノ鎌屋連来ル、前西屋敷□□廿八俵取、跡三両ニ而売約束ニ致ス、差金一分取、○才次郎頭すりに入来ス、○清八嫁死ス、土砂受来ル、○藤七西屋敷へ小麦蒔、米壱臼搗、

十一日　夜前風強シ、雨も降ル、終日風五ツ時大時雨、○下五井猪右衛門三十六才女ふら〱祈、○清水作十、四十四才女疳ニ熱祈廿疋入、○松山次右衛門札受来ル、○北川清太郎加持礼十疋入、悔礼十疋入、○弥之□来ル、蜜柑差金一両請取、○百度本家ニ而麦種一升借ル、○中瀬古へ米七升為□□□、□用一取来ル、○藤七西屋敷へ小麦蒔、

十二日　夜前より風強く寒シ、○下五井庄三郎□□□廿疋入、随求守二服(幅)十疋入、○清水作□□□□□太郎嫁ト西羽田源兵衛婆□□□□□□□□一ツ、遣ス、○藤七西屋敷□□□□□□、

(十三日)
□□□　□□□□□ツ頃より夜へ向テ降ル、○□□□□□□□□□祈礼廿疋入、○富蔵た□□□□□□□、○の川ニ而大のり一・金赤一取、

(十四日)
□□□　□□□成ル、○茅町塩屋弥右衛門五才女□□□□□廿疋入、○西羽田源兵衛悔礼十疋入、○下□□□□札受来ル、廿疋入、金山寺味噌一重入、柿九ツ遣ス、○葛□源治勧進元ニ而榎河岸ニおゐて中角興行讃□□□□燈籠ノ油料寄進由ニ而、当院へ通札三まい来ル故廿疋為持遣ス、○六郎兵衛弐朱両替、○富蔵たんす、門前麦蒔済、中飯より長前ノ油菜耕作、藤七同断、秋仕舞ニ百文ツ、遣ス、富へ柑子遣ス、

十五日　快晴也、晩方曇ル、○茅町弥右衛門札受来ル、廿疋入、○朝より院主中瀬古へ行、到来ノ金山寺味噌・唐みかん五十遣ス、暮方帰ル、○昼後藤七中瀬古へ小麦蒔ニ行、小用一取来ル、○朝才次郎頭すりに入来ス、○小僧足袋六文半百文求、

十六日　快晴、風強く寒シ、○九左衛門・源六・□□

より亥之子餅入、筆子村ニ新田皆入、菅勝不参、○昼方中瀬古へ小麦蒔ニ藤七遣ス、木綿□□□□□賃百五十文渡、先よりこまノ檀木□□□□□、

□□□(十七日) □□風荒レ寒シ、○松山次右衛門四十□□□□□□廿疋入、○昼後より藤七在所□(大)崎也近所□□□柑子ノコツ一束遣ス、

□□□(十八日) □□至極静也、○下地清四郎取次、四十四才男□□□祈廿疋入、○橋良清四郎取次、下地□□□七十才女痰祈廿疋入、○中瀬古へ飯団餅大一□為持遣ス、

□□□(十九日) 未明はら〳〵、終日風、夜へ向テ吹寒シ、○茅町忠蔵廿六才女疳祈廿疋入、○芳太郎温飩一重入、○中瀬古へ温飩遣ス、楠葉戒定し丁願度様申来ル故返事遣ス、西法和尚ニもし丁出来候尋来ル、○昼時北川左平次出火、西風強く所々より大分人来ル、小キ家故穏便之由也、○所々より見□之人入来ス、○暮方藤七在所より帰ル、さつ□□□入、来年ハ内引度様申、○夕方政平□□□柑子遣ス、

□□(廿日) 天気曇晴、荒吹寒シ、○下地清四郎・忠太夫・嘉吉札受来ル、○中瀬古より子供来ル、小壱貫五百文渡ス、○藤七長前ノ油種へ初こへ懸、

□□□(廿一日) □□風寒シ、○御影供如常、○常右衛門飯団□□□入、○長前油種藤七削り済、

□□□(廿二日) □□静也、○弥之吉釜甚前ノ勘□□□ニ来ル、日雇弐人ト四人也、金弐両三分入、○□□此屋敷ニ而此方八俵蜜柑取先切也、○夕方才□□頭すりに入来ス、○中瀬古へ小一取ニ行、

□□日(廿三) 快晴、風有ル、寒シ、○新銭町佐次右衛門六才女□長腹下り祈、○弥之吉右四人みかん切来ル、晩方三四人来ル、済、凡此方へ取分共合四俵位ニ見ヘル、

廿四日 快晴也、○新銭町佐次右衛門札受来ル、廿疋入、○中瀬古へ明日庚申供養ニ枝蜜柑弐束ト赤みそ一重・樫ノ□□致木一本遣ス、○昼後宗賢みかんかこいヲ手伝、○仙吉飯団餅一重入、○晩方鉄蔵同断入、○弥之□長屋ニ而夜迄みかん畚結ニ致ス、六十七出来

ル、○開浴営、百度と近所入り来ル、○明日供養也、
子供天神祭ル、
廿五日　朝曇快晴也、○吉川金右衛門八十弐才女絶食臨、○今日ハ庚申供養ニ而休日也、○小豆飯煮、○大崎定吉ト云者藤七従弟竹四本垂□□遣ス、イカキ代物替拵ト云、
廿六日　快晴也、○夕方札木町鯛屋与三郎六十三才男張□□□祈廿疋入、○田勝蔵飯団餅一重入、○□□□餅稲七束八わ、お菊六束□わ、稲粳□□□迄済、夫よりト、ロ片付ル、
(廿七日)□□□　□□晩方はら〱雨、○札木町鯛屋札受来ル、○□□□わ半右衛門殿へ川田検見礼ニ行、まん中配書一・熟柿九ツ遣ス、○応賀寺法瑞房役所迄来ル由ニ而立寄、御室ふ廿入、斎出ス、直ニ帰ル、○植田儀助入来、さつま芋一風呂敷入、唐蜜柑三十遣ス、○おとき飯団餅一重入、熟柿九ツ遣ス、○おき□粳稲十五束、おき(ママ)十五束六わ晩迄ニ扱相済、○中瀬古より鼠染ノ木綿一反出来、子供持来ル、代壱匁□□、
廿八日　夜前も雨、今日も少々降ル、大ニ暖シ、○新□□長次郎取次、城下也五十一才男腹痛祈廿疋入、直ニ札遣ス、○儀助飯団餅一重入、○中瀬古へさつま三ツ遣ス、小用一取来ル、○藤七油種抜ク、
廿九日　曇晴也、暖シ、○茅町弥右衛門五才ノ娘腫レ病咳祈金百疋入、○茅町半十、十九才男浜松ニ而病気祈、○弥助飯団餅一重入、○の川ニ而大粘一帖・半紙一束・小蝋百文取、○昨日源六より聟ノ土産餅二ツ入、
晦日　夜前はら〱、快晴也、○鍛冶町佐右衛門五十七才男中気祈廿疋入、○油屋瀬古木村屋松吉廿九才男労症祈弐百十弐文入、○横須加四郎兵衛三十五才男熱祈廿疋入、○茅町半十札受来ル、廿疋入、○徳兵衛・長七へ川田検見礼ニ菓子一包遣ス、五分位也、世話人三軒へも行、頼母子来十三日ニ致様ニ談置也、供物一包ツヽ遣ス、○今日みかん切ニ三人来ル、瀬戸より初未金不来、○藤七米二臼搗、頼母子用也、

十一月

朔日　快晴也、○正岡甚左衛門八十才女長病臨廿疋入、○小池直吉廿九才女積（癪）祈、○横須加四郎兵衛札□来ル、○茅町弥右衛門同断、○鍛冶町佐右衛門同断、無程死ト云来ル、土砂遣ス、○平作団粉・あけ五ツ入、鉄蔵・泰助同断入、○富蔵同断入、蜜柑三十遣ス、○弥之吉より蜜柑代之内金四両入、五六人も切ル、○九平次弐朱両替、○

二日　曇天、四ツ頃よりはら〳〵少々致ス、○小池直吉札受来ル、廿疋入、○正岡甚左衛門病人死スト□□砂遣ス、○百度より取次、植田半右衛門□□□一苞入、○清作飯団餅一重入、○おき□□□ト、口片付来ル処雨故帰ル、○ミかん切三人来ル、雨故帰ル、○斎後藤七在所へ来年長年之義談ニ行、日かけ分百文渡、

三日　曇晴、折々雪シマケ寒シ、○実五郎飯団餅一重入、○中瀬古へ飯団餅遣ス、○佐□□の川屋へ調物遣、道ニ而通落ス、不知レ、大のり一帖・みの紙一帖・生ふ三合取、○みかん切来ル、

四日　快晴、風有ル、寒、○今朝五ツ半時大地震、当院損□本堂玄関・台所所々壁落、建具之向所々はつ□腰折レ等、座敷も同断、玄関東ノ方庇落、味噌部屋潰レ、裏門転ひ、表門東ノ袖転ひ、護摩堂□□□抜ケ、巽角敷居抜床落、其外ノ堂も柱は不残□□□所々塀も少々ツ、損シ誠ニ大破損也、婆□□□いやはや恐敷事也、夫より小震ハ始終亦夜□□□大く震り近辺皆野宿也、○近所其外より大分□□□、○新開新田汐上り、其外大崎抔も汐上り海□□□□ニ而大破損シ上ノ事、前芝・下五井・横須加・下地□□□潰レ堤抔も□□□□破損と申事、都而下郷□□□□潰□□□□瓦葺ノ家、其外堂□□□□□□観音院も□□也、弁天□□□□□も所々□□□也、折ニは潰家出来□□□□□大分潰家ニ付大破損、御城内大□□□□□損也、米蔵も五千俵蔵残跡は皆潰其外□□□□大□也ト云事、歎敷事也、○昼後より百度両家□□□□片付ニ入来ス、御親父は中瀬古へ見舞ニ頼遣ス、○□□昼七ツ頃大崎より帰ル、来年も長年致ト云、○朝□□□飯団餅一重入、○

五日　晴天也、風有ル、寒シ、○夜前も小ハ震とふし
□□□□大キく震ル、暮前雷ノ様成音暫時致ス、□□
□□不審也、暮六時大地震也、夜へ向テ小始終震ル、
○所々より見舞入来ス、○藤七損シ物・瓦等片付、
六日　曇晴、甚暁空ハ静也、日ノ出入日前光明薄□怪
敷と申事、日光有種々ニ替り不審也、○小震朝暮相応
大キ震ル、併大分静ニ成ル、○朝宗賢入□見舞遣ス、
○半蔵殿入来、中瀬古損シ届ノ語也、
七日　曇晴也、○朝半右衛門へ行、中瀬古観音堂大損
シ幷□□□□届書認頼遣ス、百度三四軒見舞ニ寄
ル、□□□□八升為持遣ス、小用一取来ル、○西宿弥
三□□□□俵取、○今暮六ツ過相応大震ル、併今日□
□□□、
（八日）□□　□□也、○地震□□少々晩方より大ニ荒□□□
□、○□□□□□□産後大病□□□□、○□□□□□□
□重入、○
（九日）□□　□□□□□□昼三□□□□□□、○□□茂兵
衛長病□□□□□柑共遣ス、○松山庄次郎札受来ル、□

□□□□□入、
（十日）□□　□□風有ル、大ニ寒シ、○地震昨日と同様□□
□□、○□田佐右衛門四才女子泣ヲコリ祈三十疋入、
○□□□□受来ル、○七蔵たんす、表門転ひ起□□□
□□□袖ノ転ひ起ス、弥四郎・才次郎手伝、下男□□
□□、
（十一）□□日　晴天、風有ル、寒シ、○地震、数も少ク□□
□□、○新田佐右衛門札受来ル、○畑ケ中磯吉三十九
才女上気空言祈、百十弐文入、○七蔵たんす、台所北
畑入所東へ小壱尺も寄ルヲ直シ、其外地蔵堂・こま堂
五拝ノニジリ直等、昨日ノ□□□手伝、○百度子供
少々習ニ入来、拝□□□鉄利ニ而六寸廿本・大五寸一
わ大五寸一わ、大三寸□□□□取、
（十二日）□□□　□晴也、朝寒シ、凌由（能）也、○地震少々□□、
○□□□□札受来ル、○七蔵たんす、玄関□□□□□
□ふ、○下地安兵衛ニ而一間ノ杉□□□□□□□、○
（十三日）□□藤七二度行、
□□□　□□□□□□震少々、○□□□□□□□□□

□□内夕□□□□□□□□□□□□□□□□地拵へ戸出□□□□、
(十四日)
□□□　□□朝□風□ル、寒シ、○朝四□□□□□□□□少々数多シ、○坂津由太郎居□□□□□□様断申屋根ノ上へ遣ふ大竹一本□□□□□、○新田権右衛門見舞ニ入来ス、○七蔵□□□□□□□へ晩方迄ニ済、○おちの先年かし□□□□□升・弐朱不足也、
(十五)
□□日　快晴、静也、凌能シ、晩方曇ル、○地震少□□□、○東町角屋佐七より使来ル、地震見舞胡□□一重入、彼方ハ家ノ破損もなく一向軽シト云、直ニ帰ル、舟町か下地へ宿スト云、○藤七息子来ル、嫁土産赤飯一重入、蜜柑三十遣ス、○今日より西屋敷□□□切ニ四人来ル、籠ニ十三荷有ル云、○今日迄籾□□、
(十六日)
□□□　曇天、昼後より雨ニ成ル、暮方止ム、○夜前□□□□□今日ハなし、○茅町仁左衛門廿五才□□□□□、○紺《(柑)》子村民次郎五十五才女□□□、○□□□重右衛門殿入来、地震見舞□□□□唐蜜柑・みかん共七十遣ス、○□□□□□□□□□□□□□籾俵ニ致ス、八□□□□□□□□□□□致ス、□□□□、
(十七日)
□□□　□□□□□□、八ツ頃より雪、□□□□□也、○茅町仁左衛門札受来ル、□□□□廿疋入、○中瀬古へ飯団餅一重□、○□□□□大半・小半取来ル、○前東みかん□□□□、
(十八日)
□□□　□□雪降ル、快晴、風有大ニ寒シ、今日□□□飯団餅一重入、○中瀬古へ大半・小半取ニ□□□、○□かん切前東切来ル、○御米蔵潰ニ付今日□□米有、村預と申事也、
(十九)
□□日　極快晴、凌能也、○和三郎牡丹餅一重入、○□□大根引、釣し三百本程致ス、藤七引、子供手伝、○唐蜜柑切来ル、七ツ頃迄ニ済也、
(廿日)
□□　快晴、昼後より風有ル、寒シ、○西町中屋松兵衛□□□男子触毒祈廿疋入、○百度本家より飯□□□□入、沢山也、○下地安兵衛へ先日杉皮八束□□□□返ス、○杉四部一間両ニ八百ト云、杉四部□□□□□□間ト云、右一間ツ、取藤七行、○坂□□□□□入用由大竹四本持行、代六百□□□□□□□也、○御影供如

常、○高足□□□□□年病祈廿疋入、○西町□□□□□□□□餅七ツ入、半□□□□、

□□□(廿一日)　□□□□□□弟御講餅七□□□□□□来ル、当暮祠堂り足金一□□□□□□金弐分ノ今日渡ス、

□□□(廿二日)　□□也、○高足金八札受来ル、○□□□□□□三入、半し一・巻せん廿七・柿弐ツ遣ス、○□□□□清助藁壱分ニ三十八束ニ而七十六束□□□、○藤七今日迄麦一はん削り済、

□(廿)三日　極快晴、凌能シ、○夜前風なく静也、七ツ□□□□夜大ニ震ル、今日も小三四反(遍)震ル、○政平来ル、□蔵長病臨加持中来ル、供物一包遣ス、○藤七西屋敷小麦へ一はんこへ掛ル、

廿四日　極快晴、至極暖也、○地震少々、○魚町□□や新三郎五十才男大病祈三十疋入、○□□□□蕎麦粉一重入、熟柿九ツ遣ス、○おき□・□□・□次郎大豆叩来ル、暮迄九十束外□□□□、

□□□(廿五日)　曇天、風有ル、七ツ前より雨、夜ニ入テ東□□□□強シ、○今朝地震小少々、○清水□□□廿八才男脚気祈、○子供天神祭、○□□□昨日ノ三人大豆叩来ル、西屋敷分三十束□□□□、□□□□迄ニ□□□□、

廿六日　夜前風雨□□、晩方より雨止晴ル、地震少々、○清水八百蔵札受来ル、○おちの来ル、□□□□□分入、済、り弐百文取、又五百文かし、□□□、○中瀬古より子供来ル、小遣一貫五百文ト□□□□分渡、

廿七日　晴天、風有ル、寒シ、夜へ向テ強シ、○魚町□□□札受来ル、○中瀬古へ米八升ト赤みそ一重為持遣ス、小用一取来ル、○徳四郎飯団餅一重□、○藤七晩方より在所へ行、給金ノ内壱分弐朱、外ニ百文かし、

廿八日　曇晴也、夜分風、○楠葉戒定より昨日中瀬古此間返事来ル、し丁何レ来九月会前企之由也、彼地も当月四日より地震併軽シト云、大坂は津浪ニ而大損ト云事、○才次郎より飯団餅一重入、沢山也、○古金銀引替ノ廻状来ル、次へ継、

□□(廿九)日　快晴寒シ、夜ニ入テ風強シ、四ツ過小地震、○□□□寒見舞例之通入、○才次郎入来、□□籾一俵持行、其内彼方ニ而引也、○中瀬古□□□□来ル、地震破損直シ舎力日雇之由、四貫八□□□□、

十二月乙未

朔日　快晴、寒シ、風少々、○仁連木新田□□□七十六才男病気祈弐百廿四文入、○文作□□胡麻餅一重入、みかん七十遣ス、○宗賢朝より入来、障子張致ス、○百度へもち籾弐俵持行、今宵曳(引)テ貰ふ、○藤七昼後在所より帰ル、○鉄利ニ而二寸一わ・三寸一わ取、

二日　快晴、風無静也、晩方曇ル、○弥五兵衛取次、馬見塚弥吉八十一才女病気祈廿疋入、○仁連木千代蔵札受来ル、○和平殿入来、羊蔵臨礼廿疋入、少々快方ト云、札遣ス、○仙吉蕎麦粉一重入、○おりへ来ル、上ケ七ツ入、みかん遣ス、院主半天仕立ニ木綿遣ス、小僧ノ穢ス敷蒲団□枚せんたくに遣ス、○早朝より宮之丞義二便臥テ穢し殊ニスルキ故半季も居レ共□□藤川角屋佐七へ返ス、藤七背負□□□□も遣ス、夜ニ入テ帰ル、無滞送り届ケルト云、

三日　晴天、風有寒シ、○松山又右衛門七十才男□□気祈、○□□□衛馬見塚札受来ル、○今日ハ百度より□結ニ出ル、要助・亀作・石松・□□・周蔵・助□□・又次郎・弥四郎・源三郎右九人墓裏迄済、こま堂建シも少々手伝、○半右衛門不参ニ付白米一升入、熟柿七ツ□、○七蔵たんす、蔵ノ瓦損シ直シ、鉢床等直シ、こま堂仏壇ノ床落荒々直シ等也、○清八・富吉・六郎兵衛入来、左平次焼失家建直志礼来ル、弐百文遣ス、○百度御親父新銭町へ小二升鍋求ニ行、古鍋遣ス、三百六十三文渡、

四日　快晴、大凍り、夜前地震少々、○古宿喜代蔵七十弐才男病祈廿疋入、直ニ札遣ス、○松山又右衛門札受来ル、廿疋入、○九文字屋より空夢童子十三回忌ニ付五百文・斎米一升・らう三・白餅三十四入、上蜜柑五十遣ス、○おつき来ル、昨年頼母子返金ノ内金一両入、○才次郎より昨日玄米壱俵入、○中瀬古へ資(祠堂)道米

一俵取ニ遣ス、入、○才次郎入来、おかつ帯祝ノ餅大二重入、小二ツ入、○七蔵たんす、玄関□庇とゆ（樋）懸ル、後より井戸□二筋塩長へ求ニ行、弐百廿四文ツ、也、本町政蔵ニ而手水鉢一ツ求百七十六文也、夫より半右衛門・忠八等丸太借りニ行、明日台所起ス用意也、○藤七もち米一臼搗、○夜前光徳寺焼失、隠居焼死ト云、
□□（五日）快晴、大凍静也、今暁七ツ前小地震、晩方一ツ、○前芝八平より六才ノみき未眼病不宜祈金百疋ト廿四文入、○空夢十三回忌塔婆建回向致ス、○九文字屋より手代参詣、蜜柑出ス、○七蔵たんす、台所地震ニ而東へ三寸程も転ひ朝より直ニ懸ル、晩迄ニ真直ニ起ル、百度御親父・弥四郎・九平・手伝才次郎晩方同断、○才次郎取次、植田重右衛門よりさつま芋一苞入、○庄屋へ大豆年貢三升遣ス、○久吉来ル、仏名会飾餅米一升入、
六日　快晴、静也、夜前小地震弐ツ、○大津清助五十弐才女疝気祈、○下モ町甚兵衛七才男子腫物祈廿疋入、○朝より宗賢入来、の川ニ而美濃紙五帖・半紙弐束取来ル、障子張手伝、和尚二三日腹合悪敷と云、晩方帰ル、○朝もち米五升・久左衛門分一升水ニ積（漬）ル、七ツ前より搗、○百度御親父・助十郎・富蔵同断、○常右衛門粉一重入、○坂津重作より仏名会斎米一升入、○百度七蔵入来、金光寺本尊地震ニ而損シ直ニ付初遣頼来ル、承知ス、此方ニ而拝ム、
七日　極快晴、静也、大凍ル、○新町佐次兵衛四十四才女疳祈廿疋入、○東三番丁藤井本蔵六十一才女風邪祈弐百十六文入、○松山六右衛門四十八才男腹痛祈弐百十弐文入、○大津清助小松より札受来ル、○朝より北川三軒買物来ル、夕方迄ニ料理済也、○宗賢朝より入来ス、夜ニ入テ帰ル、○百度御親父・助十郎朝より手伝ニ入来、○開浴、
八日　極快晴、静也、大凍ル、夜前地震弐ツ小也、○斎後仏名過去開白（闢）、夜ニ入テ千礼済也、○早朝より北川三人共手伝ニ入来、助九郎・毎蔵・九平・源次郎追々入来、伝四郎同断、弥之吉其外呼人皆入来、子供

も同断、○朝宗賢入来、老和尚腹下り不食ト云、七ツ頃帰ル、○老師不快ニ付、膳為持看病ニ助九郎遣ス、晩方帰来ル、○祠堂勘定如例致ス、利足少々寄ル、○昨日富蔵たんす、米つき小使等也、○富蔵・七蔵たんす、下働キ也、○新町左次兵衛ト松山□左衛門札受ニ来ル、○東組本蔵死ト云来ル、○瓜郷惣左衛門息子参詣、斎出ス、斎米四升入ル、蜜柑三十遣ス、○下五井猪右衛門参詣十疋入、

九日　快晴大凍ル、夜前地震小弐ツ、○仏名現在之□夜分迄ニ済、壱人ニ而勤、○指笠町風呂屋善吉取次、大岩彦九息子疱瘡祈廿疋入、直ニ札遣ス、○坂津次三郎入来、地震見舞胡麻餅三十七入、みかん壱束遣ス、○新田弥市郎入来、胡麻餅廿七入、みかん五十遣ス、○中瀬古へ老師腹下り尋ニ遣ス、昨日同様ト申、もち十五遣ス、大半・小半取来ル、

十日　快晴、凍ル、夜前も小地震弐ツ程、○未来之巻夜分迄ニ済、結願回向相済、当年ハ老師も不快ニ付一人ニ而相勤、○魚町代吉十九才女新城ニ而病祈廿疋入、直ニ札遣ス、○松山六右衛門札受来ル、○徳四郎寒見舞ニ胡麻餅入、○北川・百度・新田今日迄ニ八日餅□、○九左衛門同断、○源吉同断入、○藤七□□□□餅ニ飯団餅・さつま芋少々入、餅喰、みかん□□遣ス、来年給金一分弐朱渡、先達而一両弐朱かし、亦壱分弐朱かし、今日共金一両□分□□□□、外ニ金弐分弐朱来春迄当座□□□□、瀬戸みかん藁敷キ済、

十一日　快晴、凌能静也、○夜前小地震二□□□、○朝より宗賢来ル、供物包村方・町方・羽根井□□□配ル、暮方帰ル、供物餅五十遣ス、和尚少々快方ト云、○西羽田清兵衛祠堂借度様ニ而昨日今日ト入来ス、○藤七前みかんへ藁敷、

十二日　快晴也、静也、○朝小地震、○下地忠次郎廿四才男脾胃痛祈、○西羽田清兵衛祠堂金内十□両借ニ来ル、證文持参也、内金十両今日渡、跡利足寄次第沙汰致ト申遣ス、○仁左衛門祠堂り一分入、釣り百十六(ママ)十六文渡、○中瀬古へ餅十一為持遣ス、先より半紙三束持来ル、○北川権六入来、清三郎分祠堂ノ借金弐

両彼方より返済□證文返ス、八日ニり足一分入、未昨
冬り一分遅滞□、○瓜郷・下五井へ仏名供物助十・泰
助為持遣ス、□□唐蜜柑二十遣ス、○坂津・外神・中
村へ供物遣ス、
十三日　極々快晴、大凌能也、晩方曇ル、小地震□□
□□、○忠次郎札受来ル、廿疋入、○茂作菓子□□□
□□見舞也、○下地石工久三郎□□□□□□ニ付百
度兄弟両人幸便付□□□□来ル、代金壱分弐朱ト四百
廿一文才次郎□□□□、○藤七長全前菜種一番削ル、
十四日　極快晴、大ニ暖シ、晩方曇ル、○小池清□□
四十四才女血痰祈廿疋入、○北川へ礼ニ行、平□半し
三・白みそ小重・こま油七ツ遣ス、六郎・権右衛門半
し二、余ハ同断也、○徳兵衛・長七、羊かん五配符一
・供物一包ツ、遣ス、○小助祠堂り弐朱ト五百六文
入、国役分金六百六十五文渡ス、○おとき仏名会ノ斎
米一升入、蜜柑・金かん遣ス、書初ノ手本も遣ス、○
中瀬古小一取(全脱)、長前油種削りも済、
十五日　今暁大雨也、無程止ム、初メニ小雷少々、○

夜前小地震弐ツ、○新長屋大工源吉十四才女腫物祈廿
疋入、○小池清九郎札受来ル、○才次郎より八日餅一
重入、斎沢山也、夕方同人天窓剃ニ入来ス、○藤七も
ち(ママ)餅二臼搗、○半次郎・幸作・米次郎こま堂□□見に
入来ス、渡しニ而四十八匁ト云、裏門□□□□瓦葺、
表門片袖瓦ふせ共ニ九匁ト云、先当□□□積ニ申□
也、
□□(十六日)　朝雪はら〱、快晴、風強寒、晩□□□□、
○船町十次郎弐才男子疱瘡祈廿疋入、○□□□□□嵩
山□蔵廿八才男風祈廿疋入、○新長屋大源□□□□
□、○半右衛門へ仏名会礼ニ行、白みそ一重・こま餅
□□□一袋遣ス、○中瀬古へ昨日も六ツ遣ス、調へ
物頼遣ス、老師大分快、今日飯用ト云、○の川ニ而抹
香・丸せんこ百□□、○昼前より北川垣結ニ出ル、梅
蔵・惣三郎・鉄蔵・十□・斧蔵・虎蔵・栄三郎・長作
・清助・茂吉・利作・作□・岩吉・平蔵・宗吉・留吉
・清太郎右十七人墓之裏より九左衛門境済、表ノ菱垣
も済、中少々結寒故早帰ル、藤七留主故栄三郎殿頼飯

焼ス、〇平六祠堂り壱分入、釣り□三十六文渡、〇藤七早朝より大崎へ行、金かん少遣、日かけに当年中ニ而弐朱遣分残百四十一文渡済、外ニ香ニ手拭遣ス、替りハ綿おうし一ツ代ニ而百三十八文遣ス、〇浜吉まん中一袋入、

十七日　夜前宵ニ雪少々降ル、風強大ニ寒シ、凍ル、大寒也、快□、折々雪はら〲、〇坂津金作札受来ル、〇舟町十□病人死ト云来ル、土砂遣ス、〇晩方藤七大崎より来ル、高足より嫁ノ土産餅一重貞より入、藤七従弟竹四□先達而持行、代ニ丸イカキ(笊籬)・ロイカキ弐ツ入、

(十八)□□日　快晴也、大ニ凍ル、夕方風強シ、〇舟町富□□□才女腹中痛祈、〇松□□□□百度へ諸礼ニ行、本家へ半し三・胡□餅□□□、半し三遣ス、九左衛門へ九平台所起ス節□□半し三遣ス、〇百度庄次郎嫁貰悦ニまん中一袋遣ス、〇藤七もち米一臼搗、門前麦一はんこへ、〇百度七蔵入来、明朝金光寺へ本尊修□出来開眼頼来ル、承知ス、

十九日　快晴、今日ハ寒気大ニユルム、立春也、〇坂下八百蔵六十弐才男淋病祈、〇花ケ崎平兵衛□十六才男留(溜)飲祈、〇金光寺へ本尊阿弥陀・観音・勢至三躰開眼ニ行、供物一包遣ス、〇徳次郎本尊洗濯開帳頼十疋入、供物同断遣ス、〇舟町勝蔵札受来ル、廿疋入、〇中瀬古へ小用一取ニ行、亀かた(形)の墨四十丁の川ニ而取、中瀬古より請取来ル、老師昨晩風呂入り□、腹下りト云来ル、〇夜前九ツ半頃三相村□□火事、

廿日　極々快晴、大ニ静暖也、今暁前小地震一ツ、〇□□平兵衛札受来ル、廿疋入、〇坂下八百蔵□□□入、〇百度七蔵金光寺ノ開眼礼三十疋入、〇才次郎西町利吉ニ而万茶求□□□□、〇藤七もち粟一斗七升三合搗、

(廿一)□□日　夜前より小雷、朝迄鳴ル、快晴、風強ク□□、〇朝より宗賢入来ス、美濃四帖の川ニ而取来ル、こま堂障子八本張ル、晩方帰ル、備餅一膳遣ス、〇弥之吉来ル、春三月迄金三両かし、馬見□□八両ノ古證文取置也、〇作蔵入来、閏七月かし金弐分返済入、〇

才次郎頼新銭町へ風呂釜一ツ求ニ遣ス、代弐貫三百五
十文也、古六百文ニ成ル、○安政ト年号改元ノ廻状廻
ル、一乗院へ次ク、○夕方清源寺入来、稀成地震ニ付
為伺安否来ル、廿八日朝四ツ時登城致様ノ廻状持参
也、急事直ニ一乗院へ下男持行、○下男黍二臼搗、
廿二日　夜前宵雪はら〳〵、風強快晴、風有、晩方よ
り強シ、○弥之吉・釜甚来ル、蜜柑代金残七□処、地
震ニ付大ニ損故勘弁頼と云、無致方弐朱引遣ス、六両
三分弐朱済、達而ノ頼故直ニ金弐両両人ニ来年秋迄か
し渡、○中瀬古ニ茶七貫百目為持遣ス、一昨日才次郎
西町□□□求置代壱貫弐百七十文也払、先ニ而大豆四
束持来ル、○黍一斗三升三合水に積(漬)ル、○中瀬古より
子供来ル、小遣壱貫五百文渡、○おきせに稲扱賃・大
豆叩賃共為持遣ス、○
廿三日　極々快晴、朝氷ル、暖シ、○夕方瓜郷惣左衛
門入来、盆祝儀三軒分入、外十疋入、当暮無難祈、○
西羽田清兵衛来ル、金五両今日渡、先日共金十五両ニ
成ル、證文ハ先達而取、○弥之吉より歳暮唐芋五ツ
入、○中瀬古へ昨日みかん三束為持遣ス、○沢庵百五
十本積(漬)ル、○
廿四日　夜前も地震、今昼も同断小也、○快晴、夕方
風、○中瀬古勝蔵四十三才男腹痛祈、○新田権右衛門
入来、こま初尾米ト外ニ一升入、みかん四十程遣ス、
三両ノり(利)足壱分ト三百三十六文入、○おなか先達而か
し分弐百文入、済、○吉川村へ年貢皆済ニ富蔵頼遣
ス、弐貫六百七十七文也、○中瀬古へ小一取ニ行、○
藤七もち米一搗、○□□八升水に積(漬)ル、
□□□(廿五日)　快晴風有ル、○新町大草屋周五郎五十弐才男
留(溜)飲腹痛祈廿疋入、○中瀬古勝蔵札受来ル、○羽根井
兵作当月廿日朝子ノ刻出生男名頼ニ来ル、善三郎ト付
遣ス、廿疋入、○和平殿入来、三両り足ト久七□□弐
朱ノり共合金弐分入、釣り三百三十四文遣ス、こま初
尾米入、みかん一束五十遣ス、○子供昨日今日ニ書初
仕舞、○七蔵たんす、門ノ菱垣等致ス、○餅米五斗一
升五合洗ひ水に積(漬)ル、○中瀬古へ子供遣ス、半紙弐〆
・扇・元ゆい等調来ル、

廿六日　快晴也、○早朝より餅搗、至極加減由、八ツ過迄ニ片付済也、米五斗一升五合・黍一斗三升余・粟九升也、小豆一升三合沢山也、百度御親父・助十郎手伝入来、才次郎昼頃より手伝ニ入来ス、○富蔵・七蔵たんす、□庚申故昼頃帰ル、富ハ明日もち搗故仕舞次第帰ル、井(蒸)籠借ス、○北川三軒・百度本家・九左衛門・源六餅一重ツ、遣ス、○七蔵昼□□□一重沢山ニ遣ス、○宗賢手伝入来、晩方帰ル、○新町周五郎札受来ル、○六郎兵衛先達而かし分金二分返済入也、○仙吉里芋入、○平十より歳暮ニ串柿廿本入、○下地安兵衛木ニ杉皮代二□三百四十弐文相渡済也、○新町周五郎札受来ル、○西町光明寺入来、油ノ五合配書一・納豆一重入、みかん出ス、手本残五二(ママ)本遣ス、

廿七日　朝凍ル、極快晴也、○応賀寺弟子法瑞房昼頃入来、千歳草一箱入、雑煮出ス、中瀬古和尚へも同一箱入、役所へ年礼断届書持来ルト云、晩方より帰ル、上みかん三十遣ス、○夕方才次郎天窓すりに入来、歳末十疋入、通も庄屋ノ請取来ル、過百十弐文入、○おちの串柿十本入、○六三郎同断入、みかん三十余遣ス、こま初尾も入、○喜助来ル、祠堂金貸ノ内一分入、昨年共合三分也、未弐分弐朱不足、明年ハ皆返済致様ニ申置也、○羽根井権六息子来ル、先達而祈礼廿疋入、こま初尾も入、みかん少遣ス、○藤七麦へ一ばんこへ□□西屋敷ノ小麦へ二はんこへ出し、○市ハ□□□□青のり八わ入、みかん三十遣ス、

□(廿)八日　朝凍ル、極快晴、暖シ、昼後より曇ル、昼時小地震一、○朝四ツ時地震安否為伺院主登城、御玄□ニ而手札置計也、亀次郎伴也、○六郎兵衛より餅一重入、歳暮大牛房五・大人参(ママ)本入、○源六より餅一重入、○九文字屋より使ニ而斎米一升・廿疋入、上蜜柑五十遣ス、同家手代源七より十二月廿一日命察願西往信女忌廿疋入、○西羽田吉兵衛掛物三幅開眼十疋入、○佐藤吉兵衛息子戌年十七才改名頼来ル、○才次郎八百□□青昆布三百文求、手拭壱筋□□□来ル、○中村兵右衛門此間竹ノ礼ニ塩入、みかん□□少々遣ス、○中瀬古青昆布年分□□遣ス、大半・小半取来ル、長雄

弐袋□□□□巻筆の川取分三百文処入□□□、○□□
宜敷と云、未粥計ト云、
廿九日　極快晴、静也、○橋良村庄□□□□□□大病
祈廿疋十弐文入、○新田安兵衛□□□□□牛房一束
入、みかん三十遣ス、竹二本□□□□同人取次大野弥
五郎三十七才男躰痛□□弐百廿四文入、○佐藤村吉兵
衛息子戌年□□平作木性豊次郎ト改名致遣ス、十疋
入、○□□□林平母・牛久保彦七分共こま初尾米入、
□□□度々小僧尋呉深切之至、礼ニみかん五六十遣
ス、○太平・太助同断入、○六郎兵衛来ル、金三分当
座かし、○おちの餅一重入、さつま三ツ遣ス、金弐分
当座かし、○中瀬□□朝より門松立ニ富蔵遣ス、大備
一膳・小備□□□廿一・中備五膳、是ハ此方へ帰り分
也、のし□□□□□上切餅弐百まい・下百枚・黍三十
・粟廿□□□□味噌一重・三宝(方)共為持遣ス、長□□□
□六十弐文・門松九十一文共□□□□□□曲入、○清
□内ノ門松立ル、○□□□□□□□□□等致ス、世
話□□□□□配ル、○弥之吉祠堂□□□□□□賃分古

證文預ケ置処、今日外□□□□□□古證文返ス、○勘右
衛門祠堂り足□□□□、○□瀬古へ小用一取行、
(晦日)□□　極快晴、静暖シ、朝五ツ正時地震、昼後より
□、風強シ、○歳末目出度シ、○橋良庄□□□清六大
津弥五郎ノ札受来ル、○昨日より今日迄□□□□皆
入、○在所其外も入、此方よりも遣ス、○□蔵祠堂り
足一両弐朱入、釣り百六十二文入、○六郎兵衛来ル、
来年たんす金壱分ト銭ニ而壱貫六百八十四文渡ス、松
山分六匁り足分銭ニかへ、○□町大工栄吉より背戸口
戸代九匁、外ニ弐人作料□□十二匁六分処壱貫四百十
四文渡ス、○中瀬□□□□一斗・里芋・唐芋・牛房為
持遣ス、○□□□□川屋へ内払ニ拾貫文渡ス、○清□
□□□□堂り滞り分一分入相済、○□□□□□□男
子来初午ニ手習□□□□□□□度故、今日頼ト云来
ル、□□□□□辻立来ル、手本遣ス、
(安政二年)元一　快晴、昼後折々曇ル、朝凍シ、○茂三郎配□
入、○
(元二)□□　朝凍シ、天気曇晴、風有寒シ、昼過地震、○百

度より手伝ニ入来、○中瀬古へ年玉□□□、○政平来ル、羊蔵今朝五ツ時病死ト云、土砂□□、

(元三)□□　□曇り、昼前より快晴、暖シ、○牛久ホ(保)□□□同廿疋入、○佐藤吉兵衛改名□□□□□求、

(四日)□□　曇天、□□□はら〳〵雨、晩《夕》方迄快晴、□□□□震少々大也、○畑ケ中京蔵□□□□□、○節会百度より手伝入来、○芳□□□次郎不参也、○中瀬古へ膳わん遣ス、先例□□□□□、

(五日)□□　朝快晴也、五ツ過より曇晴、風強寒シ、夕方より□□、○横須加惣七五十三才男痰咳祈廿疋入、○□□□政蔵四十四才女眼病付物祈、○畑ケ中重兵衛病人死ト申来ル、十疋入、土砂遣ス、○六郎兵衛より餅一重・□□二丁入、半し一・柿三本遣ス、○世話人中へ備餅配□、○藤七西屋敷小麦へこへかけ、

(六日)七日　曇晴、風強寒シ、○大崎源吉廿五才女産後祈、○川崎吉蔵餅米一升入、みかん三十遣ス、○植田重右衛門年礼十疋ト一包入、○坂半七より納豆入、○中瀬古へ大半・小半取行、○菊屋へみかん三十遣ス、青昆布百文求、○横須加惣吉札受来ル、

(七日)□□　快晴、暖シ、朝五ツ時小地震、七ツ半時過□□六ツ半時□□分大成震ル、○豊川政蔵札受来ル、三百文入、○子供皆祝義入、代次郎・芳太郎召フ、○中瀬古へ両掛取ニ遣ス、○昼後宗賢入来、羽根井・牟呂・新田・吉川迄年礼ニ廻ル、暮ル、藤七伴也、

(八日)□□　曇天、七ツ時よりはら〳〵少々、夕方大ニ降ル、○宗賢□後より大村・瓜郷・下五井年礼ニ廻ル、光明寺ト龍運寺へみかん五十ツ、遣ス、

(九日)□□　夜強風、雨大分降ル、快晴、風強ク折々曇ル、○御堂瀬古取次、長楽藤吉六十九才男祈廿疋入、○光明寺礼半切五十枚・納豆一箱入、龍運寺串柿十本・納豆一箱入、唐みかん十五遣ス、○才次郎頭剃に入来、○宗賢羽根井へ行寄ル、亀形六丁代百十八文渡、

「（表紙）
安政二乙卯星
浄慈院日別雑記
多聞山
孟春大穀日　摩々帝」

正月小乙丑建

元日　朝凍ル、快晴、昼後折々曇ル、長閑也、〇早朝大□百八打、〇多聞供修行、〇小食小豆粥諸尊江供ス、斎雑煮餅同断、〇越年院主三十八歳、下男大□藤七五十九才也、〇子供書始台所江張ル、〇礼人三四十人来ル、〇百度親父・亀次郎手伝入来ス、〇新田茂三郎名乗ノ礼菓子配書一入、度々也、

元二　朝凍ル、曇晴、風有ル寒、昼過小地震致ス、〇多聞供修行、〇小食斎如昨日、〇礼人夕方迄多分来ル、〇中瀬古江年玉物取ニ藤七遣ス、未皆不出来、〇羽根井政平来ル、羊蔵今朝病死ト云、土砂遣ス、十二銅入、〇百度親父・助十郎手伝来ル、

元三　朝曇、昼前より青天暖、長閑也、〇多聞供修行、〇小食斎同断、〇朝ヨリ院主儀助伴、□□御旗・西宿等礼ニ廻ル、八ツ過済、年玉持九平、配人助十郎也、子供ニ半紙一帖・菓一包ツヽ遣ス、九平□□紙二帖為持遣ス、〇百度親父手伝入来ス、〇牛久保甚左衛門五十□才男熱大病祈廿疋入、〇□藤村吉兵衛来、旧冬息子豊次郎ト決名遣ス礼廿疋入、〇中瀬古江挟箱為持遣ス、〇□□□ニ百文求、〇九文字屋使ニ而礼十疋入、

四日　曇天、昼前ヨリ波羅々々雨、夕方晴ル、未刻過中地震、〇多聞供修行、〇畑ケ中京蔵四才女子痘瘡祈、〇今日ハ節会汁子餅也、子供四拾人処芳太郎・代次郎・茂作不参也、□豆一升五合沢山也、〇百度御親父・助十良手伝、才次郎召、〇七蔵召、富ハ不参也、〇中瀬古江膳・茶碗等為持遣ス、先より□□五膳入、

五日　朝晴、五ツ過より曇晴、風強寒、夕方より猶強シ、〇□□供修行、〇横須賀惣吉五十三才男痰咳祈□□入、〇豊川政蔵四拾四才女眼病付物祈、〇畑ケ中京

蔵より病人死ト申来ル、十疋入、土砂遣ス、○六良兵衛より切餅一重・豆腐二丁入、半紙一帖・柿三本遣ス、○世話人平十・権右衛門・六良兵衛・徳兵衛・長七・伝四良・久左衛門・半右衛門・助九良・才次良江右備餅一膳ツ、配、使助十・亀次良也、○垣内内蔵礼一包入、蜜柑出ス、長咄シ也、○藤七西屋鋪ノ小麦へ二番こへ出ス、

六日　曇晴、風強寒シ、○多聞供修行、○大崎源吉廿七才女産後付物祈、○川崎吉蔵餅□□入、蜜柑三十遣ス、○植田村重右衛門入来、一包ト□□十疋入、蜜柑出ス、直ニ帰ル、○坂津寺納豆入、○助十良手伝来ル、○菊屋へ蜜柑三十遣ス、○青昆布百五十文求、年玉用不足分也、○横須賀惣吉札受ニ来ル、○龍拈寺扇子箱入、○悟真□扇子二本入、○中瀬古へ大半・小半取ニ行、○始テ開浴、近所・百度入ニ来ル、

七日　極快晴也、暖シ、朝五ツ時地震、七ツ半時同断、六ツ半時大分大成震ル、○多聞供修行、○今日御城年頭持病ニ付書付ヲ以断ル、清源寺ニ頼遣ス、○子供皆祝儀入、○大人モ余程入来ス、○代次・芳太郎不参断、○豊川政蔵札受ニ来ル、五百文入、○朝中瀬古へ両掛取ニ遣ス、年玉物拵膳・茶碗共入、○昼後宗賢入来ス、羽根井・牟呂・新田・吉川迄礼ニ廻ル、藤七伴也、中瀬古より子供一人連来ル、蜜柑ニ柿遣ス、○瓜郷惣左衛門礼十疋入、喜兵衛分一包入、蜜柑遣ス、

八日　曇天、七ツ時より波羅々少々、夕方大分降、○朝ヨリ宗賢入来ス、斎後より大村・瓜郷・下五井礼ニ廻ル、光明寺ト龍雲寺へ蜜柑五十ツ、遣ス、○

九日　夜前強風ニ雨大分降ル、快晴折々曇ル、強□、○御堂瀬古金助取次、長楽藤吉六十九才男病祈廿疋入、○光明寺半切五十枚・納豆一箱、龍雲寺串柿十本・納豆一箱年玉入、唐蜜柑十五出ス、○宗賢羽根井へ行由テ寄ル、□□墨六丁代百十八文渡ス、○才次良頭剃ニ入来ス、

十日　快晴、風有ル、暖也、○呉服町七五郎四十七才□積《癪》祈二百十二文入、○新田平吉廿五才男□除祈十疋入、コマ初尾米モ入、○今日より子供習入来ス、○西

羽田佐次右衛門、佐代吉下山ノ願来ル、○野川屋テ大粘(糊)二帖・平線香四把取、○才次良蜜柑売ニ来ル、十五束ニテ一貫三百六十一文入、○日記帳面綴ル、○藤七門前麦二番削り、

十一日　曇天、夕方雨風強シ、○下り町権右衛門九才男子疱瘡九日目祈廿疋入、○朝院主亀次伴、羽根井羊蔵ノ悔ニ行、平線香二遣ス、和平江寄ル、至(到)来ノ角納豆一遣ス、○才次郎入来、汁子ノ粉一重入、明日より秋葉山参詣ト云、当院より御膳料百銅志頼遣ス、○町方礼ニ行、宗賢ニ廻ス、藤七朝挟箱持行、昼時帰ル、○昼後藤七大崎江礼ニ行、百文・備一膳遣ス、蜜柑腐共遣ス、○主水礼十疋入、菓子出ス、

十二日　夜前風雨強シ、昼後より晴ル、風夕方へ向尚強シ、○下り町権右衛門札受来ル、○前川権六地震ニ而□半潰レ困窮故黍餅五六十遣ス、○灯油・□□油求、○新田平吉へ札遣ス、

十三日　夜前宵ニ雪少々、強風、大ニ寒凍ル、風強寒、快晴也、○弥五兵衛取次、馬見塚弥吉八十二才女長病付物再祈二百廿四銅入、○曲尺手吉文字屋文兵衛廿八才女□□祈、○権六来ル、餅礼ニ串柿十本入、半紙二帖遣ス、当年近所親類普請取持志ニ為皆護摩講ニ入、□文入、○本町美濃屋へ壱貫十五文払、墨一丁年玉ニ入、益気湯煉薬五百文取、○暮方藤七大崎より帰、薩摩芋一苞入、○久左右衛(ママ)より美奈ノ聟、前芝儀兵衛息子披露ニ来、半紙一帖入、

十四日　朝凍ル、快晴、長閑也、○萱町塩屋六才女子咳祈廿疋入、○弥五兵衛札受来ル、○吉文字屋同断□疋入、○明日供物餅二升五合搗、百度御親父手伝ニ入来ス、剃髪モ致ス、○横町鉄利より掛取ニ来ル、一貫二百二十文渡済也、○大崎藤七悴礼廿四銅入、餅喰ス、柿五本遣ス、

十五日　朝凍ル、極快晴、長閑也、○下地千代蔵廿三才男黄□祈、○萱町塩屋札受ニ来ル、○斎後講ノ護摩□行ス、○宗賢朝より助法来ル、晩方帰、隠居三四□腹下りト云、○村方・町方・羽根井・新田・中村皆供物遣ス、○植田儀助年礼十疋入、飯出ス、扇□□□本

遣ス、○百度より斎米一升入、供物遣ス、
十六日　快晴、長閑也、○東組亀井太良次三十二才男病□□□入、○萱町源吉十五才女風通祈廿疋入、○西羽田□□□二才男子虫祈、○下地千代蔵札受来ル、○万歳来ル、三合ニ三十二銅遣ス、○礼人四五人、○常陸礼十疋入、菓子出ス、□□□割書モ持参也、○才次良秋葉山札・付木入、○□□□五六人参ル、札入、
十七日　極快晴、長閑也、○上伝馬桶屋梅蔵二才男子夜泣祈、○城内松井五郎右衛門廿九才男労症祈、○西羽田新次郎より病人死スト云、土砂遣ス、二十疋入、○東組太良次・茅町源吉札受ニ来ル、○中瀬古へ蜜柑三十・九年(母脱)廿五遣ス、白味噌一重共遣ス、老師腹合同断粥用ト云、○野川ニ而金赤一・白赤二取、扇子弐本年玉入、○門前麦へ二番糞藤七出ス、○上細屋ノ仙次良年玉一包入、直ニ蜜柑二十、六郎へ為持遣ス、
十八日　極青天、長閑也、○梅吉札受来ル、○紋次郎より城内松井氏札受来ル、廿疋入、○早朝より豆煮四斗二升也、○百度親父手伝ニ入来ス、暮方迄ニ丸メ済、加減吉也、○百度両家より十七夜入、○羽根井八兵衛へ昨歳信州ノ挨拶ニ串柿廿本為持遣ス、
十九日　夜前五ツ頃小地震、曇天波羅々少々、○新田□□□来ル、初午より子供登山願、外ニ三人有ト云、○清助藁四十束運ふ入代一分ト八十五文也即渡、○藤七味噌玉釣ス、門前麦残二はんこへ懸ル、
廿日　曇天、波羅々少々、七ツ過小地震、○今日□□□也、○礼人三四人来ル、○常陸へ馬金ノ割八百□□□持遣ス、○中瀬古大半・小半取ニ行、
廿一日　夜前雨ニ小雷、今朝同断、四ツ過より晴ル、長閑也、○御蔵吉平四十五才男長大病護摩頼ニ来ル、○新町惣助四才男子ふら〳〵祈廿疋入、瀬木ノ弥七、七十七才男黄旦(疸)祈金二朱入、○田町兵右衛門廿九才女流産後祈廿疋入、○御影供如常、○成恵三回忌逮夜回向致ス、○才次良頭剃ニ入来ス、○西羽田清兵衛初午より子供登山頼ニ来ル、○徳兵衛殿病気ニ付組頭退役、昨日初寄ニ而札有、平十へ落ルト云、
廿二日　快晴、長閑也、○今日ハ成恵三回忌廻向致

ス、百度御親父手伝ニ来ル、油揚十三入、亀次召(呼)フ、
○植田儀助参詣斎出ス、十疋志入、○宗賢助法ニ来
ル、千歳草十入、直ニ帰ル、○下モ町平八願主三十才
男急病祈廿疋入、直ニ札遣ス、○清七殿入来、和田ノ
七三郎五十四才男腹張り祈、○豊川権八、五十才積(癪)付
物様祈、○伝四郎入来、魚町植市願主、地震ニ付御救
米計頂戴致故、御城主御武運長久并御領分安全ため護
摩頼来ル、承知ス、廿八日勤□□御斎、白飯、汁豆腐
・菜、平　あけ・長芋・牛房、酢和　大根・人参・
柿、猪口　柿・人参、右、○才次郎人参六本入、
廿三日　青天、長閑、風夕方向テ強し、○新銭町万次
良□□四才女積祈廿疋入、○清七殿札受ニ来ル、廿疋
入、○豊川権八同断三十疋入、○御蔵ノ吉平札受□□
□百匹(疋)ト十弐文入、○瀬木弥七札受来ル、○早朝より
下男尾州祐福寺へ遣ス、廿疋ト一札本坊、十疋ト串□
□□大悟院へ遣ス、手紙モ遣ス、
廿四日　今暁雨少々、曇天、折々波ラ〱、九ツ時小
地震、晩方より雨、○植田重右衛門入来、本家四才女
子虫大病祈三百匹(疋)入、直ニ札遣ス、柚香糖一包見舞遣
ス、○田町三右衛門六十才女白血祈廿疋入、○百度本
家より温飩(饂)一器入、菓子遣ス、○作蔵切タメ返ニ来
ル、あげ七ツ入、○中瀬古へ温飩少遣ス、○藤七夕五
ツ時尾州より帰ル、大悟院より返事来ル、年礼無滞相
済、大悟院来月九日頃秋葉山参詣ニ付、(ママ)登山へも立寄
之旨申来也、
廿五日　夜前雨、今日同断、晩方少照ル、暖シ、○王
ヶ崎庄右衛門六十五才男痰大病祈金弐朱入、○田町三
右衛門札受来ル、○外神五三郎・勇蔵、坂津清太郎来
ル、初午より子供祭(登)山之願也、○子供天神祭ル、
廿六日　曇天、折々はら〱、○前川権六来ル、薬礼
度々ニ而金一分麦迄かし、○清源寺へ昨盆前□□取
ニ遣ス入、○中瀬古へ小一取ニ行、
廿七日　快晴、暖シ、○御蔵善作四十五才男疳再祈廿
疋□、○西植田悦蔵四十八才女足ふるへ祈弐百十□□
□直ニ札遣ス、○小松松次郎四十五才女眼病□□疋
入、○王ヶ崎庄右衛門病人死ト云、土砂遣ス、○□□

□屋へ冬残分四貫三百十七文払、蝋燭百文・抹香百□・色紙百六十五まい取、○弥四郎大俵ノ塩一俵□来ル、六百文也、

廿八日　快晴、暖気也、夜前四ツ時地震少大也、今夕五ツ時少地震也、○新銭町平左衛門四十才女痰□廿疋入、○魚町植市ノこま修行同人参詣ス、金百疋入、札直ニ遣ス、○小松松次郎札受来ル、○九文字屋母参詣ス、十疋入、こま中故不逢、○泙野密門年礼十疋入、半し三・柿十本・みかん□遣ス、○御籏林平母祝儀入、○久左衛門・おみな婚礼ノ悦ニ千歳草一箱遣ス、○新田より安兵衛・彦太郎・山三郎子供祭山願(登)来ル、

廿九日　未明より雨天、大分降ル、晩方晴ル、風夜へ向テ強シ、○新銭町平左衛門札受来ル、○御蔵吉平同断、○北川惣十来ル、明日より子供祭山願也、○羽根井八兵衛殿入来、同断古双紙二帖遣ス、○長作庭黍箒弐本入、○政蔵礼ニ入来、○子供□□□皆書ク、○藤七米壱臼搗、○廿七日朝五ツ□□□夕、キ土落ル由ニ而当院ノ鶏死ス、九ケ年も当院ニ居□□□鶏の叩へ落ハ不審也、老鳥成レ共未健也、笑止々々、

二月大

朔日　曇天、風有ル、冷ル、昼より風止ム、七ツ前中地□□大ニ驚ク、○西宿重三郎三十五才男留(溜)飲□廿疋入、○今日は初午也、子供幟立ル、○□□登山、新田彦右衛門作次郎九才・安兵衛清作□□・山三郎源平十才・彦太郎三吉九才・坂津清吉重太郎九才・外神五三郎辻平九才・勇吉勝蔵□□・羽根井惣兵衛宗作九才・久右衛門初吉九才・八兵衛市三郎九才・久四郎倉作八才・西羽田清兵衛清□□□・北川惣十喜和蔵十才右十三人也、赤飯一□□□廿入、筆弐本ツヽ遣ス、子供へも赤飯振舞□□五十五人ニ相成也、○中瀬古へ赤飯遣ス、先よりまん□□入、弐人登山ト云、○百度両家・九左衛門・源六へ赤飯遣ス、おかつ礼ニ入来、二三日足ノ腫物快シト云、

二日　快晴、折々曇ル、九ツ時少地震、小ドロ〳〵折々鳴、○日色野末八、三十才女痰血祈弐百十弐文入、○□□重三郎札受来ル、○野川ニ而白赤四わ・小

蝋百□□□、新田権右衛門へ藁買ニ行処、断ニ而三束五わ、□□百度本家へ風呂ニ行、
三日　夜前より雨、昼前迄降ル、後より晴ル、風夜へ□□□指笠町源蔵五十六才女病祈百十弐文入、○新田彦八、十七才女風邪虫祈廿疋入、○中瀬□□芋一籠遣ス、小用一取来ル、○鍋源参ル、
四日　快晴、風有ル、朝暮小地震、○龍拈寺□□保三一、弐才男子虫祈廿疋入、○橋尾村□□五十一才男積(癪)留(溜)飲祈弐百十六文入、○幸□□横須加也三十七才男疳症祈、○院主朝より中瀬古へ年礼ニ行、白味噌到来ノ納豆遣ス、□方帰ル、○
五日　曇晴也、晩方はら〱、朝ト夕方小地震、○□□紙屋市十、六十八女空躰祈、○保三市□□□・おなか横須加ノ札□来ル、弐百十弐文入、○今日□□□村方休日也、○九平次来ル、金作醤油売□□□□金一分節句迄無心ニ来ル、彼人引受故壱貫六百三十六文□□、○百度栄善坊来ル、あけ五ツ入、三十弐銅遣ス、
六日　夜前より雨、終日無止夜へ向テ降ル、○舟町儀□・市十札受来ル、三十疋入、○藤七屋根地下□土塗致ス、
七日　夜前も始終雨、昼前迄降ル、晩方より晴ル、風有ル、□□舟町八兵衛六十弐才男積祈、○同紙屋市十□□□死申来ル、土砂遣ス、○才次郎頭すりに入来ス、□□□藤七在所へ行、
八日　快晴也、風有ル、○魚町加納屋猪兵衛七十弐才□□□祈三十疋入、○舟町八兵衛札受来ル、廿疋入、○実五郎□□切一器入、○半右衛門へそバ切一器遣ス、○才次郎□□□浪之上へ使イ有ニ付、小僧聞礼千歳草一箱・みかん□□遣ス、○九左衛門・源六餅入、○院主風邪ニ積□□昼前より臥ル、
九日　曇晴、折々はら〱、○魚町加納屋札受来ル、○院□平臥、晩方より百度親父宿ス、○村方・新田子供餅多分入、不参和三郎・源吉・栄三郎・為吉也、外神要作一重入、○昨日戒浄手紙中瀬古より来ル、年頭幷灌頂願等也、彼地も□□□致スト云、此辺と同様也、○晩方藤七在所より帰ル、

十日　曇晴、折々雨、○畑ケ中芳吉四才男子疱瘡五日目祈、○橋良松次郎六十八才男ふら〱祈、○院主少々快方、○本町美濃屋へ薬三取遣ス、○中瀬古□白餅四十遣ス、小用一取来ル、○百度本家より米弐俵持来ル、○昨日光明寺より手本取ニ□□、白□一重入、認メ丈遣ス、

十一日　曇天、折々はら〱、昼九ツ時・夕六ツ半時中地震、○芳吉札受来ル、百文入、□□□松次郎同断弐百十弐文入、○新銭町源蔵三□□□女病祈、○藤七瀬戸みかんへこへ出し、○□□□来ル、さつま七ツ入、みかん少々遣ス、竹五六本□□□遣ス、

十二日　夜前より雨終日降ル、暮方照ル、昼時地震□□□新銭町源蔵札受来ル、廿疋入、○藤七米□臼搗、

十三日　快晴、風有ル、冷ル、○指笠町指物屋仁兵衛廿九才女積祈廿疋入、○草間又六、廿七才男積（癪）祈、○今日ハ二之午子供休幟立ル、○昼後中瀬古□三升内分三升余釈迦供物拵ふ、○中瀬古へ小用一取ニ行、今日より弁天堂再建大工取懸ト□来ル、

十四日　快晴也、○指笠町仁兵衛札受来ル、○草間又六供物計受来ル、弐十疋入、○中瀬古へ明日供物ノ団粉□□遣ス、○菅勝蔵花入、○開浴、百度久左衛門入来ル、

十五日　極快晴、暖シ、四ツ時地震一ツ、○涅槃会相勤、ちらほら参詣人有ル、○泰助・助十郎供物□□人ニ頼菓子一包ツ、遣ス、○中瀬古へ牛房五本・里芋一籠・餅十三為持遣ス、

十六日　快晴、昼頃より曇晴、暮方より雨、○源六取次□□□十才女風祈、○中瀬古より子供来ル、今日より羽根井ノ筆子ノ者五人塀築に来ルト云、赤みそ□重遣ス、○中瀬古へ飯四升五合煎（炊）キ為持遣ス、○清八へ藁十九束代八百四十弐文渡、○作右衛門へ同代金弐朱為持渡、届ニ而一分ニ三十八束也、○北川三軒・百度へ供物遣ス、半右衛門へ同断、到来□砂糖一曲遣ス、○清七へ寄ル、七蔵夫婦ト善光寺へ参ル見舞ニ配書一遣ス、○藤七門前三はん削り、

十七日　夜前より昼前迄雨始終降ル、晩方照ル、風強

シ、○茅町弥右衛門六才女子長病祈金百疋入、九年坊(母)
十五遣ス、○夕方才次郎頭すりに入来、○藤七米弐臼
搗、○幸作・七蔵来ル、破損ノ瓦運等語、一両日ノ内
より参ルト云、
十八日　快晴、風始終強シ、冷ル、○佐脇はつ札ト守
受ニ来ル、弐百十弐文トあけ七ツ入、みかん廿遣ス、
塩屋札受来ル、こま勤ム、○中瀬古塀五人来ルト云、
飯三升五合焼遣ス、小用一取来ル、○
十九日　極快晴、暖気也、○下地栄吉取次、宮宿也六
十□才女長病祈三百文入、○高須八兵衛七十七才男長
病祈廿疋入、○中瀬古へ米三升五合焼遣ス、今日ニ而
五人ツ、三日参、築揚(場)丈出来ル云、門前北塀也、羽根
井ノ筆子出ル、○幸作・半次郎・七蔵表門東袖葺、西
も少々直ス済、七ツ頃より裏門屋根葺懸ル、先飯也、
○弥四郎頼、七蔵ト両人下地へ瓦求ニ行、○源吉餅一
重入、
廿日　極快晴、暖気也、○小浜利右衛門六十五才男絶
食祈、○田町祐吉十七才女積(癪)祈廿疋入、○茅町善太郎
三才男子腹下り祈、○下地栄吉・高須八兵衛札受来
ル、○泙野密門入来ス、山神正法寺ニ十四才子供紀州
出生ト云小僧如何談来ル、跡より返事云、飯喰ス、○
幸作・半次郎・七蔵裏門葺、味噌部屋ノ屋根荒方葺、
百文酒手遣ス、○鉄利ニ而昨日針かね壱丈五尺ト三寸
釘一わ取、今日針かね三丈取、○中瀬古へ子供遣ス、
の川ニ而小奉書一帖先ニ取来ル入、○朝弥四郎・七蔵
下地へ瓦求ニ行、
廿一日　極快晴也、○御影供如常、○昨日三人札受来
ル、利右衛門ニ善太郎廿疋ツ、入、○の川ニ而半紙一
束・大のり一帖・金赤一取、○中瀬古へ小用一取、○
唐黍・夏大根蒔、
廿二日　極快晴也、○新田佐左衛門弐才女子風邪祈三
十疋入、○次三郎取次、草間平左衛門廿八才男ふら
〳〵祈、○才次郎より温飩一器入、菓子遣ス、○美濃
屋ニ而朱墨・筆二本取、○幸作・半次郎・七蔵来ル、
味噌部屋残葺、蔵ノ西庇瓦直シ、台所壁少々塗ル、
廿三日　快晴也、○新田彦八、四十六才男風祈廿疋

入、〇同所佐右衛門札受来ル、〇草間平左衛門供物計
受来ル、廿疋入、〇麦三はん削り済、長全前油菜削
り、
廿四日　快晴、日々暖也、五ツ時地震、〇札木町武蔵
屋五十六才男大病祈、〇新田彦八札受来ル、〇草ヶ部
村勝蔵昨秋祈礼参り大牛房五本入、供物一包遣ス、〇
の川屋ニ而大のり一帖取、〇藤七油種耕作、
廿五日　天気同断、〇新銭町善吉三才男子振気祈廿疋
入、〇町組門六、三十九才女長病再祈廿疋入、〇札木
武蔵屋札受来ル、廿疋入、〇三之午子供幟立ル、天神
祭ル、〇斎後宗賢入来、善八松山□引越ニ而今日年玉
為持遣ス、晩方帰ル、〇藤七油種耕作済、晩方少々門
前引懸、
廿六日　曇天、朝はら〱、晩方同断、〇上伝馬彦□
六十一才女長病臨廿疋入、〇新銭町善吉・町組門六札
受来ル、〇夕方才次郎頭剃に入来、〇六郎兵衛切溜弐
ツ借り来ル、〇藤七瀬戸へみかんこへ出し、
廿七日　夜前もはら〱、今日もはら〱雨、〇下地
七助三十四才女風祈廿疋入、〇仏餉吉次郎三十弐才女
□病祈弐百十弐文入、〇今日ハ庚申也、〇泰（谷）助□餅七
ツ入ル、〇六郎兵衛より赤飯一重入、細屋へ普□見舞
ノ裾分也、〇中瀬古へ飯一斗遣ス、大半・小半取来
ル、〇百度七蔵入来、夫婦善光寺より下向産土（ママ）ニ御影
一・半切五十枚・扇子一本・付木二入、信州辺昨冬地
震此辺より少々軽シト云、併松本ハ少々破損も有ルト
云、
廿八日　曇晴也、〇篠束惣右衛門三才女子虫祈、元鍛
冶町庄兵衛娘大村也四十一才女胸苦敷祈廿疋入、〇下
地七助札受来ル、〇仏餉吉次郎同断、〇光明寺へ商売
往来手本認出来為持遣ス、〇要作餅一重入、〇宗賢札
摺ニ入来ス、晩方帰ル、〇中瀬古へ小用一取ニ行、〇
大崎藤七ノ聟来ル、さつま芋入、半し一遣ス、竹三本
□□、代弐百文入、
廿九日　曇晴也、〇野依平十、四十弐才男積祈廿疋
入、〇小松金六、八才女子腹痛祈、晩方死ト申来ル、
□□入、〇元鍛冶町庄兵衛札受来ル、今日は村□休

日、地頭より教諭ニ也、常陸ニ而有ル、○九平□□
□、○中瀬古より子供来ル、門前塀築入用三貫百六十
□□取ニ来ル渡、昨晩上方より戒定帰ルト云来ル、○
□□寺入来ス、温飩配符一入、子供手本頼帰ル、○尾
州大悟院秋葉へ参詣立寄、入院披露ニ半切百・扇一弐
本入、連有ル故直ニ帰ル、
晦日　曇晴也、○篠束惣右衛門札受来ル、十疋入、○
住吉源七同断、○中瀬古へさつま五ツ遣ス、○茂作□
□一重入、○利右衛門初節句餅三ツ入、直ニ十疋遣
ス、○光明寺へ手本認為持遣ス、藤七門前引懸、

三月小甲子成

朔日　曇天、夜前雨少々はら〳〵折々、晩方余程降
ル、朝地□、○羽根井五兵衛取次、草間嘉右衛門十九
才男風祈、○仙吉・重□・柳蔵・宗作・弥助・儀助・
菅勝・田勝・平作・清作・伊助餅入、○密蔵・吉作・
清蔵あけ入、○利右衛門より初節句餅三ツ入、直ニ十
疋遣ス、藤七みかんへ□□□、
二日　快晴也、朝地震、○垉六町花屋三才男子疱瘡□
□祈、○羽根井五兵衛椿山ノ供物受来ル、廿疋□、○
子供餅多分入、○七蔵初節句餅五ツ□、直ニ十疋遣
ス、あげ七ツ遣ス、○同人へ幸作・半□・七蔵九人分
賃内喰ニ而弐匁五分ト云、未□□仕事も有故弐貫六百
文渡し置、○九左衛門餅□□あけ九・さつま三ツ遣
ス、○芳太郎為ニあけ九ツ遣ス、鉄蔵為同五ツ遣ス、
○朝中瀬古へ餅四十・あけ五ツ為持遣ス、大半・小半
取来ル、○九平次ニ金壱分八百三十六文かし、外ニ一
分金作より此方へ返済、直ニ貸合二分弐朱也、○初吉
白砂糖□□・半し一・巻二遣ス、○夕方才次郎頭すり
に入来、
三日　曇天、折々はら〳〵、早朝地震、○桃花節句目
□□□、○談合ノ宮伊三郎七十才女痰祈廿疋入、○花
屋札受□□□疋入、○子供祝儀皆入、内習とき入、半
し壱遣ス、○□□・坂平・辻平・勝蔵・北喜和蔵右餅
不参也、○百度□□□作入来長咄し、○半右衛門殿入
来、まん頭配書二入、当□高ノ書付も入、○平十節句
ニ付まん頭配書一為持遣ス、○六郎兵衛壱朱両替、○

人相書ノ廻状来ル、一乗へ次ク、○昼後藤七在所へ行、古戸一本・大根少遣ス、此度洗濯なから故百文遣ス、米・麦ハ跡より遣ス、
四日　曇天、折々照ル、○花ヶ崎善吉五才男子□□祈、○横須加甚七、七十三才男中気祈廿疋入、○談合宮伊三郎札受来ル、○晩方和平次来ル、明後六日より信州諏訪へ道淳呼ニ行ト云、小遣達而□弐分渡ス、
五日　雨天気、余程降ル、○晩七ツ過地震長シ、○瓦町松蔵七十三才男大病祈札受来ル、弐百十弐文入、○下り町正龍市八才女子疱瘡祈札受来ル、廿疋入、○花ヶ崎善吉札受来ル、廿疋入、○横須加甚七札遣ス、○中瀬古へ餅廿為持遣ス、○
六日　夜前も雨、昼前より快晴也、○市場妻蔵□□四才男疝気祈三十疋入、晩方札受来ル、○燈□・こま油求、○昼後戒定中瀬古より来ル、土産□初薫壱袋・まん中七ツ入、○夕方藤七在所□□帰ル、
七日　快晴也、○本町栄吉五十弐才男□□□祈廿疋入、○百度御親父味噌仕込ニ来ル、□壱俵也、○戒定宿ス、○藤七西屋敷小麦引懸、○中瀬古へ牛房三本遣ス、小用一取ル、
八日　快晴也、○下地伝作五十弐才女乳腫物祈廿疋入、○橋良平吉十九才男腹病祈百□入、○本町栄吉札受来ル、○暮方戒定□瀬古へ帰ル、○夕方才次郎入来、浪之上より出来赤飯一重入、○藤七小麦引懸済、門前烏麦取ル、
九日　極快晴也、○四ツ屋重作四才男子疱瘡祈三百文入、○孫七取次、魚町谷蔵三十三才女疳祈廿疋入、晩供物受来ル、○上伝馬重太郎四十才女眼病祈廿疋入、○昨日両人札受来ル、○の川屋小蝋百文取、○才次郎頭すりに入来、木地塗五ツ組ノ重箱蓋二枚付箱入、安右衛門□□質流レ壱分弐朱ノ処利二年分弐朱ト六十文、合弐分ト六十文ニ而請来ル、○菅勝ニ常吉花入、○岩右衛門より同断、○藤七門前烏麦取、
十日　極快晴也、○坂津久三郎廿三才嫁セックリ祈、○御蔵善作取次、仁連木喜代助八十六才女長病祈、○上伝馬重太郎札受来ル、○宗吉金弐朱□替、○長作中

庸畢、種芋一苞入、○富□当年ハ初而たんす来ル、絹田畔懸、角田も懸ル、藤七同断、

十一日　昼前よりはら〳〵雨、○吉川次郎兵衛三十七才男腫物祈廿疋入、○下地藤助廿六才男湿祈廿疋入、○仁連木喜代助札受来ル、○久三郎へ札子供ニ為持遣ス、○毎蔵・彦三郎長屋屋根棟結差シニ来ル、晩迄ニ済、賃先飯弐百三十弐文ツ、也、十六文ツ、遣ス、下男下働、富も少々手伝、

十二日　終日雨天気也、昼過地震、○吉川次郎兵衛・下地藤助札受来ル、○百度文平疱瘡六日目見舞ニ行、菓子一包遣ス、至極立能軽シ、○中瀬古小用一取、夫より絹田打最中一枚ハ少々打云、

十三日　始終雨天也、一昨々日より蚊少出ル、○今日ハ無用、藤七絹田打ニ行、済ト云、

十四日　朝へ向テ雨止ム、折々照ル、昼後俄ニ大雨、夫より風強□□麦大ニ転ぶ、○二番丁高橋三六、五才男子疱瘡□□護摩金百疋入、○北川徳兵衛内来ル、正月御夢想頂一段快方、此節腫物痛薬師へ託頼来ル、即行勤ム、廿疋入、供物計遣ス、○佐藤権左衛門七十才男痰祈廿疋入、○藤七昼迄角田へ畔懸ニ行、

十五日　快晴也、少々冷ル、今暁地震、又九ツ過同断、○佐藤権左衛門札受来ル、○高橋三六同断、○朝三六ノこま修行、○藤七不快臥ス、

十六日　快晴也、晩方曇ル、○指笠町市兵衛十八才女風ニ咳祈、○御籏光平六十三才男痰祈廿疋入、○舟町源兵衛三才女子疱瘡祈廿疋入、○中瀬古より子供来ル、明日より弁天堂へ□□□□醤油一徳利遣ス、○深井静馬中老之通ト云廻状来ル、一乗院へ遣ス、○夕方才次郎頭すりに入来ス、○藤七不食、美濃屋薬三取ニ遣ス、伝四郎内入来、年玉ニ足袋一足入、半し一遣ス、祠堂り足滞之内へ金一両入、

十七日　夜前より雨也、○魚町扇屋長兵衛弐才男子疱瘡祈廿疋入、晩方札受来ル、○横須加弁吉五□□子疱瘡祈、無程死ト云来ル、土砂遣ス、○市□□□札受来ル、○昼前垣内内庫、藤七病気見ニ来ル、疝気ニ風引込ト云、薬五服取ル、○朝中芝へ向テ藤七病気ノ義大

崎へ申遣ス、晩方初蔵見舞来ル、つる豆入、宿ス、○三吉・源平・作次郎・清作焼米入、菅勝・田勝・清作同断、

十八日　曇晴、昼より雨夜へ向テ大分降ル、晩小地震、夜九ツ頃地震ト云、○坂津徳太郎取次、平井半□□八才男子腹痛祈、○百度より文平疱瘡神□祝赤飯一重入、十疋遣ス、○朝初蔵、藤七連テ□所へ養生ニ行、切素麺九わ遣ス、未食ハ不進、

十九日　夜前雨曇晴、昼より風夜へ向テ強、地震二□、○畑ヶ中久右衛門弐才女子引風祈、○土手丁久□新次郎六十三才女胸ツカへ祈、○大崎甚蔵十一才女腹痛祈弐百十弐文入、○坂津徳太郎札受ニ来ル、弐百十弐文入、○為吉焼米入、○

廿日　快晴、冷ル、○西二番丁柳嶋永左衛門五才男子疱瘡十六日目祈廿疋入、無程死と申来、土砂遣ス、○久野新次郎札受来ル、廿疋入、○畑ヶ中久右衛門同断、○大崎甚□札受来ル、藤七も少々快方ト云、○中瀬古へ飯団餅□□為持遣ス、○三吉ニ義助飯団餅入、○源六□□大師様へ飾餅一重ト小豆餅一重入、菓子一□□ス、○美濃屋源四郎来ル、筆墨求代払、○平作・兼蔵焼米入、○儀助・菅勝花入、平作同断、

廿一日　快晴也、○御影供如例、○清水弥五郎十六才女ふら〳〵祈廿疋入、○東植田半兵衛取次、二川□十九才女積(癪)不食祈五百文入、まん中配書取供物備、○常右衛門・太右衛門焼米入、○

廿二日　晴天也、○清水弥五郎札受来ル、○おりへ来ル、年□一包入、さつま揚・里芋入、半し一・焼米一袋遣ス、○今日□牛川稲荷祭御領分中休日也、八幡へも石燈籠立、酒有ル、○大崎藤七婆々来ル、未藤七不快ト云、明日孫□七夜ト云、両志ニ米弐升遣ス、○源六へ大師様供物・まん中七ツ遣ス、

廿三日　快晴也、○東植田半兵衛札受来ル、○中瀬古より子供来ル、米三升・赤みそ一重・小遣壱貫五百文・里芋遣ス、○富蔵たんす角田打、○芳太郎花沢山入、茂作入、○小野屋母参詣菓子一袋上ル、供物一包遣ス、

廿四日　曇天、折々雨少々、夜前も少々、○百度周蔵入来、木綿祈、大村与次右衛門同断、○徳兵衛内入来、薬師様へ詫頼来ル、○草間甚右衛門取次、下地七助□十九才女風祈廿疋入、○夕方才次郎頭剃に入来、中瀬古へ米七升・焼米一袋為持遣ス、○富蔵たんす、角田打仕舞、畔も済、娘眼大病ト云、供物一包遣ス、

廿五日　晴天也、○西宿平蔵取次、高足弥助三十九才女□血祈廿疋入、直ニ札遣ス、○清水増蔵三才男子疱瘡五日目祈、○横須加市左衛門四十三才女から咳祈廿疋入、花入、○草間甚右衛門札受来ル、○実五郎牡丹餅一重入、○子供天神祭ル、○菅勝・茂作花入、

廿六日　快晴、晩方曇ル、○橋良忠兵衛廿弐才女熱気祈廿疋入、○周蔵木綿祈守二、与次右衛門ト三□受来ル、廿疋ツ、入、○昼後徳兵衛薬師様□□行、供物一包遣ス、外ニ到来菓子一袋見舞ニ遣ス、○百度御親父昨晩より腹下見ニ寄ル、供物一包遣ス、○仙吉花入、○中瀬古より子供来ル、香物一箱・麦麹一器共遣ス、

廿七日　未明よりはら〳〵、四ツ頃より快晴也、○下佐脇長四郎三十九才女長病祈廿疋入、直ニ札遣ス、○吉川庄七、四才男子疱瘡五日目箕加持廿疋入、○戸平入来、塩屋弥右衛門六才女子長病再こま金百疋入、○鍛治町吉平四才女子疱瘡十六日目祈、○橋良忠兵衛札受来ル、横須加市左衛門同断、花沢山□、蕃椒ノ葉陰干一袋入、供物一包遣ス、○徳兵衛内昨日ノ礼ニ来ル、三百文入、○中瀬古より子供来ル、弁天祭ル、奉加当村も世話人へ向テ頼置様申来ル、奉加帳□、

廿八日　曇晴、折々はら〳〵雨、○大崎武助五十弐才男積祈廿疋入、○吉川庄七、四才男子疱大病□頼来ル、直ニ死ス云来ル、廿疋入、土砂遣ス、○新銭町長四郎当才孫女虫祈廿疋入、○戸平、塩屋ノ札受来ル、○吉平同断、○清水増蔵より祈礼廿疋入、死ト云、○昼前和平殿入来、昨日晩道淳同道ニ而中瀬古へ向テ帰ル中来ル、信州諏□廿三日ニ立と云、餅出ス、○宗賢中瀬古より入来、右ノ語等也、晩方帰ル、○平十へ行、中瀬古天堂奉加当申志頼、供物一包遣ス、○昨日新清作餅一重入、○今夕九ツ半頃才次郎入来、親父只

今少々加減替ル様申来ル、直ニ帰ル、祈念致シ無程見舞行、丑ノ上刻七十五才ニ而命果ス、臨終正念也、廿五□晩より病気前後五日之煩也、

廿九日　曇晴、昼前より極々快晴也、○埖六町花屋□次郎三才男子大病再祈、○大崎武助・新銭町長四郎札受来ル、○昼前百度へ行、斎用、葬式七ツ時野送りニ行、宗賢伴、富蔵供也、大分賑也、金百疋ト香一包霊前へ備、○宗賢直ニ帰ル、○富蔵送り供計ニ来ル、

四月小

朔日　極快晴也、○天王四郎兵衛三十弐才男左手足不自由祈、○東組亀井太郎次十弐才女大病祈十疋入、○埖六町花屋札受来ル、三十疋入、○百度灰寄セ、斎ニ行、中瀬古より宗賢も来ル、○常右衛門飯団餅一重入、

二日　快晴也、○天王四郎兵衛札受来ル、三百文入、○鉄蔵飯団餅一重入、○昼前より戒定入来、宿ス、○久左衛門・清七悔ニ入来、○才次郎入来、長芋壱本遣ス、

三日　夜前よりはらく雨、○瓦町新次郎七十六才男疝気祈弐百十弐文入、○新町佐次兵衛廿一才女ふらく祈廿疋入、○埖六町花屋三才男子再祈、○昨日弥之吉ノ屋敷へ太神宮ノ祓降ルト云、今日ハ休日也、○源平牡丹餅入、

四日　曇晴也、○市バ六三郎弐才男子大病祈、○九左衛門より庚申餅入、○中瀬古より子供来ル、赤みそ一重・醤油一壺・米三升渡、○戒定今日迄滞留、中瀬古ニ帰ル、近日瓶原へ発足ト云、金壱分ト百銭廿枚小遣ニ遣ス、

五日　快晴也、○吉川次郎兵衛三才男子疱五日目祈金弐朱入、○御堂瀬古ノ喜代蔵十三才男背へ腫物祈廿疋入、○町組山崎両次六十一才女霍乱祈十疋入、○吉川九郎兵衛九才女子疱四日目祈、○市バ六三郎札受来ル、三十疋入、○百度御親父□七日斎ニ行、清蘭香一遣ス、○中瀬古へ米四升為持遣ス、○晩方藤七病気全快成廿日目ニ而帰ル、○本町小野屋へ笋五本為持遣ス、○海岸防禦用意ニ時ニ不用鐘之分、大砲・小銃鋳

換との廻状廻ル、以後鉄・銅・錫・鉛（ママ）等ニ而仏像・器財等造事不相成之趣也、一乗院継ク、清作餅入作次郎也、

六日　朝より折々はら〳〵、暮前より余程夜へ向降ル、○新町小右衛門三十四才男腹悪敷祈弐百十弐文入、○同所惣助六才女子疱七日目祈、○喜代蔵・両次札受来ル、○九郎兵衛同断廿疋入、○才次□入来、今日七夜ノ印致ト云、名秀ト付遣ス、○富蔵たんす、長全前油種苅、藤七同断、

七日　夜前より雨はら〳〵、○新町小右衛門札受来ル、○同所惣助同断廿疋入、○中瀬古より初而道淳来ル、菓子一袋入、晩方帰ル、○子供花持参、八□□迄葺済、直ニ中瀬古へ残花持行、○□□甘茶一荷・香物一箱遣ス、○才次郎白木綿壱反持参、代七百廿四文也渡、○の川ニ而金□水引取、

八日　快晴也、○朝誕生会修行致ス、○上伝馬金助三才女子疱瘡十三日目祈無程死スト来ル、廿疋入、土砂遣ス、○田尻平三郎四十七才女積ニ腫（癰）物祈廿疋入、○花ヶ崎平兵衛六才女子疱八日目祈、○俊次より豆腐二丁入、細筆二遣ス、○俊次・久左衛門其外入来ス、○百度弥四郎入□此間礼ニ三十疋ト十疋入、木綿祈祷札廿疋入、○□□古へ柏餅七ツ遣ス、○密蔵柏餅入、○彦次来ル、孫初ニ付餅柏（ママ）一重入、此方より十疋祝ニ遣ス、○源□□柏餅入、○半右衛門へ豆腐弐遣ス、

九日　快晴也、薄暑、○大崎久八、廿弐才男咳長□□廿疋入、○毎蔵田尻ノ札受来ル、○花ヶ崎平兵衛□□、○北川三軒供物持行、半右衛門・助九郎同断、左次郎・清七・平四郎へ久無沙汰故行一包ツヽ遣、源右衛門へ同断、粂蔵江戸ニ而死ス、悔旁也、平せんこ二遣ス、○長七よりおまつ神立祝赤飯一重入、○芳太郎まん中一袋入、○中瀬古へ宗賢胎蔵界正行見舞ニまん中遣ス、今朝戒定瓶原へ発足云来ル、天気仕合也、○藤七長全前ニ粟蒔□□平唐黍苗八わ入、

十日　快晴、薄暑也、○大崎久八札受来ル、○北川清作神立祝赤飯一重入、○要作餅一重入、○□□種もミ西屋敷へ天小蒔、粟蒔、長全前唐黍植ル、

十一日　快晴、晩方曇ル、薄暑、○松山喜兵衛六十五才男長病留(溜)飲痰祈廿疋入、○昼後藤七小坂井へ参詣ス、おゝ一本求代五十文也、○藤七門前麦苅、

十二日　未明よりはら〳〵、夜前も今宵も地震致ス、○百度作兵衛入来、吉作四五日腹下り祈、○松□□□衛札受来ル、○今日ハ二七日百度へ斎ニ行、○□□茄子苗五六十本入、○富蔵唐黍苗七わ入、○浜吉同断五わ入、○斎後宗賢入来、日中□□胎蔵界正行結願ス、供物一包入、笋飯一重入、○芳太郎柏餅一重入、菓子一包遣ス、○中瀬古へ大半・小半取ニ行、○藤七麦刈植物等也、

十三日　曇天、折々はら〳〵、晩方晴ル、○下地七右衛門十九才男花火ニ焼祈三十疋入、晩方札受来ル、○橋良文六、七才男子疱七日目祈、○作兵衛札受来ル、○太右衛門・安五郎柏餅入、○和三郎餅入、○九左衛門へ柏餅十一遣ス、○周蔵□□聞ニ入来柏出ス、長咄シ、○朝より才次郎□□□伝ニ入来、藤七も刈ル、

十四日　快晴也、○野依忠七、七十一才女腹張り祈廿疋入、○橋良文六札受来ル、廿疋入、○仙吉・伊助柏餅入、○外勝蔵ユズラ梅一重入、○新田七郎右衛門来ル、内習とき断、柏餅一重入、菓子遣ス、○中瀬古より子供来ル、小遣壱貫五百文渡、○源六よりつる豆一風呂敷入、○夕方才次郎頭すりに□□、○おきせ油種片付来ル、柏九ツ遣ス、○藤七麦刈、○の川ニ而蝋弐百文・生ふ三合取、

十五日　快晴也、少々曇ル、○心念諸戒結夏致ス、○吉川弥次兵衛五才女子疱六日目祈廿疋入、晩方札受来ル、○忠七同断、○中瀬古へ米六升為持遣ス、小用一取来ル、○百度本家へ柏九ツ遣ス、○藤七麦刈仕舞、○彦三郎無心ニ付古凧遣ス、

十六日　天気曇晴、少々はら〳〵、○横須加仲蔵六才男子疱六日目祈廿疋入、○俊次入来、昨冬生男子熱気ニ痰祈、○瓜郷惣左衛門入来、田地売善□易心願成就祈志十疋入、○羽根井和平殿入来、道淳一件語也、○清水源蔵ニ油種三斗五升五合売、代弐貫九百廿七文入、八百廿四文かへ也、○

十七日　快晴也、○橋良文六、七才男子疱再祈、○俊次へ札遣ス、○仲蔵札受来ル、○藤七昨日より長全前目あけ、

十八日　快晴也、晩方曇ル、夕方はら〳〵、○橋良文六札受来ル、○の川ニ而平せんこ四わ・丸せんこ百文・まつ香共取、○才次郎方へ此間手間替りに藤七麦刈ニ行、

十九日　曇天、風強シ、折々照ル、○早朝道淳中瀬古より此方へ来ル、諏訪より帰国廿二日目也、○富蔵たんす、角田こで切、藤七も同断相済、○鉄利へ二寸三わ・三寸一・四寸一・五寸一取ニ遣ス、○十一日ニ戒定無事ニ而関宿迄着と申便り中瀬古迄有ト云、

廿日　快晴也、○昨日北川作右衛門へ太神宮祓降ニ付、今日休日也、新田佐右衛門へも降ルト云事、○西三番丁大谷喜之七□一才女熱祈廿疋入、○清七殿入来、和田七三郎腹張大病臨十疋入、土砂も遣ス、○道淳町へ行、の川ニ而半紙弐帖・膳箱一ツ請来ル、○昨日同人台所付棚繕、○藤七門前麦入ル、四十七束廿五わト云、

廿一日　快晴也、○御影供如常、○吉川九郎兵衛三才男子疱五□□祈、○大西政次郎四才女子疱十一日目祈、○横須加惣七、六十弐才男大病祈廿疋入、晩方札受来ル、○道淳帰寺、半右衛門ト北川三軒へ行、扇子二本ツ、遣ス、百度両家と九左衛門・伝四郎行、扇一本ツ、遣ス、○中瀬古へ机一脚・加行本尊等取ニ遣ス、○藤七長全前目明済、○中瀬古へ大半・小半取ニ行、

廿二日　快晴、晩方少々曇ル、○今日ハ氏神へ雨乞也、休日、○古茂口(菰)平兵衛六十九才女鼠喰付祈弐百廿四文入、直ニ札遣ス、○横須加作次郎廿五才女風祈、○町組白井直作取次、松山三十八才男ニ三十一才女病祈廿疋入ツ(ママ)、入、○九郎兵衛札受来ル、廿疋入、○おちの来ル、道淳帰ル悦ニ豆腐□丁入、細筆二遣ス、○中瀬古より子供来ル、赤みそ一重・醤油一壺遣ス、○長七殿入来、○蔵鼠狩致ス、

廿三日　曇晴、暮方大夕立、小地震、○紺屋町岩蔵三

才男子疱九日目祈廿疋入、○白井直作札受来ル、○横
須加作次同断、○道淳晩方より護摩の前行ニ懸ル、○
藤七門□目あけ、
廿四日　夜前より雨朝迄降ル、快晴、晩方曇ル、○雨
悦ノ休日□、○御作事ノ鉄平三才男子り病祈廿疋入、
○田町武八、十三才男疳引付祈廿疋入、○紺屋町岩蔵
方死ス申来ル、土砂遣ス、○□右衛門内入来、道淳帰
国挨拶ニ柚香糖一袋・麦ノ粉同断入、菓子一包遣ス、
○富蔵たんす、絹田小て切、藤七も行、
廿五日　快晴也、○田町武八札受来ル、○の川ニ而大
のり□・大直シ九まい取、○三吉花入、○子供天神祭
ル、○百度両家へ木綿祈守遣ス、新家ニ而□種無心
ス、○藤七門前黍ニ胡麻蒔、
廿六日　曇晴、雷、少々はら〳〵、○下り町八百屋彦
右衛門八才女子疱五日目祈廿疋入、○金作来ル、横丁
山田屋平八菓子店初通へ柚香糖□□ニ而得意頼来ル、
○芳太郎花入、大直し九まい□（漬）□□壱ツ遣ス、○中瀬
古へ小用一取行、茄子苗ト笋積為持遣ス、○藤七米一
臼搗、○おりへ来ル、あけ五ツ入、道淳単物致木綿一
反遣ス、
廿七日　極快晴也、○麻生田平次郎三十九才女熱祈、
○上伝馬易次郎弐才女子風祈、薬用候ニ付竹□遣ス、
代五十文入、○前芝八平内来ル、七才みき未□病不宜
占頼来ル、乾為天初九十五番、十疋入、○□□西屋敷
小麦刈懸ル、○道淳、俊次へ衛門次□見舞旁ニ而行、
柚香糖一・扇一本遣ス、弥一郎小僧貫度様ニ申遣ス、
跡より返事ト云、
廿八日　極快晴也、○長平六十六才久中気耳鳴祈廿疋
入、○仏餉吉次郎六十四才男大病祈三百文入、直ニ札
遣ス、○長屋おいと取次、三十弐才女ふら〳〵祈廿疋
入、○上伝馬易次郎札受来ル、○朝俊次参詣、衛門次
不快同様三帰戒授願来ル、□□みを連テ来ル、授ケ祈
念ス、○油求、○おき□□□麦叩ニ来ル、四十七束廿
五わ昼迄済、夫よりこへ打等七ツ半頃済、賃三百九十
弐文、此間一人分八十四文共渡、
廿九日　極快晴也、薄暑也、○中芝清八孫四ツ屋十六

才男熱祈廿疋入、晩方札受来ル、〇四ツ屋由□□十六才男熱祈、〇麻生田平次郎札受来ル、金□朱入、〇長平より札受来ル、米二升遣ス、〇西町より札受来ル、〇才次郎入来、おひでノ土産赤飯一重入、〇明日供物餅弐升程搗、〇中瀬古へ大半・小半小用取ニ行、鍬才出来持参ス、〇札木丸屋より今宵八ツ頃来ル、七才男子疱祈、

五月大

朔日　極快晴、薄暑也、〇斎後例之護摩修行ス、参詣少々、〇供物村方・新田・中村へ遣ス、〇前川権六来、五十八才長病臨こま廿疋入、〇上伝馬善助廿六才女長病祈廿疋入、〇柴屋清八、七十三才女祈百十弐文入、〇四ツ屋由兵衛札受来ル、三十疋入、〇丸屋同断廿疋入、〇宗賢助法ニ入来、暮方帰ル、柏七ツ遣ス、〇常右衛門・三□□・重太郎・清作柏餅入、弥助同断、〇富蔵柏十一遣ス、〇権六へ供物一包・米二升遣ス、〇夕方才次郎入来ス、柏出ス、両家へこま供物一包ツ、遣ス、

二日　今暁七ツ前地震、曇晴也、〇上伝馬善助・柴屋清八札受来ル、〇実五郎・清作・要作・勝蔵・源平・倉作・鉄蔵・金作・□□□・長作・権右衛門右柏餅入、〇道淳羽根井へ行、柏廿一遣ス、助九郎同断十三遣ス、〇夕方才次郎頼、おりの重箱ノ世話礼ニ柏十一遣ス、〇昨日おりへ白単物仕立持参也、道淳分也、

三日　曇晴也、〇松山善八母入来、五十文菓子料入、菓子一包遣ス、高井聟卅才り病祈、花も入、〇中郷権太郎取次、下地権四郎七十才男眼病祈廿疋入、〇浜吉・坂平柏餅入、〇御籏光平病死ニ付道淳悔ニ行、平せんこ一遣ス、〇おりへニ柏十一遣ス、〇安五郎あけ九ツ入、〇百度本家より御親父三十五日明日当り飾餅五ツ入、あけ九ツ遣ス、〇富蔵たんす、絹田こて切少残済、角田畔かへし二枚出来ス、藤七も行、

四日　曇晴也、七ツ頃地震、〇今宵八幡へ雨乞籠、〇松山善八ト権太郎札受来ル、〇百度御親父三十五日両人斎ニ行、菓子一包ト柏餅十三遣ス、〇徳四郎・作次郎・直作・茂作・辻平・柳蔵兄弟・常吉・初吉・市三

郎・善助・吉作・清蔵・栄三郎・泰助・儀助・兼蔵・平作・喜和蔵柏餅入、○田勝あけ十一入、○植田重右衛門立寄柏餅十七遣ス、○源六へ十一遣ス、○九左衛門あけ五ツ遣ス、○富蔵へ柏九ツ・あけ五ツ遣ス、○百度本家より飛龍頭三ツ・あけ弐ツ入、○藤七西屋敷小麦苅、廿二束有ル、

五日　曇天、少々照ル、地震、○茅町弥次郎八十弐才女年病祈廿疋入、廿才男気落不付祈、○仁連木京蔵廿四才女留（溜）飲祈廿疋入、直ニ札受来ル、子供礼祝儀皆入、伊介不参也、○半右衛門・平作・富蔵等入来、○植田儀助入来ス、柏出ス、○為吉・菅勝柏餅入、○朝より藤七在所へ行、米・麦一升ツ、先日洗濯行之節遣分也、柏餅十一・大あけ二ツ遣ス、

六日　未明小雷、夕立少々潤雨也、○牛久保源吉四十四才男物案し祈廿疋入、○下地大村屋良平十三才男風祈廿疋入、○西宿竹蔵当才女子腫物祈、○夜前おちの来ル、西羽田六三郎弐才女子大病祈、今朝札受来ル、廿疋入、○かや町弥次郎札受来ル、廿疋入、○百度より斎布施十疋入、○才次郎入来、柏十五遣ス、○朝藤七在所より帰ル、今日ハ大豆植也、

七日　曇晴也、晩方より雨夜へ向テ降ル、潤雨也、○中村彦蔵七十一才女痰祈、○百度周蔵五十四才癪祈、供物一包遣ス、○西町助次郎九才女子疱四日目祈十疋入、○大村屋札受来ル、○西宿竹蔵同断廿疋入、○の川ニ而大のり二・金赤一・白赤四わ取、○富蔵たんす、長全前豆植、藤七同断、○おきせ粟草取来ル、

八日　夜前雨、今日未刻より雨夜へ向テ降ル、○田町清三郎四十八才男風祈廿疋入、○庄作三十二才女産後祈廿疋入、○下地良平十三才男大病再祈臨廿疋入、○善八来ル、善吉ノ七才女子疱廿三日目祈、○畑ヶ中善三郎四十七才女痰咳祈、○中村彦蔵札受来ル、金一朱入、○周蔵より札受来ル、○西町助次郎同断、○百度八左衛門婆々祈礼来ル、弐百十弐文入、供物一包遣ス、○朝より道淳護摩次第授ニ中瀬古へ行、○富蔵たんす、角田二・絹田半分畔かへし、藤七同断、

九日　夜前大雨、亦昼前より後迄少々降ル、潤雨也、

雨悦ノ休日也、○舟町中村屋五十八才男傷寒祈、○庄作・善吉札受来ル、○畑ヶ中善三郎四十七才女ノ札受来ル、廿疋入、○清三郎同断、○下地大村屋より死ス申来ル、土砂遣ス、○九平次三月かし分金弐分弐朱返済入、○中瀬古へ大半・小半取、○才次郎入来、明後日親父六七日ニ付中陰ノ追善斎ニ召度様申来ル、

十日　曇晴、折々はら〳〵、○新田権右衛門来ル、□□孫四才女子虫引付臨廿疋入、夕方死と申喜三郎入来、土砂遣ス、○指笠町利兵衛廿五才男留飲祈廿疋入、○魚町白木屋弥四郎三十四才男疳(癪)祈□疋ト廿四文入、○中瀬古米五升為持遣ス、老師積差込未不能と申来ル、○才次郎来ル、苗代こへ大一荷遣ス、○おきせ・源六下女小もの草取来ル、○藤七西屋敷へ豆植、

十一日　曇天、少々照ル、はら〳〵折々致ス、○高足甚吉取次、四十一才女産後目まい祈廿疋入、○松山清吉四十九才男中気祈弐百廿四文入、○利兵衛・白木屋札受来ル、○百度才次郎方御親父六七日中陰追善両人斎ニ行、菓子一包遣ス、温(饂)飩也、○徳兵衛少々上気見舞行、柚香糖一袋遣ス、○長七・政蔵へ寄ル、菓子一包遣ス、忠八地震之節借り物礼ニ寄同一包遣ス、○百度善吉祈礼来ル、廿疋入、○おきせ・源六下女黍草取来ル、七ツ前ニ済内へ帰ル、○藤七米一臼つく、

十二日　曇晴、少々はら〳〵、○魚町兵右衛門五才女子疱十六日目祈廿疋入、○舟町甚兵衛四十三才男頭痛祈廿疋入、○甚吉・清吉札受来ル、○中瀬古老師積気尋ニ遣ス、未不快ト云来ル、○藤七絹田奥二枚畔かへしニ行、相済也、

十三日　朝雨、曇晴、折々はら〳〵、○小浜勇蔵五十六才男頭痛祈、○高須十右衛門卅八才男疳祈廿疋入、○兵右衛門・甚兵衛札受来ル、○道淳新田安兵衛孫四才女子ノ悔ニ行、平せんこ二遣ス、○中瀬古老師積気、切素麺百文取遣ス、○の川ニ而素麺ニまつ香取、○糯米四斗四合三長ト背高ニ売ル、代金弐分ト百四十一文入、七斗七升五合かへ也、○藤七米一臼つく、小ものへこへ出し、

十四日　極快晴也、大分暑シ、○市ハ左助三才男子疱

九日目祈百十弐文入、久我大角豆入、供物一包遣ス、○小浜勇蔵札受来ル、弐百十二文入、十右衛門同断、○中瀬古より子供来ル、赤飯ト胡瓜弐本入、赤みそ一重遣ス、老師少々快方ト云、○藤七みかん草、

十五日　快晴、大分暑シ、○草間勘四郎廿弐才男痰祈金一朱入、○源兵衛来ル、清右衛門後家四十四才女熱祈、○中村兵右衛門来ル、兵次郎・次平右三軒分悪病除祈、○鍛冶町いそ廿才男疳祈廿疋入、○かも吉右衛門十七才女熱祈、○道淳今晩より護摩正行入ル、○長平娘来ル、菓子一袋入、米一升余遣ス、未長平不快ト云、○中瀬古へ小麦刈に藤七遣ス、久我大角豆遣ス、和尚少ツ、快方ト云、小麦五十わ入ル、

十六日　極快晴、暑シ、○百度周蔵五十四才積長病再祈供物一包遣ス、○鍛冶町いそ札受来ル、柚香糖一本入、楊梅一袋遣ス、○西羽田清右衛門より札受来ル、廿疋入、難渋成ル物故米二升遣ス、○かも吉右衛門札受来ル、十疋入、○才次郎より柏餅一重入、斎沢山也、半紙一遣ス、○中瀬古へ醤油一徳利・黒豆種遣ス、老師昨日□□亦今朝差込ト云、○藤七みかん草、○新田安兵衛悔礼来ル、廿疋入、供物一包遣ス、

十七日　曇天、○上佐脇源右衛門五十五才女瘧祈、○魚町野田屋仁右衛門廿七才女積祈廿疋入、○百度周蔵札受来ル、三十疋入、○中村兵右衛門三軒分札ト守ト受来ル、六百文入、楊梅一袋遣ス、○舟町中村屋先日祈礼十疋入、○の川ニ而生ふ五合取、○藤七長全前片目寄セ、

十八日　曇天、少々照ル、○篠束善蔵十才女子下り腹祈、○魚町野田屋・草間勘四郎札受来ル、○本町美濃屋ニ而五薬取、○中瀬古へ小一取ニ藤七行、和尚昨日朝未不起ト云、○藤七長全前片目寄済、

十九日　曇天、折々照ル、はら〳〵少々、○田町権次郎十六才女腹痛祈三十疋入、○篠束善蔵札受来ル、十疋入、○楊梅取ル、○北川三軒・伝四郎・九左衛門・半右衛門・百度両家へ楊梅一重ツ、遣ス、○藤七前片目寄セ、

廿日　曇晴、昼中大夕立雷鳴ル、○東二はん丁大林竹

治六才男子疱熱強シ祈廿疋入、○田町権次郎札受来ル、○おちの来ル、盆迄金一分かし、○六郎ノ勝蔵疱七日目見舞ニ行、軽シ、菓子一包遣ス、○和平方へ楊梅一重遣ス、○今日は田植也、昨日はんけ生、○富蔵・七蔵たんす、両人ニ百文ツ、遣ス、楊梅一鉢遣ス、○藤七ニ百文遣ス、○植人ハおきせ・源次郎つき也、○中瀬古より子供来ル、加行供物ニ菓子一袋入、老師追々快方ト云、楊梅一重遣ス、
廿一日　夜前大雷大夕立致ス、曇晴、朝はら〳〵、○御影供如常、○魚町幸吉四十一才女食不納祈廿疋入、○城内新丁徳嶋小左衛門弐才女子虫廿疋入、○高足四郎右衛門三十一才男疳労祈、○大林竹治方病人死ト申来ル、土砂遣ス、○西羽田清右衛門後家死ト申来ル、土砂遣ス、○中瀬古より五ツ過子供来ル、今朝六ツ半時ニ宗賢寺出ル云来ル、小遣・着類も少々持行ト云、甚困り入事也、直様道淳中瀬古へ行、昼頃帰ル、茄子三ツ入、○直様才次郎頼、船町より下地辺船宿等尋遣セトモ足不付、亦晩方同人頼中瀬古へ見舞旁追手ノ心当ニ而遣ス処、八兵衛一人八ツ頃より西へ追手ニ行ト云、○羽根井へも此方より知ス、○俊次方へ楊梅一重遣ス、
廿二日　夜前も雨、曇晴、折々はら〳〵、○久左衛門来ル、五十五才疝気祈、○松山政蔵四十弐才男積祈、○横須加惣吉五十三才男長病祈廿疋入、○魚町幸吉・高足四郎右衛門札受来ル、○新丁徳嶋小左衛門より死スと申来ル、土砂遣ス、○今日中ニ而道淳護摩正行結願ス、○おなか来ル、九月迄金弐朱ト三百文かし、○斎小豆飯煮、○新田権右衛門より温飩一重入、半し一・扇一本遣ス、○同清作同断、楊梅・筆遣ス、○中瀬古へうんとん一重遣ス、○昨日八ツ頃より八兵衛ちりう迄追人ニ行共道不付、今日晩方帰ル、当方へも寄ル、○和平宗賢ノ見舞ニ当方へも来ル、道淳正行供物一包ト楊梅一重遣ス、○宗賢寺出ニ付晩方より中瀬古へ道淳遣ス、此方亦無人困ル事也、
廿三日　極快晴也、○今日ハ野休也、○久左衛門札受来ル、廿疋入、○松山政蔵四十弐才男積祈札受来ル、

弐百十弐文入、○横須加惣吉同断、○政蔵入来、楊梅一袋遣ス、○斧蔵入来、○の川屋へ平せんこ四わ取、○和三郎茄子七ッ入、○伝作入来、娘ノ疱瘡神立祝赤飯一重入、供物一包遣ス、親父未食不納ト云、○朝より藤七大崎へ行、唐黍三升・楊梅一器遣ス、

廿四日　曇晴、夜前も今日も只少はら〳〵、○六兵衛取次、仁連木六太夫四才男子虫引付祈、○下地尾張屋庄兵衛四十弐才男足怪我占、雷沢帰妹上也、十疋入、○茂作茄子九ッ入、楊梅・筆遣ス、○実五郎・清作もち入、源平粉トもち入、○芳太郎・弥助・儀助・和三郎もち入、○実五郎茄子九ッ入、○朝より道淳来ル、中庭ノ木ツモリ等、○同人百度善吉へ悔ニ遣ス、平せんこ一遣ス、長十へ楊梅一重遣ス、○中瀬古小遣壱貫五百文ト金弐分道淳けさ代として遣ス、もちニ茄子遣ス、三月四日ニ和平訪諏(ママ)へ道淳連ニ行節弐分相渡、

廿五日　快晴、折々曇ル、○田町せこ七蔵七十八才女積祈廿疋入、○茅町清吉廿三才女腹痛祈、○嘉六仁連木ノ札受来ル、廿疋入、○安五郎茄子十一入、○六郎より勝蔵神立祝赤飯一重入、○晩方藤七大崎より帰ル、茄子七ッ入、三日掛也、

廿六日　快晴、暑シ、○茅町清吉札受来ル、廿疋入、○□□七蔵同断、○藤七西屋敷片目寄セ、

廿七日　快晴、暑シ、折々曇ル、○大西文太郎六才女子・当才男箕加持、○九(公)文惣太郎同断、○中瀬古へ米五升遣ス、大半・小半取来ル、茄子五ッ遣ス、○の川ニ而大のり二帖・金赤一取、○おきせ・お菊門前小もの二はん草ニ来ル、

廿八日　快晴、折々曇ル、暑シ、○横須加惣七、六十弐才男長病再祈廿疋入、○大西惣右衛門九才女子疱六日目祈廿疋入、○今新町嘉助五十三才女血祈廿疋入、○伝四郎内来ル、松嶋権四郎三十五才疳祈廿疋入、○伝作入□、五十四才親父積(癰)長病再々祈、こま申来ル、○道淳□□入来、札摺等手伝、柏餅等入、晩方帰ル、衣ノたしに用布切其外手前ノ道具等持行、○久左衛門より前芝おみなノ土産餅二ッ入、○おきせ・お菊小もの草取ニ来ル、○藤七西屋敷片目寄済、昼前より門前

本ケツ（削）リ、

廿九日　曇晴、昼前大夕立也、雷も鳴ル、晩方も雷計鳴ル、○小池甚右衛門五十八才男疝祈廿疋入、○昨日ノ四人札受来ル、○朝よりこま支度直ニ勤ル、伝作子供参詣直ニ札遣ス、○昼後同人礼来ル、金百疋入、茄子十入、白砂糖一袋・菓子一包遣ス、○中瀬□□もち一ツ・道淳絵道具等遣ス、○おきせ一人小もの草取来ル、○富蔵たんす外小もの本削り、

晦日　快晴、少々曇ル、暮六時地震大分大也、○御籏林平五十七才女り病祈、○田町角や源六、五十六才女腕痛祈、○小池甚右衛門札受来ル、○百度吉作来ル、西羽田四才甥死ス、土砂頂来ル、○北川左平次婆々死スニ付困窮故米二升為持遣ス、○おきせ一人小もの草取来ル、昼前迄ニ外済、夫より西屋敷□□晩迄ニ荒方済、○藤七小もの本削り、

　六月大壬辰納

朔日　快晴、暑シ、少々曇ル、○草ヶ部源五左衛門六十五才男痰積（癪）祈直ニ札遣ス、廿疋入、○横須加弥三郎八十五才□□□祈廿疋入、○舟町半兵衛六十四五才女年病祈、○神□□弾正市五十才男瘧祈廿疋入、○大村藤次娘廿六才三ヶ日辺縁付血積腹痛祈廿疋入、○御籏組林平札受ニ来ル、廿疋入、○田町角屋源六札受来ル、○北川□□三人入来、中瀬古弁天堂奉加、村方集金弐分□□壱貫七百四十三文持参也、○中瀬古へ歯固ノ餅為持遣□□入、○新田猪三郎入来、粉一重・茄子十五入、扇一本遣ス、○才次郎頼、本町政蔵大豆四俵弐斗三升六合売、代金□両弐分ト（ママ）入、八十六文かへ也、又次郎荷賃八十文渡、

二日　朝夕立、折々はら〱、夜前四ツ頃地震□□□也、終日浪音高シ、○手間丁源次郎五十三才男瘧祈廿疋入、○弥三郎・弾正市・藤次右札受来ル、○中瀬古奉加ノ金弐分弐朱壱貫七百四十三文帳面共為持遣ス、○常右衛門茄子九ツ入、○田中勝蔵大豆角（ママ）入、○茂吉入来、粉一重□、半紙一・細筆一遣ス、○藤七みかん草ニ小もの□懸等、

三日　曇天、昼後より大雨、風強ク夜へ向テ同断也、

○大西太郎兵衛八十四才女中気夢中祈廿疋入、○舟町半兵衛札受来ル、廿疋入、○大森久太郎此間箕加持礼廿疋入、○朝より道淳来ル、□□□壁付等手伝暮方帰ル、李入、みの源ニ而筆□□来ル、○西羽田吉左衛門へ四才男ノ悔ニ道淳遣ス、□せんこ一遣ス、○おきせ壱人麦かし小麦叩来、晩迄済也、○昨晩中瀬古へ楠葉より状□□□廿二日出ニ而恭禅和上ト戒定ト弐通来ル、□□□会前ニ灌頂弥相勤様との事也、授者ハ戒定、道淳・宗賢も使旦ニ致積、宗ハ不居、止笑(ママ)〱、

四日　夜前より風雨強シ、四ツ前迄降ル、昼頃より快晴、□ハ同様、○河岸榎屋平次郎当才男子虫祈□□入、晩方死ト申来ル、土砂遣ス、○利右衛門取次、河岸尾崎五十八才女夢中祈廿疋入、○手間丁源次郎・大西太郎兵衛札受来ル、○才次郎入来、お秀七夜祝今日致ス、温飩一器・あけ六ツ入、○北川清作うとん一重入、指一(筆脱)・巻二(筆脱)遣ス、○中瀬古へうとん□□・大角豆遣ス、先より杏入、○藤七内入来、大角豆二わ入、○藤七みかん草取、

五日　快晴、風強シ、○上伝馬文蔵四才男子疱後肥立兼祈廿疋入、○東二番丁山本倉助七□男子疱十二日目祈廿疋入、○利右衛門より尾崎ノ札受来ル、○西羽田定吉四才子ノ悔礼十疋入、○□□本家より大角豆入、○中瀬古へ小一取ニ行、大角豆少々遣ス、

六日　朝冷ル、三四日涼シ、快晴暑、○草間七助廿五才女□長大病祈廿疋入、○文蔵札受来ル、○東組倉助方死と申来ル、土砂遣ス、○三吉ニ清作□□入、○平十より粉二袋入、○百度へお秀□□祝ノ悦ニ行、廿疋遣ス、○

七日　快晴、今日ハ土用之入、急ニ大ニ暑シ、○草間七助札受来ル、○百度本家より赤飯一重入、○朝より道淳本虫干ニ来ル、宿ス、○富蔵たんす、小もの本削り、

八日　快晴、大ニ暑シ、○本虫干、○天白前弾正市五十才男再祈廿疋入、○上伝馬甚右衛門八十一才男年病臨廿疋入、○新銭町長次郎四才男子腹下り祈廿疋入、○新町安兵衛取次、田原也六十才男中気祈廿疋入、○

茂作粉一重入、○作次郎茄子十入、○新田清粉一重入、○中瀬古へ米四升・茄子七ツ遣ス、○道淳暮方帰ル、○浪之上孫吉世話ニ而中原村太郎七子息七才童子小僧ニ連立来ル、先より伯ノ権七ト申人来ル、才次郎方ニ宿ス、小僧計此方へ宿ス、

九日　快晴、大暑也、○西羽田新次郎取次、廿五才女平井也病祈、○御堂瀬古次助四十二才女血祈廿疋入、○百度清七殿入来、八十四才小用通シ兼祈、○御籏組円六、五才女子腹下り祈廿疋入、○上伝馬甚右衛門死ス中来ル、土砂遣ス、○長次郎・安兵衛札受来ル、○中原村権七ニ浪之上孫吉、才次郎方ニ而宿シ直ニ帰ル、小僧ハ此方ニ夜前より居ル、昼前迄くす〳〵言共夫より機嫌よし、○朝道淳本虫干ニ入来ス、宿ス、○昨日世話人十一軒へ扇団弐本ツ、配ル、○芳太郎温飩一重入、扇一遣ス、○百度懸行灯画道淳書、○今日ハうとん少々打、○道淳、坂津次三郎へ弁天堂奉加頼ニ行、

十日　快晴、大暑シ、○川崎甚八、五十三才女時候祈廿疋入、○次助・円六札受来ル、○新次郎・清七同断廿疋ツ、入、○本虫干致荒方成ル、道淳晩方中瀬古へ行、○天王様より甘酒入、○常陸へうとんこ一重暑見舞遣ス、○庄屋へ麦年貢中瀬古分共合六貫六百七十弐文渡、○

十一日　天気同様也、○川崎甚八札受来ル、真桑三・茄子□□□豆共入、供物一包遣ス、○政蔵入来、竹二本持行代弐□□□、○町ノ金作同壱本無心ニ来ル、○常吉粉一袋入、○要作同一重入、○浜吉・要作・辻平参宮土産付木ニ札入、細一本ツ、遣ス、○中瀬古へ到来之野菜品遣ス、うとんこ二袋共、○の川ニ而半紙二束取、

十二日　快晴、大暑也、○政蔵竹二本買ニ来ル、百文取置也、○中瀬古より子供来ル、赤みそ一重・瓜一本遣ス、○要作瓜三本入、○菊屋より暑見舞入、○常陸より千歳草一箱同断入、○西法寺大和尚ト戒定方へ九月し丁開檀ノ返書中瀬古へ向テ遣ス、○源次郎・おつきおきせ田一はん草取来ル、○中瀬古へ小用一取ニ

行、
十三日　天気同断、○中柴茂平次五十才女眼病祈廿疋入、直ニ札遣ス、○百度久八、五才女子時候祈、晩方死ト申来ル、土砂遣ス、○平尾両平廿四才男気落不付祈廿疋入、直ニ札遣ス、○飯村銀吉四十才女産後再□三十疋入、○繁蔵粉一重入、○久右衛門入来、暑□□□麺四十三入、細筆二遣ス、
十四日　天気同断、○長七取次、東条（上）幸作五才男熱祈、○□□□来ル、菊腹痛祈、○銀吉札受来ル、○清七殿入来、□□□一重入、供物一包遣ス、○倉作粉一重入、○
十五日　天気同断、小地震昼之内弐ツ、○虎之助東条ノ□□□廿疋入、○才次郎剃髪ニ入来ス、○斎後藤七大崎へ行、モクロノ口明日より開ト云、三百文当座かし、同□□□垣内へ三百文遣ス、右かし、
十六日　天気同断、少々曇ル、風大分有ル、○指笠町小太郎七十六才女年病祈廿疋入、○魚町米屋平作四才□時候祈廿疋入、○おつき札受来ル、外ニ供物一重入、○百度久八、五才女子ノ悔ニ行、平せんこ一遣ス、○おちの来ル、九平事亦持病起まけニ付金三分無心ニ来ル、即かし渡、○芳太郎真桑四本・白弐本入、到来ノ柚香糖一包遣ス、○太右衛門・柳蔵・宗作粉一重ツヽ入、
十七日　夜前夕立少々、今朝も同断、曇晴、風有□□□□上伝馬源蔵三才男子疱祈廿疋入、○北川市右衛門取次、仁連木四十四才女急病祈、○昨日三人札受□□、○中瀬古へ瓜弐本・蓮花遣ス、先より朱墨□□□□九文渡、○仙吉粉一重入、○昼前藤七大崎□□帰ル、モクノ口延ト云、大角豆入、
十八日　夜前夕立、曇晴、晩方大夕立、始終風有涼シ、○□□清四郎八才男子疱七日目祈、○上伝馬彦十□□□□疱五日目祈□□□、○羽根井与平次五才女子時□□□、○源蔵札受来ル、○北川長次郎仁連木ノ札受来ル、廿□□、○徳四郎粉一重ト瓜三本入、○常右衛門西瓜一ツ□□□作より松太郎神立祝赤飯一重入、○□□□□額拵へに為持遣ス、細谷砂も遣ス、○の川

ニ而丸せんこ百文□、○藤七昼より角田畔草刈、
十九日　夜前大雨明方へ向テ降ル、潤雨也、夕方小夕
立□、雨悦休日也、○曲尺手藤助四十六才男□□祈廿
疋入、○羽根井与平次病人死ス申、廿疋入、□物計遣
ス、○百度久八祈ト悔礼廿疋入、○□□本家より温飩
一器入、瓜弐本・菓子遣ス、□□□同一重入、○中瀬
古より子供来ル、筆廿本入、□□□四文渡、子供ノ見
セ扇等来ル、○中瀬古へ小□□□、米七升遣ス、○才
次郎入来、浪之上善太□□此方ノ善作小僧ノ様子尋来
ルト云、至極き□□□剃ルヲイヤカル申遣ス、
廿日　夜前も雨、今日も折々はら〳〵、○上伝□□□
才男熱ニ付物祈、○曲尺手藤助札受来ル、○□平白瓜
弐本入、○藤七みかん草、
廿一日　快晴ニ成ル、大□也、○御影供如常、○魚町
□□五十一才男長□祈□十足入、○行明太十□□篠束
也三十六才女産後祈廿疋入、○大村□□札受来ル、三
十疋入、○馬見塚清四郎八才□□□祈礼廿疋入、○六
郎兵衛より温飩一重入、□□□中瀬古へ子供遣ス、白
瓜一本遣ス、盆子供扇五□八○ニ而求入ル、○幸作ノ
松太郎疱瘡祝ニ□□十二遣ス、○藤七みかん草、
廿二日　快晴、大ニ暑、○西羽田庄右衛門四才女子虫
祈□□□、○真福寺六十一才僧水之張満祈廿疋入、○
□□利十・行明太十札受来ル、○紺屋町岩蔵□□□
替、○要作瓜三本・真桑二本入、○藤七□□□、
廿三日　天気同断、○下地七助六十五才女熱祈□□
□、○西羽田庄右衛門札受来ル、廿疋入、○源三郎札
□□□飩温《(ママ)》一重入、菓子少々遣ス、○清七殿小使□□
見舞ニ行、菓子一包遣ス、○外神勝蔵□□一包入、清
書一・細筆一遣ス、○富蔵甘酒一□・うとんこ一袋・
巻せん少遣ス、○お菊□□□□□暫時金一分かし、○
藤七みかん草、
廿四日　天気同断、○平尾民蔵五十九才女中気□・廿
八才女経□□順祈廿疋ツヽ入、直ニ札遣□、○下地七
助札受来ル、○泰助長素麺一包入□□□、○長全寺弁
天堂池ノ中へ引嶋休日也□□□、○中原権七方へ善作
盃申遣ス、荒□□□□才次郎持行、○藤七みかん草、

廿五日　天気同断、○太作取次、草間喜八、四□□□祈廿疋入、○左次郎殿入来、温飩一重入、半し□□□二遣ス、○実五郎茄子十一・真桑二本入、○坂平□□壱袋入、○才次郎頼、吉川庄七へ小僧聞に遣処□□□おきせ・源次郎おつき田之草二番目取ニ来ル、○□□□畔草同所へ灰ニ小糠打、○子供天神祭ル、

廿六日　今朝土用明也、天気同断、風有ル、○六角村□□□三才男痰祈廿疋入、直ニ札遣ス、○土手丁西岡谷右衛門□□弐才女頭痛祈弐百十弐文入、○萩村左太夫十七□□□祈廿疋入、直ニ札遣ス、○太作草間ノ札受来ル、○中□□□□子供来ル、昨晩より道淳胎蔵ノ正行入と申来ル、□□□小遣壱貫五百文遣ス、茄子（七脱）・大角豆遣ス、○重□□□七ツ・大角豆入、○藤粟ノエノコロ取り、

廿七日　朝はら〳〵曇天也、風有ル、○土手丁□□□札受来ル、○伊助三月已来より休所今日より来ル、□□一入、○藤七□□ん草□り、

廿八日　快晴、風強暑シ、○佐藤吉兵衛十八才男□□祈廿疋入、○舟町忠次郎四人病祈、植物接□□咄也、○中村兵右衛門入来、大西市右衛門□□□□祈、○百度おかつ来ル、温飩一重入、菓子□□中瀬古へ七夕ノ大額取ニ遣ス、道淳拵ふ也、○□□古小用一取来ル、○米壱臼搗、

廿九日　朝夕ハ少々秋気催、同断、○下地五郎八、九才女□腹痛等祈廿疋入、○談合ノ宮久左衛門八十才□腹下り等祈廿疋入、○兵右衛門より大西ノ札受来ル、廿疋入、○佐藤吉兵衛同断、○俊次郎入来、先日□□□弐百十弐文・五十文入、衛門次快気ト云、○実五郎温飩一器入沢山也、半し一・細一遣ス、○庚申□□天窓剃に入来ス、○大崎初蔵明日よりモク□□、藤七今晩より御越呉申来ル、菓子一包入、□□□晩方より藤七大崎へ行、

晦日　天気同断、○市バ六三郎六十八才男□□□□松原米吉廿五才女懐妊腹痛祈百廿四文入、○□□又右衛門三十二才男熱祈廿疋入、直ニ札遣ス、○下地五郎□□受来ル、○芳太郎カホチヤ・茄子・レイシ・ナタ

豆入、□□大粘（糊）壱帖・七夕色紙取、

　　夷則

朔日　快晴、残暑難凌、○松山七三郎十才女子□□祈廿疋入、晩方札受来ル、○中村長十悪病除□廿疋入、○市場六三郎札受来ル、○休日也、子供一人□□、○九平次来ル、八百三十六文当座かし、○戸平□詣、取締ニ成ルト云、帯刀也、

二日　天気同断、○中村長五郎病除祈廿疋入、○□□長十札受来ル、○三橋半蔵四才男子虫祈廿疋入、直ニ札遣ス、○佐藤吉兵衛来ル、息子豊次郎ニ名乗甫平ト付遣ス、箱菓子一折入、○木挽源次郎門西ノ方ニ而□□□二本切こま木ニ致ス、晩迄済、賃百五十文・十弐文遣ス、○藤七昼前大崎より帰ル、○兼蔵粉一重入、

三日　天気同断、夜前迄難凌暑也、○新次郎取次、□□平蔵四十七才男積（癪）長病祈廿疋入、晩札□□□□瓦町兵右衛門三才男子虫長病祈廿疋入、○長五郎札□来ル、○朝道淳来ル、昨日日中迄胎蔵界正行結縁□□入、拙庵ニ而熊胆三百文求持参也、札摺等暮方帰ル、

御はた（籏）林平母病去ノ悔ニ立寄ス、平せんこ一遣ス、○初吉より□□□、○坳六町釜甚ニ蓮葉弐百五十文ニ而売ル、○盆中火元ノ用心之廻状来ル、一乗へ次ク、○半右衛門殿より金谷之床懸一軸持参ス、代四百文求置也、

四日　快晴同断也、○大西孫作廿才男胸痛り病□、○小池兵右衛門四才男子虫祈弐百十弐文入、○中村兵右衛門入来、孫三才男子り病祈、○瓦町□□□門札受来ル、○中瀬古へ当方買物代壱貫六百八十九文為持遣ス、七夕ノ浮画用四枚入、○おきせ・十吉内田ノ草三はん目出ル、藤七も取、相済也、

五日　天気同断也、○尾ヶ崎（王）喜助四才女子祈、○中村兵右衛門札・守受来ル、廿疋入、○大西孫兵衛同断三十疋入、○直作短冊書ニ来ル、瓜三本入、○七夕ノ額拵へ、○子供短冊書、○直作・助次郎中瀬古へ向テ画七枚求ニ行、○権六来ル、長病ニ而薬礼金一分弐朱かし、先月分共合二分弐朱ニ相成、○藤七黍摘、

六日　天気同断也、○田町角屋源六、弐才女子り病虫

祈廿疋入、○尾ヶ崎喜助札受来ル、廿疋入、○曲尺手藤助病易頼来ル、即為山二、十疋入、○三吉西瓜一ツ入、○直作より瓜三本入、○鉄蔵瓜三本・茄子八ツ入、○子供七夕祭り、額懸行燈三十七八有ル、見物も有賑也、○おりへ来ル、去年蚊帳売ニ頼処、不売様申持来ル、菓子一袋入、半し二遣ス、○中瀬古より子供来ル、弁天堂ノ塀ノ用之由、金壱分弐朱六百文之処へ代三貫百十弐文共渡、

七日　天気同断、○七夕節句目出度静也、○権太郎取次、下地権四郎七十余長病臨廿疋入、○九右衛門六才男子霍乱大病祈、○無程同家へ菓子一包為持下男見舞ニ遣ス、○田町角屋札受来ル、○子供夜迄七夕祭ル、○鉄蔵粉一重入、○善作今朝長イ毛剃ル置也、○才次郎頼善作帯・雪踏求ニ行、

八日　天気曇晴、夕立能雲出レ共不降、○本宮山・石巻へ雨乞、今夕八幡へ籠ル、○魚町尾崎五十五才女積祈廿疋入、○元鍛冶町熊吉六十才女時候祈廿疋入、○松嶋安平五才女子・弐才男子病祈廿疋ツヽ入、○六角利吉六十三才男再祈廿疋入、直札遣ス、○魚町現金屋六十四才女・五十一才男病祈廿疋ツヽ入、○子供七夕短冊流ニ行、○百度本家より御親父百ヶ日飾餅五ツ入、明日斎申来ル、○藤七黍之から取ル、○おりへ布衣壱ツせんたく持行、

九日　少々曇ル、○雨乞ニ而休日也、○新田三太郎五十余才男病祈、○舟町庄平四十才女積祈、○昨日ノ祈人皆札受来ル、○九右衛門より札受来ル、廿疋入、少々快方ト云、○外神七三郎親病死悔ニ行、平せんこ二遣ス、浜吉ふら〳〵、菓子一包遣ス、○仙吉西瓜一ツ・真桑二本入、扇一遣ス、○茂吉来ル、カボチヤ一ツ入、瓜三本遣ス、○百度斎行□繁多ニ付断申、菓子一袋仏前へ備ル、○俊次昨日来ル、大西七蔵入用之由金三両今日かし渡、○源次郎来ル、弐百文当座かし、○中原権七、才次郎方迄善作様子聞来ル、万事咄、立寄なく帰ル、

十日　快晴、暑、今暁ハ冷ル、○百度伝兵衛二日より時候祈、○九右衛門より六才男子大病臨勤ニ行、○清

七殿大病臨頼来ル、十疋入、此方ニ而勤、○畑ケ中寅吉六十二才女病祈百十弐文入、○茅町善六、五十一才女ふら〱祈、○中瀬古へ飯五升此間調物不足銭百九十二文ト七十弐文渡、○中瀬古昨日小用一取、
十一日　快晴、暑シ、昼前ニ地震、○清須吉五郎八十五才女中気祈廿疋入、○竹ノ内久次郎廿一才女時候祈、○茅町善六札受来ル、廿疋入、○寅吉札受来ル、○舟町庄平同断廿疋入、○伝兵衛同断、○清七殿八十四才ニ而今暁病死悔ニ行、○土砂遣ス、○七ツ時葬式諷経ニ行、箱菓子一折・平せんこ二わ遣ス、○百度周蔵内参詣、積気未不宜追々ヲトロウルト云、木綿切六尺志ニ入、半し二遣ス、○才次郎入来ス、活寿丸一ツ求頼、小僧昨日より腹下り用、○中瀬古へ米五升・赤みそ一重遣ス、○増次郎入来、切そうめん入、かし之内金弐分入、○九文字屋より使来ル、米一袋・廿疋・蝋十丁入、店ノ者より廿疋ツ、志入、○藤七黍殻コギ仕舞、
十二日　快晴、暑シ、○新銭町長七、十八才女瘧祈廿疋入、○竹ノ内久次郎札受来ル、廿疋入、○吉五郎同断、○早朝九左衛門より六才ノ子病死ト云、土砂遣ス、一寸悔ニ行、○朝より道淳来ル、八〇ニ而筆色々求来ル、代壱貫百七十四文也、障子張致ス、晩方帰ル、弁天堂財《材》木代ノ内へ金弐分渡、○九右衛門葬式七ツ時也、道淳諷経ニ行、平せんこ一遣ス、○の川ニ而半紙三束・巻筆二百文取、
十三日　曇晴、大ニ暑シ、夕方はら〱少々、跡月廿日より始メテ降、○田町清三郎四十八才男長病再祈、○九左衛門より本尊聖観音菩薩開眼ニ来ル、十疋入、子供祝儀入、○中瀬古へ素麺一盆遣ス、の川ニ而半紙四束・塔婆十本取来ル、同家へ松之内へ十貫文相渡、○北川平蔵亦来ル、金一両借用致様申、銭ニ而右代六貫六百八十四文貸ス、相渡、○大工栄吉悴来ル、中瀬古弁天堂作料取来ル、内渡ニ五貫文相渡ス、○おきせ日雇賃之内へ壱貫弐百文渡、○中原村太郎吉より善作単物一ツ荒又へ向テ来ル、長作持参也、○瓜郷惣助より一升と唐瓜入、供物遣ス、

十四日　夜前宵より雨、雷も三ツ鳴ル、時々大夕立、今日も折々大夕立也、○田町清三郎札受来ル、廿疋入、○坂下密次郎三十七才女熱祈廿疋入、○才次郎より餅一重入、唐瓜半分遣ス、○百度本家へ西瓜一ツ精霊へ備ル、○道淳一寸来ル、掛物懸手伝等直ニ帰ル、白砂糖一袋入、○夜四ツ前中郷四反来ル、五十文志遣ス、

十五日　夜前も同断雨、今日五ツ過迄降ル、沢山也、川へ□も六合出ルト云、○中元之祝儀目出度し、○畑ケ中庄蔵四才男子り病祈百十弐文入、○百度□□四才男子虫腹下り祈、○坂下密蔵札受来ル、○四ツ頃より礼人夕方迄大分来ル、○九文字屋使ニ而十疋入、○九右衛門加持ト悔礼十疋ツヽ入、○□□□次郎箕加持礼廿疋入、○助十郎礼人取次来ル、○浪之上善太郎入来、半紙二帖入、○植田儀助参詣十疋入、○才次郎へ頼浪之上ノ孫吉方へ小僧ノ□礼ニ当百三枚遣ス、

十六日　快晴、暑シ、○杁木大花屋四十四才男□□祈三十疋入、○八幡小路荒井彦左衛門八十四□□□病祈廿疋入、○下地川清弐才男虫晩方□□□来ル、十疋入、土砂遣ス、○作兵衛札受来ル、○京蔵□□来ル、土砂遣ス、○朝施餓鬼勤ム、○道淳助法入来ス、斎後帰ル、○同人吉兵衛六才男子り病死ス、悔ニ遣ス、平せんこ一遣ス、○常陸礼十疋入、茶出ス、○外神七三郎悔礼廿疋入、○藤七在所礼ニ遣ス、百文・そうめん七手共遣ス、○斎後より行、

十七日　快晴、暑シ、○周蔵内参詣病気□□□再祈頼来ル、○九平来ル、親父六十七才一両□□積大病祈、暮方見ニ行、菓子一包遣ス、○□□□大花屋札受来ル、○荒井氏病死申来ル、土砂遣ス、新田茂三郎前方付ル名乗改遣ス、牛房二本入、供物一包遣ス、○光明寺入来、油配書□□□菓子出ス、○昨日より小僧亦腹下り、○中瀬古へ牛房三本・瓜一本、こま木割ニ為持遣ス、

十八日　快晴、朝秋風立、○本町善三郎四十七才男□病祈、○甚八取次、草間十八才男病□□□相権右衛門取次、和田武右衛門四十六才女□□□□弐百十弐文

入、○増次郎札受来ル、未不食と云、方易頼来ル、雷山小過二也、○九文字屋母参詣、兎香一入、菓子出ス、先日養子へ嫁貰□□□五郎助婆々八十一ニ而死ス、悔ニ行、平せんこ二遣ス、みの久ニ而返(反)魂丹三・万金丹百文・痢病煮薬三取、小僧用、○昼前藤七在所より帰ル、カホチヤ一・さつま共入、夫より粟つミ也、

十九日　曇晴、朝暮冷気也、○下地要蔵六才男子り病祈、○増次郎大病臨加持ニ行、食薬共不納ト云、○昨日ノ三人札受来ル、○実五郎唐瓜大壱入、○重太郎茄子入、○周蔵札遣ス、○□□□道淳入来、本堂掛物祝儀勘定等也、□□平方へ遣ス、当春諏訪行ノ礼旁ニ半紙一□遣ス也、○泙野密門礼十疋入、飯出ス、□日小僧有ル由申来ル、礼旁素麺三百□□□、○藤七粟摘済、唐黍少々切ル、○五郎助悔礼十疋入、

廿日　曇晴、折々はら〳〵少々、朝暮大分冷気、二百(十日)静也、○西宿権次郎七十五才女胸苦敷祈、○田町□□□廿九才女血時候祈廿疋入、○下地要蔵札受ニ来ル、○畑ケ中仲蔵病人死ト申来ル、土砂遣ス、○お菊来ル、先月かし分一分返済入、ふ廿五入、細筆二遣ス、先達而祈礼廿疋入、○藤七粟から取、

廿一日　天気同断、冷気也、○御影供如常、○田町文蔵十五才男長病祈廿疋入、○西羽田新次郎隣家ニり病流行・家内安全祈礼来ル、○兵右衛門札受来ル、○権次郎同廿疋入、○百度作兵衛四才男死土砂遣ス、祈礼廿疋入、○中瀬古へ米五升・長茄子為持遣ス、小用一取来ル、○おちの来ル、八百三十六文かし、

廿二日　天気同断、冷気、はら〳〵少々多也、○舟町弥平次三才女時候祈無程死スと申来ル、○新田彦七、三才女子虫時候祈、○おちの来ル、西羽田孫八才女子・六才男子り病祈、○魚町八百屋九左衛門廿三才女懐妊七月目無難ノ祈弐百十弐文入、○草ケ部村弥次兵衛四十六才女腸寒ニ積祈廿疋入、○直ニ札遣ス、○西羽田新次郎札受来ル、廿疋入、○文蔵札遣ス、○八重蔵入来、百度親父長病之処今朝死ト申来ル、土砂遣ス、三朱両替致遣ス、○作兵衛四才男子ノ悔ニ行、平せん

こ一遣ス、周蔵病死故立寄悔云、○作兵衛より悔礼十疋入、○庄屋より馬金取来ル、寺社中より分取替金一分相渡、

廿三日　快晴暑シ、○御馬喜三郎三人り病祈弐百廿四文入、○六三郎より札受来ル、廿疋ツ、入、○新田彦右衛門同廿疋入、○増次郎六十七才ニ而今朝病死為知来ル、直ニ悔ニ行、同家へ銭十貫当座かし弥九郎ニ相渡亦壱分かし、おちのへ渡、○才次郎頭剃に入来、○増次郎七ツ時葬式諷経ニ行、廿疋ト平せんこ一遣ス、○道淳も諷経ニ来ル、○藤七、増次郎へ一日手伝遣ス、○万機院殿七回忌、廿六日より七日迄鳴物停止ノ廻状来ル、

廿四日　快晴暑シ、○地蔵会式夕方参詣少々、○新銭町弥次右衛門六十三才男腹合悪敷祈廿疋入、○魚町井津蔵五十八才女疝積祈廿疋入、○下地早助七才女子り病祈廿疋入、○御馬喜三郎札受来ル、○早朝ニ百度周蔵悔ニ行、平せんこ壱遣ス、迎誉接引信士也、生年五十四才、○早朝廻状坂津寺へ次ク、助十郎行、○増次郎殿ノ灰寄、斎米ト五十文施入ス、回向ス、関山堂悦信士也、ふ廿一遣ス、藤七呼レテ行、○同家より葬式礼五百文・祈礼弐百文・臨礼十疋入、○百度悔礼十疋入、祈礼三十疋入、○浪之上善太郎方へ便りニ付、扇子二本・菓子一包頼遣ス、小僧聞礼旁也、○九文字屋猪左衛門参詣ス、菓子出ス、○晩方道淳助法ニ来ル、済次第ニ帰ル、○富蔵カボチヤ一ツ入、

廿五日　快晴暑、○大西惣右衛門七十四才女時候祈廿疋入、○古茂(菰)口甚左衛門七十八才男積年病祈廿疋入、○新開清五郎廿余才女時候祈廿疋入、○昨日ノ三人札受来ル、○北川三軒・伝四郎・半右衛門・百度本家へ昨日ノ供持行也、外ニ伝次郎・政蔵・徳兵衛・長七へ久不沙汰故行、同一包ツ、遣ス、清七忌中見舞旁柚香糖一本遣ス、○おちの入来、西羽田孫兵衛供物一包遣ス、○の川ニ而抹香百文取、○子供天神祭ル、○藤七粟穂片付等也、

廿六日　朝よりはら〱、東風、昼後より夜へ向テ大分強シ、雨も多シ、○大西惣右衛門・古茂口甚左衛門

札受来ル、○藤七長全前ノ割付草ニ行、昼より雨大降
故止ル、
廿七日　夜前宵より風雨強ク夜中過ニ坤風ニ成り強
シ、七ツ過より小雨ニ成ル、○大川も橋ノ上へ水上
ル、松原とぬかでノ堤切本下地ハ庇迄水つくと云、大
荒シ也、○百度七蔵入来、儀助十日余時候熱強祈、○
六郎兵衛・富蔵見舞来ル、○昼前より曇晴ニ成ル、○
俊次来ル、盆前借分金三両返済入、
廿八日　夜前も雨少々、今日も同断、○新銭町辰蔵三
十六才男時候祈、○草間甚吉七十六才男年□祈廿疋
入、○畑ケ中愛助四才女子り病祈十疋入、○清七より
札受来ル、廿疋入、○晩方才次郎頭剃に入来、○藤七
米壱臼搗、○中瀬古へ小用一取ニ行、風ニ而諸堂少々
ツ、損ルト申来ル、
廿九日　夜前も雨少々、今日ハ大雨也、大川へ亦水出
ルト云、○新銭町辰蔵札受来ル、弐百廿四文入、○草
間甚吉札受来ル、○魚町現金屋長兵衛より子年女祈礼
参り御膳料三十疋十弐文入、供物一包遣ス、○増次郎
七ケ日斎米四合・廿四銅入、
八月大辛卯破
朔日　今暁前迄雨、快晴也、田面之節句目出度し、○
田町文蔵十五才男再祈廿疋入、○虎之助来ル、母四十
才り病祈、○のだ庄右衛門廿八才男時候大病祈十疋
入、○西羽田吉兵衛悔礼十疋入、○中郷より懸行燈之
画頼来ル、紙置ニ行、○源六より餅一重入、半し一遣
ス、○中瀬古へこま木藤七持行、
二日　夜前も余程雨、終日はら〱雨空也、○長七殿
札受来ル、廿疋入、金一分両替、○田町文蔵・のだ庄
右衛門札受来ル、
三日　快晴也、○国府南田孫次郎廿才男り病祈廿疋
入、○中瀬古より子供来ル、赤みそ一重ト中郷懸行燈
之紙遣ス、○藤七西屋敷割付也、
四日　快晴也、○神明前伝六、四十六才男り病祈廿疋
入、○魚町吉兵衛三十一才女ふら〱大病祈廿疋入、
○国府孫次郎札受来ル、○おきせ割付草取ニ来ル、○
中瀬古より子供来ル、赤みそ一重遣ス、○常陸より馬

金割壱朱ト百六文入、○藤七西屋敷割付也、
五日　曇晴、晩方はら〳〵少々、○前川又七四才男子虫引付祈、晩方死と申来ル、廿疋入、土砂遣ス、○吉川五郎七、八十八才男大病臨弐百十弐文入、○伝六・吉兵衛札受来ル、○村方り病流行故於八幡祈祷休□、○茂作餅一重入、○藤七門前菜蒔、
六日　朝よりはら〳〵雨、昼後より曇晴也、○新銭町富蔵廿六才女時候祈、○才次郎頭剃に入来ス、おかつ両三日腹合悪ト云、○藤七昼後より西屋敷割付済、
七日　夜前より雨少々、曇晴也、○吉川音吉四十七才男眼病祈廿疋入、○新田佐右衛門三十九才女風熱祈金弐朱入、○市バ平七、八十八才女長年病祈三十疋入、○長七内病気見舞ニ行、未不快大病也、菓子一包遣ス、百度儀助虫ニ熱大病見ニ行、□□一包遣ス、おかつ殿少々不快、供物一包遣ス、○又七ノ子供悔ニ行、○平せんこ一遣ス、無程礼五十文入、○朝道淳入来、札摺手伝、斎喰直ニ帰ル、御符入、○藤七門前割付、○おちの小草り一入、○の川ニ而大のり一・金赤一わ取、○北清作唐瓜壱ツ入、
八日　夜前より雨、折々大雨、雷も大分鳴ル、夜へ向テ降ル、○下地伝作五十才女大病再臨廿疋入、○魚町八百屋八才男子り病祈廿疋入、○音吉ニ平七札受来ル、○留吉同断三十疋入、○中瀬古へ柿三十遣ス、小用一取来ル、
九日　雨天気也、○住吉伝四郎十五才男熱祈、○□□植一施主、本町八○、九才女子り病祈廿疋入、○八百屋九左衛門より札受来ル、テコ芋入、柿六十遣ス、○下地伝作病人死ス申土砂遣ス、○夕方才次郎入来ス、庄屋より畑用地反別之語也、
十日　昼前迄雨、後より快晴、西風吹也、○下地白木屋勘右衛門廿三才女霍乱祈廿疋入、○住吉より札受来ル、廿疋入、○九平次来ル、壱貫六百七拾弐文当□かし、○おきせ草取ニ出ル、半日も取歟、○
十一日　快晴也、○新銭町万右衛門十六才女熱強□□疋入、○魚町与十、五十一才女疝熱強祈十疋入、○三相次平四十六才女積(癪)祈、○下地小三郎廿九才女時候熱

ニ下り祈廿疋入、○下地白木屋病人死申来ル、土砂遣ス、○中瀬古へ行燈画取ニ遣ス、中郷若者取来ル、即遣ス、道淳認ム、○おちの来ル、西羽田孫五才男□□土砂頂来ル、○おきせ割付、草取来ル、昼迄ニ済□□、○藤七割付也、
十二日　快晴也、○竹ノ内佐十、廿九才男り病祈廿疋入、○仏餉吉十、七十九才男積瘧祈弐百十弐文入、○万右衛門・与十札受来ル、○小三郎同断弐百十弐文入、○の川ニ而大のり二帖取、○藤七菜蒔残六畔蒔、割付也、
十三日　快晴也、朝夕ハ大ニ冷気、○本下地平四郎七十八□□大病臨廿疋入、○元新町吉作廿四才男瘧熱□廿疋入、○仏餉吉十札受来ル、○竹ノ内佐十同断廿疋入、○平作・芳太郎餅入、権右衛門より同断入、○西羽田六三郎五才男ノ悔ニ道淳遣ス、平せんこ一わ□無程礼ニ来ル、百十弐文入、○斎後道淳シ丁コマ勤ニ来ル、晩方より懸ル、戒浄より七月廿三日□□手紙到来ス、弥九月十一、十二日於僧林伝法開□旨申来ル也、
○中瀬古へ大半・小半□□□、○藤七割付也、
十四日　快晴也、朝夕大ニ冷ル、○西羽田吉兵衛廿一才男り病祈、○新銭町万右衛門十六才女怪病再祈廿疋入、○新町吉作札受来ル、○三相次平同断廿疋入、○村方子供餅多分来ル、長□同断、九左衛門同断扇一遣ス、直作入、○中瀬古餅十五・米四升為持遣ス、○晩方より藤七在所へ祭ニ行、柿五十遣ス、銭弐百文かし、
十五日　曇晴也、夕方はら〳〵少々、○下地菊蔵六才男子疱後腹下り祈廿疋入、○善兵衛札受来ル、廿疋入、○八幡祭礼神楽等如例年、○□□甘酒入、○富蔵甘酒入、柿三十遣ス、○常右衛門飯団餅入、○政平入来、餅出ス、内へも少々為持遣ス、○おりゐ来ル、もち少々遣ス、○中郷より懸行燈画礼半紙五帖入、
十六日　曇晴也、○下地又六取次、国府孫次郎六十四才女長病祈廿疋入、晩ニ札受来ル、○坂津真福寺より六十一才僧長病臨廿疋入、○垉六町藤蔵嘉兵衛五十一才持病ニ時候熱気祈金百疋廿四文入、○菊蔵札受来

ル、○清七より儀助今□□□□来ル、土砂遣ス、使栄吉也、餅七ツ遣ス、

十七日　晴天折々曇ル、○新田佐右衛門弐才女子熱祈金一朱入、家内病除祈同一朱入、○鍛治町松六、六十三才男眼病祈廿疋入、○炮六町藤屋茂兵衛札受来ル、○百度儀助病死ノ悔ニ早朝行、□□可惜事也、周蔵忌中見舞ニ寄ル、菓子一袋遣ス、○儀助葬式四ツ時道淳諷経ニ遣ス、平せんこ二遣ス、○権太郎孫五才女子ノ悔ニ行、平せんこ一遣ス、○増次郎ノ忌中見舞ニ寄弐百文遣ス、○羽根井和平方より道淳灌頂護摩見舞ニ飯団餅二重入、沢山也、柿三十余遣ス、○藤七昼前□□□帰ル、さつま芋入、○おちの来ル、九平不了簡ニ而金弐両入用、四五日無心ニ付かし相渡ス、○中瀬古へ□□さつま遣ス、

十八日　終日雨夜へ降ル、○かち町松六札受来ル、○清七内来ル、葬式礼十疋入、儀助用帯壱筋上ル、○藤七米壱臼搗、○おりゑ木綿弐反持来ル、求ル、

十九日　雨天、昼前より止ム、曇天也、○田尻六郎兵衛□□九才女腹張大病祈、○中芝金五郎廿六才男□祈廿疋入、○普請組栗原八十七、七才□□□祈廿疋入、○佐右衛門・松六札受来ル、○中瀬古よりこま供物ニまん中一袋入、○中瀬古へ米五升為持遣ス、小用一取来ル、○岩次悔礼十疋入、○昼後よりおりへ針ニ来ル、○半右衛門より年回ニ付飾餅四ツ・斎米一升入、

廿日　朝よりはら〲雨、風吹昼頃より大ニ強シ、夜へ向テ□□大風也、○金五郎・八十七札受来ル、○田尻六郎兵衛同断廿疋入、○道淳日中ニ而シ丁こま結願也、済次第ニ中瀬古へ帰ル、風雨最早也、○社日ノ休日也、○斎こんにゃく飯中瀬古へも少々遣ス、○おりゑ針ニ来ル、風故七ツ前ニ仕舞、○忠八より斧蔵ト金兵衛牟呂へモク舟へ積ニ行、吹流され占頼来ル、地水□初也、十六番也、○朝彦七、廿一才女悔ニ行、平せんこ一遣ス、

廿一日　快晴也、○御影供如常、○西宿吉之助三才女子り病祈廿疋入、晩札受来ル、○八百屋九左衛門母来ル、三才女子り病祈廿疋入、松茸一袋入、柿三十余遣

ス、○鍛冶町みち破縁成就之祈一朱入、○横須加留三郎六十八才男痰積祈金弐朱入、○下地半□五十二才女積祈、○斧蔵内来ル、方(片)ノ原辺迄吹流無滞上ル、怪我有故直ニ浅井へ行様ニ而飛脚来ル、先命ヲ拾ひ皆安心也、○中瀬古へ昨日ノ供物等為持遣ス、羽根井へも供物一包遣ス、○政蔵・六郎兵衛・才次郎見舞ニ入来ス、○風ノ破損垣転ひ下男一日直ス、

廿二日　快晴、昼前より曇ル、折々はら〱少々、○茅町庄右衛門弐才女子大病祈十疋入、○八百屋ト下地半右衛門殿□□廿疋入、○川流命無滞祝ニ両嶋今日休日□□□致ス、八郎兵衛ハ夜前帰ル、斧蔵ハ直ニ浅井へ行ト云事、○半右衛門へ到来ノ松茸七本遣ス、○藤七菜耕作等、

廿三日　四ツ頃より快晴、風有ル、夜へ向テ強ク吹也、大冷気、○下地与平四十一才男大病祈廿疋入、○留三郎札受来ル、○おちの来ル、四五日已前九平一件ニ付金弐両取替分今日返済入也、○中瀬古より子供来ル、柿五十余・赤みそ少々遣ス、○才次郎早朝より□竹切手伝、小竹二束約速(束)也、藤七一日切ル、○おりへ一日針ニ来ル、

廿四日　快晴大ニ冷気、○仁連木平蔵五十五才男り病祈三十疋入、○町組児玉助六取次、八幡小路友右衛門廿四才女産後ふら〱祈廿疋入、○八百屋九左衛門十七才女ツカへ祈廿疋入、テコ芋三本入、供物遣ス、○魚町引間屋儀兵衛三十八才女産後祈弐百廿四文入、○茅町八百吉三十位女熱病祈、○与兵衛札受来ル、○朝より道淳入来ス、美濃屋ニ而朱墨二丁取来ル、晩方帰ル、○新田彦右衛門三才女子ノ悔ニ遣ス、平せんこ二遣ス、○西宿弥三郎ニ而中白炭二俵取ル、○おりゑのり付物等来ル、

廿五日　快晴、冷気也、○四ツ屋幸吉三十九才男熱祈、○公文弥四郎八十三才男絶食祈、○昨日五□皆札受来ル、○斧蔵ノ命無難怪我ノ見舞ニ行、子供柘榴三ツ遣ス、浅井へ行末無沙汰ト故云、政蔵へ同三ツ遣ス、長七へ内義ノ見舞ニ寄未絶食ト云、供物一包遣ス、○子供天神祭ル、○中瀬古へ小遣弐貫文為持遣

ス、○藤七眼悪敷ふら〳〵仕事也、
廿六日　曇晴也、○河岸榎屋三十五才女瘧祈廿疋入、
○野田浄延庵ノ客廿七才僧熱ニツカへ祈、○半右衛門
へ此間年回忌志ノ礼旁ニ行、柿三十・供物一包遣ス、
小僧半紙一受来ル、清七へ儀助死ス見舞行、菓子一袋
遣ス、戒名自然浄覚童子也、弥助も虫ニ而物不言ト
云、供物一包遣ス、○藤七眼病、粟一臼つく、○中瀬
古へ小用一取ニ行、晩方より在所へ此間汐ノ見舞ニ行
度願故遣ス、○暮方尾州大悟院来ル、宿ス、訳ハ京録
所より梵鐘ノ有無相尋公儀ノ軍用之用意也、触書二通
分役者より手紙一通来ル、
廿七日　曇晴、折々はら〳〵、○五郎兵衛来ル、十一
才男兼蔵五六日熱強上言祈廿疋入、○榎屋ト野田札受
来ル、○大悟院四ツ前より帰ル、○おちの来ル、関山
匠悦三十五日斎米・飾餅五ツ廿四銅入、柿廿遣ス、弐
百文かし、○三平ノ婆々死ス、土砂受来ル、○源六一
分両替、○の川ニ而平せんこ四取、○百度新家より餅
一器入、沢山也、○おなか来ル、暫時三百文かし、
廿八日　夜前より雨大分降ル、暮方照ル、○魚町与
十、五十一才男熱大病再祈臨廿疋入、○五郎兵衛札受
来ル、○朝三平へ悔ニ行、平せんこ一遣ス、先より頼
ニ来ル、十疋入、○晩方道淳来ル、本山へ届ル梵鐘語
也、○藤七昼前帰ル、さつま五ツ入、柿三十遣ス、眼
ノ血取ル故明晩迄隙願亦行、
廿九日　はら〳〵雨天也、○長七より女房長病甚大病
臨加持来ル、即行致ス、○朝より道淳入来、奥ノ炬燵
損シ直シ等手伝、斎喰直ニ帰ル、
晦日　快晴也、○魚町与十、五十一才男甚大病再々臨
廿疋入、土砂・符遣ス、○百度甚三郎廿一才嫁胸ノ内
悪敷占地沢臨初、御符遣ス、○朝中瀬古老師御入来、
弥二日ニ僧林へ出立、千歳草一袋入、直ニ□堂也、○
夕方院主中瀬古へ行、金七両相渡、上方小遣入用等
也、○長七より内義夜前九ツ過病死、土砂遣ス、○朝
藤七在所より帰ル、米一搗、中瀬古へ小用一取ニ行、

九月

朔日　極快晴、冷気也、○半右衛門内入来、西ノおた

ミ四十才二三日カワキ食不進祈廿疋入、○昼後斎後講ノ護摩修行ス、参詣少々、○道淳昼後助法ニ来ル、晩方帰ル、明二日より弥楠葉へ発足ス、○長七内義八ツ時葬式諷経ニ行、廿疋ト平せんこ二遣ス、○五郎兵衛ノ兼蔵も今朝病死ト申来ル、土砂遣ス、前後十日程ノ煩也、○今日ハ葬式ノ差支ニ而札ハ不配、○百度より斎米一升ト花入、○おちの茶一風呂敷入、半し一遣ス、○中瀬古へ赤みそ一重・上方行入用之品等為持遣ス、尾州本山へ梵鐘有無之糺故当院ハ梵鐘か半鐘之届か不相分、併鐘楼堂も有ル故銘文等番ニ相認メ明日道淳発足序立寄ル様ニ書付遣ス、大悟院へ手紙も遣ス、入院悦ニ当百二遣ス、○夜和平殿入来、挟箱重キ故問屋帳付之旨故問屋へ手紙印致し頼遣ス、軽尻一疋・人足壱人取行也、

二日　快晴、折々雲出ル、○東組小嶋彦助十四才女り病祈廿疋入、○魚町ぬい屋三十一才男脾胃痛祈廿疋入、○天白前太吉六十才男り病祈廿疋入、○芳太郎、おたみノ札受来ル、○五郎兵衛来ル、梅蔵ノ悔礼十疋ト十弐文入、○長七入来、内義ノ葬式□□□朱入、加持礼十疋入、未三十□□□毒也、○村方新田□□□方ニこまノ札配ル、○百度□物遣ス、○中瀬古老師、道淳・和平伴ニ而於僧林ニ来ル十一日より灌頂開壇ニ付御発足、授者ハ戒定・道淳也、

三日　夜前雨、五ツ過より今日も雨、夜向テ降ル、○弥八取次、田尻左平次廿四才女積血祈廿疋入、○昨日ノ三人札受来ル、○朝兼蔵ノ悔ニ行、平せんこ一ト菓子一包遣ス、蓮嚢粟受来ル、長七へ忌中見舞ニ寄ル、箱菓子一遣ス、○半右衛門より箱菓子一折り入、半し二遣ス、○

四日　夜前より雨降り続、暮方照ル、水も少々出ル云、○百度平五郎五十五才女痰ニ熱祈、○八百屋九左衛門より三才女子り病十六日目大病再祈弐百十弐文入、晩方養子入来、松茸十八本入、○草間由蔵四十六才ニ相成、一日ニ出奔、早帰宅祈弐百十弐文入、○羽根井久七、六十四才女大病臨、○政平入来、上方行ノ挨拶等也、跡月廿九日ニ佐藤ノ従弟ヲ嫁ニ貰ふ也、○

利作、三相ノ竹三本買来ル、金一朱入、釣り五十文渡、

五日　極快晴也、○平五郎札受来ル、廿疋入、○由蔵供（ママ）供物計受来ル、○八百屋おその入来、札遣ス、柿廿五遣ス、子供大病ト云、○長七より内義初七日、十疋ト飾餅三ツ入、操ヨ貞好信女也、○三吉餅一重入、○長七へ松茸七本遣ス、○半右衛門へ同断遣ス、

六日　極快晴也、○下地藤次郎弐才女子り病祈、○光明寺より手本取ニ来ル、未出来、松茸一盆入、○七蔵、蔵ノゆか落直ニ来ル、玄関ノ瓦ノ損シ直等也、先飯也、

七日　快晴、晩方曇ル、○談合ノ宮定吉八十三才女大病臨弐百十弐文入、○魚町与十、八十一才女り病祈廿疋入、○藤次郎札受来ル、廿疋入、○半左衛門ノおたミ病気見ニ行、未不食ト云、千歳十二遣ス、清七はつニ内義病気是も不食ト云、千歳十二遣ス、○安五郎あけ九ツ入、○善助・清蔵さつま芋入、○

八日　曇天、昼後より雨、○楠木重郎右衛門八十才女年病祈、札遣ス、十疋入、○松嶋安平九才女子り病祈廿疋入、○百度七蔵入来、内義三十七才・はつ十三熱病祈、今日ハ少々粥用ル云、○早朝才次郎頭剃に入来ス、○朝外神万吉へ親父ト七才女子ノ悔ニ行、平せんこ二遣ス、彦三郎へ三才女子ノ悔ニ行、平せんこ二遣ス、皆り病也、○源吉・密蔵あけ入、○田勝蔵あけ九ツ入、○孫次郎よりさつま芋七ツ入、菓子一包遣ス、○与十札受来ル、

九日　雨天気也、○重九之節句目出度し、○清七より札受来ル、廿疋入、○安平同断、○子供皆祝儀入、○仙吉薩摩芋一苞入、○栄三郎あけ入、○おちの来ル、九平嫁貰由、入用壱貫文かし、

十日　曇天、昼前より雨はら〳〵夜へ向テ降ル、○仁連木伝兵衛廿才男り病祈十疋入、○楽之筒文次郎四十八才女疝キ祈廿疋入、草ヶ部杢右衛門四十九才男積（癪）祈廿疋入、札直ニ遣ス、○羽根井久七より母死ト申来ル、土砂遣ス、臨礼廿疋入、○老師五日ニ庄野泊り三人共無事之旨関宿より手紙来ル、羽根井へも来ル、直

ニ遣ス、○中原村権七殿才次郎方迄入来、蓮嚢ノ袷ニ袖なし・襦袢・足袋持参也、松茸一苞入、柿三十ツ、遣ス、今夕ハ才次郎方へ宿ス、○おちの九平嫁貰ニ付米二斗無心ニ来ル、即借ス、遣ス、○百度本家より昨冬年貢預ケ分ノ内一俵入、○藤七中瀬古へ大一取ニ行、若菜蒔来ル、

十一日　はら〳〵雨天気也、○権六母病死ト云来ル、土砂遣ス、○同家へ困窮者ニ付米二升志為持遣ス、○権七殿今朝直ニ帰ル、

十二日　引続雨天也、暮方照ル、○外神彦三郎・万吉両人悔礼廿疋ツ、入、○太作来ル、権六母悔礼志五十文入、○九左衛門へ松茸九本遣ス、蓮嚢菓子受来ル、○おちの来ル、夜前嫁来ル、舅夕部夕部(ママ)来ル共門〆よりト云、扇子一本入、白須加惣三郎也、○おちの嫁披露ニ来ル、○昼より藤七同家へ手伝ニ行、白米五升・燭台かし、

十三日　快晴也、○今暁百度平五郎より内義大病臨頼来ル、○九平ノ嫁入悦ニ行、孫太郎へ寄ル、供物一包遣ス、権六母ノ悔ニ行平せんこ一遣ス、○中瀬古よりおりへ来ル、赤みそ一重トさつま遣ス、此方布子一・衣一・足袋六足洗たくニ持行、○藤七晩方よりせんたくニ行、米・麦一升ツ、、百文共遣ス、

十四日　曇晴也、夜前四ツ前地震、○百度平蔵より内義死ス申来ル、土砂遣ス、○の川ニ而大のり二・中のり一取、

十五日　極快晴也、○西組畑名左衛門十一才男り病祈廿疋入、○中村甚四郎廿四才男黄疸祈、○久左衛門六十五才り病ニ疝大小通兼祈、○猪左衛門娘□才女り病七日目祈、○百度平五郎へ内義ノ悔ニ行、平せんこ一遣ス、○無程同家より礼来ル、加持礼共廿疋ツ、入、戒名誓誉妙願信女也、○徳四郎・清作・作次郎・実五郎・源平餅入、○弥次郎へ柿一束・一束五十・二束〆四束五十売ル、代ノ内へ壱貫文請取、

十六日　曇天、晩方より雨ニ成ル、○横須加弁吉弐才男子風邪祈廿疋入、○札木駒屋当才男子夜泣祈廿疋入、○田町松浦屋猪三郎三十六才□□祈廿疋入、○

名左衛門札受来ル、○甚四郎同断□□五十文入、○猪左衛門より昨日病人死ト申来ル、□□□砂遣ス、亦五才男子り病祈、○才次郎頭剃□□□、もち少遣ス、○常右衛門餅入、○小沢粂次ニ□寸位竹四本売代弐朱入、○朝藤七在所より帰ル、○お菊来ル、明日迄弐貫五百十弐文かし、○太作入来、○権六大病臨五十文入、

十七日　極快晴、夜前雨也、夕方より風強ク寒シ、○横須加市作四十才女り病祈、○吉川権次郎弐才女子り病大病臨廿疋入、○弁吉・駒屋猪三郎札受来ル、○猪左衛門同断廿疋入、○同家より娘病死悔礼十疋入、○仙吉・重太郎・三吉もち入、○中瀬□□柑子廿・米四升留主居婆々へ遣ス、足□せんたく二足入、○半右衛門より会所入用ニ付□心ニ昨日来ル、今日五貫文かし證文入、○藤七植木等也、○の川ニ而平四わ・丸百文□□□魚町現金屋長兵衛より蝋十丁上ル、供物遣ス、

十八日　極快晴也、○手間丁何某三十五才女□□□懐妊也廿疋入、○市作札受来ル、廿疋入、○久□□□□同断遣ス、弐百十弐文入、○早朝よりねかし□□□□ス、○久左衛門病見舞ニ行、菓子一包□□□快方ト云、○猪左衛門へ娘ノ悔ニ行、平せんこ一遣ス、□□□の来ル、亦着物預り頼里芋一盆入、○お□□□かし分へ壱分弐朱返済入也、あけ廿一入、○茂□□□□一重入、○伝四郎庇普請見舞ニあけニ芋遣ス、□□太作来ル、昨晩権六死ス云、土砂遣ス、困窮人故弐百文志遣□、

十九日　極快晴也、風強ク、○指笠町千代蔵五十一才男□□祈廿疋入、○魚町吉兵衛三十一才女長病□□□廿四文入、○手間丁より札受来ル、○太作入来、権六死ス志五十文入、皆死たへ気之毒也、○中瀬古へもち四ツ遣ス、小用一取来ル、○植田重右衛門より百度へ向テさつま芋一苞入、

廿日　極快也、○登兵衛殿入来、弥右衛門娘疳□行不成祈弐百十弐文入、○吉兵衛・千代蔵□受来ル、○朝浅四郎七才男孫悔ニ行、平□□□一遣ス、○無程礼ニ来ル、十疋入、○藤七、九左衛門□樹枝切り等也、

廿一日　極快晴也、○御影供如常、○古茂（菰）口甚右衛門
□□□女・弐才男子り病祈廿疋ツ、入、○おちのり病
□□□□兵衛茅町ノ札受来ル、○本町みの屋へ盆□□
□□□九右衛門渡、○藤七樹枝切也、
（廿二日）□□□　快晴、風強ク時雨、ヒヨン（雹）マシル、大ニ急寒
也、□□□太郎五十弐才女黄痰祈、晩札受来ル、弐百
十□□□□音松施主草間五十四才男付物祈、晩□□
十疋入、○甚左衛門より札受来ル、弐才男子ハ死スト
□□□おち見舞ニ行、菓子一包遣ス、札も遣ス、無程
礼来ル、廿疋入、家内安全祈亦頼廿疋入、○藤七内□
□□さま（つ脱）芋一苞入、○藤七ニ三百文かし、
廿三日　快晴、風有ル、寒シ、○前川猪左衛門より弐
才女子虫大病臨、○おとね守受来ル、○八百屋九左衛
門婆々入来、慈姑一苞ト長芋ノヲ□沢山ニ入、三才女
子大病ノ処快方ト云、外ニ犬死ス追善ニ十疋入、菓子
一包ニもち五ツ遣ス、○善助・清蔵・弥一郎餅入、○
おりへ中瀬古より来ル、足袋一足せんたくに遣ス、菜
少々・さつま三遣ス、

廿四日　快晴也、○小坂井平十、四十二才男ふらく
祈□□十弐文入、○清次郎入来、国府ノ聟留（溜）飲祈□□
□横丁近江三十七才女積（癪）祈十疋入、○三平へ□□男悔
ニ行、平せんこ一遣ス、○無程礼来ル、十疋入、□□
一包遣ス、○村方熱り病流行ニ付津嶋□□□休日也、
○西羽田八幡ニ而舞ふ、○子供明日□□□□行、○才
次郎頭すりに入来ス、
廿五日　快晴也、○本下地市平五十七才女□□□廿疋
入、○横丁横田屋当才男子躰□□□疋入、○茅町弥右
衛門六才女子腰不立祈□□百疋入、○清次郎より国府
ノ札受来ル、廿疋□□□日之子供日待三十八人也、○
朝三九郎弐才□□□加持礼廿疋入、悔礼五十文入、○
暮方同家へ悔□□平せんこ一遣ス、○
廿六日　終日雨天キ也、○瓦町長作来ル、多米千次□
五十五才男痰祈、無程札受来ル、弐百十弐文入、○□
□□取次、草間惣十廿七才男り病ニ腰痛祈弐百十弐文
入、○神明前長太夫十一才女疳（ママ）祈金弐朱入、○魚町代
吉取次、午年女痰祈廿疋入、札ニ受来ル、○弥右衛門

ノこま修行札受来ル、○市平横田屋□札受来ル、○お
菊来ル、明日悴ノ七夜致入用ト云、銭壱貫六百七十弐
文かし、
廿七日　快晴也、夕方風吹ク、併暖也、○坂津瀧次□
□五十九才男積大病臨廿疋入、札受来ル、○中柴平兵
衛四十三才男熱気祈廿疋入、○長太夫こま修行ス、○
長太夫札受来ル、○太作同断□□、猪左衛門五才ノ孫
男悔ニ行、平せんこ一遣ス、此度ニ而□続三人病死、
愁傷々々、○礼来ル十疋入、○□□□男□かし之内弐
朱ト百文入、○おとね弐朱ト百□□□ん迄壱貫外ニか
し、○富蔵たんす、□田口二ヲ以糯刈ル、
廿八日　快晴也、○今暮六ツ時上刻大成地震地響キ□
□夜分小度々也、○長瀬彦左衛門十六才男疳祈、○西
□□吉太郎四十七才熱ニ付物祈、○中柴平兵衛札受来
ル、○瀧次郎死ス、土砂遣ス、○二番丁粂治来ル、古
大衾三本・小一本張替ニ遣ス、○藤七稲残分四束八わ
運ひ懸ル、夫より大豆少々引、
廿九日　快晴也、○今日も小地震度々也、○下五井甚
吉三才女子虫祈、○新銭町みの屋兵七、四才男子虫祈
□□入、○御堂瀬古伝次六十五才女頭腫物祈廿疋入、
○彦左衛門札受来ル、三百文入、○おいそ吉太郎の札
受来ル、廿疋入、付物致様夢中ト云、○斎後吉太郎見
舞ニ行、供物一包遣ス、少々加持致遣ス、○半右衛門
へ川田検見礼うとん配書一・慈姑三十遣ス、蓮嚢半し
一受来ル、百度本家へ供物一包遣ス、おちのも見舞大
分快方、同一包遣ス、○長七内義三五日引上、もち五
ツ入、慈姑廿遣ス、○藤七塀ノ瓦そくりト大豆引、
晦日　晴天、昼前より曇ル、夕方雨折々地震、○西羽
田仁左衛門三十五才女血震ひ祈、○古宿喜三郎四十三
才男□気祈廿疋入、直ニ札遣ス、○伝次供物計頂来
ル、○甚吉□吉ハ死申来ル、土砂遣ス、○藤七大豆
引、門前十九束也、○下総守殿奥方廿四日ニ卒去ニ付
鳴物停止之触□ル、坂津寺へ次、

応鐘小辛卯定

朔日　快天也、晩少々曇ル、○下五井源三郎五十七才
女大病祈、○西羽田仁左衛門札受来ル、弐百十弐文

入、○子供多分神送餅入、不□□浜吉・要作・勝蔵・辻平・市三郎・倉作・初吉・源吉・栄三郎・芳太郎・□□・泰助・弥助・伊介・喜和蔵也、○才次郎より上供一重入、○政平入来、餅入、柑子五十遣ス、○中瀬古留主ゟり婆々ニ苞餅十七為持遣ス、小用一取来ル、たひ三足洗濯出来入、○才次郎頭すりに入来ス、○芳太郎苞餅ノ替り米一升入、
二日　快晴也、○下モ町七兵衛廿九才男熱祈弐百十弐文入、○下五井源三郎札受来ル、廿疋入、○長平ノ娘十月金ノ書付持参、苞餅十三遣ス、○昨日昼頃より地震なキ処今宵四ツ時小ノ大地震致ス、○藤七屋敷大豆引仕舞、廿束有ト云、
三日　快晴也、○暮前ニ小地震、○下地孫平次四十四才女血道祈、○市ハ弥助四十三才男熱祈、晩札受来ル、弐百十弐文入、○清須清助十八才男熱祈、○下モ町札受来ル、○平十・長七へ川田検見礼菓子一包遣ス、○斧蔵浅井より駕籠ニ而帰ル、見舞ニ行供物一包遣ス、未足不宜平臥気ハ大丈夫也、権右衛門へ寄ル、熟柿九ツ□、一昨夜盗人当ル、三四軒も当ル、○百度清右衛門入来、漸快気ト云、儀助四十九陰逮夜もち四ツ入、菓子一包・柿少遣ス、○清源寺廻状持参、間部下総守□奥方卒去ニ付為悔来ル、八日五ツ半時名札持□□□可出との事也、坂津寺へ次ク、
四日　快晴也、昼後より曇ル、風有寒シ、今宵小地震、○外神猶吉六十一才女り病ニ付物祈廿疋入、晩方子供ニ札為持遣ス、○札木嘉兵衛十六才女熱祈、○下地孫平次札受来ル、廿疋入、○西羽田半左衛門より吉太郎熱ニ付物今暁前死と申来ル、土砂遣ス、○七ツ時同家葬式諷経ニ行、清蘭香一遣ス、○九平次暫時壱貫文かし、○西屋敷昨日より藤七小麦蒔始メ、
五日　快晴、風有ル、○角屋嘉兵衛札受来ル、弐百十弐文入、○半左衛門より源三郎礼ニ来ル、三百文ト百文入、下男へも一包入、○善助さつま五ツ入、熟柿遣ス、○茂作さつま十一入、柑子遣ス、○藤七西屋敷小麦蒔、
六日　快晴也、○中瀬古よりりゑ来ル、木綿衣せんた

く持来ル、柑子少々・さつま芋四ツ遣ス、○藤七西屋敷小麦蒔、
七日　極快晴、静也暖也、○暮六ツ半小地震、○富蔵たんす、西屋敷小麦蒔、藤七同断、柑子少々遣ス、
八日　曇天、昼後はら〳〵致ス、小地震一ツ、○間□下総守奥方卒去ニ付今日五ツ半時登城、玄□ニ而名札出ス、為悔也、○田町忠左衛門五十二才女顔腫物祈、○下地柏屋清六、三十八才男眼病□廿疋入、○こふく町みの源来ル、筆墨等□□、○富蔵たんす、門前麦蒔始メ、藤七同断、
九日　曇晴、八ツ時雨降ル、小地震、○新銭町与右□□三才女子り病祈、○篠東六右衛門三十七才女□血祈、○忠左衛門札受来ル、廿疋入、○村方・新□子供亥子ノ餅多分入、才次郎同断、○藤七西屋小麦蒔、
十日　快晴也、日々暖シ、○新銭町与右衛門札受来ル、廿疋入、○新田・村方筆子之分多分亥子ノ餅入、不参泰助・弥助・芳太郎也、○中瀬古留主居婆々へ同一重為持遣ス、せんたく足袋一足入、○源六より餅一重入、柑子遣ス、○藤七門前麦蒔、夕方九左衛門へ碾臼引手伝ニ行、
十一日　曇晴、暖也、夕方より雨、○下地庄太夫十六才女大病祈、○百度栄吉占頼来ル、牡丹餅七ツ遣ス、○長□娘先日苞餅礼ニあけ九ツ入、柑子遣ス、○中瀬古□□りへ婆々来ル、赤みそ一重・餅七ツ遣ス、○富蔵たんす、門前麦蒔也、
十二日　夜前雨、快晴、暖シ、○和田勇蔵取次、かも弥□五十二才男水気祈廿疋入、○茅町久太郎三十六才□産後祈廿疋入、○篠東六左衛門札受来ル、礼□□、○夜前老師道淳・和平供、僧林より中瀬□無難ニ而御帰堂也、戒定・道淳九月十二三日□□□満ス会後ニ進具《(ママ)》　勤ルト云、○斎後□□入来ス、戒定より茶一袋・檀縁一張入ル、朝□□キビシヨ一ツ・珠数二連房かへ致入ル、南都□□海寺知門和上も御病死ト云、○和平殿同断□来、牡丹餅出ス、○新田市右衛門母ノ悔ニ行、平せんこ二遣ス、餅二ツツ、蓮嚢共受来ル、○無程礼ニ入来、廿疋入、菓子一包ト熟柿少遣ス、○藤七

麦蒔也、
十三日　曇天、風有ル、寒シ、○町組取次、三相平六、七十二才女り病祈廿疋入、無程札受来ル、○和田ノ祐□茅町久太郎札受来ル、○百度本家より黒米一俵□、おきせ餅稲扱ニ来ル、十一束三わ也昼迄済、夫より晩迄ト、ロ片付、もち三ツ遣ス、○藤七晩迄ニ麦蒔相済也、○中瀬古へ大半・小半取ニ行、柑子遣ス、
十四日　曇晴也、○呉服町深江屋三十一才女長病祈□疋入、○西宿忠八、五十五才男積(癪)ニ疳祈廿疋入、○松□清吉四十九才男長病臨弐百廿四文入、○藤七竹切米壱臼搗、
十五日　快晴、風有ル、冷ル、○大磯平助取次、藤ヶ池弥次郎七十九才女り病祈、○東植田喜之助四才□□り病祈廿疋入、○松嶋権四郎六才男子□□□□疋入、○忠八と深江屋札受来ル、○八百屋□□□母参詣廿三才娘臨月符遣ス、蕷薯一苞□□唐蜜柑廿五遣ス、○昼前より中瀬古へ老師□□御帰堂ノ問訊ニ行、唐蜜柑三十・長芋少々□□、
□□(十六)日　晴也、○草間五郎右衛門取次、三十一才男□□□、○権四郎ニ喜之助札受来ル、○中瀬古へ米五升・さつま芋廿遣ス、○晩方より藤七在所へ手伝ニ行、柑子遣ス、
十七日　曇晴也、朝小地震、○五郎右衛門喜代作ノ札受来ル、廿疋入、柑子廿遣ス、○藤ヶ池弥次郎札受来ル、三百文入、○百度伝作よりさつま七ツ入、熟柿少遣ス、
十八日　朝よりはら〱風有ル、昼頃より雨大分降ル、風も次第□烈敷相成夜五ツ頃迄吹ク、○新田弥次郎四十三才□積祈廿疋入、○東組助六、八才女子り病祈廿疋□、普請組岩右衛門取次、城内山本忠助三十四才男・六十□□母り病祈廿疋ツ、入、○朝坂津元周来ル、院主足腫物出来見ニ来ル、菓子出ス、○才次郎頼、元周へ薬□□行、煎薬十貼入、○百度本家庚申待取越もち九ツ入、○
十九日　快晴也、地震二ツ、○下モ町佐次郎三十五才女積祈廿疋入、□□良孫兵衛四十二才女積祈、○東植

田重右衛門□□□本家ト両方悪病除ノ祈廿疋ツ、入、
り病□□□下地定吉十七才女節々痛祈、○昨日四人札
□□□篠束六右衛門礼ニ来ル、三百文蝋入、亦御符□
□□快方ト云、○昼頃藤七在所より帰ル、さつま入、
嫁□□流産不快ト云、
□□（廿日）　快晴也、寒シ、○下モ町佐次郎札受来ル、○□
□□□重松両家ノ札・守受来ル、唐蜜柑三十五ツ、□
□□百度本家取次、植田（ママ）　よりさつま芋一苞入、○
橋良孫兵衛・下地定吉札受来ル、廿疋ツ、入、○朝道
淳入来、鼠ノ穴ツメ札拵へ等也、○久左衛門病気快方
礼参り、葛一袋入、
廿一日　快晴、風強ク大ニ寒シ、○御影供如常、○中
瀬古へ赤みそ一重・醤油一徳利為持遣ス、地震□□庫
裏等損シ近日直ニ取懸様申来ル、○昨日より今日□□
上役人参り田方検見也、
廿二日　快晴、静也、○新田彦左衛門来ル、六三郎五
六日不快祈、○百度おいさとの来ル、源三郎九日程熱
祈、中瀬古へさつま九ツ遣ス、小用取来ル、○昼後田
刈□触来ル、藤七刈ニ行、四束刈ト云、○の川ニ而平
せん□四わ・丸せんこ百文取、○元周薬十貼取ル、
廿三日　極快晴、静也、小地震致ス、○東組坂田九右
衛門□□六十九才男大病祈廿疋入、○彦左衛門札受来
ル、弐□十弐文入、菓子一包遣ス、○百度源三郎内札
□□□、○藤七角田稲刈り、一日ニ五束刈ト云、
廿四日　夜前宵より雨、昼前迄降ル、夫より快晴也、
○□□□庄吉五才男子り病祈弐百十弐文入、○坂津□
□□四十五才女血熱祈廿疋入、○東組九右衛門札□□
□、元周見舞ニ入来ス、○外神万吉入来、□□□□小
僧ニ呉ル様頼家内談当人進ハ致様申□□□一包遣ス、
○富蔵たんす、絹田稲刈り、藤七□□、
廿五日　極快晴、静也、○新銭町万右衛門廿才男大病
臨廿疋入、○東脇祐吉廿七才女水気大病祈廿□入、○
舟町次太夫三十九才女疳祈廿疋入、○昨日ノ両人札遣
ス、○道淳入来、障子張等米二升遣ス、○富蔵たん
す、稲刈相済、藤七同断百文ツ、遣ス、○元周薬十
入、

廿六日　極快晴、静也、○仁連木密蔵弐才女子□□祈廿疋入、○市八(場)清蔵四十六才女疝積(癪)祈、○吉川佐門次七十六才中気ノ様祈廿疋入、○勇吉ニ次太夫札受来ル、○源三郎病気見舞ニ行、菓子大一包遣ス、昨日より本性ト云、○中瀬古へ小遣壱貫五百文為持遣ス、○の川ニ而大のり二・半紙一束・生ふ弐合取、○役所より梵鐘引上之廻状来ル、坂津□□継、○藤七稲十束三わ運送ス、

□□□(廿七日)　天気同断、○密蔵ニ佐門次札受来ル、○清蔵□断廿疋入、○中瀬古へ米八升為持遣ス、□□来ル、○藤七米一臼搗、

□□□(廿八日)　天気同断、○百度平兵衛四十七才□□□、○西宿祐吉三十才女頭痛祈、○田町清□□□八才男長病祈、○中瀬古より道淳手伝□□□、○夕方中瀬古へ梵鐘引上ニ付届書等□□□、○西町権三郎蜜柑前西屋敷ト背戸ニ而□□二本残、惣〆ニ而七両弐分ニ売ル、差金一両入、明日より切ルト云、○常右衛門飯団餅一重入、○藤七稲運□相済也、

廿九日　天気曇晴、静也、○畑ヶ中紋平三十才男病□祈、○豊蔵取次、大西ノ聟廿七才腹張痛祈、○牛久保彦七廿八才男積留飲祈廿疋入、○田町清三郎四十八才男長病再祈札受来ル、廿疋入、○泰助母ノ札受来ル、廿疋入、○朝半右衛門へ釣鐘引上ノ届ケ談ニ行、即認メ明日役所へ持行様頼置也、菓子大一包遣ス、○半左衛門ニ忌中見舞ニ寄同断一包遣ス、○中原権七より百度新家へ向テ蓮嚢父江戸ニ而煩、十五日晩方病去之旨手紙来ル、今年四十六才気之毒也、○藤七稲ハツ(架)ニ懸ル済、

十一月

朔日　曇晴也、静也、○新田彦兵衛八十八才男年病祈廿疋入、○市場重三郎七才女子疱瘡十日目祈、○豊蔵大西ノ札受来ル、○牛久保彦七同断、○畑ヶ中紋平同断、百十弐文入、○役所へ梵鐘引上ニ付届書半右衛門殿ニ頼遣ス、同人入来ス、まん中配書一入、○東勝ニ西勝焼餅入、源平・三吉同断、○中原太郎吉病死ニ付権七方へ向悔状遣ス、荒又ニ頼置唐みかん廿遣ス、才

次郎持行、○朝より藤七在所へ明年奉公相談ニ行、竹四本・唐みかん少々遣ス、○今日よりみかん切来ル、西屋敷済、金六両内入、

二日　曇晴、晩方少々はら〳〵、○四つ屋平八、十七才女熱祈、○市ハ市三郎札受来ル、金一朱入、○彦兵衛札受来ル、○西宿祐吉札受来ル、廿疋入、○半右衛門殿入来、昨日届書文言悪敷、只鐘ノ寸法計ニ而能ト云、即撞鐘・小鐘中瀬古共合三口ノ寸法書認メ、亦同人ニ頼遣ス、○みかん切四人来ル、

三日　快晴、大ニ暖シ、○太作入来、草間母六十七才積祈廿疋入、○下五井茂兵衛七十八才女積祈廿疋十弐文入、○新城海老屋幸右衛門十九才女乱気祈廿疋入、直ニ札遣ス、○四つ屋平八札受来ル、○みかん四人来ル、瀬戸済、○今晩ハ嶋々ニ日待、明日ハ休日也、地震ノ向れ也、おちの来ル、百ヶ日志斎米・飾餅・銭一包入、菓子一包出ス、

四日　曇天、折々照ル、終日風強ク一度時雨、昨年ノ地震向レ先風ニ而済也、休日ニ而氏神へ参詣、○おつき・お菊乳癰ニ少々腹痛時候祈、○下五井茂兵衛・太作札受来ル、○増次郎ノ百ヶ日回向ス、

五日　快晴也、○東植田重右衛門殿入来、五才娘り病祈金弐朱入、さつま芋一風呂敷入、供物一包遣ス、○橋良重次郎五十三才男脾胃痛祈、○源六より札受ニ来ル、弐百十弐文入、○新清作ニ芳太郎飯団餅入、○みかん切四人来ル、前東初金弐分残分入、相済也、○の川金赤取、○藤七在所より帰ル、さつま芋入、○元周より煎薬十貼入、積(癪)ノかけん也、

六日　極快晴、静也、○橋良重次郎札受来ル、廿疋入、○植田重右衛門札受来ル、みかん一袋遣ス、弐朱両替、○みかん切四人来ル、八ツ頃迄相済也、

七日　曇晴、静也、晩方はら〳〵少々、○小池喜三郎七才男子り病祈廿疋入、○新開祐吉取次、西植田惣左衛門家内り病祈廿疋入、廿三才男胸ツカヘ祈弐朱入、○七蔵日雇、内飯ニ而風呂敷(ママ)場地震ニ而損直シ来ル、○富蔵たんす前西ノみかん切、

八日　夜前雨静ニ降ル、快晴也、今宵四ツ過小ノ大地

震、○茅町忠蔵六十五才女熱祈廿疋入、○本町合羽屋利右衛門六十七才女痰心熱祈廿疋入、○小池喜三郎札受来ル、○新開祐吉、植田ノ御符六服（幅）頂来ル、○鉄利ニ而三寸二わ・弐寸二わ・六寸廿本取、○七蔵日雇、本堂千手観音ノ高窓処コマイ仕替壁塗ル、○中瀬古へ小用一取ニ藤七行、

九日　快晴、風有ル、寒シ、○茅町忠蔵・本町合羽屋札受来ル、○実五郎・作次郎・東勝蔵飯団餅一重ツ、入、○中瀬古へ右一重為持遣ス、札紙摺ニ頼遣ス、○七蔵日雇、本堂阿弥陀様西壁損シ直シ飯団餅少々遣ス、○下地安兵衛へ檜三寸角九尺もの一本代弐匁五分、杉赤ミ弐間ノぬき壱丁代八分五厘右取、古懸三百六十六文払相済也、使藤七也、○富蔵たんす、みかん切、

十日　快晴、静也、○新銭町猪左衛門七十余男眼病祈廿疋入、○新田権十廿一才女夜手足シビレ祈、○清八来ル、一昨年祠堂り不足分金一分入、○富蔵たんす、みかん切前西相済也、みかん一風呂敷遣ス、○藤七みかん枝切、

十一日　快晴、静也、○舟町紙屋市十、三十五才男病気祈廿疋入、○市バ安兵衛弐才女子疱六日目祈三百十弐文入、○野依東院九才男僧疱十六日目祈廿疋入、○新銭町猪左衛門札受来ル、百文入、○新田権十（マヽ）同断廿疋入、○八百屋九左衛門より使来ル、先日産安致符礼ニ人参・里芋入、留主故□□帰ル、○新田彦兵衛八十八死ス、悔ニ行、平せんこ弐わ遣ス、まん中・餅到来致ス、○権右衛門へ寄ル、唐みかん三十遣ス、蓮嚢半し二受来ル、○光明寺入来、七日ニ隠居ノ葬式ニ不参なれ共回向料□疋入、高蓮社観誉上人也、菓子出ス、○辻平□□さつま芋入、○藤七麦へ一番こへ出し、

十二日　快晴、静也、○舟町市十・市バ安兵衛・野依東院札受来ル、○住吉源六同断、三百文入、○三吉飯団餅一重入、○おちの来ル、先達而玄米弐斗かし分今日持参、皆相済也、○藤七米一臼搗、

十三日　曇晴、朝大時雨風強ク大ニ寒シ、夜へ向テ吹ク、○御堂瀬古三十二才女疳祈、○小松金六取次、四

十九才男風祈十疋入、○高足次助五十五才女水気祈、○羽根井五兵衛取次、椿山嘉右衛門三十才女風祈、○中瀬古へ米一斗為持遣ス、大半・小半取来ル、○藤七米一臼つく、○おりへ布子一ツ洗濯出来持来ル、綿代弐百文渡、木綿衣一ツ洗濯ニ遣ス、こんにやく二ツ・唐みかん小三十遣ス、

十四日　快晴、昼時より大時雨、風強ク大ニ寒シ、晩方晴ル、風ハ□、○行明太十取次、長瀬久作十六才女風ニ付物祈、○杉山西右衛門六十七才男左頬ニ腫物眼病祈三□□、直ニ札遣ス、○昨日ノ四人之者札受来ル、皆初尾入、○坂津元周入来、中下剤ノ薬合スト云、○朝より道淳入来、みかん木切、札拵へ等也、晩方帰ル、○八百屋久左衛門へ風呂敷返ス、唐みかん三十遣ス、○藤□□□来ル、さつま芋入、みかん遣ス、来年も藤七長□□致度様申承知ス、

十五日　快晴、風少々寒シ、○談合ノ宮ノ周悦三十三才女痰祈廿疋入、○前川太作来ル、権六弐分弐朱取替かし之内金弐朱入、帳面けす、沢山皆死絶分散也、○才次郎入来、飯団餅一器入、○源九郎来ル、来月十日迄弐貫五百十弐文かし、○中瀬古へ赤みそ一重・みかん一束余遣ス、先日八○取道嶋二足入、

十六日　快晴、昼後より夜へ向テ風強ク寒、○市バ市三郎□□四才女風祈、○談合ノ宮周悦札受来ル、○早朝光明寺へ隠居ノ悔ニ行、清蘭香一・唐蜜柑三□遣ス、斎受来ル、蓮嚢菓子到来ス、○今日ハ休日、□供一人も不来ル、○源九郎昨日かし分金ニ而壱分弐朱□□、あけ五ツ入、○六郎兵衛来ル、昨冬かし分三分入□、○七蔵日雇、台所塀ノ開き処拵、昼後より休、藤七晩方より在所へ行、来年給金ノ内三分弐朱□□孫三郎養子披露に来ル、祝儀一包入、太作弟□□、

十七日　今八つ頃より時雨、曇晴、寒シ、○住吉源六、四十九才男再祈、○市バ市三郎札受来ル、金壱朱入、○中瀬古へみかん一束余・さつま・里芋為持遣ス、○北清作飯団餅入、○清太郎藁四十束□ぶ代壱分渡ス、○藤七在所より帰ル、飯団餅一□□、

十八日　風強ク寒シ、○佐藤権左衛門七十才男痰祈廿

疋入、○田町忠左衛門五十弐才女痣ブ祈、○住吉源六札受来ル、三百文入、○才次郎頼、外神万吉へ小僧之義尋行断也、○七蔵日雇、座敷ノ障子直シ等也、○中瀬古へ資道(祠堂)米三□取ニ藤七行、

十九日　今暁より初雪、暫時降ル、風有大ニ寒シ、曇晴也、○田町忠左衛門札受来ル、廿疋入、○中瀬古へ小遣□□文遣ス、八○払も壱貫弐百四十九文、此方分渡、小用□□来ル、○外神万吉来ル、勝蔵義進不申故断ト云、山芋一苞入、

廿日　曇晴也、○橋良源助四十三才男積留飲祈、○佐藤権左衛門札受来ル、○政蔵内入来飯団餅□□入、○おちの来ル、弐貫文貸内へ弐分入、三朱ト□□□、○弥一郎飯団餅一重入、○の川ニ而小蝋百文取、□□坊取ル、○夕方才次郎入来、御秀供□へ行、産□□□団餅一重入、

廿一日　快晴也、昼後より風出ル、○市バ栄吉七才□□□祈弐百十弐文入、○橋良源助札受来ル、廿疋入、□□蔵内入来、金弐両貸ス証文入、○三平御□餅十一入、半し一・巻せん廿一遣ス、○才次郎方へ頼□□籾三俵二斗余運ひ今夕引、藤七も行、

廿二日　快晴也、○野口村彦三郎当才男子虫祈、○清水久蔵四十六才女積祈三十疋入、○市バ栄□□受来ル、○源吉御講一重入、○長平同断みかん五十余遣ス、○彦次郎同断半し一・細一遣ス、○七蔵日雇、玄関ノ間中ノ壁へ拵ふ、○富蔵たんす、餅米百度ニ而ユ(揺)ル、昼迄ニ済、

廿三日　快晴、静也、○橋良粂次郎三十四才男□□□弐百十弐文入、○清次郎取次、国符(府)四十九才男□□□祈、外ニ五才女子疱重シ祈、○野口村彦三郎札受来ル、廿疋入、○清水久蔵同断、○辻平御講餅入、○才次郎桑清ニ而赤穂一俵求来ル、代六百五十□□□おりへ婆々蒲団拵に来ル、○中瀬古へ大半・小□□□行、○百度本家ニ而紺ノ三コ糸無心、○新田□□□藁運ひ四十四束入、牛房十九本入、

廿四日　快晴也、静也、○橋良善助廿八才女熱祈、○□□□十九才女熱祈廿疋入、○清次郎より符ノ札弐軒

分□□□、藤七悴来ル、殿様より中間□□云故隙願ト云□□承知殿様へ断り候云遣ス、○おりへ婆々蒲団□□□中綿代五百文渡、○百度本家へ餅九ツ遣ス、○開浴ス、百度より入ニ来ル、

廿五日　快晴、静也、○新銭町権右衛門三十六才男熱祈廿□□、○下五井茂兵衛七十八才男大病再祈臨廿疋□□□□即両人札受来ル、○坂津元周入来、脈見ル、練薬遣ス様申、○朝より道淳手伝ニ入来、札摺入、○中□□権七殿豊作入来、今日蓮嚢得度之□□□ニ而日延ノ手紙遣処不届故也、布子袖なし出来□□足袋入、薯蕷汁致ス、晩方帰ル、唐みかん少々遣ス、○おりへ婆々蒲団綿入ニ来ル、綿五百文持参、○七蔵日雇壁付也、○早朝より藤七大崎へ昨日ノ□□□遣ス、

廿六日　曇晴、風強ク寒シ、○東組兎綿蔵廿六才女産後祈十疋入、○新銭町権右衛門札受来ル、○の□□□大のり二・まつ香百文取、○おきせ稲こきに来ル、

廿七日　快晴、静也、○橋良七兵衛九才女子熱祈、○□□駿河屋七左衛門三十四才女痰労祈廿疋入、○□□□受来ル、○おりへ婆々蒲とん綿入ニ来ル、○おきせ□□来ル、○七蔵日雇、台所付ノ□□キ処直シ等也、○浪ノ上善太郎息子嫁貰祝ニ廿疋、才次郎方へ頼遣ス、○□□昼過在所より帰ル、殿様方断此方へ勤ト云、さつ□□□、○清助入来、当暮分祠堂り一両入、

廿八日　快晴、静也、○小池清九郎七十九才男中気祈□□□、○橋良左平次三十七才男風祈弐百十弐文入、○□□□駿河屋札受来ル、○金作飯団餅一重入、○昨日□□□藤七大根引、当年ハ至而不作也、○中瀬古へ小用一取ニ行、○おりへ婆々ふとん綿入ニ来ル、中綿五百文ト□□壱反八百文ニ而求来ル、○おきせ稲こき晩迄ニ済也、

廿九日　快晴、静也、○住吉忠八、三十弐才女風付物祈、○清九郎・左平次札受来ル、○早朝院主、百度栄吉ノ悔ニ行、平せんこ一遣ス、○道淳手伝ニ来ル、座敷障子張也、○おりへ婆々ふとん拵ニ来ル、相済也、弐百文かし、○おき(せ脱)とゝろ片付来ル、籾六俵一斗余出来ル、大不作也、

晦日　快晴、昼より風夜へ向テ吹寒シ、○坂津次作来ル、八十四才ノお婆々土(吐)逆ノ心祈、晩方札受来ル、三十疋入、嫁貰ふ祝ニ廿疋遣ス、○普請組常右衛門三□□□大病祈十疋入、○住吉孫兵衛六十九才女ふら〱祈、○早朝より道淳手伝入来、障子張也、○中瀬古へ米五升・大根三十三本遣ス、小一取来ル、○藤七米□□□、

師走

朔日　快晴、静也、○新銭町取次、大津助吉三十弐才□□祈廿疋入、○市ハ左助取次、政五郎八十才女ふら〱祈廿疋入、○小松十五郎七十三才女長病祈十疋入、○新銭町与右衛門六十二才女痰祈、○弥八□□□孫兵衛札受来ル、○才次郎方より餅一重入沢山也、○中瀬古へ餅少々遣ス、先よりかす求入、百文也、門前ノ源右衛門今日死ルト云、○馬伝(ママ)上町庄左衛門へ畳拵頼ニ行、五日来ルト云、流(琉)球表八まい取来ル、代弐匁三分ツヽト云、

二日　曇天、風有大寒シ、夕方時雨少々、○昨日三人札受来ル、○百度本家より飯団餅一重入、○今日は百度より垣結ニ出ル、公(高)札処より裏門竹垣迄済也、才次郎・弥四郎・富作・半右衛門・下男泰助右五人也、○藤七米一搗、

三日　快晴、風少々、今暁両度地震、○下五井源六弐才男子風虫祈、○外神勝蔵飯団餅一重入、先達而薯蕷返礼ニ唐みかん三十遣ス、○徳四郎同断一重入、○西羽田清四郎来ル、清兵衛ノ祠堂金り足一両□□□逼塞之事故書入之田地請取呉ト云、世話人へ可談云、□□おきせ大豆叩ニ来ル、藤七も手伝晩迄ニ済、○百度伝作来ル、金一両貸ス、

四日　極快晴也、○行明太十、六才男子虫祈廿疋入、○□□□八兵衛七才女子風虫祈廿疋入、○平尾九□□□十九才女腹張祈廿疋入、直ニ札遣ス、○紺屋町□□□四十五才女食不納祈廿疋入、○下五井源六札受来ル、○おちの来ル、嫁ノ土産餅二ツ入、外ニ一重八日餅入、○市バ左助婆々政五郎ノ札受来ル、青海苔十わ・みかん三十遣ス、○道淳朝より手伝ニ入来、晩方帰

ル、○上伝馬畳屋庄左衛門より台所畳八畳表替来ル、晩迄済、表も先より持参也、一枚ニ付弐匁弐分五厘ト云、○北川宗吉・平蔵・岩吉・伝次郎・茂吉・富蔵・利作・清十・角蔵・瀧蔵・鉄蔵・惣三郎・梅蔵・十吉右十四人垣結ニ出ル、裏門処北角より九左衛門境迄済也、○九文屋より使ニ而斎米一升・廿疋・蝋三丁入、蜜柑五十遣ス、○百度本家より米三俵入、

五日　極快晴、静也、○又七取次、西植田甚四郎廿四才男風疳祈廿疋入、行明ノ札遣ス、○下地藤四郎七十二才女年病祈、○橋良十兵衛五十一才男熱□祈、○高須八兵衛札受来ル、○九文字屋母参詣ス、九年坊(母)九ツ出ス、○政蔵入来、祠堂り一両三分入、釣三百三十三文渡、○桶屋彦次郎□□□来ル、賃弐百廿四文ト十弐文遣ス、○西羽田七□□□徳次郎・新作・林蔵・清兵衛・豊作・□□□・次郎作・久五郎九人、俊次ト北川富吉・虎□□□□垣結ニ出ル、九左境残より表通り門内迄不□□□藤七餅米一搗、○久左衛門より餅米一升こま初尾□□、

六日　快晴、少々風有静也、○橋良七兵衛十七才男□□□祈、○下地藤四郎・橋良十兵衛札受来ル、廿疋ツ、入、○又七より甚四郎ノ供物・御符受来ル、○世話人三人へ仏名料理誠(ママ)ニ行、供物一包ツ、遣ス、○朝より道淳手伝ニ入来、種屋ニ而半紙弐束取来ル、二五ツ、ト云、夕方帰ル、○朝供物もち米五升九左衛門備一升共水ニ漬ル、晩方より搗、七蔵年貢米ノ内平ニ而弐斗三合持参ス、○浪之上善太郎来ル、内義急病御符礼ニ三十疋入、○高足若貞来ル、白飯一重・中あけ九ツ入、みかん一束遣ス、○菊屋より寒見舞葛餅十一入、○富蔵昼より半日たんす、○藤七米一臼搗、

七日　四ツ頃より雨はら〳〵、夜分も少々降ル、○橋良七兵衛札受来ル、□疋入、○朝より北川世話人三人買物ニ来ル、夕方迄ニ料理相済、○道淳朝より手伝ニ入来、暮方帰ル、○富蔵たんす、○米二臼搗、○開浴ス、○諸方掃除ス、○応賀寺ノ法瑞房□菓子一箱入、斎出ス、明日師匠三十五日故助法断也、みかん三十遣ス、書初手本拾本認メ紙預り置也帰ル、○

八日　快晴也、○斎後仏名会開白ス、○早朝より三人之衆来ル、追々手伝之衆入来ス、○中瀬古老師・道淳入来、□□□壱袋入、和上様宿ス、道淳帰ル、餅九ツ遣ス、○祠堂□□致ス、利足ハ一向ニ不寄、○下五井猪右衛門参詣一升入□□□、○瓜郷惣左衛門息子参詣、斎米四升入、菜も入、斎出□□□□三十遣ス、○開浴ス、四ツ前皆々帰宅ス、

九日　快晴也、○仏名勤修、○新銭町庄平九才男子□□□弐百十弐文入、○横丁大黒屋五十五才女痰祈十疋入、○中□□子供来ル、斎後老師御帰堂、餅十九遣ス、○源九郎来ル、□□壱分弐朱分時かし、○外神万吉来ル、こま餅一重入、○勝蔵不進ト云断、みかん三十遣ス、○昨日坂津次作より嫁土産餅二ツ入、仏名志十疋入、○

十日　快晴、四ツ前地震、大寒シ、○本町合羽屋五才男□風祈廿疋入、○羽根井善八取次、牛川勘次郎八十二才女年病祈廿疋入、○大西勘蔵七十三才男年病祈、○昨日ノ両人札受来ル、○新田権右衛門へ藁運賃礼□□みかん二束遣ス、つかい藁三束借り来ル、

十一日　快晴、大ニ寒シル、○沖木佐五平五十才男り病祈、○合羽屋より札受来ル、金山寺味噌入、みかん二十遣ス、○勘蔵同断廿疋入、○子供今日迄餅入、新田皆、北川同断、助十・源吉・市三郎・倉作也、○おちの八百三十六文かし、○中瀬古へ赤みそ一重・菜遣ス、□用一取来ル、道淳義風邪ト云、○

十二日　極快晴、冷ル、静也、○新銭町□作三十才男風祈廿疋入、○手間丁喜三郎六才男子眼病祈廿疋入、○飽海新吉五才男子疳祈廿疋入、○瓦町仙□男子躰毒祈廿疋入、○平井九郎右衛門七十□□□頭腫物祈廿疋入、○市バ三郎平弐才女子疱□□□、○四郎三郎沖木ノ札受来ル、○才次郎方より餅一重入、初吉同断、○仁左衛門祠堂り一分入、釣り百六十五文渡、

十三日　快晴也、静也、○昨日ノ五人之物（者）札受来ル、○道淳朝より手伝入来ス、貴山ノ墨五十挺八○求入、廿四文ツヽ、○村方幷其外仏名供物配ル、○小助祠堂り三朱ト八十文入、○夕方新田権右衛門、吉川売地ノ

語来ル、○□□小作年貢勘定入来、

十四日　朝よりはら〳〵雨、晩より晴ル、○松嶋兵助五十九才男虹(肛)門夕、レ祈、○橋良平九郎十七才女風祈、○東□七右衛門三十二才女疳祈廿疋入、○常右衛門蕎麦入、○の川ニ而半紙二束・金赤一取、○源九郎此間かし分壱分弐朱入済、あけ五ツ入、○藤七もち米□□あわ一臼搗、

十五日　朝曇、快晴、風有ル、○松嶋兵助札受来ル、三十疋入、○橋良平九郎同廿疋入、○東組七右衛門札□□□、○中瀬古へみかん二束余・薯蕷一苞、八○墨紙挑灯張替共一貫五百文渡、此方分也、小用一取来ル、○藤七忰来ル、さつま入、みかん遣ス、来年ノ給金ノ内弐分□□、

十六日　快晴、寒シ、風有ル、夕方雪少々、○伝四郎□□松嶋権四郎六才男子疱三日目祈、□□□□、○市ハ(場)妻蔵札受来ル、○慶作書初ノ手本□□□、小麦粉一重入、○北川世話人へ仏名ノ礼ニ行、○平十へ半し三・菓子一包・胡麻餅一包遣ス、権右衛門・六兵衛ハ半し二、余ハ同、長七へ礼ニ菓子一包遣ス、○中瀬古より札摺出来子供持来ル、小遣二貫五□□□里芋遣ス、○年頭登城ノ廻状来ル、○藤七大瀬戸へみかんこへ懸初、○実五郎蕎麦こ入、

十七日　快晴、風有ル、寒シ、○本町善吉三十四才女□□祈廿疋入、○伝四郎より松嶋ノ札受来ル、○源三郎祠堂ノり一両弐分ト六百六十七文入、○今日ハ煤掃也、藤七一人ニ而致ス、○清助藁四十束入、代金一分相渡ス、○の川ニ而半紙二束取、○おちの来ル、八百三十六文かし、○開浴一□□、

十八日　快晴也、静也、○飯村佐次兵衛十四才女空躰祈、○札木駿河屋三十四才女長病祈廿疋□、○松嶋権四郎三十一才女産後夢中祈三十疋入、○本町善吉札受来ル、○本町合羽屋昨日大あけ五ツ上ル、子供大分快方ト云、○清次郎来ル、祠□り足弐分三百三十文入、国符(府)ノ祈二度、西□□□二度分弐百文ツヽ入、○源平あけ□□□、○昨日才次郎頼、下地亀屋ニ而万(茶脱)一本正ミ六□□□代九百六十二文也、今朝藤七取ニ行、○才

次郎み□□売テ呉ニ入来、畚一盃弐百六十文ツヽニ而
四十五盃売ル代ノ内ニ三分入、清須松右衛門弟也、○
浪之上善太郎より嫁ノ土産餅大二ツ入、
十九日　快晴、静也、○田町源太郎十四才男疳祈□□
入、○松山七郎平四十六才女風祈、○昨日ノ三人札受
□□、○朝半右衛門へ仏名会之礼ニ行、菓子一箱・□
あけ五ツ遣ス、蓮嚢半し一受来ル、小作より大豆皆無
ニ付二分五厘ノ引庄屋へ向テ願来ル、其相談等致置
也、○おちの金一分両替来ル、○九左衛門寺内風呂入
ニ行、○中瀬古へ万茶一本持セ遣ス、此方ノ年玉用意
也、小用一取来ル、○新田喜三郎藪下嫁ノ在所より今
日の(圃)田浦へ藁運ふト云、同人□藤七此方へ運ふ、○茂
作まん中百文入、
廿日　夜八ツ頃よりはら〳〵雨、未明より雪大ニ降
ル、昼前止ム、○橋良弥四郎廿七才男風祈弐百十弐文
入、○田□□□札受来ル、○松山七郎平同廿疋入、○
弥之吉来ル、源六所持ノ金光寺東畑買呉様ニ度々申来
ル、畑見分可求様ニ申帰ス、金一両源六より同人へか
し渡、○晩方より藤七在所へ行、給金ノ内弐朱分八百
四十八文渡、唐黍三升・みかん少々遣ス、
廿一日　快晴、寒シ、○草間斧次郎十二才女風祈□□
□、○橋良弥四郎札受来ル、○百度本家より文平髪置
ノ祝赤飯一重入、まん中一袋遣ス、○三吉あけ十一
入、○おなか来ル、金一分ト八百三十六文かし、先達
而か□□五百文入済也、○高須八兵衛よりこま初尾米
□□分入、仏名会志も入、納豆一箱入、みかん五十遣
ス、○才次郎両度入来、畑ノ談合也、○弥之吉入来同
断、
廿二日　快晴也、○草間斧次郎札受来ル、○仙吉まん
□壱袋入、○弥之吉入来、地蔵堂裏山続□みかん屋敷
売呉様申、場凡三畝金五両ニ而荒方買引合致ス、○昼
頃藤七大崎より帰ル、さつま芋入、○中瀬古へ飯米五
升為持遣ス、小用一取来ル、○朝喜三郎先日舟場残藁
六束持来ル、〆五十束也代金一分渡、
廿三日　快晴也、○新田久右衛門取次、為金猪平七十
才女年病祈廿疋入、晩方札遣ス、○仁連木惣五郎六十

七才男大病祈廿疋入、○坂津元周来ル、□□而内義祈礼金弐朱入、井戸埋祈廿疋入、○重太郎まん中壱袋入、○茂作飯団餅一重入、○道淳朝より手伝来ル、障子張等也、の川ニ而半紙三束・中のり二取来ル、晩方帰ル、○弥之吉来ル、みかん屋敷買約束故金三両内□□□才次郎方ニ而つき粟五升借ル、○藤七もち□□二臼搗、

廿四日　極快晴、至極静也、○新田治助六十一才女積（癰）祈廿疋入、○橋良忠五郎五十一才男女風祈、○羽根井和平内入来ス、道淳灌頂ノ祝ニ飯団餅二重入、まん中一袋遣ス、○六郎兵衛より蕎麦切一重入、○長七殿入来、祠堂金五両約束之処弐両相□□弥之吉付添ニ而源九郎来ル、金光寺東畑買□□亦中来ル、時貸等有故此方へ請取様返事ス、金一両かし、廿日貸共合セ二両也、○子供書初少々書、○早朝粟五升水ニ積（漬）ル、○晩方米四斗六升余水に積ル、藤七洗ふ、○

廿五日　快晴也、今暮六ツ過中ノ大地震致ス、亦小一度夜分四ツ時ニ致ト云事、最無難所希、○中□彦左衛門四十三才女腹痛頭痛祈廿疋入、○橋良忠五郎札受来ル、廿疋入、○仁連木惣五郎死ト申来ル、土砂遣ス、廿疋入、○治助札受来ル、○早朝より餅搗、七ツ過迄ニ相済、米四斗六升余・黍一斗八升・粟五升也、才次郎手伝に入来、□□少々遣ス、○道淳同断也、半右衛門へ□□□為持遣ス、半紙五帖・まん中一袋也、○五郎兵衛入来、役人引受之新三郎分祠堂金三両元済入、り足ハ勘弁ノ願也、弥次郎分壱分ト三匁り足入、○北川世話人へ三軒ト九左衛門・源六へ餅遣ス、○富蔵・七蔵たんす也、餅少々ツ、遣ス、○藤七忰入来、金一分弐朱かし、

廿六日　快晴也、大西市右衛門弐才女子疱四日目祈、○中彦左衛門札受来ル、○猪平證文持参、金一両相渡、○中瀬古へこんふ四百文年玉拵へに為持頼遣ス、大半・小半取来ル、八○求筆四袋入、○大工栄吉来ル、地蔵堂ノ破レト本堂・こま堂ノ間板カコイ直ス、○平蔵祠堂り三分ト三匁入、○和平殿入来、長芋五本入、金ノり久七分共合壱分三朱ト六十文入、○

廿七日　快晴也、○大西市右衛門札受来ル、廿疋入、○六郎兵衛餅二重入、○西羽田孫次右衛門證文持参、金三両貸渡、○平六祠堂り弐朱ト四匁入、○西弥へ炭二俵代九百十六文払、○大工栄吉来ル、須弥壇□直シ正面障子敷居等入ル、○七蔵頼□□□皆済行、弐貫四百十四文也、○

廿八日　快晴、風有大ニ寒シ、○市右衛門取次、清須喜代□廿九才男積祈廿疋入、○新田権右衛門入来、歳暮米一升トこま初尾入、みかん一束五十礼遣ス、喜三郎藁運礼旁也、○伝四郎入来、祠堂り弐分入、当年五両ノ金子野田権四郎借りニ成ル也、證文入、○庄助祠堂金ノ内壱分弐朱入、合一両弐朱ニ成ル、未壱□□足也、○浪之上善太郎へ使ニ付下みかん一束五十遣、先日ノ挨拶旁也、○九左衛門・源六より餅入、○中村兵右衛門入来、当才女子箕加持、ほし松茸一袋入、○羽根井与右衛門こま初尾四軒分持来ル、□□□三程遣ス、○七蔵たんす、中瀬古へ門松□□□大備一膳・中四膳・小廿一膳・切餅弐百□□□□栗三十為持遣ス、夫より此方も立ル、○中瀬□□藤七　取ニ行、

廿九日《晦》　快晴、至極静也、大ニ凍ル、歳末目出度し、子供祝儀近所其外歳末入、此方より遣ス、○長七より證文入、祠堂金三両渡ス、合五両也、○喜助来ル、祠堂金ノ内一分弐朱請取□□□□足也、来春迄貸呉様□□□□□□□内へ金弐朱入、○同人□□□□□□此方へ譲度様頼故西羽田□□□□□□□□両人度々参ルニ付此方ハ止メ致ス、□□□□新次郎□□□丈かり分弐両弐分ハ畑求ニ付同人ノ貸□□□□源九郎先日弐両取替分今日入也、○瓜郷惣助より一升ニ里芋一苞入、上みかん三十遣ス、年玉遣分也、○おちのへ当年時かし三両ノ処へ壱両増シ祠□ノ貸付ニ致ス、右増ノ内一分ト八百三十六文渡ス、○中瀬古へみかん弐束ト飛(龍頭脱)三十・里芋□□、□□□□為持遣ス、先より乾瓢ニキビショ一ツ入、□□□代百文渡、○の川屋へ七貫文内渡□□□九右衛門内取次、釜甚一両ノ利六匁入、

元一(安政三年)　快晴、風強ク大ニ寒シ、○行明□□□参詣、み

かん・芋一苞入、みかん三十遣ス、○才次郎年玉□□
□□□、
元二　極快晴、長閑也、寒シ、○佐藤豊次郎参詣□□
□□柚香糖一袋入、みかん三十遣ス、○才次郎□□□
□□、
元三　同断、○弥三郎へ嫁ノ祝ニ扇子二本遣ス、○才
次□□□入来、○黒砂糖弐百文求、酢廿弐文求、○中
瀬古挟箱遣ス、
四日　○節会弥一郎・平作・伊助・浜吉等也、直作・
柳蔵・繁蔵・泰助・弥助下参故不参(山)、才次郎・助十郎
手伝、○□□□不参也、○六郎兵衛□□入、両替、
(五日)□□　□□□ル、大ニ寒し、夕方□□少々□□九郎右
衛門□□□、○田作金弐分かし、□□□□入也、○□
□□頭入来箱入、悟真□□□□上菓子求□□、
(六日)□□　□天、大ニ寒し甚凍ル、夜分雪、○おりへ来
ル、足袋入、里芋入、みかん一束遣ス、○中瀬古へ膳
わん等取ニ藤七遣ス、八○求扇入、○
七日　快晴、寒シ、○登城ス、家中廻ル、○暮六ツ□
□小ノ大震致ス、○おちの来ル、九平□□□□□弐分
弐朱かし、○現金屋より百文□□□□□□、○百度へ
開眼ニ行、備等礼入、○助十郎□□□□、
八日　曇天、静也、○昼後より道淳在所年礼廻ル、□
人へ備配ル、○上菓子ニ亦万□□□□□□払、○藤麦
二はん削り、
九日　曇晴、至極長閑也、○昼後より道淳新田□□□
□廻ル、治助へ菓子、元周へ菓子遣ス、○□□□□
□取ル、○才次郎豆持行、

正月大己未取

（後筆）

「安政三年」

元日　快晴、風強大ニ寒シ、○早朝大鐘百八打、其後多聞供修行、○越年院主三十九歳・蓮嚢八才・下男大崎藤七六十才也、○小食小豆粥諸尊へ供ス、斎雑煮餅同断、○子供書初台所へ張ル、○礼人三四十人程来ル、○行明太十参詣、茸（甘）藷一苞入、蜜柑三十遣ス、○才次郎年玉物拵来ル、○虎之助入来、昨冬より指笠町へ下駄習ニ行ト云、指下駄壱足入、

元二　極快晴、長閑也、寒シ、○ドロ〳〵（ママ）鳴ル、○早朝□聞供修行、○小食斎同断、○橋良七兵衛□十八才女熱十六日目祈、○佐藤豊次郎参詣備一膳ト柚香糖一袋入、密（蜜）柑三十遣ス、○礼人夕方迄ニ多分来ル、○才次郎年玉物拵入来、○九文字屋使ニ而礼十疋入、○助十郎礼人取次ニ来ル、

元三　極快晴、長閑也、寒シ、○早朝多聞供修行、○小食斎同断、○朝より院主、蓮嚢伴村方より御籏・西宿迄礼ニ廻ル、年玉持九平・配人助十郎也、九平ニ半紙二帖遣ス、配人ニ半し一・菓子一包遣ス、○西宿弥三郎息子嫁ノ祝ニ扇子一対遣ス、○才次郎手伝ニ入来ス、○橋良七兵衛札受来ル、廿疋入、○瓜郷惣助礼十□□、○中瀬古へ挟箱為□□□、黒砂糖弐百文・□□□文求、○清源・長全□□年玉入、

四日　極快晴、長閑、寒、○早朝多聞供修行、○今日ハ節会也、子供三十五人也、小豆一升五合沢山也、浜吉・伊助・弥一郎・平作不参也、直作・泰助・柳蔵・繁蔵・弥助下山ニ付不参、○富蔵・七蔵不参也、○六郎兵衛より餅一重・豆腐二丁入、半し一・柿弐本遣ス、○才次郎・助十郎手伝ニ入来ス、○中瀬古へ膳椀為持遣ス、○吉川次郎兵衛三十八才男頭痛眼病祈廿疋入、○天王金作三十六才女積（癪）大病祈、○

□□（五日）　曇晴、風有ル、大ニ寒シ、凍ル、○多聞供修行ス、○茅町塩屋弥右衛門七才女子腰不立祈金百疋入、○下地市右衛門七十才男腹へ痣痛祈十疋入、○行明弥蔵十六才男疱七八日目祈廿疋入、○吉川次郎兵衛札受

来ル、○才次郎殿頼九郎右衛門密（蜜）柑屋敷名丸山と云、検地打、三畝弐分も有ルト云、凡金五両ニ而此方へ買取ル引合ニ而冬金三両かし、○弥之吉口入ニ而吉右衛門へ麦迄金弐分かし渡ス、○龍拈年頭入来、箱入、悟真寺使僧扇入、○上菓子弐百文求、

六日　夜前雪少々、晴□大ニ寒シ、大凍ル也、○坂津□□五十六才男痰積□、○天王町庄作五□□□案し祈十疋入、○天王金作札受来ル、金百疋入、○行明弥蔵札受来ル、○夕方塩屋札受来ル、○おりへ来ル、足袋一足ト里芋歳暮ニ入、密柑一束遣ス、冬かし分壱貫文入ル、○中瀬古へ膳わん等取ニ遣ス、八○ニ而扇廿本求来ル、代三百十六文渡、先より下山之者ノ祝義入、○藤七門前麦二はん割初、

七日　快晴寒シ、暮六ツ前小ノ大地震致ス、○朝より院主藤七伴登城、御在城故独礼也、代官・札本へ□二本ツヽ、川村喜藤太へ同密柑廿遣ス、九ツ時帰ル、○□□組鈴木助六、十九才男り病積（癪）祈廿疋入、○長瀬久作廿八才男熱祈、○西二番丁古村織治取次、西方也五十四才女長血祈廿疋入、○坂津良蔵札受来ル、廿疋入、○庄作同断、○魚町現金屋より志十疋入、供物一包遣ス、○百度源右衛門辻之処へ馬飼ノ仲間ニ而馬頭観音建立、晩方開眼願来ル、直ニ行、餅投も有ル、賑敷也、廿疋ト備一膳入、○おちの来ル、九平裸故礼不勤、金弐分弐朱かし渡ス、○助十郎留主居ニ来ル、○子供祝義皆入、○大人も大分来ル、

八日　曇天、長閑也、○新銭町孫蔵四十六才男熱吹出物祈廿疋入、○下り町弁南三十五才積腹痛祈三十疋入、○助六札受来ル、○世話人平十・権右衛門・六郎兵衛・長七・伝四郎・久左衛門・半右衛門・助九郎・才次郎へ配（ママ）備ス、○昼後より道淳大村・瓜郷・下五井・町方礼ニ廻ル、光明・龍雲へ密柑三十ツヽ遣ス、藤七伴也、○本町種屋へ冬分紙二束代五百五十五文渡ス、○上菓子弐百文・即治膏弐ツ求、○藤七麦二はん割、○坂津寺角納豆ニ茶入、

九日　曇晴、至極長閑也、昼時はら〱少々、○新田治助六十二才女積祈金弐朱ト十弐文入、○西宿利兵衛

七十六才男疳祈廿疋入、○千両村三代吉十五才男風祈廿疋入、直ニ札遣ス、○紺屋善七、七十七才女頭へ腫物祈、○弁南ニ孫蔵札受来ル、○長瀬久作札受来ル、三十疋入、○古村織治札受来ル、○昼後より道淳藤七伴吉川・新田・牟呂へ礼ニ廻ル、新田治助母病見舞ニ利休まん中一箱遣ス、阿部元周へ柚香糖一袋遣ス、○藤七門前麦二はん割り、○西宿弥三郎へ上白炭一俵取ニ遣ス、○神宮寺より丸納豆ニ扇二・札入、

十日　曇晴也、静也、長閑也、○手間丁儀助五十一才男痰祈廿疋入、○治助札受来ル、金山寺味噌一重入、みかん二十遣ス、○惣三郎札受来ル、廿疋入、○利兵衛同断入、○道淳晩方茶俵不足分廿四本求拵テ来ル、紙共入、百八十三文也、即渡ス、羽根井直ニ礼ニ廻ル、藤七伴也、○夕方藤七、の川屋へ残分六貫四十弐文為持遣ス、相済也、大のり一帖・金赤(水引)一・白赤四わ取、○上菓子求、○水主(ママ)礼十疋入、○垣内内蔵同断、○龍雲寺同断、納豆一箱・半切五十まい入、密柑出ス、○久左衛門より歳□印ニさつま芋一苞入、○源九郎来ル、十七日迄金壱分弐朱無心、銭ニ而弐貫五百十二文借(貸)ス、

十一日　夜前九ツ頃より雨大降也、潤雨也、曇晴、晩方はら〳〵、大ニ暖シ、○紺(柑カ)子善七札受来ル、三十疋入、○手間丁儀助同断、○才次郎内入来、汁子一器入、浪之上より唐ノ芋一苞入、豆腐二丁遣ス、○野川屋より通持参、白砂糖一曲入、○朝より藤七在所へ礼ニ行、十疋ト備一膳遣ス、竹五本共遣ス、

十二日　曇晴、折々時雨ニ霰レ、寒シ、○丈平取次、下五井茂兵衛七十九才女長病再臨十疋入、○畑ケ中万蔵六十七才女眼病祈、○下地市右衛門札受来ル、供物計遣ス、○手間丁儀助札受来ル、○子供今日より手習ニ来ル、○東植田半右衛門礼来ル、利休饅頭壱袋入、扇子一本遣ス、○半右衛門よりアルキ金三分両替来ル、銭五貫廿四文渡ス、

十三日　快晴、折々曇ル、風有ル、夜へ向テ強シ、寒シ、○本町小野屋吉右衛門三十才女産後祈、○南大津太助五十五才女積(癪)祈百十弐文入、○篠東六右衛門三十

八才女長血祈百十弐文入、○畑ケ中万蔵札受来ル、弐百十弐文入、○清源寺入来、四人伝授ノ廻状持参、一乗院へ次ク、○の川ニ而はら香百文取、
十四日　晴天、風有ル、寒シ、○小野屋吉右衛門札受来ル、廿□入、○南大津太助同断、○光明寺入来、油配書一・納豆入、密柑出ス、○源六時借祠堂證文ニ金四両弐分ニ直シ、不足分弐朱ト百三十四文処銭ニ而□渡ス、○藤七晩方在所より帰ル、さつま入、○開浴ス、
十五日　快晴、折々曇ル、長閑也、○斎後講之護摩修行、参詣少々、○田尻村嘉兵衛より年中家内無難祈金百疋入、○国府孫次郎六十五才女積長病祈廿疋入、○道淳助法ニ来ル、○高須より両三人参詣、吉平より納豆一重入、密柑三十遣ス、○村方・新田・牟呂・羽根井・御籏札遣ス、○坂津元周入来、祝儀一包入、○
十六日　快晴、長閑也、○西弐番丁古村織治四十一才開運祈金百疋入、○橋良久四郎廿一才女心熱祈、○国府孫次郎札受来ル、○万歳来ル、三合・三十弐銅遣ス、○菊屋より年□□香糖一本入、○其外少々礼人来ル、○坂津元周薬貰ニ行、十二貼入、院□用、○才次郎入来、年貢勘定等、
十七日　快晴、昼後より風出ル、寒シ、○利町石屋平助七十六才女年病祈弐百十弐文入、○下モ町八百屋彦右衛門十四才女疳祈弐百十弐文入、○札木駿河屋三十五才女長病大病再臨廿疋入、○橋良久四郎札受来ル、廿疋入、○前芝八平八才ノみき(右)眼病ノ鬮頼来ル、蝋燭(ママ)上ル、和泉カ七十六福田三十五番、○燈油・胡麻油求、○中瀬古へ赤みそ一重・みかん六十・さつま芋一苞遣ス、○才次郎頼、善八へ伊助出家ニ貰ふ様咄遣ス、○藤七麦二番削り、
十八日　快晴、寒シ、風夜へ向テ甚シ、○西一番丁小文次六十三才男痰祈廿疋入、○下地平助廿一才男痰労大病祈、晩方札受来ル、廿疋入、○天白前長六、九十六才女年病祈廿疋入、○石屋平助八百屋より札受来ル、○駿河屋より夜前死と申来ル、土砂遣ス、○田尻嘉兵衛より札受来ル、○古村織次同断日々参詣也、○

源九郎此間貸分壱分弐朱入済、時貸證文へ直シ四両弐分ニ不足分八十文渡ス済也、あけ七ツ入、○才次郎入来、十七夜餅入、伊助出家ニ進と云、○善八入来、右之語也、廿日吉日故連来ル様云、○源次郎草り二足入、○中瀬古へ小用一取ニ行、
十九日　快晴、大凍ル、寒シ、○本町利右衛門六才男子風邪ニ虫祈廿疋ト蝋燭十五丁上ル、○中村久太郎三才男子疱ニ虫祈、○上佐脇金右衛門七十弐才女年病祈廿疋入、○田町兵右衛門六十八才女年病祈廿疋入、○小文次ニ長六札受来ル、○朝中瀬古老和尚尊来、地震ニ付本堂幷庫裏等直ス談合也、晩方御帰堂、○粂治竹六本持行、代之内へ七百文預ル、○天王町白木屋惣兵衛、中瀬古弁天堂用材木代残廿七匁壱分八厘取来ル、銭三貫五十六文渡ス、○才次郎入来、伊助ノ談等也、
○藤七麦二ばんこへ出し、
□□(廿日)　曇晴、大ニ寒シ、夕方よりはら〳〵、○西羽田弥五兵衛取次、下五井彦十、五十一才男労症祈廿疋入、○本町利右衛門札受来ル、みかん十五遣ス、○昨日三人同断、○晩方善八伊助連立来ル、当年十三也、置テ帰ル、○朝より道淳手伝ニ入来、八〇ニ而美の一帖求来ル、代百廿文渡、○粂治来ル、竹四本今日持行十本ニ相成ル、代昨日共合壱貫弐百廿四文入、○おきく壱分分銭かし、
廿一日　曇天、折ニは照ル、○下五井彦十札受来ル、○御影供如常、○六三郎入来、こま初尾米入、勢州亀山騒動記へカナ頼来ル、○藤七瀬戸ノ枯レ松樹切ル、大割ニ致ス、
廿二日　五ツ過よりはら〳〵、夜へ向テ降ル、○八百屋九左衛門より三才女子虫祈廿疋入、アシ海苔入、○松山清吉三十才男長病臨廿疋入、○おちの来ル、九平白須加へ聟入ニ用ト云金壱分かし、羽合(ママ)もカス、○弥吉(ママ)之入来、密(蜜)柑屋敷求金ノ内へ一両亦相渡ス、譲證文持参也、○味噌豆弐斗九升水ニ積(漬)ル、
廿三日　夜前よりはら(ママ)雨、昼後より天気ニ成ル、○茅町弥次郎廿一才男気塞祈廿疋入、○八百屋より札受来ル、みかん三十遣ス、○早朝より味噌煮至極加減由

也、七ツ時より搗丸メル、暮方迄ニ済也、○富蔵昼後よりたんす来ル、○おちの来、九平聟入入用不足ト云亦金弐朱かし、○新田平吉こま初尾米入、廿六才男当年無難祈十疋入、

廿四日　快晴、昼後より夜へ向テ風寒シ、○夕方六兵衛より四才男子虫引付腹下り祈、○茅町弥次郎札受来ル、○藤七ノ聟来ル、さつま芋入、竹六本持行、代弐百文入、○中瀬古へ小用一取ニ行、○伊助朝より在所へ行、岩愛様へ参詣ニ行、気分悪敷故宿ス、

廿五日　快晴、大ニ凍ル、寒シ、○城内杉本四郎兵衛三十八才女積(癪)祈廿疋入、○東植田半右衛門殿入来、野依善七、十二才童子有ル申来ル、廿九日ニ此方へ連立来ル様ニ頼遣ス、同人取次、西植田佐右衛門四十八才女積長病祈、○西羽田林蔵三十三才女ふら〳〵祈廿疋入、○行明甚左衛門九才女子疱祈廿疋入、○小池平四郎五十四才女水気祈廿疋入、○瓜郷惣左衛門夕方入来、年玉喜兵分共入、田地直段売様祈十疋入、人参壺中散一服入、六兵衛孫虫、金龍丸十五同人より□、○朝より道淳手伝来ル、札摺ル、挑灯張替持参、百廿四文渡、○新田紋右衛門へ母ノ悔ニ道淳遣ス、平せんこニ遣ス、権右衛門へ藪下へ藁頼、納豆一箱遣ス、○の川ニ而平せんこ四・金赤一取、○本町合羽屋より参詣、大ニ快方ト云、大あけ五ツ入、みかん三十遣ス、

□□□(廿六日)　快晴、風有ル、○伝四郎取次、権四郎弐才女子虫祈十疋入、○高須利兵衛三十二才男積留(溜)飲祈廿疋入、○外神勇蔵八十六才女大病臨、○茅町千蔵七十二才女血道祈廿疋入、○昨日五人札受来ル、○早朝より尾州祐福寺へ年頭ニ藤七遣ス、進物如例、大悟院へ手紙・小みかん一束共遣ス、○おちの田尻ノこま初尾米持参、みかん遣ス、○泙野密門礼来ル、十疋入、餅喰ス、半し二・小みかん三十遣ス、○朝伊助来ル、亦夕方行、○六兵衛へ夜前惣左衛門置金龍丸一□為持遣ス、大病ト云、

廿七日　極快晴、長閑暖也、○新銭町庄兵衛廿四才女熱祈廿疋入、○権四郎・利兵衛・千蔵札受来ル、○半右衛門殿入来、西羽田清兵衛祠堂貸附之語也、○斧蔵

昨年難舟後漸快気礼ニ来ル、金弐分当座かし、○暮五ツ時藤七尾州より帰ル、大悟院□返書ニ大根切干一袋入、

廿八日　極快晴、長閑、暖也、○小浜瀧次郎三才女□□十日目祈三十疋入、晩方札受来ル、○下五井助五郎七才男子疱十日目祈廿疋入、○庄兵衛札受来ル、○百度本家より斎ニ温飩《(甌)》一器入、○の川まつ香百文取、○六郎兵衛来ル、宗吉津嶋へ参詣ニ付貸付金弐分かし、

廿九日　天気同様也、○中瀬古瀧蔵三十六才女積祈廿疋入、○助五郎札受来ル、○道淳昼前より手伝ニ入来ス、○植田半右衛門殿、野依善七息十三才出家ニ呉様連立テ親共来ル、飯出ス、半右衛門殿ハ晩方帰ル、善七殿ハ宿ス、白砂糖一曲入、○植田儀助殿年礼十疋入、半し二・扇一遣ス、

晦日　極々快晴、長閑、暖也、○俊次入来、大西へ遣三才男子虫祈、○下五井猪右衛門取次、瓜郷岩平五十九才男痰祈、○高須十右衛門三十九才男疳祈廿疋入、○中瀬古瀧蔵札受来ル、○昼前ニ善七殿宅へ帰ル、みかん少々遣ス、○下地安兵衛より掛取来ル、三百七十一文渡済也、○弥之□入来、馬見塚売田地ノ語也、○芳太郎梅花入、○藤七小麦二はんこへ済、○中瀬古へ小一取ニ行、○

如月小

朔日　極快晴、今暁八ツ頃小地震、○本町梅屋弐才男子虫祈廿《三》疋入、○四ツ屋鍛冶屋半右衛門四十八才女ひせん《(皮癬)》内こう《(攻)》祈三十疋入、○俊次より札受来ル、○瓜郷岩平札受来ル、廿疋ト斎米一升入、みかん□遣ス、○中瀬古より子供来ル、小遣壱貫五百文ト粟餅一風呂敷遣ス、○今日ハ休日、牟呂計手習来ル、○六兵衛より子供病死申来ル、土砂遣ス、○外神彦三郎弟小僧、浅吉九才童ト弐人初午より祭山《(登)》旨願来ル、○山刈済也、

二日　曇天、朝はら〳〵、晩方より雨、暫時大分降ル、直ニ晴ル、四ツ半時小地震、○本町梅屋・四ツ屋半右衛門より札受来ル、○浜吉まん中一袋入、寒見舞也、○六兵衛孫四才男ノ悔ニ行、平せん香一遣ス、○

徳四郎梅花入、○六兵衛より悔礼五十文入、○重平・六郎へ風呂ニ行、○藤七麦三番削り初、○中瀬古へ大一取ニ行、
三日　快晴、風有ル、○上伝馬伊兵衛三十三才女痰祈廿疋入、○魚町紺屋善次郎六十七才女病気祈□疋入、○談合宮吉兵衛三十八才女灸ニ当り祈廿疋入、○佐藤権左衛門七十一才男痰祈廿疋入、○朝道淳入来、観音堂当年三十三年目開帳三月十七日より致度旨談也、半右衛門へ一寸同人□□遣ス、障子張手伝、羽根井政平佐藤より□□嫁貰ふ祝ニ廿疋同人ニ為持遣ス、○萱勝蔵餅一重入、○六郎兵衛へ三人風呂ニ行、○藤七麦削り、○六郎兵衛入来、宗吉津嶋土産ニ札・付木・赤団子入、金弐分取替分入済、此方より柚香糖一本遣ス、
四日　朝はら〳〵、四ツ前より雨大分降ル、昼前止ム、○大岩黒田屋久右衛門六十二才女痰祈廿疋入、直ニ札遣ス、○昨日ノ四人札受来ル、○早朝道淳入来、開帳之儀三月二日より十五日迄願ニ致呉と申、直ニ帰ル、○長七殿役所へ□次寄ル、右中瀬古開帳願書頼遣ス、○藤七米壱臼搗、
□□(五日)　折々時雨霰レ、昼より快晴、風強ク寒シ、○東組□□善次取次、岡崎廿八才女風祈廿疋入、直ニ札遣ス、○草間小吉四十八才女水気祈弐百十弐文入、○公文喜之助弐才男子疱七日目祈、○早朝半右衛門殿より開帳建札之義、何所へ建ト申事尋来ル、右之趣中瀬古へ申遣シ長□殿役所へ行序ニ付、中瀬古へ寄届書持様頼遣ス、○朝半右衛門へ行、右之語也、まん中一袋遣ス、貫定半し一受来ル、○昨日伝作来ル、初午より柳助祭(登)山之旨願来ル、○今日小助・平蔵同断、○伊助廿六日行儘ニ而今日亦来ル、宿ス、○おちの弐百文かし、
六日　快晴也、長閑、今暮五ツ時地震、○公文喜□□来ル、廿疋入、○草間小吉同断、○今日ハ初午、幟立ル、○外神要作弟彦蔵九才・浅吉方粂吉九才・百度久七方柳助八才・助九郎方おつね八才・北川平蔵方太作九才、右五人祭(登)山、赤飯ノ振舞也、此方へも一器沢山入、筆二本ツ、遣ス、○中瀬古へ赤飯一重遣ス、先よ

りまん中七ツ入、女子五人祭山と云、○九左衛門・才次郎へ赤飯遣ス、○朝より才次郎殿頼重平在所へ行度様故送り行、植田神楽見なから半右衛門方へ言葉の礼寄ル、夕方帰ル、重平へ明日帰ルト云、○伊助内へ行、心の定らぬ奴也、

□□(七日) 快晴也、長閑也、○朝五ツ前地震、○百度吉作来ル、婆々長病痰積祈、○駒方小吉札受来ル、○公□□□同断廿疋入、○実五郎もち入、○中瀬古より子供来ル、米三升・赤みそ一重遣ス、○應賀寺ノ実禰子昼後入来、箱菓子一入、宿ス、○前川彦三郎来ル、持仏求ニ付金弐分当月限かし、○早朝伊助来ル、香の物三本持参也、○半右衛門より樫ノ引出し付ノ机一脚持来ル、代金弐分相渡ス、外ニ手拭壱筋・懸行燈壱ツ到来入也、

八日 快晴、風有ル、寒シ、○御堂瀬古松助取次、四十三才□風邪祈弐百十六文入、○坂津兵十、四十八才女腫物祈廿疋入、○吉作札受来ル、○昼後実禰子應賀寺へ帰ル、安□□行・口決七巻□ニ行、○九□□□もち入、さつま五ツ遣ス、○才次郎方より同入、○子供□□入、○おちの来ル、九平事是より〆ルニ付貸受之旨ニ而弐分分三貫三百五十文かし、○藤七畑三はん削り済、みかん草削り、

九日 快晴也、○坂津兵十札受来ル、同人荒神ノ山宗有ト云、ヨケ(除)廿疋入、○下地千吉廿二才女風祈廿疋入、○丈七取次、行明太十、三十四才熱祈廿疋入、○松助札受来ル、○村方・新田子供多分餅入、和三郎・源吉・栄三郎・芳太郎右不参也、要作一重入、○中瀬古へ餅廿七為持遣ス、小用一取来ル、米一斗遣ス、○おりゑ来ル、あけ五ツ入、餅九ツ・木綿二反持来ル、八百四□□求代渡、○伊助髪結ニ行、餅九ツ遣ス、

十日 快晴也、長閑、暖也、○又七、行明ノ札受来ル、○下地千吉札受来ル、廿疋入、○四ツ過半右衛門殿入来、中瀬古堂修覆金ト御紋付水引・同挑灯修覆ノ願書昼迄ニ認メ同道ニ而院主役所へ出ル、跡より奉行所へ訴之上沙汰ニ及と云、直ニ中瀬古へ一寸寄ル、菓子一箱遣ス、○今日ハ社日休日也、○晩方藤七在所へ

行、醤油一徳利遣ス、

十一日　極々快晴、暖也、○今日彼岸ノ入、曼荼羅懸ル、○中□茂平次五十一才女眼病祈弐百十弐文入、○土手丁久野新次郎六十四才女長病祈弐百十弐文入、○百度伝作入来、甚左衛門夜前死ス、土砂頂ニ来ル、○昨暮伊助在所へ□度ト云、おちの頼送り遣ス処、今日母連立来ル、香物入、○昨日道淳村方・新田・羽根井へ膳(善)之綱幷投餅等頼ニ来ルト云寄ル、地震普請入用舎力日雇ト云由、金一両渡ス、

□□□(十二日)　夜前宵雨、雷も少々鳴ル、快晴、夜へ向テ風強シ、○草間太郎兵衛取次、八幡八左衛門三十五才女水チンゴ祈廿疋入、○土手丁新次郎札受来ル、○百度本家御松手習祭山(登)祝ニ半し三・巻(筆脱)三遣ス、○百度甚右衛門八十八才ニ而死ス、悔ニ行、平せんこ一遣ス、無程礼十疋入、○百度善八入来、伊助語也、○暮方藤七在所より帰ル、

十三日　快晴、風有ル、○田町兵右衛門六十八才女長病臨廿疋□、○下モ町四郎兵衛三十六才女積(癪)留飲祈廿疋入、○草□(間)太郎兵衛八幡ノ札受来ル、○藤七瀬戸みかんこへ懸□、

十四日　快晴、風強ク寒シ、○五郎兵衛取次、下五井徳右衛門三才女子疱五日目祈廿疋入、○四郎兵衛札受来ル、○朝より道淳供物拵手伝入来ス、晩方帰ル、開帳ノ回向袋等明日諸方へ配ル、多用ト云、○菅勝花入、○中瀬古へ小用一取ニ行、○開浴、百度入に来ル、

十五日　快晴也、○涅槃会相勤、○西三はん丁柳嶋永左衛門四十四才女積祈廿疋入、○五郎兵衛より下五井札受来ル、○作蔵・六郎兵衛入来、中瀬古開帳ノ投餅村方筆子ノ内ニ而志集名前帳認ム、○植田半右衛門へ野依善□重□義手紙認メ尋□藤七遣ス処留主也、○中瀬古供物ノたんこ(団子)為持遣ス、○お菊来ル、暫時三百文かし、○暮方伊助内へ宿ニ行、

十六日　曇天、少々はら〱、○又七来ル、行明太十□□□再祈、○柳嶋氏札受来ル、○北川三軒へ供物遣ス、外ニ長七へ役所行礼旁同断、虎之助へ半紙二遣

ス、政蔵供物遣ス、半右衛門へ同、百度本家へ同納豆一曲共遣ス、新家へも供物遣ス、○中瀬古より子供来ル、普請入用舎力日雇由金一両渡、小遣二□文共渡、くるみ足膳七ツ遣ス、○地方役所より明十七日四ツ時奉行所より申渡義有之、役所へ可出様差□来ル、○源吉餅一重入、○喜三郎・藤七両人□□の田浦へ付藁運ふ、五十束入、先日共〆百束也、○九文字屋母参詣十疋入、九年出ス、(母脱)空夢花立様持行也、

十七日　夜前より雨大分降ル、○魚町加納屋猪平九才男子虫祈廿疋入、○東組丹太夫九才女子疱祈、直ニ死ス断五十文入、○又七行明ノ札受来ル、廿疋入、○四ツ過より院主半右衛門付添役所へ出ル、中瀬古観音堂開帳ニ付、地震破損修覆金願幷水引ノ仕替・挑灯張替右三品先日願処、今日修覆金三両被下頂戴ス、難有事、水引等出来、出来次第地方役所ニ而相談スト御奉行衆ノ口上也、挑灯之義は□□も替張之旨故、聊之事故寺ニ而可致との事也、直ニ御家老・御中老・御奉行・札本・代官・手代迄礼ニ廻ル、半右衛門付添也、直ニ半右衛門殿中瀬古老師方右金三両為持相渡ス也、○羽根井安蔵より花入、○藤七米壱臼搗、

十八日　快晴也、冷ル、○魚町加納屋札受来ル、現金屋より六十五才女長病医者方角占来ル、十疋ト金山寺味噌一鉢入、九年十五遣ス、(母脱)○中瀬古へみそ一重遣ス、大半・小半取来ル、○昼前伊助来ル、母親より言□ニ而、何時成ル共落髪致呉ト云テおちの来ル、○今日ハ二之午子供休、幟立ル、○夕方道淳来ル、開帳ニ付万人講之企ニ付藪切場所拵ふ語也、

十九日　快晴也、○下モ町佐次郎三十六才女長病祈弐百十六文入、○草間久吉廿八才男長病祈廿疋入、○本町栄吉五十三才男長病祈廿疋入、○今日ハ吉日ニ付伊助事十三才ニ而剃髪致ス、作法ハ追而致ス積也、戒円と改ム、法幸無極也、○朝六郎兵衛入来、野依十平事縁有ル事か近々可参申即頼遣ス、夕方帰ル、不進断也、

廿日　快晴也、○魚町与十、廿四才女積祈廿疋入、○昨□三人札受来ル、○植田半右衛門殿野依十平義断ニ

来ル、飯出ス、昨日六郎も行、断なれ共言葉預置故着物不遣、○中原権七年頭ニ来ル、飯出ス、祝儀一包入、○おちの来ル、九平質受之由八百四十弐文かし、○戒円剃髪之義才次郎方へ知ス、旧里等も為知頼遣ス、○平十・六郎兵衛中瀬古投餅米、村方筆子中集持参也、

廿一日　快晴也、○松山市三郎廿八才女熱祈弐百十弐文入、○与十札受来ル、○早朝半右衛門殿入来、中瀬古於境内花踊り万人講興行ノ願書寺よりも出ス、○おきせ西屋敷小麦草取ニ来ル、○中瀬古へ大半・小半、亦小用一取ニ藤七行、

廿二日　快晴也、折々曇ル、○瓜郷岩平十才男子疱五日目荒立空言祈弐百十弐文入、○市三郎札受来ル、○院主、久左衛門・俊次内・三次郎内善光寺参詣行留主見舞行、菓子大一包ツ、遣ス、○戒円母入来、木綿壱反ト九尺中綿共遣ス、布子仕立頼ム、○鉄利へ懸（掛）九百七十八文渡ス、○おきせ小麦草八ツ頃迄済、夫より門前麦草ニ懸ル、

廿三日　夜前より雨天気也、○瓜郷岩平ノ札西町松兵衛受来ル、○伝四郎内入来、足袋壱足入、半し一遣ス、○百度善八見舞ニ来ル、○俊次より豆腐二丁入、○半右衛門殿入来、中瀬古万人講願ハ不叶ト□、○藤七土ねり、

廿四日　快晴、風有ル、寒シ、○佐藤喜兵衛三才女子疱六日目祈廿疋入、○伝四郎内来ル、東組森河左門次三才男子虫大病祈廿疋入、○手間丁新蔵三十六才□長病祈十疋入、○中瀬古より子供赤みそ一重・櫃壱ツ遣ス、○風呂致ス、百度より入ニ来ル、

廿五日　曇天、昼頃よりはら〳〵少々、○のた（野田）惣左衛門十一才男子虫祈、○新銭町甚助三十七才男熱祈、○昨日ノ三人札受来ル、○御役所より差紙来ル、明廿六日四ツ時已前御水引出来ニ付相渡候間、可出候様申来ル、○おきせ門前麦草取来ル、雨故昼より休ム、○芳太郎餅一重入、○辻平母ノ京土産らうそく五丁入、筆一対遣ス、

廿六日　快晴也、○のた惣左衛門札受来ル、廿疋入、

○新銭町甚助同断弐百十弐文入、○朝庄屋半右衛門へ行、白砂糖一曲遣ス、昨日ノ差紙趣咄庄屋へも来ル故同伴致スト云、○四ツ時より院主戒円伴、半右衛門御役所へ御水引出来ニ付頂戴ニ出ル、先達も修覆金三両出ル、難有事也、直ニ中瀬古へ持□□、塔婆三本認メ夜前ニ帰寺ス、○おきせ麦草取ニ出ル、○藤七悴来ル、あけ入、

廿七日　極快晴也、暖也、○魚町加納屋猪□□より□病全快礼参廿疋入、現金屋長兵衛よりまん中廿四入、母未耳鳴不快ト云、○斎後中瀬古□□書ニ行、戒円伴也、暮方帰ル、○斧蔵入来、先日貸分弐分入済也、怪我ノ節ノ礼ニ半し三帖入、○中瀬古へ行燈・菓子・飾ノ道具等為持遣ス、小一取来ル、○龍助餅一重入、○おきせ昼後より麦草取ニ来ル、

廿八日　極快晴、暖也、○上伝馬長元取次、牛久保忠蔵四十三才男長病祈弐百十弐文入、○王ケ崎弥助八才女子疱三日目祈、○中瀬古より子供来ル、手すりの竹二本遣ス、○才次郎入来、お秀初節句菱ノ餅五枚入、植田へ便り有ルト云、半右衛門へ野依ノ重平世話礼ニ菓子弐百文配書一遣ス、○久左衛門来ル、一昨日善光寺□下向と云、半し一・付木一束土産入、○おきせ門前麦草取来ル、○藤七麦削り、

廿九日　極快晴、暖シ、○王ケ崎弥助札受来ル、廿疋入、○牛久保忠蔵同断、○中瀬古より男一人来ル、開帳入用之品也長持へ入レ遣ス、藤七片棒行也、○利右衛門母来ル、□□三ツ入、菓子遣ス、○猪左衛門組頭ニ成ル付悦ニ□□まん中一袋遣ス、○才次郎絹田ノ検地打頼、○おきせ麦草取来ル、今日迄□□、○藤七門□□□削り済也、○安五郎あけ入、○

弥生

朔日　四ツ過よりはら〳〵、夜へ向テ次第大降り也、○森田音吉三十才女大積（癪）祈、○小松弥助八才女子疱三日目祈、○源吉・密蔵（蔵脱）あけ入、○実五郎・常吉・平作・太右衛門・菅勝餅入、○中瀬古へ木具せん（膳）・塞（賽）銭箱為持遣ス、○藤七瀬戸みかんこ（ママ）へ、

□□（三日）　快晴ニ成ル、○新銭町　十二才女虫祈廿疋

入、○佐藤文蔵五才男疱祈廿疋入、○森田乙吉札受来ル、三十疋入、○小松同断十疋入、○中瀬古観音堂三十三年目開帳開白ニ付、院主・戒円・蓮嚢勤ニ行、清蘭香一備ル、暮方帰院ス、弁才堂も地震ニ而損昨年修覆出来、今日より入仏供養開帳也、殿様より御水引御寄附、外々よりも本堂幕・弁才天堂同断、幟等信心方より上ル、荘厳奇麗也、○子供多分餅入、○九左衛門同断あけ七ツ遣ス、○六郎兵衛よりあけ入、○助十郎留主居ニ来ル、○藤七瀬戸みかんこへ等、

□□(三日) 極快晴、長閑暖□□□節句静也、□□□□魚町十一屋廿九才女積祈廿疋入、○佐藤□□新銭町立心札受来ル、○道淳入来、簾名□□弘法大師経文書・蛤作仏三躰宝物ニ持行、餅喰ス、○子供祝儀入、○政蔵・俊次・おちの・□蔵等礼来ル、○善作戒円ノ挨拶ニ入来ス、○百度新家へ九年(母脱)・あけ持テ蓮嚢行、まん中受来ル、○藤七斎後より在所ニ行為ニ赤みそ少々、外ニ百文遣ス、冬遣分手拭切一筋共遣ス、金壱朱ト四百廿一文当座かし、○彦三郎来ル、跡月七日かし分金弐分入、

□□(四日) 快晴也、○談合ノ宮代吉四十六才女積祈廿疋入、○上伝指物屋(馬脱)三十三才女積長病祈廿疋入、○平井弥四郎四十五才女積祈廿疋入、○魚町十一屋札受来ル、○百度おかつ入来、手作ノまん中一重・□り物一重・菜ノ品共入、○百度八左衛門婆々ノ悔ニ行、平せんこ一遣ス、○六郎兵衛へ野依小僧聞ニ行、丸納豆一箱・菓子一包遣ス、平十・権右衛門へまん中□□遣ス、○中瀬古より米吉来ル、せん箱へ一盃□□包遣ス、もち廿五程共遣ス、○吉作悔礼ニ□□十疋入、

□□(五日) 曇晴也、○九平次□□□娘上下へ□□祈、○神郷市右衛門八十二才男年病付物祈、○昨日ノ□□札受来ル、○本町みの屋へ織(折)本二本取ニ遣ス、□□□(跋)足分弐百五十六文払、○晩方政平中瀬古開帳之冠句抜句認メ頼ニ持参ス、置ニ行、○藤七晩方在所より帰ル、さつま芋入、○才次郎入来、菱餅五ツ入、○戒円暮方在所へ行、宿ル、我儘もの也、

六日 快晴也、○下五井猪右衛門入来、金山寺一重

入、供物一包遣ス、角屋勘六、十一才男疱六日目祈、
○馬見塚久右衛門四十才女積(癪)祈、○指笠町市兵衛取
次、上伝馬三十才女積祈、○西羽田徳次郎へ弐才孫ノ
悔ニ行、平せんこ一遣ス、○神郷市右衛門札受来ル、
三十疋入、○九平次同断廿疋入、○早朝戒円帰ル、母
も付添来ル、襦袢洗濯ニ持行也、○徳次郎悔礼十疋
入、○半右衛門□入来、中瀬古開帳ニ浄瑠璃興行ノ願
書認持行也、
□□(七日) 快晴也、○下五井勘六札受来ル、廿疋入、○馬
見塚久右衛門同断廿疋入、○指笠町市兵衛同断廿疋
入、○戒円母入来、古衣一ツせんたく、襦袢弐ツ同
断、院主ノ□地木綿壱疋萌黄染頼遣ス、菱切餅五□
□、○半右衛門殿入来、昨日ノ願書ニ而悪敷今日亦認
□□持行、聞済、今晩より□(浄)瑠璃有と云噂也、□□中
瀬古へ小用一取ニ行、○中瀬古へ羽根井政□□□巻ノ
冠句額ニ認メ張り為持遣ス、甘斎評也、
□□(八日) 快晴也、○九平来ル、角力ノ通札一枚遣ス、○
新□□砂川又兵衛角力興行ニ付通札五枚入ニ付、廿疋
為持小僧弐人・藤七見セニ遣ス、○平十両替、○開浴
ス、
九日 曇天、折々照ル、○新町鈴木屋弐才女子虫祈廿
疋入、○前芝伝左衛門五十五才男疝積祈、○今日ハ中
瀬古開帳中日ニ付助法ニ行、暮方帰ル、
十日 曇天、八ツ過はら〳〵致ス、○新銭町岩崎幸右
衛門三十四才女長病祈廿疋入、○清次郎取次、新銭町
□□郎三十才男熱祈、○畑ケ中八十吉廿六才女産後
祈、○六郎兵衛入来、御房殿七十八才一昨日より腹下
り祈、○前芝伝左衛門札受来ル、廿疋入、○弥之吉入
来、六百文当座かし、○政平へ通り札一枚遣ス、○戒
円在所へ二枚遣ス、三月大根七本入、○戒円・蓮嚢新
田へ角力見ニ行、○中瀬古へ小用一取ニ行、
十一日 快晴也、朝より夜へ向テ風強シ、大ニ寒シ、
○草間(ママ) 廿三才男ヒツ薬当り祈廿疋入、○西羽田徳
次郎五才男子疱四日目祈弐百廿四文入、○坂津八郎兵
衛廿四才男疳長病祈廿疋入、○岩崎氏札受来ル、○清
次郎新銭町ノ札受来ル、廿疋入、○畑ケ中八□□同

断、百廿四文入、○□兵衛同断、○□□□六郎兵衛・おふきとの見舞ニ行、菓子一包遣ス、□□腹下ルト云、平十へ寄絹田売度様語仕様頼□□□有畝なき上田故也、納豆一角遣ス、○中瀬古へ小用一取ニ行、札ニ致ス杉原一帖入、説法田原桂雲寺ノ隠居蓮光和尚頼、明晩より有ルト中来ル、願書出様申来ル也、○昨日現金屋より医方角聞ニ来ル、十二番也、十疋御見料入、供物一包遣ス、

十二日　快晴、風有寒シ、夕方ハ凪也、○御堂瀬古久次郎《之助》弐才男子熱祈廿疋入、○三吉・徳次郎・八郎兵衛札受来ル、○中瀬古より人来ル、田原龍門寺隠居蓮□和尚今日来り説法有ルト云、諸道具類為持遣ス、赤みそ一樻遣ス、○半右衛門行説法之義談、願書役人へ頼遣ス、同家ニ而道具類六品求将束(装)ニ預置也、

十三日　快晴暖シ、○清水おはる五十二才女腹悪敷祈廿疋入、○本町喜太郎六十一才女疝積祈廿疋入、○王ケ崎善次郎三才女子熱祈廿疋入、○久之助札受来ル、○の川平せん(香脱)二わ・白赤(水引)四取、○富蔵松ノ根堀(掘)ル、持行、醤油一徳利遣ス、○密蔵弟疱六日目見舞ニ菓子一包遣ス、○六郎兵衛祈礼十疋入、今日より□□ト云、

十四日　四ツ頃よりはら〳〵、晩方ハ大降也、○四ツ屋市右衛門七十九才女年病絶食臨、○吉川庄左衛門四十八才男大病絶食祈、○昨日ノ三人札受来ル、○中瀬古へ札出来為持遣ス、小用一取来ル、○開浴ス、

十五日　夜前雨止四ツ過より風強シ、快晴也、○藤兵衛取次、橋良彦四郎廿弐才女疱十二日目祈、○吉川庄左衛門札受来ル、廿疋入、○中瀬古本堂観音去日八ツ半時閉帳ニ付、早朝より院主・戒円・蓮嚢三人勤ニ行、弁才天入仏も同閉帳ス、投餅も有、参詣大分□□、暮方帰院ス、

□(十)六日　曇晴也、○舟町清七、三十五才男腹痛祈金弐朱入、○新田治助六十二才女長病腹張祈弐百廿四文入、○前芝山内栄蔵六才男子疱八日目祈、○四ツ過より院主戒円伴、半右衛門殿付添中瀬古開帳・閉帳ニ付御役所并御徒士ニ付添衆迄礼ニ廻ル、帰ル、○無程中瀬古より御家老・御中老・城代家老・御奉行・地方役

所勤衆礼廻様中来ル故、直ニ中瀬古へ行、札ニ備進物ニ而十八軒廻り暮方帰ル、○才次郎より牡丹餅一器入、○早朝あら麦二俵、百度伝作方へ搗テ貰ひに藤七持行、○無程藤七在所へ芝居見ニ行、もミ種一斗かし、

十七日　雨天気、晩方より晴ル、○東組森河左門次三才□長病大病再祈臨廿疋入、○一色安太郎三才女子疱祈廿疋入、○前芝山内栄蔵より六才男子疱祈金百疋入、○文七蔵屋根損シ見ニ来ル、明日より参ト云、○弥之吉・仁吉来ル、十九日ニ仙松弓納角力致故見に来ル頼ニ来ル、○昼前ニ藤七在所より帰ル、○中瀬古へ小用一取ニ行、

十八日　快晴、風有ル、冷ル、○瓜郷岩平廿一才女疱祈□□□、○橋良十五郎十才女子□□□疱祈、○西羽田七左衛門五才女子疱祈廿疋入、○安□□札受来ル、○山内札受来ル、○清七同断、○弥之吉籾種八升借り来ル、○畑ケ中初蔵蔵ノ屋根瓦直しニ来ル、七蔵同断、清八日雇ニ而来ル、浦（裏）ノ方済、前少々直ス、尤棟ニ檐ハ手不付、○富蔵たんす下働、

十九日　快晴、風有ル、冷ル、○赤沢角次郎八十才女大病臨廿疋入、御符・土砂遣ス、○四郎次橋良ノ札受来ル、三才女子ハ夜前死ス、土砂遣ス、廿疋ツ、入、○岩平・七左衛門来ル、札遣ス、○昨日中瀬古より諸道具□長持ニ入来ル、○昨日平十へ明後日得度ノ料理頼行、○弥之吉来ル、仙松角力入用弐貫文かし、○昼より藤七角力見ニ行、仙松弓納也、花百文遣ス、○中瀬古へ大半・小半取ニ行、○弥四郎殿頼、中原権七へ明後日蓮嚢得度作法致故来ル様ニ申遣ス、○徳次郎孫ノ疱神立祝一重入、菓子遣ス、○昨日伝作荒麦弐俵取ニ来ル、

廿日　極快晴也、暖シ、○諸堂其外掃除ス、○斎後より道淳手伝ニ入来ス、暮方帰ル、○才次郎明日ノ料理買物ニ行、亦もち米も小豆求ニ行、○お菊来ル、昨日かし分弐貫文先達而三百文分入ル、○初蔵・七蔵蔵屋根直ニ来ル、小中飯前迄済、夫より所ツ、クリ也、○清八日雇同手伝、○富蔵たんす下働、○

廿一日　快晴也、○坂下多粉(ママ)葉屋久八取次、西植田与七、廿四才女大病祈廿疋入、○今日は吉日ニ付戒円十三・蓮嚢八才得度之作法致ス、○中瀬古老師・道淳光臨ス、巳ノ上刻作法、老師阿闍梨也、○早朝より平十・才次郎料理ニ入来ス、弥四郎・助十郎来ル、○斎白米、汁　とふふ・青ミ、坪　牛房・長芋・椎茸、胡椒懸ル、皿　切干ニ椎茸・青ミ、平　飛龍頭、客計菓子引、○戒円母ノ替り善八・おけい入来、給壱ツ祝儀ニ入、善左衛門ニお重、伊奈ノ重兵衛右来ル、廿疋ツ、入、○おりのより足袋一足・十疋祝儀入、○中原村より権七、上細谷佐吉来ル、廿疋ツ、入、佐次兵衛・太次郎ハ子息来ル、半紙三帖ツ、入、晩方帰ル、権七ト太次兵衛へ赤飯一重ツ、遣ス、○平十・才次郎・助九郎廿疋ツ、入、○赤飯蒸もち米一斗二升・粳二升五合・小豆二升八合おかつ蒸ニ来ル、加減吉、○半右衛門・清七・源右衛門・助九郎・才次郎・善左衛門・長七・平十・権右衛門・六郎兵衛・七蔵・利右衛門・伝四郎・常陸・久左衛門・三次郎・俊次・九左衛門・源六・九郎右衛門・永作・富蔵・おりの・おみせ・羽根井和平・八兵衛へ赤飯一重ツ、配ル、丁渡(度)吉、○配人助十郎・亀次郎・平作也、夕方皆帰宅ス、

廿二日　夜前よりはら〱雨、風強ク四(ツ脱)前より雨大也、○坂下より植田ノ札受来ル、○今日ハ子供ニ赤飯ニ而得度ノ祝ニ召フ、雨故村方・新田計り来ル、○糯米七升・粳一升八合・小豆一升八合程蒸おかつ頼蒸ス、○今日ハ牛川稲荷休日也、○下男あけ三十・氷りとふふ・こんにやく十一求ニ行、○才次郎方ニ而もち米八升三合借り入、

廿三日　快晴也、○普請組森平三十四才女右手痛祈十疋入、○十三本塚弥吉弐才男子疱虫祈弐百十六文入、○新田治助婆々ノ悔ニ院主行、平せん香二遣ス、次ニ権右衛門藁運ふ礼ニ寄ル、干瓢ト葛壱袋遣ス、○治助悔礼廿疋入、○昨日子供残分羽根井・牟呂召フ、赤飯少々残ル、○久左衛門得度ノ祝十疋入、○道淳一寸入来ス、○中瀬古へ赤飯一重遣ス、○新田子供祝儀入、

廿四日　快晴也、○大津吉次郎十五才男長病祈百十弐

文入、直ニ札遣ス、○森平札受来ル、亦廿疋入、○弥吉同断、○源右衛門得度祝儀廿疋入、○六郎兵衛同十疋入、○毎蔵同断入、中瀬古へ小用一取ニ行、

廿五日　極快晴、暖盛也、○作次郎取次、下五井甚兵衛弐才男子疱祈廿疋入、晩方札遣ス、○清七得度祝□疋入、○羽根井八兵衛より市三郎分共廿疋入、○今日迄ニ子供多分祝儀入、○新田七人より十疋ツヽ、半し一・細筆一ツヽ遣ス、○北川七人同断、○西羽田六人同断、○芳太郎・龍助同断、○羽根井四人・牟呂十一人より五十文ツヽ入、細筆一ツヽ遣ス、○おちの来ル、得度祝半し三帖入、○昨日猪左衛門同断十疋入、名号一幅開眼礼五十文入、

廿六日　快晴也、○下五井金右衛門三才男子疱祈、無程札受来ル、廿疋入、○虎之助来ル、柑子伊兵衛五才男子疱祈同断入(ママ)、廿疋入、○おちの来ル、弐分預り之内壱分今日相渡ス、○源六より得度祝五十文入、○伝四郎より菓子一重入、○七蔵同断十疋入、○朝半右衛門へ行掛物四幅求、外ニ弐品道具求、○善八へ寄ル、白砂糖一曲戒円ノ土産ニ遣ス、廿四銅受来ル、○藤七米壱臼搗、○中瀬古へ大半・小半取、

廿七日　雨天気、晩方大雨也、○田町兵右衛門四十三才積(癪)祈廿疋入、○西羽田徳次郎五十五才女積祈、○中瀬古へ此間筆二袋代弐百五十六文、今日亦二袋共合五百十六文遣ス、此方分也、先より開帳備餅一重入、○の川ニ而大のり二取、○百度本家御親父ノ一周忌、母廿三年引上明日法事、斎米一升・大あけ三ツ・飾餅共入、○藤七米壱臼搗、○開浴営、

廿八日　はら〳〵雨、昼前より晴ル、○田町兵右衛門札受来ル、○西羽田徳次郎同断廿疋入、○平十へ得度之節手伝礼ニ行、半紙二・菓子一包遣ス、○田勝焼米入、○藤七米壱臼搗、

廿九日　はら〳〵雨折々、○百度才次郎よりお秀誕生月祝大餅二ツ・小豆餅一重入、菓子一包遣ス、○百度伝作方へ麦五俵五升搗賃壱貫四百文為持遣ス、供物一包遣ス、花受来ル、○菅勝焼米入、○北清作焼米入、○藤七角田畔懸ニ行、

卯月

朔日　曇晴也、○西三番丁山口万蔵七十六才男病気祈、○平作・太右衛門焼米入、○昼後道淳入来、開帳志ノ家へ札・供物持参、預り置札少々拵へ帰ル、○藤七角田畔懸済、少打ト云、

二日　曇天、昼頃よりはら〱雨、晩方大分降ル、○土手丁久野新次郎六十四才女長病絶食祈廿疋入、○山口万蔵札受来ル、廿疋入、○三吉・源平・作次郎焼米入、○才次郎方よりカキ菜入、○富蔵たんす、角田打、藤七同断相済也、同人より得度祝十疋入、乾菜少々遣ス、

三日　夜前四ツ頃地震致ス、曇天、はら〱、晴天ニ成ル、○松嶋兵助六十才男長病再祈、○土手丁新次郎母夜前病死ト申、土砂遣ス、○常右衛門・徳四郎焼米入、○中瀬古へ焼米少々遣ス、小用一取来ル、○

四日　快晴也、夜前四ツ頃ニ地震致ス、○西方源四郎四十弐才女産後付物祈、直ニ札・供物・土砂共遣ス、○本町喜太郎六十一才女長病再祈廿疋入、○兵助札受来ル、三十疋入、○朝より道淳生染弐百文ニ餅二ツ求来ル、仏像前机其外種々損物直ス、晩方帰ル、○戒円在所へ行逢ニ遣ス、三十疋遣ス、まん中十二受来ル、風(凧)巾紐貸(借)り来ル、りの方へ柚香糖一本遣ス、ウナリ一筋入、○半右衛門殿入来、得度祝十疋入、先日諸道具求之内へ金一両渡ス、○長平四五日差重り占来ル、供物一包遣ス、

五日　快晴、少々曇ル、○一昨日夕より蚊大分出ル、今宵より蚊帳釣り初、○常右衛門飯団餅一重入、○実五郎あけ九ツ入、○戒円在所へ単物仕立頼ニ行、木綿弐丈程遣ス、扇風巾壱ツ貰ひ来ル、○藤七蜜柑こへ、

六日　曇晴、七ツ過よりはら〱雨、夜へ向テ降ル、○下五井惣平八才女子疱祈、○行明六郎兵衛三十六才女眼病祈廿疋入、○子供甘茶摘もむ、○中瀬古へ小用一取ニ行、○芋種四升求、四十四文ツ、也、植ル、○中瀬古醤油ノ実一重遣ス、○藤七門前粟蒔、○利右衛門母得度祝十疋入、菓子遣ス、

七日　曇天、晩方はら〱雨、夜ル大分降ル、○市バ

松次郎十八才男肺ヨウ祈、○下五井惣平札受来ル、三
十疋入、○行明六郎兵衛札受来ル、○早朝より道淳入
来、染細工致ス、花堂葺、○中瀬古へ甘草一荷為持遣
ス、○実五郎飯団餅一重入、○
八日　曇晴、昼より雨ニ成ル、○誕生会相勤、参詣大
分有ル、○仏餉(ママ)　三才女子疱九日目祈廿疋入、○市
ハ(場)松□□札受来ル、三十疋入、○政蔵入来、得度祝十
疋入、○□□同断入、○六郎兵衛入来、
□(九)日　快晴也、○長平六十七才長病之処、甚大病臨廿
疋入、○□餉(ママ)　札受来ル、○北川三軒へ供物遣ス、
政蔵へ得度祝儀□□挨拶ニ半紙三・供物一包遣ス、徳
兵衛の(野)田より養子貰祝ニ扇子二本遣ス、半右衛門供物
遣ス、佐次郎同断、清七・源右衛門得度祝入礼ニ寄
ル、同一包ツ、遣ス、
十日　快晴也、○大崎此吉七十二才男口腫物祈金壱朱
入、○おなか得度祝十疋入、木綿弐反持来ル、求、八
百廿四文ツ、也、○長平死ト申来ル、土砂遣ス、○半
右衛門より道具求代取来ル、六貫文内渡ス、○中瀬古

へ赤みそ一重遣ス、大直シ九枚ノ風(凧)巾道淳作る、持
来、○才次郎方ニテもち粟貰□、○藤七粟蒔也、
□□(十一日)　快晴也、○大崎此吉札受来ル、○長平病死ニ
付三百文志遣ス、困窮もの也、○藤七西屋敷粟□済、
□□(十二日)　快晴也、○九左衛門ニ而天こ種弐合余無心、
○今日ハ休日也、○戒円・蓮嚢・藤七小坂井へ行、
西屋□植ル、○中瀬古へ小用一取ニ行、老師一昨日よ
り不快と□来ル、
□□(十三日)　快晴也、○舟町新太郎四十才女長病祈廿疋
入、○下五井彦太夫四才女子疱三日目祈同断、○早朝
□□院主・戒円中瀬古へ得度作法礼ニ行、金壱分□□
足袋壱足・素麺一包□上ス、老師ニ三日□□今日ハ快
方ト云、道淳弁天□入用ニ三百文遣ス、○藤七蜜柑こ
へ懸ケ、
□□(十四日)　快晴也、○下五井彦太夫札受来ル、廿疋入、
○舟町□田新次郎同断、○清七内入来、飯団餅一重
入、半し一遣ス、○柳助ニ源平・作次郎同断入、○新
清作大蕗一わ入、○実五郎花入、○中瀬□飯団餅少々

遣ス、○才次郎方へ同断、
□□□(十五日)　快晴也、○心念説戒結夏ス、○札木藤屋六十一才女歯痛祈廿疋入、○行明藤兵衛六才女子疱ニ虫□□、○□服町九文字屋おみほ四十三才廿日程気塞ク□廿疋入、○田尻庄助五才女子虫祈十疋入、○長平娘悔礼来ル、百十弐文入、○才次郎来ル、餅一重入、○長作来ル、十三塚弥作方へ養子ニ行、逢ニ来ル、赤□一重入、扇子一本遣ス、○源三郎より平作ノ五才子貰初節句柏餅一重入、○戒円ノ在所へ単物仕立取ニ行、入、
□□日(十六)　快晴也、○牛久保伝吉六十五才男積(癪)祈廿疋入、○下佐脇斧作十五才男付物祈、○高須源兵衛木綿祈祷札十二枚、廿疋入、藤屋ニ庄助□□来ル、○行明藤兵衛同断金一朱入、○新清□飯団餅一重入、○新□□右衛門入来、大蕗□□、○半右衛門おてる疱瘡見舞ニ菓子百文遣ス、
□□□(十七日)　快晴也、新城町吉言廿五才男風祈廿疋入、○吉川権右衛門七十三才男痰祈、○伝吉ニ斧作札受来ル、○半右衛門よりおてる神立祝赤飯一重入、○俊次より餅一重入、得度ノ祝十疋入、○坂津□永寿法印十四日ニ病死ニ付悔ニ行、戒円伴也、□□菓子一折遣ス、赤岩より留主居小僧居ル、法瑞と云、○元周へ寄ル、アシ海苔二枚遣ス、○藤七斎前在所より帰ル、つる豆入、
□□□(十八日)　快晴也、風なし、申ノ半刻過ニ小ノ大地震、□□驚入也、○元鍛冶町栄吉六十七才男長病祈廿疋入、○西町新三郎三才女子虫祈廿疋入、○吉川・新銭町札受来ル、吉川廿疋入、○中瀬古へ小用□取ニ行、小僧衣ノ麻代・筆代共八〇払、壱貫五百□渡、
□九日(十)　快晴、夕方曇ル、九ツ過小地震、○三橋半蔵四十二才女長病祈、直ニ札遣ス、○下地作次郎六十一才女熱祈三十疋入、○新三郎札受来ル、○□□同断廿疋入、○高須源兵衛守十二服受来ル、○□□実五郎柏餅一重入、○倉作・市三郎同断、○□□お秀仙□角力、藤七ニ花百文為持遣ス、○□□衛入来、
廿日　曇天、はら〱只少々、○下地作次郎札受来

ル、○戒円母得度より初入来、饅頭壱袋入、縞ノ単物一ツ入、菓子・竹ノ子遣ス、○源三郎初節句祝ニ十疋トまん中一袋為持遣ス、○芳太郎つる豆入、○中瀬古へ銫鑿砥石為持遣ス、柏少々遣ス、○藤七角田□て切ニ行、

廿一日　折々はら〳〵雨、○御影供如常、○茅町庄八、四十三才男□痛祈、○音蔵・茂作柏餅入、○西方源□□□日祈礼廿疋入、○藤七角田へこて切ニ行、○□□唐黍苗八わ入、○才次郎頭すりに入来ス、

廿二日　快晴也、○下地定吉十八才女手足覚なし祈、○吉川弥次兵衛四才女子虫祈廿疋入、○東脇清七、十三才男疳大病祈三十疋入、○庄八札受来ル、廿疋入、○粂吉ニ三吉・平作・金作柏餅入、○九左衛門へ柏餅十三遣ス、○九左衛門よりつる豆入、半し一遣ス、○藤七浜吉ノ処ニ而唐黍苗大九わ貰ひ来ル、同人一日苗植也、

□三日《(廿)》　快晴也、○新銭町半六、廿一才男ふら〳〵□□百十六文入、○清七札受来ル、○定吉同断廿疋入、○弥兵衛子供死申来ル、土砂遣ス、○密蔵・平□柏餅入、○藤七粟《(へ脱)》こ懸ケ、晩より麦苅初、

□四日《(廿)》　曇天、七ツ前よりはら〳〵雨、夜へ向テ降ル、○西三はん丁万蔵七十六才男長病再祈、○安五郎・太右衛門柏餅入、東勝蔵同断入、○朝藤七中瀬古へ行、柏餅遣ス、米五升・銭壱貫文遣ス、大半・小半取来ル、○九左衛門ノおとね、惣兵衛へ嫁入ニ今宵行祝ニ十疋遣ス、○藤七麦苅、

廿五日　雨、昼前迄降続ク、はら〳〵雨也、○山口栄蔵□□と申来ル、土砂遣ス、○芳太郎・和三郎柏餅入、○□次郎来ル、子供二年目柏餅一重入、半し一□□□三十遣ス、○源六初節句柏餅入、○同家より柏葉無心ニ来ル、○中瀬古へ札取ニ遣ス、柏餅少々遣ス、○才次郎方へ柏餅遣ス、○戒円在所へ柏餅為持遣ス、○藤七米一搗、夫より麦苅、

廿七日《六》　快晴也、○天白前五吉取次、魚町はり屋廿五才女ふら〳〵祈廿疋入、○下地白木屋七作十九才女長病祈廿疋入、○魚町のた屋嘉右衛門廿八才女ふら〳〵

祈廿疋入、○岡崎道具屋宇助五十二才開運祈三十疋入、○常右衛門・常吉・外勝蔵(神脱カ)・栄三郎□餅入、○才次郎よりあけ七ツ入、柏遣ス、○おちの□□豆入、柏遣ス、○朝より道淳手伝ニ入来、中壺□□切ル等、○藤七麦苅り、

廿七日　快晴也、○五吉・七作・のた屋札受来ル、○要作柏餅入、○徳兵衛内入来、息子ノ土産・赤飯一重入、藤七麦苅、

廿八日　快晴也、○徳四郎飯団餅一重入、○おかつ入来、香の物一重入、○今日ハ八幡門前ニ而御城主・家中衆馬廿一疋乗り来ル、跡ニ而村方ノ者共十疋余ル、大分賑也、○藤七麦苅、

廿九日　曇天也、晩方少々照ル、○新町新三郎三才女子虫大病再祈臨十疋入、○長平娘廿才持病折々夢中祈廿疋入、○道具屋宇助札受来ル、○源平・北清作柏餅入、○藤七今日迄門前麦苅済、

晦日　曇天、朝暮照ル、○土手丁久野鉄蔵三十八才男長病祈廿疋入、○舟町鍋屋源吉四十五才女乱心、諸仏神罪詫金壱朱入、○早朝より道淳入来、漆ト朱ノ粉三十弐文ツ、求来ル、ソ、クリ物等致ス、晩方帰ル、○晩方明日ノ供物米二升搗、○中瀬古へ小用一取ニ行、○長平より札受来ル、米一升五合遣ス、

(五月)

朔日　曇天、はら〳〵折々、○野依藤太夫三十二才男□□□女和合祈弐百十二文入、○百度久七より木綿二ヶ□祈祷、○矢野札受来ル、○斎後構(講)ノごま修行、○道淳助法ニ来ル、晩方帰ル、供物遣ス、弁天ノ入用四百文渡、○作次郎・坂平・清蔵柏餅入、○常陸より剃髪ノ祝飩温(饂飩)配書二枚入、○才次郎方へ供物遣ス、○藤七新家へ手間替り麦苅ニ行、

二日　曇天、晩方はら〳〵、○野依藤太夫札受来ル、○半右衛門ノ勘三郎疱瘡見舞ニ十疋戒円持行、半し一・ふ十一入、○善助・坂平柏餅入、○亀次郎・仙吉町方へ札配ニ行、○

三日　曇晴也、○西羽田四郎次取次、橋良十五郎六十九才□□祈廿疋入、晩方札遣ス、○坂津喜三郎取次、

国府助五郎五十七才女中キ長病臨、○新清作・徳四郎・宗作柏餅入、○喜和蔵同断、半し一遣ス、○おりの来ル、あけ十一入、□餅十一遣ス、○おりへ婆々へ柏十一為持遣ス、○藤七角田こて切七ツ過迄済也、○孫太郎ニ而茄子苗十五六本貰ふ、○安五郎ふ廿一入、細筆一遣ス、

四日　曇天、朝雷、照ル、風なし、○塩屋弥右衛門入来、七才女子長病此節痰血出ル祈金百疋入、こま勤、晩札受来ル、○坂津喜三郎より札受来ル、○和平□入来、剃髪祝廿疋入、こふせん一重入、柏餅□□、○柳助・亀次郎、初こま柏餅入、○東勝蔵(脇脱)□□十一入、○善八婆々あけ十一入、○お菊節句□八百文かし、○九左衛門へ茄子苗・縄等貰ニ付半□□・あけ五ツ遣ス、○七蔵へあけ五ツ遣ス、○中瀬古へ茄子苗十二本遣ス、

五日　曇晴也、風なし、凧不揚、○田町たはこや半次郎五才男子疱十二日目祈廿疋入、○菖蒲之節句目出シ、○才次郎方より柏餅一重入、○菅勝蔵同断、○子供祝儀入、○政蔵入来、才次郎同断、○戒円在所へあけ七ツ持行、富蔵へ五ツ同断、○善八隠居へ昨日入物持戒(円脱)行、柏餅少々遣ス、○戒円母入来、ふ卅五入、単物せんたく出来持参也、○新河岸より中瀬古分書出し持参、□□□弐分弐朱ト六匁四厘之処、四貫八百五十九文渡、冬分□□也、○仙松礼ニ入来、○同家初節句百文遣ス、○昼後藤七在所へ行、弐百文かし、

六日　朝よりはら〱雨、晩方より大分降ル、○札木八百蔵□□四才痰瘤痛祈廿疋入、○草間長右衛門二才男子疱祈弐百十弐文入、○田町札受来ル、○昼前藤七帰ル、米壱臼搗、○半右衛門より勘三郎疱神立祝赤飯一重入、○

七日　曇天也、折々照ル、○札木八百蔵六十四才痰瘤痛祈札遣ス、廿疋入、○草間長右衛門弐才男子疱祈札遣ス、廿疋入、○□□ノお貞疱見舞ニ菓子一包戒円ニ為持遣ス、○藤七□一臼搗、夫より目あけ、○才次郎富蔵ニ而茄子□□五六本貰ひ来ル、入、

(八日)□□　雨天キ也、○新田七兵衛四十二才女積(癪)祈廿□

□、無程札受来ル、○藤七米二臼搗、○三ツ橋□□此間礼三十疋入、
九日　曇天、昼後より亦雨、○新五郎ニ而茄子苗廿本余貰ふ、○中瀬古へ米九升・赤みそ一重・茄子苗為持遣ス、小一取来ル、夫よりみかん草、
十日　今日ハ天気ニ成ル、○俊次よりお貞神立祝赤飯一重入ル、○助十郎中芝ニ而茄子苗十五本貰ひ来ル、○藤七西屋敷小麦苅初、
十一日　曇晴也、両度はら〳〵、○坂津兵十、四十八才女長病□廿疋入、直ニ札遣ス、○天白前粂吉八十五才男痰大病□廿疋入、○市バ六三郎廿弐才女積ニ疳祈、○北川□□来ル、廿八才女産前下モ痛祈、札為持遣ス、廿疋入、長素麺一包・菓子一包見舞遣ス、○富蔵たんす、門前目あけニ西屋敷小麦苅り、
十二日　朝曇り、曇晴也、○西町重三郎六十四才女中□臨廿疋入、死ト申来ル、土砂遣ス、○市バ六三郎廿弐才女祈札受来ル、○おきせ麦叩来ル、五十二束十五□□、晩迄ニ相済也、去年弐人不足分先日麦草□□半賃四百八十文、百七十二文渡、
十三日　曇晴、折々はら〳〵、○本町梅屋弐才男□腹痛祈三十疋入、○仁左衛門取次、田町儀作□□七才女口中腫祈、○天白前粂吉札受来ル、○お品黍・稗苗入ル、○藤七小麦苅済、夫より□あけ、○長平三十五日、飾餅五ツ入、菓子一包遣ス、
十四日　朝曇り、はら〳〵、極快晴ニ成ル、○下地利左衛門廿一才□時候祈廿疋入、○新銭町吉太郎廿五才男長病祈弐百十弐文入、○仁左衛門田町ノ札受来ル、廿疋入、○梅□同断、○朝より道淳入来、みの久ニ而朱墨三匁□□取来ル、襖ツクリ等致ス、○藤七西屋敷目あけ、
十五日　曇天也、はら〳〵折々、七ツ頃より大雨也、○橋□□□四才女子疱祈廿疋入、○昨日ノ弐人札受来ル、○十五郎方へ豆種三升遣ス、先より胡麻種入、□□豆植致ス、七ツ頃より雨故休ム、少々残ルト云、
十六日　曇天、昼前より照ル、○魚町お十廿四□□疳祈弐百十弐文入、○田町甚七、四十五才男病祈十疋

入、○朝西羽田七左衛門ノ悔ニ行、平せんこ一遣ス、○藤七昼後より門前残分大豆植済、○中瀬古へ八結弁口決十冊・枇杷一盆為持遣ス、○の川大のり一取、○新清作十七夜餅入、○中瀬□戒浄より昨日手紙参ル申此方へ来ル卯月十七・十八日進□□無滞相勤申来ル也、

□□□（十七日） 終日はら〱雨也、○魚町おちう札受来ル、○田町甚七供物受来ル、○戒円ノ母柏餅一重入、□□遣ス、小僧両人ノ真田求（ママ）頼即求来ル、三匁ニ而五十□□、○藤七角田畔かへにし行、○七左衛門悔礼十疋入、

十八日 終日はら〱、昼より余慶降ル、○中村兵右衛門六十才女背中へ瘤痛祈、供物一包遣ス、○坂つ喜三郎国府助五郎ノ祈礼三十疋入、○源平・作次郎・実五郎・常右衛門十七夜餅入、○俊次ノお愛疱瘡見舞ニ菓子一包為持遣ス、軽シ云、○藤七畔かへし行、

十九日 朝曇り、昼前より快晴ニ相成ル、上天気也、○三ツ相勘四郎五十二才女積長病祈、○中村兵□□□札受来ル、三十疋入、○坂平梅三升入、半し一・細筆一本遣ス、○おきせ小もの草取来ル、○藤七目霞むニ付垣内内蔵へ見テ貰ひ行、薬貰来ル、

廿日 極快晴、大ニ暑成ル、○本町惣助四才男子り病祈廿疋入、○仁左衛門来ル、田町病未同様再祈、○三ツ相勘四郎札受来ル、廿疋入、○おきせ小もの草取来ル、藤七目病ふら〱、

廿一日 朝大雷也、快晴、昼より曇晴、○草間此八積□□祈、○本町惣助札受来ル、○百度新家ニ而黍種借ル、香の物一苞入、○おきせ小もの草取来ル、四ツ過より西屋敷取済也、○富蔵たんす、門前黍蒔、○藤七ふら〱、

□二日（廿） 曇天、少々照ル、朝はら〱少々、○平六取次、佐□祐作七才男子疱六日目祈、○八百屋九左衛門入来、耳鳴痛祈廿疋入、白みそ一重・白瓜一・木瓜・茄子七ツ入、枇杷一盆遣ス、○草間此八札受来ル、○おきせ小麦叩来ル、廿四束廿わ小中飯迄ニ済也、○富蔵たんす、畔かへし済也、○藤七ふら〱、

廿三日　曇晴、折々はら〳〵、晩方大夕立也、○祐作ニ九左衛門札受来ル、○朝より道淳入来、泉水ノ中ノワク拵ふ、の川ニ而半紙二束取来ル、○藤七今朝より仕事始メル、
廿四日　晴天、少々曇ル、○下地千代蔵廿四才男長病臨廿疋入、○伝次郎取次、長山惣兵衛五十七才男長病臨、晩方札受来ル、○平六より祐作ノ祈礼廿疋入、○中瀬古へ小用一取行、香物五本遣ス、
廿五日　快晴也、○馬見塚重蔵六十才男大病祈、晩方札受来ル、廿疋入、○の川ニ而須崎半紙一束取ル、○藤七片目寄セ、小ものこへ、
廿六日　快晴也、○横須加市作廿才男大病祈廿疋入、○下地藤次郎三才女子虫祈廿疋入、○上伝馬安□□廿九才女腹痛祈百文入、○大西太郎七、八日目ノ孫女虫祈、○橋良祐吉二才女子疱祈、○百度新家へ枇杷遣ス、香物一苞・切干共入、○戒円在所へ帯せんたく頼行、枇杷遣ス、画本受来ル、○藤七片目寄小ものこへ、
廿七日　昼前曇勝也、快晴、○上伝馬十八、四十八才男大積祈廿疋入、○花ケ崎善右衛門八才男子虫腹痛祈、○西羽田新次郎五才男子疱十日目祈、○下地藤次郎札受来ル、廿疋入、○橋良祐吉同断、○安兵衛札受来ル、○大西太郎助より死ト申来ル、廿疋入、土砂遣ス、○田植也、富蔵・七蔵たんす済也、下男ト三人ニ百文ツヽ遣ス、○おきせ植人也、七も手伝、○おちの来ル、あけ七ツ入、○
廿八日　快晴也、大ニ暑成ル、夜分同断、○花ケ崎善右衛門札受来ル、廿疋入、○西羽田新次郎同断廿疋入、○中瀬古より子供来ル、小遣壱貫五百文・赤みそ一重遣ス、○西屋敷片目寄セ藤七致ス、
廿九日　天キ同断也、○百度善左衛門内来ル、温飩一器入、斎沢山也、半し一・菓子一包遣ス、○戒円同家へ鶏壱疋貰ひニ行、○藤七朝より大崎へ手伝ニ行、枇杷少々遣ス、○北川伝次郎より長山病人死ト申来ル、三十疋入、土砂遣ス、

朔日　天気同断也、○茅町与茂蔵廿七才女長血祈、○牧野新蔵弐才男子付物祈、○東組生田善太夫四十七才男風祈廿疋入、○平十、一朱両替、○百度新屋より煮〆入、枇杷遣ス、

二日　昼前曇ル、暑シ、○茅町髪結三十七才女長血祈廿疋入、○橋良佐平次五才女子疱十二日目祈廿疋入、○与茂蔵札受来ル、弐百十弐文入、○新清作温飩一重入、○文作入来、同断入、半し一・扇子一遣ス、○夕方藤七在所より帰ル、

三日　快晴同断暑シ、○植田半右衛門殿入来、白砂糖一曲入、十五才娘眼病祈金一朱入、供物一包遣ス、○牧野新蔵札受来ル、五百文入、○橋良左平次札受来ル、○藤七麦乾ス、

四日　天キ同断、○今日ハ野休也、○俊次ノ御愛神立祝赤飯一重入、○新清作・作次郎粉入、○才次郎方へ赤飯少々遣ス、柏餅入、○

五日　曇晴、朝はら〳〵致ス、○植田半右衛門より札受来ル、○密蔵茄子九ツ入、○坂平同七ツ入、○藤七小もの耕作、

六日　天キ曇晴也、○要作白瓜三本・茄子七ツ入、○柳助茄子五ツ入、○茂吉来ル、温飩粉一重入、半し一遣ス、○弥之吉来ル、盆迄壱貫六百文かし、○藤七小もの削り、

七日　朝夕立也、曇晴、○田町半次廿一才男祈廿疋入、○文作来ル、茄子十三入、唐詩撰素読頼直ニ指南ス、○実五郎茄子十三入、○おきせ昼後より黍抜来ル、○藤七米一臼搗、夫より小もの削也、

八日　曇晴、折々はら〳〵、○おちの来ル、西羽田六三郎七十二才腫レ病祈、無程札受来ル、廿疋入、○西宿七之助八十一才男年病臨廿疋入、○道淳朝より来ル、百度懸行燈画認メ来ル、泉水の嶋拵ふ、○おきせ黍抜ニ粟ニはん(ママ)番草取ル、未門前少々残ル、○中瀬古へ米八升・茄子ニ瓜為持遣ス、大半・小半取来ル、○横丁白木屋ニ而画団扇十二本求、代弐百六十六文也、○の川ニ而白団(扇脱)十一本取ル、

九日　曇天、折々照ル、折々はら〳〵、○城内室賀五

左□□六十四才女大病祈廿疋入、晩方死と申来ル、土砂遣ス、○北川三軒・長七・伝四郎・久左衛門・九左衛門・半右衛門・弥右衛門・本家・新家団扇二本ツ、遣ス、清七へも当年ハ遣ス、○源平粉一重入、○藤七小もの耕作、

十日　極快晴、大ニ暑シ、○下地七郎兵衛十九才女□□祈弐百十弐文入、○百度久七より温飩一重入、上指（筆脱カ）一本遣ス、○天王宮より甘酒入、○八幡へ雨乞、今宵籠り有ル、○半右衛門へ三貫九百四十二文・麦年貢二貫八十二文中瀬古分共為持遣ス、○おちの来ル、こうせん一重入、半し一遣ス、

十一日　極快晴、大ニ暑シ、○西町千吉十三才男子虫祈廿疋入、○下地七郎兵衛ニ新銭町伊三郎札受来ル、○粂吉茄子十三入、○善助茄子七・大角豆入、○おきせ門前草済、小もの草、屋敷も取昼迄済、昼後より麦かじ六俵壱斗三升有ル、○今日ハ雨乞ノ休日也、

十二日　天気同様也、○花ケ崎兵右衛門三十才女霍乱祈三百十弐文入、○公文門平四十五才男霍乱祈、○郡奥（ママ）おつと（越戸）村長兵衛六十才男痰祈弐百十弐文入、○太右衛門粉一重入、○仙吉より茄子十一入、○藤七小もの削り、

十三日　天気同様也、○西二はん丁三六、四十四才□□風ノモツレ祈廿疋入、○昨日ノ三人札受来ル、○おちの来ル、西羽田六三郎夜前死ス云、土砂遣ス、壱貫文当座かし、○戒円・蓮嚢在所へ花火見ニ行、

十四日　天気同様也、○三六札受来ル、○百度新屋より温飩一器入、○六郎兵衛より同一重入、細（筆脱カ）二本遣ス、○角ニ啓来ル、甘酒入、飯喰ス、○戒円・蓮嚢在所へ花火見ニ行、茄子七ツ遣ス、

十五日　天気同様也、○利町石屋平助四十四才男ふらく祈弐百十弐文入、○朝六三郎へ悔ニ行、平せん香一遣ス、無程礼来ル、百十弐文入、○北清作温飩一重入、指（筆脱カ）二遣、○昼前道淳入来、斎喰帰ル、○羽根井惣兵衛来ル、宗作病死ニ付机持行、喉へ腫物出来十日余煩ひ十才ニ死ス、惜哉、○

十六日　天気同様也、○今日ハ北伊勢向テ雨乞、八幡

ニ昼夜神楽有ル、休日也、○田尻平九郎四十四才女水気祈弐朱入、夕方札受来ル、○芦原長左衛門廿一才男風祈、○石屋札受来ル、○羽根井宗作病死ノ悔ニ行、平せんこ一遣ス、外ニ菓子一包遣ス、和平方へ寄ル、扇子二本遣ス、○文作茄子十二入、○おりへ婆々洗濯ニ来ル、
十七日　天気同様也、○芦原長左衛門札受来ル、廿疋入、○百度本家より温飩一器入、○柳蔵悔礼十疋入、外ニ粉一重入、妹おミつの手本書遣ス、○おきせ田一はん草取来ル、藤七も行、○源三郎へ疱見舞ニ白砂糖一曲遣ス、
十八日　天気同断、今昼時土用入、照続く、暑難凌也、○草間八五郎九十才女年病祈、○百度本家より赤飯一重入、○本虫干、○道淳手伝入来ス、○おきせ昼前田草取来ル、藤七も行、少残ルト云、昼後より藤七一人取ニ行、
十九日　曇晴、昼後より曇ル、はら〳〵少々、○川岸中屋万蔵四十五才男脾胃痛祈廿疋入、○朝道淳虫干ニ来ル、気不勝ト云、昼前帰ル、○源三郎より神立祝赤飯一重入、○重太郎茄子九・大角豆共入、○中瀬古へ茄子・大角豆・赤飯少遣ス、戒定より手紙入ル、○の川ニ而金赤一・生ふ三合取、○藤七米壱つく、
廿日　曇天、折々はら〳〵致共不降、○横丁三津蔵心落付様祈、○前芝山内栄蔵六十三才女疳中祈弐朱ト百文入、○松兵衛河岸ノ札受来ル、○半右衛門殿入来、宗旨帳印致ス、暑見舞ニ十疋ト□ん香一袋入、○俊次より同ニ袋入、扇一遣ス、○茂作同一重入、○中瀬古より子供来ル、楠葉戒定□手紙も入、赤みそ一重・茄子苗為持遣ス、八○ニ而求扇子四十一本外ニ一本入ル、○藤七みかん草、
廿一日　曇天也、○西羽田源兵衛弐才男子疱十三日目、腹下り祈、○川崎甚八、五十四才女月役不順占来ル、十疋ト真桑七本・茄子十一入、供物一包遣ス、○三吉□一重入、○新清作茄子入、○常右衛門茄子・大角豆入、○藤七田水引、昼後より新家へ田井戸ノ手伝行、

廿二日　昨日迄両三日曇晴也、今日ハ快晴暑シ、○花ケ崎九右衛門七十九才女時候祈、○西羽田新次郎六十七才男食胸ヘツマリ祈、○西羽田源兵衛より子供死と申来ル、土砂遣ス、廿疋入、○草間此吉先日ノ礼三十疋入、○作次郎茄子入、○常吉粉一袋入、○常陸へ粉一重遣ス、○朝より道淳入来、本虫干致ス、安扇二本持来ル、廿一文ツ、ト云、○おりへ婆々せんたく来ル、つき物致ス、○藤七田草二はん目取ニ行、

廿三日　快晴、大暑也、○畑ケ中理兵衛六十五才女時候祈廿疋入、○田町半次廿一才男大病再祈弐百十二文入、○昨日両人札受来ル、廿疋ツ、入、○前芝栄蔵札受来ル、○芳太郎真桑三本・茄子八ツ入、半し一遣ス、○菊屋より土用見舞一鉢入、○おりへ婆々せんたく来ル、茄子七ツ遣ス、今日ニ而済、○藤七水引なから田草ニ行、

廿四日　快晴、大暑也、○西羽田藤兵衛三十四才男腫物祈、○茅町与茂蔵廿七才女積（癪）留飲祈、○理兵衛・半次札受来ル、○常右衛門粉一重入、○富蔵来ル、婆々ノ一周忌用金壱分かし、○中瀬古へ茄子七ツ遣ス、八○払扇代壱貫弐百十六文ニ五十六文渡ス、亦形紙十枚求入、代五分六厘也、○藤七田ノ草取ニ行、相済也、

廿五日　快晴、大暑也、○大崎武助五十三才男積祈廿疋入、○藤兵衛・与茂蔵札受来ル、廿疋ツ、入、○要作瓜三本・真桑二本入、○重太郎粉一重入、○中瀬古へ香物ト広口錠為持遣ス、小用一取来ル、○お菊来ル、両三日之内壱貫六百八十文かし、

廿六日　曇晴也、昼前はら〱少々也、○市バ平太郎八十五才女中キ祈、○中瀬古より子供来ル、小遣壱貫五百文・米三升渡ス、○釜甚蓮葉切ニ来ル、三百文売引合也、○蓮池水払底ニ相成ル故、火（緋）鯉等泉水へ入替ル、珍敷日照り也、

廿七日　快晴、少々曇ル、雷も少鳴、昨日ノ雨北ニ東ハ大分降ル云事、○前芝作五郎八十一才女痰祈、○□□勘七、三才男子虫祈十疋入、○市バ平太郎札受来ル、三十疋入、○仙吉粉一重入、○道淳朝より来ル、張物手伝致ス、八○ニ而筆七袋取来ル、○藤七悴来

ル、ふ十五入、○藤七みかん草、

廿八日　快晴、暑シ〳〵、○指笠町古道具屋喜助三才男子虫祈廿疋入、晩方札受来ル、○前芝作五郎札受来ル、廿疋入、白瓜五本入、供物一包遣ス、○晩方より藤七在所へもく(藻草)取手伝ニ行、○団扇二本・額画壱枚求ム、

廿九日　快晴、大暑也、未明ニ只少々はら〳〵、町方辺□大分降、廿六日ニも降ル、此辺計り少シ、○小池七右衛門三十八才男・三十才女病キ祈金一朱入、○手間丁平吉十七才男熱祈廿疋入、○徳四郎瓜三本入、○

晦日　天気同様也、○羽根井善八、六十才女留飲祈廿疋入、○昨日ノ両人札受来ル、○百度七蔵入来、粉一重入、筆一遣ス、位牌開眼頼来ル、十疋入、○山三郎入来、江戸瓜七本入、源平瘧ト云、供物一包遣ス、○新屋より瓜二本入、○実五郎カルヤキ九十四入、○菅勝蔵粉一重入、○中瀬古へ米五升・瓜二本遣ス、額挊代計りニ三百文渡、額持来ル、

　七月

朔日　快晴、大暑也、○大津南田善助六十八才女積(癪)祈廿疋入、直ニ札遣ス、○源三郎来ル、温飩一重入、巻せんへい遣ス、○初吉粉一重入、○九左衛門へ瓜三本遣ス、○久左衛門入来、掛物四幅眼(ママ)開に来ル、廿疋入、○藤七ノ鼻来ル、藤七事歯痛故一両日隙願来ル、

二日　天気同断、○御堂瀬古権左衛門六十五才男□□(ママ)廿疋入、直ニ死と申来ル、土砂遣ス、○辻平茄子入、○和三郎一朱両替、

三日　天気曇晴、暮夕立、今日ハ雷も鳴ル、一日より今日迄於龍拈寺ニ雨乞也、○実五郎瓜二本・茄子十入、○重太郎西瓜一ツ入、○

四日　快晴、暑也、○新町戸右衛門四十八才男祈廿疋入、○外勝蔵切素麺入、○久米吉菓子一袋入、○高足貞入来、柚香糖一入、太郎兵衛より粉一袋入、切素麺遣ス、○夕方藤七在所より帰ル、口中全快と云、カホチや二ツ入、

五日　曇晴也、晩方より大雨、雷も鳴ル、潤雨也、○下地五平廿一才男瘧之様祈、○新町より札受来ル、○

辻平切素麺入、○早朝より百度新屋庚申ニ付餅一重沢山入、亦斎ニ飯菜等沢山入ル、○金作餅一重入、○お菊来ル、八百文ニ壱貫六百八十文かしノ内壱分弐朱入、四十文釣り遣ス、ふ廿五入、

六日　今朝迄雨静ニ降ル、快晴ニ相成ル、○下地五兵衛札受来ル、三十疋入、木付(ママ)　入、花ケ崎四郎左衛門廿□才男時候祈、○札木町吾妻屋栄吉弐才女子□祈三十疋入、○行明権十、廿四才女大病祈□疋入、○吉川権右衛門取次、泙野新平三才男□□□、○甚作入来、三才息子腹ヘツチウ(ママ)祈、○子供□後より短冊掛ル、雨故何角仕度間似合兼今日ハ不祭、○中瀬古へ米七升遣ス、○藤七米一搗、

七日　快晴、暑也、○七夕祭目出度し、○西羽田林蔵三才女子虫引付祈、昼後死と申来ル、廿疋入、土砂遣ス、○花ケ崎九右衛門七十九才女大病再祈、○今日ハうとん打、新屋より手伝入来ス、本家子供ニ慶ニ□□□ル、○中瀬古へうとん一重遣ス、○瓜郷惣介より斎米一升・瓜七本・供物一包遣ス、○

八日　快晴、暑也、○上岩さき吉次郎廿六才女長病□五十疋入、○橋良吉太郎七十才男痞中祈、○花ケ崎九右衛門札受来ル、廿疋入、○百度伝作母病死、土砂頂来ル、○藤七みかん草、

九日　快晴、暑、○本町孫兵衛取次、土手丁新七廿二才女血塊祈廿疋入、○田町半次郎廿一才男大病再々祈臨廿疋入、○橋良吉太郎札受来ル、○徳四郎・倉作粉一重ツヽ入、○中瀬古へ瓜三本遣ス、御符入、○九左衛門へ瓜五本遣ス、○早朝西羽田林蔵三才□□悔ニ行、平せんこ一遣ス、○戎ノ単物せんたく□□お慶持参、瓜二本遣ス、○半右衛門へ西瓜一ツ遣ス、半し一受来ル、

十日　曇、折々はら〳〵、大雷鳴ル、○中芝助次郎六十八才女白血祈廿疋入、○畑ケ中虎蔵六才男子時候祈百十弐文入、○橋良次郎吉六十一才男腹痛祈弐百十弐文入、○清水治兵衛四十一才男急病祈廿疋入、晩方札受来ル、○上岩崎ニ本町札受来ル、九文字屋より斎米一升・廿疋・らう十入、お美□□大分快方ノ処、昨日

より積(癪)重り平臥ト云、○百度□□母ノ悔ニ行、平せんこ一遣ス、善八へ寄ル、供物一包遣ス、○西羽田林蔵悔礼十疋入、供物一包遣ス、○藤七米壱臼つく、○藤七嗅来ル、金三朱ト八百四十二文当座かし、

十一日　曇天、折々はら〳〵、○昨日ノ三人札受来ル、○□町現金屋より母ノ初盆志十疋入、実苑貞茎大姉也、なには味噌一曲入、供物一包遣ス、○伝作悔礼十疋入、○長平嗅ふ(麩)廿六入、○中瀬古へ大一取ニ行、

十二日　曇晴也、○朝ハ少々冷シ、○土手丁久野鉄蔵三十八才男疳中長大病祈廿疋入、晩方死と申来ル、土砂遣ス、○田町与吉四才男子虫引付祈廿疋入、○九文字屋おみほ殿長病此節大病□□□□、なには味噌一曲中瀬古へ向テ頼ニ遣ス、○おちの来ル、長素麺入、先日壱貫文貸ノ内へ二朱入、○常陸より切素麺入、○おりへ来ル、菓子一袋・牛房三本入、洗濯賃ノ内弐百文渡、切素麺壱包遣ス、○善八より牛房一束入、○清八来ル、金壱分かし、当暮藁ニ而返済ト云、○久左衛門来ル、粉二袋入、○七蔵たんす、肥瓶ノ処ノ垣結其外ツ、クリ、藤七同、

十三日　曇晴也、○北川市右衛門六十二才女時候祈、三才男子腹下り祈、○羽根井善八、六十才女大病臨十疋入、○田町与吉札受来ル、○弥之吉金二朱かし、○九平次壱分両替遣ス、○仙松一朱同断、○おきせへ八百文、日雇賃之内へ渡ス、○中瀬古へ長素麺大一苞・瓜遣ス、取次九文字屋より切素麺大一苞入、○戒円母入来、木綿織之単物一ツ・藤倉壱足・西瓜壱ツ入、○諸方掃除荘厳等也、政平来ル、切素麺一包入、外ニうとんこ一重入、半し二・ふ三十遣ス、○

十四日　曇晴也、○市バ六三郎廿二才女大病祈、○河岸佐藤新兵衛十二才男病祈、一朱ト百文入、○市右衛門札受来ル、三十疋入、○当年ハ礼人たんと不来、○百度新家より餅一重沢山入、○戒円在所へ礼ニ行、そうめん・扇・牛房遣ス、○長平初盆ニ付米一升遣ス、

十五日　曇晴、尤照勝也、中元之節句静也、目出度し、○瓦町三右衛門五才女子時候祈、○市バ六三郎より病人死と申来ル、三十疋入、土砂遣ス、○長蔵内来

ル、温飩一重入、○新家ニ而温飩打テ貰ふ、○植田重右衛門殿礼十疋入、温飩喰ス、扇二本遣ス、○昨日儀助殿礼十疋入、半し二・扇一遣ス、○おけい来ル、飯団餅一重入、ふ三十遣ス、○小僧弐人、長七内義初盆棚経ニ遣ス、菓子一袋遣ス、徳兵衛寄ル、柚香糖三本遣ス、○戒円善八へふ五十為持遣ス、○礼人多分来ル、

十六日　快晴也、暑シ、○両三日ハ朝夕ハ大分冷シ、○作□入来、平六七才男子腹痛祈、○瓦町三右衛門札受来ル、三十疋入、○佐藤新兵衛札受来ル、○施餓鬼勤ム、○常陸礼十疋入、菓子出ス、○九文字屋手代同断、おみほ殿病気少々快方ト云、○垣内礼一包入、菓子出ス、○礼人残り大分来ル、○晩方より藤七在所へ礼ニ行、十疋トそうめん遣ス、

十七日　天気同断、○堀ノ内徳兵衛廿五才男付物祈五十疋入、○南大津角左衛門八才女子虫祈、○平六札受来ル、○朝羽根井善八ばゝの悔ニ行、平せん香一わ遣ス、○夕方藤七帰ル、カホチヤ二ツ入、

十八日　快晴也、○大岩一文字屋次郎蔵廿二才女大病祈廿疋入、直ニ札遣ス、○外神七三郎来ル、三十四才女積（癪）長病祈弐百十弐文入、○高須忠三郎廿二才女あつけ祈廿疋入、○三平ノ三才女子ノ悔ニ行、平せんこ一遣ス、無程礼五十文入、○藤七西屋敷畑草取り、

十九日　未明より雨、昼前降ル、終日はら〳〵折々、○上伝馬三之助七十六才男長病祈廿疋入、○堀ノ内・大津・外神・高須札受来ル、○藤七米一臼つく、○中瀬古へ小用一取ニ行、

□□（廿日）　快晴、晩方曇、夕方大夕立、○花ケ崎善吉七十六才男大病臨廿疋入、○上伝馬札受来ル、○の川屋へ銭十貫文為持遣ス、小らう百文取、

廿一日　快晴也、○御影供如常、○西羽田新次郎六十七才女積祈、○弐分金吹出し通用ノ廻状来ル、一乗院へ次ク、○道淳入来、○徳兵衛入来ス、

廿二日　快晴、暑也、朝ハ大ニ冷シ、○田町甚左衛門廿七才女食不納祈廿疋入、○茅町次郎九五十九才女積祈、○西町源蔵弐才男子霍乱祈、晩方死スト云来ル、

廿疋入、土砂遣ス、○新次郎札受来ル、廿疋入、○九左衛門より一周忌志米ニ銭・飾餅入、ふ廿五遣ス、○昨日同家へ黒米一斗かし、○□利へ三百十七文払、板付一・二寸一取、○の川ニ而大のり一帖取、○泙野密門盆礼十疋入、斎出す、切素麺十五わ遣ス、
廿三日　快晴、暑也、朝ハ冷シ、○魚町辻村屋およし廿三才女積食不納祈廿疋入、○横丁権七、三十三才男腹病祈廿疋入、○田町より供物計頂来ル、○茅町札受来ル、○九左衛門よりあけ五ツ入、回向致ス、○中瀬古へ赤みそ一重為持遣ス、○美濃久ニ而織《折》本二本取ル、○
廿四日　天気同断、○夕方地蔵尊勤行ス、○高□平五郎八十才女大便不通祈、○同村茂平次四才男子あけ当り祈、○横丁権七札受来ル、○慶作悔礼廿疋入、○六三郎入来、○文作金魚四十一疋百廿四文ニ而平内次ニ而求来ル、○羽根井おみつ始而清書持参ス、祝義一包□□、才次郎入来、
廿五日　快晴、暑、○大山ノ竹次郎六十四才女夢中祈三十疋入、○国府多葉こや三次郎三十三才女産後廿疋入、○向草間甚蔵五十二才男長病祈二百十二文入、○普請組喜助三才女子虫祈十疋入、○白須加惣右衛門五十六才女大病祈廿疋入、○高足平五郎札受来ル、○茂平次同断、廿疋入、○辻村屋札受来ル、○文作□□□入、○北川三軒・伝四郎・半右衛門へ供物一包□□□、○北川富吉・虎蔵普請ニ付見舞十疋ト ふ三十遣ス、○藤七粟つミ、
廿六日　快晴、暑也、○下五井茂七、三才女子虫祈廿疋入、○竹次郎・甚蔵・惣右衛門札受来ル、○喜助同断十疋入、○三次郎死ス申断、土砂遣ス、○高足貞来ル、単物仕立木綿一反持行、○早朝道淳来ル、本虫干、襖張り也、○藤七粟つミ、
廿七日　快晴、暑也、○下五井茂七札受来ル、○役所より□紙来ル、訳ハ今般梵鐘之義ニ付従　公儀被仰御触達之趣、承知奉畏候、則拙院所持仕候梵鐘一□奉差上候、依之御請抄□□御□以上□通相□廿九日迄ニ役所へ差出様との事也、真福寺へ□、潮音寺と三寺計り

也、○藤七黍摘也、
廿八日　快晴也、暑也、○夜前宇左衛門取次、染矢兵左衛門九十四才女病気祈弐百十弐文入、今日札受来ル、○舟町鍋屋源吉より不動尊ノ開眼頼来ル、十疋入、○朝半右衛門へ行、西羽田清兵衛帳外相成祠堂金貸附十五両質地ニ而取呉様先より申故談ニ行、菓子一箱遣ス、昨日役所より差紙ノ梵鐘ノ請抄認メ半右衛門へ頼置也、○おつき来ル、八百四十二文かし、○中瀬古より子供来ル、両かけ等遣ス、○□度両家へ□□□供物遣ス、○藤七小もの草取り、
廿九日　快晴、暑シ、○舟町鍋屋源吉より不動尊取来ル、○中瀬古より子供来ル、米二升遣ス、○九文字屋ニ求網代笠入代四百七十文也、盆前八○払不足八十文共渡、○文作茄子入、○新河岸より中瀬古分木代取来ル、金弐分内払渡ス、○高足貞布袋萌黄ニ染仕立、単物白一ツ仕立持参也、弐百文遣ス、外ニ太郎兵衛へ金壱分□□迄替取遣ス、母不快之旨供物一包遣ス、○□□屋敷粟つミ等也、

八月

朔日　夜前雨少々、○快晴也、田面之節句静也、○□□六取次、向草間五郎兵衛廿一才女熱祈廿疋入、○西三はん丁柳嶋永左衛門四十四才女急病夢中祈、無程死と申来ル、廿疋入、土砂遣ス、○才次郎入来、粟ノ赤飯一重入、○藤七朝米壱臼つく、○同人羽根井大根種求ニ行、和平方ニ頼置ト云、
二日　夜前只少々はら〳〵、今朝同、亦夕方も降ル、潤雨也、○今日ハ二百十日静也、休日也、送り有ル、○手間丁□□廿七才女腹痛等祈廿疋入、○弥六草間ノ札□□□、○平六此間祈礼廿疋入、子供も全快参ル、○朝城海内安右衛門死ル、悔ニ行、平せんこ一遣ス、戒円ノ在所へも寄ル、供物一包遣ス、垣内氏へも寄ル、画図沢山ニ借ル、○安右衛門より礼来ル、十疋入、○中瀬古へ米八升遣ス、小用一取来ル、○戒円単物在所ニ而洗た□入ル、
三日　快晴、暑シ、○魚町宇左衛門取次、矢染氏《(ママ)》九十□□女大病再祈臨廿疋入、○手間丁庄吉札受□ル、新

屋嫁不快、供物一包為持遣ス、○藤七門□大根十畔蒔く、

四日　夜前も雨、昼前□□□潤雨也、○曲尺手□文字屋□八、廿七才男ル中(流注)祈金一朱入、○代官丁富沢氏七十六才男痰祈廿疋入、○文作大カホチヤ一ツ入、半し一遣ス、○仙吉茄子十七入、○広吉四百文当座かし、○藤七小もの殻こき、

五日　快晴也、折々曇ル、○新次郎取次、三十八才女積(瘡)祈、平井金八方也、○瀬木七右衛門五才男子疳祈廿疋入、○曲尺手八○より札受来ル、○朝より戒円伴中瀬古へ問訊ニ行、切素麺ニ小麦粉一袋遣ス、先日団扇一本入、晩方帰ル、○茂作餅一重入、○富蔵たんす、門前割付□□□、

六日　快晴、暑、○垉六町大平屋□次郎三十一才男□大病祈廿疋入、○せき(瀬木)七右衛門札受来ル、○□□金八同断、廿疋入、○北川懸行灯画紙中瀬古へ為持遣ス、○富蔵たんす、割付昼迄門前済、後より西屋敷致ス、下男同断、○今日昼前ニ門ノ際ノ大松ノ枝地堂ノ方出ル大枝、風なくして折れ下ノ大枝ニ而留る、最四五年何となく惣体勢悪敷老木ノ加減と見ル、

七日　快晴、暑也、○曲尺手八文字屋彦八、廿七才男再祈大病也、金百疋入、○新銭町忠助五十五才男腹カタマリ祈廿疋入、○大平屋札受来ル、○おちの来ル、お□ね流産ノ符ノ礼百十弐文・らう二入、○藤七西屋敷割付致ス、○百度本家より去年分二俵入、

八日　快晴、暑也、○垉六町八百屋喜兵衛十八才女疳祈弐百十六文入、○大西平右衛門七十八才女大病臨、○高須八兵衛国府ノ娘廿五才安産祈廿疋入、○新銭町忠助札受来ル、○牛川稲荷参詣ノ由休日也、○おかつとの参ル、花入、大分快方ト云、○朝藤七米一臼つく、

九日　快晴、暑也、○垉六町花屋藤次郎三十二才女産□祈三十疋入、○高須八兵衛札受来ル、唐瓜□□□物一包遣ス、○八百屋喜兵衛札受来ル、○藤七□□致ス、

十日　快晴、暑也、晩方少々はら〳〵、○呉服町仙庵

十四才男疳祈廿疋入、○吉川次郎右衛門六十一才女暑気祈廿疋入、○花屋札受来ル、○文作茄子入、○重太郎同断入、○おりへ木綿衣一・袷一・敷蒲団一洗濯致持参也、単物一ツせんたくに遣ス、茄子五ツ遣ス、○戒ニ蓮町へ行、の川ニ而大のり二・金赤一・白赤二・とうしん三わ取、みの久ニ而朱墨一・返（反）魂丹百文取、○当月より半右衛門庄屋退役シ、札なしにて長七・□左衛門月番ニ而勤と云、小□年貢長七へ弐朱□□□□渡、○吉川村より同断六十二文取来ル、

十一日　快晴、折々曇ル、暮方より大夕立、雷大分鳴ル也、○魚町半蔵廿二才女痰大病祈、○仙庵ニ次郎右衛門札受来ル、○実五郎カホチヤ一ツ入、○朝より道淳入来、札拵へ襖張也、北川懸行燈画認メ持来ル、○中瀬古へ茄子九ツ為持遣ス、小用一取来ル、

十二日　未明より雷少々、雨も降ル、曇晴也、夕方雷少々、雨降ル、○魚町重蔵三十七才女岡崎也産後祈廿疋入、○半蔵札受来ル、廿疋入、○高足貞ニ久八入来、素麺一包入、北亥戌（ママ）ノ間居屋敷替方角等見ル、○藤七米壱臼つく、

十三日　昼前曇ル、快晴也、冷シ、○河岸新兵衛十九才男心落付様祈一朱ト百文入、○紺屋町金六、七十五才男積ニ血下り祈廿疋入、○正岡治右衛門六十一才男痔大病祈、○龍拈寺瀬古おた五十三才喉へ腫物祈廿疋入、直ニ札遣ス、○魚町重蔵札受来ル、○松次郎此間四百文内へ一朱入、廿二文遣ス、○九平質受ノ由金壱分かし、○

十四日　快晴也、暑也、○吉川庄七、三十七才女安産ノ祈廿疋入、○正岡治右衛門札受来ル、三十疋入、○八幡ノ宵祭り、○□□□□多分入、才次郎・九左衛門同断入、○広吉平□八幡へ奉燈発句四十三句認メ遣ス、○文作人参大分入、餅呑（ママ）ス、○

十五日　快晴也、昼前より曇ル、後より折々はらく雨、夕方大夕立也、○庄七札受来ル、○紺屋町金六同断廿疋入、○新兵衛札受来ル、○兵右衛門入来、大森ノ平右衛門母病死、土砂遣ス、廿疋入、○おりへ入来、甘酒入ル、単物一せんたく入、もち少遣ス、○常

右衛門姉来ル、飯団餅一重入、○村方子餅不参ハ善助・清蔵・栄三郎也、○政平紋作連入来、餅喰ス、○文作同断、○昼後道淳入来、直ニ帰ル、○朝より藤七在所へ洗濯なから祭ニ行、米麦一升ツヽ・十疋遣ス、外ニ四百文かし、
十六日　快晴也、○夕方雨降ル、○中瀬古へ餅十七・粉共為持遣ス、○高足貞入来、此節家普請取懸ル云、当月廿四日ニ久作嫁貰ふと云、
十七日　未明より雨、曇天、折々はら〳〵致ス、○橋良治兵衛三十二才女血道祈、○
十八日　曇天勝也、冷気也、○西町きさ七十才女年病祈廿疋入、○手間丁常吉四才男子虫祈十疋入、○常陸馬金割五百廿□文入ル、
十九日　折々はら〳〵雨也、冷気、○□良庄吉三十四才男湿長病祈弐百十二文入、○治兵衛札受来ル、弐百十弐文入、○西町きさ札受来ル、○長全寺金借りニ来ル、断云、柚香糖一本入、○政蔵入来、嶋瓜五本入、下五井猪左衛門畑売語也、○昼前藤七在所より帰ル、茄子入、○七左衛門より馬金割入ル、○昨日昼時ニ庭ノ大松枝此間折れ際より艮ノ角ノ方出たる大枝折る、大ニ淋敷成ル、老木故無致方事、
廿日　夜雨、六ツ過地震致ス、曇天也、夕方大雨也、○手間丁常吉札受来ル、○朝西羽田新次郎婆々ノ悔ニ行、平せんこ一遣ス、○
廿一日　快晴也、○御影供如常、○北川重吉来ル、姉五十四才時候当り絶食祈、○橋良庄吉札受来ル、○おちの壱朱両替来ル、○清作牡丹餅一重入、○作次郎茄子十五入、○新次郎悔礼十疋入、○中瀬古へ瓜三本遣ス、小用一取来ル、○金光寺より馬金割入、○藤七菜一はんぬき致ス、
廿二日　快晴、暑也、○今日ハ彼岸ノ入也、万曼（ママ）茶羅掛ル、○弥六取次、草間五郎兵衛三十四才男熱祈、○普請組喜助三才女子眼病祈、○朝より道淳入来、襖張り也、○半右衛門殿入来、茄子等ノ付あけ一重入、供物一包遣ス、○□七米壱臼つく、夫より菜耕作、
廿三日　朝暮曇ル、夕方雨少々、□音高シ、○佐藤茂

三郎七十八才男風邪祈廿疋入、○宇左衛門取次、十七才女水月出様祈廿疋入、○弥作札受来ル、○十吉来ル、祈礼廿疋入、○喜助札受来ル、廿疋入、○文作茄子廿三入、○中瀬古へ茄子十七・赤みそ・合羽為持遣ス、筆墨代三百文遣ス、浪形一丁入、○の川平せんこ四・生ふ三取、○藤七みかん草取り、

廿四日　曇天也、浪音高シ、夕方風強シ、○社日休日也、○御籏小児友平三十五才男長病祈廿疋入、○田町万蔵三十二才男疳祈廿疋入、○茂三郎ニ宇左衛門札受ニ来ル、○北川重吉姉ノ悔ニ行、平せんこ一遣ス、○長七へ庄屋ニ成、後妻貰旁見舞行、柚香糖一本遣ス、政蔵・平十へ寄ル、供物一包遣ス、○

廿五日　曇天也、昼後より折々はら〱、七ツ頃より風吹出し強ク相成、暮方より東風強ク北へ廻り五ツ過乾ニ成り件大風也、雨も大分降ル、四ツ過より小風ニ成ル、○三次郎より草り二足入、○中瀬古へ小遣壱貫五百文為持遣ス、○彼岸中日也、○藤七みかん草、○昨日ノ両人札受来ル、

廿六日　夜前大荒レ、併垣転ひ計事也、快晴冷気、○札木杉本屋弥八、七十三才女疳祈廿疋入、○百度新家入来、飯団餅一重□、○藤七風荒レ掃除也、

廿七日　快晴也、○札木杉本屋□□札受来ル、○中瀬古より子供来ル、米三升遣ス、○の川ニ而小らう百文取ル、○中瀬古へ小用一取ニ藤七行也、○藤七みかん草、

廿八日　快晴也、○彼岸ノ結願也、○御蔵ノ平兵衛三十九才女血道祈弐百十弐文入、○魚町縫屋権太郎三才女子虫祈廿疋入、○北川重吉悔礼十疋入、○百度新家嫁在所へ行土産ニ飯団餅一重入、さつま五ツ遣ス、○善助さつま芋十五入、○道淳入来、和上弥九月二日ニは光明会ニ御出立と云、牡丹少々遣ス、○藤七みかん草、

廿九日　快晴也、○曲尺手みの屋藤助五十二才女ふら〱祈廿疋入、○垉六町喜八、四十八才男疝キ祈廿疋入、○平兵衛ニ縫屋札受来ル、○藤七みかん草、

晦日　快晴也、○明後日老師楠葉へ発足ニ付こまノ今

日修行ス、道淳助法ニ来ル、直ニ帰ル、○土手丁藤八、十四才男長病祈廿疋入、○虎之助取次、柿村村田屋長七、三十二才男長瘧祈廿疋入、直ニ札遣ス、○正岡ノ甚左衛門三才男子虫祈廿疋入、○紺屋町秀作十四才来月無難祈十疋入、○藤助ニ喜八札受来ル、○暮方より中瀬古へ□□老師明後日二日楠葉へ発足ニ付、餞別弐朱□□、○村方・新田・羽根井・中村へ札・供物配ル、

九月

□□(朔日)　昼前より照ル、昼時より日そく(蝕)也、○市場左吉七十八才女ヨウ祈、○和田孫右衛門七十九才男老蒙(耄)祈、○三渡野仙蔵廿三才男熱祈廿疋入、○昨日ノ四人札受来ル、○戒ニ亀、町方へ供物配ニ行、○今日ハ休日也、○六三郎入来、傘へ字書、○徳兵衛殿入来、知事ト戒定岡本寺へ手紙認メ中瀬古へ遣ス、

二日　夜前雨少々、快晴、風有ル、冷ル、○市ハ左吉札受ニ来ル、廿疋入、○三渡野仙蔵札受来ル、○今早朝中瀬古老師政平供、光明会ニ御発足也、○徳兵衛入来ス、(ママ)藤七米一・粟一つく、

三日　夜前より折々雨天気也、○和田ノ孫右衛門札受来ル、廿疋入、○広吉四百文かし、○仙吉さつま芋七ツ入、○百度新屋より餅一重入、沢山也、○藤七米一臼つく、

四日　夜前より雨同断、晩方より照ル也、○中瀬古へ米□升為持遣ス、小用取来ル、

五日　曇晴也、夕方はら〳〵少々、○牛久保彦七、三十九才男長病祈廿疋入、○桜町長兵衛六十八才□り病祈十疋入、直ニ札遣ス、○中瀬古へ柿ニ茄子遣ス、○藤七門前クロ拵へ也、

六日　夜前より朝迄はら〳〵折々、○畑ケ中善蔵三十五才男眼病祈、○三番丁竹内要助より牛久保の札受来ル、○長七・徳兵衛入来、○おりへ来ル、半天洗濯入、賃ノ内へ六百文渡ス、○藤七門前クロ上ル、

七日　快晴也、○畑ケ中善蔵札受来ル、廿疋入、○清蔵あけ九ツ入、○西町彦次郎鑰入ニ来ル、晩迄ニ済、賃廿四文、十五文莨遣ス、○才次郎弐朱両替、○中瀬

古小用一取来ル、○広吉ニ五百文かし、同人篠束へ醤油求行由、此方も百文頼求ム、
八日　快晴也、○西羽田子供四人よりあけ入、○善助よりさつま芋十五入、○田勝蔵あけ十一入、○中瀬古へあけ五・張物ノ類為持遣ス、○九左衛門へあけ七ツ遣ス、○藤七若菜蒔クロ上ケ也、
九日　夜前はら〳〵、四ツ前より大雨、終日降ル、○菊の節□（目）芽出度し、○草間弥右衛門十二才女コセノ内コウ（攻）祈廿疋入、○子供祝儀入、○おちの茄子入、○俊次来ル、和三郎田原へ預ケ故手習下山願来ル、机持行也、○□円在所へ行、あけ七ツ・さつ（ま脱）三遣ス、□□せんたく頼遣ス、大こんにやく三受来ル、○昼後藤七在所へ行、
十日　快晴也、○草間弥右衛門札受来ル、○文作唐瓜壱□入ル、○蓮嚢昨日より頬腫レ痛ニ付、才次郎殿頼指笠町春庵へ見テ貰行、風ノコモリト云、煮薬五服・付薬二服入ル、○斎ニこんにやく飯煮ク（ママ）、○中瀬古へ□遣ス、先より納豆入、○

十一日　快晴也、大ニ冷気、○上伝馬十六、四十才女歯痛祈、○蓮嚢頬腫レ少々引、
十二日　快晴也、○上伝馬重八より札受来ル、廿疋入、宇□□茶一袋入、供物一包遣ス、○戒円母来ル、単物・襦袢・帯洗濯出来入ル、里芋一盆入、柘榴七ツ遣ス、木綿二反萌黄染ニ染上入、賃六百文遣ス、○藤七在所より帰ル、さつま芋入ル、○百度代蔵母ノ石塔開眼ニ持来ル、
十三日　快晴也、○代蔵石塔取ニ来ル、布施廿疋入、○の川ニ而抹香・丸線香百文ツヽ取、○古半天壱ツ縫直シ頼戒母持来ル、戒円ニ用ル、○藤七門前クロ上ケ等也、
十四日　快晴、曇天也、夕方雨少々、○広吉此間二度□□分へ処へ弐朱ト五十六文返済入ル、○
十五日　夜前も雨、朝より昼迄大雨也、晩方照ル、○船町忠次郎四十一才男留飲祈廿疋入、○新田子供七人祭餅入、文作同断、○六三郎同断、実語教（跋）・童子教認頼紙持参也、○広吉田町へ奉燈ノ発句・抜句四十八日

認メ遣ス、○新家へ餅少々遣ス、
十六日　曇晴也、大ニ冷気也、○舟町忠次郎ノ札粂吉ニ為持遣ス、○夜前九ツ前より戒円腹痛、上下へ六七反取大病也、才次郎呼に遣ス、即入来、善八同断、母も入来ス、坂津□(元)周へ善作ニ下男弐人頼ニ行処、留主と申断□□□□、善作指笠町春庵頼ニ行処、朝早々入来ス、霍乱□□五帖置ニ帰ル、何分手足顔ひ(冷)へ所々筋釣り絶食薬□不納甚難儀也、○九左衛門ニ而新米一升借ル、おちの持参也、病躰夜分成レ共同様薬等不納、尤腹痛なし、夜前母と善八看病ス、○才次郎夜も見舞入来ス、○昼後道淳見舞入来ス、直ニ帰ル、○母白みそ入ル、○朝八左衛門へ悔ニ行礼ニ来ル、十疋入、
□□□(十七日)　快晴、冷気也、○戒円今暁八ツ過より粥薬納り□色も少々ツ、出来楽ニ相成ル、○才次郎薬取ニ行、加減□云、昨日蓮嚢ノ虫薬丸薬一服入、価百文と之事、○朝才次郎帰宅ス、○母度々見舞梨子一ツ入、○中瀬古より小僧来ル、小遣七百文・柿十五遣ス、○要作・重太郎餅入、○乙蔵・久米吉同断、船町忠次郎先年ノ祈礼廿疋入、○戒円晩方よりタハイナシニ寝居ル、粥も追々進ム、
十八日　快晴也、○札木町丁子屋藤十郎四十二才男縁切祈、○元鍛冶町次郎七、十弐才女腹下り祈廿疋入、○西方村湖十、十三才女労症祈廿疋入、直ニ札遣ス、○川崎吉蔵娘十八才縁付ニ而年祭替祈、菰口与右衛門へ嫁スト云、○戒ノ母見舞来ル、里芋・奈良積(漬)一ツ入、○茂作・仙吉・外勝蔵・亀次郎餅入、○おかつとの入来、餅一重入、○戒円今昼前より起ル、安心也、○中瀬古へもち七ツ遣ス、小用一取来ル、○夕方善八殿見舞、
十九日　快晴也、○東組菊作・嘉平次五十五才女積(癪)祈廿疋入、○普請組増尾森平三才男子腹□□祈、○元鍛冶町次郎七札受来ル、○密蔵餅□、○戒ノ母入来、大根廿一本入、餅九ツ遣ス、小古布子一ツ・□□単物一ツ洗濯ニ遣ス、戒ノ用也、○本町みのやニ□(折)織本二本取ル、○藤七唐豆植也、
廿日　快晴、暖シ、長閑也、○古宿市三郎四十四才男

水気祈廿疋入、直ニ札遣ス、○飯村平三郎三十一才男頭痛祈廿疋入、○魚町紅屋廿一才男頬腫レ祈廿疋入、○森平札受来ル、百文入、○嘉平次札受来ル、○丁子屋札受来ル、廿疋入、○吉蔵同十疋入、○昨日才次郎□牛川ノ金兵衛ニ而檜木丸太十四本求、今日茅町弥次郎迄馬ニ而来ル、才次郎ト藤七運ふ入、○昼後より藤七西屋敷ノ藪へ接木致ス、

廿一日　曇天、少々照ル、○七ツ頃よりはら〳〵、○紅屋忠四郎札受□□、○飯村平三郎同断、○御影供如常、○中瀬古へ大一取ニ□、夫より菜三はん目抜、

廿二日　雨天気也、○関屋ノ金子仲蔵五才女子水気祈廿疋入、○北清作餅一重入、○藤七門前クロ上ケ、

廿三日　快晴也、暖シ、○西町祐助四十三才男、四十六才女縁切祈一朱ト十六文入、○金子札受来ル、○椿藪五郎右衛門婆々さつま五ツ・初茸十六入、供物一包遣ス、○安五郎餅入、○お角両人戒ノ単物せんたく出来持来ル、○戒円今日ハ腹等痛、夜前折々腹痛也、○藤七米一臼つく、

廿四日　快晴、大ニ冷ル、○下地竹中屋久兵衛三十才女□□祈、○下地助右衛門廿才女積長病祈廿疋入、○子供明日日待ノ買物致ス、○才次郎入来、明日岩津へ参詣と云、茶わん類調頼、○藤七菜削こへ三はん目、

廿五日　快晴也、風有ル、冷ル、晩方より曇ル、○下地久兵衛札受来ル、廿疋入、○子供日待小豆飯也、四十人也、○藤七八ツ過より角田稲ヲコシニ行、

廿六日　曇天、晩方少々照ル、○草間富五郎七十九才□病祈廿疋入、○おちの来ル、西羽田聟長病祈、○中原村権七来ル、松茸一苞入、留主故直ニ帰ル、○六郎兵衛へ行供物一包遣ス、富蔵普請見ニ行□□遣ス、○道淳天窓剃に来ル、松茸三遣ス、○弥□餅一重入、○おちの同一重入、供物一包遣ス、○昨日才次郎岩津へ参詣、岡崎ニ而茶呑茶わん廿人分求、代百七十二文ト云、○開浴致ス、始メ也、百度九左衛門入ニ来ル、○広吉銭四百文かし、

廿七日　快晴也、風なく暖シ、○紺屋町五右衛門五十才女積祈弐百十二文入、○曲尺手佐吉六才女子虫祈廿

疋入、○富五郎札受来ル、○おちの西羽田ノ札受来ル、弐百十二文入、○坂津元周へ当正月院主用薬三十二服呑金三朱遣ス、戒・蓮行、○善八・善作へ寄ル、供物一包ツ、遣ス、○六郎兵衛ニ而木綿四わ求、十弐匁四分余代八百五十文渡ス、○茅町豊（ママ）　大松ノ折レ枝下ニ来ル、昼後迄ニ下ス、夫よりサイニ切ル、暮方迄済、先飯ニ而七匁之処七百八十四文ト十六文遣ス、○政平入来、昨日帰ルと云、老師ハ住山ニ而御帰ハなし手紙来ル、僧林も資道（祠堂）財ニへり勝故、大坂より不足中来り、衆評致取〆致様との事也、岡本寺よりも手紙入ル、

廿八日　昼頃より快晴也、早朝よりはら〳〵也、○西町祐助・曲尺手左吉・紺屋町五右衛門札受来ル、○燈油求、○中瀬古より子供来ル、米二升・赤みそ一重遣ス、○藤七藪ノ木片付、

廿九日　快晴也、○善八殿入来、明日よりおかく手習□山頼承知ス、○おりへ来ル、布子二ツ・たひ七足せんたく入、賃六百七十二文渡、テコ芋二本入、半し一遣ス、○藤七菜四番抜、こへ懸ル、

晦日　快晴、風有ル、夜前より大ニ冷気強シ、○善八札持参、おかく手習ニ来ル、壱人故仲間振舞ハ初午ニ延ル、○仙松より赤飯一重入、○常吉・初吉もち入ル、○の川ニ而大のり一・金赤一取、○藤七竹切り、

十月

朔日　快晴也、夜前より風強ク寒シ、○牧野村又右衛門十一才男腹痛付物祈、廿疋入、○中芝清八、六十九才女急病祈廿疋入、晩方札受来ル、○子供多分苞餅入、才次郎ニ九左衛門入、半し一遣ス、○茅太郎・栄三郎・清蔵・源吉・喜和蔵・外神皆不参、坂平入、○和平より一重入、○中瀬古へ苞餅一重遣ス、楠葉老師へ手紙遣ス、此間ノ返事也、○戒在所へ同遣ス、○おりへ来ル、同遣ス、○善八殿入来、伊奈十兵衛よりツクね芋一苞入ル、

二日　曇天、昼後より少々照ル、○本町嶋屋忠助□十四才男胸隔ツカヘ祈廿疋入、晩方札受来ル、○□前久米吉三十四才男足釣り祈廿疋入、○新銭町□□七才男

子水キ祈、○戒在所よりこんにやく二ツ入、○百度へ向植田重右衛門よりさつま芋大苞入、○富蔵たんす、角田もち刈ル、藤七同断、十五束四わ有ト云、三束六わ運ふ、

三日　終日はら〳〵雨也、○新田彦右衛門十三日目ノ孫男虫祈廿疋入、晩方札遣ス、○大崎次平六十四才女腹張り祈、○紋八札受来ル、廿疋入、○久米吉札受来ル、○牧野村又右衛門同断五十疋入、○辻平さつま芋入、○藤七割木割ル、米壱臼つく、

四日　快晴也、○田町源太郎十七才女疳ニ痰祈廿疋入、○本町梅屋二才男子虫祈三十疋入、○中瀬古へ米二升・銭五百文遣ス、松茸二本入、○善八大小草り廿足持参、百八十文渡、○富蔵たんす、稲運ひ一昨日共合十五束五わ也、藤七も同断、

五日　天気曇晴也、○札木中田屋八百蔵六十四才男中症祈、○源太郎ニ梅屋札受来ル、○大崎次平同断弐百十六文入、○才次郎入来、檜木丸太十四本、牛川金兵衛ニ而代六百文、茅町迄駄賃百五十文渡、杭用意也、○中瀬古より御符来ル、もち九ツ遣ス、○藤七稲懸ケ、割木割ル、

六日　終日雨、昼より風強シ、○札木中田屋八百蔵札受□□廿疋入、○藤七割木也、

七日　快晴、大ニ暖シ、○新田三太郎四十七才男積祈、○朝新田兵太郎婆々ノ悔ニ行、平せんこ二遣ス、○長七川田検見礼ニ寄ル、菓子一包遣ス、平十寄ル、柘榴七ツ遣ス、○中芝ノ次郎右衛門・又吉三人蜜柑売(買カ)ニ来ル、瀬戸皆ト前東ニ而金十二両売ル、差金一両請取ル、来月差入より切ル約速(束)也、○才次郎春庵ニ而蓮嚢あこノ瘤へ付ル粉薬三服取テ来ル、○富蔵たんす、角田奥粳稲刈ル、十三東二わ済也、藤七同断、○豆三升五合・糀五升・飯一升・白みそ仕込、塩壱升、

八日　快晴、夜前より風強シ、○新田三太郎札受来ル、廿疋入、○津山之廻状来ル、一乗院へ次、○道淳入来、直ニ帰ル、○藤七稲運ひ済也、

九日　快晴也、暖シ、○新田次助来ル、茅町次郎九、五十九才女疝積長病祈、晩方札受来ル、弐百廿四文

入、○魚町松田屋八五郎三才女子熱気祈弐百十二文入、○昼後戒円・蓮嚢中瀬古へ行、柑子三十遣ス、在所へも行、柑子三十・菓子一包遣ス、○中瀬古へ米五升・さつま遣ス、小用一取来ル、

十日　夜前より風強シ、快晴也、○大西庄次郎廿一才男労□□廿疋入、○□□川文吉四十四才女血下り祈廿疋入、○八五郎札受来ル、○新田太平悔礼廿疋入、供物一包遣ス、○当金弐分ト五百五十文長七へ為持遣ス、さつま芋一風呂敷入、○吉川村より百六十七文同取ニ来ル、○九郎右衛門より求みかん屋敷ノ垣結才次郎手伝、○七蔵たんす、垣結済也、○藤七朝より不快也、

十一日　快晴也、○御堂瀬古久之助廿二才男口中腫祈百十弐文入、晩方札受来ル、○瓦町新次郎廿三才男熱キ祈廿疋入、○おりへ来ル、足袋一束せんたく入、桑名屋清三郎六十四才鼻痛祈廿疋入、○□□川文吉札受来ル、○大西庄次郎より死と申来ル、土砂□□、○の川ニ而大のり一・白赤四・らう百文取、○市ハ(場)左助来ル、まん中半袋入、柑子三十遣ス、○藤七門前大豆引、十束也、○風呂致ス、

十二日　快晴也、風有ル、○舟町妻八、四十才女積祈廿疋入、○昨日弐人札受来ル、○藤七門前大豆廿四束引、

十三日　快晴也、○新丁松本勝兵衛八十一才女水キ祈十疋入、○舟町妻八札受来ル、○城内杉本四郎兵衛より礼参り、手水手拭一筋上ル、○朝より戒円伴ニ而中瀬古へ行、暮方帰ル、○藤七米一臼つく、○百度本家より米四俵入、昨年□□、○新家□□小麦種二升借ル、

十四日　快晴也、○指笠町久助廿二才女疳祈、○松本氏より札受来ル、○昼後より道淳入来ス、長屋普請等語也、暮方帰ル、○光明寺入来、書初手本認頼来ル、利休まん中一袋入、○戒円在所より鼠布子せん濯入ル、○朝より藤七大崎へ手伝ニ行、柑子四十余遣ス、

十五日　快晴也、夕方風強シ、○中芝久兵衛四十六才女眼病等祈廿疋入、晩方札受来ル、○指笠町久□札受

来ル、廿疋入、○村方ト新田子供多分亥子餅来ル、○才次郎・九左衛門同断入、○中瀬□□飯団餅一器遣ス、先よりも上味六ツ入、○中瀬古へ小遣五百文、此方筆代百文・米一升共遣ス、
十六日　快晴也、○新銭町嘉兵衛九十四才女病キ祈廿疋入、○源六より飯団餅一重入、○子供村と新田餅皆入ル、○美濃屋ニ而五薬取ル、○
十七日　快晴也、○新銭町嘉兵衛札受来ル、○戒円ニ蓮嚢中瀬古へ助法ニ行、唐みかん十七・柑子五十遣ス、夕方藤七向（迎）ニ行帰ル、○藤七暮方在所より帰ル、さつま芋入ル、○おかく伊奈へ稲手伝行、
十八日　快晴也、○□ニ付柑子五十□□遣ス、両三日□□、○仏餉十太郎六十一才女水キ祈弐百廿四文入、直ニ札遣ス、○中瀬古へ飯団餅一重為持遣ス、蓮瓶も一ツ遣ス、小用一取来ル、○晩方道淳入来ス、曲尺手富屋左吉方子供聞処、随分進ミ参ルト云、○藤七屋敷大豆引、
□□□（十九日）　快晴也、○城内大戸新左衛門八十五才女年病祈廿疋入、○藤七門前大豆引済、菜耕作等也、
廿日　曇晴也、夕方はら〱、○新銭町安次郎六十□才男痰祈廿疋入、○下地川崎屋清吉六十二才□疳祈廿疋入、○かち町吉十、六十六才男□□祈廿疋入、○大戸氏札受来ル、○院主半右衛門□□見礼旁ニ行、温飩配書一・利休まん中一箱遣ス、蓮□半し一入ル、○昼よりおりへせんたくニ来ル、○中瀬古へ大半・小半取ニ遣ス、○開浴ス、○藤七西屋敷打初、
□□日（廿一）　夜前雨、快晴、風強シ、○昨日ノ三人札受来ル、○おりへ来ル、糀（糊カ）付物致ス、七ツ前ニ仕舞、○中瀬古へ□取ニ遣ス、○藤七西屋敷打、
廿二日　快晴、折々曇ル、○伝四郎より豆腐弐丁入、道竹折ル礼也、○藤七西屋敷へ小麦蒔く、
廿三日　曇天、朝はら〱、○平井善四郎四十六才男積祈廿疋入、直ニ札遣ス、○中瀬古子供来ル、み□一重遣ス、○□町祐助占ニ来ル、□風升□□□、○新家ニ而小麦二升借ル、〆四升也、○美濃屋源四郎来ル、墨七丁・筆一本取ル、○藤七西屋敷小麦蒔キ、○夕方

大工栄吉入来、長屋普請ノ語也、
廿四日　極快也、暖也、○茅町林平取次、大村重吉四
十一才男疳祈、○上伝馬源十、廿五才男喉腫レ祈、○
向草間甚蔵四十五才女熱痰祈廿疋入、○おりへ洗濯仕
ニ来ル、唐かん七ツ遣ス、○藤七西屋敷小麦まき、○
中瀬古へ大半・小半取ニ行、
廿五日　極快晴也、暖也、○大村十吉札受来ル、廿疋
入、○上伝馬源十同断廿疋入、○草間甚□□同断、○
百度権五郎孫九才ノ悔ニ行、平せんこ一遣ス、○の川
ニ而半切百・平せんこ四取、○おりへせんた□来ル、
のり付物等、○富蔵たんす、門前麦蒔致ス、藤七同
断、
廿六日　曇天、昼前より雨ニ成ル、○富蔵たんす、門
前麦蒔キ、○戒円・蓮嚢、垣内へ膏薬三まい□ニ行、
在所ニ而ゴマ持来ル、○昼後より雨故富蔵内□帰ル、
○藤七米一臼つく、
廿七日　朝はら〳〵、曇晴也、夕方はら〳〵、○茅町
林平取次、大村重吉再祈付物、土砂遣ス、廿疋入、○
中瀬古より子供来ル、米二升遣ス、○富蔵たんす、門
前麦蒔、菜畑計りニ成ル、藤七□□ノ百文ツ、□□、
廿八日　曇天、少々照ル、○札木今出屋山四郎四十才
女□労祈弐百廿四文入、○林平来ル、大村重吉今朝死
ス申来ル、土砂遣ス、○みの屋源四郎筆持来ル、筆
色々求、此間墨代共合三貫五百六十三文渡ス、○中瀬
古小用一取ニ行、大根七本遣ス、
廿九日　快晴也、風強シ、○権五郎悔礼ニ来ル、十疋
入、外ニ十疋けさ貸ス礼入、○善作来ル、作四郎夜前
家出、占坤為地五也、○おかつ入来、浪ノ上より唐芋
七ツ入ル、○九右衛門より春ル貸ス籾八升返済入ル、
○おりへ針ニ来ル、○藤七西屋敷小麦蒔仕舞也、
晦日　快晴也、朝大ニ冷ル、○御はた（籏）戸平四十二才夜
前より疝積差込不食祈、○城内大戸新左衛門八十五才
年病再祈臨廿疋入、○おりへ針ニ来ル、今日迄五日
半、五百文賃遣ス、外ニ三十二文遣ス、○藤七菜畑麦
蒔済也、○開浴、百度入ニ来ル、○西屋敷唐かん戒円
・乙蔵切ル、

霜月

朔日　極快晴、冷ル、○中芝紋蔵五十一才女目ニ星入り長病祈廿疋入、直ニ札遣ス、○御油五反畑健作廿五才男積（癪）差込大病祈三十疋入、直ニ札遣ス、○前芝山内□十内来ル、養子ノ麗頼来ル、八十三□山風コ五也、大蝋燭三丁ニ三十二銅入ル、唐かん十遣ス、○菅勝蔵焼餅入ル、○新清作・三吉同断入、○源平焼餅ニ牡丹餅入ル、○才次郎参詣、夜前大豆四束紛失、山火責ノ初メメ也、牡丹五ツ遣ス、○戒円・蓮嚢の川へ紙ニ下駄の緒一足取ニ行、中瀬古へも寄ル、焼餅少々遣ス、○藤七山刈り、

二日　快晴也、○大崎弥次右衛門七十七才男年病祈弐百廿四文入、直ニ札遣ス、○東組小川左太夫六十二才女気塞ク祈廿疋入、○大戸氏より母死ス、土砂遣ス、北川三軒へ頼母子日限相談ニ行、菓子一□ツ、遣ス、○戒・蓮町へ行、の川ニ而半紙二束・みの一帖・帳紙三帖取、昨日分半紙三束・みの一帖・下駄の緒壱足取ル、○燈油等求、○外神勝蔵牡丹餅一重入、唐みかん九ツ遣ス、○藤七山刈り、

三日　快晴也、冷ル、○東組左太夫札受来ル、○朝長七へ頼母子日限相談ニ行、供物一包遣ス、○文作来ル、飯団餅一重ト人参一縛り入ル、唐蜜柑二十遣ス、本読ニ行、○中瀬古へ小用一取ニ行、○藤七山刈り、

四日　曇天、昼より晴ル、○茅町豊蔵三十七才女急病祈弐百廿四文入、○橋良祐吉四才男子虫祈廿疋入、○半右衛門・猪左衛門へ頼母子日究ニ行、十五日多分定日とス、俊次・孫太郎・久右衛門へ寄ル、供物一包ツ、遣ス、○中瀬古より子供来ル、老師昨夕方上方より御帰堂ト申来ル、米二升・銭壱貫文渡ス、○藤七米一臼つく、地蔵堂ノ際ノ山刈り、

五日　快晴也、日々冷ル、○百度平五郎取次、和田ノ娘廿六才天疳ノ様祈廿疋入、直ニ札遣ス、○松山庄七、三才女子疱十一日目祈廿疋入、○豊吉・祐吉札受来ル、○六三郎入来、飯団餅一重入、唐みかん遣ス、遊テ行、○仙吉・作次郎同断入、○昼後戒・蓮中瀬古へ老師見舞ニ行、飯団餅一重遣ス、少々御風邪と云、

○おきせうるし稲扱に来ル、晩迄ニ済也、十三束二わ也、○藤七山刈り、

六日　曇晴也、時雨大ニ寒シ、○西組大谷小文治十九才女胸腫レ祈、○行明弥吉五十才女腫物痛祈廿疋入、○松山庄七病人死申来ル、土砂遣ス、○植田半右衛門よりさつま芋一苞入、○実五郎餅一重入、○朝作蔵入来、頼母子日限十五日定ム、もち遣ス、○西宿弥三郎より中白一俵取、○おきせもち稲十五束四わ扱く済也、

七日　快晴也、冷ル、○小文治札受来ル、廿疋入、○弥吉札受来ル、○戒ノ母入来、里芋入、さつま七ツ遣ス、戒ノ衣糀(糊)付、裙新仕立木綿遣ス、○大崎初蔵来ル、さつま芋入、柑子四十程遣ス、○中瀬古へ米八升遣ス、小用一取来ル、○おきせト、ロ片付来ル、昼迄ニ済也、

八日　快晴、昼より少々雲気、○長七より庄屋祝ニ赤飯一重入、○北清作飯団餅一重入、○弥一郎同断、○戒円在所へ行、飯団餅一重遣ス、○吉川村神祇講三会目才次郎頼遣ス、当年落札頼処断也、明年ハ落ス約束申置也、○藤七籾干、餅四俵三斗七升・粳三俵也、○戒西屋敷九(母)年坊切ル、

九日　朝よりはら〳〵雨、折々也、○百度新家より飯団餅一器入ル、○千蔵ニ柳助飯団餅入ル、○浪ノ上へ新家より便りニ付唐蜜柑五十遣ス、小也、○戒ノ母木綿衣仕立持参也、○源兵衛より川田年貢ノ内壱俵内取入ル、○藤七米二臼搗、○昨日新田・牟呂・羽根井会日触子供ニ遣ス、

十日　夜前四ツ前大雷弐ツ、大時雨也、快晴、風有ル、寒シ、○御籏戸平未不快祈百疋入、○下地五郎吉七十四才女年病祈、○中瀬古より子供来ル、銭壱貫文・赤みそ一重遣ス、老師全快ト云、○百度源三郎より子供ノ祝由ニ而鏡餅二ツ入ル、○芳太郎・常右衛門飯団餅入ル、○昼前より助□□大村・瓜郷・下五井・町方十五日会日触ニ行也、○藤七米二臼搗ク、

十一日　快晴、荒風寒シ、○下地五郎吉札受来ル、廿疋入、○戸平札受来ル、未痛ト云、○清七より飯団餅

一重入、半し一遣ス、○戒円母入来、蕎麦切一器入、斎沢山也、唐樒(蜜)柑二十遣ス、○戒円、善八方ニ而大鶏一羽貰来ル、○の川ニ而丸せんこ百文取、○おきせ大豆叩来ル、暮方迄一番済、大豆弐俵壱斗三升程有ル、

□□□(十二日)　快晴、風有ル、寒シ、○の川ニ而半し一束・□紙一帖・金赤一わ取ル、○中瀬古へ大根七本遣ス、小用一取来ル、○藤七米壱臼つく、

十三日　快晴也、○おちの来ル、飯団餅入ル、こま初尾米も入ル、さつま五ツ遣ス、○朝北川三軒へ買物頼行、○暮方より三人之衆頼母子買物ニ行、四ツ前帰ル、飯出ス、○藤七米一臼つく、○百度本家ニ而玄米六升借ル、○

十四日　天キ同断、極晴也、○清八取次、前芝直蔵六十□□女年病祈、○早朝より北川三人・才次郎料理来ル、夜四ツ過帰ル、○朝戒円役人其外取持ノ方へ頼ニ遣ス、○道淳手伝ニ来ル、○七蔵たんす、□□□使等也、○

十五日　極快晴也、○御堂せこ松助八十五才男臨十疋入、○清八前芝ノ札受来ル、○今日ハ修覆九会□勤ム、○早朝より北川三人・才次郎手伝ニ入来ス、助□□・三次郎・仙松・おちの・伝四郎追々来ル、亀次郎来ル、○半右衛門・猪左衛門・長七四ツ前より来ル、源右衛門・清七・久左衛門追々来ル、○道淳早朝より来ル、五ツ前ニ帰ル、○客も七ツ前よりそろ〳〵来ル、五ツ前ニ済、瓜郷惣左衛門ニ高須惣兵衛不参也、金四十七両壱分弐朱ト三百四十九文今日寄金也、内五両半左衛門分半右衛門渡、弐両弐分政蔵分長七渡、五両清七渡、残金三十四両三分弐朱ト百三十九文寺へ預ル、釣り銭五貫文寺より出ス、代弐分弐朱ト七百三十八文入ル、○料理買物代六貫四百七十文、三人へ渡ス、九ツ頃皆帰宅也、米も四斗焼(炊)く、○富蔵・七蔵たんす也、

十六日　極快晴也、○清八前芝ノ札三十疋入、○□□片付也、常陸へ觸台、久左衛門へ十露盤、□□汁つき帰(返)ス、○秋葉講休日也、○才次郎来□、玄米四俵入ル、訳ハ此方小作米ヲ切入り遣ス□也、

十七日　極快晴、暖也、○田町平三郎三十二才男疝□祈廿疋入、○金作飯団餅一重入、○中瀬□□供物ノ唐みかん十五・小三十遣ス、一昨日ノ薬一□□、○中芝よりみかん切ニ来ル、西屋敷より初メル、○下五□与左衛門初穂米（ママ）　升上ル、供物一包・唐みかん□□遣ス、○新田権右衛門来ル、落金十両ノ内五両□□、同所治助入来、同五両渡ス、掛金壱分入、八十一□□、○藤七大豆二はん叩ク、○戒・蓮九年（母脱）切ル、○引菓子残り七人分菊屋へ返ス、

十八日　快晴也、晩方曇ル、○舟町石屋嘉蔵五十四才女積祈、○田町平三郎札受来ル、○おちの黒米一斗返済入ル、おとね祈礼十疋入、○坂津次作落札金請取来ル、四両弐分渡ス、○羽根井喜右衛門同三両渡ス、○利右衛門より娘ノ髪置祝赤飯一重入、○本家より秋葉参り札ニ付木入、○吉右衛門・惣兵衛同入、○みかん切三人来ル、○中瀬古へ小用ニ取ニ行、夫より芋堀（掘）り、

十九日　極快晴也、夜前五ツ頃はら〳〵、今宵も同断小□、○下地岩吉七十才男中キ大病臨廿疋入、○□□千代蔵五十八才女腹痛祈、○正岡猪左衛門六十□□女腹合悪敷祈、○舟町石屋嘉蔵札受来ル、廿疋入、○茂作牡丹餅一重入、○戒在所へ襦袢・足袋□□たく頼行、小唐みかん少々遣ス、○夕方道淳入□□宗賢出奔語等也、○みかん切三人来ル、昼より弐人□□成ル、○藤七在所へ行、来年給金壱両三分□□相渡済也、

廿日　快晴也、○三渡野惣太郎三十一才女血道祈□□入ル、直ニ札遣ス、○坂津次郎右衛門五十才女血道大病祈廿疋入、○正岡猪左衛門札受来ル、弐百十弐文入ル、○吉川千代蔵同廿疋入、○院主頼母子礼ニ長七へ行、まん中配書一・付揚一曲遣ス、○世話人三軒へ半（紙脱）三ツ、・白みそ一重ツ、・付揚一曲ツ、遣ス、○猪左衛門へ半し三帖遣ス、○伝四郎へも寄ル、供物一包遣ス、○半右衛門へ白みそ一重・付揚一曲戒円持行、跡より配書持行積也、○才次郎方へ付揚一曲遣ス、○みかん切四五人来ル、

廿一日　快晴也、○坂津治助札受来ル、○源吉餅一重

入、○長平より同一重入、半し一・蜜柑卅遣ス、○彦次来ル、同人半し一・巻せん廿一遣ス、○源三郎入来、祠堂金八両借り度様申、承知ス、仁連木分ト云、○中瀬古より子供来ル、明日より道淳信州へ宗(賢脱)尋□行ト云、○みかん切五人来ル、昼過迄瀬戸□□前ノ東へ懸ル、○文作蕪五本入ル、唐みかん小三十遣ス、松山清吉来ル、落札金ノ内五両渡ス、

廿二日　曇天、少々照ル、○御籏組太助三十六才女長病祈廿疋入、○院主半右衛門へ頼母子礼ニ行、菓子配書一遣ス、清七へ供物一包遣ス、源三郎貰子髪□挨拶ニまん中配書一遣ス、揚物一曲遣ス、○三平□□十一入、菓子大一包遣ス、○富蔵一重入、みかん遣□、辻平同断入ル、○平十内入来、髪置祝赤飯一重入、菓子大一包遣ス、○朝藤七帰ル、飯団餅一重入、○中瀬古へ小用一取ニ行、

廿三日　快晴也、夜前より風強ク大ニ寒シ、○天白前庄八、廿八才女積祈廿疋入、○新次郎取次、松山七三郎当才男子疱八日目祈廿疋入、○太助札受来ル、○伊奈ノ十兵衛内・平作入来、まん中一袋・大根十本入ル、菓子出ス、戒ノ母も入来、甘酒一重入、衣地弐反半織上ケ持参也、○和平殿入来、頼母子語等也、○藤(七脱)米一臼つく、○晩方風呂致ス、百度入ニ来ル、

廿四日　天気同様、寒シ、○天白前札受来ル、○新次郎同様、無程死ト申来ル、土砂遣ス、○伊奈へ唐みかん三十□□、○羽根井お重来ル、桐屋田ノ事也、唐みかん三□□□、○の川ニ而半し一束・小らう百文取、○藤七麦□はん削初メ、○みかん切昨日も今日も来ル、済也、

廿五日　快晴、暖也、○紺屋町勘三郎三十二才男大病祈弐百十弐文入ル、○徳四郎飯団餅入、○昨日吉川ノ返金講十会目才次郎頼ニ行、弐分ト三匁出ル、○伝作・善作内残ノみかん切ニ来ル、○藤七麦削り、

廿六日　快晴、暖シ、晩方曇ル、○紺屋町勘十札受来ル、○中瀬古へ小用一取ニ行、○藤七麦削り済、麦こへ少々出ス、○

廿七日　夜前九ツ頃より雨、五ツ過上ル、暖シ、○西

町平三郎当才男子病祈十疋入、○金銀引替ノ廻状来
ル、直ニ一乗院へ送ル、○藤(七脱)米二臼つく、
廿八日　快晴也、晩方時雨少々、○高須十右衛門三十
九才男疳祈廿疋入、○茅町嘉平次八十五才女大病祈弐
百十弐文入、○平三郎札受来ル、○半右衛門殿入来、
菓子一箱入、清源寺修覆講六会目拙院へ半分落札ト
云、○姫君御逝去ニ付鳴物停止ノ廻状来ル、坂津寺へ
次ク、○今日ハ大根引、ツルシ三百余也、○文作縄五
わ・人参一わ入、○
廿九日　快晴也、○西町増吉三十四才女血道祈廿疋
入、○高須十右衛門札受来ル、○利右衛門娘髪置祝ニ
行、菓子大一包遣ス、平十へ同断遣ス、九左衛門・源
□頼母子ノ礼旁寄ル、菓子一包遣ス、○高須惣兵衛掛
金弐分弐朱入、釣り百六十五文渡、こま初尾米入、○
中原権七入来、昼飯喰ス、○中瀬古へ大半・小半取ニ
行、

十二月大

朔日　快晴也、昼頃より曇、時雨致ス、夕方より風強
ク寒シ、時雨致ス、○西町増吉札受来ル、○西町勇助
占来ル、地天泰三也、○糯籾五俵才次郎方へ持行、今
宵彼方ニ而引、藤七も行、○下地ニ千石ノ船出来、今
日船下シト云、見物ニ賑敷と云、○光明寺より納豆一
重入、書初手本認メ遣ス、
二日　夜前風強ク時雨度々、快晴、風強ク寒シ、○百
度本家より飯団餅一重入、○高足貞入来、芋一風呂敷
入ル、みかん遣ス、○伝作・善作みかん切ニ来ル、○
藤七もち米ゆる(揺)、弐俵一斗三升有ト云、晩方迄ニ済、
○新田権右衛門来ル、小向野ニ田地売仕様持参也、
三日　極快晴、暖シ、○野依栄治三才男子り病祈廿疋
入、○朝おかつ殿入来、浪ノ上より到来由飯団餅一重
入、○伝作・善作みかん切来ル、七ツ前迄ニ済、弐人
半余りツ、也、壱人前ニ五百文ツ、日雇遣ス、○中瀬
古へ飯団ニ納豆少々遣ス、○清四郎頼母子返金壱両一
分入ル、釣り三百六十六文渡、○吉川村より神祇講三
会目掛取り来ル、壱分三朱ト三百文渡ス、○今日より
書初手本出ス、○風呂致ス、

四日　天キ同断、○野依栄治より札受来ル、○久左衛門殿入来、仏名会餅米一升・こまノ初尾米入ル、頼母子掛金一両入ル、釣り二朱ト百九十一文渡、○吉川村音吉藁四十四束入ル、代金一分渡、十吉来ル、祠堂り弐朱入、釣り百六十六文渡、○九文字屋より使来ル、一升・廿疋・蝋二丁入ル、みかん五十遣ス、○清八藁少々運ぶ、入ル、○才次郎長屋へみかんカコヒニ朝より入来ス、○藤七粳米一臼つく、

五日　曇天、風有ル、寒シ、○三ツ相善三郎廿一才男眼病祈、○九文字屋より手代参詣、蝋三丁入、みかん出ス、○清助祠堂り足一両入ル、○才次郎みかんカコヒ来ル、昼迄ニ而休む、○弥之吉・西町善之助来ル、みかん俵ノ持手不付ニ而九両三分ニ売ル、明日荷拵に来ル云、○中瀬古へ小用一取行、○藤七米一臼つく、○大豆年貢三升出ル、

六日　快晴也、○猪左衛門来ル、清源寺ノ返金三両弐分ト六百七十弐文入ル、○朝供物もち米五升久左衛門より上ル、一升共水に積《(漬)》ル、晩方つく、○北川三軒へ仏名会料理頼ニ戒円行、○長七へ神祇講ノ掛金弐分五百廿八文渡ス、戒持《(円脱)》行、百五十文茶料入ル、○大村珠光院頼母子三会目才次郎頼遣ス、金一分三朱遣ス、四十文入、○弥之吉・善之助みかん七束俵〆直ニ来ル、六十程出来ルト云、○七蔵昼後より半人たんす、

七日　曇天、折々はら〳〵也、○草間杢兵衛五才男子頬腫レ祈、○天白前初吉十六才女労疝祈廿疋入、○早朝より北川世話人三人買物来ル、夕方迄ニ料理済也、○才次郎村方掛金不足取ニ廻ル、平六ニ次郎兵衛入ル、○才次郎より餅一器入ル、○六三郎仏名斎米一升入ル、みかん廿遣ス、○坂津次作落札金三両渡ス、〆七両弐分ニ相成ル、○百度本家ニ而米一斗二升借ル、○中瀬古へ大半・小半取ニ行、○富蔵たんす、米一臼つく、小使等也、○柳助・菅勝・平作・弥一郎・市三郎・初吉花入ル、西羽田定八同断入ル、

八日　快晴、長閑也、○早朝より北川三人・才次郎入来ス、民□・三次郎・おちの・おきく追々手伝入来ス、百度本家同断、○中瀬古老和尚子供伴ニ而御光来

也、道淳ハ信州へ行未帰無人也、和尚夕方御帰□、○斎後より仏名開白(闢)、夕方迄ニ過去ノ巻済、○役人祠堂勘定致ス、り足三両弐朱寄ル、源右衛門八両貸之内へ右三両也相渡ス、○天白前とみ六十四才女耳鳴り祈弐百十弐文入、○弥之吉みかん昨日より皆運ぶ、九両三分ノ内へ金三両受取ル、○暮五ツ過東脇直作と申者火事也、取持ノ者も見ニ行、○富蔵たんす、七蔵不都合ニ付嗅来ル、

九日　快晴也、○仏名会現在巻勤ム、○天白前とみ札受来ル、○九文字屋ノ内義参詣、兎香一わ・米一升入ル、菓子出ス、○中瀬古より子供来ル、米三升・もち十五遣ス、○藤七西屋敷削り、

十日　快晴也、○仏名会未来之巻済也、○坂下留吉当才男子乳不呑祈廿疋入、○舟町作十当才女子泣キ祈廿疋入、○新田権右衛門来ル、菰口善左衛門所持之高須地廿三両ニ直付と申来ル、此方買約束ニ頼遣ス、同人ニ落札金五両渡、先日共合十両ニ成ル、○北川・百度・新田子供八日餅多分入ル、平作・喜和蔵・芳太郎不参也、○三ツ相善三郎札受来ル、百十弐文入ル、みかん廿程上ル、○大工栄吉昼後より入来、長屋普請図引調へ物等相談、暮方帰ル、○清助藁入ル、

十一日　快晴也、寒ル、○長瀬又兵衛三才男子□□祈、○留吉・作重札受来ル、○朝才次郎頼母子不足廻ル、新河岸ニ六郎兵衛・勘右衛門・平八・久左衛門取次ニ而孫十右入ル、○村中仏名会供物配ル、○植田重右衛門殿入来、さつま一苞入ル、蜜柑一東五十遣ス、○中瀬古へ小用一取ニ行、みかん一東五十遣ス、○藤七みかん草削り、○清助藁八十束入ル、金弐分渡、○清八四十弐束入ル、代ハ盆前ニかし、○文作こま餅一重入ル、みかん一東五十遣ス、○

十二日　快晴、○長瀬村又兵衛札受来ル、百疋入、御はた(籏)太助三十六才女長病胸へ差込再祈、○町方・新田・牟呂・羽根井へ供物配ル、○瓜郷へ同断喜兵衛頼母子返金取り来ル、○下五井猪左衛門へ唐みかん廿遣ス、供物同断戒円・芳太郎行、○仁左衛門祠堂り(利)入ル、○政蔵内入来、玉川壱本入ル、り壱分入ル、釣り

三百三十六文渡ス、○中瀬古へ大小取ニ行、

十三日　快晴也、○四ツ屋忠右衛門七十八才女中気祈、○牧野良作廿四才男付物祈、新蔵頼来ル、同人より牛房一束入ル、唐みかん十五遣ス、○茅町幸吉□□男肺ヨウ祈廿疋入、○油屋せこ此吉五才男□□才男子虫祈廿疋入、○植田重松出来、□□女眼病ニ虫祈三十疋入、みかん一束遣ス、○□□利兵衛取次、七十二才女大病臨野依也、○御はた太助札受来ル、廿疋入、○百度善作来ル、暫時金一両かし、○清次郎祠堂り弐分ト三百三十六文入、○茶屋より寒見舞入ル、○百度弥三郎・才次郎・浅四郎・又次郎・善八・伝作・富作・泰助垣結ニ出ル、艮角少々曲ル、庭の大松ノ処大石も起ス、

十四日　快晴也、○下地重次郎五十才男物案し祈□疋入ル、□結ノ茶わんや柚香糖一本入ル、唐みかん十五遣ス、○大津庄八、廿五才男長病祈、○平□□取次、新町作兵衛四十一才男積(癪)腹痛祈、○西町利兵衛札受来ル、廿疋入、○四ツ屋忠右衛門同断三十疋入、○茅町幸吉油ノせこ此吉札受来ル、○植田半右衛門ノ札魚町八五郎へ出ス、○下五井与左衛門初尾米三升入ル、みかん三十遣ス、○羽根井喜右衛門落札金弐両取ニ来ル、○松山清吉同断五両取来ル、○平十清須と飽海□□ノ処へ七両相渡、○中村長五郎頼母子返金□弐両弐分入ル、釣り遣ス、○政蔵祠堂り弐分弐朱、釣り百六十六文渡、○おなか来ル、一分弐朱明年迄延引頼り足として弐百文請取ル、○喜和蔵□丹餅一重入、半し二遣ス、○昨日六郎兵衛より壱貫六百七十弐文五月かし分返済入ル、○清八・留吉・宗吉・平蔵・岩吉・作蔵・利作・茂吉・伝次郎・清十・斧蔵・瀧蔵・次郎作・鉄蔵・惣三郎・西羽田要助・半右衛門下男右十七人艮角より皆済、門前菱垣迄済、中も片側済、○中瀬古へ仏名供物遣ス、○の川ニ而半紙弐束・生ふ三合取ル、

十五日　快晴也、○今日ハ煤払也、暖シ、○魚町善八、十三才男淋病祈廿疋入、○牛久保惣四郎七才女子疳祈廿疋入、直ニ札遣ス、○高足徳蔵七十三才女長病祈、○下地重次郎札受来ル、○牧野良作札受来ル、三

十疋入、○大津庄八同断十疋入、○長七へ仏名会礼ニ行、○千歳草一箱遣ス、三軒へ半し三・菓子一包・胡麻餅一包ツ、遣ス、権右衛門・□□半し二ツ、也、猪左衛門へ柚香糖三十本遣ス、○□左衛門来ル、清源寺の掛金三分弐朱ト弐百廿四文渡ス、五会目落札金半分五百文入ル也、右ノ金子五両当院九会目理兵衛落札分直ニ持行也、○大工栄吉来ル、杉丸太六十六本□八寸角一本合金一両三分弐朱ト三百九十文也、右□代相渡ス、餅喰ス、○新田権右衛門来ル、菰口善左衛門所持分小向野裏田畑廿三両ニ而弥当院へ買ニ申来ル、承知ス、○源吉飯団餅一重入、○

（十六日ノ記載ナシ）

十七日　快晴、折々曇ル、○新田三次郎四十六才女月役不順祈、○東組要右衛門廿六才男長病祈廿疋入、○牛久保九郎右衛門三十才女頭痛祈廿疋入、○和平殿こま初尾米入、みかん三十遣ス、河岸へ杉丸太六十六本付羽根井ノ筆子ニ運送致様ニ頼遣ス、○大工安太郎来ル、今朝河岸へ筏乗付ル云、直ニ帰ル、○新次郎祠堂り壱分入ル、○清源寺来ル、明年年頭登城廻状持参、潮音寺へ次ク、馬金割百八十五文入ル、○昼□戒円中瀬古へ助法ニ遣ス、みかん七十遣ス、○源次□木切ニ来ル、長屋普請用松二本切り其外小木大分切、○藤七米二臼つく、○□□□□九月かし分一両返済入ル、り弐匁入、□□□□、

□□日（十八）　夜前宵より雨降ル、四ツ頃地震致ス、今朝□□昼頃より天気成ル、○坂下徳右衛門三才女子疱十□目祈廿疋入、○新田三太郎札受来ル、廿疋入、○東組要右衛門同断、○小助三朱ト八十一文祠堂り入ル、国役分金六百六十四文渡ス、○吉川村へ年貢皆済七蔵頼ム、弐貫弐百四十二文也、○羽根井政平・乙作・寅吉・岩吉・新作・定蔵・豊作・慶作・惣兵衛・善三郎・茂八・惣右衛門十二人ニ而八ツ頃より河岸へ丸太運送ニ行、三十五本運ふ、二荷ニ行、飯出ス、まだ三十一本残ル、○朝半右衛門へ仏名会ノ礼ニ行、菓子大一苞・胡麻餅八ツ遣ス、○藤七もち米一臼つく、○晩方戒円中瀬古より帰ル、

十九日　快晴、風有ル、寒シ、○松山久次郎六十七才男年病祈廿疋入、○田町栄蔵牛久保の札受来ル、○粂吉胡麻一重入、○朝より西羽田七左衛門□□新作・林蔵・増蔵・奥蔵・佐代吉・清四郎・和平・次郎作・久五郎十一人門ノ片側へ門内□□、昼迄ニ済也、後より河岸へ丸太運送ニ行、暮迄三十一本入ル、皆済也、飯出ス、○才□□□下地へ万茶求ニ行、七百四十二文払、○□□□□与右衛門四軒分こま初尾米入ル、みかん三十余遣ス、○源次郎木切ニ来ル、○藤七もち米一臼つく、

廿日　快晴也、暖シ、○松山久次郎札受来ル、○常右衛門蕎麦こ一重入、○伝次郎内入来、同一袋入ル、こま初尾も入ル、○中瀬古へ小用一取ニ行、夫よりもち米一臼つく、○善作来ル、此間かし分金一両返済入、○北清作とふふ二丁入、○

廿一日　快晴、寒シ、冷ル、○石原村半蔵六十五才男痰祈金百疋入、こま初尾、直ニ札遣ス、□飯も喰ス、○田町三右衛門六十一才女白血祈廿疋入、○猪三郎来ル、蕎麦こ一重入、みかん三十余遣ス、こま初尾も入、○おなか木綿一反持参、九百文求、○新田権右衛門来ル、古茂口（菰）善右衛門所持所持（マヽ）ノ高須新田下野坪畑前ニ而壱反廿七歩ニ而有畝か畑一反廿八歩・田九畝十一歩也、右ニ而代金廿三両也、此方へ買證文持参也、内金五両渡、○半右衛門殿入来、源右衛門祠堂金返済由申来ル、○中瀬古より子供来ル、道淳無事ニ而帰ルト云来ル、羽根井へも此方より右申遣ス、○藤七もち米二臼つく、

廿二日　昼後迄照ル、晩方より雨ニ成ル、東□□□□雷一ツ、○茅町吉蔵五十四才女小便□通祈廿疋入、○田三右衛門札受来ル、○政蔵入来、□□十分利足一両ト六百七十弐文入ル、○道淳入来、信州松本源光寺ノ弟子ト成り宗賢居ル共隠レ不逢而昨日帰ルト云、斎用直ニ帰ル、○新居応賀寺弟子法瑞房（番）晩方入来、菓子一箱入ル、宿ス、○才次郎此間求万茶ノ内一俵替ニ行、○藤七もち米壱臼つく、○外（神脱）勝蔵胡麻餅一重入、

□□（廿三）日　快晴也、風有ル、大ニ冷ル、○茅町吉蔵札受

来ル、○平蔵来ル、珠光院分九会目返金弐両壱分弐朱ト百六十六文入ル、○(町脱)西清四郎来ル、祠堂り一両弐分処へ米一俵三斗ノ代三分ト四百七十九文入ル、○才次郎来ル、九会目掛金三分三朱ト三百九文入ル、年貢ノ米一斗八升四合入ル、初定相済也、昨日人参求代七十一文ト云、○同人下地亀屋ニ而万茶求、六貫五百四文也、藤七□□今日取ニ行、○和平来ル、久七□□□□□弐分入ル、釣り三百三十九文遣ス、○万□□□□□堂金長借りニ付、年賦先年願□□□□了簡ニ而当年迄済、壱分入ル、證□□□□、大工栄吉今日より長屋普請斧始来ル、□□拵ふ、○源平粉一重入、○七蔵来ル、来年たんす金一分弐朱貸ス、○百度新家ニ而黍壱升五合借り入ル、○藤七もち米一臼搗、○昨日中村兵右衛門こま初尾五軒分入ル、みかん五十遣ス、○法瑞房早朝より帰ル、○西弥中白一俵代五百十六文払、

□□(廿四)日　曇天、大ニ凍ル、四ツ頃より照ル、○平蔵来ル、九会目返金弐分一朱ト弐百五十一文入ル、○弥次右衛門来ル、祠堂り壱分一朱入ル、釣り八十二文遣ス、○作右衛門来ル、九左衛門、九郎右衛門西ノみかん屋敷質ニ入レ四両祠堂貸付ノ処、当暮作左衛門求ニ付、右四両分ハ作右衛門借り度様申来ル、承知ス、○同人取次ニ而勘右衛門昨年り足弐分ト亦三匁入ル、当年ノりハ延し呉と云、○源右衛門来ル、祠堂貸分ノ内金三両入ル、○□吉普□祝に大餅弐ツ入ル、○中瀬古へ小遣弐貫文遣□、小用一取来ル、○栄吉と安太郎□□□□、○平十へ平作不快見舞戒円遣ス、□□□□折遣ス、飽海与吉之落金三両遣ス、此間□□□十両ニ成ル、○新田権右衛門へ善右衛門分地代□□四両今日渡、先日五両渡合九両也、外ニ三両先年取替分差引ニ致し、〆十二両ニ相成ル、釣十一両ハ権右衛門方ニ而借ル證文も今日遣ス、右文作読物来ル故為持遣ス、読物も今夕ニ而休む、

□□□(廿五日)　曇天、昼頃より雨、○広吉来ル、九月かし分四百文・弐分り弐朱入、釣り百十二文遣ス、○下り町釜甚来ル、り六百七十二文入ル、○百度久七来ル、祠堂金之内六両貸ス渡、證文入ル、壱両り弐朱入ル、釣

り百六十六渡、○西宿弥三郎ニ而中白二俵取ニ藤七
行(ママ)、○仙吉蕎麦粉一重入、○の川ニ而半し二〆
○栄吉柱切□□来ル、○七蔵たん
す、昼過より来ル、米洗□もち米六斗六升水に積(漬)ル、
○子供一昨日より今日迄書初書仕舞机へ内へ持行也、
(廿六)□□日　快晴、五ツ頃より雪はら〱、昼過迄降ル、
大ニ寒シ、○前芝山内八平より使来ル、ねり鉢一組三
ツ□□□・蝋燭五丁入ル、酉年八才みき眼病也、み□
□一束遣ス、○早朝よりもち搗□□□□黍一升五合・
粟三升余也、七□□□□、○北川三軒へ餅一重ツ、遣
ス、才次郎・九左衛門・源六へ同断、○才次郎早朝よ
り手伝、昼後帰ル、○七蔵・富蔵たんす也、もち少々
遣ス、○栄吉・安太郎柱切取来ル、○道淳早朝より手
伝ニ入来、暮方帰ル、もち少々遣ス、中のりの川ニ而
取り入ル、○六郎兵衛より牛房三本入ル、
(廿七)□□日　快晴、大ニ凍ル、○小浜勇蔵八十八才女□
□、○西町勇蔵守受来ル、一升ト十疋入、○重太郎蕎
麦粉一重入、○平六祠堂り壱貫三百五十文祠堂り入

ル、○清八来ル、金一分かし、来年冬藁ニ而返済ト
云、○和平殿入来、大牛房三本入、みかん一束遣ス、
○戒ノ母両人ノ木綿衣仕立来ル、衣ノ糸(ママ)　賃五百目ニ
而壱貫文打賃百六十四文入、渡ス、○栄吉・安太郎柱
取切ニ来ル、○
(廿八日)□□□　快晴也、○小浜ノ勇蔵札受来ル、廿疋入、○
六郎兵衛より餅一重入、○平蔵祠堂り三分弐朱入ル、
釣り百六十七文渡、○源右衛門来ル、掛金取次分合一
両三分入ル、三百四十二文不足□□、祠堂金返済ノ内
一両入ル、先日共合四□□□、十六両貸ノ内四両ハ長
ク借り故利足□□□□三百四十二文用捨志(ママ)遣ス、○九
文字屋より使来ル、一升ト廿疋・蝋　ト備一膳、外
ニ三膳諸尊供上みかん五十遣ス、○おちの来ル、米一
斗三升買取様ニ頼来ル故遣ス、代ノ内へ弐朱入ル、○
栄吉・安太郎柱切取来ル、半日ハ襖二本ふち打、今日
迄十人来ル、金一分弐朱かし、○実五郎蕎麦□一重
入、○才次郎青昆布頼ム、代四百文也、○中瀬古へ小
用一取ニ行、○木切ノ源次郎へ三百三十二文、十六文

弐人分渡、
□□(廿九)日　快晴也、折々曇ル、○昨日と今日所々へ歳暮遣ス、○源六・九左衛門より餅入ル、○作蔵殿入来、清須分落札金五両渡ス、平十分掛金壱両入ル、釣百十二文遣ス、○源六来ル、頼母子金ノ内弐分入ル、跡ハ不足也、○半右衛門殿入来、祠堂金十両貸ス證文持参也、○善八篠束ニ而醤油一樽求来ル、昨日八百五十文渡故樽代之内三十二文不足故遣ス、飯喰ス、○中瀬古へ大備壱膳・のし餅一臼・切餅三百枚・小備廿□□・中備四膳遣ス、みかん二束余・九年□(母脱)東計三宝共遣ス、金一両遣ス、藤七□□立なから行、先より門松二本求来ル、代八十文□帰り此方門松立ル、○百度本家より開眼礼十疋入、
□□(晦日)　快晴、折々曇ル、○歳末静也、目出度シ、○広吉来ル、吉右衛門弐分貸シ分返済延引頼、当年り一朱入、釣り八十一文遣ス、○歳暮□□入ル、子供皆入ル、辻平親父来ル、岩蔵江戸下向之挨拶ニ半し二遣ス、○此方より歳暮諸々遣ス、戒・蓮春庵へ礼ニ行、金弐朱ト唐みかん廿遣ス、虫薬一服貰来ル、○戒在所へ行、みかん二束・里芋一盆遣ス、桐ノ焼キ指下駄一足受来ル、○善八ノ婆々殿入来、まん中一袋入ル、牛房七本遣ス、おりのより戒へ足袋一足入ル、戒在所より蓮嚢へ足袋一足入ル、○おちの米代ノ内へ亦弐朱入ル、三百文かし、○

（一丁白紙）

元一(安政四年)　快晴、風有ル、冷ル、昼頃より折々曇ル、○紺屋町□十四才男無難祈十疋入、○文ニみかん一東五十□□、○おきせへ八百(マヽ)　文日雇賃遣ス、○
元二　快晴、長閑也、日暮より曇ル、雷鳴ル、六ツ頃より時雨ニあられ少々降ル、○八十札受来ル、○夕方牧野猪三郎三十才男風ニ付物祈、○佐藤豊次郎白砂糖一曲入、みかん三十遣ス、○菊屋柚香糖入ル、○九文字屋使ニ而十疋入、○助十取次来ル、○
元三　曇晴、寒シ、○年玉配り、○おとね来ル、足袋一足入ル、半し二遣ス、○松山九郎兵衛二百七十二文入ル、羊かん一本入ル、みかん三升遣ス、○中瀬古へ

□□・赤みそ遣ス、黒さとふ弐百文・酢十文求、
四日　快晴、寒シ、○牧野猪三郎札受来ル、金一朱入、○牛久保慶蔵五才女子ふら〳〵祈三十疋入、○今日ハ節会子供三十六人也、常右衛門・源吉・安五郎下山ニ付不来ル、平作・太作不参也、小豆一升三合沢山也、才次郎・助十郎・文平手伝来ル、戒母・お慶も来ル、七蔵同断也、○夕方富蔵ハ井戸行故不参、夕方とふふ二持テ来ル、みかん三十余遣ス、○六郎兵衛より餅一重・とふふ二丁入ル、半し一遣ス、○おちの来ル、米代ノ内弐百文持行、○中瀬古へ茶□□□遣ス、
○の川へ八貫文渡、半し一束取ル、
五日　曇天、昼前少々照ル、○慶蔵札受来ル、○大工安太郎入来、半し三状（帖）入ル、○□□□平来ル、嫁たん圜来ル、九十一沢地華初、弟ノ方三十一はん也、十疋入、○中瀬古へ茶わん之類取ニ行、使来ル、半し四束来ル、○才次郎植田へ行、本家へみかん一束五十、新家へ一束遣ス、○戒母昼頃より小僧ノ衣拵来ル、暮方迄済、○植田重右衛門十疋入、

六日　快晴也、○新田安兵衛来ル、中芝ふ屋三才□□疱祈十日目祈廿疋入、晩方札受来ル、○清水清蔵□□八才女産後腫物祈弐百十弐文入、○小池□□五十四才男夜不寝祈三十疋入、○茅町仁右衛門五十四才男熱祈、○備配ル、○植田儀助来ル、十疋入、みかん五十遣ス、○開浴ス、
七日　快晴、風有ル、寒シ、○清水・小池ニ仁右衛門札受来ル、○御城年頭戒円伴、藤七供也、昼頃帰ル、家中内へも所々廻ル、○子供祝儀入、弥一郎不参也、
○亀次郎・文平留主居へ来ル、○六郎兵衛入来、
八日　夜前より風強ク大ニ寒シ、大凍り、快晴、□□□丁山田屋七才女子疱十一日目祈廿疋入、□□栄吉茅町仁右衛門札受来ル、○大工栄吉□□、安太郎当年仕事勤メ柱木取也、○朝□□中瀬古へ大半・小半取ニ行、○昼前より道淳来ル、藤七伴ニ而羽根井・牟呂・新田・吉川へ年礼ニ廻ル、暮方迄済也、○中原権七ニ善五郎年□入来ス、雑煮出ス、三十ツ、みかん遣ス、
○常陸十疋入、年玉入、菓子出ス、○

九日　快晴也、大分凍ル、〇大平次郎兵衛・吉太郎□□、二番丁戸田大平三十才女喘ツ□シ祈□□□、〇指笠町あかね屋次郎兵衛五十七才男時々□□□祈廿疋入、〇新銭町吉太郎四才男子□□□廿疋入、〇橋良千蔵廿四才男湿眼祈十疋入、晩方札受来ル、〇栄吉・安太郎仕事来ル、〇昼後より戒円・藤七伴、町方・大村・瓜郷・下五井へ□礼ニ廻ル、暮方迄済也、〇神宮寺年玉入ル、

十一日(十カ)　快晴也、凍り大ニユルム、〇茅町弥次郎八十三才年病大病祈十疋入、供物一包遣ス、〇政平来ル、佐藤文蔵嫁廿六才乳腫レ祈廿疋入、〇九□□□取次、橋良磯吉五十六才男大病臨、〇□□□□疋入、菓子出ス、〇戒町へ行、上菓子弐百文・□□十・す八文求、〇栄吉・安太郎仕事来ル、朝より柱堂分下地求昼前ニ来ル、〇小八□下向ノ挨拶ニ十疋遣ス、〇高須八兵衛よりこま□尾米入ル、納豆一器入ル、みかん五十遣ス、□□泙野密門礼十疋入、半し一・みかん六十遣ス、〇おり□礼廿四文・あけ七ツ入ル、みかん六十遣ス、〇藤七麦二はんこへ出し、

十一日　快晴、大ニ長閑也、暖シ、〇五郎兵衛取次、大塚也五十二才男痰祈廿疋入、〇羽根井より佐藤札受来ル、〇おちの橋良ノ臨御符頂来ル、十疋入、□□□□安太郎仕事来ル、〇藤七麦こへ、

十二日　未明はら〱、曇天、折々照ル、風晩より強シ、〇普請組定右衛門十二才男眼病祈廿疋入、〇□□五郎兵衛札受来ル、〇和平殿入来ス、〇の川ニ而せん香百文取、〇大工両人来ル、〇中瀬古へ八〇ニ而代三百廿九文渡ス、〇おミな礼来ル、一包入、〇藤七米二臼つく、

十三日　夜前より風強シ、曇天也、寒シ、〇□井長□□二才男風祈三十疋入、〇普請組定右衛門札受来ル、〇才次郎塩六升求来ル、百六十四文也、〇龍運□礼来ル、納豆一箱・中のり一帖入、光明□□□一箱・油五合配書一入ル、みかん三十出ス、□□□弟子倫冏十才手本頼ム、〇かち(鍛冶)村太□□廿七才男痰御符受来ル、五十文入、〇大工両人来ル、〇藤七米一臼つく、

十四日　朝曇り、快晴、風強ク寒シ、○松井長吉札受来ル、同所□蔵六十二才女腹痛祈廿疋入、○伝四郎より足袋一足入、半し一遣ス、○大工両人来ル、○藤七麦二はん削り初、○開浴ス、○供物もち一升五合搗ク、

十五日　快晴、寒シ、暮方より風強シ、○斎後こ□修行、参詣少々、○曲尺手利兵衛十八才女大□□廿疋入、○松井増蔵札受来ル、○□浜□□母参詣、納豆・白みそ一重入、□□□□□、○川崎吉蔵よりもち米二升入ル、みかん□十遣ス、○道淳助法来ル、○大工両人来ル、○昼後より源次郎木切ニ来ル、○晩方より藤七在所へ礼ニ行、百文・餅二ツ・小みかん五十遣ス、

（安政四年）

（正月三日）　味噌一重共遣ス、挟箱ハ老師昨和上方へ置テ来ル故才次良方ニテ借り用ル、○九左衛門ノお□ね来ル、足袋一足入ル、半紙二帖遣ス、○松山九良兵衛□□六百七十二文入ル、羊（ママ）一本入ル、蜜柑三十遣ス、○黒砂糖二百文・酢求ム、○清源・長全・金光年玉入ル、

四日　快晴、寒シ、○早朝多聞供、○今日ハ節会、子供三十六人也、常右衛門・源吉・安五郎下山ニ付不参也、平作・太作不参也、小豆一升五合沢山也、才次郎・助十・文平手伝入来、戒（円脱）ノ母ニ慶も来ル、七蔵同断、○富蔵井戸へ行不参、晩方豆腐二丁持参行、蜜柑□□遣ス、○牧野伊三良札受来ル、一朱□、○牛久保慶蔵五才女子ふ□□□虫祈三十疋入ル、○□良兵衛より餅一重・豆腐二丁入ル、半紙一帖遣ス、○中瀬古へ茶碗膳遣ス、○の川屋へ銭八貫文内払為持遣ス、半紙一束取ル、

五日　曇天、昼前少々照ル、○早朝多聞供、○慶蔵札受ニ来ル、○前芝八平内入来、聟ノ縁談鬮頼来ル、九十一番沢地萃初也、弟ノ方三十一番也、十疋入ル、○大工安太郎礼半紙三帖入ル、○中瀬古へ□□□取ニ遣ス、備餅四膳来ル、の川ニ而取ル半紙四束来ル、弐匁四分五厘ツ、云、○才次郎植田ニ行、半右衛門へ蜜柑一束五十遣ス、市右衛門へ一束遣ス、□□□□重右衛門礼十疋入ル、○戒ノ母小僧ノ衣昼□□□拵ニ来ル、暮方迄ニ済也、蜜柑三十遣ス、

六日　快晴也、○早朝多聞供、○新田安兵衛来ル、中世□麸屋三才女子疱祈廿疋入ル、晩方札受来ル、○清水清蔵廿八才女産後腫物祈弐百十弐文入ル、○小池栄吉五十四才男疳、夜不寝祈三十疋入ル、○茅町仁右衛門五十二才男江戸ニテ熱祈廿疋入ル、○植田儀助□十疋入ル、蜜柑五十遣ス、○世話人北川三軒・長七・助九郎・才次郎・半右衛門・猪□衛門・久左衛門・伝四郎へ備餅配ル、○開浴、百度近所入来ル、

七日　快晴、風有ル、大ニ寒シ、○清水清蔵札受来ル、○御城年頭、戒円伴、藤七供、御留主故玄関ニ而

済昼頃ニ帰寺ス、代官へ三人扇子一対ツ、遣ス、其外手札ニ而廻ル、○亀次郎・文平留主居ニ来ル、○子供祝儀入ル、□□□、○六郎兵衛入来、弥之吉旧冬江戸へ行と云手紙来ルト云、大借故家屋敷迄も村へ差出候由也、当地蜜柑代ノ内六両三分、頼母子其外時かし等迷惑也、

八日　夜前より風強ク大ニ寒大凍り、快晴也、○横丁山田□□四才女子疱□日目祈廿疋入、○小池栄吉茅町□□札受来ル、○大□□□安太郎当年仕事□□□□、○朝下男中瀬□□□半・小半取ニ行、○□□□□、○□七供ニ而羽□□・牟呂・新田・吉川迄年頭ニ廻□□□済也、○常陸年玉十疋入、菓子出ス、○中原権□□・□善五郎年頭入来、雑煮出ス、蜜柑三十弐ツ、遣ス、

九日　快晴也、大分凍ル、○二番丁戸田太平三十才女□□祈廿疋入、○指笠町あかね屋七郎兵衛五十七才男夢中ノ様祈廿疋入、○新銭町吉太郎四才男子疱□廿疋入、○橋良千蔵廿四才男湿眼祈十疋入、亦札受来ル、○昼後より戒円藤七供町方・大村・瓜郷・下五井年頭廻ル、暮方迄ニ済也、○神宮寺使僧年玉入ル、○栄吉・安太郎仕事来ル、

十日　快晴也、凍り大ニユルム、節分也、○茅町弥次郎八十三才女年病臨十疋入、供物一包遣ス、○政平来ル、佐藤□□□嫁廿六才乳腫レ祈廿疋入、○九左衛門取次橋良□□□□六才男年病大病臨十疋入、○水主礼十疋入、菓子出ス、○戒町へ行上菓子・あけ十求、○栄吉・安太郎仕事来ル、安太郎朝より木不足分求ニ付下地辺聞合昼前ニ来ル、○小八江戸下向ノ挨拶に十疋遣ス、○高須八兵衛よりこま初尾米等・納豆一器入ル、蜜柑五十遣ス、○浮野密門礼十疋・半し□・中みかん六十程遣ス、○おりへ礼廿四文・あけ七ツ入ル、みかん六十程遣ス、○藤七麦二はんこへ出し、

十一日　快晴、大ニ長閑□、暖シ、○五郎兵衛取次、大塚也五十弐才男痰祈廿疋入、○和平より佐藤ノ札受来ル、○栄吉□□□仕事ニ来ル、○□七麦こへ出し、

(十二日)□□□　未明はら〱、□□□□風晩より□□□□

□十二才男眼病祈廿疋入、○□兵衛札受□□□□□
□、○の川ニ而せん香百文取ル、○大工両人来ル、○
中瀬□□□□扇代三百廿九文渡ス、○おみな礼祝儀一
包入ル、○藤七米二臼つく、
十三日　夜前より風強シ、曇天也、寒シ、○松井長吉
四十弐才男風祈廿疋入、○普請組定右衛門札受来ル、
○才次郎塩六升求来ル、百六十四文と云、○龍雲寺礼
来ル、納豆一箱・□□壱帖入ル、光明寺納豆一箱・油
配書五合入ル、蜜柑三十出ス、龍雲弟子十才綸冏手本
頼承知ス、○かち村太平廿七才男痰御符頂来ル、五十
文入ル、○大工両人来ル、○藤七米一臼つく、
十□□（四日）　昼前より快晴、風強ク寒シ、○松井長吉札□
□、同所増蔵六十弐才女腰痛祈廿疋入、○伝四郎□□
□足袋壱足入ル、半し一遣ス、○大工両人来ル、○明
日供□餅一升五合つく、○藤七麦二番削り初メ、○開
浴ス、
十五日　快晴、寒シ、暮方より風強シ、○斎後講之護
摩修行ス、参詣少々、○曲尺手九文字屋利兵衛十八才
女労症祈廿疋入、○松井増蔵札受来ル、○高須吉□母
参詣、納豆・白味噌一重ツヽ入ル、上蜜柑五十遣ス、
○川崎より米もち也二升入ル、中みかん五十遣ス、○
道淳□法来ル、○大工両人来ル、○昼後より源次郎木
切ニ来ル、門前南ニ而一本切ル、○晩方より藤七在所
へ礼ニ行、□□□百文・備餅・小みかん五十遣ス、
十六日　快晴、風有ル、寒シ、○小浜清兵衛□□□□
□祈、○一番丁青山兵右衛門弐才女子□□□祈廿疋
入、○曲尺手利兵衛札受来ル、○礼人少々入来ス、○
戒円在所へ礼ニ行、味噌一重・半□□壱本遣ス、おり
の方へみかん五十遣ス、○万歳来ル、三合・三十二銅
遣ス、○
十七日　終日風強ク寒シ、大ニ凍ル、快晴也、○正岡
十兵衛六十五才男湿腹へ入り祈廿疋入、○大津七左衛
門五十七才女血ノ道祈廿疋入、直ニ札遣ス、○坂下長
七、四十五才女七ヶ月目祈、みかん二十遣ス、○小浜
清□□病人死と申来ル、十疋入、土砂遣ス、○青山兵
右衛門札受来ル、○平六より新町作兵衛昨年之祈礼廿

疋□、○坂平柚香糖一本入ル、○植田半右衛門殿年礼菓子一箱入ル、みかん出ス、扇子一対遣ス、○上細屋作次郎年玉一包入ル、みかん三十為持遣ス、○大工両人来ル、○源次郎木引割ニ来ル、○中瀬古へみかん一束五十為持遣ス、瓶原戒定より手紙到来ス、○坂津・外神筆子十二人、田町神明清□より松丸太廿七本・檜丸太三本・□石□□□□、下地万吉より松ノ八寸角引割二丁小□□□百九丁右晩迄ニ運送ス、入ル、坂□□□□□朝藤七在所より帰ル、あけ九ツ入ル、

十八日　快晴、寒シ、○二川善右衛門廿八才女□□□□□疋入、直ニ札遣ス、○田町伊助廿八才男中キ様□、○坂下長七札受来ル、廿疋入、せん餅一袋入ル、□柑三十遣ス、○正岡十兵衛札受来ル、○才次郎入来、十七夜餅入ル、○作蔵入来、あけ九ツ入ル、平作今日より習ニ来ル、○町方へこま札配ル、○大工栄吉一人来ル、○源次郎（ママ）　木引割ニ来ル、七ツ前より内へ帰ル、○藤七麦二はん削り、

十九日　快晴、風有ル、朝凍ル、○高橋三六取次、橋尾善蔵弐才男子風ノモツレ祈、○田町伊助札□□廿疋入、○味噌豆四斗水に積（漬）ル、○大工両人来ル、○中瀬古へ小用一取ニ行、○

廿日　曇天、折々照ル、長閑也、○高橋三六橋尾ノ札受来ル、金百疋入ル、○東組杉本両八、八十三才男大病祈十疋入、○早朝より味噌煮（焚）キ至極加減吉也、暮方迄ニ丸メル、助十郎手伝ニ来ル、○大工両人来ル、

廿一日　曇天、四ツ半頃よりはら〱雨、大分降ル、暮方晴□、本町甚八三十二才男疝積（癪）祈十疋入、内□□路北重村市次郎三十才女疳祈廿疋入、□□□□□八百蔵四才男子腹下り祈、○□□□□□九十位女年病祈廿疋入、○□□□□□□四才男大病祈、○八郎兵衛取次篠東□□□□女口中より膿出ル祈弐百十二文入ル、○道淳入来、曲尺手八百久ノ新作出家ニ致様、廿五日吉日故連テ来ル様ニ申遣ス、○早朝より味噌豆三斗煮ク、晩迄ニ丸メル、才次郎殿・おみへとの手伝ニ入来ス、○大工両人来ル、○

廿二日　快晴、四ツ過より曇ル、暮方より雨ニ成ル、

○松嶋兵助三才男子風邪祈、○札木舟橋屋勝之助六十九才女痰祈廿疋入、○西二はん丁青山光平五十才男冷ヱ祈廿疋入、○甚八・市次郎・□□郎・八郎兵衛札受来ル、○八百蔵・直次郎□□□、○大工栄吉一人来ル、○藤七腫レ病気、昼後より在所へ養生ニ行、替りヲコスト云、

廿三日 快晴、昼頃より雪ニ霰レ少々、風強ク大ニ寒シ、○羽根井佐右衛門五十三才女腹下り祈廿疋入、○作兵衛取次、新城町也七十七才女痰祈廿疋入、○兵助札受来ル、弐百廿四文入ル、○勝之助ニ光平札受来ル、○中瀬古より子供来ル、廿五日ニ新作連テ来ルト申来ル、小遣八百文渡、下山ノ□□祝儀□□共合壱貫五百文ニ成ル、○

廿四日 曇晴、大ニ凍ル、風強ク寒□、○□□□□□七十四才男大病再祈臨十疋入、○□□□□□二十一才男江戸ニ而風祈廿疋入、○東脇□□□八十才女留(溜)飲祈、○佐右衛門・六右衛門札受来ル、○亀次郎廿三夜餅入ル、○藤七ノ婆々来ル、□より医者ニ懸ケ薬用ト云、あけ九ツ入ル、供物一包・御符遣ス、○

廿五日 曇天、昼前より照ル、○惣八取次、田尻九平五十一才男急病祈、無程死と申来ル、十疋入、土砂遣ス、○東組要右衛門廿七才男大病再祈臨十疋入、○元新町金兵衛五十八才男□□祈廿疋入、○羽根井五三郎今朝□□□次郎□□東脇市之助札受来ル、廿疋入、○日色野札受来ル、○斎前道淳曲尺手八百久ノ息子十才成新作出家ニ連立来ル、菓子一袋入ル、晩方いやと云、道淳同道ニ而中瀬古へ連帰ル、○羽根井八兵衛、久作聟ニ貰ふ祝ニ廿疋遣ス、戒円持行、

廿六日 快晴、大ニ暖シ、長閑也、夕方地雷ノ様也、○中瀬古へ尾州年頭ノ祝儀廿疋一札、十疋大悟院へみかん□□共為持遣ス、明朝道淳行也、○今日子供天神祭ル、○才次郎入来、奥郡人ニみかん売ル、三百七十弐文入、

廿七日 快晴也、暖シ、長閑、○下地四□□□□□□四十才女血道祈、晩方札受来ル、廿疋入、○元鍛冶町勘蔵六十四才女痰祈、○羽根井善次郎入来云、□□井

親類五十二才男・十五才男江戸ニ而風祈、とふ□二丁入ル、みかん少々遣ス、○戒母入来、あけ十一入ル、明日戒伊奈へ初メテ行様申、○開浴営、

廿八日　快晴、長閑、暖シ、○新銭町嘉兵衛七才女子疱十二日目祈、○内袋小路北村市次郎来ル、三十才女未不快ト云来ル、御符ニ土砂遣ス、○院主・蓮嚢羽根井五三郎病死ノ悔ニ行、菓子一箱・平せん香一わ遣ス、和平方へ寄ル、納豆一曲遣ス、○早朝より戒円・善作、伊奈十兵衛へ初而行、白砂糖一曲・蜜柑壱束余遣ス、夕方帰ル、神楽馬乗り有ルト云、蕎麦切一ロシ受来ル、○元鍛冶町勘蔵札受来ル、廿疋入、

廿九日　未明より雨降ル、昼後より天キ、風強ク夜分烈シ、寒シ、○吉川安兵衛六才男子疱六日目祈廿疋入、○新銭町嘉兵衛札受来ル、廿疋ト燈明料十疋入、○清七入来、あけ十一入ル、普請見舞也、才次郎入来、みかん売ル、金弐朱ト□□□□、○昼頃藤七ノ婆々来ル、未不快故替りに来ルト□、○羽根井善三郎祈三十疋入、○

二月

朔日　快晴、風強ク寒し、○瀬古町直三、三十七才女□重く祈廿疋入、○西宿四十三才男積(癪)祈廿疋入、○安兵衛札受来ル、○道淳新作同道ニ而来ル、□□置テ帰ル、機嫌吉也、○中瀬古へ小用一取ニ婆々行也、

二日　曇天也、凍ル、冷ル、夕方より雪、○西羽田新蔵子□死スニ付祈廿疋入、○中瀬古権吉五十四才女長病祈、○上伝馬権三郎取次、古宿市太郎五十一才女中疝付物祈、○未明より戒円持病ノ頭痛唾出足タルク□ス、昼後より母看病ニ来ル、○みの屋へ様躰ニ而煮薬三貼取ニ遣ス、○の川ニ而大のり二帖・金赤一・白赤四取ル、新□□来ル、白砂糖一曲入ル、○婆々中瀬古小用一取ニ行、新作帰り度故連立テ遣ス、

三日　夜前より今日四ツ前迄雪降ル、夫より風、快晴、○上伝馬権三郎古宿ノ札受来ル、○戒円持病同様母看病ス、○おりのみの屋へ薬三貼取ニ行、同人みかん八十五遣ス、代百文分也、○善八殿見舞ニ入来ス、○羽根井五三郎悔礼入来、廿疋入、○道淳入来也、直

ニ帰ル、○婆々百度新家ニ而ヨリコ十匁程かり来ル、
四日　快晴也、○西羽田徳次郎六十二才痰差込祈廿疋
入ル、無程札遣ス、開クト云、○新田市右衛門九才女
子通風祈弐百十弐文入ル、○草間戸名蔵五十六才女□
□□祈廿疋入、○戒円気分少々軽し、○□□白□□一
曲入ル、上筆二本遣ス、○新家内入来、ヨリコ五十□
入ル、戒見舞旁也、
五日　快晴也、○新田市右衛門札受来ル、○草間戸名
蔵同断、○弥六より位牌開眼来ル、十疋入、○中瀬□
□□子供来ル、札入ル、仮張一・赤みそ一重遣ス、○
戒円朝大分気軽処、昼前より同様平臥也、○みの屋へ
薬三貼取ニ行、○七蔵たんす、灰部屋越ス下地ノ藪竹
切タ、キ懸ル、麦質受ノ由ニ而金壱分弐朱かし、
六日　曇天也、夕方はら〳〵、○御油□□□□五十二
才女腫物祈三十疋入、直ニ札□□□□位牌ノ開眼取来
ル、○戒円今日も同様平臥也、○母入来、菓子入ル、
○七蔵たんす藪タ、キ、○新田彦兵衛入来、こま初尾
入、初午より九才ノ子供手習登山頼、

七日　夜前宵より風雨強シ、昼頃より快晴、風強ク寒
シ、○戒ノ母昨日今日けさ綴ル、○戒円今日ハ大分
宜、晩方より臥ル、○酢シ致ス、百度新家ト戒ノ母へ
遣、○百度ニ而ヨリコ少々持来ル、
八日　快晴、風強ク寒シ、○坂津浅右衛門廿九才男□
祈、○松山万蔵七十七才男風邪祈廿疋入、○百度おか
つ殿入来、あま酒一器入ル、ヨリコ五十□□、○子供
弁源六よりもち入ル、○中瀬古へ小用一取ニ行、○七
蔵たんす、藪タ、キ、
九日　快晴也、○弥六、四十四才男頭重く長病祈弐百
廿四文入ル、○浅右衛門札受来ル、弐百廿四文入ル、
○万蔵死ト申来ル、土砂遣ス、○新田ニ村方もち多分
入ル、弥一郎・清蔵・栄三郎・芳太郎・喜和蔵不参
也、茂作一重入ル、○富蔵たんす、タ、キ済、麦へこ
へ少々出ス、○戒円昨日より大分快シ、在所へ行もち
少々遣ス、垣内内蔵へ寄みかん三十遣ス、
十日　快晴、暖シ、○弥六より札受来ル、○中瀬古お
たみ祈礼十疋入ル、○朝より北川・百度行乞ニ行、八

升弐合・銭八文也、○斎後戒円・蓮嚢神宮寺へ年礼ニ□扇弐本・みかん三十遣ス、軽芸有り晩迄見テ帰ル、大分上手と申事、○中瀬古へもち十九遣ス、

十一日　快晴、暖シ、晩方曇ル、○紺屋町秀蔵四十五才男風邪祈、○茅町藤次郎六十三才女歯痛祈廿疋入、○普請組定右衛門四十一才男歯痛祈廿疋入、○早朝より西羽田行乞三升、中郷三升五合、銭合十九文也、戒母風邪供物一包遣ス、○昨日新家より荒女ノ菜入ル、○大崎初蔵来ル、あけ七ツ入ル、藤七未不快ト云、麦一升遣ス、○昨日今日米三升ツ、引、供物用意、

十二日　曇天、昼後はら〳〵少々、○市ハ（場）妻蔵三十六才□腰痛祈金一朱入ル、○紺屋町秀蔵札受来ル、□疋入、茅町藤次郎普請組定右衛門札受来ル、○今日ハ初午手習登山子供覚、新田彦兵衛伊兵九才・清六仲蔵十一才・彦三郎おむら十一才・外神善之助乙平十才・羽根井直次□紋作八才・与平次才市八才・西羽田七左衛門仲蔵八才・左衛門市三郎八才・北川富吉おりさ九才・百度半右衛門てる十才・平四郎新助八才・善八おちう九才・善吉おやす十才・俊次お貞九才・おみせノお慶女九才合十五人也、赤飯仲間入ル也、常吉風邪不参也、筆子合テ五十三人也、此方へも赤飯一器入ル、筆二本ツ、遣ス、○百度両家・九左衛門へ赤飯遣ス、戒在所へも遣ス、○

十三日　朝はら〳〵、曇天也、昼頃より雨ニ成ル、夜へ向降ル、○横須加新左衛門三才男子大病祈十疋入、○佐藤平十、五十六才女頭痛祈廿疋入、○道淳朝より釈迦供物拵ニ来ル、米にて三升ツ、致ス、暮方帰ル、○早朝大崎初蔵、壁土運送ニ来ル、○七蔵同断帰ル、西屋敷ニ而土取ル、雨故七ツ前より籾引ク、

十四日　快晴、寒シ、昼前より夜へ向テ風、○平井伝十、廿七才女怪病こま、○小松徳右衛門八十才女年病祈廿疋入、○平十札受来ル、○新左衛門死と申来ル、土砂遣ス、○新田市左衛門へ九才ノおりす病死、悔ニ行、平せんこ一遣ス、○七蔵・富蔵たんす、初蔵三人にて籾引昼迄ニ済、富ゆる（揺）、七ニ初ハ壁土運ひ也、一昨年米六俵余引二俵一斗余出来ル、○供物一器中瀬古

へ為持遣ス、○晩方初蔵内へ帰ル、
十五日　快晴也、風有ル、凍ル、寒シ、○涅槃会如例年、○指笠町茂八、三十五才男風祈弐百十二文入ル、○紺屋町宇平四十八才男風祈、○正岡猪右衛門六十五才男風祈、○吉川庄七、六十五才女風痰祈廿疋入、○二川八郎兵衛申年男祈廿疋入、○小松札受来ル、○平井伝十札受来ル、金百疋入ル、
十六日　快晴也、暖シ、○草間小吉五十一才男足痛□□百廿四文入ル、○茂八・庄七・八郎兵衛札受来ル、○宇平・伊右衛門札受来ル、廿疋ツヽ入ル、○北川三軒ト百度両家へ供物遣ス、○半右衛門へ同断、おてる手習登山祝ニ半し三帖遣ス、黒豆一袋受来ル、○院主、熊吉組頭当年成ル悦ニ行、白砂糖一曲遣ス、長七へ寄ル、供物一包遣ス、○道淳入来、直ニ帰ル、○戒在所へ行供物遣ス、お慶手習登山ノ祝遣ス、○羽根井佐右衛門内病死ニ付戒円悔ニ遣ス、平せんこ一遣ス、○婆々門前麦□□出し、
十七日　曇晴也、○上伝馬善四郎四十四才女頭痛祈廿疋入、○指笠町長七、六十八才男大病臨廿疋入、○仁連木平蔵廿六才男黄半祈三十疋入、○小吉札受来ル、○中瀬古へみかん一束五程遣ス、○戒母入来、すし一重入、風邪快ト云、子供仲間木綿幟拵ふ、みかん少遣ス、○の川屋へ晒木綿一反取ニ遣ス、代十匁七分也、○富蔵たんす、壁土ねり也、○中瀬古へ婆々大半・小半取ニ行、
十八日　極快晴、暖シ、○佐藤作兵衛六十一才女風祈廿疋入、○平井金八、四十八才男積祈廿疋廿四文入ル、○平四郎・平蔵札受来ル、○長七死と申来ル、土砂遣ス、○戒母幟拵入来、昼迄ニ済、昨日廿一日懸ル、○開浴致ス、百度より三軒入り来ル、
十九日　曇晴也、晩方大曇り、風なし、○横須加七左衛門七十六才女年病祈三十疋入、○平井金八札受来ル、○中瀬古より子供来ル、米三升遣ス、○光明寺より手本紙来ル、龍運綸冏ノいろは三本認メ遣、○婆々みかんこへかけ、○百度善作来ル、嫁ノ在所入用ノ由ニ而晦日迄壱両弐分かし、

廿日　夜前雨、快晴、大ニ風強ク夜へ向テ吹、○指笠町三吉六十一才男風ニ痰祈廿疋入、○おきく来ル、母六十三才風邪祈、○横須加七左衛門札受来ル、○中瀬古へ婆々大半・小半取ニ行、大根十四本遣ス、○婆々米壱臼つく、

廿一日　快晴也、○東組川村六兵衛七十才女風祈廿疋入、○船町新兵衛四十八才男風祈五百文ト五十銅入ル、○下り町金兵衛六才女子疱廿疋入ル、○指笠町三吉札受来ル、○

廿二日　快晴也、○西町おとミ六十五才女風祈廿疋入、○四つ屋長三郎六十六才女風祈廿疋入、○指笠町小坂井万右衛門九十才女年病祈廿疋入、○小池長五郎廿三才女痰祈、○朝より道淳、子供仲間幟さ□□□ふ木綿ニ而一丈壱尺五寸也、○大工栄吉・安太郎今日より仕事ニ来ル、○おきく札受来ル、廿疋入、

廿三日　夜前より雨、風強シ、四ツ頃天気、風ハ強シ、○おとミ・長三郎・万右衛門札受来ル、小池長五郎死と申来ル、廿疋入、○安太郎壱人仕事ニ来ル、○戒母来ル、伊奈より香の物一苞入ル、子供ノ幟の猿拵ふ、○中せこへ米七升遣ス、こへ取来ル、

廿四日　快晴、晩方曇ル、○川崎甚八、五十五才女腰腹痛祈廿疋入、○新丁八太夫九才女子風祈十疋入、晩方札受来ル、○城内石川友之進入来、親父作右衛門八十二才風邪祈、○今日ハ二の午、子供幟立ツ、○百度新家より温飩持参ニ而寺内・大工共皆沢山ニ用、○栄吉・安太郎両人仕事来ル、○かち(鍛冶)町松兵衛礼参り、柚香糖五本入ル、○晩方よりばゝ在所へ藤七見ニ行、○開浴、百度ニ入り来ル、

廿五日　夜前も雨少々、雨天也、昼前より天キ也、○新田久右衛門四十六才男風祈廿疋入、○田町せこ七歳七才女子風祈廿疋入、○中村普仙寺四十九才中キ祈、○甚八札受来ル、○はゞ(婆々)朝在所より帰ル、藤七未同様不快ト云、○子供皆下り町天神参、小僧同断、○栄吉・安太郎両人仕事来ル、○はゞ米一臼つく、

廿六日　曇天也、○市バ次郎吉四十五才男風ニ疳祈、○草間藤蔵三十三才男風邪祈、○石川友之進札受来

ル、金百疋入、大分快ト云、○田尻嘉兵衛五十三才男持病発祈金百疋入ル、○今日ハ彼岸中日休日也、○戒円垣内へ行、みかん廿遣ス、画二枚書羅(貰)ふ、○芳(母脱)太郎あけ九ツ・里芋入ル、○要作初餅一重入、九年九ツ遣ス、○中瀬古子供来ル、銭壱貫五百文遣ス、

廿七日　夜前より雨天気、○牛川吉右衛門廿六才女産後祈、○普請組定右衛門三十七才女眼病・風祈廿疋入、○新銭町関次郎六十七才男年病祈廿疋入、○藤蔵札受来ル、廿疋入、○中村普仙寺より札受来ル、金百疋入、未同様ト云、○芳太郎餅一重入ル、酢し遣ス、○今日ハ香の物・酢し致ス、○戒ノ母入来、此間善作ニ貸分金一両弐分返済入ル、酢し少々遣ス、同家より香の物六本入ル、○新家へ酢し少々遣ス、○栄吉・安太郎両人来ル、

廿八日　快晴、大ニ冷ル、○定右衛門・関次郎・嘉兵衛札受来ル、○市バ次郎吉祈礼三十疋入、病人死ト云、○中瀬古より子供来ル、赤みそ一重遣ス、○の川ニ而金赤一わ・大のり一・小らう百文取、○栄吉・安太郎両人仕事来ル、○婆々米一臼つく、

廿九日　快晴、冷ル、少々曇ル、○遠州小池龍翔寺普山祖門和尚ニ成ルニ付入来、風呂敷一ツ・浅草海苔一枚入ル、直ニ帰ル、直様百度周蔵方へ向テ廿疋祝ヲ戒円ニ為持遣ス、当百一穴ト半紙二状入ル、○栄吉・安太郎仕事来ル、

晦日　快晴也、冷ル、○佐藤茂三郎五十一才男痰風祈廿疋入、○小浜彦蔵弐才男子風祈十疋入、○栄三郎あけ入ル、○栄吉一人仕事来ル、新河岸丸太代金三分弐朱ト五十四文渡ス、○おかく木綿一反持来ル、代九百文也求、○百度新家より餅一重入、斎沢山也、○はゞ(婆々)屋敷ノ小麦へこへかけ、

三月

朔日　快晴也、○新銭町佐兵衛七十三才女腹下り風ニ祈廿疋入、○茂三郎・彦蔵札受来ル、○百度新屋より菱切餅五ツ入ル、○仲蔵・密蔵・市三郎・清蔵あけ(揚げ)入ル、○作次郎(ママ)　もち入ル、○栄吉・安太郎仕事来ル、石代壱貫六百廿弐文渡ス、○道淳入来、札摺り入

ル、画手本持行、〇中せこへはゝ（婆々）小用一取ニ行、
二日　快晴、昼後より曇ル、はら〱少々、〇坂下喜三郎廿八才男風祈廿疋入、〇佐平札受来ル、〇大津佐次右衛門廿五才女祈百十弐文入ル、〇子供多分もち入ル、〇せんべい屋より大根ト茄子積（漬）入ル、〇中瀬古へもち廿七遣ス、〇栄吉・安太郎仕事ニ来ル、〇晩方よりはゞ（婆々）大崎へ行、〇牛川吉左衛門礼来ル、三十疋入、供物計遣ス、
三日　夜前より雨大ニ降ル、七ツ頃より快晴ニ成ル、〇桃花之節句目出度、〇坂下喜三郎札受来ル、〇子供祝儀入ル、〇新家内入来、まん中一重入ル、手製也、〇戒母入来、桜飯・煮〆入ル、〇垣内内蔵入来、人物画持参長咄シ也、〇子供餅不参、外神喜和蔵也、要作計入ル、
四日　快晴、冷ル、〇城内倉垣源左衛門十九才男風祈十疋ト壱升入ル、〇伊奈ノ十兵衛、一昨日九年□五遣ス、今日生椎茸□七本入ル、〇栄吉・安太郎仕事ニ来ル、〇斎前はゞ在□□帰ル、未藤七不快ト云、
五日　快晴也、〇魚町善三郎四十一才女疳祈廿疋入、〇御堂せこ墨蔵廿一才女風ニ留（溜）飲廿疋入、〇飽海円蔵弐才男子風祈廿疋入、〇下地善三郎三十三才男疳長病祈廿疋入、〇の川ニ而丸せん香百文取ル、〇道淳入来、直ニ帰ル、生椎茸・□豆ノ粉遣ス、〇栄吉・安太郎仕事来ル、〇昨□□おりへ来ル、アシ海苔入ル、餅少々遣ス、
六日　夜前より雨、昼過迄降ル、亦晩方より雨夜へ向テ大降り、風も強シ、〇上伝馬常七鹿嶋六十八才男腹悪敷祈廿疋入、〇かち（鍛冶）町八右衛門四十三才男風祈廿疋入、〇昨日ノ四人札受来ル、〇おりの来ル、普請見舞ニとふふ三丁入ル、もち少々遣ス、〇栄吉・安太郎仕事ニ来ル、〇ばゝ粟一臼つく、
七日　夜前より雨、四ツ前より快晴、風強し、〇昨日ノ両人札受来ル、〇早朝中瀬古より手紙来ル、昨日斎後道淳此方へ来ルト云未不帰と申来ル、亦何方へ歟行歟困り入事也、羽根井へも手紙来ル、直ニ届ケル、晩方和平殿入来、未不分と云、〇九文字屋よりおみほ殿

参詣、兎香二わ・十疋入ル、仙□母参詣、羊羹一本入
ル、九年坊(母)十四・菓子出ス、○斎後戒円中瀬古へ行
也、○栄吉・□太郎仕事ニ来ル、○七蔵昼より半日壁
ねり、○中瀬古へはゞ(婆々)小用一取ニ行、
八日　快晴也、冷ル、○八丁八右衛門三十八才女気遠
祈廿疋入、○魚町紅屋忠四郎五十四才女腫物祈廿疋入
ル、○斎後戒円伴ニ而中瀬古へ行、蕎麦粉□□・羊羹
一本遣ス、道淳未不分、○栄吉・安太郎仕事来ル、○
はゞ麦草、
九日　快晴、冷ル、○天王町庄作取次、上伝馬四十三
才女痰(癪)積祈、○昨日ノ両人札受来ル、○中瀬古へ向□
行事抄廿八巻寺付ノ本也、上方戒浄方へ上□遣ス也、
○広吉銭四百文かし、○栄吉・安太郎仕事ニ来ル、○
七蔵たんす、灰部屋越ス仕□、○百度本家より人参十
本入ル、
十日　快晴、暖気也、○新町安兵衛七十八才女年□祈
廿疋入、○東組池谷弥八、五十一才女積祈廿疋入、○
羽根井権六、廿六才男疳祈、○中瀬古へ蓮嚢当分遣
ス、道淳不居故也、○栄吉□□仕事ニ来ル、○はゝ麦
草取ル、
十一日　快晴也、西組二ばん丁高橋三六、三十七才□
積祈廿疋入、○安兵衛・弥八札受来ル、○権六同断、
○畑ヶ(ママ)中岩蔵ニ九年坊(母)売ル、才次郎□□□代弐朱ト
　○中瀬古より子供来ル、僧林より恭禅和尚
より老師ニ一老職に進様□手紙也、禅明師よりハ此方
へ来ル、同断也、○栄吉・安太郎仕事来ル、安太郎昼
より用事帰ル、○□□善作・善蔵両人灰部屋下ケ来
ル、昼より七□同断、今ノ所へ荒方建ル、○中瀬古へ
小用一取ニ行、○茂作さつま芋九ツ入ル、
十二日　快晴、暖気、○高橋三六札受来ル、○芳太郎
菜一縛り入、○半右衛門殿入来、普請見舞也、○早朝
大崎初蔵普請仕事ニ来ル、土塗り也、あけ七ツ入、宿
ス、○栄吉・安太郎仕事来ル、○善作・善蔵・七蔵灰
部屋仕事、屋根下地等致ス、
十三日　快晴也、暖シ、○文作菜一縛り入ル、○おか
く同断、○栄吉安太郎一人仕事来ル、○善作・善蔵小

まい、初蔵土ねり等、○はゝ麦草取ル、
十四日　快晴也、折々曇ル、○鉄利ニ而針かね三丈取ル、○栄吉一人仕事ニ来ル、○善作・七蔵・又次郎・初蔵屋根ふき、棟とハフ残ル、○おかく蒸芋入ル、○百度本家へ風呂ニ行、
十五日　夜前より雨、終日降ル、○仁連木八郎兵衛八十才女長□祈廿疋入、○田町弁天開帳ニ付休日也、○戒(円脱)母入来、白蒸一器、斎沢山也、○初蔵米三臼つく、○
十六日　快晴也、折々曇ル、○仁連木八郎兵衛札受来ル、○栄吉・安太郎仕事来ル、孫吉と申者今日来始メ三人也、○善作・七蔵来ル、灰部屋残分ふき、夫より中壁□□少々残ル、初蔵手伝蜜柑へこへも出ス、○文(母)作入来、温飩一重入、源吉今日七回忌と申、九年坊七ツ遣ス、夕方もち一重と菜一縛り入ル、○
十七日　快晴也、○東植田権左衛門四十七才女風邪祈廿疋入、○芳太郎牡丹餅一重入、○栄吉・安太郎・孫吉仕事来ル、○善作・七蔵・初蔵壁残り分済、四ツ過より長屋下ス、片付物暮方迄済、○中瀬古へ小用一取ニ行、
十八日　快晴也、曇天也、夕方よりはら〱、○東組曾田権八、六十七才女積痛祈三十疋入、○栄吉・安太郎□□仕事来ル、○前芝佐兵衛占廿疋入、○善作・七蔵・善蔵・又次郎・初蔵長屋下ケ塀迄コボツ、夕方迄ニ済也、○百度本家へ寺内皆風呂ニ行、
十九日　夜前より雨、昼頃迄降ル、○東組権八札受来ル、○戒母入来、おちよ殿より普請見舞扇・とふ三丁入、○栄吉・安太郎・孫吉仕事来ル、○朝より初蔵大崎へ帰ル、○藤蔵・惣三郎・茂吉、田町弁天奉□冠句認メル、○ばゝ米二臼つく、
廿日　曇晴、折々はら〱、○小池八十八、六十余ノ□風邪祈、○豊川半左衛門六十三才女長病祈廿疋入、○新城栄吉五十三才男積祈廿疋入、○栄吉・安太郎・孫吉仕事来ル、○善作・七蔵・□蔵長屋地形直シ也、○初蔵早朝入来、ヲ□一苞入ル、○源六より大師様へ餅一重上ル、○おちの普請見舞ニあけ十五入ル、○中

瀬古へ小用一取□□、○百度新家へ皆風呂ニ行、
廿一日　快晴也、○御影供如常、○赤岩八百吉七十七才男□病祈廿疋入、○新城栄吉札受来ル、○栄吉・安太郎弐人仕事ニ来ル、○善作・七蔵・初蔵地築下拵へ等也、○朝より新田大作・倉作・浅四郎・岩吉・弥一郎・彦右衛門・文作・猪三郎・六三郎・彦兵衛・山三郎・清□・彦太郎十三人、田町栄吉ノ浦より瓦千枚運送ス、□□□河岸より土台用檜四寸五分角八本運ふ、下□□吉より杉丸太十本・八分ぬき五十丁・一寸ぬき壱丁・垂木二間もの廿七本運送ス、飯二度出ス、○院主北川世話人三軒へ弥長屋廿五日上棟ニ付持取頼ニ行、菓子一包遣ス、長七殿へ同断柚香糖一本遣ス、弐組ノ熊吉へも寄ル、○朝戒在所へ行、香の物十一本貰ひ来ル、
廿二日　夜前より雨大分降ル、五ツ前より止ミ晴ル、○札木角屋嘉右衛門六十一才女積（癪）祈金一朱入、○栄吉・安太郎・孫吉仕事来ル、○文七壱人地築ニ来ル、○七蔵・初蔵同断、○百度才次郎・弥四郎・乙松・重作・又次郎・善□□・善作・源作・伝作・吉作・富作・代蔵・石松・平作・平兵衛・作四郎・勇吉・要助・半右衛門下男、右十九人朝よりシャリ運送シ昼前より地築ニ懸ル、夜五ツ迄ニ済、飯三度出ス、酒三升出ス相済、○戒母入来、香の物廿一本入ル、酢し拵へ等手伝、○百度おち□入来、香の物入ル、○百度本家より菜二品到来ス、○作蔵殿入来、上棟料理等語也、
廿三日　快晴也、○牛久保文吉六十才男痰ニ風祈廿疋□、○栄吉・安太郎・孫吉仕事来ル、○善作・七蔵□□□柱石スエル、○院主半右衛門へ行、白砂糖□□□上棟語等也、猪左衛門へも行、○朝初蔵大崎へ帰ル、○戒円暮方より大工ト弁天開帳ニ行、餅一包受帰ル、
廿四日　快晴也、○篠東栄蔵五十五才男積祈三十疋ト十疋入、○文吉札受来ル、○豊川半左衛門同断十疋入、○栄吉・安太郎・孫吉仕事ニ来ル、○善作・七蔵石つへ□地形直等也、○又次郎門前麦削り少々残ルト云、○おかく香の物一苞入ル、○平四郎ばゝ入来、里芋一盆入ル、○善吉内入来、あけ十一入ル、○あけ十

一入ル、○明日長屋上棟ニ付晩方より作蔵・六郎兵衛町へ調へ物ニ□、○役人三人・近所三軒明日上棟ニ付左様申遣□、○風呂致ス、
廿五日　朝少々照ル、曇天、七ツ頃より雨天ニ成ル、夜へ向テ大降り、○小池要蔵廿九才男長病祈、○普請組与右衛門六十才女疝積祈十疋入、○龍興院尼僧四十九才瘧祈弐百十弐文入ル、○西羽田新次郎六十八才男食ツカヘ祈、○札木町□□勝之助三十一才女瘧祈廿疋入、○今日ハ金神ノ間日吉日也、朝より長屋上棟七ツ頃迄ニ済、夫より餅五升・銭三百文投ル、大工栄吉棟梁・安太郎・孫吉也、舎力市作・七蔵・善蔵也、善作・又次郎・初蔵右舎力手伝也、○六郎兵衛・才次郎四ツ前より料理致ス、作蔵平井伯母葬礼ニ付七ツ前より□□、○役人長七・作右衛門・猪左衛門召フ、民之助・おちの手伝、源六ハ留主故不来ル、百度本家弐人来ル、○所々より祝儀見舞等入ル、○雨故酒台所ニ而致ス、本膳ハ座敷ニ而致ス、○早朝より大崎より初蔵入来也、○蓮嚢中瀬古より来ル、老師ハ風邪故御不参也、あけ廿入ル、米三升遣ス、○富蔵たんす小使等也、○風呂致ス、○おみせ朝より手伝、
廿六日　夜前より雨、昼頃迄降ル、○小池要蔵札受来ル、弐百十弐文入、○西羽田新次郎同断廿疋入、○与右衛門・龍興院・勝之助札受来ル、○太右衛門あけ十一入ル、見舞也、○戒母入来、跡片付ル、焼餅入ル、○大工栄吉・安太郎・孫吉仕事来ル、庇ノ方致ス、昨日遣分祝儀ニ餅三人分遣ス、○常蔵入来、普請屋移の祝餅二ツ入ル、
廿七日　快晴也、○大津徳次郎三十五才女風邪血祈十疋入、晩方札受来ル、○長楽藤吉七十一才男息ツカシ祈廿疋入ル、直ニ札遣ス、○牛久保伝十、廿三才女瘧祈廿疋入、○仁連木新切八郎兵衛八十才女積再祈廿疋入、○西二番丁□□弐才女子虫祈廿疋入、○百度本家より親父三回忌餝餅一重入、○栄吉・安太郎・孫吉仕事来ル、庇ノ方也、○善作・七蔵長屋道受ケ致ス、○前芝佐兵衛占ニ来ル、廿疋入、○畑ヶ中市作へナンバ綱為持返ス、棟上祝十疋ト餅一重共遣ス、○善作・七

蔵ニ祝十疋ツ、遣ス、善蔵ニ十疋為持遣ス、○昼後より俊次・久吉、下地万吉へ三荷木運送ニ行、
廿八日　快晴也、風強ク夜へ向テ吹、○嵩山彦蔵廿二才女積祈金一朱入、○百度御親父三回忌ニ付三人共斎ニ行、清閑香一わ遣ス、○高足太郎兵衛母入来、棟上祝十疋入、大サキ貞同断也、○文作入来、縄一束・三月大根□本・カキ菜一縛り入ル、消息往来認杉原一帖持参、○蓮嚢中瀬古へ呼行、晩ニ亦送り行、戒行也、鉄利ニ而小十能一丁・すゞ三ツ取ル、○中瀬古小用一取ニ行、○栄吉一人仕事来ル、
廿九日　曇天、昼後よりはら／＼、夜へ向テ大雨也、○清次郎取次、小嶋市兵衛九十三才女長病臨、○市バ栄助七十八才女手腫物祈廿疋入、○栄吉一人仕事ニ来ル、○半右衛門より三相ニ而葭簾廿枚求、下男持来ル、代壱貫文也、又廿枚頼遣ス、合弐貫文渡ス、飯食ス、

卯月

朔日　夜前より雨、快晴ニ成ル、○茅町千蔵七十才男眼病ニ風祈廿□□、○草間源五郎廿四才女風眼祈廿疋入、○市バ栄助札受来ル、○嵩山彦蔵同断、○楠葉より禅明師中瀬古へ向テ来ル、此方へ斎後入来宿ス、菓子一折入ル、訳ハ恭禅和尚老衰故当老師ニ祭(登)山致呉との事、僧林祠堂財十五貫目ニ成り候、難渋故、光明会ニ結縁灌頂催、助成ニ相成ル様武右衛門殿致度様との事申来ル、○半右衛門下男葭廿枚持参也、○和平内入来、嫁ノ帯祝ひ餅二ツ入ル、○おちの来ル、前新切畑此方へ求代ノ内へ金弐分かし渡、○栄吉・安太郎・孫吉仕事来ル、垂木□懸り、
二日　快晴也、○草間源五郎札受来ル、○百度本家より人参入ル、○昨日河岸河岸(ママ)新兵衛内参詣、寿一箱入ル、供物一包遣ス、○おちの畑代ノ内へ金壱両渡、○才次郎頼九左衛門持ノ前新切畑打ニ行、弐反六畝廿九歩有ル、本畝壱反弐畝廿三歩也代□十(ママ)　相成ル、○栄吉・安太郎・孫吉仕事来ル、□□、○七蔵一人来ル、屋根下地等也、○半右衛門殿入来、普請見舞ニ灯油一升配書入ル、

三日　快晴也、○下五井久平廿才男湿風祈廿疋入、○橋□紋次郎三才女子疱十二日目祈、○栄吉・安太郎・孫吉仕事ニ来ル、垂木より屋根下地今日迄済也、孫吉今日迄五人来ル、賃金壱分弐朱三百六文也渡ス、萓銭百文共□□、瓦代ノ内金弐両渡ス、○七蔵・善作来ル、屋根□□下地□□□、○西羽田新三郎三十一才女出奔出ル様祈、

四日　快晴也、晩方よりはら〳〵雨、夜へ向テ少々地雷三ツ、○城内染矢四十八才女頭痛等祈三十疋入、○紺屋町金六、四才男子虫祈、○札木木原屋廿七才女労症祈、○昼後より北川岩吉・作蔵・茂吉・伝次郎・清十・角蔵・斧蔵・瀧蔵・小助・十吉・鉄蔵・惣三郎・梅蔵十三人神明河岸より瓦運送ス、千十七枚也、馬越和十より来ル、飯一度出ス、○百度新家より香の物一苞入ル、○朝楠葉禅明師発足ス、恭禅和尚へ返書遣ス、武右衛門へも同断灌頂講之儀一派中得心上企致様ニ申遣ス、○栄吉・安太郎仕事ニ来ル、○善作・七蔵・善蔵三人とひふき致ス、○おちのへ畑代ノ内弐分渡ス、弐両ニ相成ル、

五日　快晴也、○小池善七、九十位女年病祈、河岸次郎八、十九才女風邪祈廿疋入、○草間清吉三十三才男風祈、○指笠町忠之助手足不自由大病祈廿疋入、○染矢札受来ル、○金六同廿疋入、○木原屋死と申来ル、土砂遣ス、廿疋入、○西羽田新三郎札受来ル、○百度本家よりあげ十五入ル、○百度新家ニ而籾四俵一斗余、昼後よりおみせどの頼はゞ(婆々)と両人引ニ行、先ニ而も手伝晩迄ニ済也、弐俵一斗三升五合ニ相成ル、○栄吉・安太郎仕□□□□、○善作・善蔵来ル、昼迄土ねり夫より小まい、○はゝ□□□搗ク、○昼後より同人籾引ニ行、○重太郎三ツ葉入ル、

六日　快晴也、○横丁大黒屋三十四才女胸耳痛祈十疋入、○昨日ノ四人札受来ル、○安太郎一人仕事ニ来ル、雪院(隠)拵へ、○市作・七蔵・善作・善蔵瓦葺ニ懸ル、弥四郎手伝也、○百度新家ニ而カキ菜到来ス、○はゝ米一臼つく、○

七日　極々快晴、薄暑也、○大黒屋札受来ル、○栄吉

一人仕事来ル、○市作・七蔵・善作・善蔵瓦葺、清八手伝也、○天王町佐次兵衛三尺ノ杉皮一束取ル、○子供花持参也、花堂葺、子供四人中瀬古へ葺ニ遣ス、○七蔵ニ六百文かし、

八日　快晴同様也、○誕生会修行ス、○多米弥五郎七十三才男疝キ祈弐百十弐文入ル、○栄吉・安太郎仕事来ル、○市作・七蔵・善作・初蔵瓦葺コナシ部屋方棟計り残ル、九平手伝也、○新河岸へはふ瓦十一枚取ニ遣ス、○文作入来、大根十本入ル、○西羽田子供中七左衛門・徳五郎・林蔵・新作・増蔵・定吉・奥蔵・佐代吉・佐左衛門・平作・平作(ママ)久五郎・四郎作・清四郎右十四人新河岸ノ浜ニ而瓦・め板六百枚・のし九十枚、二荷ツ、運送ス、○早朝中瀬古へ甘茶一荷遣ス、

○朝初蔵大崎より来ル、

九日　極快晴同断也、○指笠町豊廿九才女風気塞ク祈廿疋入、○新銭町新三郎取次、大草志□□□風ノコモリ祈廿疋入、晩方札受来ル、○多米弥五郎札受来ル、○平十・六兵衛・半右衛門・助九郎・才次郎へ昨日ノ供物遣ス、権右衛門持行処無人故世話人ハ御断ト云、供物返ス、○栄吉・安太郎仕事来ル、○初蔵昼前蜜柑こへ後より雪院(隠)地形土□也、○戒円下地へ花火見ニ母ト行、○善作来ル、賃ノ内壱貫六百文かし、○おきと百文かし、

十日　曇天也、○横丁富屋七才女子箕加持十疋入、○指笠町豊札受来ル、○栄吉・安太郎仕事来ル、瓦舟賃五百五十文渡、水上弐百三十三文渡、○昼後より七蔵・善作・善蔵半日ツ、来ル、小マイ致ス、善蔵ニ賃之内五百文渡、○おちの来ル、前新田畑壱反弐畝三歩・本畝有場弐反六畝廿九坪也、右ニ而十七両三分也、内金弐両先日渡ス、今日三両渡ス、譲り証文入ル、○初蔵昼前地形持、後より小マイ手伝也、

十一日　折々はら〳〵、晩方より夜へ向テ降ル、○戒ノ母安右衛門ノ占頼来ル、霊カ七十八番、妻女四十九番地水師五、十二銅入ル、焼六ツ入ル、○千蔵焼米入ル、○おちの来ル、畑代ノ内へ金弐分渡ス、○栄吉・安太郎仕事来ル、○七蔵・初蔵小マイニ雪院ノ石イケ

等致ス、○又次郎来ル、賃ノ内六百文かし、○はゞ(婆々)米壱臼つく、○千蔵焼米入ル、

十二日　雨天キ也、○高須吉平七十才女中疝祈弐百十二文入ル、○平作・太右衛門焼米入ル、○源平飯団餅一重入、焼米も同断、○応賀寺法瑞房、財賀寺開□戻りに来ル、昼頃也、宿ス、○善作・善蔵・初蔵小マイ也、○栄吉・安太郎仕事来ル、今日迄味噌部屋と雪院柱等拵ふ、安太郎ハ今日ニ而休む、○はゞ(婆々)米二臼つく、

十三日　雨天キ也、○高須吉平札受来ル、○栄吉壱人仕事来ル、雪院今日迄ニ柱等出来ス、雨天故不建、○七蔵・善作・善蔵・初蔵小マイ致ス、出来ス、○朝法瑞房町へ行、喜撰ノ茶一袋入ル、○はゝ米二臼つく、○苧百文求、戒在所ニ而風巾(凧)苧ニヨル、

十四日　快晴也、折々曇ル、晩方より雨、○弥一郎餅一重入ル、○菅勝焼米入ル、○朝法瑞房応賀寺へ帰ル、○七蔵・善作・善蔵・初蔵壁塗り初メ手習場迄済、○おちの来ル、畑代ノ内へ弐分弐朱かし渡、○開浴、○中瀬古へはゝ小用取ニ行、

十五日　朝迄雨、曇天雨ハ不降、○結夏也、○橋良源助三才女子風邪祈、○指笠町清兵衛二才女子虫祈、○中瀬古より蓮嚢帰ル、円豆入ル、信州松本玄向□宗賢事、法円と改名致し、律宗ノ難行ハ難勤故念仏宗ニ改宗致したと申手紙来ルと申来ル也、出奔後初メ而手紙来ル也、○徳兵衛内入来、普請見舞豆腐三丁ノ配書一入ル、○七蔵・善作・善蔵・初蔵壁塗ル、片壁晩方迄ニ済也、初蔵暮方より大崎へ帰ル、○中瀬古米三升・銭壱貫文渡ス、○風呂致ス、新家より菜入ル、

十六日　曇天也、昼後よりはら〱夜大分降ル、○橋良源助札受来ル、廿疋入、○指笠町清兵衛二才女子風邪祈、札受来ル、廿疋入、○斎後蓮のふ中瀬古へ送り遣ス、○

十七日　快晴也、○橋良善助三十五才女疝積(癪)祈、○実五郎飯団餅一器入ル、○三吉・徳四郎・作次郎・清作・仲作焼米入ル、○栄吉壱人来ル、味噌部屋拵也、○戒ノ母入来、香の物入ル、○夕部清源寺病死ト云事、

七ツ時葬式、
十八日　曇晴也、○舟町茂吉五十八才男風邪祈廿疋入、○橋良善助札受来ル、百十弐文入ル、○戒円新田権右衛門へ金子十両借用致様申手紙ニ而遣ス、菓子一箱遣ス、半し□□、晩方権右衛門来ル、断也、○栄吉一人仕事来ル、雪院建□、○七蔵一人仕事来ル、雪院建ル、金一分賃ノ内かし渡、○善八入来、莚十一枚入ル、代金弐朱相渡、○早朝院主戒円伴、清源寺へ悔ニ行、廿疋遣ス、綜誉貫静和尚也、晩方猪左衛門礼ニ来ル、三十疋入ル、○
十九日　曇天、昼前より雨ニ成、大雨夜へ向テ降ル、○公文紋平四十七才女疳祈廿疋入、○舟町茂吉札受来ル、○朝北□富吉・平蔵・岩吉・作蔵・茂吉・伝次郎・利作・清十・勘右衛門・十吉・徳兵衛・斧蔵十弐人、下地万吉より一荷ツ、木運送ス、其後七蔵ト辰蔵頼垂木一荷取ニ行、○吉川へ七蔵葭簾十五枚求ニ行、代七百五十文払、○栄吉一人仕事来ル、○七蔵同断、
廿日　快晴、風有ル、○魚町加納屋伊兵衛四十五才男眼病祈廿疋入、○公文紋平札受来ル、○中郷又蔵江戸ニ而大病祈、○橋良九右衛門七才女子疱八日目祈、○畑ヶ中重吉三十才女疳祈廿疋入、○西町松兵衛廿六□女長病祈弐百十六文入ル、○おちの畑代ノ内金一両壱分渡ス、○栄吉一人仕事来ル、○七蔵・善蔵仕事来ル、雪院瓦葺、善作昼後より半日来ル、○坂下紙屋伝吉へ瓦求ニ七蔵・善蔵行、目板四十枚・漸三十二枚・右角弐枚求来ル、壱貫四百廿七文也払、○善蔵賃ノ内八百文かし渡、○泙野阿弥陀堂より力□ト申者来ル、密門形(見)身ニ足袋一足・三十疋入ル、当月五日病死也、
廿一日　曇天也、少々照ル、○上伝馬豊蔵四才女子疱十日目祈十疋入、直ニ死と申来ル、土砂遣ス、○橋良藤三郎五才男子疱六日目祈、○御影供如常、○中瀬古より子供来ル、煮豆一重・蕗□入ル、蓮のふ着類も来ル、餅少々遣ス、○百度新家より餅一重入ル、斎沢山也、○新清作同断入ル、○栄吉壱人仕事来ル、○七蔵・善作仕事来ル、雪院瓦残分葺小マイ壁付ル、○善作ニ壱貫六百文賃之内かし渡ス、○羽根井紋作疱見舞戒

□遣ス、菓子一包遣ス、軽シト云、○又右衛門より札受来ル、□疋入、○橋良九右衛門同断入ル、○重吉・松兵衛札受来ル、○

廿二日　曇天、晩方より雨夜へ向テ降ル、○瓦町長吉七十才□疝積祈廿疋入、○下五井猪右衛門三十才男痰祈□□一縛り入ル、○新銭町喜兵衛二才男子肥立兼祈廿疋入、○橋良藤三郎札受来ル、廿疋入、○栄吉一人仕事来ル、○昨日より富蔵たんす、角田畔懸ケ今日も来ル、田打也、○百度新屋ニ而麦一俵借り入ル、

廿三日　快晴也、風静ニ而終日風巾(凧)能上ル、小僧共悦也、○大崎□兵衛四十二才男風邪祈廿疋入、晩方札受来ル、○養父庄三郎八十才女長病祈、同人取次、庭野ノ左次郎七十余才病キ祈、○昨日三人札受来ル、○栄吉一人仕事来ル、○富蔵たんす、田打済也、

廿四日　快晴、折々曇ル、○高須源兵衛木綿祈祷廿疋入、○三次郎取次、手洗ノ八百蔵六十七才女長病祈、○養父庄三郎・庭野ノ左次郎札受来ル、廿疋ツ、入ル、○戒単物□在所へ洗濯ニ遣ス、晩方出来入ル、○おちの来ル、畑代之内残壱分弐朱相渡済也、正金七両三分今日迄ニ相渡、○お□□□両替、○羽根井紋作神立祝赤飯一重入、菓子遣ス、○今日ハ栄吉休ム、

廿五日　曇天、晩方より雨ニ成ル、○川崎甚八、廿四才男腫□□□廿疋入、○手洗八百蔵札受来ル、廿疋入、○北川栄□・弥助・五郎兵衛・惣八・鉄蔵・七蔵、下地万吉より□□運送ス、一荷ツ、也、角蔵・久作・宗吉丸太壱本ツ、○□□、栄吉仕事来ル、○新家ニ而テンコ種三合程無心、○□□平十三人目ノ初九枚ノ風巾一ツ遣ス、

廿六日　夜前より雨、昼後より大雨夜へ向テ降ル、風も強シ、○北川富吉三十九才女積祈、○中原村権七入来、太次兵衛方母六十九才長病祈、飯出ス、茅町吉蔵三才女子疱九日目□廿疋入、○川崎甚八札受来ル、○栄吉一人仕事来ル、○ばゝ大崎へ帰ル、米麦一升ツ、・百文遣ス、洗濯旁也、○広吉四百文かし渡、

廿七日　夜前大雨也、快晴、晩方又雨少々、大川水一升出、四ツ□大橋三十間程切レ取レ流ル、前芝辺ニ留

ルト云、尤筏流□故地震損シ旁ノ破損也、○仁連木八郎兵衛八十才女年病再祈臨廿疋入、○田町儀兵衛六十才男風邪祈廿疋入、○坂下久八、六十八才女病キ祈廿疋入、○権太郎取次、大森久兵衛六十四才女熱祈廿疋入、○市八(場)彦松五十七才□積祈、○富吉札受来ル、廿疋入、○吉蔵札受来ル、○□□□柏餅一重入ル、○栄吉仕事不来、

廿八日　曇晴也、○大森市郎兵衛六□□才男□□□□儀兵衛・久八・久兵衛札受来ル、○彦松同断廿□□□、○戒母入来、柏餅入ル、斎沢山也、○作次郎飯団餅入、ムロ勝蔵柏餅入ル、○栄吉一人仕事来ル、○昼□□藤七大崎より帰ル、正月廿二日より腫レ病ニ付養生□□今日来ル、つる豆入ル、○中瀬古へ小用一取ニ行、柏餅遣ス、

廿九日　曇晴、昼前より雨ニ成ル、夜へ向テ降ル、○大森市郎兵衛札受来ル、廿疋入、○徳四郎飯団餅一重入、○源三郎より柏餅一重入ル、○七蔵・善蔵二人来ル、雪院(隠)ノ処致ス、□故昼後内へ帰ル、○新家よりもち米二□借ル、水に漬、○晩方明日供物餅つく、戒母手伝□□井(蒸)籠借、○清蔵・市三郎柏餅入ル、○百度本家よりつる豆入ル、

五月大辛亥破

朔日　夜前より大雨、昼迄降ル、夫より快晴也、○昼後講之護摩□行ス、参詣少々有ル、○村方計り供物配ル、○平作・三平・伊兵柏餅入ル、○新家へ岩見屋へ金借用頼ニ□□□□遣ス、○藤七米壱臼つく、○文作蕗入ル、

二日　快晴也、昼時地震致ス、○前□□兵衛婚姻□□□、○中原善五郎札受来ル、廿疋入、□□柏餅遣ス、○□□岩見屋へ金五両借り行、入ル、証文ミふてん古証文入来ル、○常吉・才市・市三郎・倉作・亀次郎・要作・重太郎・実五郎柏餅入ル、○下地万吉より柏餅入ル、○中瀬古より□□来ル、米三升・柏餅遣ス、○九左衛門へ柏餅遣ス、○おかく柏餅遣ス、○戒円・源平町方へ供物配ル、○羽根井□□中村へ供物配ル、○藤七前東みかんこへ済、○栄吉昼前半日仕事来ル、○

八百文善蔵へ賃之内かし、

三日　快晴也、○前芝佐兵衛婚姻占聞来ル、五ヶ所□□廿疋入、○才次郎・弥四郎・善作・伝作・平作・半右衛門□□下地万吉へ木運ひ来ル、一荷ツ、也、○（円脱）戒在所へ行、茄子苗頼置、○晩方在所より苗六十本市蔵ニ而求来ル、代六十文渡、里芋入ル、○平十・六郎兵衛へ上棟ノ節ノ礼ニ行、半し三・供物一包遣ス、

四日　曇天、昼頃よりはら〳〵雨、夜へ向テ降ル、○昨日今日も子供大分柏餅入ル、○おちのつる豆入ル、○百度新家よりつる豆入ル、○おかく笋五本為持遣ス、○栄吉一人仕事来ル、○七蔵・善蔵・善作味噌部屋地形□タ、キ土少々取ル、○朝長七方へ行、供物一包遣ス、九□□逼塞ニ付頼母子返金ノ語也、

五日　夜前より雨朝迄降ル、快晴、風強シ、夜へ向テ吹ク、□□鼻能上ル、○菖蒲之節句目出度候、○三次郎取次、手洗ノ八百蔵六十七才女大病再祈臨弐百十弐文入、○百度新家より柏餅一重・干大根切干入ル、○六郎兵衛・□□・才次郎・七蔵入来ス、○戒在所へ行柏餅遣ス、○芳太郎・善蔵・辻平・喜和蔵柏餅不参也、○七蔵柏餅九ツ遣ス、○おりへ里芋ト新牛房二わ入ル、柏餅十一遣ス、

六日　曇晴也、○北川富吉内大病臨加持ニ行、無程死と申来ル、源三郎来ル、土砂遣ス、○横須加金左衛門三才男子り病祈廿疋入、○芳太郎柏餅入ル、○百度本家よりつる豆入ル、○善作・善蔵来ル、壁土運ひ塗る、○平十ニ而□藁二束六わ借ル、○

七日　昼より曇ル、晩方はら〳〵、○草間豊吉十八才女風邪祈廿疋入、○金左衛門病人死と申来ル、土砂遣ス、○栄吉一人仕事来ル、○呉服町九文字屋お美保との参詣、蒐香一わ入ル、○

八日　快晴也、夜前雨大分降ル也、○小坂井万右衛門九十才女長病臨廿疋入、○東脇栄作四才女子虫眼病祈廿疋入、○牛久保又次郎四十五才男眼病祈廿疋入、○新河岸留吉五十四才サム気祈廿疋入、○新銭町万右衛門六十八才男疝キ祈廿疋入、○草間豊吉札受来ル、○朝北川富吉へ内義ノ悔ニ行、平せんこ一遣ス、○同家

より礼ニ来ル、廿疋入、臨十疋悔礼入ル、○おみせ入来、木綿一反持参求代壱貫文渡、○栄吉一人仕事来ル、○七蔵ニ善蔵、雪院(隠)ニ小便所タ、キニ来ル、○善蔵ニ賃ノ内八百文かし、○悟真寺入院披露扇子一対入ル、○富蔵たんす、角田こて切り、藤七も行、
九日　曇晴也、夜前雨、○東脇栄作札受来ル、○新銭町万右衛門同断、○中瀬古より子供来ル、薄鎌壱丁入、代百五十文渡、米二升・赤みそ小重一遣ス、○辻平柏餅入ル、○悟真寺使僧入院披露手札入ル、○富蔵たんす、角田こて切、藤七も行、相済也、○栄吉壱人仕事来ル、○七蔵・善作小便所タ、キ来ル、晩迄ニ済也、○
十日　曇晴也、はら〳〵少々、○牛久保又次郎札受来ル、○新河岸留吉同断、○栄吉昼迄半人仕事来ル、味噌部屋ノミツモリ等也、後より百度新家へ仕事ニ行、○七蔵・善作上雪院北へ小三尺引仕度、大便瓶壱ツ直ス、○藤七米二臼つく、
十一日　曇晴也、○指笠町平吉三才男子疱九日目祈廿疋入、○市バ万平廿三才女長病祈、○栄吉今日も百度へ仕事ニ行、○百度よりあへ物入ル、竹少々遣ス、○善作・七蔵上雪院、瓶弐ツイケ替タ、ク、雪院出来上ル也、○岩田屋ニ而石灰一俵求、代三百廿五文払、○藤七芋種植ル、麦苅初、
十二日　快晴也、○市バ万平廿三才女祈、札受来ル、廿疋入、○指笠町平吉死と申来ル、○栄吉仕事ニ来ル、○藤七麦苅り、
十三日　曇晴也、昼時夕立、○草間祐蔵五十七才男頭痛祈廿疋入、直ニ供物ニ御符遣ス、○曲尺手道廸八十八才男長病祈廿疋入、○市バ林吉廿二才女半産後祈、○文作読物来ル、金弐両持参借り入ル、○下地万吉へ檜丸太一本是ハ先達而残分、杉弐間たるき五本取来ル、○栄吉仕事来ル、○おかく柏葉と竹子遣ス、○藤七昼より麦苅り、
十四日　快晴、薄暑也、○下地弥十、五十七才女積(癪)祈、○前芝佐兵衛縁談占廿疋入、○道廸札受来ル、○市ハ左助林吉ノ札受来ル、三十疋入、左助よりヲコ一

苞入ル、供物一包遣ス、○戒ノ母入来、柏餅入ル、斎沢山ニ用、○お秀二三日不快、柏五ツ遣ス、香の物一包・つる豆入ル、○栄吉仕事来ル、○藤七麦苅り、
十五日　快晴也、薄暑也、○茅町仙吉六才女子風邪祈廿疋入、○西二はん丁要助三十四才女乳出ル様祈廿疋入、○下地弥十札受来ル、○万蔵来ル、九左衛門畑質ノ七両ノり足五ヶ月分壱分ト弐百七十八文渡相済也、○栄吉仕事来ル、作料ノ内金弐両渡ス、○藤七麦苅り、
十六日　快晴、薄暑也、○仙吉ニ要助札受来ル、○戒円十四日より喉腫レみの屋へ薬求ニ行、八文也、朱つミ(墨)一丁取ル、○栄吉仕事来ル、○中瀬古へ小用一取ニ藤七行、○中瀬古より子供来ル、米二升遣ス、○藤七麦苅り、
十七日　昼より曇天也、○戒円喉腫物春庵へ見ニ行、煎薬五服・粉ノ付薬二服貰ひ来ル、(ママ)　の川ニ而大のり一帖取ル、みの源ニ而浦崎二対求代弐百文払、栄吉仕事ニ来ル、○藤七麦苅相済、廿七束運ふ、
十八日　夜前より雨、終日夜へ向テ大降り也、東風吹、○松山喜右衛門七十六才女年病臨廿疋入、○藤七米二臼つく、○百度本家ニ而黒米一斗二升借ル、○母戒円腫物見に来ル、焼餅入ル、○おつね十七夜もち入ル、
十九日　快晴、昼より曇、晩方より雨ニ成、○元新町豊吉五十九才男疝キ祈廿疋入、○松山喜右衛門札受来ル、○朝戒円春庵へ行煎薬五ふく・粉ノ付薬壱ふく入ル、○猪左衛門へ唐黍苗四わ貰ふ、善八ニ而同七わ貰藤七行、晩方植ル、○栄吉・千代蔵仕事来ル、○七蔵一人来ル、味噌部屋ノ石すへ直シ、栄吉ト両人ニ而組懸ル、○七蔵ニ金壱分かし、
廿日　夜前より雨、晩方より晴ル、○神明前与吉取次、四十一才男僧豊川徳成寺長病祈廿疋入、○佐藤茂三郎七十九才男年□祈廿疋入、○御堂瀬古民作三才男子疱十日目祈弐百十二文入、○元新町豊吉札受来ル、○百度本家より黒米壱俵持参也、○栄吉・千代蔵仕事ニ来ル、○藤七米□臼つく、○おかく香の物一苞・夏

大根五本入ル、□□□□□、
廿一日　曇天、折々照ル、○魚町油屋弥助弐才男子疱
九□□祈廿疋入、○戒円羽根井才一疱瘡見舞ニ遣ス、
軽シト云、菓子一包遣ス、○栄吉仕事ニ来ル、○下地
万吉ニ□□弐間垂木七本取ニ藤七行、此間共合十弐本
ニ成ル、○与吉徳成寺ノ札受来ル、○茂三郎同断、○
民作方夜分死と中来ル、
廿二日　快晴也、○高須庄右衛門三十八才女産後祈、
○弥助札受来ル、○新家へ笋遣ス、干大根と水菜ノ干
物入ル、○おかくふたん草入ル、○栄吉仕事来ル、○
七蔵同断、牛川瓦屋へ瓦引合行、高直故帰ル、○藤七
目あけ、○七蔵味噌部屋ノ組建手伝也、
廿三日　快晴也、○横丁富屋より疱瘡神立祝箕納ニ来
ル、赤飯一重入ル、供物一包遣ス、○羽根井才一神立
祝同断一重入ル、供物一包遣ス、○栄吉仕事来ル、味
噌部屋垂木大分打、○七蔵早朝より牛川へ又瓦引合ニ
行、目板二百・のし三百・ふすま三十誂へ来ル、夫よ
り味噌部屋手伝也、○藤七目あけ麦取り入ル、廿四束
廿わ也、此間廿六束共合五十束廿わ也、○新家へ赤飯
少々遣ス、香の物入ル、○河岸綱屋又八ニ而杉四分本
尺壱束十弐入取ル、六匁四分九厘、弐分四厘板瓦ト
云、下地万吉ニ而松壱間敷居一丁取ル、
廿四日　快晴也、○中瀬古巳作四才男子疱大病祈廿疋
入、○下地九右衛門三十五才女積祈、○栄吉仕事□
□、○藤七目あけ、○巳作方へ米二升見舞□□□暮
迄ニ手習部屋・下雪（隠）院・味噌部屋迄建上ヶ出来□□□
暫時休ムト云、
廿五日　快晴也、○下地九郎右衛門札受来ル、十疋
入、○中瀬古□□病死土砂遣ス、○の川ニ而金赤一
わ・小らう百文取ル、○□□天神祭ル、○藤七目あけ
門前相済也、○
廿六日　快晴也、○牛川勘左衛門十九才女血道祈廿疋
入、○吉川庄助三十四才男積祈、○夜前より院主不快
也、平臥也、○中瀬古より子供来ル、小遣八百文渡
ス、○藤七西屋敷小麦苅初メ、
廿七日　快晴也、折々照ル、晩方はら〳〵、夕方同

断、○勘左衛門札受来ル、○庄助同断廿疋入、○小池庄吉三十九才男痰長病祈、○院主今日ハ大ニ快方也、○戒母入来、コウセン一袋入ル、○斎後戒円中瀬古へ悔ノ助ニ行、此方より巳作悴ノ悔ニ遣ス、平せんこ一遣ス、○中瀬古へ小用一取ニ藤七行、夫より小麦苅ル、

廿八日　快晴也、○前芝作五郎八十二才女積長病祈、○小池庄吉札受来ル、廿疋入、○手習部屋未造作ハ出来共今日より子供移ル、大ニ都合吉也、○今日ハ門前桂植、藤七壱人□□おかく・おつね植ル、七ツ前ニ済、夫より藤七小麦苅り、

廿九日　快晴也、○内金佐吉廿三才男風祈百十二文入、○前芝作五郎札受来ル、廿疋入、○牛川瓦屋善助より目板三百枚・のし二百九十枚・ふすま三十枚田町より□□迄付ルト云来ル、□内金壱分渡ス、○前芝□□□□縁談ノ占頼来ル、廿疋入、○十太郎チシヤ菜入ル、○□□□□小麦苅ル、

晦日　快晴也、○茅町幸吉弐才女子疱祈廿疋入、○□□□□□五十五才女眼病祈廿疋入、外ニ米一升入ル、供物遣ス、○下□白木屋万吉より木代取来ル、内金二両相渡ス、○藤七西屋敷小麦苅ル済、三十束三十三わ取ル、皆取り入ル、

閏五月小

朔日　五ツ頃よりはら〱、次第ニ大降り、夜へ向テ降ル、○普請組染矢八十七取次、廿九才女風祈廿疋入ル、直ニ札遣ス、○甚八札受来ル、○中瀬古へ藤七小用一取ニ行、柏餅ト枇杷入ル、○新田筆子中より田町栄吉浦より瓦一荷ツ、運送ス、未少々残ル、○七蔵・善作瓦仮り並に来ル、雨故直ニ帰ル、飯喰ス、○藤七米壱臼つく、○瀧蔵来ル、公文惣助方両人□□神立箕・守納来ル、赤飯一重入、

二日　快晴也、○天王町仙右衛門七十八才女長病臨廿□□、○上伝馬久太郎八才男子疱十一日目祈弐百十弐文入ル、○今新町□兵衛廿四才女風邪祈廿疋入、○曲尺手広□□十六才女長病祈、○戒円朝より中瀬古へ悔ノ□□行、○藤七西屋敷目あけ、

三日　□天、昼前よりはら〳〵夜へ向テ降ル、○茅町吉太□□□四才男子腫物祈廿疋入、○仙右衛門・久太郎・金兵衛札□□□、○曲尺手広吉病人死と申来ル、金弐朱入ル、土砂遣ス、○藤七西屋敷目あけ斎前済、大豆植也、おかく・おつね植ル済、○おきせ壱人門前小もの草取ニ来ル、
四日　夜前より雨、昼より晴ル、○横丁富蔵三才女子箕加持十疋入、○吉太郎札受来ル、○中瀬古へ大半・小半取ニ行、○米壱臼つく、○
五日　快晴也、折々曇りはら〳〵、○魚町惣右衛門□才男子祈廿疋入、○町組岩瀬悦蔵八才男子疱祈十疋入、○大□より□□来ル、○□□和□□□、○□足分弐両弐分弐朱□四百六十三文渡ス、先日□□□□分弐朱ト□百三文求来ル、相済、○千代蔵弐人作料四百ツ、ト十六文莨共渡、亦牛川善之助より瓦六百廿枚ノ水上三百十八文相渡ス、○おきせ・おきく麦五十束廿わ叩来ル、昼迄ニ済、昼後よりかし相済也、○富蔵たんす角田畔かへし、一枚残ルト云、
六日　快晴也、○新田平八取次、長瀬利助三十七才女腹痛祈弐百文入ル、○悦蔵札受来ル、○戒円中瀬古へ悔ノ助ニ行、○藤七角田残分一枚畔かへしニ行、昼迄済、夫より小ものへこへ出し、
七日　朝曇り、快晴也、○平八長瀬ノ札受来ル、○牛川善之助瓦代取ニ来ル、内金弐分渡、此間共三分ニ相成ル、○茅町□□廿六才女労症祈廿疋ト廿四文入ル、○才次郎入来、餅一重□□□□、おつき小もの草門前西一まい西屋敷取ル、済也、○中□古へ米二升遣ス、大一取来ル、夫より片目寄セ、
八日　朝はら〳〵、昼より快晴也、○十三本塚弥吉四十一才男長病祈廿疋入、○おりへ来ル、舟町伊勢屋善兵衛三十二才女産後祈廿疋入、○茅町惣兵衛札受来ル、○おかく枇□遣ス、○おちう同断、○藤七門前小ものこへ□□出し、夫より片目寄セ、
九日　曇晴也、○横田屋善十郎七十三才女年病祈廿疋入ル、○畑ヶ中忠次郎四才男子疱祈、○弥吉札受ニ来ル、○城内秋葉開帳ニ付戒円中瀬古へ朝より行、○藤

七片目寄セ、○外(神脱)勝蔵久我大角豆入ル、
十日　終日雨天気也、○牛久保兵之助廿四才男痰祈廿
疋入、直ニ札遣ス、○畑ヶ中忠次郎札受来ル、廿疋
入、○明日半夏暑シ、今日田植致ス、富蔵・七蔵たん
す、植人おきせ也、百度小越水へ苗頼スエル故藤七運
送ス、○富・七・下男ニ百文ツ、遣ス、
十一日　快晴也、今暁八ツ過と思頃地震、大分長く大
也、○河岸次郎八、十九才女疳長病祈、○斎後院主戒
円伴、関口千蔵母六日ニ病死ニ付悔ニ行、菓子一箱・
平せん香一遣ス、六十八才ト云、当百一枚・廿四銅布
施入ル、直ニ中□古へ寄り暮方より城内秋葉開帳へ参
り帰ル、種々作り□□□賑敷六十一年目ト云、○藤七
みかん草、
十二日　快晴也、昨日と同様暑シ、○指笠町孫六、三
才男子□□廿疋入、○牟呂半蔵七十七才女両手足腫レ
祈廿疋入、○藤七西屋敷片目寄セ、
十三日　快晴、暑シ、○上伝馬庄太郎六十才男《女》急病
祈、○指笠町孫六札受来ル、○文作温飩一重入、扇□
□□、○清作同断入、扇一・枇杷遣ス、○六三郎同断
入ル、扇一遣ス、○栄吉入来、明日より仕事ニ来ル
云、○百度新家よりさつま芋ノ蔓ル入ル、藤七屋敷へ
指ス、
十四日　快晴也、○平蔵取次、上伝馬善四郎四十四才
女産後祈、○上伝馬庄太郎札受来ル、廿疋入、○おか
く白□□三合・胡瓜弐本入ル、カキ餅遣ス、○大工栄
吉今日より□□来ル、手習部屋ノ敷居拵へ也、
十五日　快晴也、○太右衛門上伝馬の札受来ル、廿疋
入、○今日ハ野休ミ、長全寺ニ日待有ル、○栄吉・安
太郎仕事ニ来ル、栄吉無窓拵ふ、安太居居(ママ)四間下丈ケ
入ル、○戎円母入来、油揚ケ物入ル、枇杷遣ス、○城
内天王ニ而金魚八□□□□五十文也、○文作久我大
角豆入ル、○中瀬古小用一取ニ□、
十六日　曇晴、折々はら〱、○前芝佐兵衛入来、八
十六才男長病占西戌ノ方普請金神除祈金百疋入ル、○
中瀬古より子供来ル、米三升遣ス、○栄吉一人来ル、
無窓拵ふ、○おきせ□もの草ニ度目取ニ来ル、黍抜

ク、○藤七西屋敷削り、
十七日　曇天、折々はら〳〵、○茅町八千代蔵弐才男子疱九日目祈廿疋入、○横丁富蔵疱神立祝赤飯□重入ル、供物遣ス、守・箕納、○おかく菜一風呂敷入ル、赤飯少々遣ス、○百度新家へ同断遣ス、干大根入ル、○栄吉来ル、無窓拵へ安太郎鴨居入ル、○おきせ小□□□草西屋敷迄荒方、少々残ル、○藤七小もの二度目削り、
十八日　折々はら〳〵、大雨、風有ル、○羽根井八郎右衛門四才女子疱九日目祈、無程死ス申来ル、廿疋入、土砂遣ス、○茅町源吉四才男子疱九日目祈廿疋入、○新銭町彦吉廿才女産後祈、○八(ママ)代蔵札受来ル、○天王町惣兵衛ニ而□□□角垂木四本取、手習場雨戸居敷ニ付□□□也、○前芝佐兵衛より札受来ル、名こ屋ノ東方先生ノ手本大崎香福院手本見セ借ル、○藤七みかん草、○芳太郎うとん二重入ル、○栄吉雨戸敷居拵ふ、
十九日　折々雨、○天王町庄作五十一才男気落不付祈廿疋入、○新銭町彦吉札受来ル、廿疋入、○百度おちよ殿入来、温飩二重入ル、菓子一包遣ス、○戒在所へ行、楊梅遣ス、夏大根三本入ル、○芳太郎胡瓜三本入ル、楊梅一重遣ス、○戒中瀬古へ悔ノ助ニ行、○栄吉雨戸敷居拵ふ、○茂吉ばゝ入来、温飩粉一重□、○おちの来ル、預り分金壱分渡ス、相済、□□□藤七みかん草、○茂吉へ楊梅一重為ニ遣ス、
廿日　雨天気也、○藤弁(並)藤九郎六十二才女疝積(癪)祈廿疋入、○上伝馬善四郎四十四才女産後大病再祈廿疋入、○天王町庄作札受来ル、○栄吉仕事来、雨戸居敷拵ふ、今日ニ而両三日休ムト云、○六郎・平十・長七・本家・新家・源右衛門へ楊梅一重ツ、遣ス、おかくにも遣ス、○三吉・作次郎・伊兵・源平・清作うとんこ一重ツ、入ル、○藤七みかん草、
廿一日　快晴也、○御影供如常、○おりへ来ル、舟町伊勢屋善兵衛七才男子咳祈廿疋入、○寺沢ノ小太郎廿六才男長病祈十疋入、直ニ札遣ス、○藤弁藤九郎・上伝善四郎札受来ル、○文作白瓜三本入ル、○善作・七

蔵来ル、手習部屋ノ曲尺手棟瓦ふく、○茂作茄子十五入ル、○朝半右衛門行、柚香糖一本遣ス、九郎右衛門頼母子返金勘弁願来ル故語ニ行処留主也、○中瀬古よりあけ七ツニ笋積(漬)一包入ル、○藤七小もの二はん目削り始メ、

廿二日　快晴也、晩方夕立也、○おりへ伊勢屋札受来ル、楊梅一包遣ス、○おかく菜一風呂敷入ル、楊梅遣ス、○善八・善作へ楊梅遣ス、七蔵へ同断、○荒麦干上ル、五俵弐斗七升程ハ有ル、○藤七小もの削り、

廿三日　今暁六ツ前中地震致ス、併何も不損、夫より晩迄小地震七ツ入ル、震ル、昼頃より快晴也、○中村兵右衛門取次、植田□□□五十才女留(溜)飲祈、○舟町儀助取次、前芝利兵衛十六才女疳祈三十疋入、○早朝戒円中瀬古へ見舞ニ遣ス、灯籠一ツ転ぶ外無別条也、○昨日善作・七蔵味噌□□コマイ出来、少々壁塗ル、○今日も両人来ル、壁塗ル済、○昨日半右衛門入来、九郎右衛門頼母子一件語也、○藤七小もの削り、

廿四日　昼頃より晴ル、○西町権三郎四才女子疱八日目祈、○舟町儀助前芝ノ札受来ル、○中村兵右衛門同断三十疋入、○新家より夏大根入ル、○作次郎茄子七ツ入ル、○朝戒円こふく町白木屋ニ而画団扇壱本求、代弐百五十八文也、十九文弐分ツ、渡、の川ニ而白団扇十二本取ル、○舎力両人今日ハ休ム、○□□小もの耕作也、

廿五日　快晴、朝より暑シ、○西町権三郎病人死と申来ル、廿疋入ル、土砂遣ス、○栄吉今日より仕事来ル、戸箱ノサン等拵ふ、○善作・七蔵土塗り也、○善作ニ壱貫弐百文かし、○藤七西屋敷小もの削り、

廿六日　快晴也、○百度新家より茄子七ツ入ル、○栄吉仕事来ル、○七蔵・善作・善蔵、味噌部屋瓦ふき来ル、少々残ル、○中瀬古より子供来ル、銭小重一ツ・小遣八百文渡ス、○藤七西屋□□□、

廿七日　曇天、昼頃より雨夜へ向テ降ル、○当古九郎兵衛廿三才男気労祈、○栄吉仕事来ル、昨日より手習場ノ□□□ハル、○七蔵・善作・善蔵屋根ふき来ル、八ツ□□□夫より釣鐘堂裏門ツ、クル済、手習部屋荒

方ノ□□□始メ、○おきせ・お菊小麦三十束廿わ叩ニ来ル、□□□済也、○半右衛門へ楊梅一重遣ス、胡瓜三本・半し□□□□、○新家へも同断、干大根十七八本入ル、○戒ノ在□□□□伝四郎へ一重遣ス、○市バ左助コガ大角豆入ル、供物一包遣ス、

廿八日　夜前より雨、曇晴也、○坂つ金作廿一才女ふら〱祈弐百十二文入ル、○小坂井権六、三十一才男積祈廿□□、○新田治助三才男子眼病祈三十疋入、○百度本家より赤飯一重入ル、今日ハ土用入り也、○中瀬古よりも同断入ル、白瓜一本・茄子四ツ遣ス、○文作茄子九ツ入ル、○栄吉仕事ニ来ル、○善作・七蔵・善蔵手習□□前之方壁塗る、雪院（隠）ノ際迄済、○藤七米□臼・粟一臼つく、○

廿九日　曇天、大ニ冷ル、○紺屋町長兵衛五十九才男疝キ祈廿疋入、○伝四郎取次、住吉宇兵衛十八才男腫レ物祈、○坂つ金作札遣ス、○小坂井権六・新田治助同断、○川崎甚八内参詣、眼病大分快しト云、白瓜九本・十疋入ル、供物一包遣ス、○半右衛門より白瓜五本入ル、○平□□□□長七・作右衛門・才次郎・助九郎・源右衛門・清七・半右□□・□□□・猪左衛門・伝四郎右十二軒へ団扇二本ツヽ遣ス、権右衛門来ル、手習部屋上棟ノ節無人□ニ日雇拵故世話人断ト云、□□□、○中瀬古より子供来ル、瓜弐本・茄子五ツ遣ス、○下□□□□白木代取ニ来ル、内払ニ金壱両渡ス、○今日ハ栄吉不来、七蔵・善蔵壁塗ニ来ル、雪院より裏門ノ処迄済、□□□□七蔵ニ賃之内壱貫六百文かし、○

六月大

朔日　曇晴也、冷シ、○新田治助三才男子眼病再祈金弐朱入、○魚町こんにやく善六、廿七才男湿祈廿疋入、○舟町久兵衛四十二才女産後祈廿疋入、○伝□□□□住吉ノ札受来ル、○紺屋町長兵衛同断、○平□□□九入、暑見舞□□、今日ハ休日也、○藤七麦殻茅町何某分安右衛門ノ処より運送ス、三十二束也、○

二日　曇晴也、○坂津佐次兵衛廿六才男江戸ニ而病キ祈、○上伝馬梅吉四才男子疱十七日目祈廿疋入、○草

間源五郎三□□才男ふら〳〵祈廿疋入、○治助ニこんにやく屋ニ久之助札□来ル、○伝四郎内住吉ノ祈礼廿疋入、○百度連中より懸行燈画持来ル、○おうら茄子十五入ル、○中瀬古より子□□□、□子五ツ遣ス、○今日ハ職人一人も不来ル、○藤七□□□□取ニ行、一枚余残ルト云、○新助温飩粉一重入、

三日　快晴、少々曇ル、八専ノ入り也、○下地藤三郎六十才□□□祈廿疋入、○前芝山内佐兵衛八十六才男長病大病□□罪生善ノ祈占鬮致ス、金百疋入、○昨日魚町□□□廿七才男大病再祈金弐朱入ル、今日死と申来ル、□□遣ス、○栄吉仕事来ル、戸箱拵へ、○七蔵・善蔵仕事来ル、習場北方より東方へ廻り三間塗ル、○藤七・おきせ昼迄田ノ草取ニ行済也、○新河岸へ一寸ノ六寸板八間□二枚取ニ藤七行、代三匁六分ト云、習場戸箱用也、○伸作うとんこ一重入ル、○

四日　快晴、大分暑シ、土用ノ様也、○下り町岩崎屋佐平□□□痰祈廿疋入、○下地藤三郎札受来ル、今日ハ初丑□□戒円塩湯治ニ四兄弟共ニ行、○栄吉仕事来ル、戸箱拵へ、○七蔵一人壁(塗脱カ)り来ル、東方裏門際迄相済、下□□計少々残ル、○善八土ねり指ニ来ル、○二日ニ当古九郎兵衛より札受来ル、廿疋ト牛房一束入ル、白瓜弐本遣ス、○早朝より戒円中瀬古へ行、暑見舞ニ悔等ノ用事ト云、○藤七西屋敷削り、

(五日)□□　今暁よりはら〳〵雨、一日曇天也、暑シ、○新銭町権□□□七十八才女痰祈廿疋入、○東組中村定蔵五十九才女時候祈廿疋入、○新銭町庄兵衛六十一才女下ノ病祈□□□□、夕方横田屋八十三才女大病臨廿疋入、○下り□□□□□七十二才女祈札受来ル、○百度七蔵入来、うとん□□□□、○栄吉今日ハ休ム、○七蔵・善蔵来ル、東方残り□□済、夫より中ノ間梁鴨居ノ処塗ル済、晩方より灰部屋裏へ壁□□塗ル、○昨日百度伝作方へ古荒麦四俵搗、□□□□同日藤七中瀬古へ小用一取ニ行、○藤七西屋敷□□□、

六日　快晴、暑シ、六ツ半頃小、五ツ半頃小ノ上地震、夫より晩方迄一度地雷ノ様ニ鳴ル、○高足文三郎四十七才女血積祈廿疋入、○公文徳次郎六十才男大病

祈、○昨日三人札受来ル、○横田屋より今暁死と申来ル、土砂遣ス、○久左衛門入来、うとんこ二袋入ル、○栄吉仕事来ル、戸箱拵へ、○七蔵一人来ル、灰部屋うら壁相済也、先今日ニ而暫時休ム、○藤七米□臼つく、

七日　曇晴也、○呉服町高須屋権左衛門四才女子咳祈弐百十弐文入ル、当年こま初尾米一升三合入ル、○内金宇吉廿六才男長病祈、同所佐吉廿三才男長病ノ処大分快方再祈金一朱入ル、○魚町平作当才男子咳祈廿疋入、○公文徳次郎死と申来ル、土砂遣ス、弐百十弐文入ル、○栄吉来ル、戸箱拵へ昼過迄ニ済也、夫より新家箪笥ノ引出し拵へ也、○源三郎入来、温飩一重入ル、○文作白瓜五本入ル、○常陸より暑見舞ニ□□□、○此方よりもうとんこ一重遣ス、○中瀬古より□□□敷入ル、○おりの入来、真桑瓜二本入ル、○藤七□□本削り也、

八日　快晴、暑シ、○田町正兵衛廿一才女内ヨウ祈廿疋入、○芦原新田六三郎五才男子虫引付祈金一朱入ル、○魚町平作札受来ル、○おきく来ル、頼母子返金ノ内へ金弐□□、十二月入ル分共合一両ニ成ル、○亦同人来ル、伊勢へ舟ニ而参詣ニ付金弐朱かし、○栄吉来ル、新家ノ引出し拵へ也、○今日村方より十四五人三上へ発足ス、○藤七小もの本削り、

九日　快晴、暑シ、○中郷長兵衛七才男子虫咳祈廿疋入、○田町正兵衛札受来ル、○芦原六三郎より死と申来ル、土砂遣ス、○外神坂平十二才昨晩方八軒へ行、水死致と申来ル、土砂遣ス、可歎事也、○密蔵茄子十七入ル、○栄吉来ル、引出し晩方迄ニ済也、○おきせ・藤七田ノ草二番取ル、済也、

十日　快晴、昼前より曇ル、朝六半頃小地震、○本虫干始ム、○住吉源七、五十九才女血積祈廿疋入、○元新町加左衛門六十七才男霍乱祈廿疋入、○長兵衛ノ札おかくに為持遣ス、○栄吉来ル、古戸ニ而下モ雪院（隠）ノ戸開きノ戸弐本シツラヒ付ル、○藤七小もの削り、

十一日　曇晴也、○国府軍平五十八才女積祈三十疋入直ニ札遣ス、○長瀬村藤作三才女子祈、○横丁成田屋

七才男子咳祈廿疋入、○又七弐才男子急病上下へ取祈十疋入、○住吉源七・元鍛冶町加左衛門札受来ル、○朝院主戒円伴、外神善之助ノ坂平十□□ニ而一昨々日八間（ママ）ニ而水死ノ悔ニ行、平せんこ二・菓子一包遣ス、戒名大漂江臨善男也、○晩方善之助・甚兵衛礼ニ来ル、三十疋ト五十文入ル、○善作方庚申餅一重入ル、○戒円・蓮嚢同家へ斎ニ行、○戒母大角豆入ル、○昨日新家より大角豆入ル、○善蔵賃之内へ三百文かし、○羽根井和平よりうとんこ一重入ル、○源平白瓜二本・茄子九ツ入ル、○小もの本削り外済也、

十二日　快晴、暑シ、○長瀬村藤作札受来ル、廿疋ト長芋二本入ル、供物一包遣ス、○成田屋ニ又七札受来ル、○常吉・初吉・倉作うとんこ一重入ル、○勝蔵（要作・彦蔵）ニ粂吉素麺入ル、○百度より懸行燈之画取ニ来ル、○穏便ニ付今宵より天王宮祭り、戒ニ蓮神楽見ニ行、○昼後より籾三俵晩方迄ニ引一俵弐斗程ニ成ル、戒母手伝藤七引、

十三日　曇晴也、少々はら〳〵、○又七小人死と申、悔礼十疋入、○無程戒円悔ニ行、平せんこ一遣ス、○仙吉うとんこ一重入、○重太郎茄子・大角豆入ル、○実五郎温飩一器入ル、半し□・指（筆脱）一遣ス、○おきく来ル、此間借シ分弐朱入ル、拜ふ十七入ル、○戒円・蓮のふ花（火脱）見ニ在所へ行、うとん少々遣ス、

十四日　快晴、昼より曇ル、晩方夕立也、○本虫干致ス、○夜前より戒ノ母□乱之様上下へ大病之由申来ル、○無程戒見ニ行、一向不食と云、○おつね大角豆入ル、○新家へカキ餅遣ス、大角豆受来ル、○藤七みかん草削り、○戒・蓮両人在所へ花火見ニ行、供物一包遣ス、

十五日　快晴也、少々曇ル、夕方はら〳〵、○百度新家より温飩一器入ル、○戒円・蓮のふ馬乗見ニ行、暮方帰ル、雨ニ逢ふ也、○本ノ虫干致ス、○中瀬古へ米三升・茄子・大角豆遣ス、○藤七在所へ行、唐黍三升遣ス、

十六日　曇晴也、暮方より大夕立、雷大分鳴ル、○羽根井兵作四才男子時候祈弐百十弐文入ル、無程死と申

来ル、土砂遣ス、○熊吉・鉄蔵・茂吉・宗吉三上へ参詣ニ付、留主見舞ニ百文菓子配書一ツ、遣ス、院主見舞ニ行、猪左衛門同断遣ス、久左衛門へとふふ三丁配書一遣ス、○百度本家より温飩一器入ル、○中瀬古へ温飩少々遣ス、○弥一郎うとんこ二袋入ル、○朝藤七在所より帰ル、大角豆入ル、せこみかん草刈、○中瀬古へ戒悔ノ助ニ行、○久左衛門より大角豆入ル、

十七日　快晴也、折々曇ル、○紺屋町喜左衛門六十一才男長病祈三十疋入、○牛川善之助弐才男子虫祈、○北清作うとん一重入ル、○北川茂吉ノ婆々入来、赤飯一重入ル、○戒円子供みの屋ニ小松屋ニ而額之画見ニ借り来ル、○□□うとん少々遣ス、○紋作うとんこ一重入ル、○藤七田ノ草三はん目取ル、半分程残ルト云、○栄吉今日ハ仕事来ル、手習部屋ノ南方腰板打、○藤七晩方より在所へモク取手伝ニ行、唐黍三升遣ス、

十八日　快晴、暑シ、○御馬屋夏目惣八、四十六才男頭へ腫物祈廿疋入、○龍運寺裏六兵衛三十一才男時候祈廿疋入、○喜左衛門・善之助札受来ル、○文作瓜白三本・茄子十二入ル、○川崎甚八内参詣、眼病大分快と云、真桑七本・茄子も入ル、供物一包遣ス、○

十九日　快晴也、○草間祐作三十六才男額黒気祈百十弐文入ル、○御馬屋惣八ニ龍運寺裏六兵衛札受来ル、○音蔵茄子十五入ル、○

廿日　曇晴也、雷も少々鳴ル、○大西祐蔵廿九才男長病大病祈、○仙吉茄子十七入ル、○作蔵殿入来ル、利右衛門ニ而金子四両借り持参ス、請取入ル、普請入用也、○夕方藤七在所より帰ル、白瓜三本入ル、

廿一日　快晴也、暑シ、○市バ彦次七十六才女急病祈、○普請組夏目定右衛門十才男子頭へ腫物祈□□□、○作蔵方へ向、利右衛門金子四両ノ証文認メ頼遣ス、□□□證人也、瓜三本遣ス、○中瀬古へ茄子九ツ遣ス、小用一取ニ来ル、○要作真桑三本・白瓜五本入ル、○

廿二日　快晴、暑シ、○市バ彦次札受来ル、三十疋入、○夏目定右衛門札受来ル、○百度富作昨晩三上よ

り下向ニ付見舞ニ行、菓子配書一遣ス、○猪左衛門・久左衛門・孫兵衛より山上ノ御影・付木入ル、○猪左衛門より赤団扇一・らう二丁・付木七わ入、土産入ル、○宗吉より白扇一・付木十二わ入ル、○茂吉より江戸団扇・麸十五・付木六わ入ル、○鉄蔵より半し二□□□団扇一・陀羅尼助・御影・付木十二わ入、外□□□うとん一重・白瓜三本・茄子十二入ル、○藤七みかん草削り、○

廿三日　快晴、暑シ、○紺《柑》子善三郎七十三才男年病祈、○□□保友次郎廿二才男喉へ腫物祈、○野田弥左衛門三才男子腹下り祈廿疋入、○中芝平田屋弥平取次、奥郡也廿弐才女病キ祈、○坂津佐次兵衛先日ノ礼来ル、廿疋入、○今日ハ新家よりうとん打ニ来ル、八升打、○中瀬□へうとん一重遣ス、新家・おみせ・七蔵へも同断遣ス、○今日ハ村方大豆へこんひら様虫送りにて休日也、○富作母入□□□土産ニ半切五十枚・陀羅尼助・付木三わ入、○熊吉入来□□□□状入ル、○中瀬古麦年貢ありき取ニ来ル、金一分壱朱ト百廿三文渡ス、○藤七米壱臼つく、

廿四日　曇晴也、夕方大雨也、○柑子善三郎札受来ル、三十疋入、○牛久保友次郎同断三十疋入、○中芝弥平同断廿疋入、○野田弥左衛門札受来ル、○芳太郎カボチヤ一ツ・隠元豆廿入ル、○藤七米壱臼つく、○仙吉白瓜三本□□□十三入ル、

廿五日　夜前雨大分降ル、潤雨也、朝も雨、亦夕方大夕立□□□、新銭町関次郎弐才男子□祈廿疋入、○御堂瀬古久次郎当才男子虫祈□□入、○雨悦ノ休日□□、藤七田ノ四はん草取ニ行、

廿六日　曇晴、はらく冷ル、○中村兵右衛門入来、植田半兵衛五十才女長病祈、黒瓜三本・供物一包遣ス、○牛久保□□□五才男子虫祈十疋入、○関次郎ニ久次郎札受来□、○□□田ノ草ニ行、晩迄ニ済也、

廿七日　朝よりはらく少々、快晴暑シ、○中瀬古より小遣八百文・米二升取ニ来ル、○菅勝うとんこ一重入ル、○戒円□□額之画みの源ニ而三枚かり来ル、中瀬古へ茄子少々遣ス、○藤七みかん草、

(廿八日)□□□　曇晴、折々はら〳〵、夕方大夕立也、○犬ノ子定□□□□□□□、○垉六町平兵衛三十一才男熱□□、○西羽田次郎兵衛未刻頃より夢中ノ様祈、○戒円ハ亀□七夕ノ額拵へ懸ル、

廿九日　曇晴、少々はら〳〵有ル、○垉六町平兵衛札受来ル、○次郎兵衛同断、守も一服遣ス、廿疋ト十疋入、○文作人参□・杉菜一縛り入ル、○九平次ニ仙松入来、九郎右衛門逼塞ニ付役人ノ捌ニ相成り、金七両弐分祠堂此分当春□□□□三分也、頼母子二会分返金不足壱両三朱ト廿八文右□□□□請取ル、蜜柑代□両三分ノ処へ弐両ト百廿四文入ル、時□□□弐朱ト壱貫六百文処へ□朱ト□□七文入ル、今日□□□請取分四両壱朱ト三十□文也、□迷惑なれ共□□□差出之事故致方なし、○七蔵来ル、壁土□□□塗ル、夫より下雪院ノ辺へ土持也、○藤七米一臼つく、

晦日　晩方より大分雨也、○中世古重右衛門三才□□□時候祈廿疋入、○八百屋九左衛門四才女子咳祈廿疋入ル、○松山助次郎二才男子時候祈廿疋入、晩方札受来ル、○七蔵来ル、裏門コロニ而引、子供・下男折々手伝ふ、○昨日も今日も戒ニ亀額拵ふ、○□□ノ子定蔵札受来ル、廿疋入ル、生か・枇杷□□一□遣ス、

七月小庚辰成

朔日　夜前大雨大雷也、終日雨風も強シ、○中世古重右衛門札受来ル、○魚町八百屋九左衛門札受来ル、○中瀬古へ小用一取ニ行、○夫より門前黍摘ミ八ツ頃より休ム、○清源□□□廻状来ル、盆中火ノ元用心之廻状也、

二日　折々雨、○小池七右衛門取次、新銭町源作六十一才□□□廿疋入、○羽根井源次郎□□□□□□□、○藤七米壱臼つく、○戒ニ亀□□□、

三日　快晴、折々雨、○小池七右衛門札受来ル、○羽根井□□□源次郎子死ス申、廿疋入、土砂遣ス、○徳四郎白瓜□□□、○藤七黍摘ミ済もむ、

四日　快晴、夕立致ス、○魚町彦十、三十五才女積(癪)祈廿疋入、○田町万幸弐才男子引付祈廿疋入、○栄吉来ル、味噌部屋東方窓打、○七蔵来ル、味噌部屋ノ裏壁

ぬり、○藤七みかん草、○瓜郷惣助より使来ル、米一升・下五井瓜十四本入ル、供物一包遣ス、○中瀬古より扇見セニ子供来ル、瓜三本遣ス、

五日　快晴、折々雨、○町組森左衛門廿八才女留(溜)飲祈□□山本彦十札受来ル、○重太郎西瓜一ツ□□□戒ニ亀昨日今日も額拵へ也、○七蔵来ル、味噌部屋ノ残昼□ニ済、夫よりコナシ部屋ノ残分塗り済也、○藤七□□□□、

六日　折々雨、夕方大雨也、○曲尺手吉文字屋正兵衛□□五才男吐血祈廿疋入、○森左衛門札受来ル、○子供七夕祭短冊釣ル、額ニ懸行灯合五十余有ル、折々雨故□儀也、○栄吉来ル、手習部屋ノ腰板ノヲサヘ拵ふ、今□ニ而暫時休ム、○七蔵来ル、所々雨漏等直シ額□□灯懸ル処拵ふ也、○藤七門前垣辺掃除等也、

七日　夜前より雨、昼前より晩□□ル、亦夕方より大夕立、○小浜助三郎四才男子引付祈廿疋入、○曲尺□□□正兵衛札受来ル、○七夕ノ節句目出度し、子供七夕祭□□□折々雨故額少々灯ス、祝儀皆入ル、○戒母入来、西□□□□戒円子供所々ニ額見へ行、

八日　夜前より雨、昼前より大雨風も有ル、疎々し、○□□弥作長病頭痛甚敷臨廿疋入、○小浜助三郎札受来ル、○才次郎入来、白餅米一斗七升入ル、□□入用也、○子供短冊流ニ行、○藤□米壱臼つく、○晩方より戒ノ母頼ニ明日手□□屋普請見舞挨拶に赤飯蒸故、□□頼ム、餅米二斗六升・粳五升・小豆六升也、大□□、

九日　快晴也、昨日より冷気也、○元鍛冶町熊次郎六十二才□腹下り祈廿疋入、○弥作札受来ル、○早朝より戒母入来、赤飯蒸ニ懸ル、祝儀入家々へ三十一軒一重ツ、遣ス、□子供五十壱人菓子盆一杯ツ、引、赤飯大分残ル、○中瀬古へ赤飯一重遣ス、○伝作入来、麦六俵一斗搗賃壱貫七百十八文渡ス、○戒母より茄子・隠元入ル、○本家より茄子入ル、

十日　快晴、冷気、○元鍛冶町熊次郎札受来ル、○仙吉□□さつま芋一盛入ル、○△昨日配人亀次郎・平作□□□・新田権右衛門へ戒円行、半し三受来ル、○藤

七も□□□搗始メ、○戒円問屋場へ□□□、
十一日　快晴、冷キ晩方より曇ル、○□□亦八○へ扇調へニ行、○扇四十二本・□十本求、代壱貫弐百五十六文也払、○□□□ニ而金巻筆弐百文四本清書書、三袋弐百八文ツ、右□□、○下地白木屋万吉より掛取ニ来ル、金一両弐分三朱ト弐百七十六文渡相済也、○河岸綱屋又八より取来ル、金弐朱□四百八文渡済、○新河岸より取来ル、金弐分弐朱ト三百五十五文渡済、○天王町白木屋惣兵衛より取来ル、金一朱ト三百六十六文払済也、○九文字屋より使来ル、廿疋・一升・ら□十丁、外ニ一升志入ル、○大崎初蔵来ル、西瓜壱ツ入ル、半し二遣ス、金弐朱かし、○藤七□□□、
十二日　快晴也、○和平来ル、切素麺入ル、半し二・扇一遣ス、○戒母入来、カボチヤ一ツ・人参・菜六わ・隠元豆入ル、○七蔵金一分かし、○半右衛門へ西瓜一ツ遣ス、○百度伝□鬼瓦一ツ代百文渡、麦搗挨拶ニ供物一包遣ス、○戒ノ単物仕立出来母持参也、○中瀬古小用一取ニ行、米三升為持遣ス、○藤七門前掃除ス、
十三日　快晴也、○諸堂諸方掃除ス、○子供祝儀皆入ル、○善八篠束へ行ニ付たまり弐百文頼求来ル、飯出ス、ふ十五遣ス、○半右衛門より壱分借り来ル、遣ス、○大工安太郎□□来ル、作料□両相渡ス、先日共合当年分五両ニ成□、素麺一包入ル、半し三遣ス、○中瀬古へ素麺一包遣ス、菓子配書一入ル、○の川屋へ□□入□内渡ス、○△
十四日　夜前より雨夜へ向テ大分降ル、○新銭町兵吉六十一才男留飲吹出もの祈廿疋入、○百度新家より餅一重入ル、○中郷四反来ル、五十文遣ス、○戒円在所へ行素麺遣ス、○△昨日おちの金壱分かし、○おちの取次、九平次金壱分両替ニ来ル、内四百文渡、
十五日　天気ニ成ル、○中元之節句目出度し、○高須庄右衛門当才男子虫祈廿疋入、○現金屋取次、紅屋忠四郎五十四才女留飲祈廿疋入、現金屋より難波みそ一躰入ル、供物一包遣ス、○礼人多分来ル、○昨日新田権右衛門礼ニ来ル、祝儀入ル、カボチヤ三ツ入ル、○

九文字屋より使ニ而十疋入、○戒ノ在所より飯団餅一重入ル、○才次郎頼八○ニ而尾上扇五本取ル、子供遣不足分也、○昨日儀助墓参り来ル、□□入ル、○
十六日　快晴也、折々曇ル、○西町初次郎五才女子虫祈廿疋入、○清水儀兵衛三才女子眼病祈廿疋入、○高須庄右衛門札受来ル、○紅屋ノ札現金屋より札受来ル、○植田より重作礼ニ来ル、十疋ト大西瓜一ツ入ル、扇壱対遣ス、○礼人大分来ル、○今朝施餓餽修行ス、○九文字屋手代参詣ス、菓子出ス、○藤七大崎へ礼ニ行、百文・そうめん遣ス、晩方より行、
十七日　快晴、暑シ、○西町初次郎札受来ル、○清水儀兵衛札受来ル、○夕方藤七在所より帰ル、茄子入ル、
十八日　快晴也、暑シ、○田町忠七取次、野依藤十、六十五才女積(癪)祈廿疋入、○九文字屋ノお美保殿参詣、菓子出ス、○戒円(ママ)、○藤七小ものから取り、
十九日　快晴也、暑シ、○野依藤十札受来ル、○朝より院主戒円伴、中世古へ問訊ニ行、難波味噌一杯遣ス、晩方帰ル、○横丁鉄利より金もの代取ニ来ル、内金壱両渡普請用計也、○藤七から取り、
廿日　曇晴也、夕立致ス、○新銭町大木屋喜平七才男子咳祈三十疋入、○東組大森悦蔵七十三才男り病祈廿疋ト十弐文入ル、無程死ス申来ル、土砂遣ス、○おちの取次、九平次より茄子廿五入ル、盆ニ両替壱分預り四百文先達而渡、亦壱朱渡、今日一朱ト五十文渡済、内四百文かしノ内へ引去ル、○上伝馬寅吉二才男子咳祈廿疋入、○藤七から取り屋敷迄済也、
廿一日　快晴、暑シ、夜前大夕立也、○御影供如常、○東組中村定蔵五十九才女大病臨廿疋入、○天王町文蔵当才男子咳祈廿疋入、○大木屋喜平ニ寅吉札受来ル、○の川ニ而大のり一帖・金赤水引一わ・白赤四わ取ル、○藤七菜畑打、夫より割付始メ、
廿二日　夜前より雨、終日夜へ向テ降ル、朝雷鳴ル、○天王町文□札受来ル、○おちの来ル、今日より□□三回忌米三合・あけ□・十五銅入、菓子一包遣ス、○中瀬古へ小用一取ニ行、夫より米壱臼つく、

廿三日　快晴ニ成ル、暑シ、○茅町与茂蔵廿二才女疳
祈廿疋入、○鍛冶町与惣兵衛五十七才男眼病ニ熱気祈
金百疋入、○おりへ来ル、新米二合・牛房三本入ル、
祝儀一包共入ル、半し二遣ス、○新家よりコウセン入
ル、○藤七米壱臼つく、夫より割付ニ出ル、
廿四日　快晴、暑シ、夕方大ニ光ル、○与茂蔵札受来
ル、○夕方地蔵尊勤ス、参詣なし、○今日より於金光
寺相撲興行之処、於問屋場ニ喧嘩五人切大手疵と申
事、右故延引ニ相成ル、
廿五日　夜前雨、雷も鳴ル、昼前より快晴也、○新銭
町土佐屋佐兵衛十八才女物ニコハカリ祈廿疋入、○新
城万蔵三才女子虫ニ風邪祈廿疋入、○かち(鍛冶)町与惣兵衛
札受来ル、○平十・六郎兵衛・半右衛門・本家・新家
・伝四郎へ供物一包ツ、遣ス、○文作今日より中庸読
ニ来ル、唐瓜壱ツ入ル、扇一本遣ス、○藤七みかん草
取り、
廿六日　快晴也、○手間丁弁蔵五十六才女かク(膈)大病祈
廿疋入、○札木万吉取次、新城和□□廿三才女腹張り
祈廿疋入、○田町兵吉三才女子虫祈廿疋入、○昨日ノ
両人札受来ル、○浪之上善太郎内入来、まん中十二入
ル、直ニ帰ル、○藤七大根蒔キ、
廿七日　快晴、昼後より曇ル、風吹ク、○草間此吉五
十一才男かク病祈廿疋入、○新河岸留吉六才男子虫咳
祈、○舟町いせ屋善兵衛三十七才男り病祈廿疋入、○
下地善兵衛廿八才女留飲食不納祈廿疋入、○昨日之三
人札受来ル、○中世古より子供来ル、昨日より老師積
起ルト云来ル、○斎後戒円中瀬古へ悔ノ助ニ行、扇一
本受来ル、○新家より西瓜半分入ル、○藤七大根蒔キ
済、
廿八日　快晴、大ニ冷ル也、○手間丁喜三郎三才男子
疳祈、○昨日三人札受来ル、○留吉同断三十疋入、○
九文字屋より使来ル、挙母ノ母七回忌、智誉貞範慧忍
大姉也、廿疋ト一升入ル、○藤七割付、○中瀬古へ大
半・小半取ニ行、○藤七割付也、
廿九日　朝より雨少々、風強ク夜へ向テ次第ニ風強ク
併□不中風也、○上伝馬久蔵廿七才女産前祈、○藤七

粟一臼つく、
南呂
朔日　未明ニ風雨止、快晴也、○田面之節句静也、目出度し、○上伝馬久蔵札受来ル、廿疋入、○半右衛門より盆前壱分貸分返済延引之旨申来ル、菓子一袋入ル、墨一丁遣ス、○和平来ル、スハ行暫時不都合ト云、○百度新家より餅一重入ル、○昼後より藤七大崎へ風雨見ニ行、
二日　快晴也、○下地定吉六十二才男腹痛祈廿疋入、○昼前藤七在所より帰ル、ブントウ一袋入ル、○藤七割付ニ出ル、
三日　快晴也、○多米次郎右衛門二才男子疳祈、○垉六町弁庵九才男子虫歯祈三十疋入ル、○下地定吉札受ニ来ル、○倫冏清書持参也、○藤七割付也、○彼岸也、
四日　快晴也、○佐藤権太郎六十四才女り病祈廿疋入、○田町与左衛門四十八才男熱キ祈廿疋入、○次郎右衛門・弁庵札受来ル、○藤七割付昼迄ニ外済、夫より西屋敷□□入ル、
五日　快晴、少々曇ル、○権太郎・与左衛門札受来ル、○高足太郎兵衛母入来、さつま芋九ツ入ル、利足金弐□□貞も入来、藤倉壱足入ル、両人ニ半し三・扇一遣ス、○藤七□屋敷割付也、○茂作もち入ル、
六日　曇晴也、○彼岸中日休日也、○茅町忠三郎取次、新所也五十九才女疝積祈廿疋入、○東植田重右衛門内入来、四十三才男金腫レ祈廿疋入、外ニ十疋見料旁入、さつま芋十五入ル、見舞ニ菓子一袋遣ス、○東組大村瀧治四才男子虫祈廿疋入、○札木中嶋屋五十二才女長病祈、○久太郎・弥兵衛入来、於金光寺角力八日より興行ニ付見物ニ来ル様申、天王社ノ拝殿普請助成也、○中瀬古へ小用一取ニ行、茄子ニさつま遣ス、
七日　昼頃より雨、夜へ向テ降ル、○上伝馬喜右衛門四十七才女瘧祈廿疋入、○佐藤市右衛門四才男子り病祈廿疋入、○忠三郎札受来ル、○植田ノ札、八五郎向テ為持遣ス、○東組瀧治方病人死と申来ル、土砂遣ス、○札木中嶋屋札受来ル、廿疋入、○戒円ニ子供門

前杉ツ□□、○藤七菜一はん抜耕作、○米壱臼つく、
八日　曇天、昼頃より快晴也、○草間彦三郎八才女子
風邪祈廿疋入、○喜右衛門札受来ル、○佐藤ノ札羽根
井より受来ル、○辻平さつま芋入ル、○今日より於金
光寺角力始マル、戒円・蓮嚢見ニ行、菓子受来ル、○
□□さつま芋遣ス、○才次郎入来ス、○藤七みかん
草、
九日　快晴也、○札木上羽屋廿三才女霍乱祈廿疋入、
○草間彦三郎札受来ル、○今日も角力有、戒円・蓮嚢
・下男見ニ行、金壱朱・花遣ス、○羽根井佐右衛門入
来、政次郎事十年已前ニ武州へ出家シ大邦と名付逢連
立来ル、菓子出ス、風呂敷一ツ・扇子一対入ル、当年
廿五才、昨年長老ニ成ルト云、随喜之至也、○藤七み
かん草、
十日　快晴也、大分暑シ、○札木上羽屋札受来ル、○
昨晩半十来ル、畑ヶ中団四郎ノ先達而見料十疋入、○
戒円・蓮嚢・下男角力見ニ行、今日ニ而仕舞ト云、○
社日休日也、○藤七みかん草、

十一日　曇晴也、○徳次郎取次、瓜郷甚三郎五十才男
肉ヨウ祈廿疋入、○昨日吉川より八月金取来ル、六十
二文渡、○庄屋長七へ同断弐朱ト百四十八文為持遣
ス、○戒円羽根井佐右衛門へ大邦僧より土産入挨拶に
廿疋為持遣ス、五十文受来ル、○藤七みかん草、
十二日　曇天也、○下地万蔵六十七才女黄タン祈廿疋
入、○平川彦太郎四十一才女産後祈、○茅町仁吉三才
男□心落付祈、○弥五兵衛取次、天白前嘉七、十六才
女風□□廿疋入、○下地万蔵札受来ル、○蓮嚢少々腹
合悪□□□、○藤七みかん草、
十三日　曇天也、○中芝源作三十七才男長病祈廿疋
入、○田町重左衛門三十五才男ふら〳〵祈廿疋入、○
大蚊里三郎兵衛廿三才男腹下り祈、○下地万蔵・天白
前嘉七札受来ル、○平川彦太郎同断三十疋入、○密蔵
さつま大十五入ル、○芳太郎・太右衛門もち入ル、○
藤七みかん草、
十四日　曇天、折々はら〳〵、○中芝源作札受来ル、
○田町重左衛門札受来ル、○大蚊里三郎兵衛同断三十

疋入、○おちのもち一重入、外ニ白手拭壱筋入、半し一遣ス、○百度新家より同断入ル、○栄三郎・清蔵・市三郎・おちのもち不参也、外神勝蔵一重入、○おかく里芋・あげ入ル、あま酒入ル、○三平両替、○晩方より藤七せんたくなから在所へ行、百文・米麦一升ツヽ遣ス、

十五日　曇天、昼よりはら〱夜も降ル、○元鍛冶町金五郎六十二才女疝積祈、○八幡祭礼、雨はら〱故神楽早仕舞也、○中瀬古へもち十五戒円持行、蒲萄(葡)受来ル、○戒ノ母入来、もち少々遣ス、○常陸より甘酒入ル、

(十)□六日　快晴也、○元鍛冶町金五郎札受来ル、廿疋入、○政□□明日より和平スハ(諏訪)へ発足之処、風邪故延引旨申来ル、

(十七日)□□□　曇晴也、○羽根井五兵衛六十六才女疳夢中□、○半十来ル、元鍛冶町旧子屋助次郎当才女子急病祈、○早朝才次郎入来、

(十八日)□□□　曇晴也、○菰口平兵衛七十一才女積(癪)祈廿疋入、○天白前庄八、五十五才男風邪祈廿疋入、○五兵衛札受来ル、廿疋入、○旧子屋助次郎同断廿疋入、○昼前藤七在所より帰ル、さつま芋入ル、○藤七米壱臼つく、

(十九日)□□□　曇晴也、晩方よりはら〱、○六郎兵衛来ル、宗吉事風邪節々骨痛祈、○古(菰)茂口平兵衛札受来ル、○天白前庄八同断、○藤七門前クロ拵へ初、○中原村権兵衛殿入来、松茸一苞入ル、菓子一包遣ス、

(廿日)□□　夜前雨、終日雨天キ、夜へ向テ大降り風も有ル、○田尻清助七十一才女疝キ祈廿疋入、○六郎兵衛へ札為持遣ス、○小浜久五郎当才女子虫祈、○中世古より子供来ル、かち(鍛冶)町与惣兵衛病死ニ付七ツ時葬式、野送ニ戒円可遣との事、即戒□宿ス、米三升遣ス、○藤七米壱臼つく、○中世古へ小□□取ニ行、

(廿一日)□□□　夜前大雨、風も有ル、水六合出ルト云、快晴也、○田尻清助札受来ル、○小浜久五郎より死と申来ル、廿疋入、土砂遣ス、○□蔵さつま芋入ル、○御影供如常、○藤七門前クロ拵へ、○朝戒円中世古より帰

ル、○和平□□より□□□、
(廿二日)□□□　快晴也、○大崎久蔵取次、寅年男・午年女縁
切□十疋入、○藤七菜耕作也、○文字屋より廿疋ト一
升入、廿一日命日也、□ヨ□□直念居士廿七回□、
(廿三日)□□□　曇晴也、折々はら〳〵、○牛久保忠八、四十
六才男積腹痛祈廿疋入、○戒ノ母入来、隠元豆一風呂
敷入ル、○藤七門前クロ拵へ也、相済、○八百屋おそ
の殿入来、テコ芋ニ松茸入ル、菓子一包遣ス、
廿四日　快晴也、曇天折(マヽ)はら〳〵、晩方より夜へ向テ
降ル、○大崎久蔵札受来ル、金弐朱入ル、○戒ノ母急
ニ病キ、戒見ニ行、昨日よりと申事、○おちの茄子十
七入ル、○藤七こへねかし□、○芳太郎茄子・隠元豆
入ル、
(廿五日)□□□　曇天、折々はら〳〵夜前大雨也、晩方天キ、
○外神善之助来ル、柚香糖一袋入ル、平井伊兵衛□□
子共長病祈、○牛久保忠八札受来ル、さつま芋七ツ入
ル、菓子一包遣ス、○の川ニ而はらせんこ百文・金赤
一わ取ル、○子供天神祭ル、○中瀬古へ小用一取ニ
行、茄子九ツ遣ス、夫よりみかん草、
廿六日　極快晴、暖シ、○外神善之助平井ノ札受来
ル、○半十壱寸七分ノ竹一本切ル、持ニ行、一朱預り
入ル、○文作暫風邪、今日より素読ニ来ル、人参入
ル、○□清作飯団餅一重入ル、○藤七門前クロへ□□
植ル、みかん草、○芳太郎ニ松茸七本遣ス、
(廿七)□□日　天キ同断、○舟町中田屋新次郎□□五十六才
男長病祈廿疋入、○西二はん丁□□□平母五十九才物
案し祈廿疋入、○中瀬古より□供来ル、小遣八百文
渡、衣盥遣ス、○北川要助江戸□三年目ニ而帰ル、見
舞ニ行、菓子一包遣ス、茂吉ニ扇一本遣ス、政蔵へ供
物一包遣ス、長七へ同断大一包ニ柘榴三ツ遣ス、新家
お秀風邪供物一包遣ス、○藤七肥瓶ノ覆致ス、
(廿八日)□□□　朝晴レ昼前より曇ル、はら〳〵夜ハ風吹、○
舟町新□□札受来ル、○西二は(ん脱)丁戸田太平同断、○北
川要助入来、江戸土産ニとふ三丁入、○藤七菜抜
く、
(廿九)□□日　快晴也、風有ル、○呉服町九文字屋より使来

ル、八月廿六日死去陰中回向料金二朱入ル、戒名跡より御越様中来ル、○みの屋へ五香取ル、
晦日　曇晴也、○みの屋ニ而五種香百文・石菖根弐両取ル、

菊月大

朔日　快晴也、○斎後講ノ護摩修行ス、□詣少々、○村方計供物配ル、○休日也、○今□□城主□□□江戸より御帰城也、○中村へ供物持セ遣ス、
二日　極々快晴、暖シ、○下地市右衛門三十一才男□□□□□祈、○新田・羽根井供物遣ス、○町へ戒円ニ本勝配ニ行、○西宿弥三郎ニ而中白炭弐俵取ニ藤七遣ス、○田原ニ而唐船出来、今日浦ニ而船下シト云、此辺よりも見物ニ行、真桑瓜ノ形と云、中ハ銅外ハ赤金ニ而張ルト云、大工熊野・伊勢諸方より来ルト云事、先年江戸へ唐船入津ニ付其形ヲ取ルト云、
三日　曇天也、昼頃より雨天ニ成ル、夜へ向テ降ル、○加茂八三郎五十六才女胸へ腫物祈、直ニ札遣ス、廿疋入、○下地市右衛門札受来ル、金一朱入、○中瀬古へ小用一取ニ行、夫より米壱臼つく、○
四日　快晴也、風有ル、○瓦町伝次郎八十一才男腹□□祈、○羽根井五兵衛六十六才女大病再祈、○九文字屋より使来ル、先日お美保殿ノ伯母ア(足)助也、戒名恵心院見□智性大姉ト云持参也、亦おみほ殿兄弟普光院賢□行円居士廿七回忌当月十一日正当回向料廿疋ト一升入、○同家手代晩方参詣ス、○おかく蕪菜入ル、柿遣ス、○藤七みかん草、○市バ源吉息子来ル、竹一本来ル、壱本遣ス、○善八殿篠束ニ行、たまり二升調弐百文也、飯喰ス、○藤七みかん草、
五日　快晴也、○瓦町伝次郎札受来ル、廿疋入、○羽根井五兵衛大病死、断来ル、廿疋入、土砂遣ス、○藤七□□□三升余ニ成ル、醤油用也、夫よりみかん草、
六日　快晴也、晩方曇ル、○早朝戒円中瀬古へ悔ノ助ニ行、○醤油豆一斗八升煮ル、引割ル、戒ノ母手伝、同人より隠元豆入ル、○藤七みかん草、
七日　夜前より雨、昼前より天キニ成ル、○町組山口両治六十三才女積祈十疋入、○今朝よりねかし物蒸、

小麦一斗三升余・豆一斗八升也、引割壱斗五升余有ル、戒ノ母致ス、同人より大松茸三本入ル、○早朝戒円羽根井五平母ノ悔ニ行、平せんこ一遣ス、○藤七昼後よりみかん草、○栄三郎・仲蔵あけ入ル、

八日　快晴也、昼後より曇ル、○下地作之右衛門三才男子□気ノ様祈廿疋入、○横須加四郎兵衛三才男子虫祈廿疋入、○中瀬古より子供来ル、松茸五本入ル、あけ廿一・米三升・小遣八百文渡ス、○おかく里芋入ル、あけ七ツ遣ス、○密蔵・清蔵・市三郎あけ入ル、善助さつま芋入ル、○新家へあけ・松茸三本遣ス、もち入ル、○九左衛門へあけ五ツ遣ス、○藤七みかん草、

九日　極々快晴也、○重九之節句目出度静也、○下地作之右衛門札受来ル、○横須加四郎兵衛同断、○羽根井五平悔礼十疋入、○子供祝儀皆々入ル、○政蔵入来、唐シ箒弐本入ル、○つ川常蔵入来、さつま芋一風呂敷入ル、半し一遣ス、○昼後より藤七大崎へ行、あけ七ツ・廿四銅遣ス、

十日　快晴也、○高須源兵衛三十才女労症祈三十疋入、○牛川瓦屋弐才男子長病再祈先日祈礼廿疋入、○百度本家より取次、植田重右衛門よりさつま芋大苞也壱ツ入ル、○おかくこんにやく弐ツ入ル、さつま三ツ遣ス、

十一日　快晴也、大ニ冷ル、風有ル、○下地市右衛門三十才男再祈金一朱入ル、○四ツ屋庄蔵七十七才女り病祈、○魚町加納屋伊兵衛三十五才女眼病祈廿疋入、○昼前藤七大崎より帰ル、さつま一苞入ル、○嘉六掛物二幅開眼十疋入、○藤七みかん草、

十二日　快晴、冷ル、○東脇弥十、六十八才女病キ祈廿疋入、○新田権九郎七十一才女痰ニ風邪祈、○戒ノ母入来、大根七本入ル、ミそ少々遣ス、○藤七みかん草、

十三日　快晴、冷ル、風強シ、○橋良与三郎六才男子腫レ物祈廿疋入、○新田権九郎札受来ル、廿疋入、○東脇弥十同断、○七蔵・善蔵手習場ノ谷漏故直ス、晩方迄済也、○藤七みかん草、

十四日　曇、快晴也、○橋良与三郎札受来ル、○中瀬古より子供来ル、米二升・さつま三ツ遣ス、○七蔵来ル、裏門壁塀拵へ懸ル、○藤七みかん草、
十五日　昼頃よりはら〳〵夜へ向テ降ル、○新田子供餅七人入ル、三吉不参也《三吉も入ル》、○よミ物文作、餅一重入ル、○七蔵来ル、裏門塀拵ふ、雨故八ツ過より内へ帰ル、もち七ツ遣ス、○才次郎ニおみせ方へもち遣ス、○和平殿入来、昨日道淳同道ニ而帰ルト云、小遣之内弐朱残り入ル、三分弐朱ノ遣ひ也、切素麺入ル、○中瀬古へ小用一取ニ行、○おちの来ル、金壱分十月迄かし、○藤七米一臼つく、
十六日　夜終日雨、夜へ向テ降ル、○昼前ニ道淳来ル、三月三日より諏訪へ行、十四日ニ帰国初而来ル、菓子一袋入ル、○田町神明祭礼も雨故延ルト云、○藤七米一臼つく、○道淳もち七ツ遣ス、
十七日　快晴、暖シ、○橋良清六、五十七才男疝積(癪)祈廿疋入、○音蔵・彦蔵・粂吉・仙吉・茂作・芳太郎・仲蔵もち入ル、○戒円・子供町へ調へ物ニ行、○富蔵来ル、田舟拵ふ由金三朱かし、○藤七瀬戸堀掃除、○七蔵八ツ頃より裏門処壁塗り済、
十八日　快晴、暖シ、○西羽田林蔵三十五才女産後祈廿□入、○夕方広右衛門入来、御籏林平娘廿六才疥□内コウ(攻)急大病祈、○橋良清六札受来ル、○密蔵・新介・平作・弥一郎・本多勝蔵もち入ル、○戒円在所へ行、もち少々遣ス、隠元豆入ル、○本町□□母参詣、納豆一重・蝋燭九丁上ル、柿九ツ遣ス、○□□本家より玄米一俵入ル、○藤七瀬戸堀拵へ、
十九日　快晴也、暖シ、○西羽田林蔵より札受来ル、○広右衛門、林平ノ札受来ル、直ニ又死ト申来ル、土砂遣ス、○茂右衛門婆々入来ス、里芋一風呂敷入ル、半し一遣ス、○□□たんす、角田もち苅り、藤七同断二束四わ運ふ、
廿日　快晴、風有ル、冷ル、○下り町権右衛門当才男子胸□敷祈廿疋入、○おかく蕪菜ト大根入ル、○富□たんす、角田粳苅り済、もち稲二束四わ運□、
廿一日　快晴、風少々、冷、○吉川市兵衛四十余女痰

祈廿疋入、○御影供如常、○の川ニ而大のり一帖・平
□四わ取ル、○常吉大根五本入ル、○藤七も□稲運
ふ、済也、十三東八わ也、
廿二日　快晴、暖シ、○吉川市兵衛札受来ル、○戒円
御□林平嫁ノ悔ニ行、平せんこ一遣ス、十疋入、○□
□久々ニ而行、柚香糖一袋遣ス、平四郎・□□・才次
郎へ寄供物一包ツ、遣ス、○藤七粳□六束運送ス、
廿三日　朝よりはら〳〵雨、暮方止、○音平・おちう
□□□入ル、○七蔵より半し種々入ル、半し一・も□
□□□、○中瀬古より子供来ル、米三升・赤みそ一重
□□□七ツ遣ス、○中瀬古へ小用一取ニ行、稲四束□
□、米壱臼つく、
廿四日　快晴也、○行明文蔵五十六才女長血□、○百
度本家・新家廿三夜もち入ル、○子供日待ノ買物ニ
行、○実五郎人参入ル、○藤七稲四東四わ運ぶ済、十
三東四わニ成、
廿五日　快晴也、○行明文蔵札受来ル、○龍雲□入
来、金平糖箱入一本入ル、○子供同□□□人也、おか
く伊奈へ行、壱人不参也、○藤七稲ハス□懸ル、
廿六日　快晴也、暖シ、静也、○元かち（鍛冶）町重三郎六十
七才□□痰祈廿疋入、○中村岩蔵四十九才女腫レ□
祈、○中瀬古老和尚昼前ニ尊来、□□□茶椀五ツ・塗
香一袋入ル、晩方御帰□□、中瀬古へ大半・小半ニ
行、大根九本・粳□□□、藤七門前大豆引、十八東
引、
（廿）□七日　曇天、夕方よりはら〳〵、晩方より大降り
成、□□太作来ル、草間惣十、廿九才男腹痛□□疋ト
十弐文入ル、○元かち町札受来ル、○中村岩蔵同断三
十疋入、○藤七門前大豆引済、雨故不運、
（廿八日）□□□　快晴、風強ク寒シ、○北嶋市兵衛六十六才男
□痛祈廿疋入、○太作より草間ノ札受来ル、○中□□
□子供来ル、米三升遣ス、○藤七西屋敷大豆□、
廿九日　快晴、風も吹寒シ、○北嶋市兵衛札受来ル、
□□院主□七へ川田毛見礼ニ行、菓子一袋□□□、
さつま芋□受来ル、作右衛門へ菓子一包遣ス、毛見□
□□平十へ寄ル、供物一包遣ス、○羽根井和平□□□

□生ノ悦ニ戒円遣ス、祝廿疋遣ス、○御城主八幡□□
□馬乗ニ入来ス、馬廿四疋ト云、○藤七西屋敷大□□
□、昼後より門前大豆束結ふ、昼後より長全寺□□ク
ロ畔あけニ行、
晦日　快晴也、○布薩心念、○藤七長全寺畑□□、

十月

朔日　快晴、朝寒シ、田ニ初氷張ルト云、○三ツ相源
□□四才女子虫引付祈、○子供新田・坂津・野□村多
分神送餅入ル、内芳太郎・栄三郎・□三郎・清蔵ト初
吉不参也、外神勝蔵・条□・音平三人入ル、○中瀬古
へ苞餅一重遣ス、○戒□□赤飯一重遣ス、○富蔵へ同
断遣ス、○戒ノ母入来、□□一重と茄子ニ生(姜)か(し脱)から漬
一瓶入ル、○藤七長全□□□□□、
(二日)□□　□□□々曇ル、○三ツ相源三郎札受来ル、廿疋
入、○中瀬古より子供来ル、大根九本遣ス、○藤七長
全□小麦蒔キ、○新家ニ而小麦種二升借り、
三日　夜雨少々、終日はら〳〵、晩方より夜へ向ケ大
雨、○一番丁森屋沢平当才女子虫祈、○瓦町□□五十
三才男時候祈廿疋入、○藤七米壱臼・粟□臼つく、
四日　快晴也、○前芝利兵衛廿八才女長病祈金□□、
○沢平札受来ル、廿疋入、○□右衛門札受来ル、○□
□先日かし分壱分返済也、○中瀬古へ小用□□□半取
ニ行、昼後より長全□□小麦蒔□、
五日　快晴也、風有ル、冷ル、○前芝利兵衛札受□
□、□□□戒円・子供町へ行糀五升求、の川ニ而大の
り一取ル、□□□浦崎一対求、○藤七西屋敷小麦蒔キ
□□□□中瀬古より子供来ル、米五升渡ス、
六日　快晴也、○早朝より大豆三升五合煮ル、晩方糀
□升・飯壱升・塩一升白みそに仕込、頼母□用意也、
○西屋敷藤七小麦蒔キ、○
七日　快晴也、○昨日新家ニ而小麦種二升借□、○藤
七西屋敷小麦蒔キ、
八日　快晴也、○中瀬古より子供来ル、白みそ□□□
大根・茄子遣ス、○伊奈よりおかく清書持参ス、あげ
七ツ入ル、○藤七西屋敷小麦蒔キ、□残ル、
九日　快晴也、晩方曇ル、○戒円・子供町へ行□□□

五合求、○新家ニ而小麦種二升借り、○□七西屋敷小
麦蒔キ少々残ルト云、
十日　曇天、昼前よりはら〳〵、七ツ前より快晴也、
□□□山尾張屋十三郎六十三才男長病祈弐百□□□、
○道淳入来、戒定より手紙来ル、光明□□□年より十
九日より廿三日迄結縁□□修行ト□□□□受者も千人
余も有ル、□□□目余残□□□帰ル、○七蔵たんす、
門前麦蒔キ始メ、□□□断雨故昼より帰ル、亦暮方ニ
蒔ニ来ル、○□□□□□小用一取ニ行、
十一日　快晴也、○中芝清八、七十五才男疝キ祈、□
□松山尾張屋札受来ル、○仙吉牛房五本入ル、○新家
より人参七本入ル、○富蔵たんす、小麦まき、藤七同
断、
十二日　快晴、風有ル、○中芝清八より札受来ル、○
朝より院主戒円伴中瀬古へ行、温飩百文・唐みかん
少々遣ス、夕方帰ル、○九文字屋より使来ル、恵心院
見外智性大姉尽七日回向料廿疋ト一升□、唐かん廿遣
ス、○今日ハ庚申供養ニ而休日也、○藤七門前朝少々
麦蒔キ、
十三日　快晴也、風有ル、○下地平兵衛占ニ来ル、十
疋入、○富蔵・七蔵たんす、門前麦まき済也、藤七同
断、三人ニ百文ツ、遣ス、○
十四日　快晴也、暖也、○魚町おこと卯年女急ニ□□
□祈廿疋入、○子供中瀬古へ遣ス、筆二袋・清書□□
□壱丁来ル、金魚六ツ入ル、○中瀬古へ大半・□□取
ニ行、○西屋敷小麦残分蒔付□□、
(十)□五日　快晴也、夕方曇ル、○上伝馬宇吉取次、大草
村□□□□五十七才男長病祈、無程札受来ル、廿疋
入、○村方新□□□亥子もち多分入ル、○九左衛門ニ
新家同断入ル、○□□□晩方より在所へ行、柑子四五十
遣ス、
十六日　曇天、四ツ頃よりはら〳〵雨、夜へ向テ降
ル、○市バ清□□三十八才男痰大病祈、○魚町おこと
札受来ル、○中瀬古へ飯団餅一重遣ス、○村方・新田
餅多分来ル、清蔵・芳太郎・柳助・三吉不参也、○
十七日　快晴也、○市バ清次郎より死と申来ル、土砂

遣ス、金一朱入、〇中瀬古へ唐みかん廿遣ス、八〇筆二袋代・日記墨代三百五十二文渡、〇大崎光平と中者ニみかん瀬戸皆□東共合金十両ニ而売ル、差金一両入ル、当廿八日より切ル引合也、
十八日　快晴也、〇清次郎取次、中芝也当才女子夜泣祈、〇飯村忠吉五十三才男腹下り祈三十疋入、直ニ札遣ス、〇権右衛門おなか今朝より積（癪）差発り即死、加持ニ行、土砂受来ル、〇文作来ル、飯団餅一重入ル、明日より読物来ル、〇斎後藤七大崎より帰ル、さつま芋入ル、明年長年と云、
十九日　快晴也、雲出テ時々時雨、風強ク大ニ寒□□□、清次郎札受来ル、〇おうら餅一重入ル、〇朝□□□淳来ル、野川ニ而みの壱匁ツ、三帖・半紙壱束取来ル、一日札摺也、晩方帰ル、〇中瀬古へ米五升遣ス、〇院主・蓮嚢、おなか野送ニ行、廿疋遣ス、〇善八殿篠束へ行たまり一樽求、代七百五十文也、〇の川ニ而金赤一わ、みの屋ニ而朱つミ（墨）壱丁取ル、〇藤七みかん草、
廿日　快晴、風有ル、寒シ、〇権右衛門葬式礼廿疋入、十疋小僧ニ入ル、加持礼十疋入、〇清蔵牡丹餅一重入、〇中瀬古へ大半・小半取ニ行、夫より藤七みかん草、
廿一日　快晴也、〇山田松右衛門八十一才女年病祈廿疋入、〇大岩中屋清右衛門五十七才女痰労祈廿疋入、直ニ札遣ス、〇御影供如常、〇藤七みかん草、大根へこへ出し、
廿二日　快晴也、〇山田松右衛門札受来ル、〇中瀬古より子供来ル、小遣壱貫五百文渡、〇院主猪左衛門へ毛見ノ礼ニ行、供物一包遣ス、孫太郎・俊次へ寄供物一包遣ス、〇中瀬古へ小用一取ニ行、
廿三日　快晴也、〇外神勝蔵飯団餅一重入、〇藤七みかん草、
廿四日　未明よりはら〳〵、夕方より大雨成ル、〇高足忠蔵六十五才女足痛祈、〇新家より飯団餅一器入ル、斎沢山也、〇弥市郎同入ル、〇藤七米二臼つく、
廿五日　曇天也、暮方晴ル、〇西羽田新次郎入来、祠

堂金貸付分弐両弐分返済、利足壱分右請取ル置也、○本家より飯団餅一重入ル、○芳太郎同入ル、○子供天神祭ル、○藤七米弐臼つく、

廿六日　快晴也、○植田儀助入来、内義五十一才血眼祈金一朱入ル、菓子百文遣ス、○綸冏清書持参、唐かん七ツ遣ス、○藤七竹切り、

廿七日　快晴也、晩方風寒シ、○新田八重蔵来ル、植田半兵衛廿五才女頭痛祈、○高足忠蔵札受来ル、廿疋入、○六三郎入来、飯団餅一重入、墨一・唐みかん十三遣ス、○源平飯団餅一重入、○戒円在所へ行、柑子少々遣ス、草り十三持来ル、代百十六文渡、○藤七竹切り、

廿八日　快晴也、寒シ、○四ツ屋定吉廿七才女頭痛祈廿疋入、○八重蔵札受来ル、弐百廿四文入、○柳助牡丹餅一重入、○才次郎年貢勘定来ル、小作分也、

廿九日　快晴也、○松山彦十、六十九才女長病祈廿疋入、○四ツ屋定吉札受来ル、○七蔵・善作蔵ノ西ノ庇瓦ふき替来ル、晩迄ニ済也、○おちの来ル、金弐朱時かし、○藤七みかん草、○開浴営初也、百度より三軒入り来ル、

十一月

朔日　快晴也、○仁連木臨済寺六十一才僧痰祈、○下地源三郎六十五才男留(溜)飲祈廿疋入、○大崎より幸平みかん切ニ来ル、九両請取指金共合十両ニ成ル、西屋敷より初大瀬戸十本程切ル、十七俵出来ル、○百度戒在所より焼餅入ル、唐みかん遣ス、○新清作・源平・平作・千蔵焼餅入ル、○仙吉飯団餅一重入ル、○夕方より藤七在所へ行、給金ノ内弐朱かし、○松山札受来ル、

二日　快晴也、風強ク寒シ、夜分別而強シ、○下地源三郎札受来ル、○才次郎入来、浪ノ上親父昨晩入来、土産飯団餅一重入ル、○大工栄吉来ル、上雪院(隠)ノ処縁張ル支度致ス、

三日　快晴也、○上伝馬庄助当才女子虫祈廿疋入、○西羽田四郎次婆々死ス、悔ニ行平せんこ一遣ス、七十三才ト云、○平十・六郎兵衛・長七へ頼母子会日相談

ニ行、供物一包ツ、遣ス、作右衛門へも寄ル、○要作飯団餅一重入ル、○

四日　快晴也、○手間丁平吉弐才女子虫祈□疋入、○上伝馬庄助札受来ル、○大崎光平みかん切ニ来ル、瀬戸四本残ル、○藤七昼前在所より帰ル、さつま芋ニ昆布・海苔入ル、○粂吉牡丹餅一重入ル、

五日　快晴也、○中芝清八、七十五才男大病再祈廿疋入、○手間丁平吉札受来ル、○昨日四郎次悔礼来ル、百三十二文入ル、安室貞禅信女也、○中瀬古より米五升取ニ来ル、赤みそ一重共遣ス、○中瀬古へ小用一取ニ行、牡丹も□一重遣ス、○おきせ粳稲扱ニ来ル、十三東八わ晩迄ニ済、○藤七昨日今日長全前小麦削り、

(六日)□□　曇晴也、○中芝清八札受来ル、○大工栄吉来ル、上雪院ノ処縁張ル、○七蔵来ル、蔵ノ北ノ方へ窓壱ツ明ル、同人西町源六へ木(ママ)　○光平みかん切来ル、前東方少々残ル、○門残ノ前西屋敷みかん才次郎・伝作切ニ来ル、○おきせ稲扱ニ来ル、十三東四わ晩方迄ニ済、○藤七米壱臼つく、○重太郎牡丹餅入ル、

七日　曇天也、昼頃より両三度時雨、晩方より□□□テ大雨也、○新銭町おしの四十才女腹□□廿疋入、○文作来ル、牛房一束入ル、○才次郎・伝作・善蔵みかん切ニ来ル、少々残ル、○□□来ル、上雪院ノ処開キ拵へ也、○朝半□□行、頼母子日限十三日と究ル、供物一包遣□、○藤七藁片付、○おきせト、ロ片付七ツ前□済、うるし籾四俵一斗(ママ)升有ル、

八日　快晴也、大ニ寒シ、風も強シ、○新銭町おしの札受来ル、○百度新家よりお秀ノ髪置祝□二重入ル、外ニ餅一重入ル、○千蔵ニ清作、牡丹餅一重ツ、入ル、○栄吉来ル、蔵□小窓ノ□わく拵へ等也、○藤七米壱臼つく、

九日　快晴也、寒シ、○紺屋町長七、四十才男風祈廿疋入、○市バ左助四才男子風邪祈、青のり十わ入ル、みかん五十遣ス、○栄吉来ル、手習部屋南ノ腰ノふち打ツ、○□□米壱臼つく、○中瀬古へ小用一取ニ行、

十日　快晴也、大ニ寒シ、○呉服町和泉屋当才□□疳祈廿疋入、○御堂せこ久之助廿才女□□□廿疋入、

○紺屋町長七札受来ル、○茂□□□飯団餅一重ツ、□□、○早朝道淳来□□□ニ而手紙一束取□□帰ル、○助十郎町□□□□村会日触致ス、晩迄ニ済、○栄吉□□□□西方新障子四本切り入ル、夫より腰板打□□中瀬古善蔵より障子四本取りニ行、檜骨半紙張りノ太ト骨也、○光平四人程来ル、□□□みかん皆切ル、六十俵ト籠へ二荷有ルト云、□□市バ迄運送ス、○平十・六郎兵衛明□□□買物頼ニ戒円行、○おきせ大豆叩来ル、□十束也、暮方迄荒叩キ済、□□同断四俵一斗余出来ル、

十一日　快晴、風有ル、寒シ、○新銭町善太郎六十三才□痰祈弐百廿四文入ル、○和泉屋卜久之助札受□□、○早朝より道淳手伝来ル、障子張り也、の□□□半紙一束取、弐匁弐分ト云、暮方帰ル、○本□□□大村珠光院四会目ニ行、当年落札之旨頼遣ス、瓜郷ニ大村此方ノ会日触持行、○本□□先達壱俵今日六升余借り入ル、□□□□□、○善蔵残みかん切ニ来ル、弐俵余出来□□□□済、夫より新家へ切りニ行、○栄吉□□□戸ソコバイ入ル、○鉄利ニ而二寸二わ蔵ノ□□金あみ取来ル、○八ツ頃より平十・六郎兵衛□□□拵ニ来ル、夜ル五ツ過ニ帰ル、夫より飯喰去ル、○藤七米一臼つく、

十二日　四ツ頃よりはら〳〵雨、夜へ向テ大雨也、風も強□、○魚町現金屋長兵衛十八才女ヒセン（皮癬）内コウ（攻）祈廿疋入、○新銭町善太郎札受来ル、○早朝より作蔵・六郎兵衛・才次郎料理ニ来ル、夜九ツ頃迄ニ済帰ル、○七蔵た□す、小使掃除等也、○明日□□□□□□□□頼ニ遣ス、○栄吉裏門処壁□□□□□□のた権四郎祠堂り足金弐分入ル、○清四郎牡丹餅一重入ル、○

十三日　快晴也、風強シ、○市バ友次郎三十一才女膿労（漏）祈、○瓦町吉蔵六十七才男中気祈、○硯長札□□ル、○修覆講会日也、早朝より作蔵・六郎兵衛・才次郎料理ニ来ル、弥四郎・助十郎・善八・毎蔵・おちの□□民之助追々手伝ニ入来、清七同断□□□□作右衛門・猪左衛門・半右衛門朝より入来、帳面□□□久左衛門ハ用事故□□帰ル、弥三郎晩より手□□□、客も

八ツ過よりはら〳〵来ル、六ツ過迄多分□□、夫より勘定寄金四十八両余也、九ツ頃ニ皆□□、○七蔵・富蔵たんす、下男三人下働キ、○市バ左助札受来ル、十疋入、昆布・海苔一苞入ル、

十四日　快晴也、風有ル、寒シ、○市バ友次郎札受来ル、金壱朱入ル、○瓦町善蔵六十七才男中キ□□札断也、土砂遣ス、廿疋入、○頼母子跡片付致ス、常陸へ台台(ママ)かへす、○半右衛門けつき同断、○栄吉来ル、雪院ノ処居敷(ママ)鴨居拵ふ等也、○晩方より作蔵・六郎兵衛町へ払方ニ行弐貫六百文渡、一昨日三貫文渡、弐百文うとんこ三升ニ香花十わ共合六貫八百文ニ成、廿八文釣り返ル、夜五ツ過ニ□□飯喰ス、○昨夕作蔵殿ニ金四両ト三朱ト八十弐文六ヶ月分利足加へ相渡、利右衛門方ニ而借用分也返済也、

十五日　快晴、風有ル、寒シ、○戒円中瀬古へ行、中みかん一束共遣ス、の川ニ而紙三束取ル、○中瀬古□□□供来ル、米五升渡ス、○藤七長全□□□麦削り済、西屋敷へ移ル、○栄吉不来、○

十六日　朝寒シ、氷り張ル、○西組浦嶋林太夫五十二才女大病祈、無程五郎兵衛来ル、死ト申断ル、○田町甚吉取次、北川ノ儀七六十四才□□□祈廿疋入、○秋葉祭り休日、餅投有ル、○□つま芋等油揚ル、頼母子礼用意也、○栄吉来ル、味噌部屋ノ無窓ノ戸拵ふ、○藤七昼前長全前小麦こへ出し、○新家よりさつまニ赤飯入、少々入ル、○半右衛門殿入来、頼母子落札ノ口語也、

十七日　天キ同断、○西羽田徳次郎六十二才□痰頭痛祈廿疋入ル、○田町甚吉より北川ノ札受来ル、○平十・六郎兵衛へ頼母子礼ニ行、半紙三状・白みそ一重・油揚物一曲ツ、遣ス、○常陸へ神祇講五会目懸金弐分壱朱遣ス、釣り八文入ル、菓子料百五十文入ル、○栄吉来ル、竹とゆ(樋)引割り等也、○善八へ三人風呂ニ行、揚物少々遣ス、新家ニも同断遣ス、○藤七大豆二はん叩キ、

十八日　天キ同断也、○高須忠三郎五十七才女積(癪)差込祈廿疋入、○西羽田徳次郎札受来ル、○長七へ頼母子

礼ニ行、配書一付揚□□□作右衛門へ半し三遣ス、○半右衛門へ行、白みそ一重・付揚一曲配書一遣ス、○清七・源右衛門へ寄ル、供物一包ツ、遣ス、○半右衛門殿入来ス、□田佐右衛門落札金十両渡、衣屋返金一□壱分入ル、釣三百三十八文渡、○栄吉来ル、台所西方とゆ懸ケ等也、○新家よりさつま芋入ル、○朝より藤七大根引、子供も荷ふ、晩方迄片付ル、ツルシ大根四百六十二本也、

十九日　曇天、昼前より雨ニ成ル、夜へ向テ降ル、○御堂せこ米吉廿八才男心落付祈、○北川熊吉入来、又今暁より急病湯水通り兼痰祈、晩方札戒円持行、○高須忠三郎札受来ル、○猪左衛門頼母子礼ニ行、半し三遣ス、伝四郎へ供物一包遣ス、○戒円母入来、こま餅十二入ル、けい足痛□□手本持行、熟柿遣ス、○栄吉来ル、とゆ□拵ふ、○藤七米一臼つく、

廿日　快晴也、○長平より餅一重入、みかん五十遣ス、○作右衛門大病ニ付見舞ニ行、金平餅一箱□□、水迄も不通と云、○新家お秀髪置ニ付祝ニ□疋遣ス、○六郎兵衛入来、返金弐分一朱ト三百三十八文入、○栄吉来ル、蔵ノ北方金あみ張り入ル、○中瀬□□大根三十本遣ス、大半・小半取来ル、夫より西屋□小麦削り、

廿一日　夜前より雨はらく、夜前も降ル、○御影供如常、○小助入来、作右衛門甚大病臨加持直□行致ス、○新家よりお秀髪置ノ祝料理物一重ト米一重入ル、○彦次来ル、餅一重入、□□一・熟柿三・巻せん十九遣ス、○清□□入来、祠堂り足弐分入、外ニ三百三十九文□□□、新銭町栄蔵先日祈礼廿疋入、○源六（七脱）より□平髪置祝赤飯一重入ル、○栄吉不来、○藤米壱臼つく、○中瀬古へ大半・小半取ル、

廿二日　快晴也、夜前四ツ時寒入ル、暖シ、○高足勝右衛門四十七才女血道長病再祈廿疋入、○小松八太郎取次、城下也七十三才男湿祈十疋入、○富蔵餅一重入ル、みかん四十程遣ス、○才次郎大村珠光院頼母子落札ニ□□聞ニ行、未決云、此方講ノ落金十□□□藤右衛門両家分序故持行渡ス、○栄吉仕事来ル、手習部屋

ノ無窓ノ戸拵ふ、○藤七米一つく、夫より西屋敷へこ
へ出し、
廿三日　雨天キ、昼より止ム、清(晴)ル、○田町虎蔵廿五
才男病キ祈廿疋入、○高足勝右衛門札受来ル、○小松
八太郎同断、○早朝小助入来、作右衛門今暁七ツ□病
死と申来ル、土砂遣ス、○伊奈ノ平作入来、胡麻餅一
重入ル、暮方百度へ帰ル、○作右衛門七ツ時之□□□
院主戒円伴下男諷経ニ行、廿疋遣ス、○□□□不来
ラ、○
廿四日　快晴也、○曲尺手角屋忠七、六十七才中キ大
□祈廿疋入、○おきせ来ル、権右衛門ノお竹産後祈、
○東脇八右衛門廿才女痟祈、○西七根小十郎□□才女
痟祈金百疋入、○普請組又次当才男子不快祈廿疋入、
○田町虎蔵札受来ル、□□□入来、壱朱廿疋廿疋(マヽ)右葬
式祈□□□礼入、○西組林太夫来ル、先日祈礼弐百十
二文入ル、○のた(野田)権四郎来ル、祠堂金五両返済入ル、
請取□、才次郎入来、吉川神祇講四会目落札□請取来
ル、入ル、證文遣ス、掛金弐分渡釣り□□廿二文入
ル、○伝作来ル、祠堂り外ニ時かし一□り足返済ニ而
壱両三分入ル、釣り三百三十五□□、○新田倉作来
ル、金五両借度様申、土蔵普請ト云、○辻平餅一重
入、○おりさ牡丹餅一重入ル、○伊奈平作入来、昼飯
出ス、唐みかん五十遣ス、○久左衛門来ル、落札金五
両渡ス、孫十分共合壱両壱分壱朱掛金□□□、釣り弐
百九十三文渡、○栄吉来ル、手習□□□無窓戸済、夫
より壺中とゆ(樋)懸ケ、○藤七門前麦削り、
廿五日　今暁より雨、昼前より大雨、小雷大分鳴ル、
風強シ、□方晴ル、○東脇八右衛門札受来ル、三十疋
入、○曲尺手忠七死と申来ル、土砂遣ス、○権右衛門
よりお竹ノ札□来ル、弐百十弐文入ル、○普請組又次
同断、○中瀬古へ小用一取ニ行、○藤七米壱臼つく、
廿六日　快晴也、○羽根井半五郎五十三才女中キ祈弐
百十二文入ル、○天王町おそて取次、民□□五才女子
喉風祈廿疋入、○舟町おてる四十二才女頭痛腹痛祈廿
疋入、○大村珠光院より掛金取来ル、壱分弐朱ト弐百
五十文渡、四会目也、○才次郎頼、曲尺手岩見屋へ五

月かり分金□元り足壱分壱朱共返済ス、り足ノ釣り百四十文入ル、○大崎初蔵朝来ル、さつま芋十二本入ル、炭部屋ノ北と東へ堀立テ習場前へ土もち、晩迄ニ済、宿ス、
廿七日　未明より雨、夜へ向テ降ル、寒ノ雨凍シ、風も晩方より強シ、○羽根井半五郎札受来ル、○天王町おそて民右衛門ノ札受来ル、みかん少々遣ス、○舟町おてる札受来ル、○七根小十郎札受来ル、○吉川返金講十会目金弐分壱朱遣ス、才次郎頼ム、○雨天故初蔵内へ帰ル、みかん壱束遣ス、藤七給金内一両弐分渡、先日弐朱かし合一両弐分弐朱也相成ル、○藤七米壱臼つく、
廿八日　快晴也、○松嶋権四郎三十三才女積祈廿疋入、伝四郎取次也、○才次郎頼、頼母子掛金不足ノ門廻ル、六太夫壱両入ル、○藤七米二臼つく、
廿九日　折々はら〱也、昼後より大分降ル、○伝四郎内松嶋の札受来ル、○栄吉来ル、座敷西ノ方とゆ懸ル、昼後より雨故内へ帰ル、○中瀬古へ小用一取ニ行、○
晦日　快晴也、是迄不順、暖シ、今日より少々寒シ、○橋良清七当才男子虫祈、○菊屋より寒見舞入ル、○おちの先達而かし分弐朱入ル済也、里芋一盆入ル、○風呂桶下籥三ツ彦次入ル、取ニ行、賃百三十六文ト云、○新家ニ而もち米四俵引ク、

十二月

朔日　快晴也、少々寒ル、○羽根井八兵衛廿七才女産後祈、供物一包遣ス、○橋良清七札受来ル、廿疋入、○粂吉胡麻もち一重入ル、○栄吉来ル、台所とゆ懸ケ、○善作来ル、金弐分当座かし、○久左衛門内引□見舞あげ三十遣ス、○栄吉門にて味噌部屋ノ戸拵ふ取ニ子供行、○新家へ藤七米ゆり(揺)に行、七ツ頃済、二俵壱斗一升八合出来ル、○風呂致ス、百度より入ニ来ル、
二日　快晴也、暖シ、○談合ノ宮伝作四十七才女積(癪)祈弐百十二文入ル、○八兵衛札受来ル、廿疋入、十二文入ル、○羽根井与右衛門四軒分こま(護摩)初尾入ル、みかん

三十遣ス、○外神勝蔵胡麻餅一重入ル、○半右衛門より手紙来ル、権六分落札ノ内八両渡ス、○栄吉来ル、とゆ懸ケ済、みそ部屋ノ戸座かね打済、先今日ニ而休ム、○源次郎来ル、九右衛門際ノ小木枝下ロス、○中瀬古へみかん一束遣ス、かす百文求、○中瀬古へ昨日米五升・小遣壱貫五百文渡ス、○藤七門前麦こへ出し、

三日　昼頃よりはら〱雨、晩方より晴ル、○談合ノ宮伝作四十七才女ノ札受来ル、○百度才次郎・助十郎・源右衛門・善作・石松・富作・泰助七人垣結ニ来ル、裏門角迄出来ル、雨故昼より休ム、半右衛門ハ人足無故見舞ニ十疋入ル、半し一遣ス、○道淳来ル、障子行灯等張り□帰ル、○源次郎大瀬戸木ノ枝下ス、雨故昼より帰ル、○才次郎昼後より頼母子不足ノ門集メに回ル、平蔵・平六・勘右衛門・下モ町平八・源右衛門内取次等入ル、○中瀬古へ大半・小半取ニ行、夫よりもち米つく、

四日　快晴也、風強シ、寒シ、○九文字屋より使□□明日空夢命日、一升・廿疋・らう三丁入、恵心院百ヶ日回向料廿疋入、唐みかん三十遣ス、○源次郎来ル、木割也、○昼より百度才次郎・弥四郎・庄次郎・源右衛門・善作・石松・伝作・富作・平作・泰助・宇兵衛・要助十二人垣結ニ来ル、墓ノ近所迄結ふ、○猪左衛門来ル、清源寺分返金入ル、此方より□□□三分三朱ト三匁引、金弐両弐分三朱入、釣□八十一文渡、○六兵衛来ル、落札金五両相渡ス、○伊兵衛来ル、祠堂り足弐朱入ル、釣り□□□十七文渡ス、○

五日　快晴也、長閑也、○九文字屋おみほとの参詣、米一袋入ル、みかん出ス、○空夢と恵心院回向致ス、○中瀬古へ赤みそ一重遣ス、○北川清八・富吉・宗吉・岩吉・作□・伝次郎・茂吉・利作・清十・甚作・小助・□蔵・次郎作・鉄蔵・徳兵衛・惣三郎・□□□十七人垣結来ル、墓裏より九左ノ境□□□表通り菱垣出来ス、○作蔵へ落□□内十両相渡、○中瀬古へ赤みそ一重□□□、源次郎木割り来ル、今日ニ而済也、○藤□□□西屋敷ノ植みかんへ小便懸ル、

六日　快晴也、○供物ノ米小餅五升・備五升水ニ積(漬)ル、晩方より搗、道淳朝より入来ス、戒ノ母餅手伝ニ入来、○新家より餅□□□、平蔵昨日不参ニ付縄一束入ル、半し一遣ス、○藤七米壱臼つく、○北川二軒明日□□、

七日　曇天也、昨日より寒ニ成り大寒シ、雪はらく、□□夜前ニ成大分降ル、余程積ル、○西□□□京右衛門三十三才男積祈金百疋入ル、○□□□祠堂り壱両入ル、○朝より作蔵・六郎兵衛買物ニ来ル、□貫弐百八十五文也、夕方早く料理済也、才次郎手伝、○同人町方頼母子不足門集ニ行、□□□安兵衛入ル、同人大豆一俵町へ持行、○平□□祠堂金貸金八両弐分返済也、り足三分□□預り置也、○七蔵たんす、昼前内垣結、夫より□□小使等也、○開浴ス、○小助国役分金□□□、

八日　快晴也、大ニ寒シ、氷ル、○油屋瀬古辻村屋□□□□□病祈弐百十二文入ル、○中村助右衛門廿四才女痔□□□、○早朝より才次郎・作蔵・六郎兵衛入来、弥四郎・民之助・三次□・おちの・善八追々入来手伝、○老和上・道淳朝より尊来也、斎後開白也、納豆一箱□□□□淳計り晩方帰ル、もち一重遣ス、○召人も入□□□源六不参膳遣ス、弥三郎も不参、膳失念也、役人祠堂り足勘定ス、夜分四ツ頃皆々帰宅、○瓜郷惣左衛門母参詣、斎米四軒分入、□□□□斎出ス、○新銭町喜代三郎ト申者忰喜六、八才ニ相成出家ニ致度様連来ル、見□連テ帰ル、みかん遣ス、又其内連来ル様ニ申帰ル、魚町の□□□□、○富蔵・七蔵たんす也、

(九)□日　快晴、寒シ、○東脇門助十二才男痔祈廿□□ル、○魚町与十郎八十三才女年病祈廿疋入、○辻村屋札受来ル、○中村助右衛門同断金一□□□現在ノ巻夕方迄ニ勤済也、○中瀬古□□□来ル、老和上御帰堂也、○昨日今日迄子供餅多分入ル、○藤七片付物、木ノ枝拵ふ、

(十)□日　快晴、昼頃より曇ル、晩方より夜へ向テ□□□降ル也、風も有ル、○新田彦右衛門八□□□年病臨、

小助取次、○ゑひま与三郎□□□産後祈五百文入ル、直ニ札遣ス、○昨日ノ弐人札受来ル、○未来ノ巻夕方迄ニ済也、□□□、○新銭町喜代三郎子供娘ニおとね両人□立来ル、余り虫気幼少故夜前断遣処□□仕合故置帰ル、菓子一袋入ル、○中瀬古へ餅一重・みかん一束六十遣ス、小用一□□□、新清作こま餅一重入、みかん三十遣ス、

十一日　夜前より大雨、風強ク暁より快晴ニ也、風□□シ、○昨日祈人□□来ル、○朝より道淳入来、供物包也、晩方□□□□仏名供物配ル、羽根井・新田へも遣ス、○西羽田□□□祠堂金十両ノ内五両返済請取ル、證文仕替も入ル、○才次郎入来、小作等ノ年貢勘定也、同人ニ落札□内十両相渡掛金入ル、○北川・百度・新田□□□多分餅入ル、源平ハ粉入ル、作次郎・龍□□・覚・芳太郎不参也、○藤七金玉へ疝キ入ル、□□平臥也、

十二日　快晴也、寒シ、○町方へ供物配ル、戸平□□□□十疋ツ、入ル、○牟呂へ同断遣ス、次三郎より一升□□喜三郎五十銅上ル、○中瀬古へ米五升為持遣ス、○戒円、新田彦右衛門親父ノ悔ニ行、平せん香二遣ス、○同人権右衛門へ遣ス、去年高須田地求ニ付十一両借り亦当五月弐両借り、十一両り(利)壱両ト六匁、弐両り七匁処へ金十四両壱分渡ス、釣り弐百廿五文入ル、○文作入来、こま□□□みかん遣ス、○仁左衛門祠堂り入ル、弥次郎同断、○吉川より返金講十一会目返金取来ル、弐分□三百三十八文渡、○乙蔵こま餅入ル、○才次郎□□、下地亀屋ニ而万茶弐俵求来ル、正ミ九貫百目、代壱分ト壱分七厘三十六貫かへ也、○藤七昼前より在所へ養生ニ行、供物一包遣ス、○清七母入来、こま(護摩)初尾入ル、こま餅一重入ル、半し一遣ス、

十三日　朝よりはら〱雪、余程積ル、大ニ寒シ、昼前より晴ル、○垉六町平兵衛廿五才女労疝祈廿疋入、○半右衛門殿入来、祠堂貸之内へ八両返済入ル、残り□両□、○新銭町喜代三郎娘来ル、小僧喜六事虫気故一先帰ス、みかん五十遣ス、

十四日　快晴也、寒シ、○垉六町平兵衛札受来ル、○中世古より子供来ル、銭三貫文遣ス、正月買物入□□、○戒円・平作瓜郷へ供物持行、喜兵衛ニ而頼母子金取ル、弐分ト弐百廿八文取来ル、少々不足也、下五井猪左衛門へ唐みかん廿遣ス、仏名志十疋入、○新田彦右衛門来ル、祈礼弐疋入、悔礼廿疋入、○風呂致ス、百度より入ニ来ル、

十五日　快晴、風強ク大ニ寒シ、○平十へ仏名礼ニ行、半し三・菓子一包遣ス、六郎兵衛半し二・菓子一包遣ス、○坂津次三郎一升、喜三郎五十文仏名志入ル、○大崎初蔵来ル、さつま入ル、藤七未不快ト云、米一升余遣ス、飯喰ス、一両日之内ニ婆々替り御越と云、○吉川村へ年貢皆済ニ七蔵遣ス、三貫弐百九文也相渡ス、

十六日　曇天也、折々照ル、○長平取次、上伝馬戸七、七十二才女水キ祈廿疋入、○要作こま餅一重・芋一風呂敷入ル、みかん三十遣ス、○長七へ仏名礼ニ行、供物大一包遣ス、作右衛門へ同断忌中見舞兼菓子一袋遣ス、○清八藁廿八束運、此間十八束共合四十六束也、

十七日　夜前より雨、大分降ル、晩方より晴ル、○本町浜松屋廿二才男頭痛祈、○長平より上伝馬ノ札受来ル、○

十八日　快晴也、○本町浜松屋左次兵衛札受来ル、廿疋入、○半右衛門へ仏名礼ニ行、納豆一箱遣ス、○猪左衛門へ同断供物大一包遣ス、○茂作まん中壱袋入ル、○戒母入来、善作入用ニ付古証文二通預り金弐両かし渡ス、当月差込善作ニ弐分貸分請取済也、○大崎藤七婆々昼時入来、未藤七不快ト云、あけ九ツ入ル、藤七替りニ来ル也、○婆々もち米壱臼つく、

十九日　快晴也、曇ル、○仙吉まん中一袋入ル、○中瀬古へ米五升・ぬか三升為持遣ス、小用一取来ル、婆々行也、○才次郎かや町ニ而魚ノアラ一荷取来ル、代不知、○同家へこまトまん中七ツ仏名会礼ニ遣ス、○婆々もち米壱臼つく、○戒母白木綿壱反持来ル、九百文也求、代渡ス、甚右衛門分と云、（以下欠）

「安政七庚申天
多聞山日別雑記
青陽大穀日」

正月大丙寅除

朔日　極快晴、長閑也、○早朝大鐘百八打、其後多聞供修行、○寺内越年、院主四拾三歳、夏十五、戒円十七才、下男藤七三十三才也、蓮嚢ハ楠葉ニ越年十二才也、○小食小豆粥諸尊へ供、斎雑煮餅同断、○子供書始台所へ張ル、○礼人少々入来ス、○源六より去年利足ノ内へ金弐分弐朱入ル、

二日　夜前はら〳〵雨静ニ降ル、曇天風なし、○早朝多聞供修行、○小食斎同断、○礼人大分来ル、○礼人取次、助十郎来ル、○関口息子礼十疋入、○九文字屋より使ニ而礼十疋入、○新田権右衛門足袋壱足入ル、○才次郎頼和田屋ニ而元結百求三匁五分也、三百九十三文払、○八百屋九左衛門ニ而青昆布壱重取代五匁ト云、異国へ交易ニ付高直ト云、新なれハ十二匁ト云事也、○酢十弐文求、○中瀬古へ茶わん・膳遣ス、

元三　快晴、風有ル、寒シ、○早朝多聞供修行、○小食斎雑煎(煮カ)同断也、○朝より院主米次伴、村方礼ニ廻ル、御籏・西宿・茅(萱)町迄済也、年玉持才次郎・配人太作也、○太作・米次ニ半し一・菓子一包ツ、遣ス、○昨日十三本塚弥吉三十弐才女血道長病祈弐百十弐文入ル、今日札受来ル、○魚町善六、四十六才男鼻へ腫物祈廿疋入、今日札受来ル、○新銭町紋八、五十五才男積(癪)留(溜)飲祈廿疋入、○瓜郷惣助礼廿疋入、○巳作礼、餅焼出ス、○大工安太郎礼半し三状入ル、○吉右衛門弐分り足三匁入ル、○喜三郎・文作礼みかん出ス、○中瀬古へ両掛遣ス、茶わん等持帰ル、○黒さとふ弐百文求、

四日　快晴、風有ル、大ニ凍ル、寒シ、○早朝多聞供修行、○今日ハ節会営(下山)三拾六人也、辻平・熊太郎・由蔵不参、其余ハ山下之由ニ而不参也、○才次郎・助十郎・文三・お秀入来ス、富ニ七ハ不都合ニ付不来、○平十、七才女子熱不食祈弐百十弐文入ル、○同家弐朱

両替遣ス、○東組とう作三才男子付引(ママ)祈十疋入、○馬
見塚平蔵三十弐才男疳祈廿疋入、○本町惣助十六才女
疳長病再祈臨廿疋入、○川崎又四郎三才男子虫ふら
〳〵祈、○新銭町紋八札受来ル、○植田重右衛門礼十
疋入、みかん出ス、○六郎兵衛もち一重・とふふ弐丁
入ル、半し一遣ス、○中瀬古へ両掛取ニ行、備五膳持
帰ル、
五日　風強ク大ニ寒シ、大ニ凍ル、快晴也、○川崎又
四郎札受来ル、廿疋入、○牛久保市蔵礼参り、さつま
芋入ル、みかん遣ス、○龍拈寺年頭扇子壱対入ル、○
悟真寺扇子二本計り入ル、○戒円、平十へ札持行、○
植田儀助礼五十銅入ル、みかん三十遣ス、○長七米二
俵・着類失念、易風火家人五也、○富蔵ノ養子披露ニ
権吉連テ来ル、半し十枚入ル、○戒八〇へ半し四束・
扇八本・朱唐紙取ル、○平左衛門日傘張り也、○藤
七、西屋敷へ小麦二はんこ(肥)へかけ、
六日　快晴、風も少有寒シ、○早朝多聞供修行、○新
田三太郎取次、札木池田屋又助三十八才男長病臨廿疋
入、○植田半右衛門ト定平礼ニ来ル、十疋ト菓子配書
一入ル、みかん出ス、同家家内繁昌之祈、○世話人へ
備餅配ル、○上菓子弐百文求、○平左衛門鏡トキ、○
風呂営、百度より大分入ニ来ル、○富へ養子祝廿疋遣
ス、
七日　快晴也、静也、晩方風少々、○早朝多聞供修
行、○七種粥諸尊へ供ス、○早朝より院主戒円伴下男
供、御城年頭玄関ニ而済、城内・町方も回ル、中瀬古
ニ而斎受テ帰ル、○つね・文平・けい・平左衛門留主
居也、○常陸殿留主ノ間ニ来ル、十疋入、○道淳晩方
入来、直ニ帰ル、○荏ノ油三百文求、五合也、平左衛
門鏡トキ等、
八日　快晴也、八ツ過より風吹雪はら〳〵寒シ、○斎
用候より院主戒円伴、下五井・瓜郷・大村へ年頭ニ
行、龍雲寺へみかん五十遣ス、栄吉へ同七十遣ス、雪
はら〳〵大ニ寒シ、○神宮寺使僧納豆・扇子・札入
ル、○おりの礼一包入ル、戒円ニ足袋壱足入ル、○浪
之上善太郎・細屋(谷)仙二郎等皆々留主ノ間礼ニ来ル、○

平左衛門傘へ油引、

九日　快晴、晩方曇ル、暮方雪少々大ニ寒シ、風も強シ、○上伝馬元吉願主、魚町善六四十六才男大病祈廿疋入、○森左衛門取次、指笠町米屋権七三才女子虫祈、○茅町弥左衛門願主染田也七十弐才女大病祈廿疋入、○徳兵衛殿入来、斧蔵妹産衣不下祈、○香の物一樽積(漬)ル、○塩三升求代百文也、○新田安兵衛入来、清作下山之願也、内ニ而少々ツ、書度様申、○清八藁廿束入ル、代八百五十文渡、○平左衛門鏡トキ、○藤七西屋敷二はん削済、

十日　快晴也、風有ル、大ニ寒シ、凍ル、○森左衛門札受来ル、○弥左衛門同断、○徳兵衛殿同断廿疋入、○組直□大杉屋昨年欠落、易火山旅上也、○おきく来ル、みかん五十かし、○藤七ばゝ来ル、廿四銅入ル、○藤七みかんへ藁敷済、夫より門前二はん削り初メ、

十一日　快晴也、長閑也、○嘉十取次、仁連木太吉廿八才女長大病祈廿疋入、○斎後院主戒円伴新田より礼ニ廻ル、院主持病故新田より帰ル、戒円牟呂・羽根井へ廻ル、藤七供也、○中原権七年礼柚香糖壱本入ル、みかん七十遣ス、善五郎へも同断頼遣ス、雑煎□□、の川屋ニ而調物致ス、白砂糖一曲入ル、○平左衛門切干切り、○宗吉秋葉へ参詣之由金壱分かし、

十二日　快晴、長閑也、○おきせ取次、東脇万次郎五十五才女吹出物祈弐百十弐文入ル、晩方札受来ル、○公文久吉四十五才男痰祈廿疋入、○新田佐右衛門内義入□、昨日さと下モ龕相ニ付掃除致ス、さと義無難幷家内無難祈頼、○嘉十より仁連木ノ札受来ル、□廻状来ル、一乗院へ継ク、○上菓子求、○早朝より藤七大崎へ年礼ニ行、備壱・膳十疋トみかん遣ス、

十三日　快晴、長閑也、晩方曇ル、○麻生田吉五郎廿七才男通(痛)風祈廿疋入、直ニ札遣ス、○国府山川屋平六、廿七才男長病快気処此節大病祈金壱朱入ル、同所宗平五十八才女足釣り祈廿疋入、○普請組□□鶏宵啼無難・家内安全祈、新城ノ母五十八才指腫レ祈、廿疋ト米一升入ル、○公文久吉札受来ル、○大工安太郎藁四束入ル、此間共合廿八束ニ成ル、○おちの悔ニかし

分金二朱入ル、済、橋良ノ子供ニみかん三十遣ス、○熊太郎・由蔵節ニ不参ニ付今日召フ、○藤七昼前在所より帰ル、あけ九ツ入ル、

十四日　未明よりはら〳〵雨、昼頃迄降又夕方はら〳〵致、長閑也、○新田権九郎七十九才女大病臨、○松山浅右衛門二才男子虫祈廿疋入、○新河岸留吉五才男子□□風祈廿疋入、○森平札受来ル、二枚遣ス、○国府平六同断二枚遣ス、○の川ニ而大のり一状取ル、○落雁百五十文求、けんひつはきなき故也、○早朝より味噌煎(焚)キ晩方迄蒸ス、直ニ搗キ丸ル、至極加減よし、善作ニ姉ニ平左衛門等致ス、○明日供物餅も三□五合搗ク、○開浴ス、百度より入ニ来ル、○コシキ□□ニ而借ル、

十五日　快晴也、長閑也、○牛川彦八、廿三才女水気祈廿疋入ル、○茅町仁左衛門三十五才男眼病ニフケサメ祈廿疋入、○昨日花ケ崎善吉七十七才女熱祈廿疋入、今日札受来ル、○浅右衛門・留吉札受来ル、○権九郎病人死と申来ル、廿疋入、○斎後例之通講ノこま修行、参詣少々、高須へ札頼遣ス、其外ハ今日子供一人も不来故不□、新田佐右衛門札受来ル、金壱朱入ル、此間さと麁相挨拶ニ三人ニ而書扇画壱本入ル、みかん三十遣ス、平左衛門ハ書扇面壱本貰ふ、○燈油五合求、弐百五十文也、○みの屋ニ而五種百文取ル、○上菓子弐百文求、○鬼祭今日有ル、

十六日　昼前よりはら〳〵雨、夜へ向テ降、○松山平三郎七十五才男積祈廿疋入、○万歳来ル、三合・三十弐文遣ス、○佐藤豊次郎入来、みとれ菓子一箱入ル、みかん三十遣ス、○おきく佐脇借質請之由ニ而五月□□□三分弐朱かし渡ス、○宗吉此間かし分壱分返済入ル、○同家より秋葉土産、札ニ付木入ル、○中郷三人より同断入ル、○北要助嫁貰祝菓子配書一遣ス、戒円持行、

十七日　快晴、風終日強ク大ニ寒シ、○田町太吉十一才男風邪ニ咳祈廿疋入、○松山平三郎札受来ル、○嘉六娘ノ婿平井(ママ)　と申者披露ニ来ル、廿四銅入ル、○晩方より戒円・平左衛門中瀬古□□種屋へ紙代壱貫四

百廿六文也払、政蔵とふふ・あけ代売貫四百廿四文払、頼母子不足ニ仏名会用分也、○藤七門前二はん削り済、
十八日　快晴、風強シ、○指笠町飾屋願主田町太吉十一才ノ病人平愈之祈頼来ル、廿疋入、当人ノ信心と云、○西町源蔵三十一才女留（溜）飲食不納祈廿疋入ル、○御堂せこ弥吉取次、杉山ノ甚次郎六十一才男痰祈廿疋入、○田町太吉札受来ル、○長七殿快気礼ニ入来ス、○半右衛門おすミ婿仁連木宗左衛門披露ニ来ル、半し壱状入ル、○藤七門前麦二はんこへ懸ケ、
十九日　快晴、凍ル、寒シ、○かち（鍛冶）町与兵衛取次、大岩八三郎七十九才女中キノ様祈廿疋入、○花ケ崎善吉七十七才女大病再祈臨廿疋入、○札木町池田屋又助六十五才女熱祈、権九郎取次也、○平井平助六十八才女痰祈十疋入、○橋良助三郎取次、大崎政吉六十四才女中キノ様祈、○指笠町飾屋入来、太吉ノ児死と申来ル、土砂遣ス、○新田仲作年玉まん中一袋入ル、半し一・みかん少々遣ス、上菓子弐百文求、○七蔵来ル、壱朱両替四百廿二文入ル、○藤七山刈り、
廿日　曇天也、大ニ強ク大ニ凍ル、大ニ寒シ、○廿日正月也、○与兵衛大岩ノ札受来ル、○池田屋より札受来ル、十疋入、○助三郎ト政吉両人札受来ル、弐百廿四文入ル、○半右衛門すミ仁連木縁付ニ付、悦ニ菓子配書一・まん中壱袋遣ス、戒円持行、○斎後平左衛門此方仕事片付ニ付百度善作方へ行、師走十一日より今日迄茛・風呂銭共遣也、冬百文かし今日も廿疋遣ス、傘七本張り日傘壱本上張致、鏡四面トキ等也、屏風一叟（ママ）ツ、クリ致ス也、皐岐ノ者ニ而当年六十四才器用人也、○西宿弥三郎ニ而中□炭壱俵取ニ藤七行、○中瀬古へ大半・小半取ニ行、○前芝おみな年礼海苔十枚入ル、
廿一日　曇天、昼前より雪はら〳〵八ツ過迄降ル、□々積ル、○植田勝平来ル、武蔵着類等持来ル、さつま芋一苞・香の物一苞入ル、みかん三十遣ス、年玉もあつらへ遣ス、雑煎（煮）出ス、○藤七米壱臼つく、法事用意也、

廿二日　快晴也、長閑也、○四つ屋清作四十二才男長病祈廿疋入、○平井平助札受来ル、○三次郎ノ末子娘、下五井長作へ縁付聟披露ニ又七連テ来ル、扇子壱本入ル、○おけい香の物入ル、○藤七米壱臼つく、

廿三日　快晴也、折々雪はら〳〵、風強ク寒シ、○四つ屋清作札受来ル、みかん少々遣ス、○の川ニ而抹香四升取、○上菓子弐百文求、菊屋へ上みかん三十、年玉遣ス、○院主光明寺へ行、上みかん五十・海苔十枚遣ス、○平十へおすて見舞ニ行、さとふ遣ス、未快ト云、○川崎吉蔵初尾米一升余・廿四銅入ル、みかん三十遣ス、○中芝権四郎廿五才女占水沢五也、

廿四日　快晴也、風少々、長閑也、○喜助内ツモノギ百匁分失占、○雪平岩見屋年玉十疋入、植田武蔵入来、米三斗入ル、勝平帯前□入持参、直ニ帰ル、○戒円・勝平赤岩へ参詣ス、○藤七門前麦二はんこへ出し済、

廿五日　曇天、強風なし、長閑也、○新河岸留吉九才男子病死、孫弐人病死、悔ニ戒円遣ス、平せん香二わ遣ス、○倫冏年礼納豆一箱・巨喜久紙三状入ル、光明寺ノ後住同断、コキク二状・納豆□箱入ル、みかん十三出ス、○子供天神祭ル、○中瀬古へ小用一取ニ行、夫より西屋敷日陰ノ一はん削等也、

廿六日　朝より雨大分降ル、風強ク晩方天キ也、○新次郎取次、松山七三郎十五才女長病祈廿疋入、○才次郎入来、年貢其外勘定致ス、○藤七米壱臼つく、

廿七日　快晴、風強ク夜へ向吹寒シ、○小松金六廿二才男長病祈十疋入、○新次郎松山ノ札受来ル、○早朝より藤七祐福寺へ年頭ニ遣ス、本山へ廿疋・一札、大悟院へ十疋・上みかん五十遣ス、弁当持行、○善作両度入来、傘張三股・摺鉢貸ス、○善作方より蕎麦切一重入ル、みかん遣ス、○中瀬古より子供来ル、赤みそ一桶遣ス、

廿八日　快晴、風なく静也、暖シ、○牧野村為蔵三十五才女月役出ル様祈、○元かち町大黒屋才次郎六十四才女□痰祈廿疋入、○小松金六札受来ル、○燈油五合求、弐百五十文也、○中瀬古より子供来ル、門前板塀

直ス由、職人飯米三升遣ス、○伝次郎より要助嫁土産餅大弐ツ入ル、○常陸殿より金壱分両替来ル、壱貫六百四十弐文渡、○藤七夕方五ツ過尾州より帰ル、本山年頭済、大悟院より切干一袋入ル、小遣百七十文遣ふ、

廿九日　快晴、風なく暖也、昼後より曇ル、○田町喜七、十五才女喉風祈廿疋入、○西町権三郎三十一才女乳痛祈、○元かち町大黒屋札受来ル、○善八殿篠束へ行たまり二升求、弐百文也、○藤七昼後より門前三はん削初メル、

晦日　快晴、折々曇ル、暖シ、○畑ケ中忠次郎廿五才女積祈、○東組山本順蔵七才男子風邪祈弐百十弐文入ル、直ニ札遣ス、○牧野為蔵札受来ル、廿疋入、○西町権三郎同断廿疋入、○田町喜七同断、○戒円町へ行、八○大のり一状取ル、中瀬古へも寄ル、三五へも寄、画像六日迄ニ出来ルト云事、○長七内入来、取次分初会掛金不足分壱両入ル、り（利）六匁入ル、○善作竹一本持行、傘ニ用ト云、○上菓子弐百文求、○藤七門前三はん削り、

二月

朔日　曇天、はら〱少々、暖シ、○畑ケ中忠次郎札受ニ来ル、廿疋入、○平十、六郎兵衛へ六日ニ老師之法事勤ル様談ニ行、○今日ハ休日也、○中瀬古より子供来ル、画像も弥五日迄ニは出来之旨申来ル故、六日ニ法事決定ニ成ル、○百度ニ而餅米五升搗頼ム、又壱斗弐升頼遣ス、○中瀬古へ小用一取ニ遣ス、○藤七暮方より米壱臼つく、

二日　昼前より大雨也、大雷大分鳴ル、晩方より晴ル、風、○半右衛門へ六日ニ法事勤語ニ行、曲ノ納豆一曲遣ス、清七へ寄供物一包遣ス、本家・新家へも寄ル、○道淳朝より入来、子供へ斎ニ召廻状認メ、村々子供ニ為持遣ス、○才次郎入来、○藤七米二臼つく、

三日　快晴、静也、晩方曇ル、○牧野村五兵衛六十五才女長病祈、○花ケ崎善吉五十八才男風祈、○平井安右衛門四十八才女長病祈廿疋入、○八百屋九左衛門へ（ママ）初会・弐会掛引買物ノ内ニ而指引、不足分弐貫

払相済也、○鉄利四百十四文払相済、○六郎兵衛・作蔵暮方より明日買物相談ニ入来ス、飯出ス、○飾もち米弐斗一升水に積(漬)ル、○藤七米二臼つく、

四日　快晴也、○牧野村五兵衛札受来ル、弐百十弐□入、○行明惣七、三十九才男心落付様祈弐百十弐文入、○花ケ崎善吉札受来ル、廿疋入、○早朝より六郎兵衛・作蔵買物ニ行、才次郎同断、三貫文渡ス、昼過ニ帰ル、夫より料理ニ懸ル、夕方帰宅ス、○飾餅朝より搗ク、新家内・戒母手伝ニ入来ス、壱合取ニ致ス、○助十郎同断手伝、夫より町方等触ニ廻る、清須・羽根井へも行、○戒円世話人ノ処六日ニ早朝より手伝ニ来ル様頼遣ス、○七蔵たんす、掃除・ゆて物等、

五日　快晴、風強し、○畑ケ中市作取次、宮喜代次六十七才男大病祈、直ニ札遣ス、○早朝より六郎兵衛・作蔵・才次郎料理ニ来ル、○助十郎同断来ル、○早朝長七・源三郎・七蔵料理ニ頼行、源三郎・清七ハ無拠用(ママ)書断、長七壱人来ル、○善八・弥四郎昼より来ル、夜四ツ頃迄荒方出来、風呂入ル、皆帰宅ス、○道淳早朝より入来、暮方帰ル、本堂荘厳等出来ス、○七蔵たんす、○新田七郎左衛門一昨日入来、足袋壱足入ル、半し二状遣ス、

六日　快晴、長閑也、○早朝より作蔵・才次郎・善八・助十郎・弥四郎・長七・善作・六郎兵衛・民之助・三次郎・伝四郎・おちの・三九郎・芳太郎・久吉・源三郎・清七・孫次郎・九平・おきく手伝ニ追々入来ス、鉄蔵・平作・宗吉も来ル、○神宮寺院主小僧供入来、まん中三袋入ル、○清源寺・金光寺入来ス、○朝寺内道淳法事修行ス、○筆子幷外ノ客多分入来ス、龍雲寺不参ニ付膳遣ス、○半右衛門同断、○和平へ同断、○開浴ス、取持ノ衆五ツ過ニ皆々帰宅、

七日　未明より雨終日降ル、○六郎兵衛・平十、八百屋ニ政蔵買物付持来ル、直ニ帰ル、○才次郎・善作入来ス、○源六より位牌開眼ニ来ル、廿疋入、○正岡孫七六十一才女長病祈金弐朱入ル、○嘉十取次、下地忠蔵四十四才男引風祈、○

八日　快晴也、長閑也、○羽根井兵作七十八才男年病

祈廿疋入、○下地与作三十弐才男熱祈、○朝半右衛門へ行、地蔵尊開帳ノ談ニ也、○まん中七ツ台引遣ス、其外百度取持ノ方へ礼ニ廻ル、跡より清七へ台引ニまん中弐ツ遣ス、源三郎同断、○平十・六郎兵衛へ礼ニ行、手拭壱筋・大まん中九ツ台引ニ菜ノ品等遣ス、長七へ大まん中九ツ台引・菜ノ品遣ス、○作右衛門へ台引ニ小まん中七ツ遣ス、○猪左衛門へ大まん中九ツ台引遣ス、○久左衛門へ小まん中三袋台引遣ス、膳わん借ル礼旁也、○三次郎へ娘縁付ノ祝ニ菓子配書一・台引遣ス、○伝四郎・九左衛門・源六へ台引遣ス、○本家・新家・善八・善作へ台引・菜等遣ス、○久左衛門へ膳わん返ス、○半右衛門へ櫃・汁次キ返ス、○中瀬古へ菜ノ類・飯餅遣ス、

九日　快晴也、○羽根井兵作札受来ル、○下地与作同断廿疋入、○新田権右衛門へ昨冬ノ弐十両ノ證文戒円ニ持行、大まん中七ツ台引ノ類遣ス、半し二受来ル、○金光寺・清源寺へ十疋ツ、遣ス、○昨日昼後より藤七在所へ行、今晩帰ル、あげ七ツ入ル、○佐脇ノはつ仏参、あけ七つ入ル、台引遣ス、○八○ニ而色紙取ル、

十日　晴天也、昼前よりはら夜(ママ)へ向テ大分降ル、○畑ケ中市作此方礼来ル、百廿四文入ル、○朝より北川・百度行乞ス、○羽根井久右衛門・外神金次郎ト弥四郎、明日子供登山願ニ来ル、○藤七背戸みかんへこへ出し初メ、

十一日　曇天、折々少々ツ、はら〱、○久吉入来、下五井おやへ積(癪)祈、○今日ハ初午子供幟□、○外神金次郎ノ米作九才、羽根井九右衛門ノ吉十十才、百度本家文平八つ、右三人祭(登)山赤飯一器入ル、煎(煮)〆も入ル、子供へ赤飯振舞也、四十□成ル、筆一対ツ、遣ス、○龍雲寺へ法事ノ節志入ル礼ニ戒円行、廿疋トまん中壱袋入ル、○半右衛門殿仏参旁入来、菓子配書一入ル、地蔵尊開眼ノ語りも有、

十二日　快晴、晩方雨降ル、○下地権次郎廿三才女積祈廿疋入、○上伝馬半蔵取次、正岡伊右衛門六十四才女中キ祈廿疋入、○弥一郎下五井ノ札受来ル、○上菓

子弐百文求、○西羽田・中郷行乞ニ出ル、○米五升五合洗ひ引、二升余粉古ひ粉有ル、○藤七西屋敷三はん削り、

十三日　曇晴也、○羽根井兵作七十八才女大病再祈金弐朱入ル、○下地権次郎札受来ル、○上伝馬半蔵正岡ノ札受来ル、○神宮寺へ法事ノ礼ニ行、金壱朱ト十疋ト三十弐銅遣ス、跡より院主礼ニ行積り也、○中瀬古へ粉三升五合遣ス、○釈迦供物晩方より拵ふ、百度より手伝ニ来ル、○中瀬古へ大半・小半取ニ行、○中瀬古へ米五升渡、

十四日　曇天也、雨も降ル、晩方より風強シ、○新田半七弐□男子風邪祈、○甚三郎婆来ル、横須加お富廿六才産占、符も遣ス、一包入ル、○千歳草小形百文求、○燈油五合求、弐百七十弐文也、○法瑞子昼後入来ス、半切百枚入ル、宿ス、○藤七西屋敷桐ノ根ホル、

十五日　快晴、風強ク寒シ、夜へ向テ強シ、○新田半七札受来ル、廿疋入、○羽根井兵作札受来ル、○斎後遺教経読ム、○参詣も有ル、○法瑞子斎後赤岩向テ帰ル、足袋一足遣ス、○六郎兵衛・作蔵入来、開帳ノ語りも致ス、○長七同断、俊次・政蔵・三次郎入来ス、

十六日　快晴、大ニ凍ル、風も有ル、寒シ、○横須加藤吉息子貰占、○新家より菜入ル、○六郎兵衛・平十・長七・本家・新家・善八・半右衛門へ供物□□持行、○藤七背戸みかんこへかけ、

十七日　快晴也、朝冷ル、○半右衛門殿入来、頼母子企ノ由ニ而仕様帳壱冊認メ遣ス、○新家内、浪之上行ニ付みかんあつらへ遣ス、○おけい香の物□□・菜みそ入ル、腐みかん遣ス、○上菓子弐百文求、○藤七門前四はん削初メ、○八日餅新田・北川・百度皆入ル、仲蔵・徳之助・伝蔵入ル、○□□定平ニ手本認メ遣ス、大まん中七ツ遣ス、八五郎より□来ル、法事ニ不参故也、

十八日　朝よりはら〳〵雨大分降ル、○西宿順蔵四十七才□急病祈廿疋入、○小坂井川出八代吉四才女子□□祈、○長七内入来、平井出来由木綿弐反求、壱貫七

十文ツヽ也、衣地ニよし、○田原平八仏参、廿疋入、
菓子出ス、○中瀬古へ小用取ニ行、
十九日　曇天也、暖シ、○下地権八、六十一才女疝積祈、○小坂井八代吉札受来ル、廿疋入、○百度平八へ上みかん三十遣ス、○伝四郎一朱両替、○藤七□あめ也、
廿日　夜前より風強ク朝よりはら〱大雨ニ成ル、風強シ、○田町源八四《三》十六才女積長病祈廿疋入、○半右衛門へ開帳ノ願書持行、村方よりも出スト云、みとれ菓子一箱遣ス、○おけい香の物入、○藤七ヒク編ミ、○大工栄吉へ開帳立所拵へ今日来ル様申遣ス、
廿一日　曇晴也、○草ケ部善七、三十三才男留(溜)飲祈廿疋入、直ニ札遣ス、○下地権八札受来ル、廿疋入、○田町源八同断、○羽根井兵作十才男子□□家ニ成り度様占ニ来ル、水山四也、吉ト云遣ス、□□出生ト云、円次郎と此方ニ而名附きよ也、○才次郎頼みかん四十一束、コツ粒ニ而長・富・□三人ニ売ル、百文ニ三束ツヽ也、
廿二日　曇天也、冷ル、○御堂せこ民作廿八才女産後大病祈弐百十弐文入ル、○茅町木綿吉廿六才男再縁占、地雷上也、吉ト云、○戒母入来、村方女子供筆子□善之綱三反上ル云事、煎豆入ル、善八殿不快祈□供物一包遣ス、○中瀬古より子供来ル、みそ一桶・腐みかん遣ス、無程道淳入来、三書画像ノ礼此方百疋遣分ニ而済様申遣ス、紙も此方より遣故壱分ト弐匁懸ル也、○上菓子弐百文求、○藤七背戸みかん草、
廿三日　曇天也、○町組山口良次郎六十六才女眼病祈十疋入、○九(公)文清吉八才男子虫祈廿疋入、○下地清兵衛廿三才男疳ニ風邪祈廿疋入、○御堂せこ民作、病人死と申来ル、土砂遣ス、○今日ハ社日休日也、二の午子供幟立ル、○半右衛門より大庄屋ニ成祝赤飯一重、おすみ土産餅七ツ入ル、
廿四日　曇天也、晩方より雨ニ成ル、○下地兼吉四十二才女血積ニ血道祈廿疋入、○町組良次郎札受来ル、下地清兵衛同断、○九文清吉同断、○朝半右衛門行、開帳語り也、幸立合ノ衆四五人居合万事頼置、村中立

合組親小僧付世話人両人廻ル様ニ相談ス、○清七寄
ル、婆々不快、白砂糖□曲遣ス、開帳儀頼置、○源右
衛門へ同断供□□一包遣ス、○六郎兵衛・平十へ行、
明日ニ而も立合組親開帳ニ付廻ル様頼置也、○舟町栄
吉へ門前ノ立札取ニ行、直ニ書立ル、○中瀬古へ小用
一取ニ行、
廿五日　夜前雨降続、曇天也、○昼後作蔵入来、母お
つね殿七十二才今朝病死臨加持頼来ル、直ニ行致ス、
○晩方より六郎兵衛・長七・村方立合ヒ組親開帳取持
寄進等礼ニ廻ル、戒円付添テ行、六郎兵衛夕飯出ス、
長七ハ庚申故直ニ帰ル、○才次郎頼、桑清ニ而干鰯四
俵取ル、五俵かへと云、○上菓子八百文求、○子供天
神祭ル、○藤七米壱臼つく、○清源寺入来、よふかん
配書二枚入ル、金子弐両借用致度様申、外ニ而聞置様
申返ス、
廿六日　曇晴也、○市ハ《(場)》左助母入来、青のり十わニ若
菜入ル、みかん五十余遣ス、安全ノ祈頼帰ル、○住吉
源七六十二才女積祈、○新銭町与十、五十八才女水キ
祈廿疋入、○瓜郷喜平次廿九才男長病祈、○の川ニ而
線香トらう・まつ香取ル、五貫文渡ス、○清らん香一
わ七十弐文求、平十へ遣分、○七ツ時平十おつね殿葬
式諷経ニ行、院主戒円伴下男供廿疋ト清らん香□□遣
ス、○たまり一升篠束ニ而求、藤七背戸みかん草、○
清源寺入来、来月廿日迄ニ金弐両借ス、綸旨質ニ請取
置也、○三次郎より初節句餅大五ツ入ル、
廿七日　雨天キ也、晩方晴ル、○荒瀬川豊蔵四十六才
女積祈廿疋入、○三相円蔵廿八才女足痛祈、○瓜郷喜
平次札受来ル、廿疋入、○住吉源七同断廿疋入、○新
銭町与十同断、○才次郎頼、明日法事買物ニ行、○中
瀬古へ法事之申遣ス、○おちのへ弐百文かし、○弥三
郎・源右衛門・長太郎へ明日法事之義申遣ス、○要作
餅一重沢山入ル、
廿八日　快晴、昼後より曇ル、○西植田亥年四十六才
男熱祈、晩方札受来ル、弐百十弐文入ル、○舟町七十
二才女大病臨廿疋入、○豊蔵札受来ル、○要蔵同断三
十疋入、○道淳助法ニ入来ス、○広潤師五十回忌・智

勝師廿七回忌・隆照和上廿七回忌取越、恭山師廿五回忌相勤、○伝兵衛・源三郎・雪平・弥三郎斎ニ召、百度両家料理手伝、戎ノ母同断、子供も召フ、おりのも召フ、まん中配書ニ而三枚取ル、

廿九日　快晴也、風有ル、○廿七日ニ燈油五合求、弐百七十弐文也、此間不足廿四文渡ス、○△廿七日ニ武蔵来ル、法事ニ付勝平為ニ来ル、香の物一苞入ル、みかん遣ス、○上菓子求、

三月

朔日　快晴也、○町組鈴木新平五十八才男二便不通祈三十疋入、○舟町清三郎札受来ル、廿疋入、○百度新家へ寺内弐人斎ニ行、彼岸ノ志也、うとん・上菓子一包遣ス、○作右衛門開帳ノ頼行、○長七へも此間村方処々へ行礼旁寄ル、供物一包遣ス、明日西町源六・新三郎方新河岸へ塔婆木頼ニ行様ニ談ス、頼置也、政蔵へ寄ル、供物一包遣ス、○藤七前みかん草、○おりん餅入ル、

二日　曇晴也、○御旗組松原米吉三十一才男上気耳鳴り祈金壱朱入、○新平より札受来ル、○村方・新田多分餅入ル、西羽田今日迄あげ入ル、羽根井も餅入ル、新介・龍助・伊兵餅不来、○おけい餅入ル、○藤七門前麦こへ出し、庭掃除也、○六郎兵衛・長七晩方より西町ニ新河岸へ塔婆木寄進頼ニ行、飯夕（ママ）出ス、

三日　夜前雨、昼頃より晴ル、風強ク、○桃節之（ママ）節句目出度、○前芝伝左衛門借家ノ者三十三才男大病祈廿疋入、直ニ札遣ス、○中村甚四郎廿七才男長病祈こま頼、○松山又左衛門三十三才女積（癪）祈廿疋入、○下地兼吉四十二才女大病再祈廿疋入、かや町藤吉取次也、○おはた米吉より札受来ル、○子供皆々礼祝儀入ル、○政蔵殿入来、○中瀬古へ餅十七為持遣ス、○辰蔵祝ノ礼ニ入来、○六郎兵衛・長七晩方より嶋々寄進ノ様子立合へ聞ニ行、少々ツ、出来ル様子也、新河岸へも行、塔婆二本寄進ニ付と云、夕飯出ス、○斎後藤七在所へ行、唐黍少々・みかん遣ス、

四日　曇天也、少々雨、○中村甚四郎廿才男大病こま、○松山又右衛門三十三才女積祈廿疋入、○下地兼

吉四十二才女大病再祈臨廿疋入、○△二日ニ院主、伝四郎・猪左衛門・三次郎・久左衛門・九左衛門・源六へ開帳之儀致様申、○三次郎初節句配書一枚遣ス、○昨日より平左衛門開帳用作花拵ニ来ル、今日も同断、夜ハ百度へ帰ル、○上菓子弐百文求、○本町美濃屋へ壱貫四百（ママ）　払、うこん・明はん・きわだ取ル、○こま油百文求、○平左衛門花拵、

五日　雨天キ、昼より晴ル、○中村甚四郎札受来ル、金百疋ト十疋入、○松山又右衛門札受来ル、○下地兼吉同断、○晩方植田武蔵勝平連テ来ル、節句祝儀十疋トさつま一苞・黍餅五ツ入ル、菓子一包遣ス、○百度より味噌仕込ニ来ル、○塩壱斗三升桑清ニ而取ル、○種屋ニ而さゝ紙大三枚・小十枚取ル、吉野紙同断、○平左衛門花拵へ等来ル、○朝藤七在所より帰ル、あげ七つ入ル、

六日　曇天也、はら〱少々、○西一はん丁山内京右衛門三十五才女足痛祈弐百十弐文入ル、○弥四郎畑ケ中岩吉ニ（母脱）九年売ル、三十五かへ、八束八ツ也、金一分ト六百廿二文入ル、○半右衛門殿入来、相続加入ノ儀等語、弐分五厘加入致様ニ申置也、開帳ノ餅米奉加之儀等語ル、○平左衛門花拵へ也、○藤七みかん草、

七日　雨天キ、昼前より止ム、○新田治助三十八才女長病祈弐百廿四文入ル、○松山彦四郎五十四才女痰祈三百十弐文入ル、○京右衛門札受来ル、○朝戒円・勝平町へ行、中瀬古へ寄ル、八〇ニ而調へ物致ス、○七蔵たんす也、○七蔵・藤七新河岸へ塔婆木上ルニ付取ニ行、一本持帰ル、昼後同人ト才次郎頼又一本持行、〆二本也、外ニ檜丸太一本代壱匁五分、檜木ノ四尺杭廿本取ル、○西町中より塔婆料三百文上ル、○平左衛門花拵へ也、○藤七米一臼つく、○本家より菜一縛り入ル、

八日　快晴也、久シ振也、○瓦町三右衛門四十才女月役不順祈、○治助札受来ル、○彦四郎同断、○朝半右衛門へ開帳之儀語行、十一日休日致し餅も投様談ス、○六郎兵衛・長七へ此間ノ礼旁行、平十へも寄ル、平六へ内義善光寺へ参詣ノ悦ニ行、供物一包遣ス、○芳

太郎相続仕様半紙一束進物ニ入ル、○大工安太郎来ル、塔婆木二本荒方出来ス、○平左衛門花拵へ、善作手伝ニ入来ス、○七蔵たんす裏門ノ処菱垣致ス、庚申故小中飯より帰ル、○上菓子弐百文求、○長七ニ而亥餅米壱斗借ル、
九日　昼後より雨夜へ向テ降ル、風も強シ、○瓦町三右衛門札受来ル、廿疋入、○六郎・平十・長七へ明日買物頼ニ戒円遣ス、○平左衛門花作り、善作も手伝、○手紙持神宮寺へ十一日開白ニ小僧壱人頼ニ行、承知也、花瓶壱対借り来ル、○中郷より立合四人嶋志集メ米ニ銭持参ス、○大工安太郎仕事来ル、塔婆壱本出来ル、○助十頼、七蔵ト下地万へ六（分）部板九枚取ニ行、地蔵上り段ノ処へ用塔婆木一本共持来ル、是ハ米吉ノ寄進也、○七蔵たんす、裏門処菱垣残り済、助十郎も手伝済、○藤七もち米壱臼つく、○投餅六升水に積（漬）ル、
十日　はら〳〵雨天キ、晩方より大分降ル、風も有ル、○公文久吉四十五才男再祈廿疋入、○朝より六郎・平十・長七買物ニ来ル、壱貫文渡ス、夕方迄料理出来ス、○才次郎・助十朝より手伝、○平左衛門・善作も手伝花作也、夕方迄ニ出来ス、壱対也、○七蔵たんす、掃除小使等、○芳太郎金壱分両替、壱貫六百五十文渡、○投餅つく、○長七殿嶋女人衆善之綱二反上ル、○昨日外神子供より同断一反上ル、○村女ノ筆子中より同二反上ル、○其外嶋々志上ル、
十一日　極々快晴、暖気也、静也、○中柴吉久三十四才女長病祈廿疋入、○早朝より作蔵・六郎兵衛・長七・助九郎・助十・才次郎・善八・善作・おちの・三次郎・伝四郎・おきく追々取持来ル、平左衛門も同断、○其外召人皆々入来ス、○地蔵大士開白四ツ時也、投餅六升致ス、村中休日ニ而大分賑敷也、○早朝より道淳入来ス、夕方帰ル、○神宮寺小僧壱人助法ニ入来ス、千蔵草二箱入ル、○西宿弥三郎壱人不参也、○半右衛門相続講初会荒又ニ有ル故、芳太郎此方へ名代ニ参ル、○夜分参詣少々、取持之人々四ツ頃ニ帰宅ス、○七蔵・富蔵たんす也、富も此頃中郷より帰り七ト同居ス、

十二日　未明より雨天気也、○中柴吉久札受来ル、○昨日かね打昼迄佐次右衛門、後より徳次郎来ル、両人ニ斎喰ス、○かね打仁左衛門、後より四郎次来ル、飯二度ツヽ出ス、○新田喜三郎入来、善之綱壱反上ル、飯出ス、○百度助九郎・才次郎・善八より善之綱壱反上ル、飯出ス、○百度助九郎・才次郎・善八より善之綱壱反上ル、おりの・八郎兵衛少々加ルト云、以上九反ニ成ル、○新田作次郎十疋志入、○御旗戸平同断十疋入、○芳太郎来ル、金三両急ニ入用由ニ而当座かし渡ス、

十三日　快晴也、○長山藤右衛門七十二才男痰祈、○田町与左衛門より地蔵尊へ串柿廿本上ル、荒井□清水嘉右衛門六十一才男長病祈廿疋入、○かね打新兵衛ニ次郎兵衛名代ニ作次郎来ル、飯出ス、○芳太郎来ル、昨日かし分金壱両三分入ル、壱両壱分ハ相続初会掛金引也、金壱分両替壱貫六百五十文渡ス、○藤七中瀬古へ幕・銭箱等取り行、○中瀬古より子供大勢来ル、赤みそ一桶遣ス、○

十四日　折々雨天キ也、○長山藤左衛門札受来ル、廿疋入、○かね打久五郎・平五郎来ル、飯出ス、○新田七郎兵衛十疋地蔵尊へ上ル、○善八より蕎麦切三重ト人参・牛房・あげ見舞入ル、斎沢山也、○藤□みかん草取り等、

十五日　快晴也、○弥六取次、草間五郎兵衛廿五才女□□祈弐百十弐文入ル、○かね打清七・久八来ル、飯出ス、○半右衛門より斎米一升・十疋采料ニ上ル、○植田九平次来ル、金壱朱上ル、直ニ帰ル、○花ケ崎村より廿疋入上ル、○北川三軒へ説法之事語ニ行、○藤七みかん草、

十六日　夜前雨、快晴也、冷ル、風強シ、○下地石屋久三郎五十才女熱祈廿疋入、○西宿又蔵五十□□留（溜）飲祈、○かね打源右衛門・権六来ル、飯出ス、新田倉作十疋上ル、○弥六草間ノ札受来ル、○赤岩へ昨日より日乞懸ル、二夜三日ト云、○俊次一朱両替四百五十文渡ス、○道淳入来ス、

十七日　快晴、風強シ、冷ル、○新町室賀五左衛門四

十三才女大病祈廿疋入、○西植田亥三次廿四才男・十六才男熱祈金壱朱入、○石屋札受来ル、○政蔵同断廿疋入、○かね打五郎兵衛・政蔵□□、○昨日道淳入来ス、十八日中日ニ神楽羽根井へ□□、○今朝政平入来ス、若者神楽ニ来ル様申帰、○六郎兵衛・政蔵、半右衛門へ明日神楽ニ遊日等頼ニ行、○政蔵殿中柴伝蔵へ永福寺□大千和尚説法頼ニ行、繁多留主故□□□、
十八日　朝曇り、快晴、晩曇り、○城内室賀氏札受来ル、○亥三次同断、○今日開帳中日也、羽根井若者八人、政平ノ輩神楽舞ニ昼前ニ来ル、燈明料廿疋入、見物人多分有賑敷也、酒壱升弐百文也出ス、昼飯夕飯喰ス、○休日也、○才次郎料理ニ来ル、○六郎・作蔵・長七も入来ス、○長七□香の物十一本ニ菜入ル、○市バ(場)左助札受来ル、百十弐文入ル、久我大角豆入ル、子供ニ菓子一包遣ス、地蔵尊へ十疋上ル、○政蔵ニ而とふふ四丁・大あけ十□取ル、○朝より道淳入来ス、○かね打勘右衛門・伝次郎来ル、○伝次郎十疋地尊へ上ル、
十九日　折々雨、晩方天キ、○新田茂三郎二才男子虫祈廿疋入、○六郎兵衛弐朱両替八百五十文渡、○かね打千蔵ニ権右衛門来ル、○里いも壱升求、五十弐文也、上菓子弐百文求、○
廿日　快晴也、○羽根井兵作七十八才女長病臨金弐朱入ル、○下五井四郎助取次、桜町伊平□□□男熱祈金一朱入、○茅町まつ三十五才女□飲祈廿疋入、○茂三郎札受来ル、○かね打利右衛門・三平也、周蔵来ル、○政蔵入来、明晩より元地永福寺来ルト云帰ル、○源六より大師様□飾餅十三地尊へ備一膳上ル、○
廿一日　快晴、晩方少々雨降ル、○馬見塚新六□□男子虫祈廿疋入、○呉服町紙三、三才男子虫祈廿疋入、○伊平ニまつ札受来ル、○かね打吉右衛門・権吉来ル、○亀次郎、中芝伝蔵迄大千和尚今夕来ル事聞ニ行、また遠州より不帰と云、無程先より小僧来ル、晩ニ来ル云、あげ三・ふ百文求、○暮方永福寺大千和尚伴僧ト両人来ル、説法致ス、参詣大群集也、宿ス、○中瀬古へ小用一取ニ行、

廿二日　快晴也、○新六ニ三治札受来ル、○かね打庄兵衛・安平来ル、○平十ニ而黒もち米壱斗弐升借ル、直ニつく、○晩方永福寺随身、越後ノ大雲長老小僧一人連説法ニ来ル、宿ス、参余程有ル、○早朝永福寺帰ル、○昨日植田武蔵頼母子ノ由ニ而勝平連ニ来ル、帰ル、

廿三日　未明より雨、昼より天キ、○早朝よりもち米一斗八升五合水ニ積(漬)ル、昼後より搗ク、投餅凡五十位、跡ハ供物配ル用意也、○道淳・善作・戒ノ母手伝来ル、○才次郎同断、昨日買物ニ町へ行、料理致ス、○暮方昨日ノ僧伴壱人連説法ニ来ル、仕舞永福寺へ帰ル、参詣余□有ル、○かね打新八・三次郎来ル、○役人三人、六郎・平十・長七へ明日閉帳ニ付召様申遣ス、政蔵殿説法僧頼其外信節(親切)ニ致故召様申遣ス、

廿四日　快晴也、○昨日舟町治太夫六十九才男大病祈廿疋入、今日札受来ル、○下り町正龍市六十一才男痰祈廿疋入、○牛久保勝蔵五十才女月役ニ出祈廿疋入、○早朝年番三平へ今日遊日頼ニ行、昼から休日と庄屋殿申と返事有ル、○閉帳八ツ時、○説法夜ルノ積り、善八頼閉帳前ニ致様元下地ニ頼行、大千和尚随伴弐人八ツ過ニ入来ス、夫より説法仕舞方大参詣也、○七ツ過閉帳勤、道淳共寺内三人、右六人ニ而致ス、餅投ル、○永福寺仕舞次第中芝地蔵堂へ帰り、○才次郎・弥四郎・助十郎早朝より手伝ニ入来ス、○昼頃より役人三人・北川三人・政蔵入来□召フ、善八同断、七蔵も召フ、○かね打久吉ニ彦七也、馳走出ス、○河岸次郎八より香ノ物七本入ル、○才次郎・善八より同断沢山ツ、入ル、○

廿五日　快晴也、○法蔵寺在鉢村金左衛門六十六才男□手震ひ、五十七才女痰長病祈廿疋ニ十疋入、直ニ札遣ス、さつき花入ル、○下り町正龍市札受来ル、○地蔵尊供物配等調へ等也、○子供半分程来ル、天神祭ル、

廿六日　快晴也、○裏八丁間瀬木忠治十九才男養子家風不合離縁ノ祈金弐朱入ル、○本町梅屋三十三才男心落付家内和合祈金壱朱入、○下地平左衛門取次、下佐

脇徳三郎廿二才女産後祈廿疋入、○朝助十郎頼、文平ニ倉蔵配人ニ而村方へ地蔵尊供物配ル、戒円組親ニ立合へは備ニ御手糸遣ス、礼ニ廻ル、其外役人世話人へも同断、村方へも御影ニ小餅ニ落雁遣ス、済、文平・倉蔵ニ菓子一包ツ、賃ニ遣ス、○晩方より戒円・助十郎、新田施入之家、坂津・外神同断、供物等配ニ行、暮方迄懸ル、○於豊川城主無難祈祷遊日也、三月節句登城之節大老職（ママ）　掃頭守登城先ニ而水戸ノ浪人十八人ニ而打取り、夫より江戸表も疎々敷由也、首ハ何方へ歟持去不知云、取々噂也、○神宮寺へ花瓶壱対返、藤七持行、

廿七日　快晴也、○新次郎来ル、松山七三郎十五才女長病祈、夕方札受来ル、廿疋入、○牛久保和助六十一才女疝風祈金壱朱入、○戒円、羽根井へ志ノ方へ供物等配ニ行、○斎後九平次勝平連テ来ル、眼病故延引ト云、里いも・金山寺一重・香の物十五本入ル、供物一包遣ス、○夫より町方へ戒円・勝平供物配ニ行、中世古へも持行、

廿八日　快晴也、○東組一番丁田中幸兵衛廿一才女再縁成様祈金弐朱入ル、○早昼より戒円・勝平、岩谷（屋）山開帳参詣ニ行、外神子供も弐三人行、夕方帰ル、○おきせ門前麦草取ニ来ル、百度より壱人手伝ニ入来ス、戒ニ草り壱足入ル、八ツ過迄ニ門前済、夫より西屋小麦草ニ懸ル、

廿九日　雨天キ、昼より大分降ル、風も強シ、○柑子政次郎四十七才通（痛）風祈、○田町甚左衛門弐才女子虫祈廿（ママ）疋入、○政蔵殿入来ス、○新田権右衛門殿入来、米代金壱両三分一朱ト六十文入ル、十弐俵三分かへ也、尤庭と申事、○藤七粟一臼つく、

晦日　快晴也、晩七ツ過ニ俄ニ風強ク厳敷大雷鳴ル、雨も大分降ル、恐敷事也、暮方晴ル、○市バ左助取次、喜助娘廿一才疳ノ様祈十疋入、○田中幸兵衛札受来ル、風雨故傘一本借ス、○北川六郎兵衛・平十・長七へ開帳礼ニ行、手拭壱筋ツ、・供物大一包ツ、遣ス、政蔵へ供物大一包遣ス、開帳ニ付説法等深切ニ世話致故也、作右衛門へ小供物一包遣ス、○善作来ル、

指笠町佐野屋入用金三両来月迄かし渡ス、○大崎初蔵来ル、あけ九ツ入ル、飯喰ス、藤七相談之由ニ而一夜泊り来ル様願、晩方行所大雷ニ而西羽田より帰ル、手拭壱筋遣ス、

閏三月

朔日　快晴也、暖也、○瓦町常吉三十三才男積(癪)祈廿疋入、○高橋三六取次、代官丁木村甚助六十有余積後空躰祈廿疋入、○柑子紋次郎札受来ル、三十疋入、○猪左衛門へ開帳ノ礼ニ行、供物一包遣ス、伝四郎・久左衛門・三次郎へも行、三平・六兵衛ハ立合休日頼ニ付行、久左衛門・源へも行、○半右衛門へ配書一・菓子一箱礼ニ遣ス、清七・源右衛門供物遣ス、善八・甚右衛門本家ニ新へは大供物一包ツ、遣ス、○朝より藤七在所へ行、○中瀬古より子供来ル、米五升渡ス、

二日　快晴、曇ル、○大西市之助廿七才女風邪祈三十疋入、○三六ニ常吉札受来ル、○牛久保和助同断、○嵯峨ノ釈迦江戸へ出開帳ニ付、於神宮寺ニ一日開帳、大群集云事、○おきせ西屋敷小麦草、百度より壱人も手伝来ル、済、○朝藤七在所より帰ル、

三日　未明よりはら〳〵、次第ニ大雨、晩方晴ル、○本町菓子屋宇吉四十三才男縁切祈廿疋入、○田中幸兵衛入来、廿一才女再縁成就、内縁ノ女破縁祈、○市之助札受来ル、○昼前迄藤七門前引懸、昼後より角田畔かけニ行、○半右衛門殿入来、初会ニ会日不行ニ付半紙一束饗応ノ替りニ入ル、○裏八丁間瀬木忠治札受来ル、成就ノカタチト云、○

四日　快晴也、○大西某取次、手間丁よね七十五才女転ひ積祈廿疋入、○羽根井兵作四十五才男熱祈弐百廿四文入ル、○舟町仁三郎三十八才女疳大病祈弐百廿四文入ル、○牛久保勝蔵五十才女月役出ル様再祈三十疋入、○新銭町源三郎七十四才女年病祈廿疋入、○普請組栗原八十七、廿才女流産後祈十疋入、○才次郎より餅一重沢山入ル、○道淳入来ス、もち五ツ遣ス、無程帰ル、○赤谷山(岩カ)開帳仕舞ニ付昼前より戒円・勝平参詣ニ行、狂言見テ暮方帰ル、賑敷と云、○

五日　曇晴、晩方曇ル、○茅町綿吉取次、宿村久吉六

十二才男熱祈廿疋入、○兵作・仁三郎・源三郎・八十七札受来ル、○外神米作母入来、赤飯一重入ル、菓子遣ス、○昨日戒円、長七方へもち米壱斗代壱貫弐百四十七文取ル、平十へ同一斗二升代壱貫五百文取、○

六日　雨天キ、夜へ向降ル、○西宿加治屋竹蔵三十八才男痰祈廿疋十弐文入ル、○茅町綿吉宿村ノ札受来ル、藤七干か一俵切ル、

七日　快晴也、○茅町大工源吉五十六才男腹張り長病祈廿疋入、○中瀬古より子供来ル、小遣七百文・赤みそ一桶遣ス、○朝戒在所へ遣ス、藤川迄行、深夜母等連ニ来ル、○新家内参詣ス、明日子供両人下条へ入疱瘡に行度様語等也、

八日　快晴也、○坂下弥七六十二才女疳祈廿疋入、○中村兵右衛門来ル、次平方廿二才男痔大病祈、○四屋定吉廿二才女眼病祈廿疋入、○指笠町市次郎九才男子疳大病廿疋入、○大工源吉札受来ル、○朝道淳入来ス、夜前中瀬古へも尋遣挨拶に来ル、無程帰ル、○朝才次郎入来ス、入疱瘡に行云、○院主此間中歯痛等大ニ快方処、今昼頃より寒ケ出熱ノ往来、晩方より頬少々腫レ難儀也、○藤七みかん草角田打、

九日　快晴也、曇ル、○城内斎藤林治四十五六才女持病祈十疋入、○弥七・定吉・市次郎札受来ル、○次平同断弐百十弐文入ル、○頬腫レ熱ノ往来ル難儀也、○藤七角田打、みかん草、

十日　曇天也、○東組都築莵綿作廿六才男ぶとふ瘡祈弐百十弐文入ル、○北要助入来、下地伊之助五十五才女熱祈廿疋入、○院主同様難儀也、○おまつ三ツ葉にカキ菜入ル、○藤七背戸みかんこへ出し、

十一日　雨天キ也、○伝次郎内下地ノ札受来ル、○院主左頬目ノ下迄腫レ難儀也、みの屋へ薬三貼取ニ行、○藤七角田打今日迄済、○九平次入来、焼米一重入、

十二日　折々雨、曇晴也、○東脇八右衛門二才男子虫祈廿疋入、○札木舟橋屋施主魚町弥四郎六才女子長病祈廿疋入、○倉蔵蕗一わ入ル、○院主同様也、○薬三服みの屋ニ而取、○

十三日　快晴也、○北ノ大崎忠三郎六十二才女病キ祈

十疋入、直ニ札遣ス、○八右衛門札受来ル、○舟橋屋
札受来ル、○院主大分快方、○薬三貼取、○おちの白
さふ（と脱）一袋入ル、○善作来ル、暫時金壱分かし渡ス、○
中瀬古へ子供来ル、米五升渡ス、○藤七米壱臼つく、
十四日　曇天也、○瓦町松蔵六十七才女疳祈廿疋入、
○昨日植田武蔵来ル、白米三斗入ル、直ニ帰ル、○昨
日安平来ル、清源寺使也、花瓶壱ツ借ス、○政蔵入
来、清源寺へ三宝（方）一対付菓子共・善之綱弐反・供キヤ
ウ一対共借ス、○院主今日ハ起ル、快方頬ハ未快、
十五日　大雨也、○舟町治太夫六十七才女熱祈廿疋
入、○牛久保勝蔵五十弐才男積祈三十疋入、○下地善
三郎四十九才女熱祈廿疋入、○松嶋善助弐才男子虫
祈、○清源寺円光大師六百五十回法事七ケ日勤、開白
休日也、地蔵尊御手ノ糸安平借り来ル、○院主頬大分
腫引快方也、○
十六日　今日も雨降ル、少々小雨也、○東組古村民右
衛門廿四才男咳祈廿疋入、○治太夫・善三郎札受来
ル、○中瀬古へ大燈灯返ス、小用壱荷取来ル、○藤七
干鰯切ル、○倉蔵・おまつ焼米入ル、米次あげ五ツ入
ル、太作同七ツ入ル、○
十七日　折々雨、曇天也、晩方雨、夫より晴ル、○畑
ケ中愛助十四才女熱祈百十弐文入ル、晩方札受来ル、
○東組民右衛門札受来ル、○お秀・吉太郎入疱瘡見舞
ニ行、廿疋入、○おけいカキナ沢山ニ入ル、○おちの
へ金壱分かし、九平肌故着物着ル用意と申事、○松嶋
善助札受来ル、
十八日　快晴也、○小浜久五郎四十三才男熱積祈廿疋
入、○牛久保勝蔵札受来ル、○院主戒円伴、神宮□開
帳之節小僧助法ニ来ル、礼ニ行金壱朱ニ箱□子一折遣
ス、長咄し、道春南光殿中問答ノ本借り来ル、○お菊
来ル、田打入用ノ由ニ而金弐朱分八百四十文暫時か
し、○藤七みかん草、
十九日　東風、曇天也、○新銭町助七、五十九才男小
便不通祈廿疋入、○忠蔵来ル、東七根与十、廿才女咳
大病祈弐百十弐文入ル、直ニ札受来ル、嫁ノ妹故今よ
り見舞ニ行と云、○小浜久五郎札受来ル、○才次郎よ

り子供疱瘡神立祝赤飯大一重沢山入ル、○おまつニ赤飯少々遣ス、○院主頬腫未さつはり宜ス、薬三貼みの屋ニ而取ル、○藤七みかん草、○夕方戒円・勝平清源寺ニ周天説法ニ聞ニ行、大分賑敷軍書ノ様と申、
廿日　未明より雨大分降ル、東風強シ、暮方晴ル、○高須□兵□木綿祈祷廿疋入、○平五郎来ル、下岩崎九郎八、六十才男痰祈、○新銭町助七札受来ル、○新田さと飯団餅一重入ル、○藤七干か切行、
廿一日　快晴、西風強シ、○西組粂次入来、三十八才女□落祈、易火天五也、○おきく来ル、佐脇はつヒツ祈、○平五郎岩崎ノ札受来ル、十疋入、○熊二郎・庄三郎・おりん飯団餅一重ツヽ入ル、○おまつ、せり菜入ル、○百度母入来、せり沢山入ル、飯団餅遣、○御影供如常、○夕方戒円・勝平清源寺へ周天ノ談義聞ニ行、今夕ニ而済、○藤七みかん草、
廿二日　曇天、昼前より晴ル、○茅町塩屋弥右衛門店者□□才男風邪祈廿疋入、○札木大杉昨年欠落者岡崎□由、易水雷四也、○前芝ニ而たまり百文求、○昨日上菓子弐百文求、○昼後九平次入来、西植田万人講勝平連ニ来ル、直ニ行、○藤七門前小もの蒔キ初メ、○清源寺より安平来ル、花瓶・三宝・ヲクキヤウ・善之綱・御手糸等返ニ来ル、
廿三日　快晴也、○新銭町清兵衛取次、四つ屋吉兵衛五十三才女張満祈廿疋入、○塩屋より札受来ル、の川屋へ金赤一わ取ニ遣ス、○藤七門前小もの七つ頃迄ニ済、夫より西屋敷へ蒔初メ、
廿四日　未明より雨大分降ル、晩方止ム、風強浪高シ、○三相権右衛門五十三才男積祈弐百十弐文入ル、○おりへの□□尾来ル、粂清取次大木也八十三才男痰祈廿疋入、○四つ屋吉兵衛札受来ル、○新田清作母飯団餅一重入ル、菓子遣ス、○北七蔵蕗一把入ル、子供菓子遣ス、○おちの来ル、質請之由ニ而金弐朱かし此分返済也、○六郎兵衛来ル、宗吉不首尾ニ付若者付合致様詫頼ニ来ル、明後ニも懸合致様申、長咄し、○中瀬古へ小用一取ニ行、○夫より藤七昼後せんたくニ行、米麦一升ツヽ・百文遣ス、

廿五日　快晴也、○大山ノ甚左衛門六十三才女痰祈、○昨日下り町権右衛門廿才男疳祈廿疋入、今日札受来ル、○三相権右衛門札受来ル、○おりへ桑清取次ノ札受来ル、○おりへ麩廿七・若め一袋入ル、白米一升遣ス、難儀ノ由也、○子供天神祭ル、○上菓子弐百文求、

廿六日　快晴也、○大山ノ甚左衛門札受来ル、廿疋入、○今日ハ庚申也、善八より膳ニ膳来ル、小豆飯ニもち一重入ル、○角蔵飯団餅入ル、○お定もち一重入ル、○朝藤七在所より帰ル、つる豆入ル、夫より西屋敷粟残分蒔く、済、○燈油五合求、弐百七十弐文也、○作蔵入来、長咄し、○新家へもち少々遣ス、○六郎、宗吉一件ニ付若者□頭要助へ事済頼行、尤幸作・清次郎盃前以聞、○

廿七日　快晴也、○北川権六取次、花ケ崎善九郎五十余女熱大病臨、○大崎舟渡小八、三十一才男ふら〳〵祈、○舟町石屋廿七才僧気塞キ祈廿疋入、○新銭町佐次兵衛四十才女水キ再祈廿疋入、○おけい入来、おちよ殿茶胸へツマリ祈、戒円見舞、無程快方ト云、○幸次郎飯団餅一重入ル、○中瀬古へ飯団餅一重遣ス、○中瀬古より子供来ル、赤みそ一桶遣ス、対山堂一対求来ル、代五十文渡ス、○幸作ニ聞ニ行、供物一包遣ス、又伝次郎へ要助ニ逢行処留主也、宗吉一件事済ニ成ル様ニ頼置也、供物一包遣ス、○上菓子求、○藤七みかん草削り、○おけい晩方天コノ種持参ス、おちよ殿大分快シ云、○中瀬古小用一取ル、

廿八日　快晴也、○西三番丁宇野駒平三十九才男江戸ニ而病気祈廿疋入、○呉服町九文字屋金兵衛四十六才男風邪祈、○清水佐吉六十弐才男所々痛祈、○新銭町助七、五十九才男小便ツマリ再祈廿疋入、○石屋ニ佐次兵衛□受来ル、○藤七みかん草、○百度より芹ニヲゴ入ル、

廿九日　曇晴也、○呉服町九文字屋金兵衛札受来ル、金弐朱入ル、○西組駒平札受来ル、○清水佐吉同断廿疋入、○権六来ル、善九郎今昼時死ス申来ル、土砂遣ス、弐百十弐文入ル、○幸作・清次郎入来、宗吉一件

夜前此方へ任様ニ相□済口ノ処、又中ニ立人ト趣意立候儀ニ付さつはり不済と申来ル、此方ハ迷惑也、又今日岩吉・秀次郎・徳兵衛・栄二郎へ無事済様ニ頼行、○六郎兵衛も入来ス、○金光寺ノ平左衛門入来ス、来月中頃迄金壱分壱朱無心、銭ニ而弐貫四十八文かし渡ス、○上菓子弐百文求、○藤七みかん草、

晦日　朝よりはら〳〵雨也、晩七ツ過より東風強シ、暮方より夜へ向テ大風也、雨も降ル、不時事、○おまつ・倉蔵もち一重ツヽ入ル、○百度富作来ル、明日嫁貰ふ由金弐両無心ニ来ル、金弐分弐朱ト九貫百五十文かし渡ス、古證文入ル、○藤□角田こて切ニ行初メ、

卯月

朔日　快晴也、夜前九ツ過ニ風止ム、当院・八幡境ノ樫壱本転ふ、其外垣少々損シ、○百度久七、三才女子虫祈、○粂次参詣、此間祈礼十疋入、○新田おつね□□入来、飯団餅一重沢山入ル、袖香糖五十文入ル、○中瀬古へ子供遣ス、板塀垣ニ本堂瓦等少々落由申来ル、○巻せん百文求、○新銭町助七札受来ル、少々軽く成ル云、

二日　快晴也、○久七札受来ル、廿疋入、○中瀬古より子供来ル、米五升・小遣壱貫文渡ス、○戒円中瀬古へ行、御本丸炎焼ニ付志次第ニ而奉納金上ル様故、金弐朱包役所迄出ス様申頼遣ス、此辺悟真寺抔ハ五十両、龍拈寺五両、常陸抔ハ壱分、其外名々弐朱、壱朱と申事也、○百度八左衛門三才女子病死悔ニ戒円遣、平せんこ一遣ス、○七蔵たんす、八幡境ノ樫転ひ切ル、

三日　曇天也、○大崎小八札受来ル、廿疋入、○昨日中瀬古より子供役所より弐朱ハ帰り窺書出との事、今日認メ中瀬古へ向テ戒円へ為持遣ス也、○藤七角田こて切ニ行、

四日　はら〳〵雨夜前向テ降ル、○下五井ニ新田要助□□才男眼病祈廿疋入、○藤七角田こて切、昼迄ニ済也、

五日　夜前より終日雨降続く、○中芝清八、七十三才女痰水キ祈廿疋入、○新銭町清兵衛取次、松山運□場

へ聟縁付ニ付兄ノ娘年祭替祈廿疋入、○のた川□与三郎廿弐才女熱祈廿疋入、○下五井要助札受来ル、○九平次・勝平連立晩方来ル、飯団餅沢山ニ入ル、風呂へ行、留主ニ而親父ハ直ニ帰ル、○藤七米壱臼つく、○徳兵衛・栄三郎・岩吉、宗吉一件之儀ニ付来ル、入組六ケ敷也、

六日　快晴ニ成ル、○舟町壺屋庄右衛門三才男子疱瘡九日目祈廿疋入、○札木駒屋利助六才男子疱瘡ニヒセン祈廿疋入、夕方死申来ル、土砂遣ス、○伝次郎内入来、老母八十八才年病臨加持頼来ル、直ニ行、未実正也、○中芝清八札受来ル、○川崎与三郎同断、○おけいカウセン（香煎）ニつる豆入ル、○上菓子弐百文求、○中瀬古へ庭ノ松木一本切ニ行、根切致し帰ル、こま木用、小用一取来ル、○東組田中幸兵衛入来、娘再縁ノ心願成就祈礼金壱朱入ル、

七日　快晴也、○談合之宮助三郎五十三才女長病祈廿□□、○舟町つほ屋札受来ル、○子供皆々花持参ス、□□・子供共花堂葺、昼後残花中瀬古へ為持遣ス、○千歳小形弐百文求、○みの屋甘草・肉桂取ル、○中瀬□へ甘草壱荷為持遣ス、○朝権左衛門へ宗吉一件□儀ニ付徳・栄・岩等趣談ニ行処留主也、□言置帰ル、○藤七西屋敷小ものへこへ少々懸ル、

八日　夜前よりはら〳〵雨、終日降ル、○朝誕生会勤、□迄参詣少々ツ、有ル、○西羽根井八左衛門三才□舌腫物祈廿疋入、○下地常吉三十一才女熱キ□廿疋入、○清七殿入来、赤飯一重入ル、此方より折々□舞挨拶也、○才次郎より柏餅沢山ニ入ル、吉太郎二年目也、○皆平飯団餅一重入ル、○幸作入来、宗吉一件も入組之事故暫時見合工夫と云、○政蔵・長□入来、六郎兵衛入来ス、

九日　終日雨降続く、○下地常吉ノ札、安平内受ニ来ル、○倉蔵柏餅入ル、○羽根井八右衛門子供昨晩死ト申来ル、土砂遣ス、○作右衛門貰ひ子初節句菓子配書一遣ス、壱匁五分也、○藤七中瀬古へこま木切ニ行、八玉持来ル、また三ツ残ル云済、

十日　快晴也、西風強シ、○東組竹田勝太夫四十一才

男疳祈廿疋入、直ニ札遣ス、○坂津ノ民平嗅来ル、八才女子不快祈、○吉川繁吉取次、神郷初蔵三十六才男風邪□、○中瀬古より子供来ル、米五升渡、○六郎兵衛・平十・長七・助九郎・才次郎・善八・半右衛門へ行、□□供物遣ス、○清七へ寄ル、供物遣ス、政蔵へ□□黍□礼ニ供物遣ス、○文平・龍平・彦蔵柏餅入ル、○九左衛門へ柏餅少々遣ス、○上菓子弐百文求、○巻せん百文求、○の川ニ而まつ香取ル、○中瀬古へ大半・小半取ニ行、夫□□樫キ切ル、

十一日　快晴也、風西強シ、○吉川繁吉神郷ノ札受来ル、廿疋入、○民平嗅札受来ル、○節句取越休日也、○藤七昼前門前麦刈初、三束九わ刈ル、昼後より小坂井へ参ル、

十二日　曇天也、折々唯はら〱、○坂津六右衛門取次、平井八郎左衛門四十一才女長病祈、○新助・新田つね柏餅入ル、○藤七、門前麦八束廿わ刈ル、

十三日　快晴也、○紺屋町良吉十九才男疳祈廿疋入、○坂津六右衛門、平井ノ札受来ル、廿疋入、○雪平・おちの・倉作柏餅入ル、○百おさと餅一重入ル、○中瀬古へ柏餅遣ス、○上菓子弐百文求、○藤七門前麦一日刈八束廿わ也、○薄鎌壱丁平次郎ニ而求、代百六文、カワラ六文也、

十四日　曇晴也、○西組柳嶋永左衛門廿弐才女風邪祈廿疋入、○下地次三郎五十弐才男熱祈廿疋入、○紺屋町良吉札受来ル、○本家へ頼、下り町岩蔵□麦七斗四升七合、八十九文ツ、ニ而売ル、代金□両弐百七十弐文入ル、○新さと柏餅入《（ママ）》ル、○伝次郎母昨晩病死八十八才也、六郎兵衛八ツ前に土砂頂ニ来ル、八ツ時葬式戒円計諷経ニ遣ス、○藤七粟壱臼つく、夫より麦、

十五日　終日はら〱雨天キ也、○佐藤権太郎廿四才女産後祈廿疋入、○瓦町源七三十八才女産後祈廿疋入、○牛久保喜七、十六才女疳祈廿疋入、○畑ケ中吉六当二日生女子舌サツコ祈、○吉川庄七、十九才男疳祈廿疋入、○永左衛門ニ次三郎札受来ル、○北川伝次郎礼ニ来ル、加持礼廿疋、院諷経廿疋、戒十疋、土砂礼一包入ル、尋ヨ清光信女也、八十八才也、○中瀬古

へ大半・小半豆取ニ行、夫より瀬戸樫木引済也、○上菓子四百文求、
十六日　快晴也、○茅町千吉五十弐才男積(癪)祈廿疋入、○吉六札受来ル、廿疋入、○権太郎・源七・庄七札受来ル、○金光寺平左衛門来ル、此間かし分ノ内金壱朱返ル、また一分不足也、○院主、文平伴新田権右衛門へ庄屋へ成ル悦ニ行、廿疋遣ス、外ニ菓子一箱、地蔵尊ノ長キ御手糸少々遣ス、○次ニ坂津重作別家作ル悦ニ行、廿疋遣ス、○藤七麦刈り、○燈油五合求、弐百七十弐文也、
十七日　昼頃より雨、夜向テ降ル、○茅町平吉札札(ママ)受来ル、○九平次入来、柏餅一重入ル、香ノ物一苞入ル、菓子大一包遣ス、飯出ス、勝平来月四日より田植中御越様云也、○熊太郎柏餅一重入ル、○東照権現休日也、○藤七晩方雨迄麦四束三十わ刈ル、
十八日　夜前より雨也、○下地与平三十八才男留(溜)飲祈廿疋入、○当古久太夫五十三才女大病祈廿疋入、○当古与惣次十六才女風邪祈、○廻状来ル、新大判吹直也、壱枚ニ付金二十五両也、一乗院へ次ク、○上菓子弐百文求、○百文巻せん求、○藤七昼前角田へ畔かへし初メ行、昼より麦刈り、
十九日　快晴、折々曇り、○小池清吉六十八才女熱祈廿疋入、○下地与平札受来ル、○勝蔵ニ才一、柏餅入ル、○藤七麦刈り済、五束三十わ刈ト云、
廿日　夜前より雨、大雨也、夜へ向テ降ル、南風も吹ク、○田町与平三十五才女労症祈廿疋入、○鍛冶町瀧次郎四十八才男痰祈十疋入、五才童子・九才童子呉度様申也、○小池清吉札受来ル、○百度本家入来ス、中芝権四郎跡頼ノ頼母子初会ト二会分ノ内へ金壱両預り置也、尤弐分懸ケ也、○角田へ藤七畔かへしニ行、小中飯より休ム、此間共二枚済ト云、
廿一日　夜前より雨大ニ降ル、四ツ過ニ止ム、水七合程出ル云事、○上伝馬葛城弐才女子疱瘡八日目祈廿疋入、○六郎兵衛より柏餅一重入ル、○御影供如常、○藤七角田へ畔かへし行、
廿二日　曇晴也、○行明菊太郎取次、牛久保伝吉四十

六才男中キ祈廿疋入、直ニ札遣ス、○小池聟蔵疳祈廿疋十弐文入ル、○上伝馬葛城札受来ル、○平十より柏餅一重入ル、当年ハ三人目初也、○中瀬古へ小用一取ニ行、夫より門前目あけ初メ、麦残分十三束二わ入ル、惣〆四十一束十七わ也、

廿三日　未明より雨、昼前より小雨ニ成ル、○牛久保儀助六十一才男留(溜)飲祈、○舟町伝十、八才男子疱十一日目祈廿疋入、○百度善蔵来ル、蚊帳質請之由金弐朱ト五百文かし、○上菓子弐百文求、○の川ニ而はらせん香百文取ル、○藤七角田へ畔かへしニ行、今日迄済ト云、

廿四日　曇天也、○舟町万蔵六十八才男リン病祈廿疋入、○茅町源作三十三才男痰祈廿疋入、晩方札受来ル、○本町梅屋取次、金十、三十七才女疳祈弐百十弐文入ル、○舟町伝十札受来ル、○紋作柏餅一重入ル、○庄三郎柏餅一重入ル、○新家より香の物入ル、柏餅遣ス、○たまり一升求代百文也、篠束ニ而求、○幸作入来、宗吉一件ニ付談合也、○富蔵八ツ頃家出ニ付占ニ夕方来ル、山雷ノ三也、

廿五日　昨夕方より雨、終日夜へ向テ大雨也、水出ル、○札木町久左衛門四才男子疱十三日目祈廿疋入、○万歳・金十札受来ル、○早朝栄三郎ト岩吉へ行、宗吉一件ニ付幸作等頼事語ニ行、幸作へ寄ル、○宗吉入来ス、礼旁也、長遊ひ、○伊兵柏餅入ル、○藤七昼より大崎へ行、○牛久保儀助札受来ル、○幸次郎柏入ル、

廿六日　快晴也、○中芝茂平次五十五才女眼病祈廿疋入、○紺屋町秋田屋善蔵十弐才女子疱四日目祈、○清七より柏餅一重入ル、○平十小僧初九枚ノ風(凧)巾遣ス、○富吉小僧同断遣ス、○上菓子・巻せん・あけ求、○子供天神祭ル、○新家ニ而茄子苗六十本貰ふ、平十ニ而廿本余貰ふ、植ル、○朝藤七大崎より帰ル、ふ十二入ル、○藤七目あけ茄子植也、○おりのへ柏餅九ツ為持遣ス、

廿七日　曇晴、晩方ヒン曇り、○新銭町六兵衛四才男子疱十三日目祈弐百文入ル、○大山彦蔵十五才男子長

病ルイレキニ祈弐百十弐文入ル、○茂平次秋田屋札受来ル、秋田廿疋入、○清八来ル、種かす求由ニ而野上り迄金壱分かし渡ス、○昨朝七蔵入来、富蔵道不付ト云、又占雷水解二也、初尾入ル、○昨日久七へ三才おきく病死ニ付戒円悔ニ行、平せん香一遣ス、法雲清淋童女也、今朝礼ニ入来、十疋入、○藤七門前目あけ済、菜畑計残ル、小ものへこへ出し、

廿八日　夜前宵より雨、朝四ツ頃迄降ル、夫より晴曇也、夜前四ツ頃地震ス、○市バ善七、五十三才男長病祈弐百十六文入ル、○大山彦蔵、新銭町六兵衛札受ニ来ル、○早朝豊蔵入来、宗吉ノ出入も一昨夕中老ノ入組片付、夜前若者方和合相済ト云来ル、○岩吉入来ス、同断語也、大村祐作内義金毘羅へ抜参り追人へ行未帰、占山沢ノ三也、内儀ノ方占地火上也、初尾入ル、○六郎兵衛宗吉一件ノ礼ニ来ル、柚香糖一本入ル、三十弐文也、○新田権右衛門殿名乗付ル礼ニ来ル、礼一包入共返ス、印形も彫り持来ル、○徳之助柏餅一重入ル、○房蔵同断入ル、○昼後勝平植田へ行、柚香糖一本・枇杷・扇・風巾（凧）一ツ遣ス、田植迄不返レ云、○藤七米壱臼つく、昼後より西屋ノ小麦刈り、

廿九日　晴曇也、○皆平柏餅一重入ル、○明日供物もち米一升余水に積（漬）ル、晩方搗、百度より手伝来ル、○おきせ麦叩ニ来ル、母手伝ニ貰ふ、四十弐束十二わ也、晩方迄ニ済也、○藤七小麦少々計り刈ル、○けんびつはき百五文求、

五月小

朔日　朝晴也、昼前よりはら〳〵折々、晩方より夜へ向テ相応降ル、○魚町横田屋四才男子疱十七八日目祈廿疋入、○新銭町万右衛門七十一才男頬痛祈廿疋入、○横丁平野屋甚助五才女子疱十三日目祈廿疋入ル、○市バ善七、五十三才男ノ札受来ル、○斎後講ノこま勤ム、参詣只少々也、○道淳昼前助法来ル、晩方帰ル、○村方供物配ル、新田子供為持遣ス、○彦蔵・音平供物取ニ来ル、中村へ為持遣ス、筆一本ツ、遣ス、○藤七門前へ黍一日マサク、粟大切也、

二日　夜前より終日雨、夜へ向テ降ル、○下五井四

里（郎カ）右衛門取次、赤坂平野屋甚太郎四十八才女腹病祈金壱朱入ル、直ニ札遣ス、○かや町半十取次、坂下榎屋廿九才女血積祈廿疋入、○横田屋札受来ル、○平野屋甚助方病人死申来ル、土砂遣ス、○作右衛門内入来、貰ひ子ノ初節句柏餅一重入ル、○仲蔵柏餅入ル、○中瀬古より子供来ル、米五升・銭七百文渡、○朝中瀬古へ小用一取ニ遣ス、○

三日　快晴也、○手間丁千蔵五十五才女瘧長病祈廿疋入、○西宿又蔵十九才女積ニ痰祈、○茅町喜六生レ子腹痛祈廿疋入、○新田佐右衛門入来、村内疾病ニ付家内安全祈金壱朱ト十弐文入、○かや町半十坂下之札受来ル、○戒円町方へこまノ供物配ニ行、○角蔵柏餅入ル、○おやすあげ十一入ル、半し一状遣ス、○藤七西屋敷小麦七束刈ル、○上菓子弐百文求、

四日　曇天也、八ツ頃ニ大雨也、直ニ止ム、○札木ゑちまや久右衛門弐才女子疱加持廿疋入ル、晩方守頂ニ来ル、○下地清蔵三才女子疱十一日目祈廿疋入、○平四郎取次、公文惣兵衛廿才女疳祈廿疋入、○横田屋弐才男子疱初発祈廿疋入、○西宿又蔵札受来ル、廿疋入、○粂吉・辻平・音平・利作・清作・米次・太作・吉作・伝蔵・市三郎・由蔵柏餅入ル、○藤七門前へ大豆植仕度也、おけい頼植ル、雨迄ニ済也、煎豆一重入ル、柏餅遣ス、○六郎兵衛より柏餅一重入ル、

五日　昼前迄曇天、暫時晴レ、七ツ前急ニ大夕立、大雷鳴ル、又晴ル、○菖蒲ノ節句目出度し、○羽根井左平次取次、一色金次郎六十九才女長病祈廿疋入、直ニ札遣ス、○手間丁千蔵・新田佐右衛門・公文惣兵衛・横田屋札受来ル、○おまつ柏餅入ル、○子供皆祝儀入ル、○九平へ柏餅七ツ遣ス、○栄三郎入来、宗吉一件先日事済頼ニ旁也、○才次郎より柏餅入ル、○柏餅不参ハ龍助・おさだ・□兵衛也、○藤七畑草取り、

六日　曇晴、終日はら〳〵、折々小雷ゴロ〳〵、○才次郎入来、瘧今日ハ快しト云、○藤七西屋敷小麦刈り今日迄ニ済、夫より草取旁也、

七日　曇天、四ツ過より快晴也、晩方はら〳〵、○赤坂大八当才男子腹痛泣キ祈三十疋入、直ニ札遣ス、○

椿藪五郎右衛門取次、八五郎廿五才男疝キ祈、○燈油五合求、弐百七十弐文也、す求、○宗吉一件之儀事済故栄三郎・徳兵衛・秀次郎・岩吉へ挨拶ニ行、清次郎・権右衛門へも寄ル、○茂右衛門不快ニ付寄、供物一包遣ス、快と云、○藤七門前へ五畔こま蒔く、夫より西屋敷目明也、

八日　曇天也、折々はら〳〵雨也、○椿藪五郎左衛門八五郎ノ札受来ル、廿疋入、○役所より指紙来ル、談申儀有之ニ付明九日ニ罷出との事也、地方三人名前也、○おりの来ル、弟儀他出ニ付当院頼母(子脱)之儀は私引受相勤様申也、枇杷遣ス、○新おさとはい原団扇壱本入ル、枇杷遣ス、○藤七西屋敷目あけ、

九日　未明より雨、昼前迄降ル、曇天也、○新銭町佐七、七十六才女付物祈廿疋入、○同所茂吉廿六才男初瘧祈、○朝より院主・戒円役所へ行、川村柳助方へ内聞ニ寄来ル、此度御本丸焼失ニ付献金之儀浄土宗なれハ増上寺遣ス、拙院ハ如何之尋也、拙院ハ増上寺ニ構なし申答計事也、故役所へも不出、直ニ中瀬古へ寄り帰ル、○藤七角田へ畔かへしニ行、初二度目也、○昼後よりおきせ門前小もの草取ニ来ル、百度へも頼ニ遣ス、即来ル、

十日　朝より雨天キ也、夜へ向テ降ル、○新銭町佐七札受来ル、○同所茂吉同断廿疋入、○六郎兵衛来ル、広吉後家八日朝家出占ニ来ル、○藤七畔かへしニ行、済也、

十一日　夜前より雨降続水出ル、今日ハ大川も一升水出ル、東風強ク昼前より次第強ク成り夜へ向テ強シ、五ツ過ニ追々静也、○今日ハ無用、

十二日　快晴也、晩方曇ル、○上伝馬仏師和平五才男子疱五日目祈廿疋入、○風吹ノ掃除等致ス、○神宮寺へ枇杷戒円ニ為持遣ス、涅槃和讃返ス、彼寺大名宿り雨故滞留と申事也、○おまつ枇杷少々遣ス、○新家へも同断、○おきせ朝より小もの草取来ル、百度へ手伝頼行処伊奈へ行留主、水出故小坂井より舟ニ乗り昼過帰ル云、手伝ニ来ル、○藤七昼前垣転直し等、昼後より西屋敷目あけ済也、

十三日　未明より雨、終日降ル、東風も相応ニ吹ク、○上伝馬仏師和平札受来ル、○中瀬古より子供来ル、○中瀬古米三升藤七ニ為持遣ス、大半荷取ニ来ル、○藤七草取り、

十四日　終日雨天キ也、○東組大須加両作六十七才女ニ十三才男子風祈金壱朱入ル、○茅町政之進三十弐才女腹痛祈、○藤七米弐臼つく、

十五日　快晴也、雨天キ、四ツ頃より快晴ニ成ル、又夜分ニ降ニ成ル、○茅町政之進札受来ル、廿疋入、○神ケ谷喜太夫四十四才女腹痛祈廿疋入、直ニ札遣ス、○斎後より西屋敷へ大豆植ル、おけい植人也、枇杷遣ス、○前川五左衛門瘧ニ付土砂頂ニ来ル、○藤七昼前草取り、

十六日　朝より雨、大々雨也、昼頃晴ル、今日も水出ル、此間より度々水出ト云、珍敷年也、十一日ニ大名三頭吉田へ宿りまた滞留と申事、米も一升百六十四文、大名滞留故青物類都而菜之類高直所々難儀と申事也、○今日は田植、富蔵・七蔵たんす、植人おきせ也、雨故昼前難儀也、小豆飯致ス、○富・七・下男へ百文ツ、骨折ニ遣ス、○垉六町桑清へ三月求分赤穂塩壱斗三升代四百八十四文払、今日一升代三十文渡ス、○百度清七、三才男昨日より驚風、今暁病死、戒円一寸見舞遣ス、

十七日　曇天也、冷ル、昼後よりはら〳〵雨、夜へ向テ降ル、○清七三才男病死悔ニ行、平せん香二・菓子一包遣ス、○新家内血道不快見舞ニ寄ル、供物一包遣ス、○平十へ行、茄子苗ノ礼ニ供物一包遣ス、○おけい黍種持来ル、○門前へ残分黍蒔く、夫よりみかん草取り、○晩方より戒円中瀬古へ助法ニ行、宿ス、

十八日　今日ハ雨なし、折々照ル、冷ル、○札木小田原屋弥七廿六才女血道祈廿疋入、○朝戒円中瀬古より帰ル、の川ニ而指下駄一足ノ緒二足取来ル、とふしんも取ル、○才次郎入来、今日ハ少々軽シト云、○藤七門前小ものへ一はんこへ出し、○今日ハ八ツ前より坤ノ方と思方ニ而玉落ノ様成音地ニヒヾケ大分致ス也、

十九日　折々照ル、晩方より雨、夜へ向テ大ニ降ル、

赤岩へ今日迄二夜三日日和乞也、○魚町おます六十五才女長病祈、○談合ノ宮金八、四才男子疱七日目祈廿疋入、○御堂せこ甚八、五十六才男痰祈百廿四文入ル、○鍛冶町瀧次郎内入来、四十八才男痰再祈、九才ノ童子小僧ニ呉度様頼、紺屋町ノ金六ノ孫也、先連テ来様ニ申帰ス、○札木小田原屋札受来ル、○小坂井ニ而たまり一升求、○藤七門前ノ堀り草取り、稲植ル、○院主風邪、○中瀬古へ赤みそ一桶遣ス、

廿日　快晴、昼後より曇ル、只少々はら／＼、○談合ノ宮金八札受来ル、○御堂せこ甚八同断、○鍛冶町瀧次郎内札受来ル、九才百太郎と申童子連テ来ル、先置テ帰ル、六月一日午ノ下刻出生と申、○藤七西屋敷所へ黍まさく、粟ノ切也、○田町与右衛門当才男子虫祈廿疋入、○おちのへ昨日豆種五合かし、同人コウセン一重ト油菓子廿五入ル、菜・みそ一重遣ス、

廿一日　快晴也、晩方曇ル、はら／＼、○田町与右衛門札受来ル、○魚町おます同断廿疋入、○篠束庄次郎家内三人三月ニ四国へ廻ル、帰ル占地風四也、六七日ノ内多分帰国也、七十弐文入ル、○御影供如常、○院主風邪同様、○昨日みの久ニ而葛根湯三・朱つミ(墨)壱丁取ル、○藤七門前へ豆まさき、小もの草少々取ル、

廿二日　極快晴、大分暑シ、○小浜吉六弐才女子フケサメ祈廿疋入、○今日ハ野休也、○庄三郎うとん一重入ル、○おつね同断入ル、筆二本遣ス、○新家内初瘧、うとん少々遣ス、○

廿三日　極快晴、暑シ、○小浜吉六札受来ル、○院主風邪大分快シ、○半左衛門・長七へ楊梅一重ツ、遣ス、○藤七門前小もの草取ル、

廿四日　極快晴、暑シ、○市バ清太郎七十三才女腹血下り祈、○舟町重左衛門三十弐才女労症祈廿疋入、○垉六町庄吉三十一才女積祈廿疋入、○紺屋町八十、五十六才女登セ頭腫物祈、○院主風邪快し也、○平十・六郎兵衛・百度三軒へ楊梅遣ス、○西屋敷へ豆マサク、

廿五日　極快晴、暑シ／＼、○神明前おとは四十九才女熱祈廿疋入、○外神善之助取次、公文次郎作廿七才

女流産後祈、○市バ清太郎札受来ル、三十疋入ル、○舟町重左衛門同断、○垉六町庄吉同断、○紺屋町八十同断廿疋入、○猪左衛門・作右衛門・源六へ楊梅遣ス、○おきせ門前小もの草ノ先日ノ残り取ニ来ル、百度より壱人手伝来ル、昼前迄済、夫より西屋敷晩方迄ニ済也、○子供天神祭ル、無人也、○藤七小ものへこへ出し、○中瀬古へ楊梅戒円持行、上伝馬仏師和平ニ而老師ノ位牌調ル、代十弐匁と申引合也、○

廿六日　天キ同様、大ニ暑シ、○上伝馬元吉弐才女子疱十一日目祈廿疋入、○神明前おとは札受来ル、○外神善之助公文ノ札受来ル、○河岸ノ次郎八へ楊梅一重戒円ニ為持遣ス、真書二本受来ル、又先達而約速(束)致置、次郎八殿ノ読哥短冊も壱枚受来ル、○龍雲寺へも楊梅一重遣ス、○米次ニ楊梅一重遣ス、

廿七日　天キ同様也、○平六取次、住吉祐作三十七才男旅より帰りふら〳〵フケサメ祈、無程札受来ル、○上伝馬元吉病人死と申来ル、土砂遣ス、○善八よりうとん二重入ル、○十兵衛殿入来、うとん出ス、善作一件之儀ニ付テノ咄等也、○喜せん茶百文求、

廿八日　小池庄三郎七十三才女大病祈廿疋入、○七蔵中瀬古へ風ニ而損ル屋根等直ニ行、楊梅少々遣ス、○中瀬古道淳入来ス、老師石塔岡崎ニ而調へ談也、近日ニ道同ニ而行積ニ談ス、無程帰ル、○中瀬古へ子供来ル、米三升遣ス、風損シ直シ飯米也、○伝次郎へ母死ス見舞ニ行、有合ノ玉あられ一本遣ス、平十へ茄子苗ノ礼ニ供物一包遣ス、

廿九日　天キ同様、暑シ、○菊太郎取次、牛久保伝吉四十六才男長病付物祈廿疋入、○朝芳太郎来ル、夜前周三郎病死臨加持頼来ル、廿疋入、直ニ悔なから行致ス、○八ツ時半右衛門葬式戒円諷経ニ行、廿疋遣ス、○小池庄三郎病人死と申来ル、土砂遣ス、○八百屋へ二月六日老師一周忌引上買物払ニ戒円行、金壱分ト拾弐貫百五十九文也払、白瓜三本・茄子五ツ受来ル、○上菓子求、

六月大癸亥定

朔日　極々快晴、大ニ暑シ、○下地次三郎五十弐才男

長病再祈廿疋入、○牛久保伝吉ノ札菊太郎受来ル、○早朝半右衛門へ周三郎悔ニ行、白瓜弐本遣ス、林英童子也、○晩方芳太郎・要助礼ニ来ル、廿疋ト大粘(糊)弐状・団扇壱本入ル、○新家内参詣初瘧落ル云、礼参り也、○庭草ノ休日也、○おきせ小麦叩ニ来ル、百度より壱人手伝ニ入来、昼前迄ニ済、昼頃より麦かじニ懸ル、小中飯迄ニ済、四俵三斗有ル、○本家より菊(藁)ヂ弐足入ル、○おけい同壱足入ル、○明日岡崎へ行様中瀬古へ申遣ス、

二日　昼前迄曇ル、夫より快晴、暑シ、昼九ツ二分ニ土用ニ入ル、○茅町角蔵六十一才女留(溜)飲祈廿疋入、○下地次三郎札受来ル、○早朝より院主・中瀬古道淳岡崎へ老師ノ石塔調ニ発足ス、岡崎浦町ノ内八軒丁新八と申者へ調ヘル、代金弐両壱分也、尤下地迄届ケ引合也、内金壱分手金渡ス、夕方九ツ頃帰寺ス、大ニ草臥ル、道淳ハ直ニ中瀬古へ帰ル、○七蔵たんす、中瀬古ノ風損直シ也、宿ス、○新さと茄子七ツ入ル、

三日　快晴也、大ニ暑シ、○河岸又八取次、下地佐兵衛廿九才男熱腹下り祈金百疋入ル、○牧野村乙平四才男子上下へ取ル祈、晩方死と申来ル、廿疋入、土砂遣ス、○新銭町佐七、七十六才女再祈付物様廿疋入、○前芝五郎左衛門四十九才男積(癪)祈、○畑ケ中源蔵六十七才男積祈、○茅町角蔵札受来ル、○中瀬古より子供来ル、米四升・小遣七百文渡ス、○七蔵中瀬古より昼前迄ニ帰ル、先損シ相済ト云、風引頭痛故飯も不喰帰宅ス、○上菓子・あり平求、○

四日　天キ同断、○大崎善兵衛十七才女風ニ付物祈、○当古音八、五十三才女時候腹下り祈、○日色野弥右衛門六十才男脚気シマン祈、○重太郎来ル、本家廿五才男頭痛腹下り祈、○新銭町庄兵衛六十四才女疝積祈廿疋入、○下地ノこま勤ム、○又八より下地ノ札受来ル、○佐七札受来ル、○五郎左衛門同断三十疋入、○源蔵同断廿疋入、○

五日　天キ同断、○重太郎半右衛門ノ札受来ル、廿疋入、○新銭町庄兵衛札受来ル、○老和上一周忌逮夜回向致ス、○百文上たまり・みりん弐百廿四文・五合

也、香花十わ・うとんこ八升代五百八十文也、胡椒廿四文・のり八文・生か(姜)等求、まん中百文求、明日用意也、○和平方へ明日うとんニ来ル様申遣ス、中瀬古同断、○武蔵来ル、勝平長滞留、参宮も致し少々暑気当り、近頃ニ参ト云、直ニ帰ル、

六日　天キ同断也、○瓦町喜代次郎八十才女積祈廿疋入、○大崎善兵衛守受来ル、金壱朱入ル、○当古音八札受来ル、廿疋ト牛房一束入ル、○日色野弥右衛門同断廿疋入、○老和上一周忌当日回向致ス、道淳朝より入来ス、○朝より才次郎入来ス、十疋入、助九郎同断十疋入、善八同断十疋入、右之人うとん打粉一斗弐升程也、○和平昼前ニ参ル、十疋入、晩迄遊ぶ、まん中七つ・葛餅弐つ遣ス、○七蔵も昼召ブ、○半右衛門うとん一重遣ス、○九左衛門同断小遣ス、○本家・新家・善八へ同断小遣ス、子供不召故也、まん中も遣ス、○菊屋より暑見舞十一入ル、○俊次一朱両替四百十六文渡、

七日　暑シ、折々曇ル、○高足孫兵衛三才女子虫祈廿疋入、直ニ札遣ス、○野依万五郎五十二才女積留飲祈廿疋入、直ニ札遣ス、○大津儀左衛門五十四才男熱キ祈弐百十弐文入ル、直ニ札遣ス、○瓦町喜代次郎札受来ル、○岡崎石屋新八へ石塔ノ寸尺悉ク手紙ニ而申遣ス、西町祐作へ頼賃十六文也、○西宿又蔵十九才女時候祈廿疋入、○昼頃植田九平次、勝平連立テ入来ス、赤飯一器・うとん粉三袋・大根ニ茄子積(漬)一苞・杉菜一風呂敷入ル、端午之祝儀十疋共入ル、飯出ス、半紙二状・菓子大一包遣ス、○藤七門前小もの削り、

八日　折々曇ル、昼頃はら〱少々致ス、○八百屋おその殿参詣、白瓜二本・茄子十入ル、供物大一包遣ス、同人願主こんにやく屋大病祈頼ム、○瓜郷平七取次、長山又蔵三十八才女時候祈弐百十弐文入ル、○市バ小次郎三十五才男痰長病祈、○吉川繁吉取次、神郷初蔵三十六才男疝キ祈、○五ツ半時より城主奥方病死ニ付悔ニ登城ス、玄関ニ而済、夫より中瀬古へ立寄り直ニ帰ル、○新おさと小麦粉二袋入ル、○藤七門前小もの削り、

九日　快晴、少々曇ル、○城内四社と深川へ風雨難其外安全之祈祷、領分中休日也、○瓦町仙吉五十二才女留飲祈廿疋入、○中瀬古作次郎弐才女子疱十一日目祈廿疋入、○繁吉神郷ノ札受来ル、廿疋入、○八百屋より同断廿疋入、○瓜郷より長山ノ札受来ル、○市バ小次郎同断廿疋入、○西宿又蔵守受来ル、○半右衛門宗旨帳印形取ニ来ル、二枚書直ニ遣ス、暑見舞菓子配書一・長寿香三わ入ル、○要作赤飯一重暑見舞ニ入ル、筆二本遣ス、○清七入来、うとん一重入ル、白瓜壱本遣ス、○おかく不快之由ニ而伊奈より帰ル云事、赤飯少々遣ス、大角豆入ル、○市ハ（場）小次郎一朱両替四百十二文渡ス、○今日迄八幡へ二夜三日雨乞也、所々村々もも（ママ）懸ル云事、○の川ニ而半紙一束・金赤一わ・はらせん香百文・浪形墨一丁取ル、○中瀬古より子供来ル、米三升・みそ一桶遣ス、

十日　朝よりはら〳〵、南風大ニ強ク雨ハ少ク雷三ツ四ツ鳴ル、潤雨也、暮方晴ル、雨悦休日也、○瓦町仙吉札受来ル、○坂下富吉五十三才男留飲祈廿疋入、○下五井条四十八才男熱祈廿疋入、○新家より赤飯一重入ル、瘧等ノ願ハタシ也、○麦年貢金三分三朱ト百八十文也庄屋ニ渡ス、三貫四百十四文中瀬古分同断渡ス、○上菓子求、○藤七粟一臼つく、

十一日　曇晴也、三四日涼し、○坂下富吉札受来ル、○下五井条より札受来ル、○戒円町へ行、上伝馬十八へ老師画像表具頼ニ行、鉄利ニ而鋏一・手刃一・鍵一取ル、○の川ニ而まつ香三升取ル、○藤七西屋敷へ黒小豆まさく、

十二日　夜前も雨、四ツ前より雨大分降ル、○外神磯吉八十四才男大病祈廿疋入、○夕方半右衛門殿入来、西ノおいよ殿七十九才四五日腹下り不食臨廿疋入、此間ニ而直様致ス、○百度本家より赤飯一重入ル、○裏八丁間瀬木忠作内心願成就ニ付礼ニ参詣ス、箱菓子一折入ル、供物一包遣ス、○藤七西屋畑草取り、昼後より米壱臼つく、

十三日　夜前より雨降り、昼より晴ル、○粂吉札受来ル、○朝半左衛門へ院主見舞乍悔ニ行、早朝芳太郎使

ニ而死と申来ル也、土砂遣ス、志一包入ル、○新助暑見舞ニ素麺入ル、○半右衛門へ周三郎忌中見舞ニ到来ノ菓子一箱遣ス、○八ツ時おいよ殿葬式、戒円諷経ニ行、清らん香一遣ス、○藤七西屋敷畑草、

十四日　曇晴也、○小松松次郎願主、椿藪平蔵八十三才男老モウ祈廿疋入、直ニ札遣ス、柴屋助右衛門六十四才男留飲大病臨三十疋入、○朝半左衛門おいよ殿ノ悔ニ行、○要助・芳太郎・源三郎礼ニ来ル、三十疋入、○おまつ小麦粉一重入ル、○藤七西屋畑ヶ草取り、

十五日　曇晴也、○河岸藤次五十才女熱大病祈三十疋入、○柴屋助右衛門病人死と申来ル、土砂遣ス、○新田権右衛門殿入来、茄子十五入ル、菓子一包遣ス、高須麦年貢壱斗六升四合代金弐朱ト弐百五十三文也渡ス、○おちの来ル、九平入用西ノ内売積やめ当時金弐分借用致度頼来ル、即かし渡ス、○弐百文上菓子求、○藤七西屋敷畑ケ草取り、○和平より（ママ）

十六日　快晴也、夕方曇ル、○市場兵蔵六才女子虫祈、○河岸藤次札受来ル、○穏便ニ付天王社今日より明日祭礼也、○西羽田へ掛行燈画子供ニ為持遣ス、即刻増蔵礼ニ入来、廿疋入、○夕方戒円・勝平権現様祭礼ニ行、○藤七前ノ畑削り、

十七日　快晴、暑シ、○瓦町喜代次郎八十才女大病付物様再祈、理趣分、○市バ兵蔵札受来ル、廿疋入、○今日ハ天王社祭礼也、西羽田若者甘酒入ル、○百度本家・新家より温（饂）飩一重ツ、入ル、○おまつ瓜二ツ・茄子五ツ入ル、○夕方戒ニ勝中瀬古へ行、此方土用見舞用白扇へ画出来十六本持帰ル、○藤七門前畑削り、

十八日　快晴也、暑シ、○松山甚八、六十二才女時候祈十疋入、○瓦町喜代次郎理趣分札受来ル、金壱朱入、○本虫干致ス、○粂吉暑見舞菓子一袋入、○勝平権現様祭見ニ行、○藤七門前草削り、

十九日　快晴也、暑シ、○本町花屋四十二才男長病祈廿疋入、○松山甚八ノ札善三郎受ニ来ル、○勝蔵暑見舞ニ菓子一袋入ル、○米作同切素麺入ル、○中世古ニ小用一取ニ行㊀、○西羽田藤兵衛妹悔ニ行、平せん香

遣ス

廿日　快晴也、暑シ、○本町花屋札受来ル、㊀昨日半右衛門より周三郎三七日飾餅十入ル、茄子三ツ入ル、ふ十五遣ス、○辻平暑見舞ニまん中一袋入ル、○大津村文八息子麦搗ニ来ル、壱斗三升入レ八臼つく、百度母とおけい手かや(返)しに来ル、麦つき、宿ス、○中瀬古より子供来ル、扇画出来十四本入ル、先日共合三十本也、赤みそ一桶遣ス、○藤七門前草削り、

廿一日　快晴也、折々曇ル、○橋本作右衛門三十四才女産後長病祈金壱朱入ル、直ニ札遣ス、○横須加甚之助六十七才男中キニ腹下り祈廿疋入、○御影供如常、○早朝より麦つき手かへし同断入来ス、八臼つく、○米作江戸瓜五本入ル、○半右衛門へまん中九ツ・瓜二本、暑見舞ニ扇子弐本共遣ス、戒円持行、○半左衛門へおいよ殿忌中見舞菓子一袋遣ス、○新田つね・豊治暑見舞まん中一袋入ル、○清七ノ子供忌中見舞ニまん中一袋遣ス、戒円持行也、○藤七門前畑草削り、○昨日今日おき(せ脱)田草二はん目取り来ル、今日迄済、○藤七米壱臼つく、

廿二日　快晴也、暑シ、○河岸綱屋又八三才男子引付祈三十疋入、○中柴平次郎五才男子腹下り祈廿疋入ル、○横須加甚之助札受来ル、○早朝より麦つき手かへし同断入来ス、八臼つく、荒搗済、古麦四俵・新三俵三斗弐升也、○藤七門前畑草削り、

廿三日　快晴、暑、折々雲出ル、○河岸又八札受来ル、○中柴平次郎同断、○本虫干致ス、○今日より麦二はん目搗キかへし人同断入来ス、○藤七西屋敷草削り、

廿四日　快晴、暑、折々雲出ル、夕方五ツ頃ニ夕立はらく／＼致ス、○北嶋善六、六十才男積長病祈、○吉川惣四郎三才男子時候腹下り祈廿疋入、○本虫干致ス、○麦搗朝三臼弐番つき済、夫より三はん搗古麦済、○昼時法瑞房入来ス、ケガ(気賀)辺伊井ノ谷村正楽寺へ看坊同様ニ住居ス云、御朱印十五石境内廿六七丁(町)ニ十四丁ニ而山寺也、野山(登)法性院末寺と申事也、宿ス、切素麺一包入ル、此度上方へ祭ル云テ立寄也、○祇園建物今宵

有ル、はら〳〵故早く付ル、○戒円・勝平・法瑞房等
花火見ニ行、○藤七今日ハ麦もミ致ス、
廿五日　快晴也、暑シ、○指笠町久次郎三十九才男腹
痛時候大病祈廿疋入、○船町清七、弐才男子時候祈金
壱朱入ル、○北嶋善六札受来ル、三十疋入ル、○吉川
惣四郎同断、今日ハ祇園也、○雪平温飩一重沢山入
ル、○植田九平次殿入来、米二斗入ル、茄子共入ル、
供物一包遣ス、飯出ス、○麦搗、新三はん搗済、昼前
也、○法瑞房終日物語也、
廿六日　曇天、昼後より照ル、○駒方忠七四十七才女
長病祈金壱朱入ル、○城内吉田治兵衛当才男子虫祈十
疋入、○横丁茂兵衛四十四才女痰大病祈廿疋入、○新
銭町坂口屋辰次郎六十二才女腹下り祈廿疋入、○指笠
町久次郎札受来ル、○法瑞房朝より上方へ発足ス、戒
定へ手紙一通遣ス、尾州ノ古里へ立寄行ト云、金弐朱
餞別ニ遣ス、○朝大津文八息子麦仕舞故行、麦七俵三
斗二升也、壱俵ニ付百五十文ツ、也処壱貫四百五十文
莨銭共ニ遣ス、畑ケ中へ搗ニ行ト云、○房蔵うとん一
重入ル、沢山也、半し一・巻五《(筆脱)》遣ス、○戒円町へ行、
の川ニ而杉原一帖・大のり一帖取ル、○藤七西屋敷草
削り、
廿七日　快晴、暑シ、○畑ケ中善作弐才女子疱十四日
目祈廿疋入、○新銭町辰次郎札受来ル、○横丁茂兵衛
同断、○駒形忠吉同断、○船町清七同断、○本虫干、
○藤七西屋敷草削り、
廿八日　快晴也、暑、○本虫干、○小浜清蔵三十一才
女時候腹痛祈廿疋入、○新銭町六右衛門弐才女子疱七
日目祈廿疋入、○畑ケ中善作札受来ル、○新家より瓜
三本入ル、○大崎初蔵来ル、明日よりモクサ口明ニ付
今晩より藤七ノ隙願来ル、茄子七ツ入ル、飯喰ス、○
晩方より藤七在所へ行、まきせん遣ス、○幸次郎・熊
太郎うとんこ入ル、○倉作同断入ル、○
廿九日　快晴也、暑シ、○西宿忠八、三才男子疱十一
日目祈、○田町佐兵衛取次、三渡野甚太郎三十五才男
時候祈廿疋入、○浅井屋弥兵衛取次、草ケ部中屋利兵
衛廿三才女時候祈廿疋入、○土手丁中西藤八、五十八

才男水キ祈廿疋入、○小浜清蔵ニ新銭町六右衛門札受来ル、○篠束《サハキ》はつ来ル、八月十五日迄銭四百文かし、あげ七ツ入ル、○おけいカホチヤ壱ツ入ル、
晦日　快晴也、暑シ、○土手丁藤八札受来ル、○浅井屋より草ケ部ノ札受来ル、○田町佐兵衛三渡野札受来ル、○西宿忠八病人昨日死と申来ル、廿疋入、土砂遣ス、

七月

朔日　未明よりはら〳〵、夕立少々也、朝ハ少々涼シ、○上伝馬半蔵三才男子時候腹下り祈廿疋入、○朝藤七在所より帰ル、ふ十五入ル、○百度より河へ洗濯ニ行、○勝平昼後より植田へ行、施餓飢勤由也、○藤七西屋敷草削り、○役所より手紙来ル、明二日四ツ時已前役所へ出ル様也、献金ノ談と申来ル、
二日　快晴、折々曇ル、○船町嶋屋嘉右衛門六十才男腹下り祈弐百廿四文入ル、○伝四郎孫天王也三才男子虫ニ腹下り祈、○朝より院主戒円伴役所へ出ル、献金ノ義は其寺本寺へ出シ本寺より門中集メ公儀へ出スト云江戸表ノ趣故、役所へ出ニ不及と申計り也、川村柳助へも寄ル、扇子壱対遣ス、中瀬古へ寄八〇ニ而扇・半紙二束調ふ、○昼後勝平植田より帰ル、○藤七米壱臼つく、
三日　快晴、暑シ、○天王五郎右衛門廿弐才女血道祈廿疋入ル、○瓦町又十、七十六才男年病祈廿疋入、○舟町嘉右衛門札受来ル、○伝四郎内天王ノ札受来ル、○中瀬古へ昨日米五升・銭七百文為持遣ス、小用一取り来ル、○藤七門前小ものへこへ出し、
四日　快晴也、暑シ、○平井三次郎七十三才女痰祈廿疋入、○畑ケ中忠次郎三才女子疱ニ時候祈廿疋入、○天王五郎右衛門札受来ル、○瓦町又十同断、○院主北川へ行、六郎兵衛へ扇二本・供物一包遣ス、平十扇二本遣ス、長七へ扇二本・供物一包、作右衛門へも同断遣ス、○おきせ田草三はん目取り来ル、藤七も取り行済也、仕舞草也、○外神彦三郎入来、要作事下参ノ願也、瓜五本入ル、筆二本遣ス、○
五日　快晴、暑シ、○椿藪伝蔵四十弐才男霍乱祈廿疋

入、○新開勇吉六十六才男アツケ祈廿疋入、○上伝馬平十郎五十才女痰祈廿疋入、○伝四郎内天王ノ礼廿疋入、○平井三次郎・畑ケ中忠次郎札受来ル、○院主伝四郎へ扇二本遣ス、猪左衛門扇二本・供物一包遣ス、久左衛門へ扇二本遣ス、三次郎へ供物一包遣ス、俊次へ供物一包遣ス、○新家より瓜入ル、○藤七墓ニ門前少々除掃(ママ)致ス、○子供短冊書ク、

六日　快晴也、暑シ、○住吉庄吉三十才女産後祈廿疋入、○椿藪伝蔵・新開勇吉・上伝馬平十郎札受来ル、○院主半左衛門へ忌中見舞ニ寄ル、半右衛門へも寄、清七へ扇二本、平四郎へ供物一包、源右衛門へ扇二本、本家・新家へ二本ツ、右遣ス、○七蔵たんす、門前杉垣作ル、晩方迄ニ済、○子供七夕祭ル、皆額ニ掛行燈等持参ス、○新田七郎左衛門夜分入来、瓜五本入ル、筆二本遣ス、○藤七門前掃除済也、

七日　快晴也、暑シ、○元作事鉄平六才男子腹痛祈廿疋入、夕方札受来ル、○茅町半十、廿九才女血積祈廿疋入、○住吉庄吉札受来ル、○七夕の節句目出度静也、○子供皆祝儀入ル、○粂治入来ス、借用金盆後迄返済延呉様申、長咄し也、○藤七花壺切ル、○おけい来ル、今日施餓鬼之由菜之類入ル、瓜二本遣ス、

八日　快晴、暑シ、○瓦町又十、四十四才男上下へ取り祈廿疋入、○茅町半十札受来ル、○朝子供短冊流しニ行、○米治西瓜半分入ル、○馬士金一朱両替也、○戒円上伝馬へ位牌と表具之催促ニ行、仏師不快之由ニ而未出来云、○藤七夜前不実之儀ニ付呵嘖也、在所へ朝帰ル、

九日　快晴也、暑シ、○山田松右衛門十七才女・当才男子病キ祈廿疋入、○八百屋九左衛門より廿弐才女乳の廻り痛祈廿疋入、○瓦町又十札受来ル、○昨日重吉来ル、馬金寺社中ニ而金壱分取替相渡ス、○戒円町へ行、八〇ニ而筆・扇取ル、中瀬古へも寄ル、○藤七婆々来ル、藤七事不調法御免之願也、早々晩方ニも来ル様申遣ス、飯煎(炊)キ喰ひ帰ル、○新さと茄子十五入ル、○勝平の川屋へまつ香・平香取り遣ス、

十日　快晴、折々曇ル、一両風強シ、今日迄二夜三日

三山へ雨乞と申事、○山田松右衛門札受来ル、○八百屋より札受来ル、瓜積(漬)二舟・茄子六ツ入ル、到来ノ梨子十一遣ス、○昼前九平次殿入来、金百疋ト素麺一縛り・梨子十八入ル、飯出ス、今日より盆中勝平内へ連帰ル、半し五状(帖)・扇一本・供物一包遣ス、○三相善三郎廿五才男嫁貰易火沢四姉・地山三妹也、十疋入、○晩方より戒円中瀬古へ助法ニ行、茄子遣ス、の川ニ而半紙四束、八○ニ而白扇六本長雄と寿妙軒ト取かへる、夜下男向(迎)ニ行、帰ル、○昼前藤七大崎より来ル、不実之儀已後相慎免シ遣ス、ふ十五入ル、○内金ノ人棕櫚箒弐本求、百廿八文ツヽ也、藤七米壱臼つく、晩方黍少々摘ム、

十一日　曇晴也、東風強シ、暮方はら〳〵、○小池庄二郎八十一才男年病祈廿疋入、○岡崎八軒丁石屋新八より老師石塔河岸佐藤迄着ニ付百度・西羽田之古筆子中へ運送頼ニ戒円廻ル、○早朝院主外神磯吉親父ノ悔ニ行、平せん二遣ス、密印宗語信士也、○九文字屋使来ル、廿疋ト壱升又壱升本尊様へらうそく十回向料上ル、○平十より羊かん配書壱本・ふ五十余入ル、半し一遣ス、○六郎兵衛よりふ三十余入ル、半し一遣ス、○種屋紙代取り来ル、百八十八文払済、○藤七終日黍摘也、○中瀬古へ米三升子供ニ為持遣ス、

十二日　夜前より東風強ク雨も余程降ル、昼前迄少々ツヽ降ル、夫より止ム、能雨也、○小池庄三郎札受来ル、○長瀬又兵衛八十一才男年病祈廿疋入、○昼後より才次郎・弥四郎・又次郎・重作・乙松・伝作・七蔵・代蔵・平作・次郎作・平作(マヽ)・平作・定吉・豊吉右十四人、河岸佐藤新兵衛へ岡崎八軒丁石屋新八より老和尚之石塔着ニ付取ニ行、運賃壱貫三百九十五文掛り三百三十六文・水上弐百八十五文也右佐藤へ相渡ス、未二荷残ル、○八百屋より掛取来ル、弐貫三百六文也渡、地蔵尊開帳開白用也、○菊屋より同断弐百三十六文法事ニ開帳付菓子代也、○藤七瀬戸みかん草取り、

十三日　快晴也、朝夕涼し、○舟町嘉右衛門五十六才女瘧祈廿疋入、○長瀬又兵衛札受来ル、○子供今日迄皆々祝儀入ル、○半右衛門より小らう弐百文程入ル、

扇一本てるニ遣ス、〇猪左衛門より切素麺入ル、〇三次郎入来、切素麺入ル、此方より此間見舞挨拶也、〇大工安太郎来ル、金壱分三朱ト弐百三文渡ス、作料六人ニ杉六部板九枚下地万吉取分開帳立札代弐匁・藁代廿八束拾匁五分右代也、〇瓜郷惣助より一升ニ下五井瓜十五本入ル、供物一包遣ス、〇半右衛門下男ニ要助石塔残り一荷運送ニ来ル、皆届く、〇昨日おちの切素麺入ル、うとん粉一袋ニ瓜一本・ふ九ツ遣ス、〇大ふ十五入ル、半し一・巻筆五本遣ス、〇善八より切素麺入ル、〇本家より一升入ル、〇新家より十疋入、〇藤七掃除致ス、〇上伝馬十八ニ而老和上表具代七百十一文也渡ス、〇中瀬古へ切素麺百文程・瓜五本・茄子九ツ・手拭壱筋遣ス、〇和平より切素麺入ル、手拭壱筋遣ス、

十四日　快晴也、朝夕涼シ、〇昨日より本堂荘厳等其外如例、〇清水富八、八十弐才女大病祈廿疋入、〇舟町嘉右衛門札受来ル、〇老和尚石塔朝より七蔵建ル、晩方迄ニ済也、今日御歯壱本納ム、弥四郎・助七郎・下男手伝也、〇戒円、半右衛門・周三郎初盆棚経ニ行、切素麺廿わ遣ス、清七・慶次郎初盆同断菓子一包遣ス、〇おけい入来、飯団餅一重入ル、〇新家より餅一重入ル、〇川崎甚八入来、江戸瓜十一本入見事也、当年ハ至而払底由也、餅出ス、供物大一包遣ス、本堂ノ普請ノ語等致ス、

十五日　快晴也、中元之節句静也、〇市場利兵衛廿二才女産後祈三十疋入、〇元かち町助蔵六十七才男中キ祈廿疋入、〇本町政蔵五十六才女時候ニ血積祈廿疋入、栄三郎使也、〇清水富八病人死と申来ル、土砂遣ス、〇礼人夕方迄多分入来ス、〇礼人取次ニ助十郎来ル、〇九文字屋より使ニ而十疋入、〇植田半右衛門殿礼ニ来ル、十疋入、菓子出ス、重作儀四月頃ニ江戸へ行ニ付早々呼帰し度様申也、〇兵作殿礼十疋入、菓子出ス、〇長七殿入来、和上初盆配書壱枚入ル、菓子出ス、〇中郷四反来ル、五十銅遣ス、〇久左衛門初盆ニ付戒円棚経ニ行、菓子大一包遣ス、〇孫太郎同断、小一包遣ス、〇久吉棚経礼十疋入、〇外神磯吉悔礼廿疋

入、○俊次内蛇ニ喰付四十日ニも成歩行不叶、千歳草
一箱遣ス、
十六日　曇天也、晩方よりはら〱雨也、○八百屋九
左衛門廿弐才女産後大病祈弐百廿四文入ル、○清水右
近市七十才女腹下り祈廿疋入、○利兵衛・勘蔵・政蔵
札受来ル、○羅漢勧請勤、○自恣心念、○晩方施餓鬼
勤、○礼人少々来ル、○新田喜三郎礼祝儀入ル、茄子
廿三・生か一縛り入ル、扇子壱対・供物一包遣ス、長
咄し、瓜出ス、○藤七門前の粟朝少々摘ム、
十七日　終日雨天キ、風も強ク吹ク、○天白前久平四
才男子疱十一日目祈廿疋入、晩方死と申来ル、土砂遣
ス、八百屋友蔵参詣なから札受来ル、少々気軽シ云、
○藤七草取り、
十八日　曇晴也、○神明前熊蔵四才女子疱ニ疳祈廿疋
入ル、○斧蔵来ル、女房三十一才産後長病祈、○下細
屋助三郎五十七才男腹下り祈金壱朱入ル、又橋本源四
郎廿余ノ女疝積(癪)祈金壱朱入ル、札直ニ遣ス、○おちの
来ル、西羽田孫五才男子虫長病金神除ノ祈、○戒円町
へ行、の川ニ而せん香・楊枝取ル、中瀬古ニも寄ル、
○本町政蔵へ壱貫弐百十弐文払、法事開帳等ニ用払残
相済也、○藤七みかん草、
十九日　夜前より雨、朝迄降ル、○新田平八取次、長
瀬利助四十七才男積ニ痰祈廿疋入ル、○畑ケ中吉六、
八十七才男年病祈廿疋入、○夕方天王町八重作十一才
男子急病祈廿疋入、○神明前熊蔵病人死と申来ル、土
砂遣ス、○斧蔵札受来ル、弐百十弐文入ル、○おちの
札受来ル、十疋入、○八百屋友蔵毎日参詣、先快方ノ
様と申金壱朱志入ル、供物大一包遣ス、○蕎麦種一升
求、代百廿八文也、塩一升三十弐文求、○藤七昼後よ
り西屋敷荒所へ蕎麦蒔く、○
廿日　快晴也、暮方曇ル、はら〱、○呉服町きぬ屋
三九郎四十九才男不食祈廿疋入、○新田平八、長瀬ノ
札早々為持遣ス、○畑ケ中吉六札受来ル、○天王町八
重作□人死と申来ル、土砂遣ス、○十八日ニ大津ノ麦
つき文八息子来ル、町方ニ而調物ノ様ニ而弐百文かし
十五日ニ朝同人来ル、梨子五ツ入ル、夕飯迄喰ひ帰

ル、○藤七西屋敷蕎麦蒔き、
廿一日　はら〳〵雨天キ、昨日より八専也、○大崎寅吉三十才女類瘧《（瘰癧）》祈金壱朱入ル、○日色野良助廿八才女産後祈、○天白前久平七十八才女熱瘧大病祈金百疋入ル、○呉服町絹屋三九郎死と申来ル、土砂遣ス、○御影供如常、○藤七みかん草、
廿二日　折々はら〳〵雨也、○船町嶋屋嘉右衛門十九才男腹張り祈廿疋入、○河岸又八、五十才女瘧祈三十疋入、○晩方勝平壱人来ル、さつま芋入ル、○藤七みかん草、○八百屋友蔵今日迄参ル、先快方ト云、未飯ハ不食云、供物大一包遣ス、
廿三日　雨大分降ル、○嘉右衛門・又八札受来ル、○天白前久平こまノ札受来ル、昨晩より少々食初メト云、○中瀬古より子供来ル、地蔵尊吉原丁ちん二張張替出来代五匁ト云、赤みそ一桶取り来ル、○六郎兵衛来ル、銭八百文かし、○米次花入ル、○明日供物千歳草小形求、○中瀬古へ小用一取ニ遣ス、みかん草、
廿四日　雨天キ、昼後より天キ也、○地蔵堂荘厳致ス、天王町八重作五才男子疱後時候祈弐百十弐文入ル、○日色野良助より病人死と申来ル、弐百十弐文入ル、○道淳昼前入来ス、菓子配書一入ル、墓へ参り無程羽根井へ向テ帰ル、○才次郎入来也、○夕方例年之通地蔵勤行ス、参詣も少々也、○九文字屋参詣、らう三丁上ル、菓子出ス、幡ノ損シ直シテ呉様ニ申也、○朝より藤七在所へ礼ニ遣ス、百文・切素麺七わ遣ス、
廿五日　曇晴也、夜前はら〳〵少々、○雨谷平蔵廿六才女血道大病祈金百疋入ル、○下地新兵衛六十八才女昨朝より中キ祈廿疋入、○河岸又八、廿五才男初瘧祈三十疋入、○天王町八重作札受来ル、○半右衛門・六郎兵衛・平十・伝四郎へ昨日ノ供物遣ス、○子供天神祭ル、○藤七門前割付□、朝大崎より帰ル、茄子廿三入ル、○
廿六日　夜前はら〳〵少々、快晴也、○新銭町長七、七十一才女腰痛祈廿疋入、○元かち町みさ取次、浦村甚三郎五十六才男疳祈廿疋入、○佐藤忠三郎廿八才女初瘧祈、○下地新兵衛札受来ル、○長七百度両家へ

行、一昨日ノ供物遣ス、○夕方戒円・勝平中芝祭礼ニ行、何もなしと云、○藤七門前畑ケ割付也、○茂右衛門ニ伝次郎へ行、扇一本ツ、遣ス、

廿七日　夜前より雨大降り也、○伝次郎内入来、横須加伝四郎七十七才女腹下り祈廿疋入、○新銭町長七・元かち町みさ札受来ル、○河岸又八同断、少々カケサスト云、○雨谷平蔵札受来ル、大分気軽ク成ルト云、○おきせ来ル、日雇賃之内へ八百文かし渡ス、○中瀬古より子供来ル、此方吉原丁ちん張かへ賃五匁ノ処へ六百文渡ス、二張り也地蔵堂用、○藤七米壱臼つく、

廿八日　夜前雨はら〳〵、曇晴、折々はら〳〵、○おりく取次、吉川長次郎五十五才女ふら〳〵祈、○伝次郎横須加ノ札受来ル、内より小麦粉一袋入ル、○佐藤忠三郎札受来ル、弐百十弐文入ル、○おちの弐百文かし、○燈油五合求、三百文、十弐文不足ト云、

廿九日　快晴、八ツ過大夕立也、○鍛治町六三郎四十三才女長病祈廿疋入、○小浜彦右衛門三十一才女腹下り祈、○戒円・子供町へ行、の川屋へ五貫八百四十九文春より之掛ケ払、又金壱分冬残分之内へ渡ス、○鉄理へ壱貫五十七文春より之分払、○鉄理ニ而銅ノ油さし壱ツ求、代右之内ニ而払、○藤七門前ノ割付也、

八月

朔日　未明より雨はら〳〵、風なし静也、田面節句也、天白前庄八、五十四才女腹痛祈廿疋入、○かち(鍛治)町六三郎札受来ル、○二番丁小沢粂治入来、四月貸ス金一両弐分返済入ル、壱朱り入ル、釣八十弐文渡ス、当月九日ニ江戸へ在番ニ出立と云、○浪之上善太郎殿祝儀一包入ル、菓子出ス、○倫冏礼金壱朱ニ菓子一箱入ル、扇子壱対遣ス、

二日　曇晴、折々はら〳〵也、○天白前庄八札受来ル、○小浜彦右衛門同断弐百十弐文入ル、○藤七門前割付也、○善八殿割付一日手伝ニ入来ス、前相済ニ成ル、○晩方より藤七大崎へ小舟借ル事聞ニ行、モク取ル入用也、善八殿其手伝替り也、

三日　朝よりはら〳〵雨、七ツ前より大雨、大雷二ツ、少も大分鳴ル、町方　(ママ)処ハ床下二寸迄水積(漬)、其

外在道筋渡ルト云、○おりく吉川ノ札受来ル、廿疋入、○善八殿篠束へ行、次へたまり一升求百文也、○長七殿入来、利兵衛方三会目落札ニ不相成共先方ノ繰合ニ寄三会ニ落札ノ手形頼ニ来ル、長七殿引請ノ事故三会ニ落札ニ不成共此方へ難儀不来由故書遣ス、○藤七みかん草、昼前ニ大崎より帰ル、小舟有ト云、

四日　昼夜共折々雨也、○子供町へ遣ス、みの屋ニ而明礬五十文取ル、○の川ニ而金赤水引一わ取ル、○弐百文上菓子求、○おちの来ル、九平・銀作入組占、火雷四也、○藤七みかん草、

五日　夜前より折々雨、昼前より照ル、晩方曇ル、○瓦町兵右衛門十九才女ふら〱祈、○野依粂蔵八十三才女長病祈十疋入、○空夢回向致ス、○藤七みかん草、○おちの此間かし分弐百文入ル、済、

六日　夜前より折々雨也、昼前より曇晴、○瓦町兵右衛門札受来ル、廿疋入、○中瀬古へ小用一取ニ遣ス、○中郷より懸行燈画頼来ル、皆ニ而三十五枚也、○の川ニ而小らう百文取ル、○藤七みかん草、○彼岸ニ入ル、

七日　曇天、浪鳴ル、○野依粂蔵札受来ル、又今日十疋入、○斎後戒円中瀬古ニ行、小麦粉一袋遣ス、みの一状(帖)八〇ニ而求、画手本紙ニ中瀬古ニ置ク、中郷懸行燈紙持行、○八〇ニ而老和上霊供膳椀取り来ル、○藤七みかん草、

八日　極快晴也、暑シ、併朝夕ハ涼シ、○九(公)文浅蔵取次、草ケ部幸作三十六才男腹痛祈廿疋入、○市場妻蔵六才男子虫大病祈、○新銭町おしな取次、中年女腫レ病祈、○おけい抜菜一風呂敷入ル、○藤七唐黍から取り等也、

九日　快晴也、涼シ、○高須佐助五才女子腹下り祈十疋入、○九文浅蔵より草ケ部ノ札受来ル、○市バ妻蔵同断、○新銭町おしな取次札受来ル、廿疋入、○戒円中瀬古へ掛行燈画見ニ行、未出来、画手本三枚持来ル、○藤七菜抜キ、削こへ出し、○彼岸ノ中日快晴静也、○夕方清水久蔵廿三才女岡崎ニ而病キ祈廿疋入、○

十日　快晴也、晩方曇ル、○本町小野屋母七十一才長病疳症祈廿疋入、御符ニ供物計直ニ遣ス、○大崎善六、四十一才男腰より下モ不叶祈、○高須佐助ニ清水久蔵札受来ル、○吉川より八月納取ニ来ル、六十三文渡ス、○半右衛門へ八月納金弐朱ト百四十八文渡ス、○晩方より戒円中瀬古へ画取ニ行、出来持帰ル、○川崎甚右衛門よりから臼致ス赤土貰ニ来ル、四荷持行、柚香糖壱本入ル、○藤七みかん草、

十一日　曇天也、晩方大夕立也、○河岸又八廿才女初瘧祈三十疋入、○坂津平蔵八十五才女長病祈、○桜馬場大津勘右衛門七十二才男水キ祈十疋入、○八百屋おその殿参詣、病人四五日粥少々ツ、用ト云、長芋沢山入ル、油壺柿廿五遣ス、大坂珠数屋来合セ同人二連求、五百文かし、○大坂新妻(心斎)橋通り瓦町明石屋喜助店ノ物、甲州岩伊(ママ)郡玉林村重吉ト云来ル、皆装束珠数房なし、本玉ニ而金壱両ニ而求、菩提二連其外玉求、八百屋分共合二貫四百廿四文渡ス、○中郷より行燈画取ニ来ル、○藤七みかん草、

十二日　快晴也、涼シ、○八郎兵衛四才女子虫弱シ祈十疋入、○又八札受来ル、大軽ク成ル云、○坂津平蔵札受来ル、弐百十弐文入、○城内より同断、○大崎善兵衛礼参り、付物除キ快キト云、十疋入ル、供物遣ス、善六ノ札遣ス、廿疋入、○おちの来ル、五百文かし、○中瀬古より子供来ル、米三升渡ス、○燈油一升求、六百廿四文也、此間不足分十弐文渡ス、○油揚求是も四文成ル、諸色高直ノ事也、○彼岸ノ仕舞也、○小麦二斗三升搗ク、醤油ノ用意、

十三日　快晴也、涼シ、○上伝馬亀屋店者廿才男疳祈、符・供物遣ス、廿疋入、○かち町与治兵衛廿一才女腹痛祈金壱朱入ル、○高須八兵衛三才男子腹痛祈廿疋入、○八郎兵衛へ札遣ス、○植田九平次殿入来、米二斗持参也、菓子出ス、さつま芋と柿十一入ル、供物遣ス、○藤七小麦二はん搗キ、黒豆六升煎り引、

十四日　快晴也、涼し、朝はら〱致ス、○清須佐兵衛三才女子腹下り祈廿疋入、○亀屋与次兵衛ニ八兵衛札受来ル、○八百屋おその殿入来、里芋沢山こんにや

く弐ツ入ル、珠数代五百文入ル、餅十五・菓子一箱遣ス、○村方子餅多分来ル、不参ハ市三郎・由蔵・龍平也、外神皆来ル、辻平・粂吉不参也、○中瀬古へ餅十九遣ス、勝平行也、○巻せん百文求、○才次郎ニ善八より餅入ル、○おけい甘酒入ル、○常陸より同断入ル、○あけ十求、四十文也、○朝よりねカシ物致ス、小麦壱斗六升余、大豆ニ麦ノ小米、麦ぬか蒸ス、戒ノ母手伝ニ入来ス、八ツ頃ニ済也、

十五日　快晴也、○豊川九左衛門廿六才女大病祈金百疋入、○清須佐平札受来ル、○おりゑ甘酒入ル、餅十一遣ス、○夜前八幡宵祭り当年ハ何もなし、西羽田楽（ママ）神少々舞、今日ハ院内来ル、舞、○紋作来ル、餅喰ス、和平殿不参ニ付餅遣ス、○朝ねかし物寝かス、○朝より藤七大崎へ舟取りニ行、善八殿も行、暮方帰ル、明日よりモク取ニ行用意也、

十六日　快晴也、○暮方庄次郎来ル、親父十六七日大病祈、三日符遣ス、明日加持ニ行様申置也、○昼後植田村九平次殿入来、野依村池田嘉助息子七才男子小僧ニ致連立テ見せニ来ル、餅焼出ス、先置テ□□様申帰ル、至極きけんよし、勝平ノ従弟故大ニ機嫌取よし、易風天小雷四也、○中瀬古へ赤みそ一桶為持遣ス、○朝より藤七モク草取ニ行、善八ニ利作仲間也、暮方帰ル、四十八束取ル、少々荷来ル、○

十七日　快晴也、暑シ、○新銭町半次郎五十才女水キ祈廿疋入、○豊川九左衛門札受来ル、○西町彦次輪入に来ル、晩方迄ニ皆済、弐百廿四文賃渡、十六文莨銭遣ス、○朝よりこま勤、○昼後庄次郎入来、親父大病、此方行テ待楽居ル云、直様行加持致ス、柚香糖一本遣ス、昨日は札も遣ス、○朝より藤七モク取ニ行、三十八束取ル云、

十八日　快晴也、暑シ、○早朝より藤七・利作大崎へ舟返し行、八ツ頃ニ帰ル、舟賃一日ニ弐百五十文小女郎也、○百度権五郎夜前六ツ過ニ病死と申来ル、土砂遣ス、七ツ時葬式也、院主戒円伴諷経行、廿疋ト平せん香二わ遣ス、

十九日　快晴也、暑シ、○大崎武右衛門三十四才女長

病祈、同家十三才女子弱シ風邪祈、○新銭町長次郎五才男子疱十日目祈廿疋入、○三峯山ノ休日也、○藤七小嶋浦より音吉ノ処へモク瀬越ニ行、
廿日　朝冷ル、快晴々也、○新町久次郎三十四才女長病祈廿疋入、○新銭町おしの取次、赤はね(羽根)善六郎十七才男長病祈廿疋入、○呉服町喜兵衛五十七才男痰長病祈廿疋入、○百度より川へ洗濯ニ朝より行、晩迄済、廿二日分也、○昨日庄次郎来ル、加持礼廿疋入、葬式礼廿疋入、○中郷若者画礼半紙六帖入ル、○藤七門前菜二はん抜、
廿一日　夜前よりはら〳〵雨也、○御影供如常、○畑ケ中松次郎四十六才女疳労祈廿疋入、○久次郎ニおしの二喜兵衛札受来ル、○中瀬古へ大半・小半取ニ行、夫より西屋敷割付也、
廿二日　朝冷へ極快晴也、○佐藤文蔵八十才男小便不通祈廿疋入、○おりの殿入来、長兵衛弐才女子風邪咳祈廿疋入、○城内岩上角右衛門七十余男大病祈廿疋入、○今日川行也、○松次郎札受来ル、○おちの来ル、みかんニ而返済ノ約束ニ而金壱分弐朱かし、風呂釜質請其外着類請ル由ニ而かし、今晩より風呂初ル云、○藤七北嶋よりモク五十六わ荷、また五わ残ル云、
廿三日　曇晴也、冷ル、○前芝栄蔵三十七才女白血祈三十疋入、○佐藤文蔵札受来ル、○岩上氏同断、○おりの盆祝儀入ル、長兵衛ノ札遣ス、○藤七門前菜三はん抜、夫より背戸へ二度目若菜蒔く、
廿四日　快晴也、冷ル、○埴之上源三郎四才女子虫ニ腹下り祈廿疋入、○前芝栄蔵札受来ル、○夕方文作入来ス、飯団餅一重ト切素麺一縛り入ル、巻せん・画扇子二本遣ス、昨日麻生田ニ帰ルト云、○十九日ニ芳太郎来ル、村方入用ノ由ニ而金弐両弐分貸ス證文入ル、○廿一日新田権右衛門殿入来、茄子十九入ル、供物一包遣ス、○東植田九平次入来、勝蔵着類等持参ス、野依親父嘉助より小僧宜鋪伝言也、さつま芋一苞入ル、菓子大一包遣ス、○藤七今日も若菜蒔、
廿五日　快晴也、昨日より大ニ冷ル、昨日より蚊帳止

メル、○塰之上源三郎札受来ル、茄子十五入ル、供物一包遣ス、○子供天神祭ル、○巻せん昨日今日求、○藤七西屋敷蕎麦削り、○政蔵孫おゆき娘四才病死悔ニ行、供物一包遣ス、

廿六日　快晴也、冷ル、○仙庵取次、城内子年老人病キ祈廿疋入、○曲尺手長門屋甚助五十六才女長病祈、見料十疋入、○前芝又右衛門廿一才女安産祈廿疋入、○藤七みかん草、○平四郎壱朱両替、

廿七日　曇天、南風強シ、昼後より雨降ル、夜ル大雨也、○下五井徳左衛門五十五才男躰痛祈三十疋入、○仙庵より札受来ル、○長門屋甚助同断廿疋入、○前芝又右衛門札吉川より受来ル、○百度本家より黒米壱俵持参、去年□初也、○深川稲荷花表上棟休日也、所々より花見出しに来ル云、雨故延ル、○藤七米壱臼つく、○新田つね牡丹餅沢山入ル、○百度両家へ牡丹少ツ、遣ス、○

廿八日　曇天也、冷ル、朝も少々雨、○松嶋兵助六十四才女片身痛祈、○下五井徳左衛門札受来ル、○新田さと飯団餅一重入ル、○深川稲荷ニ今宵花火諸方寄有ル、中瀬古へ戒円・勝平・勝蔵見ニ行、○朝より藤七洗濯ニ行、米麦一升ツヽ・百文遣ス、○百度へ光明会ニ行語り也、

廿九日　快晴也、冷ル、○松嶋兵助札受来ル、廿疋入、○戒円九文字屋へ幡ノ損直シ持行、柿三十遣ス、○八百屋柿三十遣ス、長芋十本程受来ル、数珠(ママ)ツナキ遣ス、○九平次殿八(初)ツ茸沢山持参入ル、直ニ帰ル、○八○ニ而半紙一束取ル、美濃源ニ而浦崎二本求、百文也、

九月大

朔日　快晴也、冷ル、○斎後講ノ護摩修行ス、参詣少々、○長屋ノ源四郎当才男子病キ祈弐百十弐文入ル、○西組三番丁内山小三治三才男□疱祈弐百十弐文入ル、○斎前道淳助法ニ来ル、暮方帰ル、上方行等語ル、○村方・中村へ札配ル、○北平蔵来ル、田求由ニ而金二□かし渡ス、○早朝藤七在所より帰ル、さつま芋少々入ル、大根ヌキ耕作等、

二日　快晴也、冷ル、○おりの源四郎ノ札受来ル、○内山小三次同断、○戒円・子供町方等へ札配ニ行、○羽根井・新田へ札配ル、○中瀬古へ戒円けさ仕立ノ布為持遣ス、○中瀬古より子供来ル、小遣七百文・米三升・ゆで菜一重遣ス、○藤七モク干ス、前西みかんへ麦殻敷ク、

三日　快晴也、晩方曇ル、暖也、○田町権次郎三才男子疱祈三十疋入、○六郎兵衛両替一朱也四百十文渡、○中瀬古へ大半・小半取ニ行、○夫より北嶋よりモク四十八束運送入ル、善八より求ル分也、○

四日　今暁より雨大ニ降ル、風も強ク小雷鳴ル、○新銭町万右衛門五十七才女瘧祈廿疋入、四才女子り病ニ疱祈廿疋入、○四屋定吉十三才男子諸々痛祈廿疋入、○田町権次郎札受来ル、○百度本家ノ酒樽求ニ行、代弐百八十四文也、赤穂一斗求、代四百三十六文也、河岸ニ而求、○藤七米一臼つく、

五日　曇天、折々照ル、○橋良喜右衛門三十才女・三才男子腹下り祈廿疋入、○四つ屋定次郎廿四才男歯痛祈廿疋入、○赤羽根善六、十七才男再祈金百疋入、○四つ屋定吉札受来ル、○戒円・勝平町へ行、八○ニ而小倉帯一・大のり一・龍門二尺五寸・真田壱丈弐尺・小田原一張取ル、布五尺取ル、戒ノけさ不足用、○の川ニ而金赤・丸せん香取ル、○本町合羽屋ニ而九枚ノ桐油二枚求代三百四十文也、○垉六町お梅ニ而小倉帯一求五匁也、

六日　快晴也、○新銭町万右衛門札受来ル、四才方ハ死と申、○橋良喜右衛門同断、○四つ屋定次郎同断、○赤羽根ノこま勤参詣ス、直ニ札遣ス、○中瀬戸へ赤みそ一桶と鉢董竹二本為持遣ス、○藤七大根へこへ出し、こへねかし等、

七日　曇天、少々照ル、○元鍛治町助次郎七十才女水キ祈三十疋入、○藤並長三郎四十弐才女産後祈廿疋入、○戒円半右衛門へ行、跡月かし分ノ内壱両請取来ル、○中瀬古より子供来ル、米五升渡ス、○三布風呂敷用木綿壱丈八尺萌黄下地染賃六十四文、かりやす十八文也、○藤七婆々来ル、あげ七ツ入ル、飯喰帰ル、

○おやすあげ七ツ入ル、飯喰帰ル、○おやすあけ九ツ入ル、半し一・指一(筆脱)遣ス、○徳之助里芋一盆入ル、○藤七こへねかし、

八日　未明よりはら〱雨天キ、○新銭町吉三郎八十一才女大病臨廿疋入、○昨日両人札受来ル、○明日光明会出来□意、○戒円半右衛門へ行、一両請取済、○清源寺入来、三月かしノ内一両返シ入、弐朱り足預り置、半切一状(帖)入ル、○道淳入来、何角伝鉄りニ而小刀一取ル、の川ニ而チヤバラ一ツ取来ル、晩方帰ル、○亀次郎斎ニ召、○本家・新家晩方入来、別餞(マヽ)入ル、夜ル帰ル、○本町合羽屋へ三朱分三貫弐百三十六文、合羽壱ツ代払、

九日　未明より雨天気、四ツ頃より快晴也、○新銭町弥三郎四才男痘瘡祈廿疋入、○重陽之節句静也、○早朝院主亀次郎供楠葉大会御登山也、弥四郎殿赤坂辺迄送ル、ひる後帰り也、○弥四郎・才次郎見舞来ル、○まつ、さつま芋十一入、○子共礼来ル、○弥四郎留り(泊)来ル、

十日　曇天気也、○住吉源七六十一才女老病祈廿疋入、○元鍛(治脱)町助次郎七十才女水キ祈壱朱入、○新銭町弥三郎札受来ル、○紋作さつま芋九ツ入、○弥四郎殿留り来ル、○藤七門前クロアげ、

十一日　夜前はら〱雨、今日快晴也、○新城善太郎廿二才女廻祈廿疋入、直ニ札遣ス、○住吉源七札受来ル、○林清□□□九才女長病祈、○弥四郎殿留り来ル、○藤七門前クロアげ、

十二日　曇天気也、○新銭町喜兵衛三才男虫祈廿疋入、○弐百文上菓子求、○弥四郎殿留り来ル、○藤七門前クロアげ、なぬキ、

十三日　曇天気也、○橋良定右衛門四十四才男持病祈、○普請組市六六十三才女持病祈十疋入、○新銭町喜兵衛札受来ル、○弥四郎殿留り来ル、○

十四日　快晴也、○新田七郎右衛門九才男痘瘡祈、○村孫兵衛取次、上細屋也七十才男長病祈廿疋入、直ニ札遣ス、○橋良定右衛門札受来ル、廿疋入、○普請組市六札受来ル、○弐百文上菓子求、まきせん百文求、

○新田豊次病気見舞ニ行、菓子一包遣ス、○弥四郎殿留り来ル、○勝平内へ行、○藤七中せ古小用取ニ行、
十五日　はら〳〵雨、夕方天気也、○中津弥兵衛五十七才男脚気祈廿疋入、○新田豊次夜前五ツ頃死病致申来ル、土沙(砂)遣ス、○河岸近江や八才男子痘瘡祈廿疋入、○新田子共餅入、つね不参也、○弥四郎殿留り来ル、○道淳入来、直ニ帰ル也、○藤七ミカん草、
十六日　快晴也、○普請組文六七十才女年病祈廿疋入、○天王甚九郎六才男左りはら祈、○城内中津弥兵衛札受来ル、○河岸近江や供物遣ス、○半右衛門金壱朱両替也四百十弐文遣ス、壱朱入、○三次郎来ル、さつま芋十一入、○本家・新家・善八餅遣ス、○中せ古へ餅遣ス、弥四郎殿留り来ル、○藤七門前クロまめうへる、
十七日　曇天気、○普請組文六札受来ル、○天王甚九郎札受来ル、十疋入、○おさた・おりん餅入、○彦蔵・粂吉・仲蔵餅入、○弥四郎殿留り来ル、○藤七ミかん草門東取、
十八日　夜前大雨、今朝快晴也、○新田権右衛門三才女子痘瘡祈、○牟呂藤吉二才男子痘瘡祈、○□町よし三十二才女持病祈廿疋入、○新田七郎右衛門豊次死悔ニ行、せんこう二わ遣ス、○新家餅入、○勝蔵・才市・雪平餅入、○弥四郎留り来ル、○藤七米一臼つく、みかん草門東取、
十九日　快晴也、○新銭町永作三才男痘瘡祈廿疋入、○飽海勇次四十二才女持病祈廿疋入、○本町およし札受来ル、○牟呂藤吉夜前七ツ頃病死致申来ル、土砂遣ス、廿疋入、○新田権右衛門孫病気見舞ニ行、札遣ス、○清七婆々昨日七ツ頃病死致申来ル、直ニ土砂遣、七ツ時葬式也、戒円諷経ニ行、○弥四郎殿留り来ル、○藤七西屋敷割付、ひる後なこ(菜)へ出ス、○弐百文上菓子求、
廿日　快晴也、○東植田彦三郎四十八才男ヲコリ祈、○飽海勇次札受来ル、○新銭町永作札受来ル、○新田権右衛門夜前四ツ頃病死致申来ル、土砂遣ス、○清七礼ニ来ル、十疋祈・三十疋葬式礼、○中せ古より子共

来ル、みそ一重遣ス、○弥四郎殿留り来ル、○藤七西屋敷蓄カル、九連アル、
廿一日　快晴也、○新田左平次六才男痘瘡祈、○植田彦三郎札受来ル、廿疋入、○弥四郎殿留り来ル、○藤七中せ古大小取ニ行、夫より西屋敷割付、
廿二日　雨ふり天気也、○道具屋宇助運《下》開《上》祈廿疋入、○曲尺手町甚助五十六才女祈廿疋入、○西町勇助五十一才女熱祈、○新田左平次札受来ル、廿疋入、○新田権右衛門悔ニ行、せんこう二わ遣ス、○村六三郎子悔ニ行、せんこう一わ遣ス、○植田九平次来ル、茄子十五入、勝平来ル、○弐百文上菓子求、○助十郎留り来ル、○藤七みかん草浦取、
廿三日　快晴也、○牛久保仁右衛門廿五才男廿老(疳)祈、○西三番丁太右衛門廿二才女さん後祈、○西町勇助札受来ル、廿疋廿四文入、○新田権右衛門悔礼来ル、十疋入、祈礼廿疋入、○村六三郎礼来ル、五十文入、○道淳来ル、直ニ帰ル、○弥四郎殿留り来ル、○藤七西屋敷割付、
廿四日　快晴也、夜前大風也、○三相権右衛門五十三才男長病祈廿疋入、○弥四郎殿留り来ル、○藤七西屋敷クロアげ、
廿五日　快晴也、○高須八三郎六十四才男年病祈廿疋入、○草間久次郎二才女風虫祈廿疋入、○三番丁太右衛門供物遣ス、廿疋入、○三相権右衛門夜前七ツ頃病死致申来ル、土砂遣ス、○子供天神祭、○弥四郎殿留り来ル、○藤七浦みかん草、○百文まきせん求、
廿六日　快晴也、○高須八三郎札受来ル、○草間久次郎札受来ル、○弥四郎殿留り来ル、○藤七中せ古小用取ニ行、夫よりみかん草、
廿七日　快晴也、○指笠町安太郎廿才男長病祈廿疋廿四文入、○河岸次郎八、十二才女風祈三十疋入、○弥四郎殿留り来ル、○中せ古より子共来ル、みそ一重遣ス、○藤七みかん草、○新田七郎右衛門祈礼廿疋入、悔礼十疋入、
廿八日　快晴也、○河岸次郎八札受来ル、又八菓子一ふクロ入、○指笠町安太郎札受来ル、○西町藤右衛門

ニ而葉書ニ而油五合取、〇弐百文上菓子求、〇弥四郎殿留り来り、〇藤七浦みかん草、門前なけずり、〇

廿九日　快晴也、〇道淳入来ル、直ニ帰ル、〇弥四郎殿留り来ル、〇風（呂脱）致百度より入来ル、〇藤七みかん草、

卅日　快晴也、〇百文まきせん求、〇善八茶飯一重入、〇弥四郎殿留り来ル、〇藤七みかん草、

十月

一日　雨ふり天気也、〇畑ケ中文助二十二才女痰祈廿疋入、〇下地庄兵衛六十才男熱病祈廿疋入、〇村方子共皆入、外神・新田皆入、〇倉作・紋作餅入、〇つね・辻平・伝蔵・吉作不参也、〇才次郎・六兵衛・七蔵赤飯入、〇和平来ル、餅入、こうじ廿一遣ス、〇道淳入来、直ニ帰ル、植田重右衛門さつま芋一つと入、〇弥四郎殿留り来ル、〇中せ古へ赤飯一重遣ス、〇藤七米一臼つく、まめ三束引、〇

二日　快晴、風吹也、〇下地藤左衛門七十四才男痰祈三十疋入、〇魚町清七三月生女子大病祈廿疋入、〇西町仁吉さん後祈廿疋入、〇下地庄兵衛札受来ル、〇畑ケ中文助札受来ル、〇中せ古より子共来ル、米三升・柑子廿一遣ス、〇夕方院主亀次郎供道中無恙廿四日目ニ而楠葉より院へ帰ル、目出度し、〇直ニ風呂致ス、百度より三軒入ニ入来ス、亀次郎も帰宅ス、〇門前大豆三束引、

三日　快晴、風強シ、〇かや町庄右衛門四才男子疱祈弐百十弐文入、〇新田紋右衛門五才男子疱後大病祈弐百十弐文入ル、〇百度取次、西三はん丁太右衛門廿弐才女産後再祈、〇魚町清七・西町仁吉札受来ル、〇中瀬古へ帰院為知ニ遣ス、〇五文薬百文求、〇善八殿入来ス、〇上菓子弐百文求、〇藤七門前大豆引、廿一束と云、済也、

四日　快晴也、坂津八郎兵衛十五才女長キ大病祈、〇紋右衛門札受来ル、〇百度より組ノ御符ニ供頂ニ来ル、〇朝より道淳入来ス、芋汁致ス、亀次郎・文平召ぶ、〇半右衛門殿一寸入来ス、〇中瀬古へ小用一取ニ遣ス、夫より西屋へ麦蒔キ用意、

五日　快晴、暖シ、○坂津八郎兵衛死と申来ル、三十疋入、土砂遣ス、○八郎兵衛四才女子死、悔ニ戒円遣ス、平せん香一遣ス、無程礼ニ入来ス、五十銅入ル、○おちのあげ九ツ見舞ニ入ル、○中瀬古より子供来ル、七百文小遣・柑子三十遣ス、○万屋ニ而羊かん五十文九本、三十弐文四本求、近所土産也、四文まん中五百文求、子供ニ三ツ、土産ニ遣ス、○上伝馬仏師屋来ル、老師位牌料ノ内へ金弐朱かし渡ス、○藤七西屋敷麦一升程蒔く、○麦種一升新家ニ而かる、

六日　快晴、暖シ、○畑ケ中利兵衛三才男子疱ニ虫祈、○河岸龍雲寺倫冏十三才疱六日目祈三十疋入、○俊次より見舞ニ菓子配書一入ル、○房蔵同断あけ七ツ入ル、○子供中へまん中三ツツ、土産ニ遣ス、○半右衛門へ園園香煎一箱・蓬一袋・コマ壱ツ遣ス、○清七へ羊《五》かん壱本・蓬遣ス、○源右衛門へ羊《三》かん一本・蓬・コマ壱ツ遣ス、○作右衛門羊《五》かん一・蓬ニ鳥一遣ス、○長七へ羊《五》かん・蓬・笄一本遣ス、○平十へ羊《五》かん・蓬・鳥遣ス、○六郎兵衛羊《五》かん・蓬・笄一本遣ス、○伝四郎羊《三》かん・下蓬遣ス、○源六へ同断、○猪左衛門羊《五》かん・蓬・鳥遣ス、○久左衛門へ羊かん・蓬遣ス、○三次郎同断、○俊次同断、○九左衛門へ下蓬ニ赤みそ一重遣ス、○七蔵へ手拭壱筋遣ス、○藤七同断、○三平へ羊《三》かん・下蓬遣ス、○藤七もち稲三束五わ刈り運ぶ、

七日　快晴、暖シ、○中芝又吉四才男子疱祈、○小池与三郎十五才男長病祈金壱朱入ル、○御堂瀬古次助四才男子虫引付祈十疋入、○畑ケ中利兵衛札受来ル、廿疋ト菓子壱袋入ル、○龍雲寺より札受来ル、○戒円八○へ小倉壱筋取ニ行、六匁三分也、○助九郎手拭壱筋・香煎・手遊・笄・小倉帯遣ス、○才次郎へ手拭壱筋・手遊・香煎遣ス、○善八へ手拭壱筋・烟管壱本・笄遣ス、○和平へ手拭壱筋・蓬遣ス、○中瀬古ニ画筆弐本・朱檀ノ珠数壱連・塗香壱袋・香煎一箱遣ス、勝平へ絵本一冊近江八景遣ス、○開浴、百度より入ニ来ル、○藤七もち稲三束刈り運ぶ、○上菓子求、○さとふ百文求、

八日　快晴也、暖シ、○河岸綱屋又八、三才男子熱キ祈三十疋入、此間菓子上ル故柑子三十遣ス、○下地定吉六十五才男股へ痣痛祈金壱朱入ル、○中芝又吉札受来ル、廿疋入、○小池与三郎同断、○治助同断、○富蔵たんす、もち稲刈ル、藤七同断九束九わ済、五束五わ運送四束四わ残ル、○おちの大根五本入ル、

九日　曇天也、暖シ、○新田彦太郎四才女子疱祈、○新銭町立心十六才女熱祈廿疋入、○おちの来ル、橋良藤九郎疱出不浮祈三才女子也、十疋入、○伝四郎取次、住吉忠平廿一才男心落付祈弐百十弐文入ル、○河岸綱屋札受来ル、○上菓子求、○龍雲寺倫罔疱ノ見舞戒円行、五香煎一箱・菓子壱袋遣ス、大分重□□□、中瀬古より子供来ル、米五升渡ス、戒円ノ五条鼠けさ仕立出来入ル、見事ニ縫ル、○中瀬古へ六日ニ赤みそ一桶遣ス、○富蔵たんす、稲昨日残四束四わ運ふ、藤七粳稲三束（ママ）わ刈ル、是も運送ス、

十日　未明雨、朝よりはら〳〵、昼後より夜へ向テ余程降ル、暖シ、○西二番丁小林丈平五十五才男長病祈弐百十弐文入、○新田彦太郎札受来ル、廿疋入、○立心同断、○伝四郎より住吉ノ札受来ル、○おちの来ル、橋良ノ孫死と申、土砂遣ス、香奠入用ノ由百文かし返済入ル、○小池与三郎死と申来ル、土砂遣ス、○善八篠束行、たま（り脱）一升求百文也、○半右衛門十月金弐分壱朱ト三百文渡ス、○吉川より同断取ニ来ル、百七十文也渡、○藤七稲ハスニ懸ル、夫より米壱臼つく、○百度より留主ニ臼分入ル、残分俵ニ而今日入ル、壱俵成ル、

十一日　曇天、暖シ、夕方雨、○西組丈平札受来ル、○おちよ殿種麦三升借り来ル、遣ス、○藤七粳刈ニ行、七束九わ刈ル、八束届ケ、

十二日　未明より雨天キ、夕方晴ル、○夜ル五ツ過ニ河岸又八より三才男子疱大病再祈金百疋入、直ニこま勤、九つ過ニ仕舞、○新田兵太郎孫三才□□□死ス、悔ニ戒円行、平せん香二遣ス、○米作人参九本入ル、○藤七米壱臼つく、○中瀬古へ大小取行、

十三日　快晴、風有ル、大ニ冷ル、○橋良九平弐才男

子疱祈、○中瀬古巳作三才男子疱祈廿疋入、菓子一包遣ス、○吉川弥次兵衛卅九才男長病祈廿疋入、○河岸又八札受来ル、少々軽シト云、○八重蔵悔礼十疋入、○新田彦太郎四才女子疱ニ死ス、悔ニ戒円行、平せん香二遣ス、○おちの弐朱両替八百廿四文遣ス、○おつきあけ七ツ入ル、土産ノ礼也、○藤七粳刈ニ行、二束九わ刈済、八つ過迄懸ル、腹痛ト云臥ル、

十四日　快晴也、折々曇ル、冷ル、○橋良九平札受来ル、廿疋入、○弥次兵衛同断、○新田三吉悔礼来ル、廿疋入、○半右衛門へ川田毛見礼ニ行、菓子配書一遣ス、小僧江戸画二枚受ル、○清七婆々陰中見舞ニ寄ル、菓子一袋遣ス、○巻せん百文求、○藤七腹痛と申臥ル、

十五日　快晴也、冷ル、○上伝馬岩蔵六十三才男大病祈、○河岸次郎八八才男子疱祈三十疋入、○町組藤次内太右衛門ノ礼来ル、廿疋入、○村方・新田子供多分亥子餅入ル、太作不参也、○新家・善八・源六同断入ル、○九平次殿入来、同一器入、さつま芋十一入ル、柑子五十遣ス、飯喰ス、勝平節句祝儀十疋入、○藤七粳稲八束弐わ運送ス、

十六日　快晴、風強ク大ニ寒シ、○八丁吉田治兵衛七十九才女大病祈十疋入、○天白前七左衛門取次、白須加惣助廿六才女産後祈廿疋入、○上伝馬岩蔵札受来ル、弐百十弐文入ル、○次郎八同断、晩方死と申来ル、土砂遣ス、○中瀬古へ飯団餅一重遣ス、戒円行、八○ニ而みの二帖・半紙一束取ル、紋紙六枚取ル、○藤七稲残分一束八わ運送ス、

十七日　曇天、昼後より晴ル、○田町和助六才男子疱祈廿疋入、○花ケ崎栄蔵四十八才女指痛祈廿四文入ル、○吉田氏札受来ル、○天白前より白須加ノ札受来ル、太作疱神立祝赤飯入ル、軽シト云、○俊次弐朱両替八百廿四文渡、○小野屋母参詣、廿疋志入ル、菓子出ス、柑子五十遣ス、○今日ハ麦蒔初、善八親子手伝ニ来ル、石松日雇藤七也、門前西より三枚ト菜ノ南迄済、○晩方より戒円・勝平中瀬古へ助法ニ行、柑子三十遣ス、○おちの鍬借ス、質請五百文かし、直ニ壱朱

ト百文入ル、釣遣ス、あげ七ツ入ル、牡丹喰ス、

十八日　曇天也、折々はら〳〵也、〇坂下喜三郎二才女子疱祈廿疋入、〇新城家中浅井健蔵三十九才男熱祈廿疋入、〇田町常吉七才女子疱祈廿疋入、〇田町和助札受来ル、〇花ケ崎栄蔵同断、〇太作疱ノ見舞米まん中十五遣ス、〇燈油五合配書ニ而取ル、〇上菓子求、〇麦蒔善八殿手伝、石松日雇藤七也、門前東二枚済、西屋へ昼後より這入ル、〇石松ニ弐人分四百文渡、廿四文蓖銭遣ス、〇

十九日　曇天也、〇指笠町半右衛門客廿三才男上気祈廿疋入、〇坂下喜三郎札受来ル、〇清水より新城ノ札受来ル、〇田町常吉死と申来ル、土砂遣ス、〇善八西屋敷麦蒔キ手伝来ル、藤七も蒔く、少々残ル、

廿日　快晴也、風有ル、〇西町弥四郎弐才女子疱十日目祈弐百十弐文入ル、〇半右衛門札受来ル、〇暮方より院主勝平伴中瀬古へ行、尾州へ円光大師ノ御遠忌之儀ニ付行様ニ頼、又山主入山有ル歟両用之儀也、明後より当り行様申、〇藤七西屋敷残分少々麦蒔く、未芋畑残ル、

廿一日　快晴也、〇羽根井久左衛門早朝来ル、吉作十才也三日程不快、昨昼より夢中大病祈、晩方札受来ル、廿疋入ル、直様死と申来ル、土砂遣ス、〇町組門六当才男子虫祈廿疋入、〇十三本塚峯蔵四才男子疱祈、西町弥四郎より死と申、土砂遣ス、〇中瀬古より子供来ル、みそ一桶遣ス、〇中瀬古へ戒円・勝平行、明日祐福寺道淳出立、大悟院へみかん五十・千歳草一箱・当百一穴遣ス、祖師御遠忌ノ尋等也、小遣六百文渡ス、〇中瀬古へ大半・小半取ニ遣ス、大根七本遣ス、

廿二日　快晴也、暖シ、〇長平取次、上伝馬戸七当才男子疱祈廿疋入、晩方死と申来ル、土砂遣ス、〇新銭町源三郎弐才女子疱後指込祈廿疋入、〇杉山園次郎廿三才女腹痛祈廿疋入、直ニ札遣ス、〇門六より死と申来ル、土砂遣ス、〇峯蔵札受来ル、廿疋入、〇道淳早朝より尾州へ出立也、留主ハおりゐ致と云、〇八百屋おその殿参詣ス、薯蕷一苞・ツクね芋六ツ入ル、前芝

娘廿四才血長病、鬮上ル、唐みかん三十遣ス、○外勝（神脱）
蔵牡丹餅一重入ル、唐みかん遣ス、○善八殿手伝門前
菜畑麦蒔キ八ツ過ニ済、トロ、汁致ス、○伝四郎内入
来、麦種三升かし、○藤七ニ蒔仕舞百文骨折遣ス、
廿三日　快晴、トロム、○松山栄助五才女子疱祈廿疋
入ル、○清須太右衛門当才男子疱祈廿疋入、○源三郎
札受来ル、○岩吉来ル、米次十一才疱、箕加持来ル、
即致シ遣ス、○藤七西屋敷みかん草、○開浴、
廿四日　快晴、風有ル、○松山栄助より死と申来ル、
土砂遣ス、○清須太右衛門より同断、○羽根井久右衛
門へ吉作ノ悔ニ行、平せん香一・菓子一包遣ス、十才
也、疱引付死ス、○和平方へ寄ル、柑子五十遣ス、○
中瀬古より子供来ル、夜前九ツ前ニ尾州より帰ルト
云、明日日待乍来様ニ申遣ス、○上菓子求、○子供明
日日待買物ニ行、○藤七みかん草、
廿五日　快晴、風強シ、○下地定吉廿六才女腹痛祈廿
疋入、○子供日待也三十一人、三人不参也、○道淳斎
前入来、尾州表之儀円光大師六百五十回遠忌弥十二月
六日より八日迄勤様ニ申来ル、此節大悟院壱人来ル様
相談ニ相成ル云、暮方より帰堂ス、○九平次殿入来、
勝平秋葉へ太々之旨ニ而召ニ来ル、斎喰直ニ帰ル、○
才次郎中芝清八へ下男ノ事頼来ル、○
廿六日　快晴也、○西町久次郎十一才女子疱祈廿疋
入、○中村兵右衛門来ル、家内安全祈、大森市郎兵衛
三十才女熱キ大病祈、○松山仁兵衛三十才女産後祈、
○田町甚右衛門三十一才女乳腫レ祈廿疋入、○下地定
吉札受来ル、○勝蔵親野依嘉介初而来ル、菓子一袋入
ル、柑子三十遣ス、勝蔵儀二便穢故内へ連帰り愈次第
御越云共、先此方ニ置様ニ申返ス、十二月十五日卯ノ
上刻出生ト云、○藤七朝より在所へ行、柑子遣ス、
廿七日　曇天也、○市バ兵助当才男子疱ニ虫祈、西宿
又蔵五十二才男大病祈、○西町久次郎より死と云来
ル、土砂遣ス、○中村兵右衛門札受来ル、弐百文入
ル、市郎兵衛同断弐百十弐文入ル、みかん二十遣ス、
○松山仁兵衛同断廿疋入、○百度本家母ノ廿七回忌餝
餅五ツ入ル、まん中一袋・線香一・菓子一包遣ス、○

開浴ス、百度より皆入ニ来ル、
廿八日　夜前より雨、未明大雨雷鳴ル、又昼前ニ□□雷鳴ル、夫より快晴也、○十三本塚松蔵四才女子疱祈廿疋入、○市バ兵助札受来ル、廿疋入、○西宿又蔵より死と申来ル、土砂遣ス、廿疋入、○百度本家へ寺内三人斎ニ行、○植田重作入来ス、上方土産ニ手拭一・香煎一・蓬一袋遣ス、○東組竹内勝太夫参詣、唐みかん五ツ上ル、みかん少遣ス、○藤七昼頃在所より帰ル、
廿九日　曇晴也、○飽海新吉八才男子疱大病臨廿疋入、○小池平左衛門八十才男年病祈廿疋入、○三相長三郎五十才男疝キ金へ入ル祈廿疋入、○十三本塚松蔵札受来ル、院主・戒・本新田権右衛門へ三才女子留主中病死ノ悔旁也、かみん《(ママ)》五十遣ス、上方土産ニ香煎一箱・蓬一袋遣ス、半紙二帖受ニ来ル、○七郎左衛門へ豊治ノ悔寄ル、菓子一袋遣ス、○上都寺町通り松原下ル町飾屋源助より和泉勘へ向テ阿弥陀様一躰届ク、金一両壱朱也、新家本尊也、賃廿四文渡ス、○本多おさと団餅一重入ル、○作右衛門へ寄ル、毛見ノ礼ニ羊羹五配書一遣ス、○藤七みかん草、

十一月

朔日　はら〳〵雨、夜分も降ル、六郎兵衛殿入来、留主見舞ニ牡丹餅一重入ル、○重吉内入来、羽根井岩吉廿五才熱キ祈弐百十弐文入ル、晩方札受来ル、指笠町庄吉三十一才女腹痛祈廿疋入、○同□□□男子疱祈廿疋入、○小池平左衛門札受来ル、○三相□三郎同断、○新田さと焼餅一重入ル、○野依嘉助豊川へ参詣寄、成本連立参ル様共不遣、傘借ス、○中瀬古より子供来ル、米五升渡ス、○才次郎年貢勘定ニ来ル、○大崎直三郎と云者奉公ニ参度様申来ル、
二日　快晴也、○八丁吉田治兵衛三才男子疱祈廿疋入、○柴屋定右衛門八十才女老蒙祈廿疋入、○田町甚左衛門弐才女子疱祈廿疋入、○指笠町庄吉札受来ル、○同所太助同断、○中芝清八入来、大崎直三郎と申者神妙者と云、役人世話ニ而来年奉公ニ置様ニ究ル、○勝平来ル、秋葉山土産ニ椎茸一袋入ル、蕎麦粉一重入

ル、米三斗入ル、みかん五十・菓子一包遣ス、武蔵送り来ル、○おりの殿留主見舞ニとふふ二丁入ル、手拭壱筋遣ス、○重太郎入来、飯団餅一重入ル、みかん三十遣ス、菊松も連立来ル、菓子遣ス、○金光寺平左衛門不首尾ニ付寺出也、チン〳〵・ハケ二本・錐・小刀之類百度より持来ル、三百文ニ求、○藤七竹切四十六本也、○中瀬古へ七百文小遣渡ス、

三日　快晴、冷ル、○羽根井孫右衛門六十九才女長病祈廿疋入ル、○城海内孫七、五十才長病吐血祈廿疋入、○普請組夏目定右衛門七十六才男上気祈廿疋入、○城内久野氏取次、四十九才女安全祈廿疋入、○□八丁吉田氏札受来ル、○柴屋定右衛門札受来ル、○戒円・勝平町へ行、八〇ニ而帳紙取ル、の川金赤取ル、○源三郎内入来、飯団餅一重入ル、土産挨拶也、○大崎直三郎来ル、弥来年奉公究遣ス、證人一札ノ下書遣ス、飯喰ス、○藤七竹切ル、四十六本也、

四日　快晴也、暖シ、○未明河岸小十郎三才男子疱十一日目祈廿疋入、晩方札受来ル、○田町与右衛門当才男子疱祈廿疋入、○昨日ノ四人者札受来ル、○伊兵・角蔵飯団餅入ル、粂吉同断、○百度新家より牡丹餅一器入ル、○平左衛門金光寺不首尾ニ付追被出今朝此方へ寄ル、飯喰ス、古単物・襦袢遣ス、銭五十文共遣ス、寒空単着笑止也、○政蔵殿参詣ス、○今日ハ地震七年目ニ付休日也、殊之外静也、○藤七みかんノ覆致ス、○開浴、百度より大分入ニ来ル、

五日　夜前雨少々、快晴也、寒シ、風吹、○下地半蔵四才男子疱祈三十疋入、○垉六町大のや平五郎五才女子疱祈弐百廿四文入ル、○小十郎方死と申来ル、土砂遣ス、○空夢回向致ス、○長七殿入来、留主見舞ニまん中配書一入ル、蕎麦粉一重入ル、牡丹少々遣ス、○富吉より牡丹餅一重入ル、○中瀬古より子供来ル、□□一桶遣ス、○清七より金光寺へ金壱分貸処□□(田脱)□売払、壱分ノ割三百五十弐文入、けい持来ル、○新おつね牡丹餅一重入ル、○久吉留主見舞来ル、○中瀬古へ大半・小半取行、夫よりみかん草、

六日　曇天也、寒シ、風有ル、○横須加千吉八十六才

女老蒙祈廿疋入、○下地半蔵札受来ル、○大の屋より今暁死と申来ル、土砂遣ス、○清七殿入来、留主ノ見舞ニ赤飯一重入ル、清作江戸より此間帰ルト云、若みとり茶一袋入ル、○七蔵より牡丹餅一重入ル、土産ノ返礼也、○藤七みかん草、

七日　快晴也、暖シ、○橋良助三郎弐才男子疱祈廿疋入、晩方札受来ル、○平十来ル、七才娘疱十一日目重シ祈廿疋入、○横須加千吉札受来ル、○俊次入来、お愛九才成今日より手習登山菓子一袋入ル、子供仲間入ル来春ニ致ス、○平十おすてト弟両人疱見舞戒円行、菓子一袋遣、○才次郎米弐俵持参入ル、○市三郎疱見舞ニ浮ふまん中十五遣ス、○新助牡丹餅入ル、○藤七みかん草ニ大根へ（ママ）畑へこへ出し、

八日　快晴也、○橋良善次郎弐才男子疱七日目祈廿疋入、○金屋与惣次八十一才女大病祈三十疋入、○橋良助三郎・平十へ疱見舞なから札持行、おすて大分重し、○彦蔵飯団餅一重入ル、沢山也、○龍助同断入ル、○下地川崎屋清吉ニ西宿丸十背戸前両屋敷みかん計金十両壱分ニ売ル、差金弐両請取ル、○戒円・勝平田町鍋屋源吉畳ノ表六枚求ニ行、諸目也、弐匁三分ツ、也金壱分渡ス、釣百三十五文入ル、○藤七門前一はん削り初、

九日　快晴也、○町組白井直作廿六才女産後祈廿疋入、○瓦町久兵衛八才男子疱ニ虫祈廿疋入、○本町悦蔵五十一才男ヒセン（皮癬）内カウ（攻）祈廿疋入、○元新町宇右衛門五才女子疱九日目祈廿疋入、○橋良次郎吉三才男子疱祈廿疋入、○橋良善次郎札受来ル、○金屋与惣次同断、○平十おすて七才疱死と申来ル、土砂遣ス、○平十より金壱分両替壱貫六百五十文渡ス、○平十へ葬式ニ行、勝蔵伴也、清らん香一遣ス、○伊奈おかく来ル、みかん遣ス、○藤七門前一はん削り済、

十日　快晴也、○直作・悦蔵・宇右衛門・次郎吉四人札受来ル、○新田喜三郎入来ス、飯団餅一重入ル、土産ノ礼也、みかん五十遣ス、○中瀬古へ小用一取ニ行、夫より粟壱臼つく、○明日戒円・勝平植田へ行支度、みかん遣分切ル、

十一日　昨日より大ニ寒シ、未明薄雪降ル、寒シ、快晴也、○早朝より戒円・勝平仏餉毘沙門天王参詣ながら植田へ行、九平次へ勝蔵連来ル世話礼ニ手拭二筋遣ス、みかん一束共遣ス、斎召レ暮方帰ル、又重右衛門へみかん一束遣ス、半右衛門へ同断遣ス、○下地川崎屋清吉みかん切ニ来ル、代ノ内へ金五両入ル、前西より初済、東へ少々移ル、六人也、○おけい早朝来ル、飯団餅一重沢山入ル、伊奈よりノ志也、○おきせ百度より壱人稲扱ニ来ル、少々残ル、日懸り也、○大崎直三郎請人一札持来ル、来年給金壱両三分相渡ス、廿六日より来ル様申置也、○伝四郎内来ル、飯団餅一重入ル、土産ノ礼也、こま初尾米入ル、○藤七疝キ震ひ臥ル、○開浴ス、

十二日　快晴、寒ル、○道淳入来ス、半右衛門ノロシ塗上画出来見世ニ来ル、斎喰帰ル、○みかん切六人来ル、前西皆済、○おきせト百度より壱人稲扱残分済、昼後より大豆叩ク、三斗（ママ）　升有ル、大不作也、○新田さと飯団餅一重入ル、昨日蕎麦粉二袋入ル、寒見舞也、○大崎藤七婆々来ル、あけ七ツ入ル、藤七少々不快故内へ行替りニ婆々居ル、○

十三日　快晴也、静也、○清太郎来ル、清八七十七才大病祈、供物一包見舞ニ遣ス、○川清みかん切ニ来ル、金三両壱分也入ル、〆十両壱分ニ成ル、背戸切ル、六人也、○内切ノみかん甚作切ニ来ル、戒円も切ル、西屋敷より始ム、○熊太郎牡丹餅一重入ル、○婆々干物ト、ロ片付等、

十四日　快晴、暖シ、○飽海源三郎六十三才男痰長病祈廿疋入、○清作札受来ル、弐百十弐文入ル、○作蔵入来、此間葬式礼廿疋入、五才男疱十三日目易占為沢五、廿四文入ル、○皆平牡丹餅一重入ル、○甚作みかん切ニ来ル、戒円も切ル、西屋敷小中飯迄ニ済、夫より丸山へ懸ル、○みかん切六人来ル、七ツ前ニ済也、○西羽田左衛門来ル、市三郎神立祝一重入ル、○伝蔵疱見舞ニ戒円行、まん中十五遣ス、九日目也、○中瀬古より子供来ル、米三升渡ス、○大根引致ス、

十五日　五ツ頃よりはら〳〵、暮方晴ル、風有ル、○

西三はん丁近藤重右衛門六十才男中キ祈廿疋入、○飽海源三郎札受来ル、○平十、五才童子死と申来ル、土砂遣ス、直ニ悔ニ行、戒円諷経ニ行、菓子一袋遣ス、清八も死と申、土砂遣ス、○大根片付致ス、夫より米壱臼つく、

十六日　曇晴也、風有ル、寒シ、○一色市蔵三十四才女手腫物祈、○七根小十郎五十七才女疳祈金百疋入、○西近藤重右衛門死と申来ル、土砂遣ス、○新田七郎左衛門、豊治死見舞ノ礼ニ廿疋入、長咄也、○秋葉山ノ休日也、両社ニ而餅投ル、○清八へ悔ニ行、平せん香一遣ス、○晩方礼ニ来ル、百十弐文入ル、○清源寺入来、春貸分ノ内九月壱両入ル、跡壱両ハ明年迄貸(借)度様頼来ル、承知ス、○婆々もちのト、ロ片付ル、○十四日ニおりの来ル、指笠町長七商用之旨ニ而金五両借り度様頼、此人引請ニ而来月差入迄かし、質ニ糸一籠取り置也、

十七日　快晴也、○西町石川友之進弐才男子疱十日目祈金百疋入ル、○横丁権七、三才女子疱六日目祈廿疋入、○一色市蔵札受来ル、廿疋入、○高橋小十郎同断、○こま勤ス、○おまつ牡丹餅一重入ル、○米作同断入ル、釣し大根九十六本西ノ山へ懸ル、○中瀬古へ小用一取ニ婆々行、供物みかん三十遣ス、○戒円・勝平中瀬古へ助法ニ行、○羽根井与右衛門四軒分こま初尾持参ス、みかん五十遣ス、○伝蔵神立祝赤飯一重入ル、○平六壱朱両替四百十弐文渡ス、

十八日　快晴也、○善八取次、伊奈十兵衛六十二才陰茎より膿血出ル祈、○小松栄吉廿才男疳祈十疋入、○国府山川屋平七疝積(癪)祈弐百十弐文入ル、直ニ札遣ス、○石川友之進より札受来ル、○横丁権七同断、○伝四郎ニ而唐臼借り、百度より手伝婆々と昼より餅籾四俵三斗引、○婆々米壱臼つく、○清八死ス、十六日ニ朝悔ニ行、平せんこ一遣ス、晩方礼百十弐文入ル、○開浴ス、百度より入来ル、

十九日　未明より雨はら〳〵、昼前より晴ル、○橋良九八、廿二才女熱祈廿疋入、○小松栄吉札受来ル、○百度より昨日ノ籾二はん引等手伝ニ入来ス、婆々同

断、餅壱俵三斗五升ニ成、当年ハ上毛なれ共取レ違ひ也、○伝四郎へ唐臼返ス、半紙一状遣ス、○

廿日　快晴也、○伝四郎取次、松嶋権四郎三十六才女気ツキ祈弐百十弐文入ル、○尾(王)ケ崎権左衛門三十三才男大病祈、○南金屋半十、五十四才男遊家遊縁切祈、○上伝馬喜十取次、赤坂大作三十九才男疳祈廿疋入、○橋良五左衛門十三才女子疱五日目祈廿疋入、○橋良九八札受来ル、○百度内入来、浪之上十一月十一日亥ノ上刻出生男子名富平と付遣ス、○外(神脱)利作入疱瘡神立祝入ル、菓子一包遣ス、○中芝清八へ下男世話礼ニ戒円行、みかん一束・手拭壱筋遣ス、○糀三升求三百九十文也、赤穂塩一升求四十八文也、○豆二升煎ク、飯一升・糀三升みそニ仕込塩一升余入ル、○おちの大豆一升・麦種一升持参入ル、済也、○西弥ニ而中白すミ壱俵取ニ婆々行、

廿一日　快晴也、○橋良松三郎六才女子疱六日目祈百十弐文入ル、○下地権八六十三才女白血祈三十疋入ル、○羽根井孫右衛門六十九才女再祈臨、○伝四郎松嶋ノ札受来ル、○尾ケ崎権左衛門札受来ル、金弐朱入ル、○上伝馬喜十赤坂ノ札受来ル、○橋良五左衛門死と申来ル、土砂遣ス、○小僧勝蔵昼頃皃ニ疱瘡ノ様成ル見る、初発熱もなし、何共不分今日少々食少く計也、臥ス、○道淳入来ス、斎用帰ル、櫃弐ツ・汁次キ弐ツ塗ル事頼ム、○平十より弐才男子疱十二日目死と申来ル、土砂遣ス、七才ト五才ト右三人疱ニ而死ス、気之毒也、戒円直様悔ニ行、○八ツ時葬式、戒円諷経ニ行、平せん香二わ遣ス、○昼前より古籾四俵引、百度より手伝ニ来ル、婆々引、弐俵四升程出来ル、○

廿二日　快晴、寒シ、○平六より米次疱五日目上言祈、○新田市左衛門取次、蔵子久右衛門廿八才女熱祈廿疋入、晩方札受来ル、○長楽瀧蔵六十五才女大病祈、○大津四郎平廿九才女熱キ祈廿疋入ル、○大山清右衛門十九才女勢切レ祈、○中郷善八、三十七才女水キ祈廿疋入、○橋良松太郎札受来ル、○下地権八札受来ル、○勝蔵大分疱瘡見へる、○植田勝平ノ母立寄ル、直ニ帰ル、勝蔵疱之儀野依へ為知之事頼遣ス、○

中原権七入来ス、豊川へ参詣之由也、飯喰ス、小みかん少々遣ス、○三平来ル、御講餅十一入ル、半し一・巻せん遣ス、○彦次母入来、同断七ツ入ル、半し二・巻せん遣ス、○婆々米二臼つく、
廿三日　快晴也、静也、○平六札受来ル、○長楽瀧蔵札受来ル、弐百十弐文入ル、○大津四郎平同断、○大山清右衛門同断廿疋入ル、○中郷善八同断、○米次疱見舞ニ行、浮ふまん中十五・巻せん廿五遣ス、大分上言少く成食少々喰出スト云、○平十へ二才男悔ニ行、○野依嘉助疱見ニ来ル、飯喰ス、四才弟も疱八日目故母も看病ニは難来故連立帰り疱快気ノ上世話ニ成様申、勝蔵連テ帰ル、○みの屋ニ而犀角百文取ル、小便用、○白みそ求、○河岸嘉右衛門一朱両替四百十弐文渡ス、○戒円・勝平丸山残みかん切済、○開浴ス、百度入来ル、○六郎兵衛より胡麻餅十一入ル、半し一遣ス、○辻平餅一重入ル、○
廿四日　五ツ頃よりはら〳〵、次第ニ大分降ル、霰レマシリ也、寒シ、○元新町宇右衛門弐才女子疱祈廿疋入、○小浜兵右衛門当才男子疱祈廿疋入、○野依源右衛門十九才男風祈廿疋入、○新家より吉太郎髪置祝赤飯一重入ル、○同家へ右祝儀廿疋遣ス、○才次郎植田へ行序ニ野依ニ寄ル、勝蔵食も進ム、疱も大分勢能様ノ返事也、上菓子一袋遣ス、○おかく入来ス、餅入ル、みかん遣ス、○七蔵たんす割木割也、○米壱臼婆々搗、
廿五日　快晴也、○下地七右衛門三十九才女長血祈廿疋入、○指笠町伊平三才女子疱祈廿疋入、○宇右衛門札受来ル、○兵右衛門死と申来ル、土砂遣ス、○源右衛門札受来ル、○畳屋庄左衛門来ル、居間表かへ四畳半出来ル、○七蔵たんす、玄関ノ杉皮屋根直シ、夫より所々漏直ス、○上伝馬白木屋ニ而檜皮四束求ニ勝平行、代四百十八文也渡、○子供天神祭ル、○あけ十求、○婆米壱臼つく、
廿六日　四ツ過より雨降ル、夜分大降り也、○東組竹内久助四十五才女月水不順祈廿疋入、○昨日ノ両人札受来ル、○畳屋庄左衛門来ル、居間畢、奥ノ畳四畳

済、○大崎藤七替婆々今朝隙出ス、米一升・手拭壱筋・みかん遣ス、藤七勘定不足かし金壱両（ママ）有、来年より返済致様申遣ス、○大崎本郷直三郎晩方ニ来ル、今日より奉公也、十一日ニ給金ハ一両三分渡ス済、六十八才也、○

廿七日　夜前大雨也、快晴、風有ル夜ヘ向テ烈シ、○横丁山田屋平八、十六才女腹痛祈廿疋入、○東組三番丁中村定蔵四十九才男大病臨廿疋入、○紺屋町廿一才男疳祈廿疋入、○橋良松右衛門七十三才男大病祈、○大津権右衛門五十五才女大病祈弐百廿四文入ル、東組竹内久助札受来ル、○半右衛門内入来、土産ノ挨拶ニ菓子弐匁配書入ル、○西羽田久五郎内ノ悔ニ行、平せん香一遣ス、○猪左衛門へ行、毛見ノ礼羊かん五配書一・組物一包遣ス、○俊次・お愛手習登山祝半紙二状（帖）・墨一遣ス、○畳屋来ル、奥ノ畳残一畳済、夫より上敷二枚出来ル、昼より御講ノ由ニ而帰ル、○中瀬古より子供来ル、赤木綿けさ仕立入ル、櫃弐ツ・汁次弐ツ・けさ染草入用ノ由ニ而八百七文渡ス、○中瀬古へ祠堂米一俵取ニ直三郎行、小用も取ニ行、○長七孫疱見舞ニ菓子一包遣ス、戒円行、○甚作みかん切二日賃四百文持行渡ス、

廿八日　快晴、風強ク寒シ、○紺屋町源次郎札受来ル、○横丁山田屋札受来ル、○早朝院主坂津平三郎病死悔ニ行、平せん香二遣ス、廿七才也、○半右衛門へ行、供物一包遣ス、来月円光大師御恩忌勤語等也、○六郎兵衛へ行、供物一包遣ス、右之語り也、○富吉此間飯団餅礼供物一包持行、○長七より孫ノ神立祝一重入ル、○龍平弟同断入ル、菓子一包遣ス、○おけい来ル、伊奈より胡麻餅廿八入ル、○おけい来ル、善作大草履十足入ル、○直三郎山刈り也、

廿九日　快晴、寒シ、○下地源四郎六才男子疱祈弐百十弐文入ル、○利町翁屋七十（ママ）才女年病祈廿疋入、○指笠町指物屋仁兵衛十四才男子疳祈弐百十弐文入ル、○橋良松右衛門札受来ル、廿疋入、○平六・米次神立祝一重入ル、菓子遣ス、○九平次入来、胡麻餅一重入ル、みかん五十遣ス、○早斎ニ而戒円・勝□、野依勝

蔵疱見ニ行、上菓子一包・まきせん一袋・白みそ一包・胡麻餅五ツ・みかん一束為持遣ス、今日ニ而出初より九日目、昨日より本膿ト云、大分重シ、児三所カサブタニ成ト云、食ハ能進ムト云、暮方ニ帰ル、○直三郎門前麦こへ出し初メ、

晦日　曇天、七ツ頃より晴ル、○下地半右衛門四才男子大病臨廿疋入、○吉川佐門次七十弐才女大病臨廿疋入、○源四郎ニ仁兵衛札受来ル、○翁屋より死ス申来ル、土砂遣ス、○六郎兵衛入来、平三郎ノ悔礼廿疋入、○久五郎内義悔礼十疋入、○百度本家より飯団餅一重入ル、○房蔵同断入ル、○七蔵たんす、昼前より門前菱垣結初、直三郎同断、○開浴、百度六郎兵衛等入来、

十二月大

朔日　曇天、寒シ、○東脇次郎作五才男子虫祈、○同所小三郎六才男子疱祈廿疋入、○大津四郎平七才男子虫祈、○野依嘉介入来ス、勝蔵ト弟□□昨日神立致スト云、赤飯一重入ル、勝蔵重キ故昨日より本膿成ルト云、全快次第早々連来ル様申遣ス、巻せん五十・みかん三十遣ス、○倉蔵飯団餅一重入ル、○油配書残分百六十四文分彦十ニ而取ル、○常陸殿入来、村方より役米持高丈出し頼ニ付談ニ来ル、明日此方寺社方寄様ニ談廻状廻ス、○早朝より弥四郎殿牛久保へ説法者頼ニ行、所々尋光明寺住持ヲ頼ムト云、夕方帰ル、○直三郎杭廿本拵ふ、晩方少々門前菱垣へ出る、○公文安太郎妹四才箕加持、隣家当才男同断、

二日　夜前よりはら〳〵、終日夜へ向テ降ル、○小松又吉七才女子疱祈、○東脇次郎作札受来ル、廿疋入、○斎後村方・寺社方当院寄ル、訳ハ馬金高キ故村方より当寄ノ馬金出し呉との事故談合也、金光寺無住故清七殿来ル、亦一俵より三分も見舞金出様ノ談シ也、○清四郎来ル、先年祠堂十五両貸ス処質地ニ而取り呉候様ニ申来ル、○七蔵本町白木屋新蔵ニ而檜丸太七尺もの一本取り来ル、代百文ト云、○直三郎餅米一臼つく、夫より今ノ丸太角取ル、門前菱垣ノ杭ニ用ル、

三日　快晴、風なし、暖シ、○瓦町寅蔵廿七才女大病

祈、○下地源七、六才女子疱祈、無程死申来ル、十疋入、土砂遣ス、○本町小野屋より使来ル、かす一重ト足袋壱足十弐文入ル、みかん五十・香煎一箱遣ス、○九文字屋より使来ル、一升・廿疋・らう三丁入ル、みかん五十遣ス、○朝より道淳入来、障子張手伝晩方帰ル、○七蔵たんす、門前菱垣東済、東袖も済む、直三郎袖杭昼迄出来ス、

四日　夜前より雨、暁方迄降ル、○幸作四十三才ふら〳〵声カレ祈百十弐文入ル、○垉六町伝七、三十八才男長病祈廿疋入、○小松権七、九才男子疱十一日目祈、○下地久兵衛三十四才女積祈、○下地茂八弐才男子疱祈、○瓦町寅蔵札受来ル、廿疋入、○大津四郎平同断、礼不来、○西羽田徳次郎入来、祠堂金弐両弐分返済、り壱分入ル、證文返ス、○九文字屋より使来ル、幟ノソ、ク（リ脱カ）出来持参ス、○善八殿篠束ニ行、たまり二升求、○才次郎夜具借ル、持参ス、新銭町ニ而笄・一升鍋求来ル、代四百廿三文也払、○中瀬古より子供来ル、小遣七百文・みそ一桶・みかん一束遣ス、○中世古へ櫃弐ツ・汁次弐ツ塗上出来取ニ子供遣ス、八百七文入用懸ル、此間渡ス、○七蔵たんす、門前袖垣七ツ頃迄済、直三郎手伝より（ママ）夫より西方前通り少々結ふ、○庄屋より暦箱・祓・箸二膳入ル、五十銅初尾遣ス、

五日　快晴也、寒レル、○彦次ノ婆々積祈、○高須源次十一才男子疱祈三十疋入、○西ノ池田太右衛門三才女子疱祈廿疋入、○下地久兵衛札受来ル、廿疋入、○同茂八同断廿疋入、○小松権七同断十疋入、○同又吉死ス、十疋入、○権右衛門ニ伝七同断、○九文字屋平七参詣、らう三丁入ル、菓子出ス、○菊屋より寒見舞入ル、○道淳早朝より入来、本堂荘厳向等致ス、○才次郎客僧ノ料理物調ニ行、其外種々調へ物、○指笠町佐野屋長七入来、柚香糖壱袋入ル、石塚ノ畑書入レ金廿三両貸度様申、尤善八□頼も有ル、跡より返事ト云、○長七・六郎兵衛へ行、供物一包ツ、遣ス、御恩忌ニ説法語也、平十へも行、○政蔵へ寄ル、供物一包遣ス、○仏名会供物餅五升搗ク、久左衛門分一升搗、

百度より手伝入来ス、○助十郎手伝・七蔵たんす、門前西方菱垣七ツ迄済、夫より内垣ニ懸ル、○六郎兵衛夜分入来、三百文かし、通共済、長咄し也、

六日　快晴也、○小浜瀧次郎五才女子疱祈金壱朱入ル、○橋良次郎吉当才男子疱祈廿疋入、○彦次より札受来ル、供物計遣ス、外ニ同一包遣ス、○高須源右衛門同断、○西組大右衛門へ同断、○道淳入来、荘厳方手伝夕方帰ル、○昼時豊川光明寺隠居美濃寺説法ニ入来ス、○今日より八日目円光大師ノ六百五十回忌勤行也、○六ツ半時ニ尾州大悟院小僧両人供壱人連入来ス、百管香一わ祖前へ上ル、半切百・大根二本入ル、○助十郎昼後内垣ノ手伝ニ入来ス、○七蔵たんす内垣結ふ、○お慶ニ文平小使ニ来ル、調へ物に行、○開浴ス、○夕方法事勤説法致ス、参詣少々、○久吉・長七祖前十疋ツ、上ル、○六郎兵衛・長七・三次郎等夕方入来ス、

七日　快晴也、寒シ、○札木杉本や弥八、七十七才女長病祈廿疋入、○平川源十、七十七才女腹痛祈廿疋入、○小浜瀧次郎札受来ル、○橋良次郎八同断、○伝四郎内入来、里芋一盆祖前へ見舞入ル、半し一遣ス、○おちの三月みかん廿二同断、半し一遣ス、○朝より六郎兵衛・長七・作蔵明日ノ調へ物ニ行、九ツ半頃帰ル、夫より料理晩方迄ニ済、○才次郎朝より入来、客僧計料理致ス、茶碗迄付テ出ス、加減よし、供四人也、○道淳昼前より入来ス、手伝日暮テ帰ル、○法事修行ス、夕方説法参詣余程有ル、○七蔵たんす米一臼つく、夫より小使等也、○才次郎餅一重入ル、○開浴ス、

八日　快晴、寒シ、○舟町林蔵六十四才男□□廿疋入、○下地定吉当才男子小病祈廿疋入、○昨日ノ弐人札受来ル、○早朝より北川三人・才次郎・弥八・助十郎手伝ニ入来ス、おちの・民之助・□次郎同断、お菊も追々来ル、斎召人いつもの通り也、○昼後より役人其外皆入来ス、弥三郎計不参也、○尾州客僧斎後より豊川参詣ス、夕方帰ル、○法事勤ム、説法大分有ル、今宵ニ而法事説法結願也、○役人衆祠堂勘定致ス、作

右衛門四両元済成ル、利足も右三人分入ル計也、○道淳助法ニ来ル、夕方帰ル、○太作・米次疱後ニ而施布（ママ）入ル、不参故膳遣ス、○伝蔵疱不参也、○米次・皆平牡丹餅入ル、○まつ・金蔵・房蔵・新介□□文平・やす・さと餅入ル、○新（田脱）さと同断、○七蔵たんす、富蔵も来ル、

九日　曇天也、○馬見塚八左衛門五才女子疱祈廿疋入、○西羽田林蔵より伝蔵疱後腫レ小不通祈廿疋入、○舟町林蔵札受来ル、○下地定吉同断、○早朝大悟院小僧供三人出立也、弁当も遣ス、西本山ト祐福寺へ御大会ニ付寄附金残分弐分相渡済也、合セ弐両弐分ニ相成ル、弥四郎殿大橋迄送り行、○豊川光明寺隠居も無程帰ル、○前川彦次より婆々死ス寺参り十疋入、十弐文入ル、○畑ケ中理兵衛母参詣、菓子一箱上ル、みかん廿遣ス、○直三郎門前一はんこへ、昼後より懸ケ済、

十日　快晴、風強ク夜へ向吹、大ニ寒シ、○白須加長屋文次郎四十六才女狂気祈三十疋入ル、直ニ札遣ス、○馬見塚八左衛門札受来ル、○林蔵同断、○今夕迄ニ仏名会三巻済也、○芳太郎来ル、祠堂金貸之内金十五両持参入ル、外ニ弐朱両替八百六文渡ス、○指笠町佐野屋長七入来、祠堂金廿両貸シ渡ス、證文入ル、三月かし分金三両也、今日返済り壱分入ル、又先月五両貸右り弐ケ月分弐朱入ル、釣り弐百七十弐文渡ス、此分来三月迄借度様願故承知ス、證文跡より持参ト云、才次郎下地亀屋へ万茶求ニ行、正ミ六貫八百目卅貫目かへト云、金壱分渡、釣り百五十文入ル、○彦次内病死悔ニ行、平せん香一外ニ廿疋遣ス、○中瀬古へ大一取ニ行、鍬才頼置也、餅一重遣ス、

十一日　快晴也、静也、○中芝彦助四十六才女上気祈廿疋入、○新銭町源助四才女子疱後腹下り祈廿疋入、○林蔵より札受来ル、廿疋入、○西羽田次郎助疱ニ而七日ノ内ニ三人子供死ス、悔ニ行、平せん香二遣ス、新兵衛六才童子悔ニ行、平七せん一遣ス、定吉弐才男子悔ニ行、同断四日疱ニ而死ス、○孫三郎来ル、祠堂金三両弐分貸ス、證文入ル、○中瀬古より子供来、鍬

才出来弐百八十三文也渡ス、○新田子供今日迄餅皆入ル、○供物包致ス、○坂津・外神・羽根井へ晩子供ニ為持遣ス、○西羽田新兵衛悔礼十疋入、○直三郎昼後より西屋敷一はん削り、

十二日　快晴、静也、○昨日弐人札受来ル、○村方へ供物配ル、○町方へ勝蔵・庄二郎配ニ行、戸平ニ而十疋入、○新田へ子供ニ為持遣ス、○清太郎藁壱分弐朱分入ル、五十四束也、○六郎兵衛・長七へ胡麻餅八ツ・大あけ一ツツ、遣ス、○米作こま餅十六入ル、○太作あけ十一入ル、もちの替り也、○俊次一朱替、○直三郎昼後より門前二はん削初メ、

十三日　快晴也、静也、○新銭町万助七才男子腹痛ニ腫物祈廿疋入、○日色野弥右衛門五十四才女長病祈、○戒円・勝平町へ行、政蔵あけ・豆腐代壱貫百文払、仏名会用分也、○八○ニ而皮紐壱足取ル、○の川ニ而浪形一・大のり一状取、○美の久ニ而朱つミ(墨)一丁・膏一取ル、○中瀬古へ仏名供物遣ス、○倉蔵こんにゃく十五入ル、○おちの田尻ノこま初尾米入、みかん三十遣ス、○直三郎背戸へみかんへ藁敷ク、○開浴ス、

十四日　快晴、風有ル、大ニ寒シ、○新銭町万助札受来ル、○米次箕加持ト祈礼金壱朱入ル、○戒円・勝平瓜郷へ仏名供物持行、年玉時遣分惣助へみかん五十、惣左衛門同三十遣ス、○下五井猪左衛門へ供物遣ス、みかん三十遣ス、志十疋入、○小助祠堂り足入ル、○仁左衛門同断、○俊次弐朱両替八百六文遣ス、○百度次郎八へり足ノ釣り弐百四十文為持遣ス、○直三郎西屋敷へこへ出し、

十五日　大凍り、快晴、暖シ、○早朝作蔵入来、茂右衛門婆々八十弐才病死臨頼来ル、直ニ行致ス、○四つ屋半右衛門六十三才男大病祈、○新田弥次郎八十六才男年病祈廿疋入、○日色野弥右衛門札受来ル、廿疋入、○茂右衛門ノ諷経ニ戒円行、清らん香一遣ス、○中世古へ大根十五本遣ス、小用一取来ル、○昼後より直三郎大崎へ行、コツみかん一束程遣ス、○半右衛門へ尾張大根一本遣ス、

十六日　晴天、少々トロム、○新銭町勘十、三十七才

女長病祈廿疋入、○四つ屋半右衛門死と申来ル、廿疋入、土砂遣ス、○新田弥次郎ノ札伊兵ニ為持遣ス、○茂右衛門より両人礼来ル、加持と諷経金壱朱入ル、○才次郎頼桑清ニ而赤穂塩一俵求、代三朱ト八十弐文、並塩七升求、三百五十文也、○燈油五合求三百六十八文也、○中瀬古より子供来ル、米三升・赤みそ一桶遣ス、○猪平祠堂り足持参、釣り遣ス、○松山ノ七蔵親類婆々来ル、一両ノり足来年五月迄貸呉と云、昨年共弐ケ年分也、菓子配書一入ル、みかん一盆遣ス、○晩方直三郎大崎より帰ル、青のり入ル、○外(神脱)勝蔵こま餅三十入ル、みかん三十五遣ス、

十七日　未明よりはら〱雨也、○御旗組林平八才女子疱後腫物祈、○橋良伝四郎当才女子躰毒祈、○早朝半右衛門仏名ノ礼ニ行、菓子一箱・胡麻餅九ツ遣ス、当年ハ不作ニ付下郷ハ小作、綿四部(分)、麦・大豆二部五厘引と云、上地ハ綿五部引と云、吉田方ニ而役人究ルト云、○久七祠堂り足持参也、○小助国役夫金取ニ来ル、七百十弐文也、中瀬古分三十一文也渡ス、○利作来ル、九左衛門屋敷書入レ金十両借用頼承知ス、○倫冏清書持参也、口明納豆一重入ル、みかん廿遣ス、○中瀬古へみかん廿供物ニ遣ス、○八○ニ而半し一束入ル、○久左衛門歳末ニこんにやく五ツ入ル、○平作入来、菓子配書一入ル、上方ニ留主見舞旁也、○おちのへ赤みそ小一重遣ス、○清七へ行、供物一包遣ス、富作江戸より帰ル悦也、○直三郎米二臼つく、

十八日　夜前雨大分降ル、朝五ツ前より天気也、○高足和平廿五才女血積祈金百疋入、○橋良伝四郎より死と申来ル、土砂遣ス、○六郎兵衛仏名礼ニ行、半し二・供物一包遣ス、○平十へ同断半し三・供物遣ス、○政蔵殿来ル、祠堂金り足清十分共合弐両壱分入ル、三匁過也、外ニ頼母子初会三分りへ入ル、壱匁五分不足也、又入ル、○善八より祠堂金弐両貸ス證文入ル、○百度より香ノ物積(漬)ニ来ル、一樽へ二百十本、塩四升也、小樽へ六十本塩一升漬ル也、○夕方豊蔵・定吉入来、幸作只今病死臨頼ニ来ル、直ニ行致ス、

十九日　朝快晴、直ニ曇ル、夕方より雨はら〱、○

今日ハ煤払致ス、直三郎壱人也、○院主、三次郎孫弐才女疱ニ而死ス悔ニ行、平せんこ二遣ス、○猪左衛門へ仏名礼ニ行、菓子大一包遣ス、○久左衛門へ行、歳暮ニ柚香糖一袋遣ス、○和平殿入来、護摩初尾米入ル、三郎右衛門同断入ル、蕎麦粉一重入ル、土産ノ挨拶也、みかん五十遣ス、○弥次右衛門祠堂り足入ル、○幸作葬式へ戒円行、清らん香一遣ス、○開浴、○芳太郎祠堂貸附十両持参也、合テ廿五両返済ニ相成ル、済也、

廿日　夜前より雨、終日大分降ル、暮方より晴ル、○新開辰蔵十三才男子疱祈、○政蔵より嫁三十七才産後祈、○高足和平札受来ル、○金作・助太郎諷経礼十足加持礼廿足入、○次郎助悔礼十足入ル、○御はた林平札受来ル、廿足入、○辰蔵悔礼十足入、○林蔵祠堂り足入ル、○権十・平八不作ニ付引ヲ願来ル、跡より返事ト云、○直三郎餅米二臼つく、

廿一日　快晴、風有ル、寒シ、○行明大五郎三十才男張満祈金壱朱入ル、○下地藤左衛門六十八才女大病祈廿足入、○新開辰蔵札受来ル、○政蔵より札受来ル、○六郎兵衛祠堂り足入ル、時かし八百文、三百文処へ金三朱入ル、釣り遣ス、○西羽田清四郎十五両り足三分弐朱ト弐百七十弐文入ル、質地此方へ当暮より請取り證文返ス、辰暮当りより右位之利足ニ而甚迷惑也、○清七殿位牌ニ石塔開眼来ル、十疋入、○常陸殿入来、村方より役来年ハ村弁ニ入用致呉と頼故、寺社中より金三分見舞として今日庄(屋脱)方迄差出ス、常陸殿行、拙ハ不都合故不行、此方より壱分弐朱、常陸より壱分弐朱出し置也、○戒円・勝平町へ行、八百屋仏名会買物代弐貫八百十六文払、上みかん五十遣ス、ツクね芋五ツ入ル、青のりも入ル、○長七へ仏名礼ニ行、半し二・供物一包遣ス、外ニこま餅十遣ス、祖師前へ十足入ル、挨拶也、作右衛門へ行、礼ニ供物大一包遣ス、○政蔵嫁不快見舞ニ供物大一包遣ス、○才次郎頼半右衛門へ祠堂返済ニ成ル故長貸故り足ノ内金弐分用捨心附為持遣ス、○才(ママ)次郎来ル、清四郎質地牟呂下也、新家へ売ル、約速今日金拾両也請取ル、○直三郎餅米一

臼つく、粟五升余・黍五升余つく、
廿二日　快晴、風有ル、寒シ、○中郷善八、三十七才女長病再祈百十弐文入ル、○おちの・利作入来、祠堂金十弐両貸ス證文入ル、昨春かし分壱両弐分返済、時かし壱両ト五百文返済也、皆相済也、○戒円新田権右衛門へ歳暮為持遣ス、手拭壱筋・菓子一袋・みかん一束五十也、昨年新切田畑求ニ付借り分金廿両、元弐両利足相済返済ス、證文持帰ル、半し二状(帖)受来ル、○粂吉菓子一袋遣、見舞入ル、○才次郎頼牛久保豊河ノ美濃寺へ法事之節三日談儀礼金弐朱遣ス、○大豆五斗水に漬ル、○直三郎門前西方よりみかんこへ懸初メ、
廿三日　快晴、風有ル、大ニ冷ル、寒シ、○茅町弥右衛門三十五才女疳祈金百疋入ル、○横丁茂兵衛四十四才女痰祈廿疋入、○尾(王)ケ崎七三郎十三才男子気抜様祈廿疋入、○南大津大助六才男子疱祈廿疋入、晩方札受来ル、四郎平先日祈廿疋入、○四つ屋伝吉二才女子疱祈、○長七殿入来、昨年春かし分金弐両返済入ル、り十弐匁入ル、○外神万吉来ル、勝蔵下山ノ願也、菓子一袋入ル、半し三遣ス、○中瀬古へ小用一取ニ行、○暮方より味噌煎ニ懸ル、豆五斗処蒸桶へ張ル故四升程残ル、
廿四日　快晴、風有ル、大ニ寒シ、○下地幸吉弐才女子疱祈、○手間丁千蔵廿六才女骨痛祈、○公文安兵衛五才女子箕加持、○塩屋より札受来ル、気分軽云、○茂兵衛同断、○七三郎同断、○伝吉同断廿疋入、○中郷善八より供物計頂来ル、○早朝より味噌搗キ助十郎・戒母手伝ニ入来ス、○中村兵右衛門来ル、市右衛門・次平三軒分こま初尾米入ル、みかん五十遣ス、○九平次殿入来、金百疋・足袋一足入ル、戒円も一足入ル、みかん一束・手拭壱筋・筆二本遣ス、今日勝蔵連行様共書初不書故明日返スト云、飯喰ス、○西羽田清太郎祠堂り足昨年ト今年ト三分入ル、○直三郎門前昼後より削り済、○おちの伝四郎ニ而風呂桶求ニ付金弐分かし、外ニ百文かし、
廿五日　快晴也、○佐藤平十当才女子虫祈廿疋入、○西植田小右衛門九才男子疱祈廿疋入、○下地幸吉札受

来ル、廿疋入、○手間丁千蔵同断、みかん三十程遣ス、○野依嘉助、勝蔵疱全快ニ付連立来ル、糀壱袋入ル、宿ス、○公文安兵衛箕取ニ来ル、十疋入、○明日餅搗、米ホカス、○藤兵衛祠堂り入ル、○勝平晩方より植田へ帰ル、○直三郎朝味噌丸釣ルス、○子供書初書初メ、

廿六日　曇天也、晩方はら〳〵、○小右衛門より死と申来ル、土砂遣ス、○今日ハ餅つき、米四斗又下五升、黍粟三升余ツヽ・唐黍一臼つく、晩早済、百度より米二臼・粟五升余搗キ遣ス、百度より手返ニ来ル、○七蔵たんす搗人也、○道淳朝より手伝ニ入来ス、○大蚊里権左衛門内来ル、来年よりこま講ニ入ル、巳年五才男子無難ニ而成生祈也、初尾米入ル、みかん少々遣ス、○勘右衛門り足入ル、○清七殿り足入ル、○半右衛門内入来、祠堂返済ニ付心付遣ス、挨拶ニ菓子配書弐匁也一枚入ル、勘次郎ニ菓子遣ス、○六郎兵衛・平十へ餅一重ツヽ遣ス、九左衛門・源六へ同断、○七蔵帰ル節もち少々遣ス、○風呂致ス、○小作人六七人来ル、当年凶作ニ付一割引遣処吉田方二部(分)五厘綿二部故最少々引頼来ル、村方□□壱割引相談之事故跡より返事ト云、帰ス、

廿七日　曇天也、七ツ前よりはら〳〵雨也、○公文丈助廿三才男積祈廿疋入、無程札受来ル、○早朝半右衛門へ行、小作引之処内談ニ行、五厘増致し壱割五部位宣鋪様申内談也、○右五部増引致遣様ニ栄三郎へ向テ小作中へ申遣ス、○甚作入来、祈礼廿疋入、十両利足一両也元へ直貸呉様頼ル、承知ス、昨年弐分り足ノ不足ハ当暮返済ト云、○芳太郎来ル、金八両祠堂金ノ内貸シ相渡ス、○彦六ニ五左衛門祠堂り入ル、○戒円町へ行、種屋ニ而半紙一束弐匁六分也、大渕半紙二状(帖)四十四文ツヽ、也取ル、○浅井屋ニ而半紙一〆取ル、廿五匁也、○中瀬古へ子供遣ス、八〇ニ而箸六袋・墨三十七丁・扇六対・白扇五本取来ル、長雄二袋共也、のし餅一臼遣ス、○平蔵祠堂り足入ル、○中瀬古へ小用一取ニ遣ス、夫より西屋敷少々削ル、

廿八日　終日はら〳〵、夜も降ル、大ニ暖シ、○俊次

来ル、四才おれき疱七日目勢なし祈、○神明小路原田太次兵衛七才女子疳祈十疋入、○九文字屋より使来ル、一升・廿疋・らう（ママ）丁上ル、備壱膳共上ル、外ニ本尊不動尊へ一升上ル、上みかん五十遣ス、○政平歳暮里いも一盆入ル、みかん一束余遣ス、○おちの同断一盆入ル、歳暮也、○おちの此間弐分貸、内壱分返シ跡一分かしニ成ル、此間弐分祠堂貸附内ニ而預り分内ニ而壱両弐分り九匁、時かし五百文引、残分皆遣シ相済也、○戒円種屋へ半紙三束取ニ行、弐匁七分ツ、也、九文字屋ニ而五龍円百文求、勝蔵用也、○西弥ニ而中白一俵取ル、○浅井屋より半紙代取来ル、壱分弐朱ト弐百六十四文也渡済、○六郎兵衛より付木大一わ歳暮入ル、昨日餅一重入ル、○伊奈へ次ニ付みかん一束余遣ス、○高須吉五郎五軒分こま初尾・仏名志等入ル、みかん五十遣ス、○

廿九日　夜前よりはら〳〵雨也、暖シ、○俊次より札受来ル、○芳太郎金弐両渡、合十両也当年貸成ル、○百度本家きろふ本直ニ而十八両弐分也相譲ル、先日八両弐分入ル、今日又壱両入ル、跡九両ハ貸附成証文入ル、○中芝権四郎へ金四両貸ス、證文入ル、○おちの来ル、九平又負ケ裸体金壱分かし、○同人より富蔵唐臼作節かし七蔵ニ金壱分弐朱かし、合弐分ニ成ル、○分金二朱返済也、○西町彦次櫃弐ツ代十弐匁五分也、金三朱ト百三十弐文渡ス、○俊次・おれき疱見舞ニ菓子一袋戒円持行也、○長平十才男子疱ニ死ス、悔ニ戒円行十疋遣ス、○中瀬古へ大備壱膳・小備十六・切餅百七十枚、外ニ三十枚、みかん二束五十位・大根廿本・三宝（方）為持遣ス、先より門松二本持来ル、代百十六文ト云、○平蔵より祠堂貸附ル、内金弐両入ル、跡五両三分ニ成ル、○喜三郎入来、斎米一升・こま初尾米共入ル、みかん一束余遣ス、○瓜郷惣助より里いも一盆・米一升入ル、○村方より役銭五百文取ニ来ル、渡ス、○伊奈より真芋大一苞入ル、○

大三十日　朝はら〳〵少々、曇晴、風なし、静也、○市バ権次郎廿才女流産後大病祈弐百十弐文入ル、○新開政吉先日祈廿疋入、○おのぶ殿入来、甚作かし分昨年り不足分弐分入ル、おのぶへかし分りハ来春迄延引頼、○清三郎祠堂り之内へ金壱分入ル、○政蔵取次、清源寺分也金弐両かし渡ス、○西羽田庄吉来ル、金三両弐分かし渡ス、○安五郎一朱両替盆前取かへ馬金弐百三十四文入ル、○上伝馬畳屋庄左衛門作料糸代金弐朱百四十七文渡ス、○上伝馬仏師和平来ル、老師位牌出来持参、金弐朱渡、先日渡共合壱分也、○燈油五合求、三百六十八文也、○中瀬古へ米五升為持遣ス、門松二本代百十六文遣ス、○常陸より柚香糖二本入ル、○長平よりとふふ二丁入ル、米五合・みかん五十遣ス、悔礼五十文入ル、○世話人近所歳暮遣ス、先よりも入ル、○子供歳暮皆入ル、○倫冏金壱朱入ル、上みかん五十遣ス、○

解説Ⅰ 「浄慈院日別雑記」の内容の一端

本書には、三河国渥美郡羽田村（現豊橋市花田町）に所在する浄慈院という寺院の日記である「浄慈院日別雑記」のうち、天保十五年（一八四四＝弘化元年）より安政七年（一八六〇＝万延元年）までの一七年間のうちの一二か年分、全一二冊が収録してある。残りの五か年分の日記は紛失したためか、同寺院には現存していないようである。

日記には浄慈院の諸活動、すなわち寺院としての諸行事のほかに、加持祈祷の内容やそれによる入金額、農作業の内容や日雇い状況と日雇い賃、寺子屋としての業務やそれに対する祝儀の内容、院主（住職）・弟子・下男の日々の動向、その諸活動を支える消費物資の購入とその物価について、等々の記述がある。年末には、小作地の年貢や祠堂金貸付に関する記述も頻出する。

こうした日常的・年中行事的なことに加え、さまざまな非日常的な出来事や風聞についても記してある。それは浄慈院の所在する羽田村内だけのことに止まらず、浄慈院が城下町であり東海道の宿場でもある吉田に隣接していたことから吉田の町中のことや東海道筋のこと、あるいは吉田藩の藩主・藩士のことにまで及んでいる。

「浄慈院日別雑記」の具体的な内容については本文を読む以外にないが、ここでは各冊子（各年）内の特記事項について、いくつかを紹介しておく。もとより、ここで紹介するものが「浄慈院日別雑記」に記された代表的な事柄というものではなく、その内容は多岐にわたり、熟読すれば江戸時代後期・幕末期の東三河地方の社会史を豊かに再現することができると確信している。以下は、あくまでも拾い読みで摘出した特記事項である。

まず天保十五年（一八四四）分の「浄慈院日別雑記」については、浄慈院の表門が破損したため二月二十二日に立替修復のための頼母子の初会が開かれた。講金の徴収は同年十一月六日より始まり、修復の普請は翌年二月二日から始まる。

天保十五年には、吉田藩の前藩主と当藩主の死去の触書廻状の遅延問題も日記中に散見する。すなわち前藩主の松平信順《のぶより》（元幕府老中）は天保十三年（一八四二）十二月に隠居し、この天保十五年三月二日に没したのであるが、浄慈院へは死去から五日後の三月八日に「病気不出来」として「物静」触が廻り、十五日になってようやく「去十日巳ノ中刻卒去」として鳴物停止触と二十二日の悔み登城触が廻ってきた。この日、浄慈院では鍛冶屋へ備中鍬を鋳掛に出そうとしていたのであるが、鳴物停止により鍛冶屋が三月二十三日まで営業中止になったために鋳掛を延期した。

藩主の松平信宝《のぶたか》は天保十三年十二月に家督を継いだものの病弱で、天保十五年九月二十六日には浄慈院へ「病□不出来、物静」触が廻ってきた。しかしその二〇日後の天保十五年十月十七日、松平信宝は治世わずか一年一〇か月、二十一歳（公称年齢を偽っていたので実際には十九歳）で死去した。吉田藩では信宝に実子がなかったため、信宝による生前の願いであると偽装して末期養子を立てるために死去を一か月も後のこととした。浄慈院へ「城主廻状」が届いたのは十一月二十七日のことで、院主は改元後の十二月四日に悔みのために登城した。

吉田藩の藩主は、松平信宝の後、弘化元年十二月に信璋《のぶあき》が襲跡したが、信璋も治世わずか五年で嘉永二年（一八四九）七月に二十三歳で死去した。信璋の跡には、松平家へ没後養子として迎えられた信古《のぶひさ》が襲跡するのであるが、「浄慈院日別雑記」はこの時期辺りが欠けている。

弘化二年は、寺院の普請記録が多い。浄慈院では二月二日から門と土居の普請に取り掛かり、資材の運搬や屋根葺きには寺子として預かっている子供や村人も手伝っており、同月二十八日に行われた門の棟上で投げ餅・投げ銭を振舞っている。同年十一月十日からは、本堂内陣や台所の普請、塀塗り替えを十九日まで行っている。「浄慈院日別雑記」を読んでみると、同寺では何しろ普請が頻繁に行われ、普請をまったく行っていない年は皆無と言えるほどである。

弘化三年の日記は見付かっていない。

弘化四年の「浄慈院日別雑記」は、三月二十一日から三か月分を残すのみである。三月二十六日の欄で後筆により、開帳中の信州善光寺辺りで大地震があり「此辺ニ而も参詣致死ル者四五人」と、羽田村とその近辺から参詣に出掛けていた人々が被災して死亡したことを記している。続いて四月三日に「善光寺坊皆破損出火之由ニ而死」去した羽田村の重作の葬式を記し、併せて吉田の町内や近村での被災者についても記している。六月十五日の記事には「今日はツクデトカ申処より神勧請」という表現があり、同じ東三河の中でも山中の作手《つくで》村は遠い存在であったことを窺わせている。

弘化五年（二月二十八日に嘉永と改元）正月に浄慈院の院主（住職）は、それまでの七世普門覚圓から八世慈明覚圓に交代した。ただし「浄慈院日別雑記」の嘉永元年分はまったく現存していない。なお七世普門覚圓はこの後、真言律宗の久修園院に移り、安政六年（一八五九）に七十一歳で没する。

嘉永二年（一八四九）も正月から七月七日までの日記が残るのみで、後半は欠けている。この年には、浄慈院が嘉永元年冬に購入し、現在でも同寺で保持している時計に関する記事が散見する（口絵参照）。すなわち嘉永二年四月七日には、購入先の吉田呉服町中田の時計師がきて「油塗り」をし、その「ヤツコ」時計が「不合時々留る故」に五月五日に時計師が修理のために持ち帰った。そして六月八日に時計の修理費として銀五匁を要求された浄慈院の院主は「去冬求節不工(具)合成ハ只直ス」と言ったのに、と大いに不満の意を日記中に示している。六月四日の記事では、隣村の牟呂《むろ》村外神《とがみ》の五三郎から、五三郎の弟が対馬国へ行ってきた土産の品として「朝鮮より渡りの団扇壱本」を受け取っている。この「浄慈院日別雑記」には、旅から帰った人からの土産の記事が多く出てくるが、さすがに対馬まで旅する人は少なかったであろう。

嘉永三年の日記も見付かっていない。

嘉永四年の「浄慈院日別雑記」では、全体的に子供に関する記事が目に付いた。この年、浄慈院は院主（三十四歳）と弟子の宗賢（十八歳）・道淳（十六歳）、それに下男の与吉（七十歳）の四人で正月を迎えた。浄慈院では毎年、正月四日に「節会」と称して寺子を招き小豆の汁粉を供しているが、この年には二六人だけが集まり、七人は風邪で欠席した。特にこの年は正月～三月は疱瘡が流行したようで、疱瘡の祈祷を受けに来る人が多く、疱瘡が無事に済んだ際の儀礼である神立祝いの品も多く受け取っている。

嘉永四年五月七日、約一〇年前から浄慈院の弟子に入っていた宗賢が出奔し、直ちに探索を開始したものの見付からない。十四日に近くの横須賀村で死人が発見されたが、院主はそれが宗賢でないことがわかり安堵している。十七日、浄慈院では仕方なく羽田村の庄屋へ宗賢の出奔届けを提出し、それより村方による正規の探索が始まった。二十六日には、探索で世話になった人々に謝礼を出し、一方で行方を知るために占いを頼んだ。それから一か月後の六月二十六日に宗賢は横須賀村にある生家の親類の家に帰ってきて、七月三日に浄慈院へ帰山した。約二か月間の出奔であったが、帰山後に厳しく処せられた様子はなく、逆に同年八月二十三～十月三日には末寺である中《なか》世古《せこ》観音の老和尚の随伴として大坂の楠葉から四国金比羅・土佐国までの旅に出かけている。その後、宗賢は中世古観音に移ることになるが、やがて再び出奔して安政四年五月十五日に信濃国松本で念仏宗に改宗していることが判明する。なお、この嘉永四年三月九日、老齢の下男である与吉が死去した。

表紙に「嘉永五年」と記された冊子は、丁数も少なく相当に異質のもので、嘉永五年分は正月が五～八日のみでそれ以降はほとんど欠損しており、次の記事は同年十二月十日で、それが年末の二十九日まで続く。それに続いて嘉永六年正月一～六日の記事があり、次に嘉永七年正月一～五日の記事が続く。すなわち嘉永五年の欠損分は何時かの時点での綴りの破損による紛失であり、嘉永六・七年正月の最初の数日間の記述は新年の新しい冊子が完成するまでのメモ的なものであろうと考えられる。

こうした年初・年末だけの記述でも、興味を抱かせる記述がみられる。例えば嘉永五年分の日記をみると、新年の下男の仕事初めは正月六日であり、寺子の手習い初めは八日である。そして十二月二十四日までには寺子に新年展示用の書初めを書かせ、その日に各子供に自分用の机を家へ持ち帰らせている。年末・年始の長期休暇に入るので、自宅で自習をさせるためである。

嘉永六年分の冊子も正月から七月二日までの記事で、後半は欠損している。同年六月十九日の記事で、六月三日に相模国浦賀沖に投錨して、九日に久里浜応接所で幕府応接掛と米国国書・全権委任状を授受したペリーに関する風聞を記している。その記事によれば、異国船の三〇〇人が江戸へ上陸して公儀へ書物を差し出したということで、当城主（吉田藩主松平信古）も領内遠州灘沿岸の百々村《どうど》へ軍用として人足を派遣し、当羽田村からも三〇人を割り当てたという、とある。江戸へ上陸したというのは間違いであるが、書物を公儀へ差し出したというのは事実である。百々村への人足派遣についてもうわさに過ぎないが、吉田藩では異国船退散の祈祷のために村々の総代を伊勢神宮へ代参させたり、村々より中間三〇〇人を募って江戸屋敷へ派遣したりしている。

異国船に関しては、嘉永七年三月十日の記事にも出てくる。すなわちその日、江戸から五年振りに帰国した村人が浄慈院に来訪したので詳しく聞いたとして、江戸へ来航した一〇艘のイギリス船は大きいもので長さ九〇間・幅四〇間もあり、神奈川沖で着船し、二艘は帰ったが八艘が依然として留まっている、と記してある。これは、言うまでもなくイギリス船ではなく、一月十六日に江戸小柴沖に投錨したペリー率いる七隻の米国艦隊のことである。ペリーは、二月にはさらに二隻を増加し、神奈川で幕府応接掛と交渉を開始して、三月三日に日米和親条約を締結している。このように、特に世の中を動かすような風聞は、実際の内容より拡大して伝播し、それが一層の世相不安を煽ることになる。

嘉永七年については、地震被害に関する記事が重要である。まず六月十五日には近畿地方で大地震がおきたが、浄慈院の所在する東三河辺りでも十三〜十八日に地震があり、特に十五日の丑上刻（午前一〜二時）には「所ニより戸ノ開キ明ク」ような大きな揺れがあった。

そして同年十一月四日の五つ半（午前八時頃）にはこの三河国から相模国にかけて、五日暮六つ時（午後六時頃）には三河国から九州にかけて甚大な被害をもたらした大地震がおきた。特に四日の大地震では、浄慈院でも本堂玄関や台所の壁が落ち、味噌部屋が崩壊するなどの被害があり、日記中で「いやはや恐敷事也」と記している。余震は、安政と改元した十一月二十七日以降も続いたことが日記に記してある。なお、安政への改元触が浄慈院へ廻ってきたのは、十二月二十一日のことであった。

安政二年（一八五五）もしばしば地震がおきており、江戸でいわゆる安政の大地震がおきた十月二日には浄慈院の辺りでも「今宵四ツ時小ノ大地震」があり、その後も余震が続いている。同年十一月三日には、昨年のこの辺りの大地震の一周年を控え「明日ハ休日也、地震ノ向レ也」としている。この後、安政年間を通じ羽田村では、同日を嘉永大地震による被害者を悼む記念日として休日としている。

安政二年三～四月には、伊勢国で「伊勢おかげ」と呼ばれた伊勢神宮への参宮が流行し、それが隣国の近江・志摩・美濃国や尾張・三河国にまで波及した。言わば、おかげ参りのミニチュア版である。「浄慈院日別雑記」をみると、同年四月三日の記事に「昨日弥之吉ノ屋敷へ（ママ）太神宮ノ祓降ルト云、今日ハ休日也」とあって、二日に羽田村の弥之吉という者の屋敷に伊勢大神宮のお札が降り、その翌日の三日を村方の休日にしたことがわかる。続いて同月二十日の記事では「昨日北川作右衛門へ太神宮祓降ニ付、今日休日也、新田佐右衛門へも降ルト云事」とあり、十九日には羽田村内の北側と新田の家にもお札が降ったので二十日を休日にしたとある。

安政三年の浄慈院は、院主（三十九歳）・蓮嚢（八歳）・下男藤七（六十歳）の三人で正月を迎えた。年若の蓮嚢が何時、どのような経過で浄慈院の弟子になったのかは不明であるが、前年九月三日の悔み遣いに関して蓮嚢の名が記してあるのでそれ以前に浄慈院に弟子入りしていたことは間違いない。

安政三年正月二十日には、新たに伊助（十三歳）が出家するために浄慈院に来たが、翌日には「不快」を理由に家へ帰るなどして、なかなか寺院の生活に馴染むことができなかった。二月六日に家へ帰った際には、院主は「心の定らぬ奴也」と日記に記している。伊助はその後も家へ帰ったり、それを母親が浄慈院へ連れ返したりして、帰宅と帰寺を繰り返したが、二月十八日に帰寺した時にはついに意を決したようで「母親より言□ニ而、何度成ル共落髪致呉」と申し出た。伊助はその翌日に剃髪して戒円を名乗り、三月二十一日には蓮嚢とともに得度している。幼い時から自分の家で可愛がられてきた十三歳の子供が出家するには、それなりの覚悟が必要であり、帰宅と帰寺を繰り返したのはその覚悟を固める期間であったのであろう。戒円はその後浄慈院に長く居つき、院主や実家の母親に大切にされながら成長してゆくことになる。

安政四年の記事では、まず下男の藤七（六十一歳）の正月二十二日から五月二十七日までと、十二月十五日以降の二度にわたる病気休暇が目に付いた。二回とも長期ということで、前者については正月二十九日から「藤七の婆々」が代わりに浄慈院へ入り、後者についても十二月十八日から「婆々」が来た。二月十二日は初午で、例年のように寺子として初登山があったが、同年は特に初登山の子供が一五名と大勢であった。男女・年齢別では、男が八歳五名・九歳一名・十歳一名・十一歳二名、女が九歳四名・十歳二名であるので、羽田村での寺子屋への初登山年齢は大体男が八歳、女が九歳であったことがわかる。浄慈院ではこの一五名が加わった結果、この年の寺子は五一名の大人数になった。

安政五年と同六年の日記も見付かってない（安政五年は表紙のみ残る）。

安政七年（一八六〇）は三月十八日に万延と改元した。その改元後の万延元年閏三月七日の記事で「新家内参詣ス、明日子供両人下条へ入疱瘡に行度様語等也」とあり、初めて種痘のことについて触れている。翌八日の記事でも「朝才次郎入来ス、入疱瘡に行云」とある。「浄慈院日別雑記」によれば、この安政七年は安政二年とともに疱瘡が大流行し、死者も多数に及んでいる。浄慈院では疱瘡の祈祷が極めて多かったが、安政五年五月に江戸で種痘所が開設されたことにともない種痘が徐々に全国へ波及したのであろう。このほかに安政七年の記事のなかでは、閏三月二十四日から記述が始まる若者仲間の不首尾問題も、当時の村落社会を知る上で重要な記述である。

以上、本書に収録した天保十五年（一八四四＝弘化元年）より安政七年（一八六〇＝万延元年）までの一七年間のうちの一二か年分の「浄慈院日別雑記」の中から、各年の特記事項を拾い出してみた。最初に記したように、これらの特記事項は本書に収録分から厳選して拾い出したものではなく、あくまでも拾い読みの中から偶然目に付いたものを列挙したに過ぎない。本書の利用者には、一層内容豊かな事項を読み取っていただければ幸甚である。

（渡辺和敏）

解説Ⅱ　浄慈院と吉田藩の寺院支配

吉田藩において寺院・神社を管轄したのは寺社役所であった。ただし寺社役所として明確に独立した役所は存在せず、吉田の町方にある寺社は町奉行に属する町役所（町奉行所）、在方のそれは郡奉行に属する地方役所が管轄した。

地方役所は吉田城内にあり、渥美・宝飯・八名の三組に分かれ、それぞれに札元一名・代官二名とその部下である郷同心七〜八名が配置されていた。

「浄慈院日別雑記」の天保三年（一八三二）十一月九日付の記述中に、灯油価格高騰の防止策として堺・兵庫における江戸積み新問屋と諸国勝手搾りを認可する幕府触書（全文は『御触書天保集成』六一三七号。以下特に断らない限り同様）の要約があり、これに関して住職は、寺社方に対しても同様に触流しの筈であるが、郡奉行が村方庄屋から触書を寺社にもみせるように指示したと注記している。

嘉永四年（一八五一）五月十六日付の記事では、その日の夕方に羽田村役人が浄慈院を訪問し、弟子の家出について村方からは地方へ届けるが、浄慈院からは寺社へ届けるようにと依頼があったとの記述がある。挙例が少ないが、地方役所のなかに組ごとかどうかは別として、寺社方と称する窓口、あるいは係があったことは確実であろう。

浄慈院は渥美郡羽田村に所在していたから、地方役所の渥美組のもとで寺社役所により支配されていた。したがって吉田藩が出した廻状としては、渥美組役人名（札元一名・代官二名）を発信人とする（地方）役所廻状、寺社役所を発信人とする寺社役所廻状の二種類を受け取っていたことになる。

幕府老中水野忠邦が主導した天保改革期には触書が頻発され、「浄慈院日別雑記」中に廻状に関する記事が増加する。そこで前巻（自文化十年・至天保十四年）の当該期以降と本巻収録分を対象として、右に述べた廻状を素材として吉田藩における寺院支配の一端を紹介するが、吉田藩、および領内の幕府触書への対応、廻状という藩政文書に対する取扱いに視点を絞ることにしたい。

天保十三年八月二十四日、羽田村役人が浄慈院を訪れ、二分判・一分銀・一朱銀の通用停止を命じる幕府触書（『新居町史』第七巻　天保―四六一号）をみせたうえで、昨日から吉田周辺では一朱銀は使えないと語った。翌二十五日、昼前にこの幕府触書を知らせる役所廻状が浄慈院に届き、直ちに通用停止分の員数を地方役所まで報告するように命ぜられた。浄慈院では筆子（史料では子共、または子供）に廻状を持たせ、中柴の宅蔵院に届けさせた。

八月二十六日、一朱銀の枚数を知らせるようにと羽田村役人から連絡されたが、浄慈院では準備中だった。翌日になり弟子に一朱銀高五両三分一朱の書上を持たせて羽田村庄屋へ届けさせたが、再考を求められた。羽田村役人が浄慈院に役所提出の一朱銀高を知らせてきたのは八月二十八日のことであったが、九月初旬までこの一件が話題に上ったことが「浄慈院日別雑記」に散見できる。

天保十四年三月二十七日、夕方過ぎ夜に入って直ぐに寺社役所が出した廻状が羽田村清源寺から届いた。その内容は一二代将軍家慶の日光社参にあたり、四月朔日以降の遠方への他行禁止と火の元注意を記していた。廻状の外観を点検すると外袋の裏側に墨が付いていることが判明した。

浄慈院住職の弟子等が廻状を持ち、清源寺に出掛けて墨付について問い合わせると、承知しているとの返事があった。結局その日は廻状を持ち帰り、そのままにした。翌朝、筆子二人に中柴の宅蔵院に廻状を届けさせたところ、墨付があるとの理由で宅蔵院から戻ってきた。そこで清源寺から届いた時点で、墨付があったことを話し、とりあえず順達するように促した。なお日光東照宮での法会が行なわれた四月十七日、これを理由に浄慈院では寺子屋を昼から休んでいる。

七月十八日、吉田藩主夫人の死去にともなう普請・鳴物停止を告知する役所廻状が浄慈院に届いた。その時刻は夜の八ツ（午前二時）前であり、加えて廻状の表紙に三、四か所点々と墨付があった。この廻状は明け方に隣家に依頼して中柴の宅蔵院へ届けさせた。

九月二十一日の朝四ツ（午前一〇時）頃、浄慈院に届いた幕府触書を記した役所廻状は日付が九月五日付であったため、住職は大いに延引とあまりの遅れぶりを嘆いた。

右に抽出した事例からわかるように天保末年ごろの浄慈院では、役所廻状・寺社役所廻状を清源寺から請け取ると宅蔵院に順達していたが、天保十四年十二月十七日に届いた来年正月七日を予定した年頭出勤の役所廻状は、筆子二人に持たせて花ケ崎村正林寺に送った。これは吉田城に参上して新年の挨拶を述べる資格を持つ寺院を順達先にしていたことから、通常の廻状とは取扱いがことなっていたのである。

天保十五年（一八四四）七月十三日、夜の四ツ半（午後一一時）頃に吉田藩主伯母（加納備中守養女）の死去にともなう鳴物停止触を記した役所廻状が届いた。廻状は翌十四日に下男に託して宅蔵院へ届けさせた。

十一月二十七日、夜の四ツ半頃に清源寺が持参した吉田藩主松平信宝の死去にともなうお悔やみ登城触を記した廻状は、直ちに農作業のために雇用している富蔵に持たせて宅蔵院へ届けさせた。

右の二例は同時刻に到着した廻状の順達が、前者は翌朝であり、後者はその直後と際立った違いがある。しかも前者の場合、鳴物停止期間が廻状発信日から数日であることに対し、お悔やみ登城日は十二月四日であり、時間的な余裕は後者の方にあった。これは廻状の内容の差というよりも、廻状を次に送ろうとした場合にその手段の有無が作用した結果といえよう。

弘化二年正月七日の晩七ツ（午後四時）頃に清源寺から浄慈院に届いた年頭登城触を記した役所廻状は、対開きの状箱に入っていた。浄慈院では印形をして直ちに下男に持たせて花ケ崎村正林寺に届けさせた。これは廻状がどの様な姿で順達されてくるかを記した貴重な例である。

十月十五日夜の六ツ（午後六時）頃に届いた寛量院（前吉田藩主松平信宝）一周忌につき、翌十六日夕〜十七日の鳴物停止触（『新居町史』第七巻　弘化－三八号）について住職は、役所から廻状が刻付で廻ってきたことをわざわざ断り、直ちに下男に宅蔵院まで届けさせたと「浄慈院日別雑記」に記した。停止期間が短く、役所が急速な順達を要請したためであろう。

嘉永七年（一八五四）四月十一日、江戸幕府は四月六日の京都御所炎上にともなう四月十一〜十三日の鳴物停止令（『続徳川実紀』第三篇）を出した。これをうけ吉田藩では領内に対し、四月十八〜二十日の鳴物停止（『新居町史』第七巻　嘉永－四二〇号）を命じた。浄慈院には四月十九日夜の九ツ時（午前〇時）に廻状が届き、直ちに下男に命じて一乗院に持って行かせた。「浄慈院日別雑記」にこの記事を書き込んだ住職は、ここでも廻状の取扱いが刻付であることを注記している。

嘉永年間以降、浄慈院ではほとんどの廻状を一乗院に順達したほか、稀には牟呂村坂津寺に継いでいる。

四月二十四日の暮れ方、廻状について申し達することがあるので二十五日か二十六日のいずれかに地方役所に出頭するように命じた差紙（召喚状）を清源寺が持参した。その際に先日の京都御所炎上にともなう鳴物停止廻状を何日の何時に順達したかを記載した書付を提出するように命ぜられた。浄慈院では差紙を一乗院へ継いだ。

翌二十五日に住職は清源寺住職と同道して地方役所に書付を提出した。これは鳴物停止期間中に廻状が順達されなかったことから、地方役所が調査に乗り出した例であろう。

安政二年（一八五五）四月五日、不用の梵鐘を海岸防禦用の大砲・小銃に鋳換えるように命じる幕府触書（九月の再令分については『新居町史』第七巻 安政－四五号）を記した廻状が浄慈院に届いた。嘉永六年のペリー来航に端を発する混乱した政治情勢を反映した幕府触書である。

同様の触書は各宗派の本山を通じて末派寺院に通達する方法がとられた結果、八月二十六日に大悟院役僧が浄慈院を訪れ、供出できる梵鐘の有無について調査して翌日に出発した。

浄慈院住職は河内国楠葉村にある本山の久修園院へ出掛ける末寺中世古観音院と二十八日に梵鐘について相談した。浄慈院から供出する梵鐘について詳細が不明であることから、観音院と久修園院へ持参する質問書について打合わせたのである。観音院は九月二日に出発した。

十月二十六日、浄慈院に梵鐘引き上げを命じる役所廻状が届き、牟呂村坂津寺に継いだ。住職は十月二十九日の朝に羽田村庄屋と供出する梵鐘の届書について相談し、翌十一月朔日の提出を依頼した。

十一月二日、羽田村庄屋が浄慈院を訪問し、届書の内容は供出する梵鐘の寸法だけでよいと役所から指摘されたことを伝えてきたので、書き直し再提出を依頼した。浄慈院関係では同院の撞き鐘・小鐘と中世古観音院の一口、合計三口を書き上げた（吉田藩領である東海道新居宿所在の寺院についての梵鐘供出に関する届書〔『新居町史』第七巻 安政－四七・四九号〕を参照）。

安政三年七月二十七日、浄慈院に役所からの差紙が届き、梵鐘供出の請状を七月二十九日までに提出するように命ぜられた。結局、浄慈院が供出したのは梵鐘一口、吉田藩領では他に牟呂村真福寺と小池村潮音寺が供出した。請状は七月二十八日に羽田村庄屋を通じて寺社役所へ提出した。その写が現存し、現住職山澄和彦氏により『豊橋市美術博物館研究紀要』一五号に紹介されている。

以上、吉田藩が出した廻状について述べた。幕府触書に関しては触書の内容をそのまま踏襲する場合もあれば、鳴物停止令のように吉田藩領に触流す場合に日程を調整する場合があったことが判明した。

藩政文書としての廻状の取扱いでは、廻状を汚損する墨付と順達時間を遅滞させない対策としての刻付が最重要視された。いずれも文書管理上の問題ではあるが、前者が内容の改竄を予想させる行為に発展する可能性を持つこと、後者が廻状の内容を失効させて公式文書としての権威を喪失させかねない場合があったことを指摘しておきたい。

（橘　敏夫）

【監修者紹介】

渡辺和敏（わたなべ　かずとし）

1946年　静岡県生まれ

現　在　愛知大学経済学部教授　博士（文学）

主要著書　『近世交通制度の研究』（吉川弘文館）、『東海道の宿場と交通』（静岡新聞社）、『東海道交通施設と幕藩制社会』（岩田書院）、『ええじゃないか』（あるむ）等

愛知大学綜合郷土研究所資料叢書　第10集

豊橋市浄慈院日別雑記Ⅱ　自天保15年　至安政7年

2008年3月31日　第1刷発行

監修＝渡辺和敏 ©

編集＝愛知大学綜合郷土研究所

〒441-8522 豊橋市町畑町1-1　Tel. 0532-47-4160

発行＝株式会社 あるむ

〒460-0012 名古屋市中区千代田3-1-12　第三記念橋ビル

Tel. 052-332-0861　Fax. 052-332-0862

http://www.arm-p.co.jp　E-mail: arm@a.email.ne.jp

印刷＝東邦印刷工業所

ISBN978-4-86333-002-3　C3321